•主题出版重点出版物•

新常态下的中国经济走向

XINCHANGTAI XIA DE ZHONGGUO JINGJI ZOUXIANG

张卓元 ◎ 主编

SPM
南方出版传媒
广东经济出版社
·广州·

图书在版编目（CIP）数据

新常态下的中国经济走向/ 张卓元主编. —广州：广东经济出版社，2015. 12
ISBN 978 -7 -5454 -4387 -5

Ⅰ. ①新… Ⅱ. ①张… Ⅲ. ①中国经济 - 研究Ⅳ. ①F12

中国版本图书馆 CIP 数据核字（2015）第 302238 号

出 版 人：姚丹林
责任编辑：周 晶 刘 倩
责任技编：许伟斌

出版发行	广东经济出版社（广州市环市东路水荫路 11 号 11 ~ 12 楼）
经销	全国新华书店
印刷	广州家联印刷有限公司（广州市天河区东圃镇吉山村坑尾路 3 -2 号）
开本	787 毫米 ×1092 毫米 1/16
印张	33. 25
字数	580 000 字
版次	2015 年 12 月第 1 版
印次	2015 年 12 月第 1 次
书号	ISBN 978 -7 -5454 -4387 -5
定价	68. 00 元

如发现印装质量问题，影响阅读，请与承印厂联系调换。
发行部地址：广州市环市东路水荫路 11 号 11 楼
电话：（020）38306055 37601950 邮政编码：510075
邮购地址：广州市环市东路水荫路 11 号 11 楼
电话：（020）37601950 营销网址：**http://www. gebook. com**
广东经济出版社新浪官方微博：**http://e. weibo. com/gebook**
广东经济出版社常年法律顾问：何剑桥律师

前言

preface

张卓元

十八大以来，我国经济开始从原来的高速增长逐步减速进入中高速增长阶段，经济结构处在不断调整和亟须优化的状态，阻碍经济发展的体制、机制性障碍亟待通过改革创新加以消除。经过30多年的改革开放，我们在取得巨大成就的同时，面临的困难和矛盾此时也达到了令人担忧的程度，中国经济似乎走到了一个新的十字路口。

针对这种纷繁复杂的局面，以习近平同志为总书记的党中央准确把握经济发展大局，首先提出了关于我国经济发展正处在从高速到中高速的增长速度换挡期、结构调整阵痛期、前期刺激政策消化期“三期叠加”阶段的重要分析。之后，又在全面分析我国经济“三期叠加”特征的基础上，综合考虑各方面的因素，做出了对我国经济发展将进入“新常态”的科学判断。

2014年5月上旬，习近平同志在河南考察工作时第一次提及“新常态”：“我国发展仍处于重要战略机遇期，我们要增强信心，从当前我国经济发展的阶段性特征出发，适应新常态，保持战略上的平常心态。”

其后，习近平同志在多次会议上提及了“新常态”：在2014年7月29日他主持召开的中央政治局会议上，以及同一天召开的党外人士座谈会上都重申，正确认识我国经济发展的阶段性特征，进一步增强信心，适应“新常态”。尤其是11月9日在亚太经合组织工商领导人峰会演讲时，他对“新常态”的特征做了很好的概括。2014年12月，中央经济工作会议召开，会议系统阐述了“经济新常态”的九大特征。

一时间，“新常态”成为海内外普遍关心的一个热词，积极开展经济新常态下所面临的一系列重大理论和现实问题的研究，显然具有重要的意义。其中，有关新常态下中国经济的走向问题，更是为我国政府部门和社会各界所广泛关注。在此大背景之下，广东经济出版社继2013年推出《十八大后十年的中国经济走向》一书之后，于2015年再次启动并组织专家撰写《新常态下的中国经济走向》一书。

为引领新常态，中央在2015年11月又提出了“供给侧改革”的新思路。首先是11月10日习近平同志在中央财经领导小组会议上提出了“供给侧改革”，指出“在适度

目录

新常态

新走向

新常态与中国经济的走向

□ 厉以宁

第一个问题，适应新常态

什么是新常态？最简单的一句话就是按经济规律办事，不做任何违背经济规律的事情。我们都知道，前一阶段中国经济呈超高速增长或者高速增长的态势。其实，无论是超高速增长还是高速增长，都不符合经济的发展规律，因为不可能长期如此，短期也许可以做到，但仅仅是短期而已。

从经济方面讲，高速增长带来了不利条件，造成了后遗症，归纳起来大概是五个方面：一是资源过快消耗；二是生态破坏；三是部分产业产能过剩；四是低效率；五是错过了结构调整和技术创新最佳时机，精力全放到完成高速和超高速增长任务上。现在提出新常态，按经济规律办事，实际上首先表现在，把高速增长转为中高速增长，7%，甚至是6%~7%，都属于中高速增长。那么，如何适应新常态？我们可以从四个方面来分析：

第一，适应高速增长改为适应中高速增长。虽然高速增长不符合经济规律，可是我们过去较长时期已经适应高速增长，现在要转到中高速增长，所以开始会有不适应之处。

第二，对粗放型增长的模式也已经习惯了，所以，一定要转向效益型的增长，这同样有一个适应过程。

第三，过去长时间内已适应计划经济体制。尽管近些年一直讲要从计划经济体制转到市场经济体制，但政府审批过程没有改，现在才着手改。所以，好多地方讲，不要上面批，不要计划部门批，反而不适应了，因为对市场化不适应。

第四，宏观调控惯了，甚至养成了依赖症，如果没有宏观调控，路都不知道该怎么走。现在宏观调控以定向调控、结构调整为主，这也需要有一个适应过程。所以，不仅要懂得什么是新常态，还要善于适应新常态。

第二个问题，经济结构比经济总量更重要

这并不是说经济总量不重要，但结构更重要。举个例子，我们不妨从1840年中国和英国之间发生的鸦片战争谈起。1840年，中国的GDP占世界第一，总量大。但是，英国从1770年左右开始进行工业革命，到1840年英国的工业革命已经进行了70年之久。英国的主要产品是什么？钢铁产量、机械制造业产量逐渐增多。英国的棉布生产是一个大产业，是机器制造了棉布。中国GDP总量虽然大，但绝大多数是农产品和手工业品，没有现代机器制造业。英国的出口有铁轨、机车等各种产品，而中国的出口仍然停留在过去的丝绸、茶叶上。英国当时的交通工具已经是轮船和火车，而中国的交通工具是什么？是马车、帆船。所以，尽管中国也有大量棉纺品，但都是手工纺织品，这种形势之下中国与英国相比，产品结构出现了差距。再从劳动力的素质来看，中国也跟英国大不一样，英国那时候小学普及了，建立了大量的中学，也兴办了很多大学，每年培养出不少工程师、科研人才、经济管理人才、专业金融人才。而中国，农民绝大多数是文盲，妇女绝大多数是文盲。中国有些读书人，读的是什么？是四书五经，是为了考科举。所以，中英劳动力质量是不一样的。这就表明中国在经济结构方面，大大落后于当时的潮流。

再举一个现代的例子。2008年国际金融风暴发生了，美国、西欧一些主要的国家和日本，都知道这次金融危机表明技术创新要加快，不进行技术创新就跟不上形势。所以，它们都把力量集中在新兴产业的发展和新产品的推出方面。而我们没认识到技术创新的重要性，依然在追求怎么实现高速增长目标，追求GDP总量。这种情况之下，出现了结构问题。总之，2008年以后，西方发达国家的结构调整加快，技术进步加快。所以我们要认识到自己的不足。

对网络经济也是这样。网络经济方面，我们起步并不太晚，但是对它的重要性认识不够，一直到最近两三年，才对网络的重要性有了认识。网络实际是开辟了寻找市场的机制，网络跟现在营销模式的转变是结合在一起的。下一步网络究竟会怎样发展？互联网+是什么？这个变化我们现在很难预测。但如果不把网络经济搞上去，我们同样会感到经济结构的不适应。

第三个问题，技术创新的重要性

技术创新的重要性主要指：

第一，重在效率，重在产品的竞争力。效率和产品竞争力，体现了技术创新的成果。如果我们不在这方面下功夫，仍然跟不上形势。

第二，先进产业受到重视，使其成为投资的新热点。现在，我们已知道技术创新重要，但是要有实际的措施：怎么把大量的资金引到先进产业方面去，最重要的是打破垄断。不打破垄断，不让民间资本进去，肯定不行。

第三，群众性的技术创新和创业仍然重要，但现在的情况跟以前不一样，以前长期流行一句话，“高投资带来高就业”，因为大量新岗位的出现，必须有大量的投资，即高就业必须高投资。现在这个模式是不行的，情况改变了。我在一些地方考察，问企业：“你们现在正在扩建工厂，多少亿投资下去了，你们估计增加多少个就业岗位？”厂方那边的回答出乎意料：“一个人都不增加，还要裁员。”“干吗要裁员？”“年纪大的工人不适应新技术，退休或者提前退休。另外，现在用机器人操作，也要裁员，不裁的要重新培训，让他懂得怎么用机器人，所以一个工厂增加不了几个人，甚至还要减人。”这样，我们的就业靠什么？只能依靠群众性的创业创新。群众性的创业创新可以解决更多人的就业问题。现在受互联网影响，经济发生多大的变化？我们必须想到这一点，也许若干年以后，社会进步了，那时候还是不是都在写字楼上班？也许不需要了，在家里就能上班，只要有计算机就行了。还有，不少人认为自己能够适应新形势，自己创业去了。将来会发生的变化，以及营销方式，现在还不知道；其他各种行业的兴起，特别是现代服务业中，有哪些新的服务业会产生，我们也预料不到。未来的就业，要发展小微企业、发展民营企业，这是解决就业真正的关键，而不是规模扩大了就一定要增加人。

第四，我们的技术创新是“双引擎启动”，即改造旧引擎，打造新的引擎。新的引擎包括新兴产业的兴起，比如新产业、新产品，主要是产品新、工人是新的。我曾经到日本去考察，由中国大使馆的参赞陪同。他说，你看东京这些年来，城市的规模没有变化，但是你到每个家庭去看看，家庭内部的设备全变了，全是智能控制的，外表却看不出来。不像在中国，到一个城市发现又兴建了许多高楼，日本没有这个现象，每个家庭内部的设备都变了，从卫生间到厨房全是智能化。所以，未来的前景我们现在很难预料，有的经济学家说，货币，人们身上还带吗？货币虽然不能取消，但是人身上没有货币了，一张信用卡足矣。上班或者自己做老板，或者被人家雇用却在家里办公。甚至是轨道交通发达了，自动把你送过去。汽车一定要人驾驶吗？不一定，装上一个软件以后，你把程序设计好，它就自动开了。很多变化不可预知，但这表明，创新创业这个概念不能丢，一定要记住。

第四个问题，消费带动经济增长

首先讲两件历史上的事情：

第一个例子，国家大量发钱会引起通货膨胀。

希腊社会危机时，马其顿南下把希腊占领了，以希腊为根据地渡海到亚洲，把波斯帝国灭了。波斯帝国是很大的国家，波斯的财富归了马其顿国王。马其顿国王怎么用的这笔钱？首先，随他出征的士兵都打了十来年仗，这些老兵退役时，马其顿国王给他们每人发一大笔钱回去结婚。跟他一起东征的一些官员都受到大量的赏赐。还发给希腊人，希腊的城邦除了斯巴达人都跟亚历山大出征了，为了酬报他们，就把钱分给他们作为奖励，因为他们出人、出船、出粮食。为什么不给斯巴达人？因为斯巴达不跟波斯人合作。其他的钱留给政府花。结果导致通货膨胀达一百年之久。当时不是用纸币，而是用金币、银币，金币、银币一下子不值钱了。因为，钱多了，消费品供应不上。家家要盖新房没有木料，还要买家具和各种生活必需品，生产不足所以物价上涨，因此，大量的国家赏赐只能造成通货膨胀。

第二个例子，到了重商主义时代，大概公元16世纪到17世纪，西班牙把拉丁美洲地区全占领了，除了巴西以外，因为巴西归葡萄牙。印第安各个王宫的珍宝全归了西班牙，西班牙还大量采掘金矿、银矿，金银在拉丁美洲没东西可买，就运到了欧洲。现在大西洋某些礁石边，还有海底沉船，打开一看，全是金银财宝，是从印第安人那儿抢的。西班牙没有那么多工业品，金银就流入法国、荷兰、英国，人们抢购工业品，一下子物价起来了，持续了二百年，这就是历史上有名的“价格革命”。所以，消费的增长要合乎规律，消费要跟消费品的生产同步。生产不同步，这个国家的钱花了，只能造成通货膨胀。根据中国的情况，我们要促进新的消费，应该怎么办？要增加居民收入，让群众有能力消费；要健全社会保障制度，让群众购买消费品的时候无后顾之忧。

再举一个例子，20世纪30年代初，西方国家发生了大危机，失业猛增，当时的经济学主流派是什么？是新古典学派，当时还没有凯恩斯学派，凯恩斯的主要著作是1936年才出版的。当时的新古典学派提出了解决失业问题的办法：一个人的工资两个人分，一个人的饭两个人吃，一个人的工作两个人干。这样不就解决了？虽然工资少一点，但是不至于失业。与此不同的是瑞典学派。瑞典学派向瑞典政府提出建议：要解决失业问题，绝不能照新古典派这样做。应该怎么做？就是：失业给补助、住房给补贴、新建廉租房、发展房地产业、教育免费、医疗免费，走福利国家的道路。瑞典政府这么做了，最早的福利国家就是这样出来的。

第二次世界大战结束以后，西方经济学家回顾20世纪30年代初期的新古典学派和瑞典学派讨论谁对谁错。大家一致认为新古典学派错了，一个人的工作两个人做，一个人的饭两个人分，是工厂内部解决就业问题的办法，绝不是社会解决就业问题的办法。因为要解决社会就业，就要增加社会购买力。一个人的工资两个人分，社会购买力没有增加，没增加怎么解决社会失业问题？瑞典学派是对的，盖廉租房，让大家有房子住，公费教育、免费医疗，失业还有救济金，这样一来，人们无后顾之忧了，消费就增加了。经济学的一个重要原理是：就业是靠就业扩大的，必须有一批人就业，收入花掉，别人就就业了，有收入了再花掉，别人又就业了。这表明社会保障实际是增加消费的途径。

我不久前在河北沧州考察，沧州市肃宁县有一个国际裘皮城，做的是皮草行业。为什么叫皮草？因为一年有夏天、有冬天。裘皮只有在冬天才有销路，夏天就卖草席及草制品，因此叫皮草行业。皮草行业据说生意不好，因为他们卖的裘皮出口对象是俄罗斯，俄罗斯的卢布在贬值，俄罗斯人买不起裘皮了。既然销往俄罗斯的裘皮减少，就要打开国内市场。怎么样打开市场，让国内百姓买？内地百姓买裘皮的不多，运到香港去，香港用的是意大利的裘皮，一件裘皮大衣多的几十万欧元，少则几万欧元，而中国裘皮没有品牌，再便宜也没有用。在肃宁县考察完以后，他们请我讲几句话：第一句话，让产品更个性化，要促进产品更有个性。第二句话，让服务业更人性化，服务业不能摆姿态，因为服务业只有有人情味，人家才会来购买你的服务。第三句话，把品牌打到国外，中国没有品牌，要自己造品牌。第四句话，把顾客留在国内。

我在厦门考察保税商店，他们正在做的工作是，把顾客留在国内，在国内买欧洲产品的价格，甚至比欧盟市场上的价格还便宜，因为他们没有收税。这就了不起了：如果我们把一半顾客留在国内，就可以了。现在，出国旅游的消费量是多少？2万亿元的人民币，如果能有1万亿元留在国内，你们看国内的企业是不是能更好？这就是促进消费，一定要懂得这个道理。

第五个问题，为什么现在仍然有经济下行的压力

首先要认清一点：经济下行压力不是负增长，西方国家的经济经常是负增长，我们只是增长率放慢了一点，过去都习惯了8%，7.5%就不适应了，现在到7%左右，这就是经济下行压力。其实，就是增长率为7%，也在世界上排前列。降到6%又怎么样？仍然居于世界前列。

为什么会有经济下行压力？

第一，前几年大量投资、盲目投资、产能过剩、产品积压，导致现在产品过剩到这个程度，所以，转入新常态，正是为了避免再发生这种情况。

第二，应该看到，要使经济下行压力减小，就一定要调整结构。但是，调整结构很慢，须渐渐调整。

第三，技术创新是一条路子，可是技术创新没有那么容易，它经过实验，试生

产，逐步地体现，最终使成绩越来越好，急不得。而且，它可能一开始还站不稳，真正要站稳，需要一定的时间。

第四，要懂得西方国家的政策，经济不好，它们需要从中国进口的产品就会减少。这两年我在浙江考察发现，过去圣诞节礼品很好销，如今不好销了，因为经济处在不景气的状态。

第五，经济基数越大，增长越困难。现在，跟10年前相比，我们的经济增长了多少？经济基数大了，每增加1%GDP比过去多多了。这种情况下，经济基数大，增长率必定下滑。我们能够维持在7%左右，已经不容易了，所以应该正确认识到这一点。

还应该看到，金融是一个关键，为什么现在会闹“钱荒”？我在很多企业进行调查时发现，根源不在货币发行量上。货币发行量在增加，为什么还会闹“钱荒”？主要是贷款难，银行往往只贷给国有企业，民营企业想贷款没有那么容易，因为银行怕万一民营企业钱还不上不知该怎么办。国有大企业稳定，银行就贷，国有企业就转手贷。很多民营企业现在从银行贷不到钱，只有从国有企业那里贷。在浙江温州考察时我听企业家说“现金为王”。什么叫“现金为王”？就是企业超正常现金储备，万一有什么紧急事情资金链不能断，资金链断了损失就大了，所以“现金为王”。每家民营企业都有超正常的储备，全国多大的量？这种情况的关键在于信贷。

回顾一下几年前，当时要防止经济过热，几乎一个月提一次存款准备金率。在所有的金融调控当中，存款准备金率是最不能轻易使用的，提高利息率还可以，存款准备金率的牵扯面太大。现在，不减息更待何时？我们对当前经济下行的压力很清楚，怎么办？如前面讲过的，我们要适应新常态，结构调整尽管效果慢，但要慢慢来，决不能停步。要技术创新，要适合群体消费习惯的变化，让产品更个性化，让服务更人性化等等。

第六个问题，继续发挥财政政策和货币政策的作用

定向调控就是结构型调控，这是对的。现在的宏观调控，不能再跟以前一样。以前是大水漫灌。凡是搞农业的人都知道，这样对水资源是浪费。现在怎么办？哪儿缺水就给水，哪儿不缺则不给。这种情况之下，我们可以看得很清楚，定向调控是适合当前中国经济的。比如说，信贷发放是定向的，减税也是定向减税，不是普惠。在这个过程中，一定要认识到宏观调控今后重在微调、重在预调，就是说，政府要有很强的预测性。在这里，一定要记住，宏观调控不能过猛、过大。大升大降、大摇大摆对经济是有害的，有了后遗症就不好办了。尤其要避免宏观调控依赖症，似乎没有宏观调控就没法过了，这是有害的。

第七个问题，经济形势好坏主要看通货膨胀率和失业率

对这两个指标一定要重视。比如说，失业率一般为4%～5%，不要超过5%。因为4%～5%以下，社会可以承受，如果高了，就要想办法增加就业。增加就业的办法刚才讲过了，投资还是需要的，但要适当，不一定要高增长、高就业。投资应该怎么进行？第一，动员民间资本参与投资，不专门靠国有企业和政府投资；第二，短板要投资，新兴产业要投资；第三，基础设施要投资，基础设施的投资是有远见的，因为会预计将来会怎么样。

通货膨胀率一般为3%～4%，突破4%就需要注意。通货膨胀的解决途径在哪里？根据美国的经验，如果是总需求过大引起的通货膨胀，那么紧缩信贷是有效的；如果是成本推动引起的通货膨胀（如劳动力成本上升了，教育成本上升了，房地产成本上升了等，都会引起通货膨胀），那么紧缩是没有用的，应当走技术创新的路子，增加供给。这是我们要注意的。

第八个问题，混合所有制改革的进展

混合所有制实际上包含如下内容：

第一，通过混合所有制来调整产业结构。在这里需要讲一讲效率的概念。长期以来经济学研究的效率是生产效率。什么叫生产效率？就是有多少投入、多少产出，看投入产出之比。譬如说，投入不变、产出增加了，生产效率就提高了。投入减少，产值不变，同样是生产效率提高了。20世纪30年代以后，出现了一个新的效率概念：资源配置效率。资源配置效率是非常重要的，简单地说是这样一个道理：投入是既定的，资源的配置方式可以改变，用A方式配置资源，可能产生N效率，用B方式配置资源，可能产生N+1效率，这就是资源配置效率的提高。全国这么大规模的国有资产，这么大规模的民间资本，配置怎么样？以国有企业来说，如果你把国有配置问题解决了，让它更合理地配置，效率就会大大提高。资源配置效率的潜力是存在的，通过混合所有制改革可以把效率发挥出来。民营企业一样有这个问题，民营企业的配置恰当吗？好多企业不愿意到内地投资，是因为内地有垄断现象、成本过高现象。这个所以让民间资本配置会更好，效率一样会提高。要允许民间资本进入一些区域性领域，这样，他们的积极性也会发挥出来。无论国有、民营，资源的合理配置、有效配置将会大大发挥资本的潜力。所以，混合所有制改革的第一个内容就是着重提高资源配置效率。

第二，相对控股效率更高。不一定都要全资，即完全是由国家控股。现在国资委的政策是“一个企业一个对策”，不能一刀切。针对哪一个行业，该控股多少就多少，“一企一策”就是这个道理。

第三，在混合所有制改革当中，一定要重视法人治理结构的完善，股东会、董事会、监事会、聘任总经理制、总经理的任期制，是法人治理结构完备的条件。要仔细看，是不是做得好，是不是还有很多余地可以进一步改进。现在重要的问题是什么？就是怎样在中国逐步形成职业经理人制度。这非常重要。国外职业经理人制度搞得好，因为他们有市场：职业经理人市场。职业经理人都是高管，有面子，不会到处求职。社会上成立猎头公司、企业咨询公司，以搜集人才资料。需要某个行业的人才时，档案一找，电脑一查，去登门求贤，而不是他们来找你们。现在国有企业在改组的过程中会有一批高管下来，他们有经验，从而职业经理人就形成市场了。

第四，一定要实行高管产权激励制度。产权激励重要。比尔·盖茨、乔布斯之所以发展那么快，靠什么？他们本人当然聪明，但主要靠团队。这个团队在，无论其他企业怎么挖人，他们都不会走，因为有产权激励。产权激励一般用期权制。期权制开始后，一段时间内可以买，你认为哪天合适，这一天就成交，成交就按照这个价格。在若干天之内或者几年之内你不能转让，过了这个期限才可以转让，这就把人才拴住了。

第九个问题：民营企业的转型

一般认为民营企业转型就是民营企业体制上也要进行改革。为什么不提改革？因为民营企业家有顾虑，怕改革之后又要走上国有企业的路。出于这种顾虑，所以转型。转型实际上就是体制上的转型。

民营企业开始建立时，多半是家族制、家庭制，这在全世界是通例，因为它是有条件的。第一，家长通常是一个能人，能够带领全家族把企业搞好；第二，他有威信、号召力；第三，往往是在能力上有所长，或者了解生产情况，或者了解市场情况。但规模大了以后就会出问题，问题出在什么地方？主要是股权一开始就不清晰。

我曾带全国政协考察团，那一年为了非公经济三十六条、新三十六条，到广东珠江三角地区进行调查。在开会的过程中，有一个民营企业家说了，企业现在遇到了困难——一开始产权不清楚，现在股权怎么也分不清楚。“我带了三个儿子一起干，从一个很小规模的企业，不过十年就上亿了，又过了几年，有好几亿资产。但产权一直不清楚。老二突然生病去世，老二的孩子也都长大成人。老二的孩子说，他们各有各的专业，有学医的，有当教员的，不懂企业，他们要分掉其父亲那份财产。产权不清楚，怎么分？这个消息一传开，老大和老三也说：干了这么多年产权不清楚，财富是大家一起挣的。结果，企业就分裂了。尽管没有真正分成几个企业，但已没有过去的凝聚力、向心力，遇到了困难。该怎么办？”我说当机立断，现在就清理，这样才有前途，越拖产权越模糊。企业开始产权清理，大家一起来讨论，家族的子女代表都来。谁当初出过多少力，可另外加分，没有就按人头分。人头和加分的分配办法定了后，可以保留股份，也可以规定在股份制实行多少年以后在市场上卖掉。后来，这个企业家再碰到我，说幸亏遇到我，不然拖得越久越难办。

民营企业中“任贤”还是“任亲”，是一个大问题。“任亲”，哪个儿子跟我最亲，或者我自己认定某个儿子最亲，就占主要的。“任贤”就是不管谁最亲，贤者包括内部产生的经理人，到外面聘请的经理人，全权负责。后来，企业又总结了一个经验：亲中谁为贤，贤中谁最亲，就选谁。实际上，任亲有其好处，任贤对将来的发展也有好处，民营企业的转型一定要在这方面着力。总之，民营企业要尽早走职业经理人道路。

第十个问题，要有信心

现在，大家都应该对中国经济有信心，对新常态的实行有信心，对经济下行压力的解决有信心。这样，我们才能够有抱负，市场才可以继续开拓。

中国工人的素质是好的。我在珠江三角洲调查，有两个企业家说后悔了。什么事情后悔了？他们说：“当初我们看到国内的工资在上升，成本高了，东南亚便宜，工资比我们低，于是就把企业转移到东南亚去，结果我们后悔了。”怎么会后悔？他们接着说：“中国工人的素质是世界上最好的，工资的上升有必然原因，因为生活费在上升，工人的技术水平在提高，工人的劳动效率也在提高。中国工人的第一个长处，是东南亚工人没有的，就是守纪律。东南亚国家工人，不守纪律，该上班他不来，一个礼拜发一次工资，昨天发工资，今天就去消费，过两天花完了，他才来上班。还有，东南亚的工人不学习，而中国的工人拼命不断地学习，因为不学习就跟不上了。”

中国的工人技术熟练以后，还有小的发明创造，这点同东南亚是不一样的。我在德国考察，你别看德国企业的规模很大，但也存在大量中小企业，而且中小企业都是熟练技工在那里工作管事。当了几年工人以后，有了一点钱，技工就出来自己干了。他们告诉我们：奔驰公司所在地斯图加特，有好多小的汽车修理店、摩托车修理店，都是技工干到30多岁以后，自己出来创业的。他们能够把老式的汽车修好，自己造新的零件。为什么要造新的零件？因为工厂里面老式汽车淘汰了，不生产这种零件了，只要有个样子，他们就可以造得一模一样，这就是技术。德国人经常讲有蓝领中层阶级。中国没有。中国的白领中产阶级多，难道都是白领吗？《北京青年报》刊登了一条消息，北京某些环保工人现在都穿上了工作服，在实验室里头看图表，看计算机。连工人自己都分不清楚谁是白领，谁是蓝领，这个界限就没有必要存在了。虽然现在还存在，但过一段时间就没有这个必要了。中国必将出现一个中产阶级，无论白领还是蓝领，都是中产阶级一分子，就跟现在的德国一样。

第十一个问题，城乡收入差距

城乡收入差距，改革开放前就存在。为什么改革开放以后城乡收入差距继续扩大？这个问题值得探讨。

我们从资本分三种类型谈起。第一种是物质资本，简单地说，就是货币转化的生产资料。厂房、设备、原材料，这些构成物质资本。第二种是人力资本，就是出现在人身上的知识、技术、经验和智慧。20世纪60年代出现了“人力资本”概念，一下子就在全世界推广了。西方经济学家举例子最多的是“二战”之后的德国、日本。德国和日本的经济在大战中被摧毁，铁路中断、港口破坏，工厂厂房被炸毁，但是很快就恢复了。靠什么？靠质量高的人力资本：物质资本虽然被摧毁了，但人力资本还在，经济就很快恢复起来了。第三种是20世纪70年代兴起的社会资本概念。这种社会资本与现在报纸上所讲的不是一回事。现在报纸上所指的社会资本是民间资本。我这里所谈的社会资本是经济学概念中的社会资本。它是一种无形资本，是人际关系，是人的信誉。人的信誉是最大的社会资本。

从三种资本的并存和比较中，就可以找出中国城乡差别为什么扩大。首先谈物质资本问题，城市居民要想创业，祖传的房子、新购买的商品房一抵押，第一笔现金就到手了。农民的房子很多年前是没有产权的，到什么时候才开始重视产权？是最近。在改革开放很多年之后，承包制刚进行的时候也没有产权，承包地有产权吗？宅基地有产权吗？宅基地上盖的房子有产权吗？没有。农民没有东西可以抵押，最早那一桶金从哪里来？城里人靠抵押房子能够有第一桶金，而农民没有。从物质资本来讲，城乡差距当然就扩大了。

其次，人力资本。城里的学校经费多、教师质量好、设备齐全，学生学习质量好。农村学校经费少、校舍又差，没有好的师资，农民子弟不爱念书，出去打工了。我到贵州考察时看到，公路两边有标语，墙上写着“不读完初中，不外出打工”。必须读完初中再打工，读完初中也才十五六岁。农村人力资本差、存量小，而城里的人力资本存量大。

再次，社会资本。每一个城里人都有亲戚、朋友、熟人，在市场上闯了这么多年，只要你信誉好，别人就相信你，就能够帮助你。而农民呢？可以到闽西看一下，龙岩山上的农民没有到过市场，在市场中没有熟人，出来也没有人帮助他，所以他们的社会资本没有城里人那么多。

这样说，物质资本，城里人占优势、农民处于劣势。人力资本，农村占劣势、城市占优势。社会资本也是这样。在这种情况下，城乡差别怎么会不扩大？这是一定的。我们现在要提高农民收入，就要让他们的三种资本跟城市相接近。现在的政策是对的。

譬如说，物质资本，农村正在进行确权。我参加全国政协在浙江的考察，沿途看到某些地方的确权工作进行得非常顺利。在嘉兴市的一个乡里，炮仗放得整条路都铺红了，为什么？土地确权完成验收了，农民高兴得不得了，放的炮仗比土改的时候多得多，因为土改的时候农民穷，只能放一点炮仗。这次不同，都是农民自己花钱的。因为承包地有经营权证，宅基地有使用权证，宅基地上的房子有产权证，有了产权证就可以抵押，物质资本跟城市的差距就缩小了。人力资本方面现在正在加快推进，教育要公平。教育公平除了国家增加投入，现在民间办学的风气也很正。

从前，传统经济学只研究“经济人”，“经济人”追求的是最低成本、最大收益。每一个投资商业、工业的人都是这种想法，一定要成本最低、收益最大。这是“经济人”的看法。但人不仅是“经济人”，也是“社会人”，是“经济人”+“社会人”，二者合而为一，才是真正的人。“社会人”是什么意思？比如说，有两个地方可以投资，一个A，一个B，A利润高、成本低；B相反，成本高、利润低。若是“经济人”，他一定投A，偏偏有人要投B，他为什么投B？大多数人这么想：这是他的故乡，他赚了钱以后，乡里的同乡还那么穷，就想在这里办企业，搞一点建设，捐一个学校，等等，这就是“社会人”。另外一种情况是，他曾经在这里工作、生活过，年轻的时候没人瞧得起他，现在他发达了，回来投资给你们看。还有一种情况，他当初在这里工作过、学习过、生活过，曾经犯过错误，私下里欠了人家的钱没有还，就跑掉了。现在隔了这么多年，心里内疚，尽管这里是穷地方，他也要在这里建一个图书馆、学校、工厂，增加当地的就业。所以，人是“经济人”和“社会人”的统一。要把人们这种既重视经济效益，又重视社会效益的积极性调动起来，这样，经济才可以搞得更好。

城乡的收入差距将在这个过程中逐步缩小。重复一遍：物质资本让农民不断提高收入，人力资本让农民的知识存量不断增多，进入市场的关键是信誉，不能骗人。西方有一句谚语：“他骗了所有的人，最后他才发现原来这么多年，他被所有的人骗了。”他讲假话，别人都知道他讲的是假话，所以跟他讲的也是假话。他却不知道，最后才知道，别人告诉他的全部是假的。

第十二个问题，道德力量调节

市场调节是第一种调节，它靠市场供求关系起作用，无形的手在支配着；政府调节是第二种调节，通过法律法规政策起作用，是有形的调节。难道就只有这两种调节吗？有没有第三种调节？有。市场的出现是几千年前的事情，几千年前，原始公社瓦解，部落之间有了商品交换。政府调节就更晚了，国家形成以后才有政府，才有各种规章制度出来。人类社会存在，少说有几万年，在几万年漫长岁月中，没有市场就没有市场调节，没有政府就没有政府调节，但人类社会存活下来了，还繁衍了后代。请问，那个时候靠什么力量在调节？是靠道德力量在调节。道德力量的调节是在没有市场调节和政府调节时唯一的调节。

有了市场调节、政府调节，人们仍需要道德力量调节。道德力量调节告诉我们一个道理，人都不讲信用，市场怎么能信？一定要有道德力量的调节。政府调节如果没有道德力量调节，也是低效率的。

道德力量调节，是无形的还是有形的？道德力量调节既是无形的又是有形的。什么是无形的道德力量？自律。教员要自律，学生要自律，公务员要自律，所有人都要自律，自律就是道德力量调节。

文化建设也是道德力量调节。校园文化建设、社区文化建设、企业文化建设都是文化建设。自律是无形的，文化调节是有形的。企业文化调节的关键是什么？关键不是单纯地发扬企业风格，树立企业品牌。最要紧的是培育认同感、培育凝聚力。企业最重要是要有一种认同感："我们都是这个厂的人。"这样才行。

中国有一句古话："同甘共苦。""同甘共苦"这个词要分开谈：同甘靠制度，企业赚钱了，必须有规章制度，按规章制度办，不然企业就乱了。企业遇到困难了，制度不管用了，或者企业效益没有那么好了，这时主要靠精神力量。同甘靠制度，共苦靠精神力量，即道德力量。这样，大家才能够共渡难关。

再谈效率。效率有两个基础：一是物质技术基础，厂房、设备、原材料、劳动力都构成物质技术基础；一是道德基础，重要之处在于，仅仅有效率的物质技术基础只能产生常规效率，超常规效率从哪里来？它来自效率的道德基础。

举三个例子：第一，抗日战争年代，为什么中国人有这么大的工作积极性、战斗的热情，是爱国主义在起作用，道德力量在起作用，它是超常规效率的体现。第二，一个特大自然灾害来临的时候，譬如，2008年四川汶川大地震的时候，全国上下互助，帮助那些受难的灾区人民，抢险救灾，这种超常规效率是靠道德力量起作用。第三，移民社会有它的道德基础。我到过龙岩，龙岩几个县的客家人都是河南人，客家人在来到广东以前，不叫客家人，叫中原人。中原人过了长江以后，集散地在哪里？在鄱阳湖的东面，江西上饶市的鄱阳县集中了河南南下的移民。大家先讨论规矩：到南方以后，一定要跟当地人和睦相处，一定要守规矩，懂道德，不准欺骗，不准以强凌弱等，然后就分流了。一支上福建，一支下广东，一支到湖南，一支留在江西。

在龙岩，我看了土楼。土楼反映了一个家族的凝聚力。那里保留了客家人自己的文化：客家文化。他们从这里走向全世界。全世界客家人约1亿人，都是过去的河南人。今天的河南省有1亿人，再加上外面的客家人1亿人，一共有2亿人，全世界70亿人口，三十多分之一就是河南人：包括历史上的河南人和现在的河南人。我在那里考察完以后出来，准备要走了，当地人在土楼前面放了一张桌子和一张宣纸，请我题几个字。题什么？“开发旅游资源”，这个不太适合，我想了想，题了七个字：“人情道德一楼中”，这个“楼”反映的是人情道德关系。我们知道，在今天振兴中华的过程中，不要忘记了效率的道德基础，我们固然要加强效率的物质技术基础，但是效率的道德基础是非常重要的，只有这样，中华民族的信心才能大大提高。

道德力量调节，归根到底是文化调节，文化产业是个重要的产业，文化产业与其他产业有个不同之处，它所生产的产品不仅是有形的产品，而且是无形的产品：灌输一种思想、一种精神。这样，我们对文化产业的意义就了解清楚了。

（本文根据演讲录音整理而成）

（厉以宁，第十二届全国政协常委，北京大学光华管理学院名誉院长，教授，博士生导师）

新常态下中国经济增长的基本特征及其前景

□ 胡乃武　田子方

［摘要］论文揭示了新常态下中国经济增长的六个基本特征，即新常态下中国经济增长是阶段性增长，是质量效益型增长，是创新驱动型增长，是产业结构优化与升级型增长，是以服务业为主导的增长，是环境友好型资源节约型增长。论文从理论与实践的结合上论证了新常态下中国经济能够实现7%左右的中高速增长的六个依据，从而揭示了未来一个时期中国经济增长的前景：中国仍处于重要的战略机遇期，处于工业化的中后期阶段，处于城镇化的加速发展阶段，处于区域经济协调发展阶段，处于“一带一路”战略的实施阶段，处于全面深化改革的阶段，这都为新常态下实现中国经济中高速增长创造了有利的条件。

［关键词］新常态　中高速增长　基本特征　主要依据

中国经济在改革开放以来的1978—2012年的34年中，年平均增长速度高达9.8%，一直处于持续的高速增长之中。2012年以来，中国经济增长由过去年平均9.8%的高速增长减速为7%左右的中高速增长。这种减速，不是偶然发生的，也不是一时的减速，而是将可能持续10多年的时间。所以，我们把中国经济的这种中高速增长称为中国经济增长的新常态。

一、新常态下中国经济增长的基本特征

中国经济从改革开放以来30多年的高速增长转变为今后10多年的中高速增长，是符合经济增长规律，符合三次产业演进规律，符合中国实际情况的。为了正确地认识中国经济增长的新常态，更好地适应新常态，积极地引领新常态，就要把握新常态下中国经济增长的基本特征。新常态下中国经济增长的基本特征主要包括以下六个方面。

（一）新常态下的中国经济增长具有阶段性

新常态下的中国经济增长的阶段性是怎样形成的呢？

首先，从根本上说，经济增长的阶段性是由其内在条件所决定的。因此，我们先从拉动经济增长的内需即投资需求和消费需求进行分析。从投资需求来看，改革开放以来，传统产业的投资相对饱和，而基础设施投资，新技术、新产品、新业态的投资以及“互联网+”的投资则潜力巨大。这种投资内容的变化，是形成阶段性的一个重要原因。从消费需求来看，进入新常态以来，随着我国城乡居民收入和生活水平由温饱不足到小康的飞跃，城镇居民家庭人均可支配收入由1978年的343.4元提高到2013年的26955元，农村居民家庭人均纯收入从1978年的133.6元提高到2013年的8896元，按可比价格计算，分别实际增长了11.3倍和11.9倍。相应的，城乡居民家庭恩格尔系数由1978年的57.5%和67.7%下降到2013年的35%和37.7%。[①]城乡居民收入水平提高，中等收入群体扩大，消费逐渐成为经济增长的主要动力。2012年和2013年，最终消费对GDP增长的贡献率分别为55.1%和50%，2014年上半年，进一步上升为54.4%。[②]与此相适应，过去那种模仿型、排浪式的消费阶段基本结束，而个性化和多样化的消费成为主流，追求产品的质量、安全和绿色消费，满足新的消费需求的产品的比重日益扩大，这是形成中国经济增长阶段性的另一个原因。

其次，经济增长从粗放型向集约型转变，从主要靠要素投入向主要靠技术进步转变，是经济增长的一般规律。我国改革开放30多年来的高速增长，主要是靠要素投入的粗放型增长实现的。进入新常态以来，劳动年龄人口数量逐渐减少，劳动力成本上升，资源与环境的承载能力有限，再靠强化要素投入来实现高速增长已难以为继，必须走转变经济发展方式、提高经济增长质量之路，这也使新常态下的中国经济增长显现出阶段性。

再次，我国1978年改革开放之初，经济总量不大，经济增长的基数很小，每增长1%的绝对量很少，经济增长潜力比较大，因此容易实现高速增长。1978年改革开放之初，我国的国内生产总值（GDP）只有3645.2亿元[③]，每增长1%的绝对量为36亿元；2013年我国的国内生产总值为56.88万亿元[④]，每增长1%的绝对量为5688亿元，是1978年每增长1%绝对量的158倍。因此，当我国进入新常态，经济总量大大增加以后，每增长1%的绝对量难度要比以前大多了，相应的，经济增长潜力就相对小了。据测算，中国经济增长潜力，在进入新常态前为10%左右，“十二五”时期（2011—2015年）为

---

① 全国干部培训教材编审指导委员会组织编写：《加快转变经济发展方式》，人民出版社、党建读物出版社2015年版，第5页。

② 王保安：《准确把握新常态，推动经济转型升级》，载《求是》2015（04）。

③ 数据来源：《中国统计年鉴》。

④ 数据来源：《中国统计年鉴》。

7%～8%[①]，这也是我国经济增长形成阶段性，从高速增长转变为中高速增长的重要原因。

国际经验也证明，一些高速增长的经济体在进入中高收入阶段后，都经历了从高速增长到中高速增长的转变。日本1959—1969年年平均增长速度为10.4%，而1969—1979年年平均增长速度为6.3%；韩国1978—1988年年平均增长速度为10%，1988—1998年年平均增长速度降低为7.6%。[②]

（二）新常态下的中国经济增长是质量与效益型增长

在新常态下，虽然中国经济增长的速度从高速增长转变为中高速增长，但经济增长的质量和效益却会提高。我们要着力转变经济发展方式，提高经济增长质量，由粗放型增长转变为集约型增长。除此之外，别无他途。应该看到，改革开放以来，我们取得了30多年高速增长的巨大成就，但为取得这种高速增长而付出的代价（结构失衡、产能过剩、效益低下、环境污染、资源浪费等）却不容忽视。中国社会科学院数量经济与技术经济研究所课题组2012年进行的预测表明，20世纪80—90年代，我国生态退化和环境污染带来的经济损失约相当于GDP的8%。2005年以来，这一数字虽有所下降，到2011年仍然高达4%左右。如果扣除生态退化和环境污染所造成的经济损失，我国的真实的经济增长速度只有5%左右。[③]增量资本产出比是衡量经济效益的一个重要指标。改革开放以来，我国增量资本产出比经历了两个阶段，第一阶段是1979—1995年，平均为2.3；第二阶段是1996—2011年，平均为3.5。后一阶段比前一阶段上升了52.2%，增量资本的投入产出效益下降了一半。与处于相同阶段的发达国家相比，我国目前的增量资本产出比明显偏高。例如，20世纪50—70年代的日本，其增量资本产出比基本上维持在2.0的水平，此后则缓慢下降，这就表明日本增量资本产出比的经济效益比我国高50%。[④]

（三）新常态下的中国经济增长是创新驱动型增长

在新常态下，为了提高我国经济增长的质量和效益，就必须实施创新驱动发展战略，使我国的经济增长成为创新驱动型增长。党的十八大总结了我国改革开放以来经济增长的经验，提出了实施创新驱动发展战略。为了把这一发展战略落到实处，最近

---

① 王一鸣：《全面认识中国经济新常态》，载《求是》2012（22）。

② 王保安：《准确把握新常态，推动经济转型升级》，载《求是》2015（04）。

③ 李扬：《中国经济发展的新阶段》，载《财贸经济》2013（11）。

④ 李扬：《中国经济发展的新阶段》，载《财贸经济》2013（11）。

政府又提出了“大众创业，万众创新”的理念，这是非常正确的。国际经验表明，现代经济增长主要是靠科技进步取得的。目前，发达国家的经济增长中，科技进步对经济增长的贡献率高达80%左右。由此可见，创新驱动型增长是提高经济增长质量和效益的必由之路。长期以来，我国的经济增长主要依靠相当于GDP一半的高投资以及接近GDP 10%的净出口支撑[①]，这就使我国的经济增长成本位居世界前列。因此，在新常态下我国的经济增长必须从投资驱动型增长转变为创新驱动型增长。

工业对于实施创新驱动发展战略具有重要的意义。欧美发达国家的经验表明，工业是创新成果最多的领域。只有不断推进信息化和工业化的深度融合，把工业的发展转移到创新驱动的轨道上来，使我国的工业产品从全球价值链的低端环节转向高端环节，才能实现质量与效益型增长。

为了实现创新驱动发展战略，就要走中国特色的自主创新道路，加快建设国家创新体系，强化企业技术创新的主体地位，着力提高原始创新、集成创新和引进消化吸收再创新的能力，着力提高科技成果的转化能力。

（四）新常态下的中国经济增长是产业结构优化与升级型增长

要转变经济发展方式，提高经济增长质量，增强产业的国际竞争力，就要优化产业结构。截至2013年，我国三次产业结构的现状是：第一产业的产值比重为10.01%，第二产业的产值比重为43.89%，第三产业的产值比重为46.10%。[②]优化产业结构，概括地说，就是加强第一产业，提高第二产业，大力发展第三产业。

所谓加强第一产业，就是加强农业的基础地位，使农产品在数量、品种、质量方面都能与全国人民小康生活水平的需要相适应，与国民经济加快发展的需要相适应。为此，就要保障粮食安全，把我国粮食综合生产能力稳定在1万亿斤，相应地，就要守住18亿亩耕地这一红线。

所谓提高第二产业，就是要积极发展战略性新兴产业，大力振兴装备制造业，着力淘汰过剩的和落后的产能。战略性新兴产业是对经济社会全局和长远发展具有重大引领带动作用的产业，对我国产业结构的优化和升级具有重大意义。战略性新兴产业的发展要以科技创新为核心，以企业为主体，以市场为导向，充分利用国际国内两个市场，两种资源，实现其快速发展。为了加快发展战略性新兴产业，国家制定和实施了《“十二五”国家战略性新兴产业发展规划》，到2015年，战略性新兴产业增加值

---

① 李扬：《中国经济发展的新阶段》，载《财贸经济》2013（11）。

② 全国干部培训教材编审指导委员会组织编写：《加快转变经济发展方式》，人民出版社、党建读物出版社2015年版，第116页。

占国内生产总值的比重力争达到8%左右；到2020年，力争使战略性新兴产业成为国民经济和社会发展的重要推动力量，其增加值占国内生产总值的比重达到15%。[①]改革开放以来，我国的装备制造业发展很快，2011年我国制造业的规模已超过了美国，跃居世界第一位，已经形成了门类齐全的现代工业体系。但是，我国目前只是世界制造业大国，还不是制造业强国，制造业仍处于全球产业链的中低端，产能过剩问题十分突出。因此，优化产业结构，必须认真解决产能过剩问题，推动我国从制造业大国向制造业强国转变。

我国产业结构的另一个突出问题是，服务业发展滞后。2013年，我国服务业增加值占国内生产总值的比重为46.10%，不仅低于高收入国家的服务业比重（平均为72.5%），而且低于中等收入国家的服务业比重（平均为53%）[②]；服务业的内部结构也不尽合理，生产性服务业如金融保险、咨询、技术服务等行业规模过小，所占比重过低。因此，优化产业结构就要大力发展服务业，使服务业的规模和结构与第一产业、第二产业对服务业的需求相适应，尤其要积极发展金融保险、信息网络、计算机软件和科研技术服务等现代服务业，发挥金融在经济发展中的核心作用，使其更好地为实体经济服务。

（五）新常态下的中国经济增长是以服务业为主导的增长

1978—2012年，在我国经济高速增长时期，我国的经济增长是以工业为主导的增长。1978年，第二产业对我国经济增长的贡献率高达62.3%，第三产业的贡献率只有27.7%。2013年，服务业增加值占国内生产总值的比重已由1978年的23.9%上升到46.1%，对拉动经济增长的贡献率达到48.2%，首次超过第二产业46.5%的贡献率。[③]这也就是说，进入新常态以来，我国的经济增长开始了以服务业为主导的增长。唯因如此，在目前我国经济增长速度放缓的条件下，每年我国的新增就业总量却高达1300多万人，比此前以工业为主导的增长时期每年新增的就业量还多出300多万人，其原因就在于服务业属于劳动密集型行业，吸纳的就业人数较多。今后，我国服务业的增加值占国内生产总值的比重和服务业的就业比重都将会逐步提高，力争达到70%以上，成为

---

① 全国干部培训教材编审指导委员会组织编写：《加快转变经济发展方式》，人民出版社、党建读物出版社2015年版，第120页。

② 全国干部培训教材编审指导委员会组织编写：《加快转变经济发展方式》，人民出版社、党建读物出版社2015年版，第118页。

③ 全国干部培训教材编审指导委员会组织编写：《加快转变经济发展方式》，人民出版社、党建读物出版社2015年版，第3页。

新常态下促进经济增长和吸纳就业的第一大产业。这是服务业发展的必然趋势。

（六）新常态下的中国经济增长是环境友好型与资源节约型增长

在我国经济高速增长时期，为了取得高速增长，在资源与环境方面付出了巨大的代价。20世纪80—90年代，我国单是生态退化和环境污染所造成的经济损失就相当于GDP的8%。[①]2004年，按当时汇率计算，我国GDP占世界GDP的4%，却消耗了全球8%的原油、10%的电力、19%的铝、20%的铜和31%的煤炭。[②]根据2005年初瑞士达沃斯世界经济论坛公布的最新“环境可持续指数”评价，中国在全球144个国家和地区中位居第133位。[③]进入新常态，资源与环境约束强化，这就要求今后我国的经济增长必须向绿色、低碳、循环转变，花大力气建设资源节约型与环境友好型社会，使我国新常态下的中高速增长成为资源节约型与环境友好型增长。

二、新常态下中国经济增长的前景

我国经济学界对新常态下中国经济增长的前景，有两种不同的意见：一种意见认为，在新常态下中国经济难以实现7%左右的中高速增长，只能实现6%左右甚至更低一点的增长；另一种意见则认为，7%左右的中高速增长是可以实现的。

应当说，我国进入新常态，实现7%左右的中高速增长，既有必要，又有可能。从必要性来说，按照国家确定的发展目标，到2020年全面建成小康社会，要求城乡居民收入比2010年翻一番。要达到这一目标，就需要年平均增长率达到7%左右。从可能性来说，进入新常态，我国的潜在增长率[④]预计可达到7.6%左右。[⑤]具体地说，在新常态条件下，我国之所以能够实现7%左右的中高速增长，其理由和根据主要有以下几点：

第一，党的十八届三中全会明确指出，我国仍处于可以大有作为的重要战略机遇期。这一战略机遇期为我国在新常态下实现中高速增长提供了有利的国际与国内条件。从国际机遇来说，主要是：国际形势总体稳定，和平与发展仍然是时代的主题，

---

① 李扬：《中国经济发展的新阶段》，载《财贸经济》2013（11）。

② 张卓元：《十八大后经济改革与转型》，中国人民大学出版社2014年版，第172页。

③ 张卓元：《十八大后经济改革与转型》，中国人民大学出版社2014年版，第172页。

④ 潜在增长率是指在一定的生产要素供给能力和生产力提高速度下，一国经济在没有周期性失业和明显的通货膨胀条件下所能实现的GDP增长率。我国的潜在增长率1995—2010年期间平均为10.3%，据预测，“十二五”期间，平均为7.6%。

⑤ 蔡昉：《把握经济走势，坚持稳中求进》，载《求是》2015（01）。

经济全球化深入发展，新兴市场国家和发展中国家整体实力增强，国际力量对比朝着有利于维护世界和平的方向发展，从而有利于我国争取较长时间的和平国际环境来发展我国的经济；从国内机遇来说，经过30多年的改革开放与建设，我国的经济实力和综合国力大大增强，全方位对外开放进一步扩大，与世界发展中国家的合作和共赢正在深化，国内外需求潜力巨大，全面深化改革必将进一步解放和发展生产力。这就会有力地支撑新常态下中国经济的中高速增长。

第二，我国正处于工业化的中后期阶段。一方面，我国已经建成了独立完整、门类齐全的现代工业体系，这就为实现新常态下中国经济的中高速增长奠定了雄厚的物质技术基础；另一方面，为了最终完成工业化和现代化任务，在新常态下必将继续进行各方面的投资建设，由此引致的强劲的投资需求就成为拉动中国经济增长的主动力。

第三，我国正处在城镇化的加速发展阶段。城镇化是伴随着工业化的发展，农村人口向城镇集中的自然历史过程。改革开放以来，我国城镇人口从1978年的1.72亿人增加到2013年的7.31亿人，城镇化率由17.92%提高到53.73%，平均每年提升1.02个百分点；城镇数量从193个增加到658个，建制镇从2173个增加到20113个。[①]城镇化的快速发展，大量农村劳动力转移到城镇就业，促进了城乡居民生活水平的提高，对我国30多年来的高速增长发挥了重要的作用。

但是，我国的城镇化滞后于工业化。为了积极稳妥地推进城镇化，政府制定和实施了《国家新型城镇化规划（2014—2020）》，坚持走中国特色新型城镇化道路。这是一条城镇化与工业化、信息化与农业现代化“四化同步”发展的城镇化道路，即信息化与工业化深度融合，工业化与城镇化良性互动，城镇化与农业现代化互相协调，以工促农，以城带乡，工农互惠，城乡一体化的城镇化道路。按照我国新型城镇化发展的目标，今后一个时期，要着重解决好“三个1亿人” 的问题，即促进约1亿农业转移人口落户城镇，改造约1亿人居住的城镇棚户区和城中村，引导约1亿人在中西部地区就近城镇化。[②]到2020年，我国城镇人口预期将达到8.5亿人左右。[③]

从上述我国新型城镇化道路与发展目标中可以看出，城镇化对新常态下中国经济增长的促进作用主要表现在以下三个方面：一是“四化同步”发展的城镇化道路，由

---

① 全国干部培训教材编审指导委员会组织编写：《加快转变经济发展方式》，人民出版社、党建读物出版社2015年版，第154页。

② 全国干部培训教材编审指导委员会组织编写：《加快转变经济发展方式》，人民出版社、党建读物出版社2015年版，第162页。

③ 全国干部培训教材编审指导委员会组织编写：《加快转变经济发展方式》，人民出版社、党建读物出版社2015年版，第163页。

于能更好地发挥以工促农，以城带乡，工农互惠，城乡一体化的作用，所以必将有利于促进工业和农业，城市与乡村的发展；二是“三个1亿人”问题的解决，使转移到城镇的农民真正转变为市民，从而必将使他们的收入水平和消费水平显著提高，消费需求的强劲增长必将拉动经济快速发展；三是“三个1亿人”落户城镇，必将促进城镇基础设施、公共服务、住房建设和相关产业的发展，这种强劲的投资需求也将成为拉动经济增长的动力。

第四，区域的协调发展将会促进经济较快地增长。改革开放30多年来我国取得了高速增长的成就，同时也存在着不平衡、不协调、不可持续的问题。这些问题，在区域发展中尤为明显。为了促进区域的协调发展，从20世纪90年代以来，在鼓励东部地区率先发展的基础上，我国先后做出了实施西部大开发、振兴东北地区等老工业基地、促进中部地区崛起的重大战略决策，大大激发了区域经济的活力。区域经济发展的协调性日益增强，有力地支撑了国民经济的持续健康发展。

具体地说，四大区域的发展状况可以概述如下：

拥有2亿人口的东部沿海地区，经济技术基础好，地理条件优越，积极引进国外资金、先进技术和管理经验，大力发展外向型经济，率先实现了经济的快速发展。长江三角洲、珠江三角洲、京津冀三大地区的经济总量超过全国的40%[①]，发挥着引领我国经济增长的作用。西部大开发战略的实施，使西部地区的基础设施和生态环境建设取得了突破性进展，经济实力和自我发展能力明显增强。东北地区等老工业基地振兴实施10年来，焕发出勃勃生机和活力，发展的内在动力和综合经济实力大为增强，资源型城市经济转型取得了新进展。2003—2013年，东北三省地区生产总值年均增长12.7%。[②]中部地区崛起战略实施以来，经济发展加快，总体实力进一步增强，粮食生产基地、能源原材料基地、现代装备制造和高技术产业基地以及综合交通运输枢纽（“三基地、一枢纽”）的建设加快，产业结构得到优化，资源节约型和环境友好型社会的建设成效显著，全方位开放格局初步形成。

综上所述，四大区域对新常态下中国经济增长的促进作用，主要表现在两个方面：一是四大区域各自经济实力和活力的增强，必将有力地促进整个国民经济的快速发展；二是到目前为止，东部、中部、西部和东北地区四大区域仍存在着明显的发展差距。国家统计局的数字显示：2012年，我国东部地区人均GDP为55722元，中部地区

---

① 全国干部培训教材编审指导委员会组织编写：《加快转变经济发展方式》，人民出版社、党建读物出版社2015年版，第135页。

② 全国干部培训教材编审指导委员会组织编写：《加快转变经济发展方式》，人民出版社、党建读物出版社2015年版，第142页。

为32427元，西部地区为31357元，东北地区为46024元[①]，若以东部地区人均GDP为1，则中部地区为0.56，西部地区为0.54，东北地区为0.80。随着区域间协调发展的推进，区域差距将转化为经济增长的潜力，中西部地区的快速发展将为国民经济的增长贡献更大的份额。1978—2005年，东部地区生产总值年平均增长速度比中部地区快1.9个百分点，比西部地区快2.1个百分点，比东北地区快3.1个百分点。2007年，西部地区经济增长速度高达14.6%，首次超过东部地区14.4%的增长速度。2008年，中西部和东北地区的经济增长全面加速，西部地区的生产总值增长12.4%，东北地区的生产总值增长13.3%，中部地区的生产总值增长12.1%，均超过东部地区11.1%的增长速度。[②]2008—2013年，中西部地区和东北地区的增长速度连续6年超过东部地区，扭转了长期以来区域经济增长"东快西慢"的格局，促进了区域经济的协调发展，这是我国区域经济发展进程中重大的历史性变化。

第五，"一带一路"战略的实施，将为我国经济的中高速增长提供持久的动力。2013年9月10日，习近平主席在哈萨克斯坦和印度尼西亚访问期间，提出了"丝绸之路经济带"和"21世纪海上丝绸之路"两大战略构想，简称"一带一路"战略。2015年3月28日，经国务院授权，国家发展改革委员会、外交部、商务部联合发布了《推动共建"丝绸之路经济带"和"21世纪海上丝绸之路"的愿景与行动》，这就标志着"一带一路"战略构想已进入实施阶段。"一带一路"的战略构想，惠及东亚、东南亚、南亚、西亚、北非和欧洲沿线各国，覆盖60多个国家，涉及50亿人口，影响重大，意义深远。就我国国内而言，"一带一路"核心区域有16个省区。其中，"丝绸之路经济带"包括新疆、青海、甘肃、陕西、宁夏西北5个省区，重庆、四川、广西、云南西南4个省市（区），以及新扩围的内蒙古；"21世纪海上丝绸之路"包括江苏、浙江、福建、广东、海南东部沿海5个省份，以及新扩围的山东省。

"一带一路"战略的实施，对促进我国经济增长的作用，主要表现在以下三个方面：一是盘活国内生产要素，为资本、劳动力、技术、信息、服务等生产要素的通畅流动创造了条件。二是优化区域经济空间格局，更好地挖掘中西部地区的发展潜力，促进中西部地区经济更快地发展。三是进一步开拓国际市场，为我国全方位对外开放拓展更为广阔的空间。"一带一路"东起势头强劲的东亚经济圈，西到发达的欧洲经济圈，连接起一条横贯东西的巨型经济带，从而更好地促进世界各国合作共赢、共同发展。

---

① 数据来源：《国家统计年鉴2012年》。

② 全国干部培训教材编审指导委员会组织编写：《加快转变经济发展方式》，人民出版社、党建读物出版社2015年版，第133-134页。

第六，党的十八大做出了全面深化改革的战略部署。全面深化改革，将为新常态下中国经济的增长提供不竭的动力。社会主义社会的基本矛盾仍然是生产力与生产关系的矛盾、经济基础与上层建筑的矛盾。这两对基本矛盾的存在，决定了社会主义社会是不断改革的社会。经济体制改革是要改革与生产力发展不相适应的生产关系的某些方面，政治体制改革是要改革与经济基础不相适应的上层建筑的某些方面。全面深化改革，将会促进这两对基本矛盾相适应，更好地解放和发展生产力，从而成为推动中国经济增长的不竭动力。

参考文献

[1] 全国干部培训教材编审指导委员会组织编写. 加快转变经济发展方式 [M]. 北京：人民出版社、党建读物出版社，2015.

[2] 张卓元. 十八大后经济改革与转型 [M]. 北京：中国人民大学出版社，2014.

[3] 王保安. 准确把握新常态，推动经济转型升级 [J]. 求是，2015（4）：31-34.

[4] 李扬. 中国经济发展的新阶段 [J]. 财贸经济，2013（11）：5-12.

[5] 蔡昉. 把握经济走势 坚持稳中求进 [J]. 求是，2015（1）：37-39.

（胡乃武，中国人民大学经济学院教授，博士生导师。田子方，中国人民大学经济学院博士生）

为“十三五”时期经济增速适度回升积蓄力量

□ 刘树成

2015年是“十二五”规划的收官之年，是党中央关于“十三五”规划建议的编制之年。2016年是实施国家“十三五”规划纲要的开局之年。

2015年5月27日，习近平总书记在浙江召开的座谈会上强调指出，“十三五”时期是我国经济社会发展非常重要的时期，要系统谋划好“十三五”时期经济社会发展。① 6月16—18日，习近平总书记在贵州调研时和召开的座谈会上又指出，看清形势、适应趋势、发挥优势，善于运用辩证思维谋划发展。并强调，“十三五”时期是我们确定的全面建成小康社会的时间节点。要聚焦如期全面建成小康社会这个既定目标，着眼于我国未来5年乃至更长远的发展，既不能脱离实际、提过高的目标和要求，也不能囿于一时困难和问题而缩手缩脚。②习近平总书记的这些论断和指示，对于我们探讨“十三五”时期宏观经济波动态势具有十分重要的指导意义。

本文根据习近平总书记以上的讲话精神，就“十三五”时期我国宏观经济波动态势进行探讨和分析。全文共分七个部分，第一部分，首先说明“十三五”开局之年所面临的宏观经济波动态势的两个显著特点：一是从GDP年度增长率来考察，我国经济增速从2008—2015年已连续8年处于下行调整之中；二是从GDP季度同比增长率来考察，经过前一阶段的大幅下滑之后，近期已逐渐趋稳。第二部分，说明“十三五”时期我国宏观经济走势的四种可能性：一路下行、一路走平、一路冲高，以及遵循经济波动规律，在合理区间正常波动。第三部分，说明经济新常态并不意味着经济增速一路下行。第四部分，说明近年来宏观调控采取“微刺激”与“保下限”的政策越来越被动。第五部分，提出“十三五”时期有望进入新常态下的新一轮经济上升周期。第六部分，梳理我国经济发展空间格局三大国家战略（“一带一路”建设、京津冀协同发展、长江经济带建设）的探索与形成过程。第七部分，说明我们应遵循经济波动规律，为“十三五”时期实现全面建成小康社会的伟大奋斗目标，营造良好的宏观经济

① 见《人民日报》2015年5月29日第1版。

② 见《人民日报》2015年6月20日第1版。

运行环境。

一、“十三五”开局之年所面临的宏观经济波动态势

“十三五”开局之年，即2016年所面临的宏观经济波动态势的一个显著特点是，我国经济增速（GDP增长率）在2007年达到14.2%的高峰之后，在应对国际金融危机的严重冲击中，2010年经济增速略有上升（10.4%），但总的看，到2015年，已连续8年处于下行调整之中（见图1，其中，2015年增速暂按年初经济增长预期目标7%预计）。我国经济结束了改革开放30多年来近两位数的高速增长，进入由高速增长转向中高速增长的速度换挡期。我国经济发展进入新常态。

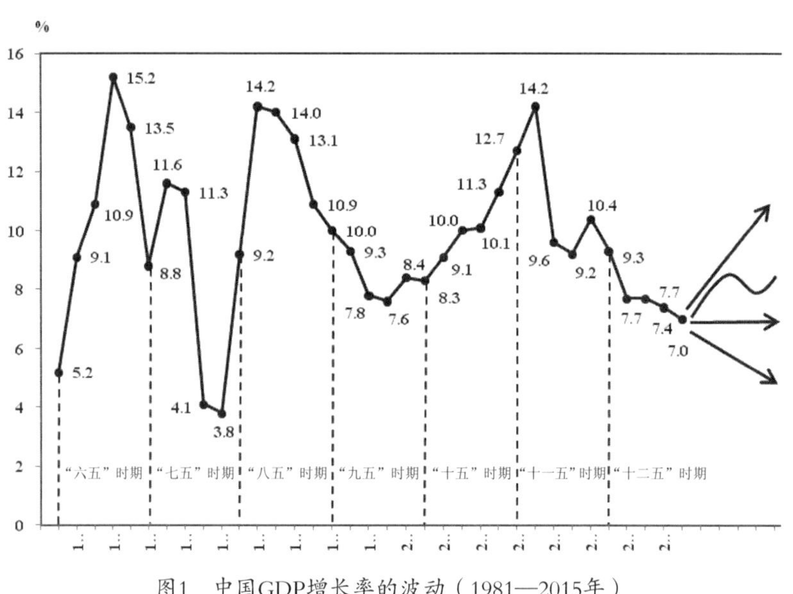

图1　中国GDP增长率的波动（1981—2015年）

改革开放30多年来，我国经济并不是以近10%的高速直线增长的。从经济增长率波动10年左右的中长周期来考察，改革开放30多年来，我国经济增速经历了三次上升与回落的波动过程（见图1）。

第一次上升是1982—1984年。GDP增长率从1981年5.2%的低谷，上升到1984年15.2%的高峰，上升了10个百分点。

第一次回落是1985—1990年。GDP增长率从1984年15.2%的高峰，回落到1990年3.8%的低谷，回落了11.4个百分点，下行调整了6年。

第二次上升是1991—1992年。GDP增长率从1990年3.8%的低谷，上升到1992年14.2%的高峰，上升了10.4个百分点。

第二次回落是1993—1999年。GDP增长率从1992年14.2%的高峰，回落到1999年7.6%的低谷，回落了6.6个百分点，下行调整了7年。

第三次上升是2000—2007年。GDP增长率从1999年7.6%的低谷，上升到2007年14.2%的高峰，上升了6.6个百分点。

第三次回落是2008—2015年。GDP增长率从2007年14.2%的高峰，回落到2015年7.0%的低谷，回落了7.2个百分点，下行调整了8年。

我们看到，在“十三五”开局之年——2016年，即将面临的宏观经济波动态势的一个显著特点是，我国经济增速已连续8年处于下行调整之中，是上述三次回落中历时最长的一次。

进一步从我国GDP季度同比增长率来考察，“十三五”开局之年所面临的宏观经济波动态势的另一个显著特点是，经过前一阶段的大幅下滑之后，近期已逐渐趋稳。2008年和2009年，在应对国际金融危机的冲击中，我国GDP季度同比增长率走出了一个“V”字形的先下降、后反转的轨迹。到2010年第一季度，GDP增长率回升到12.1%的高峰。其后，从2010年第二季度开始，至2015年第一、第二季度各降到7.0%，从总的趋势看，出现了连续21个季度的回落（见图2）。这21个季度GDP增速的回落可以分为两个小阶段：第一个小阶段，是增速大幅下滑阶段。从2010年第一季度的12.1%，下滑到2012年第三季度的7.4%，回落了4.7个百分点。第二个小阶段，是增速逐渐趋稳阶段。从2012年第四季度的7.9%，缓慢下降到2015年第一、第二季度的7.0%，回落了0.9个百分点，降幅已明显收窄，并趋稳。

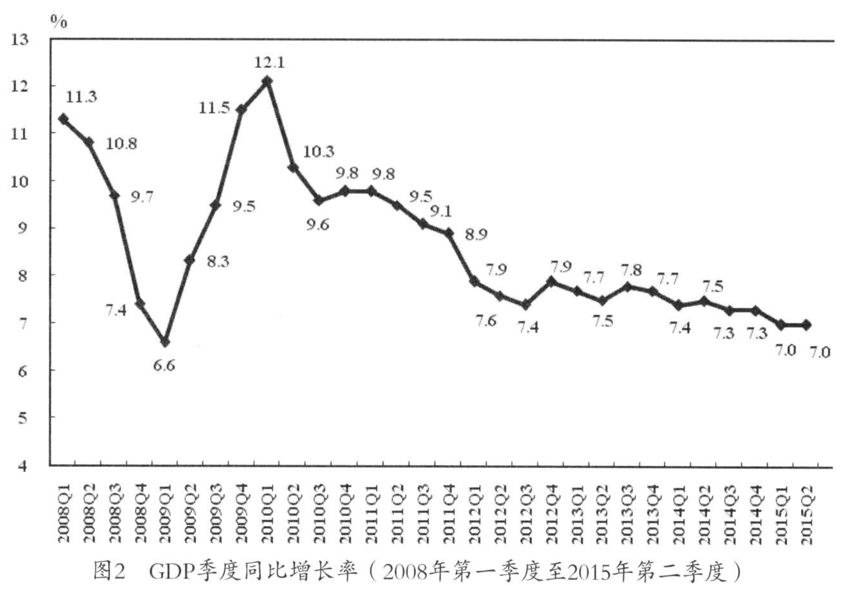

图2 GDP季度同比增长率（2008年第一季度至2015年第二季度）

二、“十三五”时期宏观经济走势的四种可能性

“十三五”时期，即2016—2020年，我国宏观经济走势大约有四种可能性：

第一种可能性，一路下行。由7%降到6.5%，到2020年降到6%或更低。政策含义：宏观调控不再守下限和保下限，而使下限不断下移。

第二种可能性，一路走平。在7%左右一路持续走平。政策含义：继续守下限。

第三种可能性，一路冲高。重返10%以上的高增长。政策含义：强刺激。但是，这种可能性已经基本上不存在了。为什么又把它作为第三种可能性呢？因为现在有人不愿意讲“回升”，认为“宏观调控只为托底，不为抬高”。如果你说经济增速会出现回升，就说你要重回10%以上高增长的老路。所以，这里就将其作为第三种可能性单列出来了。

第四种可能性，遵循经济波动规律，使经济运行在合理区间的上下限之间正常波动。政策含义：以合理区间的中线为基础，该回升时就回升，但要把握好回升的幅度；该下降时就下降，也要把握好下降的幅度。

本文主张要争取以上第四种可能性，但这并不容易。下面，先对经济增速一路下行问题做些分析。

三、新常态并不意味着经济增速一路下行

现在，我国经济发展进入新常态。其中一个重要特征就是经济增长由高速转向中高速。但也有人将新常态片面理解为经济增速一路下行。对此，我们应予高度重视，因为经济增速一路下行将会给我国经济与社会发展带来一系列严重问题。

其一，经济增速若一路下行，到2020年，将使城镇居民人均收入比2010年翻一番的目标难以实现。

党的十八大提出两个“翻一番”目标，即“到2020年，实现国内生产总值和城乡居民人均收入比2010年翻一番”。就城镇居民人均可支配收入来考察，按照翻一番的要求，在2011—2014年这4年已有增长的基础上（分别增长8.4%、9.6%、7.0%和6.8%），从2015年起和整个“十三五”时期，需年均增长6.7%。但近年来，随着经济增速的回落，到2014年，城镇居民人均可支配收入的增长已降至6.8%，2015年上半年降至6.7%，这已降到翻一番所需最低增长率的边缘。今后，若经济增速一路下行，而一般说来，城镇居民人均可支配收入增长率低于GDP增长率，这样，从2015年起，城镇居民人均可支配收入的增长将会降至6.7%以下。到2020年，城镇居民人均可支配收入就不能实现翻一番的目标了。

而对农村居民人均纯收入来说，由于2011—2014年这4年增速较高（分别增长

11.4%、10.7%、9.3%和9.2%），按照翻一番的要求，从2015年起和整个“十三五”时期，只需年均增长5.2%。一般说来，这是可以实现的。

其二，经济增速若一路下行，到2020年，将使GDP比2010年翻一番目标的实现面临风险，特别是将会严重影响市场预期和企业投资。

按照到2020年GDP比2010年翻一番的要求，在2011—2015年已有增长的基础上（分别增长9.5%、7.7%、7.7%和7.4%，2015年暂按年初经济增长预期目标7%估算），“十三五”时期，GDP需年均增长6.5%。有机构预测，到2020年，GDP增长将一路下行到6%或更低。若这个下行较缓，“十三五”时期年均增速不低于6.5%，则GDP翻一番的目标仍有可能勉强实现。若这个下行过快，使年均增速低于6.5%，那么GDP翻一番就成了问题。即使翻一番勉强实现，但GDP增长率将会出现一条从2007年之后至2020年长达13年的下行轨迹。这将造成一种经济增速不断下降的预期，极不利于稳定和提振市场信心。

而且，随着近年来经济增速的回落，企业盈利增速下降。2014年，规模以上工业企业实现利润的增长已降至3.3%的较低水平，既低于国内生产总值的增长率7.4%，亦低于城镇居民人均收入的增长率6.8%，更低于全国财政收入的增长率8.6%。2015年上半年累计，与去年同期相比，规模以上工业企业实现利润呈现负增长（-0.7%）。

同时，从2012年3月至2015年7月，工业生产者出厂价格已连续41个月处于负增长的通缩状态。市场预期的不断下降，特别是企业盈利预期的不断下降，将会严重影响企业的投资，并由此影响企业的技术创新和升级。

其三，经济增速若一路下行，将会影响财政收入的增长。

2014年全国财政收入增长8.6%，为1992年以来，即23年来首次进入个位数增长。2015年上半年累计，与去年同期相比，全国财政收入仅增长6.6%，同口径增长4.7%，回落4.1个百分点。今后，若经济增速一路下行，财政收入增速也会一路下行。这样，需要财政支持的经济结构调整、经济发展方式转变、有关改革措施、各项社会事业的发展、社会保障的扩大、收入差距的调节等，都会受到影响。

本文认为，新常态并不意味着经济增速一路下行。不要把新常态泛化、娱乐化，更不要把一些“异常态”“非常态”的现象也都说成“新常态”。如果说“赶超型国家的经济发展在经历一段高速增长之后，其增长速度会下台阶，这是客观规律”，那么这种说法没错。但如果说这个“下台阶”一定是“大幅度”下台阶，或一定是长时间一路下行，那么这种说法则不是客观规律，不是“正常态”。特别是从我国是一个地域辽阔、人口众多的发展中大国这一基本国情出发，我国经济具有巨大韧性、潜力和回旋余地，未来发展空间还很大。在新常态下，经济增长从高速转向中高速，我们要主动适应新常态，坚持以提高经济发展质量和效益为中心，坚持把转方式调结构放

到更加重要位置，但这并不意味着要使经济增速一路下行。

四、“微刺激”与“保下限”越来越被动

2012—2014年，宏观调控每年采取的是“微刺激”与“保下限”政策，打了3次“下限保卫战”，每年形成了一个循环圈，即“经济增速下滑—微刺激—小幅反弹—再下滑”的循环圈。大体上说，每年初，经济增速下滑；然后，采取“微刺激”措施，经济增速小幅反弹；随后和下一年初，经济增速又继续下滑。

2015年，又进入了这个循环圈，年初，经济增速下滑，又采取“微刺激”措施，打了第4次“下限保卫战”。但“微刺激”措施缺乏持久推动力，且其效力越来越弱。

宏观调控只守下限越来越被动。经济运行的合理区间包括下限、上限和中线。宏观调控只守下限就要年年打“下限保卫战”，而“微刺激”措施的效力越来越差，加之经济增速下滑具有惯性，如果没有抵挡下滑的足够力量，或者一旦国内外经济环境有个“风吹草动”，即出现某些不确定性因素的冲击，经济运行随时就可能滑出下限。宏观调控与其守住下限，不如把握中线。把握经济运行合理区间的中线，可使宏观调控上下都有回旋余地，而且可以充分利用目前距离通货膨胀上限还留有的空间，进一步推动经济发展。

五、“十三五”时期有望进入新常态下新一轮经济上升周期

要摆脱上述循环圈，摆脱年年打“下限保卫战”的被动局面，把握经济运行合理区间的中线，防止经济增速一路下行，已经不是靠短期的“微刺激”措施、不是靠简单的放松政策、不是靠推出一个个零碎的项目就能解决的。也就是说，已经不是在短期宏观调控层面所能解决的。既不是靠“大水漫灌”所能解决的，也不是靠“喷灌”“滴灌”所能解决的。我们不能仅就短期宏观调控的力度问题去争论，不能仅就宏观调控是该松还是该紧、是“微刺激”还是“强刺激”去争论。同时，也不是靠简政放权、仅靠市场机制的调节作用所能解决的，市场机制具有自发性和下滑惯性。

而要摆脱上述循环圈，摆脱年年打“下限保卫战”的被动局面，把握经济运行合理区间的中线，防止经济增速一路下行，就需要从国家宏观经济管理的更高层面来解决，也就是要从我国中长期经济发展新的顶层设计层面来解决，寻找我国经济发展总体战略层面的重大创新和突破，从而寻找对于经济增长具有中长期持久推动的力量。2015年党中央关于“十三五”规划建议的编制，以及2016年初国家“十三五”规划纲要的实施，将会是在我国经济发展进入新常态情况下，对我国未来经济发展做出的重

大战略部署，将会形成对我国经济增长具有中长期持久推动的力量。其中，特别是作为“十三五”规划的重要内容，“一带一路”、京津冀协同发展、长江经济带这三大国家战略的布局和实施，标志着我国经济发展在空间格局上的重大创新和突破，将会充分利用和发挥我国经济的巨大韧性、潜力和回旋余地，释放出需求面和供给面的巨大潜力，凝聚起对我国经济增长具有中长期持久推动的力量。

从本文前述改革开放以来我国经济增速所经历的3次上升过程来考察，其中，相关的五年计划或规划的实施起到了重要的推动作用。如，在第一次上升过程中，即1982—1984年，正值“六五”时期的第2、第3、第4年；在第二次上升过程中，即1991—1992年，正值“八五”时期的第1、第2年；在第三次上升过程中，即2000—2007年，正值整个“十五”时期，以及“十一五”时期的第1、第2年。参考这种情况，“十三五”规划的启动和实施，有可能积蓄起推动我国经济增长向上的力量，有可能使经济增速止跌企稳，并适度回升。这样，2015年经济增速的回落有望触底，即有望完成阶段性探底过程，“十三五”时期有可能进入新常态下的新一轮上升周期。新一轮上升周期不是单纯地让经济增速适度回升起来，更不是要重回过去两位数的高增长状态，而是要实现有质量、有效益、可持续的回升。要借回升之势，营造良好的宏观经济运行环境，更好地实现稳增长与转方式、调结构、促改革、惠民生的有机结合，更好地实现全面建成小康社会的伟大奋斗目标。

以上分析只是一种可能性，历史不会简单地重演。“十三五”时期，我们还会遇到许多困难和新问题，还需要付出艰辛的探索和努力。习近平总书记2015年5月25—27日在浙江调研时指出：我国经济发展已经进入新常态，如何适应和引领新常态，我们的认识和实践刚刚起步，有的方面还没有破题，需要广泛探索。①

现在，人们常说，我国经济发展处于“三期叠加”阶段，即增长速度换挡期、结构调整阵痛期、前期政策消化期。本文认为，还应该加上一期，即新的政策探索期，是“四期叠加”。

六、我国经济发展空间格局三大国家战略的探索与形成

近年来，新一届中央领导在积极开展反腐倡廉、全面深化改革、全面推进依法治国的过程中，也就是在全面展开治国理政大布局的过程中，不停地探索我国经济发展在空间格局上的重大突破和创新。这一探索的主要时间表如下：

---

① 参见《人民日报》2015年5月28日第1版。

1. 关于“一带一路”战略

2013年9月和10月，习近平总书记在出访中亚（哈萨克斯坦）和东南亚（印度尼西亚）国家期间，先后提出建设丝绸之路经济带和21世纪海上丝绸之路的战略构想。该年11月，这一战略构想纳入了党的十八届三中全会通过的《中共中央关于全面深化改革若干重大问题的决定》。该决定提出：“加快同周边国家和区域基础设施互联互通建设，推进丝绸之路经济带、海上丝绸之路建设，形成全方位开放新格局。”

2014年3月5日，这一战略构想纳入《政府工作报告》，提出：“构建全方位对外开放新格局。推进丝绸之路经济带和21世纪海上丝绸之路合作建设。加快互联互通、大通关和国际物流大通道建设。” 这表明“一带一路”上升为国家战略。该年11月，习近平总书记主持召开中央财经领导小组第八次会议，专门研究“一带一路”规划，研究发起建立亚洲基础设施投资银行和设立丝路基金。到2014年12月，中央经济工作会议在“优化经济发展空间格局”这一任务中，明确提出“要重点实施‘一带一路’、京津冀协同发展、长江经济带三大战略，争取明年有个良好开局”。由此，标志着我国经济发展空间格局的三大国家战略正式形成。

2015年3月5日，《政府工作报告》提出：拓展区域发展新空间，统筹实施“四大板块”和“三个支撑带”战略组合。把“一带一路”建设与区域开发开放结合起来，加强新亚欧大陆桥、陆海口岸支点建设。推进京津冀协同发展，在交通一体化、生态环保、产业升级转移等方面率先取得实质性突破。推进长江经济带建设，有序开工黄金水道治理、沿江码头口岸等重大项目，构筑综合立体大通道，建设产业转移示范区，引导产业由东向西梯度转移。紧接着，3月28日，经国务院授权，国家发展改革委、外交部、商务部联合发布了《推动共建丝绸之路经济带和21世纪海上丝绸之路的愿景与行动》。

2. 关于京津冀协同发展战略

2013年5月，习近平总书记在天津调研时提出，谱写新时期社会主义现代化的京津“双城记”。同年8月，习近平总书记在北戴河主持会议，研究河北发展问题，提出要推动京津冀协同发展。

2014年2月，习近平总书记在北京主持召开座谈会，专题听取京津冀协同发展工作汇报，提出实现京津冀协同发展是一个重大国家战略。在该年12月中央经济工作会议中，京津冀协同发展战略列为优化我国经济发展空间格局的三大战略之一。

2015年2月10日，习近平总书记主持中央财经领导小组第九次会议，审议研究京津冀协同发展规划纲要。同年3月5日，《政府工作报告》将推进京津冀协同发展列为拓展区域发展新空间的“三个支撑带”之一。同年4月30日，习近平主持中共中央政治局会议，审议通过《京津冀协同发展规划纲要》。

3. 关于长江经济带战略

2014年3月，《政府工作报告》提出，依托黄金水道，建设长江经济带。同年4月25日，习近平总书记主持中共中央政治局会议，研究当前经济形势和经济工作。会议提出“推动京津冀协同发展和长江经济带发展”。同年4月28日，李克强总理在重庆主持召开座谈会，研究部署建设长江经济带问题。同年9月，国务院印发《关于依托黄金水道，建设长江经济带的指导意见》。在同年12月中央经济工作会议中，长江经济带战略列为优化我国经济发展空间格局的三大战略之一。

2015年3月5日，《政府工作报告》将推进长江经济带建设列为拓展区域发展新空间的“三个支撑带”之一。

归纳起来，三大国家战略的形成，是党中央、国务院在我国经济发展进入新常态情况下，根据全球经济形势的深刻变化，统筹国内国际两个大局而做出的重大决策部署，是我国经济发展在空间格局上的重大突破和创新，是对于经济增长具有中长期持久推动作用的力量。

三大国家战略的实施，能够促进国内东、中、西部区域之间广阔的合纵连横，推进新型城镇化和城乡结构的大调整，以点带线，由线到面，形成新的经济增长极、增长带和城市群；能够促进国际与国内经济发展的互联互通，形成我国沿海、沿江、沿边全方位对外开放的新局面。

三大国家战略的实施，不仅能释放出提升投资的巨大潜力，而且能释放出扩大消费的巨大潜力，使消费在经济发展中更好地发挥基础作用、使投资更好地发挥关键作用。

三大国家战略的实施，不仅能释放出扩大内需的巨大潜力，而且能释放出拓展外需的巨大潜力，促进“三驾马车”更均衡地拉动经济增长。

三大国家战略的实施，不仅能释放出需求面的巨大潜力，而且能释放出供给面的巨大潜力，提高资源配置效率，促进经济创新驱动和提质增效升级。

三大国家战略的实施，对于增强我国经济发展后劲，全面建成小康社会，成功跨越中等收入陷阱，维护和延长我国发展的重要战略机遇期，实现中华民族伟大复兴，更具长远意义。

七、遵循经济波动规律与营造良好的宏观经济运行环境

我们说，“十三五”时期我国经济增速有可能进入新常态下的新一轮上升周期，这并不是简单地让经济增速适度回升起来，更不是要重回过去两位数的高增长状态。而是说，我们要遵循经济波动客观规律，使经济增速在合理区间内有升有落，正常波

动，健康推进，同时，借回升之势，营造良好的宏观经济运行环境，更好地实现稳增长与转方式、调结构、促改革、惠民生的有机结合，更好地实现全面建成小康社会的伟大奋斗目标。

经济学原理告诉我们，经济波动在上升期和回落期具有不同的宏观经济运行环境和具有不同的功能。回落期是调整期、消化期、淘汰期，这时社会需求低迷，企业经营困难，市场预期前景不看好，难以扩大投资和实现创新驱动。而上升期是创新活跃期、市场活跃期、投资和消费活跃期，市场预期前景看好，有利于推进经济实现提质增效升级。经济学家熊彼特曾有一个著名的论断和分析：经济发展过程是“创造性破坏的过程”，是“不断地破坏旧结构，不断地创造新结构”，二者一起形成称为经济周期的过程。他具体把周期分为4个阶段，即复苏、繁荣、衰退、萧条。复苏和繁荣的上升周期是实现创新、创造新结构的过程；衰退和萧条的下降周期是对创新的消化、清理、调整和吸收的过程，即破坏旧结构的过程。

由此，我们应该主动利用经济波动规律，以经济发展空间格局的重大突破和创新为引擎，不断地创造新结构，包括新的区域结构、新的城乡结构、新的城市结构、新的需求结构、新的产业结构和供给结构等，积蓄和释放持久的、向上的推动力量，促进经济增速适度回升，开创经济发展新局面。

为了在我国经济发展进入新常态下更好地实施三大国家战略，促进经济增速适度回升，一定要做到两个“坚持”：一是坚持稳中求进，二是坚持以改革推进。

其一，坚持稳中求进，着眼于转变经济发展方式。要以提高经济发展质量和效益为中心，促进经济发展方式从规模速度型粗放增长转向质量效率型集约增长。鉴于历史的经验教训，要牢记“四个不能”：不能急于求成，不能一哄而起，不能盲目追求速度，不能低水平竞争。要搞好顶层设计，科学制定规划，落实好具体的实施方案、关键的标志性工程、相应的民生改善项目。要把年度、季度宏观调控措施，与三大国家战略的实施紧密结合。确定好三大国家战略到2020年及其后实施的时间表、路线图，并将它们具体化和精细化地逐一分解，分解为当前各年度、各季度可操作和可检查的措施，相互衔接、相互配套地实施。

其二，坚持以改革推进，着眼于体制机制创新。要正确处理政府和市场的关系，使市场在资源配置中起决定性作用，同时，更好地发挥政府作用。在三大国家战略实施中，政府作用除了体现在搞好顶层设计、科学制定和落实规划之外，还要全面深化改革，以体制机制创新来推进整个工作和破解其中的困难。这涉及一系列重要的改革，包括政府行政体制改革、投融资体制改革、财政体制改革、金融体制改革、户籍制度改革、土地制度改革、收入分配制度改革、社会保障制度改革等。

这里，还有一个重要问题需要进一步讨论，就是市场机制要发挥活力需要有一定的环境条件。这包括：（1）政策环境。政府放松对企业的微观管制，如简政放权、放松市场准入条件、税收优惠等。（2）资金环境。适度宽松的信贷条件。（3）法制环境。保护市场正常运行，如维护市场秩序、加强市场监管、保护知识产权等。（4）宏观经济运行环境。如经济波动处于上行通道、市场预期看好、有赢利前景等。

简政放权很重要，但这只是其中的一个条件。就宏观经济运行环境来说，这是发挥市场机制活力的一个重要条件。如前所述，经济波动在上升期和回落期具有不同的宏观经济运行环境。在上升期，社会需求活跃，企业生产经营状况良好，市场预期和赢利前景看好。在回落期，社会需求低迷，企业生产经营困难，市场预期和赢利前景不看好。而人们在从事经济活动、做出经济决策时，不仅要从眼前的现实环境出发，而且更重要的是，要考虑未来的市场预期和赢利前景。如果市场预期悲观，赢利前景迷茫，企业就没有信心去投资和扩大生产，银行就没有信心去放贷，居民就没有信心去消费。这样，市场机制的活力就难以充分发挥出来。近几年来，政府出台了许多有利于发挥市场机制活力的政策措施，今后还会继续出台这方面的政策措施。但要使这些政策措施充分发挥作用，要充分释放市场活力，还需要努力营造良好、向上的宏观经济运行环境。

参考文献

[1] 刘树成. 对经济运行下限的第三个冲击波. 经济学动态，2014（4）.

[2] 刘树成. 防止经济增速一路下行——2015—2020年中国经济走势分析. 经济学动态，2015（3）.

[3] 新华社报道. 习近平在浙江调研时强调，干在实处永无止境，走在前列要谋新篇. 人民日报，2015-05-28（1）.

[4] 新华社报道. 习近平在华东省市党委主要负责同志座谈会上强调，抓住机遇，立足优势，积极作为，系统谋划“十三五”经济社会发展. 人民日报，2015-05-29（1）.

[5] 新华社报道. 习近平在部分省区市党委主要负责同志座谈会上强调，谋划好“十三五”时期扶贫开发工作，确保农村贫困人口到2020年如期脱贫. 人民日报，2015-06-20（1）.

[6] 熊彼特. 经济发展理论. 中译本. 北京：商务印书馆，1990.

[7] 熊彼特. 资本主义、社会主义与民主. 中译本. 北京：商务印书馆，1999.

（刘树成，中国社会科学院首批学部委员，经济学部副主任，全国政协委员，全国政协经济委员会委员）

新常态下宏观调控的新特点

□ 郭克莎

［摘要］新常态下宏观调控新特点的形成，必然是客观条件和主观因素共同作用的结果。如果将2012年确定为我国经济进入新常态的开端，预计新常态的持续时间至少要达到10年以上，其中前5年将是比较艰难的转换期和适应期。这种艰难性主要表现在经济增速能否平稳换挡和如何防止经济失速上，因为经济发展阶段转变与周期性影响交错在一起，可能使市场出现过度反应和较大扭曲，也使宏观调控面临新的严峻挑战。把经济发展新常态引起的条件变化与对未来经济运行的预测分析结合起来看，新常态下宏观调控的新特点将表现为调控思路的重大转变，即转为主要稳定经济增速、主要防控通货紧缩、主要促进转型升级、主要激发市场活力。

［关键词］新常态　宏观调控　新特点

根据习近平总书记关于新常态的一系列论述，我国经济发展已进入一种新常态。这是我国经济发展的一个阶段性转变，是一个动态的、较长的过程。经济发展新常态主要包括三层含义：高速增长转为中高速增长；经济结构不断优化升级；要素驱动、投资驱动转向创新驱动。为了把握好速度、结构和动力的关系，我们需要研究新常态下如何搞好宏观调控。新时期的宏观调控既要适应经济进入新常态的趋势，又要发挥引领新常态的作用。其中首先要研究的，就是新常态下宏观调控的新特点。

有的学者概括了宏观调控新常态的九大特征，包括：突出供给思维、明确和完善区间调控、重视结构性调控、拓宽宏观调控视野、重启调控新指挥棒、考量利益博弈、践行负责任宏观政策、尊重“市场决定论”、推进“机制化”建设等。应该说，经济发展进入新常态，并不等于宏观调控也已进入新常态，新的宏观调控不论从框架还是模式看都仍处于理论研究和实践探索的过程，但对即将形成的宏观调控新常态进行概括是有意义的。以上九大方面的新特征，其实不完全是“特征”，而是包含了多种内容：一是新的做法，如突出供给思维、明确区间调控概念、重视结构性调控，就是近两年中央推行宏观调控的新做法，还需要在积累经验的基础上完善调控思路和方式。二是新的要求，如尊重“市场决定论”、推进“机制化”建设，就是在三中全会关于深化改革决定指导下对宏观调控提出的新要求。三是新的趋势，如拓宽宏观调控视野、考量利益博弈、践行负责任宏观政策等，则是在扩大开放条件下宏观调控发展的一些新趋势。

这给了我们一个有益的启示，要研究新常态下宏观调控的新特点，需要从方法论上考虑决定新特点的客观条件和主观因素，或者说，新常态下宏观调控新特点的形成，必然是客观条件和主观因素共同作用的结果。我国经济增速由于内在原因而下行，迅速转入中高速增长的阶段，是经济进入新常态的主要标志、动因和起点，也迫使宏观调控把应对经济下行压力作为主要政策取向。2008年国际金融危机的冲击使我国经济增速大幅下滑，2009年实施的大规模经济刺激使增速大幅反弹，随后2011年刺激政策的退出又使经济增速快速回落，这4年的经济波动，可以看作我国经济由高速增长转向中高速增长、由旧常态转向新常态的过渡期。初步考虑，如果将2012年确定为经济进入新常态的开端，预计新常态的持续时间至少要达到10年以上，其中前5年将是比较艰难的转换期和适应期。这种艰难性主要表现在经济增速能否平稳换挡和如何防止经济失速上，因为经济发展阶段转变与周期性影响交错在一起，可能使市场出现过度反应和较大扭曲，也使宏观调控面临新的严峻挑战。把经济发展新常态引起的条件变化与对未来经济运行的预测分析结合起来看，相对于旧常态下的宏观调控，新常态下的宏观调控大概应当具有以下一些新特点：

一、宏观调控由主要控制经济过热转变为主要稳定经济增速

在经济高速增长的时期，推动经济过快增长的因素较多，防止和控制经济过热往往成为宏观调控的常态；而在经济进入中高速增长的阶段，引起经济增长减速的因素较多，宏观调控的常态将转为防止和控制经济过快下滑。经济过热的主要原因是实际增长率超过潜在增长率。从改革开放到这次国际金融危机影响前的30年时间，我国GDP年均增速为9.9%，而潜在增长率大概为9%。从理论上说，潜在增长率与足够长时间的实际增长率应该是基本一致的，之所以说过去30年的潜在增长率低于长期的实际增长率，是因为在那段时期，经济增速很容易往上冲，很多年份经济运行出现过热，抑制经济过热成为宏观调控的常态，而经济过热是多种因素特别是体制因素影响的结果，高速度中有一部分是以牺牲质量效益、资源环境为代价的。在经济进入新常态后，增速惯性下行的压力较大，要把经济增速稳定在中高速水平上是一件困难的事情。什么是经济增长的中高速？从其他发展中国家或地区的历史经验看，8%以上属于高速增长，6%～8%属于中高速，4%～6%属于中速，4%以下就是中低速增长了。如果让经济增速在较短时期内由10%左右的高速持续下滑到中速，速度掉下来一半，将对经济运行和社会稳定产生过大冲击。因此我在一篇文章中曾提出，要充分认识新常态

下稳增长的重要性，这是应对经济周期影响、稳定市场预期、维持就业稳定、防范债务和金融风险的需要，也是为调结构、促改革创造有利环境的需要。为了保持经济中高速增长，宏观调控需要实行方向性的转变，由以往以控制经济过热为主转为未来一段时期以稳定经济增速为主。这种转变是适应经济运行条件变化的客观要求，不是短期内的宏观经济政策调整，而是中长期政策取向的战略转变，将成为宏观调控的新常态、新特点。

现在需要讨论的是，我国经济实际增长率的下行与潜在增长率的变化是什么关系？采取宏观调控政策来保持6%～8%（中位数为7%）的中高速增长是否合理和可行？近几年来，越来越多的经济学家认为，我国经济增速的下行是由潜在增长率的下降决定的，前者与后者是一致的。但也有一些经济学家不同意这种看法。如刘伟、苏剑认为，经济增长率下滑可能有两种情形：一是实际增长率和潜在增长率一起下滑；二是实际增长率下滑，但潜在增长率没有下滑。目前的情况很可能属于第二种情形。从理论上看，实际增长率的下降包括结构性减速和周期性减速。周期性减速主要是由需求因素影响的中短期增速波动，结构性减速则与潜在增长率的变化密切相关。如果我国经济由高速增长向中高速增长转变是由内在规律决定的发展阶段变化的表现，那么潜在增长率的下降是一种必然的趋势。但这里仍存在两个值得深入分析的问题：

一个问题是，实际增长率和潜在增长率哪个先下降？从逻辑关系说，实际增长率变动既受供给因素也受需求因素影响，潜在增长率变动主要受供给因素影响；总需求与总供给是同时发生的，当总需求出现收缩时，实际总供给会出现下降，而这时潜在总供给水平还没有发生变化（只是部分产出能力闲置）；只有当实际总供给的持续减少引起部分产出能力向外转移或被动淘汰时，潜在总供给水平才开始下降；这样看来，实际增长率的变动要先于潜在增长率的变动。大多数国家或地区经济发展阶段变化的历史经验表明，两者的变动顺序主要是，经济周期性减速引起实际增长率的下降，实际增长率的持续下降通过需求影响投入和生产率等因素导致了潜在增长率的下降，潜在增长率的变化又通过结构性减速进一步使实际增长率下行或制约实际增长率回升。因此，运用宏观调控政策阻止实际增长率过快下行，保持合理增长水平，有助于防止潜在增长率被动式下降，打破两者变动的恶性循环。

另一个问题是，实际增长率与潜在增长率的下降幅度是否一致？我国经济的潜在增长率发生了什么变化，未来一段时期将下降到什么水平，几年来许多经济学家和研究机构进行了测算和预测分析，得出的结果差异很大，基本上不能形成共识。在经济增长模型中，经济增长率是由资本投入、劳动投入增长和全要素生产率（TFP）增长决定的，增长因素分析法可以把资本、劳动数量变化之外的增长剩余都归结于TFP的增长，然后再对TFP的增长进行细分，并可以把资本、劳动质量的变化包括在其中。显然，以这种方式测算的潜在经济增长率，很大程度上是把需求因素的变化及影响抽象掉的。从我国经济的情况看，劳动投入的增长是下行的，但劳动投入增长率本来就很低，对潜在经济增长率的贡献较小，其变化趋势的影响有限；资本投入方面，对经济增长直接起作用的是资本形成，其中流动资本（存货变动）的增长波动较大但所占比重很小，固定资本形成的增长受固定资产投资增速影响逐步下行（相对滞后一些），对潜在经济增长率带来较大冲击；至于TFP的增长，一些研究认为TFP的增长率及对潜在经济增长的贡献率是下降的，但我们从人力资本、技术进步、制度变迁等方面难以找到引起其下降的合理解释，有些测算结果发现近几年TFP增长率大幅降低，可能主要是受到实际经济增速下滑较快，或资本形成增长波动较大的影响，也是增长因素分析中剩余归纳法应用于中短期测算的一个缺陷。这样看来，潜在增长率的下降是相对缓慢的，中短期内的下降幅度不会太大，长期变化趋势在相当程度上还取决于实际增长率的变动。近几年实际增长率较快下滑，而且继续下行压力较大，主要是受国内外需求因素的影响。总需求不足使生产要素特别是固定资产较大比例闲置（产能过剩），使实际增长率低于潜在生产率。因此，通过宏观调控来稳定经济运行，保持中高速增长，是促使实际增长率向潜在增长率靠近，而不是要超过潜在增长率。

综合来说，在经济进入新常态的条件下，由于引起增速惯性下行的因素较多，特别是需求具有自我收缩的趋势并产生持续性影响，如果任由市场调节，政府不进行干预，实际增长率在大多数情况下将低于潜在增长率，很容易滑出中高速增长的区间，宏观调控由主要控制经济过热转向主要稳定经济增速，是适应和引领新常态的一个重要体现。当然，通过宏观政策来保持经济中高速增长，也要注重遵循经济规律，尽量借助市场机制的作用，引导市场主体的行为。要坚决改变“人定胜天”的观念，充分认识政府干预的局限和弊端，增加对市场内在规律的敬畏。应密切跟踪分析经济增长的趋势，既要努力防止经济运行滑出合理区间，又要深入研究滑出调控区间的可能性，做好应对各种风险的准备和预案，更好地把短期政策与中长期政策结合起来。

这轮国际金融危机以来世界经济复苏艰难曲折的状况，需要引起我们对政府与市场关系的反思，从而加深我们对新常态下宏观调控的认识。现代国家尤其是发达国家基本上是市场经济国家，理论基础或主流学派是新古典经济学，推崇自由市场的作用，主张经济周期波动中，市场要出清，经济要见底；但这些国家的经济学家到政府部门任职，推行的却是新凯恩斯主义的做法，对经济波动实施政府干预，采用财政政策、货币政策以及管制手段调控金融市场，稳定经济运行，不让市场出清、经济见底。同时，边实施政策边观察市场作用、避免政策风险积聚。这就使经济像汽车开到斜坡上，政府加油多了往上走一些，加油少了就走不动，不加油则往下滑。美国实施了三轮QE政策，终于使经济逐步爬上了坡；而欧元区等国家则因加油不够或油路不通，经济仍在半山坡上折腾。这反映了典型市场经济国家中理论与实践的矛盾，也揭示了政府与市场关系的复杂性。经济学家往往很容易强调市场的作用，因为从理论上说，这基本上是正确的；政府部门很习惯拿起干预市场的工具，因为“救火、救灾”是他们需要承担的责任。政府干预有利于减少经济及金融的波动，但干预到什么程度才能明显见效、干预之后如何发挥市场作用、如何防范政策风险和后遗症等，则是一道道难题。我国经济新常态下的宏观调控，将同样面临处理政府与市场关系问题的挑战，而且经济发展阶段转变中不稳定、不确定性因素的增多，将使这种挑战更加复杂和严峻。

二、宏观调控由主要防控通货膨胀转变为主要防控通货紧缩

与控制经济过热一样，防止通货膨胀也是经济高速增长时期宏观调控的常态。1978—2008年，我国CPI的年均涨幅为5.61%，明显超过3%以下的温和通胀水平，这也是实际增长率超过潜在增长率的表现。伴随着经济过热的趋势，我国曾有过两次通胀高峰，一次是20世纪80年代末，1988年、1989年2年的CPI涨幅均达到18%，期间虽有价格改革冲关的影响，但主要原因仍在于经济过热的推动；另一次是20世纪90年代初期，经济过度扩张使1993—1995年的CPI涨幅连续3年高于14%，其中1994年高达24.1%。2007—2008年的通胀周期，由于国际金融危机的影响而终止。在高速增长的时期，防通胀、反通胀与防过热、控过热一样，成为宏观调控的主基调。

进入新常态以后，经济由高速增长转为中高速增长，通胀水平出现较快回落，通缩可能形成新的风险，宏观调控的取向将发生根本性变化。2015年以来，CPI涨幅已回落到2%以下，进入国际上认同的低通胀区间；PPI已连续42个月负增长，且降幅有所扩大；上半年GDP平减指数已转为负值，第二产业增加值平减指数已连续12个季度为负值。虽然2015年以来猪肉价格上涨幅度较大，猪肉价格周期的波动引发了人们对新的通胀苗头的担忧，但在大多数农产品供过于求的条件下，猪肉价格持续大幅上涨的可能性不大，对居民消费价格上涨的总体影响（时间和幅度）相对有限。总的来看，当前结构性通缩已比较突出，市场通缩预期在增强。未来一段时期，受世界经济复苏缓慢、国际市场需求不振，以及美元汇率走强等影响，国际大宗商品价格仍将在低位徘徊，对我国的输入性通缩影响继续存在；国内价格总水平走势中，农产品价格带动食品价格上涨的趋势在减弱，资源环境综合使用成本上升的趋势逐步放缓，劳动力成本上升的趋势受到企业基本面的制约，货币供给量虽很大，但难以流入低迷的实体经济转化为物价上涨，能够持续拉动价格上涨的主要方面或重大因素不多；特别是，由于总需求不足、产能过剩严重的状况难以改变，经济实际增长率将低于潜在增长率，经济增速下行的压力加大，通缩风险及通缩预期的影响可能逐步上升，并可能引发价格

下行螺旋、需求收缩螺旋、债务紧缩螺旋、货币紧缩螺旋等一系列连锁性负面效应。因此，宏观调控需要从主要防控通胀向主要防控通缩转变，把调控重心转向消除或减少价格下行因素，改变或减弱市场通缩预期，扭转价格总水平可能出现的下降趋势。这也是由经济运行条件变化决定的客观要求，是一种中长期的政策取向调整，将成为新常态下宏观调控的新特点。

宏观调控方向的变化要求宏观经济政策做出相应调整，其中最重要的就是货币政策取向的调整转变。在经济高速增长时期，货币政策的基本目标是防控通货膨胀，但对经济和价格走势的调控却是被动的，主要表现在：一是货币供给被动适应经济增长。当经济高速增长时，货币供给也高速增长，广义货币M2的增速一直以GDP增长率与CPI上涨率之和为主要依据，货币供给成了经济高速增长和价格总水平上涨的助推器。二是利率调整被动适应价格上涨。当价格水平进入上涨周期时，基准利率根据CPI涨幅逐步上调，名义利率虽不断提高，但实际利率水平没有变化以至相对下降，对需求扩张的约束作用有限。这种被动性导致货币政策没有真正发挥反周期的功能。现在经济转入中高速增长的新常态，这可能是比经济周期下行期更长的一个发展阶段，经济增速下行的压力加大，通胀的可能性大大降低，通缩的风险明显上升，货币政策不仅要实行调控取向的转变，把基本目标从防控通胀转向防控通缩，而且要变被动性为主动性，提升对经济走势的预见性和调控作用。从数量工具看，如果市场通缩预期升温，资金需求可能出现收缩趋势，社会融资规模增量、新增中长期贷款等指标将相继下行，货币政策的调整需要及时到位以至打出提前量，通过降低存款准备金率、加大公开市场操作等措施快速调节市场流动性。未来一段时间，外贸顺差、人民币汇率、国际资本流动等走势，有利于缓解国家外汇占款对货币供给量尤其是存准率的约束，货币政策可以更好利用相应的时间和空间，为稳定经济增长、防控通货紧缩提供适度宽松的流动性环境。从价格工具看，在经济增速、物价涨幅双下行的条件下，货币政策需要积极引导市场利率走势，促进社会融资成本下降，支持实体经济投资发展。萨默斯曾预言，以美国为首的发达国家的实体经济在此轮危机后将进入一个“长期停滞”期，其论据除了技术进步缓慢、劳动参与率降低之外，还有重要一点，就是充分就业实际利率呈下行趋势。[①]充分就业实际利率并非总是正水平，一旦储蓄供给

① 根据维克赛尔利率，实体经济中存在一个由储蓄和投资决定的真实利率水平。该利率水平取决于三个因素：储蓄供给函数、投资需求函数和资金风险偏好，三个因素均衡产生的实际利率就是充分就业利率水平。根据萨默斯等人的研究，在20世纪90年代初以及2001—2005 年，美国的实际利率曾降到零以下，远低于当时的名义利率。这次金融危机爆发后，美国名义利率降低到零左右，但充分就业实际利率一直保持在−2%～−1% 的水平。在这种情况下，名义利率虽一降再降，但仍高于充分就业的真实利率水平，对刺激投资和拉动经济的作用相对较弱。

大于投资需求，且风险偏好（安全资产的供给）难以完全吸收超出的储蓄，充分就业的实际利率就可能落在负值区间，于是投资不足、产出低于潜在水平和就业不充分等经济停滞局面开始出现。这里的充分就业实际利率，实质上就是使经济适度增长的实际利率。从我国当前经济运行的情况看，由于社会就业压力不明显，而产能过剩矛盾突出，“充分就业实际利率”相当于“产能合理利用实际利率”。为了防止这个“实际利率”出现持续下行趋势（目前已经在下行），央行需要及时以至超前下调存贷款基准利率，在推进利率市场化的基础上，使真实利率水平有效反映资金供求关系。虽然由于多种原因特别是体制问题的制约，我国的市场利率还不能完全调节社会资金需求，但通过降低名义利率并使其与“产能合理利用实际利率”趋于协调，仍可以发挥促进企业投资、经济增长的作用。至于由此导致无风险利率下行而使部分资金流向资本市场、房地产市场，引发一定的资产泡沫，则可能是这个时期必然要付出的代价，总的来看利大于弊。

同时，宏观调控取向调整的另一个重要方面是，由主要控制资产价格上涨转变为主要防范资产泡沫破裂，特别是防范房地产泡沫破裂。1998年住房制度改革以来，我国以提供住宅为主的房地产市场经历了15年的高速增长，以遏制房价过快上涨为目标的房地产市场调控也持续了近10年，其中只有2008年因国际金融危机影响房地产市场出现了较大调整，但2009年的支持购房政策和货币信贷扩张很快就把市场拉了起来。1998—2013年，我国商品住宅施工面积年均增长18.9%，竣工面积年均增长12.2%，销售面积年均增长17.1%，都远远高于同期城镇人口年均3.8%的增速。以销售出去的商品住宅计算，扣除城镇人口增长，城镇居民人均拥有的住宅面积在15年中年均增长13.3%，总体增加了5.5倍；与收入增长相比，城镇居民购买商品住宅的增速比收入增速年均高出4.1个百分点，扣除人口城镇化影响，商品住宅的销售增速仍比城镇居民的收入增速高出44.6%。这使房地产市场出现了相对过剩的局面。同时，房价涨幅也明显过大。1998—2013年，我国商品住宅平均销售价格年均上涨8%，总体上涨了2倍多。由于城市商品房的建设一般由市区向外围扩展，平均销售价格的计算远远低估了房价的上涨率，一、二线城市同一地段住宅的价格涨幅超过10倍屡见不鲜。与相关价格指数相比，商品住宅平均销售价格的年均涨幅比CPI高出2.8倍，比住房租金价格指数高出70%，比固定资产投资价格指数高出2.6倍。2014年开始，我国房地产市场进入了调整阶段，尽管中央和地方政府出台了稳定市场的政策措施，使各地房地产市场出现了反弹和分化走势，但调整过程并没有结束。未来一段时间，在经济下行压力加大、市场通缩预期上升的条件下，相对过剩和价格过高的房地产市场波动调整将是一个必然趋势，大多数城市都面临房地产价格下滑的风险，部分城市房地产泡沫的局部破裂可能难以避免。因此，宏观调控需要由控制房价过快上涨转为防范房价泡沫破裂，积极应对房地产市场调整带来的问题。一是应对商品房市场收缩的影响。商品房市场包括新建房市场与二手房市场，现在重点城市的二手房销售量已占新建房销售量的40%～50%，作为商品房市场总需求的组成部分，二手房市场的需求会分流新建房市场的需求，但对房地产投资和经济增长产生影响的主要是新建房市场。为了降低商品房市场波动对经济增长的影响，应区分两个市场并采取不同政策措施，激活新建房市场以消化库存压力，稳住二手房市场以减少需求分流，防止投资投机存量房大规模抛售引起房地产价格大幅下跌和泡沫破裂。加快改革商品房预售制度，推行现房销售制度，缓和短期市场供求矛盾，使住房过剩压力往后推延。二是应对房地产投资下行的压力。2015年1～7月，房地产开发投资增速已下降到5%之下，未来还可能继续下行以至负增长，将对固定资产投资产生较大影响。这是此前10多年房地产投资高速增长的代价，也是缓解市场过剩矛盾的必要过程。防止房地产投资下滑过快，需要创造适度宽松的流动性环境，促进市场利率下行，搞活市场投融资机制，引导地方政府下调土地出让底价，同时，支持开发企业拓展养老、健身、旅游、文化等新的房地产业，为投资增速平稳过渡提供有利条件。这与稳定经济增长的政策取向是一致的。三是应对房地产泡沫破裂的风险。住房价格的下跌将引起整个房地产价格的下跌，房价大幅下跌将导致市场需求急剧萎缩，引发房地产泡沫破裂。从国际经验看，房地产市场的周期性或趋势性调整都会引起房价的较大下行，出现一些资产泡沫破裂的事件几乎是不可避免的。对于未来我国房地产市场可能出现的局部泡沫破裂，我们不应抱任何侥幸心理，必须尽早做好化解金融、财政风险的预案，防范发生连锁效应和波及影响。

三、宏观调控由主要推动均衡发展转变为主要促进转型升级

与发达市场经济不同，结构问题一直是我国宏观调控的一个重要方面。在经济高增长时期，结构失衡是伴随着经济过热而出现的普遍状态，推动经济均衡发展或协调发展成为宏观调控的常态。但这个时期的不同阶段，结构失衡的表现不一样，宏观调控的重点也有差异。在经济短缺的20世纪80年代，需求膨胀拉动经济过热，当时认为是投资和消费双膨胀，原因是国民收入超分配。这可能是计划与市场双轨制带来的特殊现象。经济高速增长主要来自于消费品短缺引起的加工工业高度扩张，而能源、原材料工业和基础设施发展滞后，成为制约增长的瓶颈。结构失衡表现为加工工业与基础工业、基础设施的矛盾，以及整个工业与其他国民经济部门的矛盾，发展处于“不平衡”时期；宏观调控的重点是压长线补短线，加强薄弱环节，推动工业内部各行业，以及工业与基础部门平衡发展。到了20世纪90年代，邓小平同志南方视察掀起了新一轮改革开放热潮，被“治理整顿”压抑了两年多的发展冲动集中爆发，各地

尤其是南方地区的“大干快上”空前高涨，投资过度扩张很快带来新的经济过热。经济高速增长主要来自于投资拉动下工业全面高速扩张，基础工业、基础设施虽得到加强但仍不能适应需要；同时，沿海地区利用开放优势更快发展，吸引了全国的资金、技术、人才和劳动力大量流入，长三角继珠三角之后快速崛起，东部沿海与中西部的发展差距明显拉大。结构失衡表现为整个工业与国民经济运行的矛盾、投资率大幅上升和消费率持续下降的矛盾，以及东部沿海与中西部地区差距扩大的矛盾，发展处于“不平衡、不协调”时期；宏观调控的重点是抑制工业、投资过度扩张，推动重大基础设施建设和服务业发展，促进产业结构调整、经济协调发展；并开始重视区域发展总体布局，支持西部大开发和东北老工业基地振兴。当时的宏观调控试图使经济软着陆，但由于东亚金融危机的影响，经济增速下行期延长了，经济尤其是工业出现了相对过剩。再到21世纪初至国际金融危机影响前，加入WTO进一步打开了国门，对外贸易和利用外资获得了迅速扩大的空间，加上住房制度改革后的商品房市场起步拉动房地产投资增长，出口、投资一起扩张使经济由逐步升温到全面过热。经济高速增长主要来自于投资和出口拉动的工业又一轮高速发展，特别是出口贸易和房地产投资拉动的传统制造业再度高速增长（为告别短缺经济后的超常规增长）。由于经济总量已相当大，高投入、高消耗、高污染的粗放型增长模式使国内资源环境不堪重负，也使经济增长的对外依存度快速上升，对国外能源、矿产资源进口依赖加重。结构失衡表现为工业比重过大与国民经济运行的矛盾更加突出，投资率上升与消费率下降的矛盾持续发展，资源环境承受压力过大和破坏严重，国内经济发展与对外经贸关系的矛盾加深，发展进入“不平衡、不协调、不可持续”的时期；宏观调控的重点是抑制投资、出口和工业过度扩张，严格控制各地低水平重复建设和与地方政府投资相关的楼堂馆所建设，推进产业结构调整优化，加快各类服务业发展，加强资源环境治理和保护。总的来看，高增长阶段结构失衡的基本特点是工业比重过大、投资率过高，工业高速增长和投资过度扩张相互推动；宏观调控的常态是在控制增长速度的条件下推动经济均衡发展，增强发展的协调性和可持续性。

经济进入中高速增长的新常态，伴随着增速下行的是产能普遍过剩，包括投资增速回落引起的投资品部门产能过剩，结构性偏差（工业比重过高、服务业比重偏低）引起的产能过剩，供给结构不适应需求结构升级（消费、投资和出口等结构升级）引起的产能过剩。这是总量矛盾与结构矛盾交错影响的结果，是经济高速增长时期一直存在的结构失衡发展演变的结果，也是产业结构调整升级和经济发展方式转变缓慢的结果。应对这种产能过剩的局面，宏观调控需要从主要推动经济均衡发展转向主要促进经济转型升级。那么，转型升级与均衡发展有什么不同？两者的差别主要表现在：一是对增长速度的要求不同。推动产业、经济均衡发展，主要是解决经济增长中的不平衡、不协调以至不可持续问题，虽然既拉短线又压长线，既促消费又控投资，但仍希望也可能使经济继续高速发展；而促进产业、经济转型升级，主要是解决资源配置格局重大调整并向更高层次发展的问题，虽然要防止经济持续下行或过度下滑，但不希望也不可能使经济回到高速增长的道路上去。二是对发展模式的要求不同。均衡发展也需要化解结构性偏差的矛盾，但仍可能在改良发展模式的基础上缓解结构问题和保持经济增长；而转型升级则需要在加快转变经济发展模式的基础上缓解结构矛盾，实现更高质量和效益的经济增长。三是对技术创新的要求不同。均衡发展也要求产业技术进步和改造升级，但对协调发展的依赖重于对创新发展的依赖；而转型升级则更加强调创新驱动发展的重要性，必须在推进技术创新的过程中实现增长动力转换和可持续发展。四是对外部条件的要求不同。均衡发展需要依托国际市场来缓解国内的结构性偏差矛盾，在外贸依存度上升过程中既要保持工业制成品出口高速增长，又要保障能源、原材料进口满足国内需求（数量增加和价格稳定）；而转型升级的前提是进出口面临国内外需求的制约，需要通过多种方式拓展国际合作的渠道和空间，把扩大出口与增加对外直接投资、国际工程承包等结合起来。因此，促进经济转型升级是与化解产能过剩矛盾密切联系在一起的，需要在保持经济中高速增长的条件下，促进生产要素流动、资源再配置和新兴产业发展以缓解结构性偏差矛盾，加快产业结构优化升级以提高供给对需求的适应性和带动效应，推动经济向中高端迈进、发展方式向集约化转变以增强新的国际竞争力。主要政策思路包括以下几个方面：加大积极财政政策的力度，增强对稳增长、调结构的支撑作用，在尊重市场选择和完善市场机制的基础上，实施普惠性与竞争性相结合的财税政策，更好支持高新技术产业发展和传统产业改造升级；在加强政府适度干预的条件下，更多地采用市场化办法引导有效投资，使投资保持中高速增长并有利于促进经济转型升级，在加快发展多层次资本市场的过程中搞活多元化投融资机制，以拓宽民间投资发展空间为基础推动投资结构调整优化，促进投资与消费良性互动；全方位支持企业跨行业、跨地区兼并重组，推进国有企业改革和国有经济布局调整，破除制约要素流动、资源再配置的体制性障碍，推动存量调整和增量调整相结合，加快产业转型发展和改造升级；实施扩大对外开放新战略，采取多种形式拓展国际合作特别是与周边国家的经济技术合作，充分发挥“一带一路”等融通国内外发展的战略举措的作用，推进国际产能、装备制造和利用等合作，带动多双边贸易、投资和工程建设等发展。

在这里，一个值得反思和讨论的问题是，如何对待经济增长与结构升级的关系，以及政府干预在其中所起的作用？在21世纪之交的前后时间，我国经济发生了两件大事：住房制度改革和加入WTO，这两大改革开放事件打开了扩大需求的大门，随后房地产市场投资和商品出口贸易快速增长，改变了那几年经济因需求不足或相对过剩而低迷的局面，使经济又回到依托投资和工业扩张实现高速增长的轨道。这延长了我国经济的高增长期，但也延缓了结构升级的进程，使我们付出了很大的机会成本。国际市场的扩大，拉动国内具有比较优势的劳动密集型产业再度高速增长；房地产市场的升温，拉动建筑钢材、水泥、玻璃、有色等低端产业和产品持续扩张；市场需求好转使很多传统产业忙于增产获利，竞争压力减弱使很多生产企业忘了技术升级。这就是国际金融危机影响前的图景。结果是产能过度扩张，结构升级缓慢。当时隔10多年后我国经济又面临需求波动、产能过剩的困扰，我们才意识到已经为经济高增长付出了代价，因为产能过剩中有相当部分是供给结构不适应国内外需求结构升级而形成的，这些产能需要用更长时间、更加艰难的转型升级才能重建竞争力。

2003年，笔者与林毅夫教授曾有过一次讨论。林教授认为，一个发展中国家如果选择了违背比较优势的战略，经济发展的绩效就会很差，将不能缩小与发达国家的差距；相反，发展中国家如果选择了遵循比较优势的战略，经济就会得到更快的发展，将有助于缩小与发达国家的差距。他在那段时间发表了一系列论述这个观点和政策主张的论著。但是，许多经济学家和我都不同意这种观点，并从理论推导和经验分析两方面提出了批评。我当时指出，比较优势有静态与动态之分，静态比较优势指的是现时的比较优势，动态比较优势指的是转换中的比较优势。林教授所说的遵循比较优势的战略，实质上是静态比较优势的战略，而动态比较优势战略则属于违背比较优势的战略。实行静态比较优势战略，把劳动密集型产业作为主导产业大力发展，将使发展中国家在国际贸易中处于不利地位。因为社会消费结构升级和生产结构升级的趋势导致劳动密集型产品的需求比重不断下降，而资本和技术密集型产品的需求比重不断上升；同时，发展中国家如果大力发展具有比较优势的劳动密集型产业而加强国际分工格局和产业专业化水平，将影响处于比较劣势的资本和技术密集型产业的发展，拉大与发达国家的产业结构差距，阻碍动态比较优势的转换。在随后的一篇文章中，笔者进一步提出，在进入WTO后的开放环境下，中国工业发展战略的调整应以产业结构战略为中心和依据，对外贸易战略和利用外资战略的取向应适应和服从产业结构战略的取向。继续加快以技术密集型产业比重上升为特征的工业结构升级，是产业结构战略的基本取向，以此为中心，对外贸易战略要以动态比较优势为基础，以比较优势的转换为导向，有选择地利用静态比较优势，有重点地运用逆比较优势战略，利用外资战略也要与产业结构战略保持一致和协调。相应地，工业发展政策的调整要形成以产业结构政策为中心，以对外贸易政策和利用外资政策的调整为搭配的新格局，处理好政府适度干预和有效干预的问题是新时期工业发展政策的关键。10多年来的实践证明，产业结构处于低端水平和升级缓慢的阶段，在国际上将面临越来越大的竞争压力，在国内也将面临越来越大的产能过剩压力。

以上反思和讨论可以使我们得到两点启示：一是要协调好经济增长与结构升级的关系。如果几年后国际经济形势好转，周期性影响消除使经济下行因素减少、上行因素增多，也要防止实际增长率超过潜在增长率，保持必要的需求约束和竞争压力，使新常态下的结构优化升级持续演进。二是要发挥好政府对结构升级的有效干预。不论是产业结构、需求结构还是区域结构的优化升级，仅依靠市场调节的作用都是比较缓慢的过程，适度的政府干预是促进结构优化升级的重要条件，只是政府干预必须遵循市场规律，运用市场化办法，发挥市场机制的作用，这是新常态下宏观调控促进经济转型升级需要注重的基本取向。

四、宏观调控由主要调控市场主体转变为主要激发市场活力

在经济高速增长时期，市场主体有较强的发展冲动，加上体制问题造成投资软约束，来自微观和中观层面的过度扩张是推动经济过热的主要原因，因此，抑制市场主体的投资扩张以促使经济降温是宏观调控的基本方式和常态。宏观调控的主要对象是地方政府和国有企业。改革开放以来尤其是1994年实行分税制以来，地方政府越来越成为我国经济发展中的重要市场主体。为了加快本地经济发展，吸引生产要素特别是资金流入，地区之间形成了明显的竞争关系，各地政府把主要精力用于招商引资，采取降低地价、税率和补贴等方式争夺投资项目，通过把工业用地价格降为零、3～5年免税或返还税收等办法引进大项目；同时，地方政府用尽心思向上级发改委申报、争取投资项目，特别是向国家发改委争取大型建设项目，在这个过程中不惜采用各种手段以致违法违规，包括边报项目边上项目、先上项目再报项目、土地未批先用或以租代征等，形成投资建设既成事实、抢占先机。区域之间的竞争实质上成为地方政府之间的竞争，成为追求速度、攀比速度的竞争，成为以GDP论英雄的竞争。而国有企业尤其是央企则通过投资项目游走于地方政府之间，利用这个需求环境实现产能扩张，获取“共同发展”的好处。这导致大多数地区的经济增长目标都高于全国的增长目标，中央制订的年度计划和中长期规划的目标在实践中屡屡被地方所突破，经济很快走向过热是必然的趋势。在全国经济一片热中，地方政府是热的龙头，如果不调控地方政府的行为，并以此引导国有企业及其他企业的走势，根本不可能控制住过热的局面，所以，宏观调控只能以抑制地方政府盲目建设为重点，在2004—2007年那轮调控中，还查处了一批违规建设的项目，处理了相关的省、市级领导。

经济进入中高速增长的新常态之后，市场需求发生较大变化，市场主体的投资热情下降。各地经济增速下滑严重影响财税收入增长，房地产市场调整使土地出让收入大幅减少，地方政府性债务负担变得更加沉重，地方政府发展经济的手段和路径面临

新的挑战，加上近两年中央严格实施“八项规定”和反腐政策持续推进，政府部门及官员行为受到新的制约，一些地方政府出现了不作为的现象。这些情况使地方政府发展经济的能量和动力减弱，也促使中央政府调整改变宏观调控的对象和方式。现在的政策取向主要是：一方面，要求地方政府继续承担发展经济的任务，推进基础设施建设，改善区域投资环境，通过PPP等方式引进民间投资，保持地方经济平稳较快发展；同时，采取扩大地方债发行、实施地方债务置换等办法，加大中央对地方政府的支持，减轻地方政府性债务负担，增强地方政府推动发展的能量。另一方面，进一步深化市场化改革，持续推进简政放权，破除投资发展的体制机制障碍，推动大众创业、万众创新，提升个人和企业投资发展意愿。下放的权利，一部分下放到各级地方政府，一部分直接下放给企业和社会组织，尽管一些重要的权利还没有放下去，已经放下去的权利要发挥作用和跟上新的监管也有一个过程，但大方向是正确的，市场活力将逐步释放出来。现在需要讨论的问题是，这两个方面是否符合宏观调控取向转变的新要求？从中短期看，既推动地方政府发展经济又促进市场增强活力，符合我国现行体制下经济运行和发展的特点，可以使宏观调控政策比较直接地落实下去，较快起到稳定需求和经济增长的作用。但从长远看，应当逐步减少对地方政府的调控，增加对市场运行的调控，使市场取代地方政府的地位，在宏观政策信号的引导下配置资源。因为中央政府调控地方政府，地方政府又会去调控市场，反而可能把宏观政策信号搞乱了，把市场运行机制搞扭曲了。

新常态下宏观调控取向的转变，从根本上说不应由限制市场主体扩张转向推动市场主体发展，而应通过激发市场活力增强经济发展的内生动力。这是宏观调控反映经济体制改革趋势的一个新要求，也是宏观调控运用改革办法促进经济稳定增长的一个新特点，有利于扩展调控政策的持续效应，减少调控可能产生的后遗症，并推动稳增长与调结构有机结合起来。地方政府作为直接发展经济的市场主体，应当在深化改革中逐步淡出，转向主要推进与公共服务相关的基础设施建设，致力于改善区域市场环境，促进企业公平竞争和有效发展。使地方政府不直接承担发展经济重任，将比要求地方政府不片面追求GDP更加可行，这有助于避免地方政府干预当地企业配置资源，防止形成地方保护主义，导致区域间市场分割，影响企业公平竞争；也有助于地方政府加强对本地企业防治污染的监管，协调经济发展与环境保护的关系；从而可以使市场更有效配置资源，也可以使地方政府更好发挥作用。同时，宏观调控由调控两个方面转变为集中精力调控市场，减少了地方政府这个中间环节，中央政府也能更好地发挥宏观调控的作用。

如此看来，宏观调控的新特点与深化改革的新取向就殊途同归了，两者统一于搞活市场。宏观调控只有通过搞活市场，才能调动市场主体的积极性，使经济增长由要素驱动、投资驱动转向创新驱动；才能增强市场配置资源的动能，促进经济结构不断优化升级；而这些正是深化改革的基本取向。这样不仅有利于缓解需求不足的困扰，从根本上稳定经济增长，而且有利于带动发展方式的转变，提高经济增长的质量和效益。现在经济学家对于我国未来经济增长走势的看法差异很大，但对于深化改革能提高经济增长率的看法却高度一致：一些经济学家认为潜在增长率没有下降，通过深化改革可以提高实际增长率；一些经济学家认为潜在增长率在下降，但深化改革可以使潜在增长率回升从而提高实际增长率；两者的结果是一样的，我们最终能看到的就是实际增长率。这就表明，如果使宏观调控的取向与深化改革的取向统一起来或趋于一致，那么经济学家对未来经济增长前景的看法就一致了，使我国经济保持在中高速增长区间就成为合乎逻辑、众望所归的事情了。

参考文献

[1] 张晓晶. 试论中国宏观调控新常态[J]. 经济学动态，2015(4).

[2] 郭克莎. 怎样看待速度变化与结构、动力转换的关系[J]. 求是，2015(1).

[3] 郭克莎. 面向经济新常态的宏观调控[J]. 求是，2015(6).

[4] 刘伟，苏剑. "新常态"下的中国宏观调控[J]. 经济科学，2014(4).

[5] 曹远征. 经济新常态及宏观调控新框架[J]. 国际金融，2015(5).

[6] 郭克莎. 对中国外贸战略与贸易政策的评论[J]. 国际经济评论，2003(9~10).

[7] 林毅夫. 发展战略、自生能力和经济收敛. 研究报告，2001，网上资料.

[8] 郭克莎. 中国工业发展战略及政策的选择[J]. 中国社会科学，2004(1).

（郭克莎，华侨大学经济发展与改革研究院院长，中国社会科学院经济政策研究中心主任，研究员，博士生导师）

加速绿色化　完善国家治理体系

□ 李晓西

习近平总书记讲过，我们既要金山银山又要绿水青山。十四五亿人在960万平方公里土地和四五百万海洋面积上，不仅要过上现代化生活，还要享受良好的生态环境。为达此目标，就需要探索对环境全面保护、对资源高效利用的绿色发展道路，既要发展，也要绿色。具体讲，经济需要一种新常态增长，即改变过去30年年均9%左右的高速度发展，努力实现7.5%左右的增长。而绿色发展与建设生态文明，将会成为社会经济发展的真正新常态。

党的十八届三中全会通过的《中共中央关于全面深化改革若干重大问题的决定》，对全面深化改革的总目标进行了明确规定，即完善和发展中国特色社会主义制度，推进国家治理体系和治理能力现代化，这对建立适合中国特色的生态治理体系，实现治理能力现代化有着重大指导意义。

2015年3月24日中国共产党中央政治局会议上首次提出“绿色化”，这是党的十八大提出“新型工业化、城镇化、信息化、农业现代化”战略任务后，增加或强调的新任务，在中国历史发展重要阶段上，“四化”战略变成“五化”战略，此中意义非凡。

一、“绿色化”的三个新特征

“绿色化”是绿色经济的升级版，是突出绿色发展重点的实践版。“绿色化”是对绿色经济与发展生态文明理念的继承，它在强调 “科技含量高、资源消耗低、环境污染少的生产方式”，强调“勤俭节约、绿色低碳、文明健康的消费生活方式”。但将“绿色化”与“新型四化”并列，显示出三个新特征，即发展绿色经济的战略性、紧迫性和实践性。换言之，就是事关大局，事不容缓，要干出样子。进一步讲，“绿色化”强调的就是一个新理念：绿水青山就是金山银山。

1. “绿色化”突出了发展绿色经济的战略性

战略性首先体现为全局性。“绿色化”作为“五化”之一，体现着中国发展的整体理念。“绿色化”不是一个部门就能完成的，不是仅靠政府力量就能完成的。发展绿色经济是一个社会系统工程， 涉及执政党、人大、政协、企业、民众各方面，涉及国家的产业、经济、税收、金融、贸易以及投资体制改革。“绿色化”就是全体动员，各方协力，上下同心，全力以赴。其中要强调的一点是，我国经济粗放的增长模式难以改变，主要在于体制性障碍。因此，战略性就体现在“绿色化”需要有体制做保障。资源环境生态红线管控、自然资源资产负债表、自然资源资产离任审计、生态环境损害赔偿和责任追究、生态补偿等重大制度的完善与实施，皆可为“绿色化”保驾护航。只有深入推进改革才能转变发展方式，实现“绿色化”。

战略性体现为长期性指导下的近期发力。实现自然资源持续利用、生态环境持续改善和生活质量持续提高，实现社会经济可持续发展，不是短期就能完成的，需要高瞻远瞩，长期规划与短期规划相结合。“绿色化”就是强调在可持续发展的框架下，在绿色发展的理念下，在新型工业化、城镇化、信息化、农业现代化各战略领域，绿字当头，层林尽染，尽快推进。

战略性还体现为“绿色化”的国际性。人类总量过了50亿，地球还可承受，还可以被“索取”，即使如此，半个世纪以来，可持续发展的呼声已越来越高了。今天，人类总量超过70亿，当今技术支持下的世界经济已经超出了多个地球极限，比如温室气体的排放、臭氧层的枯竭、化学的污染、淡水的消耗、悬浮微粒负荷以及生物多样性的损失等。[①]人类与地球的关系出现了危机，处理好人与地球的关系已成为生死攸关的大问题了。事关大局，事关全球。“绿色化”在严峻的形势下吹出了时代强音，要惊醒人类，紧急呼吁各国尽责，协调合作，保护充满着生态危机的地球——这个人类共同的家园。

2. “绿色化”突出了发展绿色经济的紧迫性

“绿色化”就是要把绿色发展理念变成全面维绿行动的冲锋号。传统的高污染、高能耗、高排放的粗放式发展模式已阻碍了当前经济健康发展，世界经济增长与资源、生态、环境之间的矛盾已经越来越明显，转变经济发展方式迫在眉睫，推行绿色发展刻不容缓！绿色发展就是“绿色化”。

过去30年，全球经济快速发展，经济总量翻了两番，惠及亿万人民。然而，全球60%的生态系统已经因此退化或被破坏。据联合国环境规划署的研究报告显示，目前全球水资源已日益稀缺，水资源承受的压力正急剧上升，20年后水资源供应仅能满足全世界60%的需求。农业增产主要靠化肥、农药等实现，由此而造成的土壤质量下降问题已日趋明显。全球52%的商业鱼类已经充分开发而无进一步增产空间，约20%已被过度

① 联合国可持续发展委员会：21世纪议程，联合国，2000年。

开发，8%已经耗竭。全球城市人口首次超过世界总人口的一半，并消耗全球75%以上的能源，产生75%左右的碳排放。[①]

中国同样面临着严重的环境挑战。我国的经济发展取得了伟大的成就，但伴随的是资源过度使用和环境严重污染。2014年，在全国74个按新的空气质量标准监测的城市中，达标比例仅为4.1%；全国1.5亿亩耕地受污染，四成多耕地退化，近六成地下水水质差。中国污染物排放总量大，远超出环境容量。包括食品安全、水资源污染和土地污染等严重的环境污染问题，已极大地影响了人民的生活质量。中国政府提出的生态文明和生态红线已引起全世界的高度评价与关注。习近平总书记指出，“我们在生态环境方面欠账太多了，如果不从现在起就把这项工作紧紧抓起来，将来付出的代价会更大”。

3. “绿色化”突出了发展绿色经济的实践性

当下，已不是只说绿色经济如何重要，而是必须要做好绿色经济。“绿色化”的明确含义就是要在经济发展与环境资源保护关系上，强调二者结合，但把“绿色”置于“发展”的前面与全过程。

“绿色化”加速推进绿色生产方式。走绿色化道路的中国，就要通过对传统产业进行改造，使之绿色化；就是要发展新的绿色产业，如环保产业、清洁生产产业、绿色服务业，构建绿色产业体系。所谓绿色产业，是指以可持续发展为宗旨，坚持环境、经济和社会协调发展，生产少污染甚至无污染的、有益于人类健康的清洁产品，达到生态和经济两个系统的良性循环，实现经济效益、生态效益、社会效益相统一的产业模式。绿色产业关键要以绿色技术为保障，以整个产业链的“绿色化”为基础。从产品的设计观念、生产开发的过程、产品的绿色包装、产品的绿色分销到树立产品的绿色品牌等，整个产业链都应该“绿色化”。在绿色生产方面，应尽量避免使用有害原料，减少生产过程中的材料和能源浪费， 提高资源的利用率， 减少废弃物排放量， 并加强废弃物处理工作等，只有这样才能树立起企业及产品的绿色形象，推进产业的“绿色化”。中国绿色产业包括新能源技术“走出去”，逐渐向发展中国家及整个国外市场扩散，将对全球尤其是广大发展中国家的绿色发展做出贡献。

“绿色化”促进绿色生活方式。 这里，我们重点谈绿色消费。绿色消费是带有环境意识、有效合理利用资源、保护生态的消费活动。虽然讲绿色消费已有许多年，但“绿色化”的提出，把绿色消费摆到了所有人面前、所有活动的过程中。它强调现

---

① UNEP, Towards a Green Economy: Pathways to Sustainable Development and Poverty Eradication, 2011.

在就开始在生活中，在每一个生活环节上，做到节水节电节能，保护生活环境，妥善处理垃圾，要最大限度变废为宝，总之，就是用绿色来衡量自己的消费行为。从本质上来讲，绿色消费倡导的是适度消费和生态消费，体现了可持续发展中的人与自然和谐共处的原则，使得人们的消费行为与社会经济和生产力发展状况相适应。在消费支出巨大的中国提倡绿色消费，会大大减少资源和能源利用，将大大节约世界资源的消耗。中国绿色内需的扩大不仅可以成为拉动国内经济持续增长的主要动力，还将成为促进全人类绿色可持续发展的重要力量。

中国人口众多、经济规模巨大、绿色生产和消费的影响，绿色产业国内外的辐射作用，新能源产业在世界经济中的引领力量，均是国际社会高度关注的。中国社会经济“绿色化”对全人类可持续发展将具有巨大影响并会做出重要贡献。

二、完善国家生态治理体系的四大关系

马克思主义告诉我们，国体与政体是两个不同的概念，政府与国家是两个不同的范畴。国家治理体系强调了法律、行政与民众行为的统一性，政府管理强调了行政力量的作用。习近平总书记讲要把权力关进笼子里面，这不仅对政府的廉政建设有重大意义，对我们形成国家现代治理体系也具有重大现实意义。国家现代治理体系的核心内容是明确治理主体，平等互动，共同承担国家治理责任。

多年来，我们把国家治理理解为政府管理，一方面政府承担了过重的担子，另一方面各治理主体不能更好发挥作用与协调共治。正因为如此，我们看到，尽管政府近20年来在生态管理包括环境保护、资源利用和生态多样性方面，做出了重大贡献，尽管环境方面的法律法规日益完善，但中国经济仍然没摆脱“边治理边破坏、治理与破坏同步，甚至破坏大于治理”的粗放型发展道路。在这种形势下，特别需要我们完善国家生态治理体系和治理能力现代化的四大关系。

1. 国家生态治理体系与生态治理能力现代化，需要进一步明确政府与执政党之间的关系

在中国特色社会主义制度下，“国家治理体系”概念的核心内涵是党的领导、人民当家做主、依法治国的有机统一，依法执政、依法行政、依法治国的水平是国家治理体系现代化的重要标志。党的十八届四中全会进一步强调，“把党的领导贯彻到依法治国全过程和各方面，是我国社会主义法治建设的一条基本经验”。

长期以来，我国在建设生态管理体系方面做出了很大努力，已经建立了各级政府和多部门在环保、生态建设和资源管理上的一套管理机构，形成了统一管理、分工协作的环境管理体系，在环境管理和监督工作中发挥了很大作用。但是，现有的生态

管理体系还不能适应新形势发展的需要，还承担不了既要金山银山还要绿水青山的历史责任，还不能称之为具有现代化能力的国家治理体系。生态治理问题是一个牵涉面广、影响深远的重大社会性问题，仅靠行政的权威与力量，难以统筹协调并有效地实现预定目标。现在需要举全国之力，在党中央的坚强领导下，在政府、人大、政协、民众等多元主体共同努力下，建设国家生态治理体系。

根据正反经验，为彻底解决日益恶化的生态环境，真正有效地提高生态治理现代化水平，有必要构建负责国家生态环境治理体系的总方针大战略全面协调的领导核心——国家生态治理体系领导小组，由国家主席亲自统领。我国的政治体制与国情中执政党领袖与国家主席的一体化，使这个领导小组对国家今后长期可持续发展与生态治理提供了最有力的保障。国家生态治理体系领导小组在统筹协调立法与行政执法、政府与民众共治、确认政府本身各种关系上，具有最高权威与战略规划性，将使国家生态治理现代化的实现具有最大可能性。

在国家生态治理体系领导小组下，中央政府组织各方形成生态治理委员会，行使实际组织协调生态治理的权力，依法负责全国生态治理事务，并监督协调相关部门和地方政府有关生态治理方面的举措。

“建设生态文明，必须建立系统完整的生态文明制度体系”“健全国家自然资源资产管理体制，统一行使全民所有自然资源资产所有者职责。完善自然资源监管体制，统一行使所有国土空间用途管制职责”“建立陆海统筹的生态系统保护修复和污染防治区域联动机制”“对造成生态环境损害的责任者严格实行赔偿制度，依法追究刑事责任”等，源自党的三中全会精神，均立足于国家的高度，体现着党对完善国家生态治理体系的领导。党的领导是提升国家生态治理能力现代化的关键，也是政府提高行政能力的关键。

总之，在党中央和国务院的坚强领导下，国家的政治意志与治理战略，将得以强有力地贯彻实施。由最高层牵头的网络，才能真正实现纲举目张。

2. 国家生态治理体系与生态治理能力现代化，需要进一步明确政府与人民代表大会的关系

现代治理体系的核心是法治。政府与立法机构的关系，实质上是立法与执法、与行政如何共同承担起国家生态治理的重大问题。“完善立法体制，加强党对立法工作的领导，完善党对立法工作中重大问题决策的程序，健全有立法权的人大主导立法工作的体制机制，依法赋予设区的市地方立法权”，是十八届四中全会提出的重要指导思想。

我国与环境相关的法律数量并不小，约占所有法律总量的十分之一。但立法与执法、与行政的统筹关系仍然相对缺失，或说共识程度不够，因此，立法质量和执法力

度都需要提高。

从立法方面看，我国还没有一部专门的“生态治理机构组织法”来理清和界定生态治理体系中各治理主体的关系，没进一步明确在国家生态治理中的机构设置、职能权限、职责分工、利益分配等内容。《中华人民共和国环境保护法》中只是原则性地规定了地方政府对辖区环境质量负责，没有明确规定政府各部门如何履行责任并进行监管。借鉴美国的环境保护法可以看到，其规定了政府各部门的具体职能与操作范围，大大减少了部门之间的博弈和体制内耗。因此，作为最高权力机关，全国人大对政府机构在生态管理方面的职责做出明确安排是必要的。与此同时，生态治理的立法中也还有薄弱环节需要加强。中国的自然保护区面积占国土面积的六分之一，但没有一部这方面的法律，国务院制定的自然保护区管理条例，18年以来基本未修改过，原有条款与现实有很大差距；动物保护法出台20年，也需要根据新形势加以完善了。而在植物保护方面，至今还没有相关法律、法规。同样，还需要加快我国生态补偿的立法进程，将生态环境资源开发与管理、生态环境建设、资金投入与补偿的方针政策与内容纳入法律框架中，为建立生态补偿机制提供法律依据。

其次，我国生态治理和保护的法律、法规缺少规范和约束政府行为和责任追究的法律规定。现行的环境资源法律，主要以公民、法人或者其他组织作为调整对象，很少对政府行为进行规范和约束。完善现代治理体系，就必须依法限制公权力。政府在管理生态与环境方面，拥有过大的权力。用GDP考核干部鼓励各地上项目，治理雾霾完不成任务要撤职又促使运用行政权力关闭企业。这就是政府管理体制上缺乏约束的一种体现，实质上形成了滥用公权力。再比如，为控制雾霾限制私人轿车使用的私权利，这在以政府管理为主的传统管理体制中是习以为常的，但若要完善国家治理体系就显然成问题了。发达国家在治理城市空气污染方面，在机动车限制方面采取经济手段，如停车费、燃油费、环境税、碳税等，而不使用行政手段。关停污染企业是必要的，但也不宜过度使用行政手段。政府行政权力的作用，应是利用多种手段包括政策上补偿等，帮助这些企业找出路，解决失业问题，甚至资产损失、呆坏账增加、合同违约以及社会治安问题。总之，政府的公权力应该是依法行政，不能超出自己的边界滥用公权力，真正实现国家现代化治理体系就必须规范公权力。

但另一方面，政府部门尤其是环保部门，又面临有法难以执行的困难。其中，环境司法在治理体系中应如何定位与落实，也是需要研究的。《中华人民共和国环境保护法》2015年1月1日要实施，环保部门正在研究具体工作，很多地方环保部门都反映，法律赋予生态环境保护执法部门的强制性机制不足，环保工作者直接对企业污染行为实施查封扣押等是否可行？查封、扣押的东西放到哪？企业把环保部门的封条撕毁了怎么办？所以，环境司法怎么介入是一个有待解决的问题。能否借鉴国外建立环保警察和环保检察官的成功经验，探索我国的生态保护警察和检察官等制度。通过制度创新，建立生态执法协调机制，把生态执法与刑事司法程序结合起来，加大生态治理部门在执法过程中与公安、检察机关的工作衔接力度，为生态保护执法工作提供强有力的司法保障和后盾。环境法一直被视为“偏软”，其中一个重要原因在于司法、执法对于违反规定处罚办法，或力度不够，或不够明确。

还有其他一些问题，如各有关法律、法规和规章之间的一致性问题，党委或政府的红头文件下达的生态治理法规的连续性问题，环境质量标准高低的确定，执法中的弹性问题等，均需要在明确执法与立法关系下才能更好地解决。

3. 国家生态治理体系与生态治理能力现代化，需要进一步明确政府与社会、民众的关系

国家生态治理体系与政府生态管理的重大区别之一，就是生态治理主体多元化。前者把民众与社会也视为了治理主体，而后者把民众与社会视为参与管理的力量但更多时候是作为管理的对象。习近平总书记在全国政协的会议上讲了一句话：民主就是社会最大公约数。也是讲对话协商，充分地让人民讲话。发挥政协和社会各方面力量在生态治理体系中的作用非常重要。建立国家生态治理体系，形成具有现代化水平的生态治理能力，就需要建立和健全有效的生态治理运行机制，需要建立和完善生态治理的社会体系。

首先，要建立利益相关方的协商机制。公民可能出于保护个人权利，如血铅事件他们去起诉污染企业，对像大气污染的问题公民和NGO组织会质问。颁布一个环保新政策，新建一个工程项目，都需要听取社会不同利益群体的意见，要与利益相关者进行平等的对话协商。只要我们有共同的目标，通过协商、讨论、谈判，各方就可以形成共识或基本共识。要设立一套协商的程序与机制，让这种协商能通过明确结论并付诸实践。我们看到，在现实中，政府的主导作用太强，听证会往往不具实际效力，离平等的对话协商还有很大差距。发达国家民众的选票在实现平等对话中发挥着重大作用，我们则应通过从上而下地设计一套规则，以形成国家生态治理现代化的基础。这种民主的对话，短期内不利于快速推进发展，但有利于防止追求业绩的劣质扰民工程上马，有利于社会各方对项目建设与投产的监督，有利于防止部门公共项目的非科学化，有利于新建企业排污自控的压力，有利于给承担一定损失的民众相应的补偿，因此，有利于国家的长治久安和可持续发展。

其次，要鼓励和支持企业树立社会责任的意识并形成相关的制度。企业是社会的中坚力量，是生态治理的主体之一。在推进工业化进程中，企业对环境与生态的影响是巨大的。在生态治理上，企业有自觉性，政府以及民众要鼓励；企业有困难，政府以及民众要帮助；企业引进生态环保的新专利或创新产品，政府审批要降低门槛甚至开门欢迎。比如，在借鉴国外成功借助市场力量解决排污问题方面，如何在三年之内把国内七个碳市场综合成全国性的碳交易市场，形成正常的市场信号，借助市场机制运作，就是非常关键的问题。总之，创造条件，支持绿色产业发展，扩大绿色信贷规模，让企业能把绿色发展从压力变成动力，从负担变成机遇，对国家生态治理目标实现具有重大意义。当然，企业也要接受政府在生态环境上的管理，接受来自社会的监督。

最后，要建立全民参与的生态治理的监督机制。生态破坏的事件很多，生态治理部门执法往往单打独斗、孤军奋战，有时相关部门配合不力，但更多时候是民众的支持机制没有形成。这种支持机制体现在正式的组织形式与非正式组织形式均能发挥作用。正式组织如各类行业组织、公益组织和环保NGO组织，非正式组织如受污染民众的自发性聚集联合。经验证明，污染企业可以应付环保主管部门的派人调研，但瞒不过受害民众的眼睛；破坏生态行为可以应付或化解政府部门的压力，但承受不了政府与民众联合起来的治理力度。当然，有效的监督机制需要相关信息的透明性。政策立题调研到制定甚至以后调整的过程要透明，政策实施效果及评估也需要透明，这是老百姓参与生态治理的前提。当然也不能否认在具体操作时，不同的政策制定在通报或环节上会有不同情况，但政策制定人心中一定要有信息透明的理念。

总之，环境问题、生态问题确实更多体现为公共产品、公共事务。但是，公共事务不等于全部是政府事务，政府要起主导作用，要负责任，要提供公共产品。但不能把政府发挥作用等同于仅仅是政府负责，全社会不许参与或实际上不能参与。如果政府与民众真正联手共创生态文明，实现美好的中国梦就有了实实在在的基础。

4. 国家生态治理体系与生态治理能力现代化，需要进一步明确各级政府之间、同级政府各部门之间的关系

国家生态、资源、能源和环境具有公共性，属于全体人民的共有财产，这一性质决定了政府在生态治理中具有责无旁贷的责任，需要承担相应的公共政策制定、管理监督等职责。党的十八届四中全会指出：“各级政府必须坚持在党的领导下、在法治轨道上开展工作，加快建设职能科学、权责法定、执法严明、公开公正、廉洁高效、守法诚信的法治政府。”政府应按此要求，担当和行使对于生态文明建设和发展的职责。

首先，中央政府与地方政府在国家生态治理体系中要定好位，分好工。我国现阶段生态环境管理体制是国务院统一领导，地方政府分级负责。这是完全必要的，但需要进一步完善。一是中央政府强调全局的经济、社会发展与生态环境的协调，国务院在生态管理的制度与政策上理应更科学、更具宏观性。如何做到三中全会讲的实现生态文明要源头严管、过程严控、后果严惩，中央政府在相关制度政策上的安排就非常重要。生态影响的评估制度、生态的认证制度、生态的补偿制度，包括生态审计制度，在我们国家都很不成熟，有的甚至缺失。比如，对内河向海洋的污水排放，理论

上应是禁止的，不能突破海洋的自净能力的底线。这就需要对一个年度的排污总量进行严控。但现在没有测算或提出这个总量，就只能在微观上与企业博弈。再比如说，国家已经提出要进一步完善现行保护环境的税收支出政策，推广生态税费制度，建立生态环境安全补偿基金。征收生态税是保证补偿资金有长期稳定来源的重要手段。对严重破坏生态的生产活动，应利用税收手段加以限制；对有利于生态的生产活动，应给予税收上的优惠。目前我国还未能形成有体系的、综合性的、统一的补偿政策，已有的生态补偿政策主要是从某一生态要素或为实现某一生态目标而设计的。五年计划或国土规划中，能否解决需要治理的地方配套财力物力，不需要治理的地方不要再花费大量钱财的问题，还有如生态治理机构咨政机构的建设，资源价格政策能否有助于减少污染和环境友好，生态问责制度的建设、生态管理信息通畅的制度与硬件建设，对地方政府稳定可持续而非“突击检查”式的管理要求等，均是需要在实践基础上不断完善。二是不少地方政府存在的重发展轻环保的倾向需要克服。地方政府作为国家的构成要素，在国家政治生活、经济生活以及社会生活中发挥着极为重要的作用。由于中央政府的许多职能必须由地方政府完成，所以，地方政府的执行能力直接影响并体现着国家执行力。应加强对地方政府执行力评估的研究，构建科学、公正、有效的地方政府执行力评估体系，有效地提升政府执行力。由于财税等多类经济体制尚不健全，不少地方政府在生态治理上往往本位利益重，大局意识差，时有转嫁生态责任事件的发生。一些具有重要生态价值的自然资源，是否继续让一个实行自收自支的县级机构管理，也应重新审视。各地相当多的主要景区，不严格执行旅游法规定的承载力、环境容量，应该怎么解决？在本届中央政府的努力下，这方面有了很大改进，但还需要通过制度完善，进一步解决好在生态治理体系中的中央与地方政府间的上下级关系。

其次，政府部门之间的分工与合作。我国现阶段生态环境管理体制是国务院统一领导、环保部门统一监管、各部门分工负责。这种管理体制需要完善的不是形式，而是内容。我们看到，与环保相关的投资、国际条约谈判、可持续发展规划、气象公布、森林防护、污水处理、海洋污染、面源污染、江河和土壤保护等多个职能，是由财政部、外交部、发改委、气象局、林业局、海洋局、农业部、建设部、水利部、国土资源部等分别掌管着。分工是必要的，各个部门均有自己的分管范围，都有自己的考核目标，如何才能既分工负责又实现有效协调并达到生态环保的目标，显然如何才能实现有效的沟通是需要重新审视的，科学界定部门管理的职责与权限就格外重要了。现在管理机构重复设置、机构职能错位、管理范围冲突等体制性障碍是存在的，这阻碍了我国生态现代化治理体系的形成。以生态补偿政策执行为例，由于方式多样、类型各异，补偿政策的制定和执行以及资金筹措、使用、监督、激励涉及多个职能部门，在实际的生态和环境管理中难以统筹协调。比如，动物生态的管理，现规定是一年三分之二时间在森林里活动的动物属林业局管，一年三分之二时间在草原生活的动物归农业部管；有些区域适宜种树还是种草，林业部与农业部往往从本部门权限来判断。显然，这类分工是需要更科学界定的。因此，重要的是，各部门之间在生态治理体系中，需要形成一种沟通的机制。我们认为，在国务院领导下，以环保部为核心，形成一个生态环境治理体系，或说是环保部牵头组织一个环境、资源、生态保护的"统一战线"，组建相应的生态治理的议事协调机构、环境管理联席会议制度、部门联系通报制度、环境违法案件移交制度等，具有现实意义。这将有助于广泛听取意见，发挥协同效应，克服部门扯皮现象，强化多部门间的协调配合，强化生态治理执行力，特别是有助于对重大环境污染违法行为进行严肃查处，形成各部门齐抓共管环境保护的新格局。靠国家发改委管理环境的一个司，靠财政部主管转移支付的一个处，靠城建部负责城市环境规划的一个单位等，都难以实现环境治理目标。

再次，地方政府之间的分工与合作。在东、中、西部各省区间，生态治理的协调很重要。东部地区由于经济发展相对快，现在对生态治理重视程度相对高。中西部地区经济条件差，与东部存在较大的发展差距，资源开发、基础设施建设、扶贫攻坚包括城镇化都需要加快，因此，重视经济发展程度更高一些，跨越式发展讲得更多一些。一个实际问题就是，东部开始向中西部进行产业转移，存在污染的企业也能转移吗？实施天保工程，西部林区不让采伐了，有什么新产业接续，人员到哪去？这些问题都是需要深化研究的。本届政府提出的新经济建设，有很好的思路，但这些地方多处在我国生态安全屏障地区，怎么处理好经济发展与生态治理的关系需要深入研究。在条件成熟的区域，可构建地区间生态治理信息交流机制、联合执法机制和联合对外宣传平台，加快推进相邻区域或相邻城市环境共保进程，最终形成共同治理生态环境的局面。应进一步发挥国家环保总局组建的6个督查中心和 6 个核辐射安全监督站的作用，利用其体制上垂直、直接对总局负责的优势，着力协调解决跨区域、跨流域的环境纠纷，对重大污染事件组织协调、会商、处理和督办督察，增强重大突发环境事件的应急处置能力。

最后，国家生态治理体系应包括县域治理和社区治理。一些地方在尝试社区治理模式，这是一个社会共治、责任共担、利益共享的模式。按此模式，县域治理中，各个部门可在协商基础上按新投入机制模式对社区进行支持，不再按照过去行政分块加补贴的方式来执行项目。根据试点经验，社区治理组织起来后，信息的获取、法律的执行和政策的落实都相应可以实现，垃圾问题、水污染问题，都可以充分利用民众力量自行加以解决。

（李晓西，北京师范大学校学术委员会副主任，经济与资源管理研究所所长，教授，博士生导师）

中国经济发展新常态研究

□ 金碚

[摘要] 中国经济的基本面发生了历史性的实质变化，已经进入了一个经济发展的新阶段。在这个新阶段中，将发生一系列全局性、长期性的新现象、新变化。经济发展将走上新轨道，依赖新动力，政府、企业、居民都必须有新观念和新作为。“稳增长”着眼近期，“调结构”着眼中期，“促改革”着眼长期。着眼于长期的改革，也需有现实的动力源泉，应有激励相容的机制机理。在经济新常态下，最重要的改革方向和政策取向就是要形成“公平—效率”的新常态关系，这是能否实现经济新常态的特征之一——“从要素驱动、投资驱动转向创新驱动”的关键。在经济发展新常态中，我们将越来越明显地观察和感受到中国社会的价值选择、行为特征和规则意识的一系列新常态现象。经济常态不仅是一种客观形势，而且是一种战略思维和战略心态，即以何种主观意识来判定经济态势的正常和合意与否。在经济发展的新常态下，社会心理会更具战略平常心，更倾向于长期理性、公共思维和持久耐心。国家发展将更加体现战略思维的“平常心态”：长远眼界、长效目标和长治久安。

[关键词] 新常态　改革动力　创新驱动　规则意识　战略思维

自20世纪80年代中后期至2007年美国次贷危机爆发约20年，世界经历了一个被一些经济学家称为“大稳定”的时期。尤其是 2002—2007年，是世界经济增长少见的高度乐观的“黄金时期”，除了日本等少数国家，各类经济体包括美欧发达国家、新兴经济体和发展中国家，大都实现了较高速的经济增长。那时，中国经济的高速增长成为世界经济增长的强有力引擎。这一过程被2007—2008年爆发的国际金融危机打断。尽管这样，直到2010年，大多数人仍然认为，国际金融危机所导致的经济下滑只是一个周期性现象，只要各国政府联手采取宏观经济刺激政策，就可以遏制下滑趋势并使经济增长回到2007年以前的高速增长轨道。各国政府确实这样做了，这是人类历史上第一次全世界主要国家联手采取“凯恩斯主义”的宏观经济刺激政策，以应对突如其来的国际经济危机。刺激政策取得了一定效果，但并未能迎来所期望的经济恢复和增长，世界至今仍处于后危机时期的经济低迷之中。其中，中国的经济增长尤其令世界瞩目。到2011年前后，中国开始认识到，从过去的两位数高速经济增长，下行到7%～8%的速度，主要并非周期性因素所致，而是一种结构性减速，即中国经济的基本面发生了历史性的实质变化，已经不以人的意志为转移地进入了一个“新时代”或经济发展的新阶段。在这个新阶段中，将发生一系列全局性、长期性的新现象、新变化。经济发展将走上新轨道，依赖新动力，政府、企业、居民都必须有新观念和新作为。这一切可以被简要概括为经济发展的“新常态”。因此，研究经济发展新常态成为一个具有重要学术意义和现实意义的课题。

一、长期观视角下的经济发展新常态

从认识论上说，经济新常态实质上是关于经济发展某一阶段的长期现象和历史特征的现实描述和理论刻画。其认识对象就是由经济发展的客观规律性所决定的某一历史阶段的整体性的“正常”现象。所谓“正常”现象，实际上就是长时期内发生的普遍性、“大多数”或“大概率”的现象。因此，观察和研究经济发展的新常态需要有较长的眼界视野和时间跨度，甚至需要借鉴超长期经济史的研究成果。即基于大跨度时间的视角，观察研究对象在一定时期中（即未来数十年间）将会发生的常态现象，特别是有别于以往的新现象。

从世界范围来看，人类当前正处于工业化时代，这个时代已经历了200多年，发生了数次工业革命，但大多数国家迄今尚未完成工业化。从18世纪以来的第一、第二、第三次工业革命以其特有的性质和动力，一波又一波地推动各经济体以远远高于以往的速度增长，也有学者称之为人类发展的数次“浪潮”。从人类发展的长趋势看，工业化是一个非常特殊的历史阶段。法国经济学家托马斯·皮凯蒂在他那本影响广泛但也颇具争议的著作《21世纪资本论》中，就是从大跨度时间上观察经济增长和财富分配的长轨迹和大趋势，以长期数据的收集和分析支撑其学术判断和政策主张。他的中心观点就是：从人类发展历史看，高速经济增长是工业化时期发生的一段特殊历史现象，也可以说是工业化时期区别于其他时期的特征性“常态”。在工业革命之前，人类的经济增长是极为缓慢的；完成工业化之后，高速增长也将不复存在。也就是说，全球经济增长的长程“常态”是低速或中低速增长（当然是相对于工业化时期而言）。从公元0年到1700年，全球人均产值年均增长率为0，只是由于人口以年均0.1%的增长率增加，才使得全球总产值年均增长率为0.1%。

工业革命极大地改变了人类发展状况。1700—2012年，全球人均产值年增长率为0.8%，全球人口年均增长率为0.8%，因而全球总产值年均增长1.6%，是工业化之前的16倍。其中，1913—2012年，全球人均产值年均增长率1.6%，全球人口年均增长率

1.4%，因而全球总产值年均增长3.0%。在人类发展的数千年文明史上，这是一个罕见的现象（见表1）。值得关注的是，1990—2012年，亚洲的人均产值年均增长率达到3.8%（见表2）。反映了中国经济高速增长对世界经济增长的强有力推进所表现出的突出结果。

表1　工业革命以来的全球年均增长率（%）

年份	全球总产值	全球人口	人均产值
0—1700	0.1	0.1	0.0
1700—2012	1.6	0.8	0.8
1700—1820	0.5	0.4	0.1
1820—1913	1.5	0.6	0.9
1913—2012	3.0	1.4	1.6

资料来源：〔法〕托马斯·皮凯蒂：《21世纪资本论》，第91页，中信出版社，2014

表2　工业革命以来各洲人均产值年均增长率（%）

年份	全球	欧洲	美洲	非洲	亚洲
0—1700	0.0	0.0	0.0	0.0	0.0
1700—2012	0.8	1.0	1.1	0.5	0.7
1700—1820	0.1	0.1	0.4	0.0	0.0
1820—1913	0.9	1.0	1.5	0.4	0.2
1913—2012	1.6	1.9	1.5	1.1	2.0
1913—1950	0.9	0.9	1.4	0.9	0.2
1950—1970	2.8	3.8	1.9	2.1	3.5
1970—1990	1.3	1.9	1.6	0.3	2.1
1990—2012	2.1	1.9	1.5	1.4	3.8
1950—1980	2.5	3.4	2.0	1.8	3.2
1980—2012	1.7	1.8	1.3	0.8	3.1

资料来源：〔法〕托马斯·皮凯蒂：《21世纪资本论》，第94页，中信出版社，2014

托马斯·皮凯蒂认为，从人类发展的长期过程看，即使全球人口年均增长率保持1%和经济增长率长期显著超过年均1%也是不可承受的，甚至是难以设想的。例如，“如果1700—2012年的平均人口增长率（约为每年0.8%）再持续3个世纪，全球人口总数将在2300年达到700亿”。因此，经济发展“每年1%的增速意味着重大的社会变革”。托马斯·皮凯蒂认为：“过去两个世纪的历史表明，发达国家的人均产值很难以高于每年1.5%的速度保持增长。”“历史表明，只有正在赶超更发达经济体的国家（比如第二次世界大战后30年中的欧洲或今天的中国和其他新兴国家）才能以这个速度（每年4%或5%）增长。对处于世界增长前沿的国家而言——并且因此最终对作为一个整体的地球而言——没有足够的理由相信增长率在长期会超过1%～1.5%，不管采取何种经济政策都是如此。”总之，当第二次工业革命完成之后，发达经济体的人均产值增长率将处于1.0%～1.5%的“新常态”。[①]

美国著名经济学家罗伯特·戈登认为，在三次工业革命中，第二次工业革命的影响最深和最长远。第三次工业革命真正推动美国经济高速增长只有短短8年时间，而第二次工业革命对美国经济增长的推动持续了81年之久。他对全球未来经济增长率的判断比托马斯·皮凯蒂更为谨慎。[②]

挪威资深未来学家乔根·兰德斯经过长期研究预测：未来40年，“在富裕的社会中，对物质财富的追求不再成为一个有力的动力。这会减少对未来经济增长的推动……结果就是，生产力增长速度会持续放缓，这反过来会使全球GDP增长停滞，继而开始下降”。他预测，“未来40年里，中国经济将一直保持高速增长的态势；到2052年，中国经济总量将达到2012年的5倍，这相当于3.5%的年平均增长率”[③]。可见，即使被乔根·兰德斯称为“高速增长的态势”，也只是每年增长3.5%，这已是可以预见的非常乐观的经济增长“常态”了。

著名英国经济史学家安格斯·麦迪森在研究了全球经济增长的长期历史走势的基础上，在《中国经济的长期表现——公元960—2030年》一书中系统研究了中国经济增长的长期趋势。根据他的测算，1820年，中国人口占世界的36.6%，GDP占世界的32.9%，中国同世界平均水平相比的人均GDP为90.0（世界=100）。1952年，中国占世界GDP的比重下降到仅为4.6%，同世界平均水平相比的人均GDP仅为23.8。改革开放开始的1978年，中国占世界GDP的比重为4.9%，而同世界平均水平相比的人均GDP更下降为22.1。1978年之后，中国经济高速增长，到2003年，中国占世界GDP的比重大幅上升到15.1%，同世界平均水平相比的人均GDP的差距缩小到73.7（见表3）。

---

① 〔法〕托马斯·皮凯蒂：《21世纪资本论》，中信出版社2014年版，第83、第95、第590页。

② 张影强：《科技创新乏力制约美国经济长期增长》，摘自中国国际经济交流中心：《信息反映》2013年第17期（11月20日）。

③ 〔挪威〕乔根·兰德斯：《2052：未来四十年的中国与世界》，译林出版社2013年版，第155、第261页。

表3 中国在世界地缘政治中的地位（1820—2003）

年份	1820	1890	1913	1952	1978	2003
中国占世界GDP的百分比	32.9	13.2	8.8	4.6	4.9	15.1
中国占世界总人口的百分比	36.6	26.2	24.4	22.5	22.3	20.5
中国同世界平均水平相比的人均GDP（世界=100）	90.0	50.3	41.7	23.8	22.1	73.7

资料来源：〔英〕安格斯·麦迪森：《中国经济的长期表现——公元960—2030年》，上海人民出版社2008年版，第57页

根据安格斯·麦迪森的分析和判断，“中国的这种赶超发达国家的过程可能在随后的1/4世纪中持续。但是如果假定未来的增长将同1978—2003年的增长一样快是不现实的。在过去的这个时期，它因农业资源的重新配置而获得了巨大的效率提高，不过这是一次性的。它还经历了外贸方面爆炸式的迅速扩张，以及通过大规模的外国直接投资而加快吸收外国技术。随着逐渐接近世界技术前沿，中国增长的步伐就会放慢。我假定从2003—2030年人均收入会以平均每年4.5%的速度增长，但增长速度是逐渐放慢的。具体来说，我假定2003—2010年的年增长率为5.6%、2010—2020年为4.6%、2020—2030年略高于3.6%。按照这样的假设，到2030年时，中国的人均收入会达到西欧1990年的水平，或日本1986年的水平。这也就是西欧和日本赶超过程停滞的时候。在接近那个水平时，技术进步的成本就会更高，因为要用技术创新取代技术模仿。然而，到2030年时，世界技术前沿还会进一步外移，所以中国在那之后仍然存在赶超的余地”[①]。

上述国外著名学者对长期经济增长率的测算和预测，由于统计方式和口径的不同，具体数字有所差别，但所描述的历史轨迹和做出的基本判断是大体相同的。而从中国近几年的经济增长实际状况来看，目前已经从曾经的10%左右年增长率，下降到8%以下，2014年前三季度为7.4%。许多研究成果表明，中国经济的潜在增长率显著地趋于下降。中国社会科学院的一项研究显示：“结构性减速，构成中国经济新常态的主要特征。”并预测，“在2011—2015年、2016—2020年、2021—2030年的三个时段内，中国潜在增长率区间分别为7.8%～8.7%、5.7%～6.6%和5.4%～6.3%”[②]。

总之，无论是从人类发展的长期历史，还是从世界近二三十年的经济走势，尤

① 〔英〕安格斯·麦迪森：中国经济的长期表现——公元960—2030年》，上海人民出版社2008年版，第55～56页。

② 李扬、张晓晶：《论“新常态”》，中国社会科学院经济学部研究报告系列，No. 2014-004。

其是从2008年国际金融危机以来的世界经济形势和中国经济发展态势看，一个以经济“新常态”为表征的中长期历史阶段正在到来。“新常态”将成为今后相当长一段时期内中国经济发展的基本性质和主要特征。其实，即使是下行到7%或更低一些的经济增长率，相比于全球经济的长程“常态”以及与世界同期的其他国家相比，也完全可以算得上是“高速”或“中高速”的。可见，所谓经济新常态，其实也是一种心境的常态和视野的开阔，是“平常心态”和长期视角下合理预期的经济增长率大趋势。

二、中国经济发展新常态的时代特征

据报道，“新常态”（New Normal）的概念最早由美国太平洋基金管理公司总裁M·埃里安（Mohamed El-Erian）于2008年开始使用，以预言2008年国际金融危机之后世界经济增长可能的长期态势。习近平总书记在2014年 5 月考察河南时第一次提及经济“新常态”，要求领导干部“从当前我国经济发展的阶段性特征出发，适应新常态，保持战略上的平常心态”。2014年11月10日，习近平在亚太经合组织（APEC）工商领导人峰会上所做的题为《谋求持久发展　共筑亚太梦想》的主旨演讲中，较系统地阐述了中国经济新常态问题。认为中国经济呈现出新常态的主要特点是：“从高速增长转为中高速增长”“经济结构不断优化升级”“从要素驱动、投资驱动转向创新驱动”。新常态将给中国带来新的发展机遇：经济增速虽然放缓，但无论是速度还是体量，在全球也是名列前茅的；经济增长更趋平稳，增长动力更为多元；经济结构优化升级，发展前景更加稳定；政府大力简政放权，市场活力进一步释放。[①]这是从与改革开放时期的前30多年相比照而论述的当前和未来一个时期的经济发展新常态。我们还可以进一步将视野延伸到更久远的历史，即从中国近代以来的经济发展走势来认识当前的经济发展新常态的时代方位及其基本特征。

中国近现代的历史处于人类发展工业化的大背景下，迄今为止的这100多年，也是中国工业化进程非常具有“戏剧性”阶段变化的时期。若不求严格，可以将这100多年的历史大致划分为四个阶段：工业化萌发（1912—1949年）、工业化初期（20世纪50～70年代）、工业化加速（20世纪80年代至2012年）和工业化深化（2013年至21世纪中叶）。每一历史阶段的时长都在30年左右（参见表4）。各个历史阶段都有其显著的“常态”特征。

---

① 顾钱江、张正富、王秀琼：《习近平首次系统阐述“新常态”》，新华网2014年11月10日。

表4 中国近现代各发展阶段的经济特征概略

时代	1912—1949	20世纪50—70年代	20世纪80年代至2012年	2013年至今	21世纪中叶
发展阶段	工业化萌发	工业化初期	工业化加速	工业化深化	后工业化
时代特征	战乱：彷徨探索	苦斗：计划经济	致富：改革开放	富强：国家治理	
社会精神	实业救国	脱困、节俭	“先富起来”	渴望“分享”	多元、包容
价值取向	向物质主义过渡	朴素的物质主义	亢奋的物质主义	权衡的物质主义	后物质主义
行为目标	基本生计	实物产品	收入、财富，GDP	发展、环境保护与可持续	生活质量、自我实现
行为特征	中体西渐	集体主义，自我牺牲	血拼竞争，求快贪大	主张公平，规避风险	辛劳—闲暇平衡、自主
政策意愿	地权革命，维持民生	先生产，后生活	效率优先，促快扶大	以公平促进效率，法治	遵从民意，福利主义

资料来源：作者归纳整理

中国工业化萌发时期可以从民国元年的1912年算起[①]，到新中国建立的1949年为止。这是寻求民族生存和国家出路的年代。就工业化而言，这一时期主要的社会精神体现为“实业救国”，社会价值取向从保守愚蒙向物质主义过渡，即开始更加关注于追求物质成就。西方先行的工业化国家成为中国觉醒者追求救国目标的参照标杆，强烈地激发了中国社会的“求强”意识。因而社会的行为特征表现为“中体西渐”，即倾向于认为既然西方先进于中国，那么，中国就必须向西方学习，发展科学、技术以至民主制度，即使是模仿西方也算是进步和时尚。那时，由于中国经济的极度落后，可以追求的经济目标只能是基本生计：不饿死人就算是莫大的幸运。而那时最基本的政策意愿则是地权革命和维持民生：孙中山提出“平均地权”，共产党主张“打土豪，分田地”。首先关注的是作为“财富之母”的土地。

中国工业化初期或者工业化起步时期，一般认为是从1949年新中国成立开始，到20世纪70年代末。这是期望以计划经济的方式，通过艰苦奋斗，赶超发达国家的年代。这一时期的社会精神是力图摆脱“一穷二白”和以高度节俭为美德。社会价值取向为朴素的物质主义，即以追求实物产量和获取基本的生产生活资料为目标：“以钢为纲”“以粮为纲”。突出的行为特征是集体主义和自我牺牲，代表性的时代口号是大庆油田工人王进喜的名言：“宁可少活20年，也要拿下大油田！”这一时期的政策

① 当然，中国工业化的萌芽时期可以追溯到此前的“洋务运动”或更早的时期，本文不做讨论。

意愿则是“先生产，后生活”。

中国工业化的加速时期从改革开放的20世纪80年代开始，直到21世纪最初的10年，可以2012年做划分年代。这是改革开放的年代，明确了走社会主义市场经济道路和全面融入全球经济的方向。这一时期的社会精神是“先富起来”，更通俗的说法就是“发家致富”，连共产党员也应“带头致富”。社会价值取向具有典型的物质主义特征，可以称为“亢奋的物质主义”。追求收入和财富的增长，GDP竞赛几乎成为“压倒一切”的行为目标和“硬道理”。那一时期最突出的经济行为特征就是“血拼竞争”，求快做大，为此可以不惜付出很高的资源环境代价。而为社会所接受的政策意愿则是“效率优先，兼顾公平”。

中国工业化的深化时期从2013年开始，大约将延续到21世纪中叶。这是力求通过全面深化改革实现国家治理体系现代化的时代。这就是我们今天所要重点讨论的经济发展的“新常态”时期。这一时期的社会精神将越来越倾向于渴望“分享”。物质成就仍然重要，仍然要“一心一意搞建设”，但物质成果的分配以及非物质性的其他追求也越来越受到重视，甚至可以为此而接受一定程度上降低经济增长速度的代价。这样的价值取向可以称为“权衡的物质主义”，即虽然物质主义时代尚未过去，“富强”仍是主要目标，但后物质主义的价值取向因素正在显现。人们的行为目标不仅要“发展”，而且越来越重视环境质量和发展的可持续性。而行为特征则表现为越来越主张公平正义和规避风险。政策意愿必然转向“以公平促进效率”和“以法治保证公平”。

预计到21世纪中叶，中国将进入后工业化时代，社会精神将更倾向于多元和包容。社会价值取向将具有显著的后物质主义特征。物质占有欲相对减弱，人们将更加注重追求生活质量和自我实现。行为特征则更注重辛劳—闲暇间的平衡，以及更加强调自主和自决。那时的政策意愿也将更倾向于遵从民意和福利主义。

以上关于中国近现代经济发展各历史阶段的经济特征的简要描述表明，当前所呈现的经济发展新常态的特点具有深刻的历史渊源，是一系列长期性因素所决定的“大时代”“大趋势”“大逻辑”现象，具有“换了人间”的历史转折意义。人们将发现，这似乎正应了中国“三十年河东，三十年河西”的老话。未来的30年尽管是从前30年以至再前30年的往昔走来，继承了前30年以至数百年的历史，但是，确确实实将是一个有别于以往的新30年。

中国经济发展的新常态处于世界经济的“新全球化”背景中。美国经济学家杰弗里·萨克斯说：“新全球化的‘新’主要在于它将技术突破同地缘政治变迁结合在一起，并由此创造了一个比以往的经济相互联系更加紧密得多的状况。新全球化中最重要的技术突破来自信息、通信和运输方面。新全球化是数字时代的全球化。”“每一代人都面临着如何将效率、公平和可持续发展结合在一起的新鲜挑战。在200年前的西欧和美国，主要挑战是如何促进第一次工业革命并使之人性化；150年前，主要挑战是如何在大工业城市出现人口爆炸的情况下创造一个安全、宜居的都市环境；75年前，主要挑战是如何超越大萧条。如今，我们的主要挑战是如何利用好新的全球化。我们必须找到新的途径，以使在一个十分拥挤且相互联系的世界中生活得更有效率、更公平且更可持续。"[①]每一个新时代都会面临前一个时代已经解决了其主要挑战之后又产生的新矛盾，问题的解决总是意味着新问题的出现和新矛盾的产生。这就是永无终结的人类发展历史——连续性与间断性的统一：一方面，历史时空具有连续性即继承性和相关性，每一个时代的"常态"都是前一个"常态"的延续，并非绝对的间断；另一方面，历史时空也具有间断性即阶段性和差异性，不同阶段的"常态"又显著地区别于前一个"常态"，而呈现为一个很大程度上崭新的历史时空状态和一系列现象特点。

中国经济发展的新常态并非凭空产生，它是在前30年经济发展的"腹胎"中诞生的，留下了那个时代的印记。也面临着在以往时代取得伟大成就的同时又产生的新挑战和新矛盾，必须有应对新挑战、解决新矛盾的新作为，这就必然表现为社会注意力的明显转移。在美国经济学家塞德希尔·穆来纳森和心理学家埃尔德·沙菲尔所著的《稀缺：我们是如何陷入贫困与忙碌的》一书中写道："稀缺会俘获我们的注意力，并带来一点点好处：我们能够在应对迫切需求时，做得更好。但从长远的角度来看，我们的损失更大：我们会忽视其他需要关注的事项，在生活的其他方面变得不那么有成效。"[②]依此逻辑，历史上曾经发生的极度物质稀缺（极度贫穷）使中国社会走向极为亢奋的物质主义时代，极度专注于物质成就，尤其是对GDP的超常渴望和追求。这是完全可以理解的：稀缺导致对需求物的过高估价，追求稀缺物的心理偏好具有强烈的边际倾向，即高度敏感于其增长速度。但当我们取得了巨大的物质成就后，GDP规模已经不是大问题，就很快会发现确如塞德希尔·穆来纳森和埃尔德·沙菲尔所说的那样，由于被稀缺所"俘获"而"忽视了其他需要关注的事项，在生活的其他方面变得不那么有成效"。因此迫切需要"转变发展方式"，要冷却浮躁甚至狂躁的强迫心态，缓解急于求成的心理亢奋，需要更加关注生态环境质量、财富分配平等、公共服务共享以及社会公平正义等正在变得越来越重要的问题。经济学原理和心理学研究均可以说明：稀缺而渴望获得的，总是被高度关注；已经大量获得的，则会适应性贬值。于是，整个社会必将转入一个"新常态"。这可以从另一个角度解释：中国在取

① 〔美〕杰弗里 斯：《文明的代价——回归繁荣之路》，浙江大学出版社2014年版，第86页。

② 〔美〕塞德希尔·穆来纳森、埃尔德·沙菲尔：《稀缺：我们是如何陷入贫困与忙碌的》，浙江人民出版社2014年版，第17页。

得了30多年的经济发展巨大成就后，为什么反而产生诸多“不满”，而必须转向新常态，实现新目标。

三、经济发展新常态下的改革动力

经济发展新常态的特点之一是在各个领域中全面深化改革，并平衡好经济发展的短期和中长期目标的取舍。“稳增长”着眼近期，“调结构”着眼中期，“促改革”着眼长期。但是，着眼于长期的改革，也需有现实的动力源泉，应有激励相容的机制机理。

过去的30多年是中国改革开放的辉煌年代。“发展是硬道理”“时间是金钱，效率是生命”“一部分地区、一部分人先富起来”等时代话语，不仅体现了那个时代经济发展的动力，而且也标示了改革开放的动力源泉。“谁改革谁得利，先改革先获益”是那个时代推进改革的激励相容机理，这可以使改革具有“自发性”动机和基层首创能量。在这样的动力机制下，30多年的改革开放如火如荼，取得巨大成就，但也产生了许多矛盾和问题。因为，任何“推动力”都必然有其“副作用”或“后坐力”；任何成就都须付出代价。我们可以将推动前30年改革的动力称为第一级推动力及其“副作用”：

——关于国有企业改革，其第一级推动力是趋利化、市场化和建立现代企业制度，使企业成为具有自身利益的经济实体，具有追求利益（利润最大化）的强烈动机。同时，必然有其“副作用”：一些企业关停并转，职工下岗分流，垄断企业依其市场地位而获得自身利益，而且，国有企业的性质和定位模糊化。

——关于产业经济的改革，其第一级推动力是实行差别性和选择性的产业政策，给改革以各种优惠待遇，激励增长，扶优扶强。其“副作用”则是技术创新不足、产能过剩。因为，既然有政策优惠可争，扩大产量即可立竿见影获利，为什么要吃力地搞原创性技术创新?

——关于土地制度改革，其第一级推动力是级差设租，以地生财，加快开发。为了招商引资，可以“零地价”优惠；为了聚财也可以“地王天价”。只要做足土地文章，就可以解决许多改革和发展的难题。这样做的“副作用”当然就是地价、房价高度扭曲，拆迁补偿失序：高价拆迁者一夜致富，低价拆迁者生活无依。建设用地大量开发却未能高效利用：一方面是建设用地开发指标紧缺，似乎土地供应短缺；另一方面却是大量“圈地”“囤地”后的土地和房屋闲置。

——关于财税和行政性收费制度改革，其第一级推动力是激励超收，政府财政如同企业般“增收节支”，超收即可相机支出。地方政府竞相运作开发性财政、纳税收费并存混搭。其“副作用”则是公共财政薄弱，企业税费负担沉重。

——关于金融体制改革，其第一级推动力是银行做大和高管收入激励。在垄断性很强的金融经济体制中，银行可以坐享巨大的超额利润，曾经被专家判定为“已经技术破产”的国有银行转眼成为世界级的“巨无霸”和高盈利银行。其“副作用”则是金融活动脱离实体经济，自我循环，“自娱自乐”，资金效率低下、资金成本高企。

——关于区域经济改革，其第一级推动力是GDP竞赛，各地竞相招商引资，政府给企业以行政性“加力”。其“副作用”则是公共服务不足，地方保护主义盛行。

——关于政企关系改革，其第一级推动力是归属权改为审批权，政府亲商和积极干预有利于获得短期性政绩。其“副作用”则是权力失规，腐败滋生，企业行为扭曲。

——关于收入分配改革，其第一级推动力是“一部分地区、一部分人先富起来”，各领域、各行业确定收入标准的参照规范各异，基本上是“公有公理，婆有婆理”，垄断性行业与竞争性行业各行其是。其“副作用”是收入差距扩大，对于分配状况的社会认可度下降。

——关于资源环境制度改革，其第一级推动力是“有水快流”、服从发展、有助于支持价格优势。其“副作用”则是资源约束、资源诅咒和环境恶化现象日趋严重。

表5　中国经济改革的第一级推动力及其“副作用”

改革领域	推动力	副作用
国有企业	趋利化、市场化，建立现代企业制度	职工下岗分流、垄断地位的私利化，国企性质模糊
产业经济	选择性产业政策，差别待遇，激励增长	技术创新不足，产能过剩严重
土地制度	级差设租，以地生财，加快开发	地价扭曲，补偿失序，建设用地耗竭
财税费负	激励超收，相机支出，开发性财政，税费混搭	公共财政薄弱、企业税费负担沉重
金融体制	银行做大，高管收入激励	脱离实体经济，资金效率低下，融资成本高企
区域经济	GDP竞赛，招商引资，行政性“加力”	公共服务不足，地方保护主义盛行
政企关系	归属权改为审批权，亲商政策，积极干预	权力失规，腐败滋生，企业行为扭曲
收入分配	一部分人先富起来，收入标准参照规范，垄断性行业与竞争性行业各行其是	收入差距扩大，社会认可度下降
资源环境	“有水快流”，服从发展，有助于支持价格优势	资源约束，资源诅咒，环境恶化

资料来源：作者整理

上述各领域改革的“推动力”都有一个基本特点：可以使改革践行者直接获益。

也可以说是改革者倾向于以对自己有利的方案进行改革，“摸着石头过河”实际上是“沿着有利处前行”。这符合激励相容的原理，往往动力强劲。

问题是，改革是制度变革和建设，制度属“公共品”性质。如果改革的动力只是沿着对“改革者有利”的方向着力，那就相当于采用“私人品”生产的逻辑进行“公共品”的生产。动力确实是强劲的，但不能确保“公共品”的合意性质，而且有可能导致“公共品”的私利化，不同的人可以据此而获得不同的利益，产生突出的利益冲突现象。在现实中则表现为：在体制改革中可能掺杂一部分人的特殊私利，以至形成既得利益集团；当改革有损于特殊既得利益时会受到特殊既得利益集团的抵制甚至抵抗，使改革遭遇利益藩篱的阻碍。

所谓改革的动力问题，即人们出于何种动机而进行改革和支持改革。前30多年的改革动力是：“贫穷不是社会主义”，触发改革的心理动机是“脱贫”与“先富”。支持改革的优惠、特殊政策往往具有排他性，即适用于一些人或一些地区，而不适用于其他人或其他地区。改革的推进很大程度上基于“有效冲动”而非周全的“理性权衡”：“不争论”“大胆突破”“敢闯敢试”，以成效论英雄。这样的改革成为中国经济发展的强有力引擎，成效显著、成果巨大，有目共睹；但也付出了“不平衡、不协调、不可持续”的代价，并形成了一些实力很大、意志顽固的特殊利益集团。更突出的是，存在大量的制度漏洞和权力寻租空间，腐败现象令人吃惊！实际上是形成了一些领域的制度“私地”。因此，经济发展新常态时期的改革需要有推进改革的第二级推动力，即以更适合制度“公共品”生产的逻辑全面深化改革，这就需要有建设制度“公地”的社会动力。

按照这样的“大逻辑”，经济发展新常态下需要相适应的新体制和新机制，新常态下的改革动力将回归公共品逻辑，压缩制度“私地”，最大限度扩大和完善制度“公地”。全面深化改革的目标是国家治理体系和治理能力现代化，而不仅仅是经济体制改革的单兵突进。基本政策取向从效率优先、兼顾公平、激励增长，转变为以公平促进效率、以法治保障公平，形成统一开放、公平竞争、有序规范的市场机制，将取代以选择性突破、特殊政策和增长竞赛为基本特征的改革路径。因此，“公共品”逻辑的改革动力，取代“私人品”逻辑的改革动力，是改革“常态”的新变化。

从理论上说，改革的推动力可以来源于“集权”“共识”或者“利益”。这大体对应为“顶层设计”“公共决策”和“基层首创”。理想而言，推动改革的进程应是这三种动力的结合，而上述三种改革推动力归根结底都必须基于改革红利，体现为释放推动经济发展的动力。简言之，如果说经济发展的新常态需要新动力，那么，释放经济发展的新动力，也要有实行改革的新动力。如果说，在经济发展新常态下，公平竞争是更持续有效的发展动力，那么，改革的动力问题就是要解决什么样的实现力量能够有意愿推动公平竞争的市场经济体制的形成，使之发挥在市场配置资源中的决定性作用和更好地发挥政府的作用。

改革意愿可能产生于两种缘由：法治精神与创新精神。前者基于“法从理出”的逻辑，即改革动因是形成“合理”的体制，需要“顶层设计”。这样的逻辑一般倾向于“集权式改革”。后者基于“义利权衡”的逻辑，即改革动因是形成“有利”的体制，需要“群众欢迎”。这样的逻辑更倾向于“基层首创式改革”。当然，无论是缘于法治精神的改革意愿还是缘于创新精神的改革意愿，在改革推进时都需要有一定的共识基础，要在“合理”和“有利”两方面取得协调。所以，在经济发展新常态中推进改革，既要有“壮士断腕”的决心和勇气，又不能不谨慎权衡得失，精心谋划，周全部署。

第一，在经济发展新常态下，由于经济增长方式的转变，以及增长速度的减缓，将发生一系列系统性的机制和利益关系变化。因此，改革推进必须平衡“生产导向”与“分配导向”的体制机理。其中最常见的就是“亲商”和“亲民”的政策权衡，以及鼓励竞争、激励先进与扶助弱势、保障底线的政策权衡。

第二，由于改革红利是改革动力的源泉，所以，改革的实际效应应该直接体现为尽可能地扩大改革红利的受益人群面，减少改革代价的承受人群面。改革红利应是具体的和可感受的，而不是抽象的和虚幻的，而且，应有相当程度的获益及时性。从理论上说，只有当因改革受益所形成的社会动力明显地大于因改革受损所形成的阻力，改革的推进才具有可行性。即使是集权式改革，基于完全合理合法的原则，也必须充分考虑受益与受损的现实利益格局，改革路径即使没有“帕累托改进”的空间，无法做到在不使如何人受损的条件下使一些人受益，也应遵循利益动力正向性原则，即改革受益的正能量显著大于受损所致的负能量。

第三，审慎对待改革的第一次推动力机制所形成的利益格局，适当承认和保持可接受的既得利益，减少因显著不公平而获取的不可接受的既得利益，坚决遏制和制裁非法获利。反腐获得广泛和强烈的民意支持，是改革突破利益藩篱的强有力正能量。而持续的民意支持还要基于使更多人从改革中获得可以直接感受的切身利益。

第四，改革要积极推动政府、社会、市场关系向适应经济发展新常态的方向转变，尤其是要使“父母官”心态和体制逐渐转变为政府真正承担“公仆”和“裁判员”职能的体制。经济新常态的发展动力基于释放市场和社会的活力，那么，改革的动力也必须来源于让市场的微观主体和广大社会成员成为改革的积极推进者。当前，我们看到一些令人担忧的现象，在一些领域和单位，行政化倾向更趋强化，以“父母官”意识推进改革，改革的“顶层设计”和“规范行为”变成了由行政性系统主导的体制“灌输”（政策语言叫统一“贯彻”）。市场和社会主体成为等待“改革”的被动接受者，改革变成了执行和落实“上级”的意图。这是与经济新常态的改革动力逻辑直接相悖的。

第五，体制改革的公共品逻辑决定了改革的动力机制中需要有体现利益中性的“智库”和“第三方评估”机制。由于改革的具体举措必然涉及敏感的利益关系，通常还会有一定的副作用，尽管在全局上充分合理，但也未必对所有的人都同样有利，甚至会使一些人不可避免地受损。所以，需要有相对超脱的“利益不相关方”或“利益非关联者”参与改革决策。这也是改革的第二级推动力机制同第一级推动力机制相区别的特点之一。

第六，经济发展新常态的一个显著特点是，逐步消除各种垄断现象，尤其是消除行政性垄断，从而形成公平竞争的市场机制，有效发挥市场在资源配置中的决定性作用。而要消除垄断，就必须有比垄断势力更强有力的改革力量。这种改革力量不可能仅仅来源于经济领域，因此，经济体制改革的成功必须基于各领域的全面深化改革，在涉及重大复杂利益的改革上，需要有“政治决定”的决断机制。

四、“公平—效率”关系的新常态及其创新驱动力

如前所述，前30多年的经济发展和改革动力主要基于“先富起来”和“谁改革谁获利”的动力机理，并由亢奋的物质主义所驱动。在刚刚脱离计划经济的改革初期，为了消除计划经济下效率低下和绝对平均主义的痼疾，权且接受和实行了“效率优先，兼顾公平”的政策理念和制度设计思路。尽管这具有一定的历史合理性和现实针对性，也确实取得了解放生产力和推动发展经济的明显成效，但是，这一政策取向毕竟具有很大的缺陷和局限性，它不过是在特定历史条件下的一个急于求成的“次优选择”。笔者曾在改革开放初期就撰文指出了这一政策取向可能导致的不良后果[①]。

今天，当中国经济进入了另一个新常态时期，前30年的那种“公平—效率”关系就越来越不适合于新的时代了。如果继续以那样的政策取向来发展经济和处理社会关系，将导致难以克服的“不平衡、不协调和不可持续”的现象和社会矛盾。因为，这样的政策取向意味着默认了可以以牺牲公平的方式来提高效率，既然效率优先，那么，在实践中必然是公平居后，因而往往不惜采取各种可以获得“立竿见影”短期效果的歧视性政策，厚此薄彼，人为制造等级差别，扩大不平衡性。例如，将市场经济的竞争主体区分为“主导”者和“补充”者、受重点保护的和受限制的、可以获得特

① 金碚：《以公平促进效率，以效率实现公平》，《经济研究》1986年第7期。

殊优惠待遇的和无权享受优惠政策的、严格监管的和放松监管的、受重视的和不受重视的，等等。

在这样的政策取向下，各类企业都觉得自己处于不公平的地位。国有企业抱怨不能采取非国有企业可以采取的一些竞争手段；非国有企业抱怨不能进入只能允许国有企业进入的领域；外资企业抱怨受到各种限制；大企业抱怨社会负担重和受管制严；小企业则抱怨在土地、资金等方面不能得到一视同仁的对待。

一旦可以通过不公平的方式进行市场竞争和资源争夺，特别是如果这种不公平是体制和政策所造成的时，企业就不再有心思和精力进行脚踏实地的技术创新，而必然将更大的精力投向争取优惠待遇和向政府寻租上。所以，从长期看，缺乏公平也必然丧失效率，因为它抑制了更多的微观经济主体的活力，扭曲了企业经营决策的方向。其实，当竞争不能公平进行时，要“兼顾公平”也是很困难的。所以，在我们取得了巨大的经济成就时，人们的不公平感反而越来越强烈了。

我们可以看到，当前经济发展中存在的许多“不平衡、不协调、不可持续”的现象都同过度突出“效率优先”的政策取向有直接的关系。在前30多年里，人们所追求的“效率”主要体现为短期获益，产量大、获利快、收入高。于是，急于求成、做大规模，即“越快越大就越好”成为最重要的业绩诉求和成功标志。政府也将促进“效率”作为主要的政绩目标，具体表现就是，追求更快的GDP增长、更大的企业生产规模，给大企业提供更多的政策“优惠”和大片低价格的土地。这一方面确实助长了经济的高速增长，做大了经济规模；但另一方面也导致了经济结构失衡、产能过剩严重、囤地大量闲置、环境迅速恶化和资源过度开发。总之，以不公平的方式强行追求“效率”，会导致对“效率”的片面理解甚至误解，留下严重的副作用和后遗症。

不仅在经济领域，而且在其他领域中采取“效率优先，兼顾公平”的政策取向，也导致了各种难以解决的矛盾。例如，教育领域急于造就“世界一流大学”，以大为“优”，并给“优”者吃偏饭，将更多的公共资源投入少数高校，导致各地中学、小学的办学目标瞄准了向顶尖高校输送尖子学生，于是，地方教育资源向“重点学校”倾斜，使得靠关系和金钱择校等不良现象难以遏制，教学竞争低龄化，许多学生产生厌学情绪和失败感，公共教育成为“失败教育”，即以大多数学生的竞争失败（实现不了进国家特别支持的顶尖大学的目标）为代价，制造了少数高分考生。这样的教育体制，不仅是非常不公平地配置公共资源，而且以高分竞争扼杀了年轻人的创新精神，也并未建成世界一流大学。再如，在医疗领域，政府也将更多的公共资源援助优等（三甲）医院，导致三甲医院人满为患，普通医院却门可罗雀。公办医院与民办医院更是处于不平等的地位。一些所谓“一视同仁”的政策却如同是让“儿童”与“成年人”进行竞争。于是，一方面是“看病难，看病贵”，另一方面却是医疗资源大量闲置。总之，“效率优先，兼顾公平”的政策取向，催生了拔苗助长式的“扶优”政策和政绩工程，强化了“马太效应”的分化作用，既不利于脚踏实地的技术创新和长期持续的效率提高，也无助于公平的实现。

因此，当进入全面深化改革的新时期时，政策取向必须逐渐向“以公平促进效率”的方向调整。我们看到，中共第十八届三中全会《关于全面深化改革若干重大问题的决定》中的一个重要表述是，“国家保护各种所有制经济产权和合法利益，保证各种所有制经济依法平等使用生产要素、公开公平公正参与市场竞争、同等受到法律保护，依法监管各种所有制经济”。其实，市场机制本身具有优胜劣汰的效应，无须政府再人为强化。即政府不必“扶优扶强”，而是应该“扶弱助小”，改变强者和弱者势力相差悬殊的状况，让强者面对势均力敌的竞争者。这对强者和弱者，包括大中小企业，都具有激励创新的积极作用，有助于整体竞争力的提升。

总之，尽管公平与效率确实具有复杂的关系，其中也可能存在某种程度的替代（trade off）现象（所谓“奥肯定律”）。特别是在短期，这种替代关系往往具有较强的可显示性，容易使人产生鱼和熊掌不可兼得的印象。但是，从长期看，效率与公平具有本质上的一致性。而且，社会主义主张公平正义，市场经济要求公平竞争，两者统一于“公平”，社会主义市场经济的实质要求构建“以公平促进效率，以效率实现公平”的体制机制。因此，无论是要弥补市场缺陷（包括可能导致过大的两极分化），还是要规范市场秩序（维护公平竞争、公平交易），政府的政策取向都必须是构建和培育公平与效率的一致性和互补性，而不是听任甚至人为扩大公平与效率的替代性和对立性。[①]

因此，在经济发展新常态下，最重要的改革方向和政策取向就是要形成“公平—效率”的新常态关系，这是能否实现经济新常态的特征之一——“从要素驱动、投资驱动转向创新驱动”的关键。在现实经济中，技术创新有各种类型，一个经济体要形成创新驱动的发展机制，就必须形成使尽可能多的大、中、小型各类市场经济主体都能有动力和机会参与技术创新的制度环境。而能够形成这种技术创新动力机制的最有效制度就是公平竞争。在公平竞争的制度下，各类经济主体就能尽力发挥各自的优势，在不同的技术创新领域和分工环节中心无旁骛地专注于进行技术创新竞争。在这样的经济体中，就可以形成技术创新层出不穷的局面，而不是主要靠政府的“重视”“扶持”“评选”或选择性的产业政策来实现个别领域的技术创新突破。这就如同要提高体育水平，最有效的方式就是鼓励全民参与和进行公平的竞赛，没有任何其他方

① 参见金碚：《深化改革基于市场经济共识》，《社会科学战线》2014年第11期。

式可以达到更好的效果。总之，经济发展新常态下的创新驱动就是要消除各产业的进入壁垒和市场垄断势力，让更多的经济主体参与竞争，并在公平的竞争规则下实现全方位的技术创新格局。

五、经济发展新常态下的行为特征和规则意识

经济新常态实质上也是经济行为的新常态和规则及规则意识的新常态。正是因为经济活动中人和企业的行为方式和行为规则的新变化，才使经济发展呈现新常态，而行为方式和行为规则的新变化又总是伴随着人们价值观念和规则意识的相应变化，即人们关于“何为重要”和“应该如何”的价值选择的优先顺序发生重大变化。可以观察和感受到的显著事实是，改革开放以来30多年同此前的30年相比，我国人民的价值观和行为方式发生了极大的变化，几乎可以判若两种社会。今天，中国又一次进入了重大历史转折期。在经济发展新常态中我们将越来越明显地观察和感受到中国社会的价值选择、行为特征和规则意识的一系列新常态现象。仅就经济领域而言，将会体现在以下方面。

第一，重法治意识。随着市场“决定性作用”的日益强化和显现，“市场经济是法治经济”的观念将越来越为社会接受和遵从。在经济发展新常态下，人治因素逐渐减弱，尊重法规的意识不断增强，要求依法治国、依法经营、依法办事、依法管制，将成为观念、行为和规则新常态的突出表现。重法治意味着重“程序正义”和重“过程管理”，在经济发展新常态下，政府实行“无法律授权则不可为”的行为规则，公民和企业实行“无法律禁止皆可为”的行为规则。政府不能以“办好事”和“结果有效”为由就无授权滥作为，也不能以任何借口在执行法律授权的事务中懒于作为。而公民和企业则可以在法律未禁止的领域进行经济活动和各种创新。经济发展新常态将以法治规范下的微观经济更趋活跃为显著特点。

与重法治意识直接相关的必然是更多普通百姓公民权利意识的彰显。人权、财产权、知情权、表达权、共享权、参与权等公民权利，将从纸文走到现实，从抽象原则变为具体行为。公民权利意识的彰显意味着市场经济基础的巩固，也意味着法治经济的逐步形成。在此基础上才能最终实现法治经济的理想状态：一方面，必须“将权力关进笼子里”，不得交易；另一方面，也必须“将市场管在正道上”，不可脱轨。这样，权力不可为所欲为，市场不得超出领地，双方均不越界，市场经济才能发挥其有效配置资源和持续推动经济社会发展的最大积极作用。[①]

① 金碚：《深化改革基于市场经济共识》，《社会科学战线》2014年第11期。

第二，透明度意识。中国社会在传统上具有“弱明文性”的特点，即许多“规矩”是没有明确和正式的书面文字（法律文件）表达的，往往“只可意会不可言传”，因此，“潜规则”盛行、信息高度不对称现象十分普遍，并被视为“正常”。例如，在经济活动普遍实行的行政审批过程中，权利不对等，程序不透明；各种“文件”总是规定只能由一定级别的人查阅，超越范围阅读就是“泄密”，属犯罪行为。即使是公开法律，也往往有属于保密范围的红头文件规定执行细则。而在经济发展新常态下，经济活动尤其是政企关系中的透明度意识将愈见强烈。要求公开透明将成为强烈民意，即人们要求：政府政务、企业行为、职业操守等均应提高透明度，放在阳光下。现代信息技术的发展和运用也将有效地助推经济活动和政府行政透明度的提高。这样，中国“弱明文性”的传统将被改观，潜规则显性化，逐步做到凡规矩则明文。这样，社会的低信任度将被高透明度所抵充和弥补，从而达到以增强透明度来提高自律性和文明度的效果。甚至，“透明度就是竞争力”也会成为一种新常态，“透明者强，掩盖者亡”，将成为一种常规的竞争手段。

第三，非歧视意识。经济新常态趋向于形成统一开放、竞争有序的市场体系新格局。这样的市场体系应具有主体权利平等、参与机会均等的基本特征。因此，各种身份歧视现象均不符合公正的市场竞争原则。在经济发展新常态下，城乡居民户籍歧视、就业性别年龄歧视、公共服务身份歧视、公务消费等级歧视等现象将成为社会诟病。“公平考试”和“公开竞岗”等非歧视制度将成为人力资源配置的主要方式，以“择优录用”和“职业特点”为由的歧视性用人标准将日益受到限制。

第四，新关系意识。重视人际关系是一个突出的中国传统特色。办事先找“关系”，成事依赖“关系”，几乎成为一种思维定式。人们相信，有关系和没关系结果大不相同。因此，在经济活动中如何“打通”关系、“润滑”关系，成为投放和耗费人力、精力、财力的极大“交易成本”，有经济学家干脆称之为“关系税”或“腐败税”，即在办事时必须支出的一种特殊的“租税”，具有“润滑”关系的作用。这样的现象在经济新常态下将发生很大的变化。在中国文化氛围中，完全不讲“关系”恐怕不符合一般人的思维，没有“礼尚往来”被视为“不食人间烟火”，“不粘锅”者通常难成大业，而且，互联网的发展大规模地扩展了社交关系网络，关系现象无处不在。但在经济发展新常态下，以腐败方式“润滑”关系则不为法纪所允许。随着“腐败”空间的被压缩，新的关系意识和人际沟通方式将摆脱“权钱交易”的强腐败桎梏，简化关系沟通方式，降低“润滑”关系的交易成本，形成“关系营销”的新常态。这是中国经济中的一种虽然难以明言，却影响深刻的现象，在经济发展新常态下将会有广泛而深远的变化。

第五，去等级意识。庞大而较有效率的政府行政系统曾是中国两千多年来所形成的最显著的“中国特色”或“中国国情”之一。即使是30多年的市场经济发展和财富增长也没有动摇行政等级的权位，行政级别仍然是衡量身份地位的“一般等价物”。在未来更强调社会公平正义，以及市场发挥资源配置的决定性作用的经济新常态下，中国经济有可能会形成去等级化的趋势，尽管短期内不可能完全消除。因为，泛行政等级现象已经走到它的反面，导致等级“通胀”现象，即行政等级贬值。特别是如果通过全面深化改革，确实“把权力关进笼子里”，行政等级的“权力幻觉”和“牟利想象”空间将大大弱化，加速权力净化和等级贬值。这样，行政等级意识干扰市场公平竞争的现象将逐渐减少。这可能成为经济发展新常态的又一个深刻变化。

第六，合理成本意识。可以预期，在经济发展新常态下，人们的成本/绩效观念将发生很大的变化。如果说在过去的30多年里，为达某项目的可以“不惜一切代价”，血拼竞争，那么，在经济发展新常态下，没有什么是可以“不惜一切代价”的。社会必须权衡利弊，才可审慎决策；个人也得掂量得失，才会决定付出。这是社会从“亢奋的物质主义”转向“权衡的物质主义”的一种突出的行为方式和规则意识变化：发展不能恶化环境，工作不会不讲待遇，征地必须合理补偿，辛劳得有假期休闲，奋斗也要生活质量，优胜劣汰也不能没有安全保障……总之，社会行为方式和行为规则将变得精于权衡、规避风险。该付出的成本就得付出，不该付出的成本必须节俭，不要过度指望“动员性”和“运动式”的冲动效果，更要依赖“可复制”“可推广”“可持续”的常规体制。要有实现发展目标的雄心，也得有持久战略的平常心。任何政策举措都不能不顾将会付出的代价和可能承受的风险，必须避免发生重大的“颠覆性错误”。这也将成为在经济发展新常态下经济发展战略思维的一个显著特点。

六、经济发展新常态下的战略思维

经济常态不仅是一种客观形势，而且是一种战略思维和战略心态，即以何种主观意识来判定经济态势的正常和合意与否。在经济发展新常态下，社会心理会更具战略平常心，更倾向于长期理性、公共思维和持久耐心。这也许是一个不易做出“立竿见影”“惊天动地”的辉煌政绩的时代，但却可以获得国泰民安的长久昌盛，在可持续发展的道路上一步一个脚印地实现中国复兴之梦。

——长期理性，意味着改变短期理性的急功近利心态，以更长远的眼界和视野（horizon）来观察世界、判断成效和评价政绩。对世界上任何事物和人类成就的价值评估都是以一定的时期或坐标时点为前提的，近期内评价高的业绩成就未必长期价值也很高，甚至可能是未来的损失（负值）。相反，今天只是“润物细雨”的努力很可能会功效长久和造福后代。战略心态决定了战略眼界的时间定位。如果说，在前30年由于面对可能“被开除球籍”的贫困落后压力，必须“只争朝夕”地争取现时现报的成就和获益，那么，在中国已经获得了巨大的物质成就后，在有条件以更长远的眼界来构想未来的经济新常态下，就可以平下心来，谋划中华民族伟大复兴的世纪战略。例如，“一路一带”战略，绝非一时成效之策，而是长期理性思维勾画出的世纪战略和中华民族复兴之道。

——公共思维，意味着改变急求小利而不谋大局、重利己而不思利他的狭隘心理。改革原本是全社会的公共事业，为了构建公共制度空间，但如果缺乏公共思维而以局部利益驱动改革，就很可能成为狭隘的逐利行为，甚至以操纵“改革”来设租寻租：“有利于我就改，无利于我就抵制”“守权有责，垄断牟利”。所谓改革的“思想障碍”和“利益藩篱”实质上就是谋改革却缺乏公共思维，将制度“公共品”据为利益“私人品”，将制度“公地”割据为利己“私地”。从本质上说，正确的改革不可能是“经济人”的产物。美国哲学家和伦理学家约翰·罗尔斯主张，正义的制度应是“无知之幕”下的产物，即人们只有在不知道自己的私利所在的条件下才能安排符合正义精神的社会制度，这似乎过于理想化而缺乏现实可行性。但是，至少在顶层决策上遵从公共思维的逻辑，确实是实现社会公平正义，尤其是进行社会制度改革，建立体现公平正义精神的体制机制所不可缺少的必要前提。一个只有自利行为而没有公共意识的“经济人”社会，即使是在逻辑上也难以确立能够完成合意改革的理由。正如美国学者埃里希·弗洛姆于1976年出版的《占有还是存在》一书中所说，工业化时代“在人类历史上第一次出现这样的情况，即人类肉体上的生存取决于人能否从根本上改变自己的心灵。只有在经济和社会发生深刻变革的情况下，人的‘心’才会转变。因为经济和社会的变革使人有机会去转变以及获得为达到这种转变所需要的勇气和想象力”[①]。而所谓“心”的转变，就是从利己思维转变为公共思维。总之，在经济发展新常态下实现全面深化改革的目标，公共思维、大局观念、社会理性等超越自利动机的社会意识和人类智慧将具有越来越重要的意义。

——持续耐心，意味着克服轻浅浮躁、求快贪大、“栽树不如搬树”“育人不如借人”的揠苗助长心态。要认识到，有些发展过程可以加快，适度“压缩”，但必经的阶段难以略过；有些业绩可以竞速获取，但必须依靠长期积累才能获得的成就不能不“慢工细活”。中国前30多年的发展，具有“加速追赶”的性质，主要依赖模仿性创新，却有可能“快鱼吃慢鱼”“只争朝夕”。但在经济发展新常态下，增长动力更多的是依靠全方位的原创性创新，这就更需要有执着持续和“甘于寂寞”的不懈

---

① 〔美〕埃里希·弗洛姆：《占有还是存在》，世界图书出版公司2015年版，第10页。

努力。中国经济创新驱动力不足的最大障碍不是缺乏资源和技术源泉，而是缺乏持续的耐心，急功近利、见异思迁，甚至以投机取巧、抄袭取胜为荣。明明落后数十上百年，却认为可以与发达国家“站在同一起跑线上”。以为创新就是“爆发”，可以平地而起，一夜间就能“成效巨大”；以为只要通过“资本运作”就可以进入“500强”行列；以为不够大可以合并，以规模论英雄，而且，速成者最受推崇。这种心态是技术创新之大敌。中国经济发展如果要转向创新驱动，就必须培育创新的耐心和执着。“日久见人心，路遥识马力”才是原创性技术创新的基本逻辑。创新未必每次都成功，失败也是创新的一种“常态”。没有千千万万的创业创新的失败者，就不可能有成功创新的辉煌。如果以为政府可以选择可能成功者，给予特殊政策优惠，供应“小灶偏饭”，就能扶持其快速成功，实际上就是以“揠苗助长”的急切心态在毁坏大众创新的环境。我们可以看到，世界上凡是创新型国家必定是视创新为“平常”的国家，政府不轻易实行选择性政策，不主观判定输赢，却是各类创新成果层出不穷的国家，也是创新行为极具韧性耐力的国家，通常并无社会急不可耐地翘首以待其尽快成功的创新项目。既然是大众创新万众创造，创新活动成为经济常态，那么，创新必不为稀罕之事，不是非常的惊世之举。有研究表明，人类历史上发生的重大技术创新，都是科技“生命体”进化过程中的必然产物，而不是某个天才发明家突发奇想的结果。技术进步的连续性远远强于其间断性、继承性强于其革命性。就如同生物体的生命进化，技术革命实际上是长期创造性过程中由技术积累所导致的技术进步和重大突破的“涌现”阶段。技术创新活动及其成果的基本特征是持续耐久的，而不是偶然突发的。因此，在一定意义上可以说，创新的平常心是创新的耐久力的基础，支撑着大众创新的社会环境。这也应成为国家创新政策的理念基础：主要以促进公平竞争和普惠政策的方式激励原创性技术创新，而非主要靠政府选择创新项目并给予特殊优惠来追求“短促突击”式的创新表现。因为，破坏公平竞争就是鼓励投机取巧，销蚀创新耐心，扭曲创新方向。创新型国家需要全民族的持续耐心和长期专注精神，这是经济发展新常态下能否实现创新驱动的一个深刻问题。

总之，正在形成中的中国经济发展新常态是在经历了30多年的高速增长、规模扩张和GDP竞赛、摆脱了中国极度物质贫乏和活力不足的状况，获得了巨大的成就，同时也产生了一系列“不平衡、不协调、不可持续”现象的经济发展阶段之后，进入了以中高速增长、结构调整、创新驱动、素质提升和公平分享为主要特征的新的经济发展阶段。这是中华民族实现伟大复兴过程中的一个更需要历史耐心和持续奋斗的年代。在经济发展新常态下，国家发展将更加体现战略思维的“平常心态”：长远眼界、长效目标和长治久安。

参考文献

［1］罗纳德·英格尔哈特. 现代化与后现代化——43个国家的文化、经济与政治变迁. 北京：社会科学文献出版社，2013.

［2］阿瑟·奥肯. 平等与效率——重大抉择. 北京：华夏出版社，2010.

［3］乔根·兰德斯. 2052：未来四十年的中国与世界. 译林出版社，2013.

［4］托马斯·皮凯蒂. 21世纪资本论. 中信出版社，2014.

［5］塞德希尔·穆来纳森，埃尔德·沙菲尔. 稀缺：我们是如何陷入贫困与忙碌的. 杭州：浙江人民出版社，2014.

［6］安格斯·麦迪森. 中国经济的长期表现——公元960—2030年. 上海：上海人民出版社，2008.

［7］杰弗里·萨克斯. 文明的代价——回归繁荣之路. 杭州：浙江大学出版社，2014.

［8］威廉·麦尼尔. 竞逐富强——公元1000年以来的技术、军事与社会. 上海：上海辞书出版社，2013.

［9］美国国家情报委员会. 全球趋势2030——变幻的世界. 北京：时事出版社，2013.

［10］李扬，张晓晶. "论新常态". 中国社会科学院经济学部研究报告系列. No. 2014-004.

［11］金碚. 深化改革基于市场经济共识. 社会科学战线，2014（11）.

（金碚，中国社会科学院学部委员，中国社会科学院工业经济研究所原所长）

［本稿经修改发表于：《中国工业经济》，2015年第1期。人大复印报刊资料（F10.月刊）《国民经济管理》，2015年第5期］

中国经济新常态与减速治理

——“十三五”经济展望

□ 张平

一、中国经济的“新常态”

2015年中国经济增长继续向下调整，预计经济增长速度滑落到7%以下，2016年仍然有向下调整的压力，经济增长速度在“换挡”，从高速增长转向“中高速”增长。“换挡”期间，经济减速作为一种新的常态，实际上新常态内容丰富，由结构性、政策性、体制性、国际性等多种因素构成，更为积极地理解为一个结构性改革进行增长方式转换的“持续状态”。“新常态”（New Normal），顾名思义，就是指“反常的现实正逐步变为常态”，即中国当前减速调整是依照传统高增长而言的新常态，是一个典型的过渡期，这个过渡期有着明显的时间长度和过渡时期强烈的结构性和政策性调整特征。国际上也是如此，据统计，2002年，“新常态”一词在国际主流媒体中每个月出现50次；2011年，“新常态”一词每个月出现700次（Pash，2011）。在国际上，新常态越来越多地被定义为一个过渡性时期，其特征包括：①世界经济陷入长期低迷，经济恢复较慢；②全球经济与贸易增长处于较低的增长水平，贸易摩擦不断，贸易保护主义抬头，全球新治理架构缺位；③刺激经济政策与“去杠杆”的并存，各国政策操作空间狭窄，但政策调整频繁；④世界各国经济增长调整阶段，经济与政策周期不同步，美国、英国退出量化刺激，而亚洲日本则加大量化刺激，世界经济摩擦动荡加大；⑤金融市场繁荣与实体经济虚弱并存，大量的失业和收入差距拉大都成为一个新的过渡阶段特征。

中国经济“新常态”特征包括以下几个方面：

（1）经济增长减速，而减速带有明显的结构性减速的特征，即赶超过程中的结构性加速因素，如人口红利、二元经济下的廉价劳动力、工业化发展、技术进步中的“干中学”效应、全球大繁荣带来的需求等积极因素逐步结束。过去结构性加速因素变成了减速因素，人口红利消失、引进模仿的技术进步效率下降、二元经济下的高资本回报率消失等，经济增长告别过去两位数高增长的模式，进入中高增长阶段。文件对此的表述是“经济增长进入换档期”。2001—2011年，中国经济增长率年平均值为10.4%；从2012年初至2015年底，各季度的GDP增长率逐步下降到了7%以下，具有明显减速期的特征。

（2）持续的体制和经济结构调整，这一结构调整已经不是原有意义上的第一、第二、第三产业的比重高低调整了，而是更为广泛的体制和经济结构的调整了。体制和经济结构调整的意义：第一，在于如何让市场激励经济，进行经济的二次转型，以物质驱动转向人力资本驱动，从而重振内需，拉动中国经济；第二，内需调整如何提升广义人力资本的消费需求和现代服务业比重，提升效率，其重要的内容就是要调整收入分配和提高人力资本；第三，才是产业结构转型升级优化调整，持续提升产业效率；第四，区域结构调整，中国区域结构将趋向均衡发展的新常态，如京津冀经济圈、21世纪海上丝绸之路、丝绸之路经济带和长江经济带、超大城市群等区域经济的发展为中国经济升级版提供了实实在在的发展空间；第五，要素价格初次和再分配体制调整。

（3）宏观政策频繁操作，微刺激和防范金融风险并存成为新常态，主要表现在消化前期政策过度激励带来的高杠杆和高地方负债，同时为了保证经济增长的平稳，一直采取微刺激，本质上又在提高杠杆，这使得政府宏观政策操作空间非常狭窄，但操作频繁。

（4）高成本的要素供给成为新常态。低土地成本、低劳动力成本、低环保成本、低税收成本等低成本的工业化时代已经过去，我国依靠扭曲土地成本、劳动成本和环境成本等形成的特殊优势将逐渐消失，中国经济增长的贡献者应该来自全要素生产率和人力资本的提升。这些要素供给的逆转要求必须改变要素的供给与配置机制，市场化改革才能改善供给侧，才能有效推动劳动生产率的提高和技术进步。

（5）以建设市场化配置资源制度为主线的全面深化改革成为新常态。在传统赶超过程中过度依赖于政府配置资源的模式让位于市场配置资源，打破政府干预配置资源成为改革的红线，这里包括大量的改革内容，如要素价格调整、国企改革、利率和汇率市场化改革、政府行政改革、事业单位分类改革、农村土地改革、城市户籍制度改革、税收财政体制改革等多方面。这些改革将成为中国现阶段最为重要的促高效发展转型的常态内容。

“新常态”的定义很多，从原出定义的反常事实到常态这一明显的“过渡期调整”的概念。现在中国的多种定义，有的是政策性的，有的是经验性总结。从经济增长理论上的理解，中国的“新常态”应该理解为过渡时期的形态，即从以工业化推动的高增长阶段逐步向均衡增长阶段过渡的一种调整状态，包含了过渡的方向、过渡的时间和持续改革三个方面。过渡的方向就是从结构性赶超向着高效均衡增长阶段转换，即①经济完成了从二元经济结构向现代部门的过渡，中国经济结构进入服务化过程中，经济面临二次转型，即以规模制造转向现代服务发展，经济结构调整更应该依据市场进行“出清”调整了，以效率为准绳，无须政府干预配置，相反，要放松管制，建立公平竞争秩序；中国当前完成了产业结构增加值的现代化转化，但没有完成就业配置的转化；农村劳动力完成了职业转换，变成了工人，但没有完成身份转换，不是城市的人，更关键的是在人力资本提升上没有得到进一步提高，难以成为现代服务业的从业者。②市场经济制度已经初步建立，但市场经济体制没有成为党的十八届三中全会所说的“使市场在资源配置中起决定性作用”的状态，微观国有企业的改革，事业单位、管制部门、政府行政改革任重而道远，中国持续改革是这一阶段重中之重的任务。③经济增长贡献来自于全要素生产率的提高和人力资源的提升，而不是要素的不断递增的投入，符合了“内生增长”，当前我国增长中最大的问题是全要素生产率贡献的不断下降而不是提升，不能解决技术进步与人力资本作用的发挥则难以完成生产方式的转变。这三个标准是需要一段时间进行过渡的，中国当前的减速状态就是向新均衡过渡期的“新常态”，其间的改革、结构调整和政策激励是这一时期重要的方面。

比照“亚洲四小龙”和日本，发现各自走向均衡即高收入地区的实际过渡过程差别很大，如韩国仅仅用了5年的时间就完成了过渡，而且是在亚洲危机中通过强烈的市场化和结构化改革来完成调整与过渡的，而中国台湾地区过渡了21年才完成了高效均衡增长，因此，“新常态”转向真正的“常态”即高效均衡增长路径，这完全要根据自己的调整能力，很多国家调整不当，就会落入“陷阱”。

二、“十三五”的二次转型和展望

“十三五”期间，中国经济潜在增长率为6%～7%，但要实现翻一番的目标需要6.5%以上的增长。从成功跨越“中等收入陷阱”的角度看，则没有必要过度强调经济增长的速度，只要中国经济增长速度超过发达经济体，特别是美国，即保持4%以上的增长，而且没有过大的经济波动就能够实现。从当前的增长潜力看，这一增长速度是完全能保持的，关键就是如何不引起大的波动。2016年中国经济全面对外开放，特别是人民币资本项下自由兑换，只要不出现大的货币贬值（一年内贬值超过10%），引起国内债务危机就不会有大的问题。“十三五”保持经济增长稳定比速度更重要，当前提出的供给侧改革就是希望能够有效地扎实基础。

我们从更长的历史跨度和国际经验看待“十三五”的二次转型问题。“十三五”期间是中国经济转型的关键，此次转型被定义为第二次转型。第一次转型——从农业到工业，从农村到城市。中国正在开始第二次转型，即经济从工业化转型为以城市为载体的现代服务业。我国2015年城市化已超过55%，人均GDP按国际标准推算超过了7000～10000国际元标准，进入了二次转型阶段。二次转型是城市人口的聚集导致了人力资源的快速提高，推动创新活动，城市的创新外溢和知识配置服务推动经济的持续增长。世界经验表明，现代城市化源于工业聚集生产，发展经济学用“增长极”等理论解释了工业集中发展的城市特性。当城市化超过50%以后，人均GDP超过一定阈值，服务业和消费比重上升迅速，城市发展从物质集中生产特性转向为人提供服务，这一服务主要是基于提升人力资本的现代服务业，如：科教文卫体、信息、通信和金融等的现代服务业，通过对现代服务业的大幅度消费比重提升，人力资本加速形成，推动了知识生产与创造。城市通过现代服务业的发展，完成了创新外溢和知识配置服务，以知识生产与技术创新中心替代工业化时期的物质集中生产中心。

现代服务业是人力资本密集型的服务业，它不同于低端人力密集的服务业，拉美国家的服务业比重非常高，但多集中于低端人力密集型服务业，形成新的城市隐蔽性失业，没有完成基于人力资本提高的消费与现代服务业发展的互动，知识生产和技术创新乏力，经济增长徘徊。

1. 经济二次转型的特征

在“十三五”时期，预计我国的城市化率将达到55%～60%，GDP也已经超过了国际二次转型的阈值，经济的二次转型加快。二次转型具有三大特征：

（1）从制造业向服务业的转型。目前，服务业在国民经济中的占比已经超过51%。预计在“十三五”规划期间，服务业占GDP的比重或将达到60%。中国2008年按国际元计算已经达到10000国际元，进入了二次转型的门槛，2013年服务业比重超过第二产业，提高很快。国际经验表明，服务业既基于低劳动力密集型的生活服务业，也有高人力资本构成的现代服务业，核心是进行知识的生产。如果现代服务业被压抑，就难以实现二次转型，尽管可能服务业比重高，但也多为劳动密集型服务业，成了隐蔽性失业的场所，而不是基于人力资本的现代服务业发展，知识生产与技术创新均没有实现，对经济内生增长没有实质性带动作用。

（2）从投资推动转向以消费带动为主。据全世界城市化率和国内横断面数据计算，都得出超过68%之后，城市化投资带动经济增长的速度就会放缓，城市就从建设周期转向运营周期，通过土地买卖扩张的速度就会下滑。在运营周期，主要是对城市进行修补，如：修路补路，整个投资带动就很难再上升，所以增长动力转为消费带动经济增长，这时期的消费主要是以提高人力资本为目的的现代服务业的消费，主要通过教育、医药、体育娱乐信息等来提高人力资本，从而导致人的创新，推动基于城市消费提升人力资本导致创新的内生增长模式。这一消费模式不同于工业化过程中“消费”是再生产劳动力的一个被动成本项，而是基于提高人力资本的消费成为现代经济增长最为有效的“投资”项。

（3）从引进设备、模仿等“干中学”的技术进步模式变为知识产权保护、自助研发的创新活动。中国的全要素TFP贡献率从经济增长的高峰时期1987—2007年的贡献30%已经跌到了16%，说明靠引进设备来促进技术进步的阶段结束，必须靠自我创新。要从当前的全要素贡献的16%提升到“十三五”期间的30%，中国经济潜在增长率才能上升到6%以上，如果TFP贡献仍然在20%以下，加上环保约束和国际经济低迷，中国经济增长速度仍会进一步下跌。城市发展模式也从工业化时期的集中物质制造的“物质增长极”，转向以知识生产与配置的知识增长极了。

2. 国际经济二次转型的经验和理论解释

现代经济增长理论是以发达经济体全面进入现代部门和完善的市场机制为导向的分析体系，其研究不涉及所谓“结构”问题，因为不论是制造业还是服务业，比重多少都可以由经济主体按市场效率来自动配置，无须所谓的结构调整。其增长理论集中在技术进步、人力资本和制度等更多有关创新方面。现代增长理论中的两部门模型，是将研发部门与一般生产过程相分离，形成两部门模型。

后发国家的发展理论则是以突破“贫困陷阱”为目标的，发展中国家大多从传统农业部门向现代工业化迈进，而且市场发展不成熟，且有很多的市场分割，因此，发展经济学理论更重视“结构”，提出了一系列有关“结构转型”的经验事实。这些事实可归纳为：①恩格系数定律，即随着收入增长，食品消费支出占消费总支出的比重不断降低，消费结构引起产业结构的变化趋势；②刘易斯二元经济结构，二元经济结构把发展经济体特征进行了全面描述，内容丰富，提出了农村剩余劳动力可以按固定的“生存生活成本”作为工资支付，直至“刘易斯拐点”出现，即剩余劳动力转移完毕，工资按市场供求决定，极大地而且较长期地压低了工资水平，劳动力成本低廉，而且大量供给，劳动在要素分配中的份额被压低，资本回报率高，非常有利于工业化的发展；③贸易中的比较优势理论，即出口部门基于后发国家成本低的优势，可以进行对外贸易，获得比较优势，出口部门会积极吸收剩余劳动力，促进经济的发展；④库茨涅茨实证了产业部门之间存在着劳动生产率的系统性差异，因此将低效率的产业部门的资源转向高产业部门，形成明显的“结构配置”效率的提高；当然，还有人口红利理论、引进设备的“干中学”技术进步理论等，都为发展中国家指明了“结构变革”可以突破贫困陷阱。

特别是后发国家市场不完善，政府依据结构变革理论干预资源配置，将有效资源配置到出口、工业化等效率高的部门，就会产生“结构性”赶超效应，大量赶超国家都积极使用产业政策进行干预。中国改革开放也不例外，一方面加速市场机制建设，另一方面对外开放，同时积极利用政府干预，三管齐下促进了中国工业化大规模制造的快速发展，突破了贫困陷阱，完成了从传统产业向工业化的第一次转型。

二次转型是指大规模制造业向服务业转型，这一转型的过程研究和后果分析也已经非常丰富。归纳起来为四个方面：一是按麦迪逊提供的数据在7000～11000国际元，制造业国家大都会从工业向服务业转变（Hernendoef et al，2013）；二是经济服务化后，普遍都会存在经济减速的特征，这一特征是普遍存在的，实证了从结构性加速到结构性减速的特性，服务业效率改进速度低于制造业，但发达国家服务业与制造业效率相当，后发国家效率相差很大；三是同样为经济服务化转型，但有的国家服务化转型非常成功，特别是OECD国家都是发展了基于高人力资本的现代服务业，服务业价格与人力资本报酬增长一致化（Buera and Kahoski 2012），效率不断提高，经济增长稳定；四是落入中等收入陷阱的一些国家，其服务业比重很高，但效率较低，往往只有制造业的60%的水平，而且被经济学家诟病为农村人口漂移，形成新的城市隐蔽性失业，即大量的低素质人力密集型服务业的发展。

经济服务化转型（二次转型）问题又推到了中国经济研究的前沿。从中国的经验事实看：①中国2015年人均GDP已经超过10000国际元，进入二次转型的收入阶段；②中国服务业比重2013年第一次超过了第二产业，2015年前三季度已经占了51%，经济服务化趋势已经确立，并在加速；③服务化效率低下，现代服务业基本上没有纳入统计范围；④消费贡献开始提升；⑤创新体系需要人力资本的系列提升和优化配置。

3. 中国经济“十三五”期间的挑战与展望

当前中国经济增长的二次转型遇到了很多挑战，核心是从物质制造驱动转向以人的知识生产和创新劳动为主的发展方式，其组织、运行机制、生产方式、观念都发生了根本变化，这一转变必然会遇到现实的直接挑战。

（1）现代服务业发展的挑战。从国家统计局的统计栏目可以看出，服务业总共五项，即金融、地产、交运邮政、批发零售、住宿餐饮服务。另一大项是其他服务项。“其他服务业”具体包含信息传输、计算机服务和软件业，租赁和商务服务业，科学研究、技术服务和地质勘查业，水利、环境和公共设施管理业，居民服务和其他服务业，教育，卫生、社会保障和社会福利业，文化、体育和娱乐业，公共管理与社会组织等9个门类行业，可以看出均属于提高人力资本的现代服务业，而且也是人力密集型产业。

从统计角度就可以看出，当前我国服务业集中在传统劳动密集型产业，而且突出是为工业化服务的行业，作为现代服务业基本无统计局，连金融服务业中的银行、证券、保险都没有更细的统计，需要学者去估算。而我国的税收体制又是基于增值税体系的，它是针对长价值链的生产过程，因此这一税收体制对各地方发展制造业有激励作用，而对服务业则没有激励作用。

由于中国服务业过度集中在劳动密集型服务业，随着这几年中国服务业的增长，就业份额提高很快，但中国的服务业劳动生产率一直只有制造业的一半的水平（《经济增长蓝皮书2014》），而且随着就业份额的增加，服务业劳动生产率有下降的趋势，向现代服务业转型艰难，城市劳动密集型行业很快变为新的隐蔽性失业场所。

（2）消费转型的挑战。消费的国际分类：①食品饮料；②酒精、烟草、麻醉品；③服装、鞋类；④住房、水电、燃料；⑤家具及住房维护；⑥健康；⑦交通；⑧通信；⑨文化娱乐；⑩教育；⑪餐饮住宿；⑫杂项。分类来源于UNDATA。我们按消费的国际分类6～12项中的4项——健康、文化娱乐、教育、杂项，定义为广义人力资本有关的消费，简称广义人力资本消费。而其他消费项目定义为人的基本需求的一般消费。

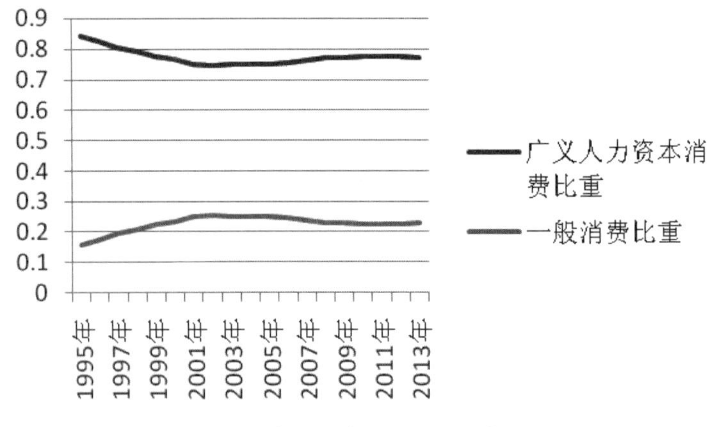

图1　中国消费结构变化趋势

统计局：《中国经济统计年鉴2014》，统计出版社

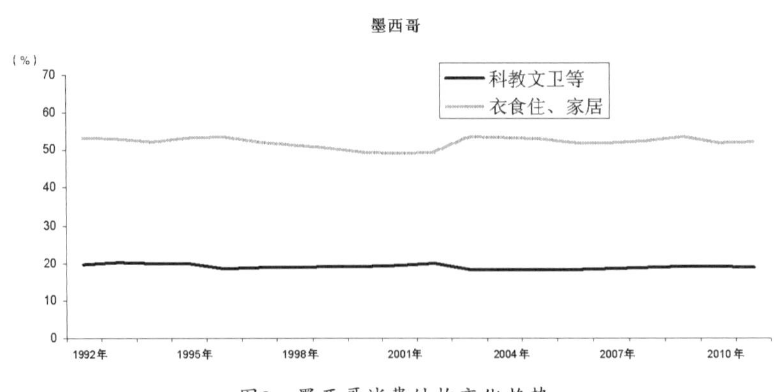

图2　墨西哥消费结构变化趋势

资料来源：中国经济增长前沿课题组（2015）

从上图可以看出，中国的广义人力资本消费比重上升后，比较稳定，曲线模式与墨西哥模式相当，似乎有种天花板效应压抑。按照消费规律看，随着人们收入的不断提高，在精神、健康、学习、娱乐方面的消费比重不断上升，而且通过这一比重上升推动人力资本的提高，从而提升人的劳动创造水平。发达国家的美国和韩国都有着明显的上升趋势，这说明消费转型在发达国家已经完成，它推动了广义人力资本的提高，从而推动了人力资本的提升和人的创造能力。

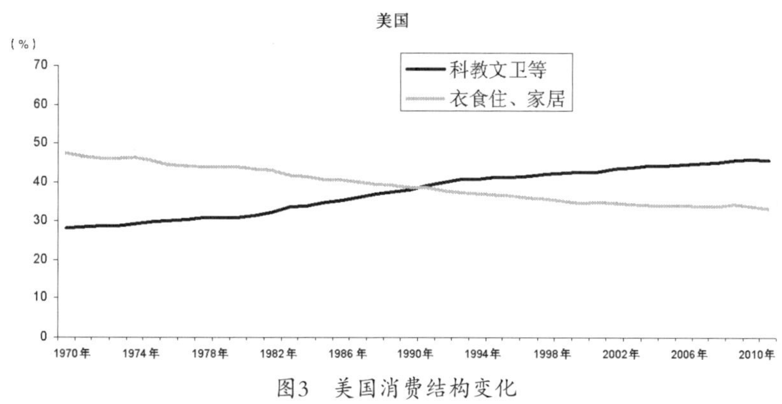

图3　美国消费结构变化

资料来源：中国经济增长前沿课题组（2015）

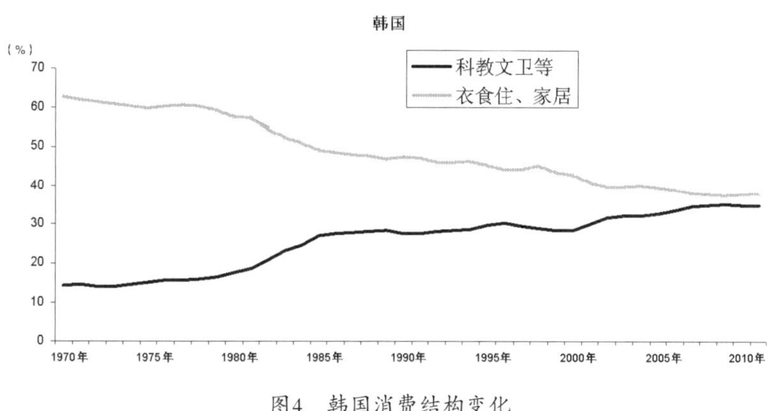

图4　韩国消费结构变化

资料来源：中国经济增长前沿课题组（2015）

（3）TFP下降挑战与"十三五"展望。依据生产函数将生产要素贡献进行分解（见表1），可以看出：一是传统的生产要素劳动、资本的增长速度明显在放慢；二是要素分配份额变化将有利于劳动，这一变化趋势在"十三五"期间会变得非常明显，它表明资本产出弹性将从0.6转向0.5，而劳动弹性从0.4上升到0.5，发达经济体劳动弹性在0.6的水平，传统上靠投资投入增长即使加快，对潜在增长率的贡献也会变小；三是在要素分配份额倾向于劳动报酬的过程中，核心是以人力资本为基准的价值创造，多体现在TFP贡献率上，成熟的发达国家的TFP贡献率超过40%，而中国的TFP贡献率则从近30%降低到了16%的水平，如果我们不能加大经济转型，再刺激投资，而不是提高TFP贡献率，则经济稳定是非常艰难的。如果中国“十三五”TFP贡献率能够回到30%以上，中国经济就成功地跨域中等收入阶段，继续提升贡献率，经济就进入可持续的内生经济增长模式。

表1 生产函数分解及“十三五”趋势预测①

	历史（峰—峰：1985—2007）	现状（2008—2015）	预测（2016—2020）
[1]［潜在增长（生产函数拟合）三因素］	10.10%	8.54%	6.20%
[2]资本投入（K）：弹性	0.6	0.6	0.5
[3]资本贡献份额=（[2]×[8]）÷[1]	68.72%	82.20%	76.60%
[4]劳动投入（L）：弹性	0.4	0.4	0.5
[5]劳动贡献份额=（[4]×[11]）÷[1]	6.17%	1.69%	-7.25%
[6]tfp：增长率	2.82%	2.60%	1.96%
[7]tfp贡献份额=100-[3]-[5]	27.94%	16.16%	30%

资料来源：经济蓝皮书夏季号（2015）

三、“新常态”下的供给侧改革

中国经济“新常态”最为核心的要义就是利用好减速时期进行最为积极的结构性改革和完善市场经济体制，被称为“供给侧改革”。很多供给侧改革都是利用经济减速的压力推动全面市场化改革和经济增长方式转变，并成功走向高效均衡的增长阶段。

减速期间的改革往往是人们最不愿意进行的活动，因为有太大的风险，有的国家成功，有的国家就没有完成。但没有减速时期，人们又不愿意进行深刻的自我增长方式的调整和结构性改革，因此不应回避减速这一“新常态”阶段进行供给侧改革，否则无法真正的转型。

从理论上讲，经济增长减速是经济体的一次大的“清洁”，熊彼特称其为“清洁机制”，即淘汰落后企业，推动创新企业发展。但这一理论机制在现实中难以完成，特别是亚洲国家，在有着政府干预（支持）的赶超过程中，政府支持的项目或企业都

① 增长分解方法更加细致的论述请参见中国经济增长前沿课题组论文（2012年、2013年、2014年）。

不愿意被“清洁”，反而抗拒减速“清洁”，形成所谓政府支持的“僵尸”企业，将创新企业所需资源吸入，降低了创新活力。因此，减速治理的核心就是利用减速重建新的增长方式和增长机制。韩国是一个减速后推动市场化改革的成功案例，在亚洲金融危机后接受了国际货币基金组织提出的一揽子改革方案，全面实现资本市场、外商直接投资和贸易自由化，成为一个近乎完全的开放经济体。在更具竞争性的市场环境里，不仅可以增加劳动力市场弹性，降低创新的劳动力成本，而且能够激励包括新建中小企业在内的不同规模企业参与技术进步，从而为创新外溢效应发挥创造有利条件。Taegi Kim and Keun-Yeob Oh运用韩国1985—2007年216家企业1985—2007年微观数据，证实在此期间，由研发支出水平和专利数量提高衡量的知识增长已经对韩国制造业企业全要素生产率产生显著的正效应。经过危机后的市场化改革，韩国经济增长方式转变取得一定成效，并平稳地过渡为一个发达经济体（经济增长前沿课题组2014）。

中国在新常态阶段下，包含着全面的供给侧改革，特别要突出市场化改革和现有存量的结构性调整，而且在宏观政策上要有足够的定力，让减速成为一个“清洁机制”清理“僵尸”企业，放松管制，进行政府干预模式的转型，鼓励创新。

供给侧改革的理论可简单可归纳为：

（1）放松管制，为创新提供空间，这是供给侧改革的核心要点，不放松管制就没有创新空间。

（2）强化市场机制，一是反垄断；二是强化市场出清机制，即推动企业破产重组；三是建立市场公平竞争机制建立，在中国表现为国企改革，让市场主体相对公平。

（3）减税，通过减税来刺激经济的增长，特别是给企业减税，著名的拉佛曲线就是讲减税对经济的激励，这是供给学派的核心思想。

（4）加速折旧，创新驱动。

上述理论运用在中国经济体系中集中在以下几个方面：

（1）改革政府的行政干预体制，放松管制。传统要素供给已经规模收益递减，资本和劳动也都已经规模收益递减，而新要素具有规模收益递增的特性，如信息、人力资本、教育、创新、好的市场制度、空间等，给中国带来未来的可持续的发展。改革政府干预性体制是根本，政府干预体制形成工业化时期，即所谓集中资源干大事，通过资源配置扭曲，推动中国工业化大发展。但是这种体制在二次经济转型过程中明显是不适用的，大量的二次转型中所需的新要素、创新、非标准化等都不是集中力量所能完成的，而且政府集中力量会造成巨大的风险，是当前经济效率低下和不可持续的问题的根源。给知识过程和知识部门成长创造环境，就需要弱化政府干预，强化政府在知识网络建设、疏通和新要素培育方面的功能。

（2）推进财税金融改革，防范开放下的金融风险。

第一，推进财税和金融改革，税收应从向生产者征收转向消费者征收，为企业减税，激活企业，整体税制也应从间接税转向直接税； 第二，金融改革，推进资本市场发展，让以抵押融资为主的银行融资逐步向以能力融资的权益市场转变；第三，2016年中国人民币资本项目可兑换基本已经成定局，防范人民币贬值传递的金融风险。

（3）国企改革和推动清理“僵尸企业”。高速增长时期依赖要素驱动成长起来的企业，在经济减速时期由于技术进步滞后面临窘境，其中一部分企业可能已经失去效率增进潜力，或者不能适应创新要求。对这部分企业进行清理以便释放出资源，用于改善国内产业环境。

（4）推进“科教文卫”事业单位的转型和改革，提高现代服务业比重。过去30余年，由于对工业部门增长的强调，导致对服务业发展的忽视，把服务业置于工业化的辅助部门发展，进而导致服务业发展只注重规模、不注重质量和效率，制造业与服务业劳动生产率差距持续拉大。就现实来看，中国现代服务业的很多部门，一部分存在于管制较大的“科教文卫”等事业单位；一部分存在于电信、金融、铁路、航运以及水电气等公共服务部门。这些部门以其垄断力吸引了很大一部分高层次人力资本，但是又不能提供较高的生产效率。为此，需要把事业单位改革与放松管制相结合，盘活人力资本存量，提升服务业的效率及其外部性，培育核心竞争力。

2016年是中国开放促改革的起步年，中美谈判的“负面清单”将从自贸区试点推进，这将有助于供给侧改革的实质性推进。

参考资料

［1］Pash， Chris. "Use of the label 'new normal' on the rise". The Australian. 16 May 2011.

［2］李杨. 中国国家资产负债表2013. 北京：中国社会科学出版社，2013.

［3］史晋川. 新常态下的中国宏观经济. 首届中国宏观经济论坛（2014）论文集.

［4］许雄斌，张平主编. 中国上市公司发展报告2014. 北京：社会科学文献出版社，2014.

［5］中国经济增长前沿课题2014. 中国经济增长的低效率冲击与减速治理. 经济研究，2014（12）.

［6］张平. 增长模式转型与政策选择. 现代经济探讨，2014（1）.

（张平，中国社会科学院经济研究所副所长，研究员，教授，博士生导师）

“新常态”下中国经济增长路径的选择

□ 黄志钢 刘霞辉

［摘要］本文在“新常态”下中国经济运行现状与特征的基础上，对未来我国经济增长的可能性路径予以了分析。在柯布—道格拉斯生产函数框架下，分别对资本投入型、劳动投入型、效率驱动型、消费需求拉动型等增长路径进行了测算与比较分析，表明这些路径要么难以为继，要么是过去时或将来时。而消费需求拉动型增长路径实质上也是一个附带市场检验理性约束条件的投入型增长路径，认为“新常态”下我国增长路径选择仍需回到资本投入型，但绝非重蹈覆辙，而是要走出一条我们称之为的效率资本投入型增长路径。

［关键词］新常态 增长路径选择 效率资本投入型增长路径

一、前言

近30年来，我国一直致力于市场化取向的渐进改革来推动经济增长，也的确将中国经济推入了“起飞”的跑道，尽管成就非凡，完成了从低收入向中等收入国家的转变，但增长始终未摆脱政府主导型模式。回顾该模式下高增长历程，可大致分为两个阶段：一是政府运用行政力量，动员大量资本、土地、矿产等资源，充分发挥比较优势的“低价工业化”阶段；二是在土地垄断及土地财政激励下，各级政府改造、扩张城市建设的“高价城市化”阶段。毋庸置疑，两个阶段确实地推动了中国工业化与城市化的快速发展，但也引致了经济结构失衡，积累了诸多问题。其中，尤为不利的是，在政府强势推动下，这“一低一高”的交叉互动及其巨大惯性下的路径依赖，也几乎将政府主导型模式推向了极致：不仅土地、资源和环境已难以承受，内外失衡、产能过剩、城乡不平衡、地区差距、收入差距过大等问题积重难返，而且人口结构变化和劳动力拐点出现，使得多年来引以为自豪的“人口红利”、低劳动成本比较优势消失；再加上国际金融危机爆发，给对外贸依存度高的经济增长以沉重打击；而随着城市化扩张，也引致经济结构服务化趋势形成，由于服务业相对第二产业劳动生产率与产出增长速度较低，服务业比重扩大也易将增长导入结构性减速通道。如此，多重因素的立体交叉、相互作用，已使政府主导型模式丧失了活力与动力，空间与时机所剩不多，在此模式下多年高增长后的增速回落，预示着我国经济运行将迈入新阶段。

对于这个新阶段，习近平总书记分别在2014年5月、7月两次谈话中，将其概括为“新常态”，指出我国发展仍处于重要战略机遇期，要正确认识中国经济发展的阶段性特征，要增强信心，适应“新常态”。“新常态”的提出，表明我国经济运行进入到一个重大的变革期、调整期已成共识，为此，原有增长模式势必随之转变，适应“新常态”的新增长路径也势必要形成，这正是本文探讨的主题。

二、“新常态”下中国经济运行的现状与特征

要探讨“新常态”下新增长路径的形成及其相应增长模式的转变，必须要大致了解一下“新常态”经济运行之现状、阶段性特征及面临的困境，这既是新增长路径形成的基础，也是其起点。

（一）“新常态”出现的原因：“三大红利”的消失

所谓经济运行的“新常态”，可理解为：相对先前态势，其最大特征是GDP由高速转入中高速增长。这是一个总体的、最显现在外的现象。引发的主要原因至少可从三大方面来概括，套用一下“红利”概念，即“全球化红利”“人口红利”与“政府主导型模式红利”的消失。

“全球化红利”消失是指：由于2008年全球金融危机、2010年欧债危机及其引发的变局，将全球经济推入了全面调整的新时期，贸易保护主义重启，全球储蓄—消费格局以及国际资本集聚方向都发生重大改变，使得多年来对外资与外贸依存度高的我国经济增长，顿失一个核心动力。可以说，未来我国可能很难再现加入WTO头十年来“全球化红利”对增长的强劲作用。

“人口红利”消失是指：随着中国逐渐步入老龄化社会，人口结构出现了拐点，2011年中国适龄劳动人口比重为74.4%，10年来首次下降，使得社会抚养比在2010年达到顶点[①]，而各地“民工荒”现象，也推动劳动力成本不断攀升，我国过去劳动力无限供给状况基本消失。“刘易斯拐点”的出现，意味着要素成本进入上升阶段，预示着在过去低廉劳动力价格下驱动形成的“世界工厂”优势不再，以劳动密集型产品为主

① 任保平、郭晗：《红利变化背景下中国经济发展方式转变的路径转型》，《西北大学学报》哲学社会科学版2012年4月。

的加工贸易、补偿贸易将遭受挑战。在劳动参与率和自然失业率不变的前提下，“人口红利”消失，劳动人口数量减少，将会直接降低未来潜在增长率，牵引经济增速下行。

至于“政府主导型模式红利”，表现为近30年来我国政府主导的经济连年高增长，工业化与城市化大发展，催生出了“中国奇迹”，促成经济总量跃居世界第二等巨大成就。我国政府，具有控制力强、动员力强、推动力强的特点，在政府—国企—国有银行“三位一体”的政府主导型模式下，通过“一低一高”的非均衡赶超型增长，奠定了当前我国的经济地位。当然，也正因为“强势”，则不易“收敛”。“三位一体”政府主导下的经济本质具有扩张性、垄断性与粗放的特征，尤其是各地各级政府间的竞争，造成了经济结构失衡，引生出大量产能过剩、低水平重复建设、地区分割、资源耗竭、环境污染、过度投资等问题。这些负面效应的积聚，导致“政府主导型模式红利”的消失。具体说，这体现在一系列“红利”消失上：如能源、土地价格高涨，大气、水源、土壤污染严重，资本、土地等要素供给下降，资源环境约束强化，低廉的自然资源、土地价格优势消退，“资源红利”不再，若综合“人口红利”，即“要素红利”消失；由于产能过剩，重复建设，使这些高污染、高耗能、低效率产业萎缩，高投资所依赖的低要素价格扭转，“投资红利”消失；此外还有“体制改革红利”的消失。显然，从农村改革开始，到由计划经济向社会主义市场经济过渡，再到国企和银行改革，财税、价格与城市住房体制改革以及一系列对外开放等方面的突破，释放了巨大的“体制改革红利”。但也在此过程中，政府经济职能出现了严重的“越位、缺位与错位”，“三位一体”模式强化，各级行政力量对市场的干预与扭曲加剧，使得先前增量改革、扩张市场的“体制转轨红利”消失，而不得不面对日益强化的“三位一体”模式本身的改革。

当然，除“三大红利”消失外，城市化、经济结构服务化趋势的形成，也牵引增长进入结构性减速通道。其他如环境、空气、水资源难以承载先前增长模式的继续；区域、城乡、收入差距过大；房产、医疗与教育改革对居民消费需求的制约；农业经济不振、农业基础设施薄弱、粮食危机显现等因素，也都促成了“新常态”的出现。这些成因，在一定程度上也昭示了“新常态”下经济运行的特征所在。

（二）“新常态”下经济运行的特征

对于经济“新常态”的特征，当前似乎已形成共识：中国经济进入了以“中高速、优结构、新动力、多挑战”为主要特征的新常态[①]，其中，中高速增长是核心特

---

① 《中国经济进入新阶段 新常态，新在哪？》，《人民日报》2014年8月4日。

征。应该说，在一系列客观因素的共同作用下，经济换挡减速是必然的。如劳动人口数量减少将降低潜在增长率；资源环境压力加大，已难承受粗放增长的过高速度；要素成本上升、产能过剩、重复建设、地方政府债务、金融市场风险等决定了高投资难以为继；在全球经济调整背景下，外贸外资红利消失，也弱化了前期高增长的一个重要拉动力。至于“优结构”，则涉及多重经济结构的优化：产业结构上，第三产业将逐步成为产业主体；需求结构上，消费需求逐步成为需求主体；城乡区域结构上，城乡区域差距将逐步缩小；收入分配结构上，居民收入占比上升，将更多分享经济发展成果。通过这些结构变迁，促进先进生产力产生、扩散，推动一系列新增长点的涌现，同时逐步淘汰产能过剩行业。所谓“新动力”，即新常态下，中国经济将从要素驱动、投资驱动转向创新驱动。而“多挑战”，是指存在制约经济增长的风险，这些在高增长过程中被酝酿但又被潜藏的风险，将会随着增速放缓而显性化，主要表现为房地产风险、地方债风险、金融风险、财政风险等，且这些风险相互关联，某个点的爆发将可能引发连锁效应。

以上对“新常态”特征的概括，充分体现了我国目前正处于经济增速换挡期、经济结构调整期、前期刺激政策消化期的“三期叠加”新阶段所面临的艰巨任务、主要矛盾、重要目标及可能困境。当然，若细分上述特征，也可以看到：中高速特征是一种客观的现实反映；优结构与新动力特征，虽已显露某种端倪，但仍带有理想性展望的意味；而“多挑战”特征下连锁效应的风险，实在为“常态”虽“新”但不“稳”的性质下了一个注脚。因为这些风险一旦连锁爆发，可以想象必将对社会经济正常运行造成重大破坏，经济中高速增长能否坚守将成疑。若因此经济继续低速下行，常态不稳，“新常态”也有转化为“非常态”的危险。因此，当前我国经济刚进入“新常态”，主要特征苗头虽有显现，但并不意味着它们都已得到确立。准确而言，本文认为当前阶段实是一个过渡期，也可谓“新常态”的准备期、前奏期，主要任务就是如何找到适合的增长路径，实现既可维持GDP中高速增长，又能有效防止并逐步化解各项风险，寻找与开拓新红利空间，逐步推进“优结构、新动力”特征的确立，促使“新常态”成为稳态。

三、“新常态”下几种可能性增长路径分析

经济增长是一个要素投入推动与产出需求拉动的过程，正是这“一推一拉”构成了一个完整的增长过程。有投入无产出，则无增长；有产出无需求，仅为一次性增长；若要素投入与产出需求不匹配，则是不可持续增长；只有二者相互配套、互相促进的增长才具有可持续性。因此，对于增长路径，从要素投入与产出需求来分析，显

然更为全面些。以下，将结合二者，来分析未来我国经济增长的可能性路径。

（一）供给端的三种可能性增长路径

对于供给端的要素投入增长路径，通常以柯布—道格拉斯生产函数框架来分析，标准形式为$Y=AK^{\alpha(t)}L^{1-\alpha(t)}$，包括资本K、劳动L及技术进步三因素。由此，依照增长对各因素投入依赖程度的差异，可形成资本投入型、劳动投入型和效率型增长路径。为了比较各路径的增长效果，本文将通过一个简单测算来表现三种增长路径的未来发展趋势，并将之与对应的潜在增长率对比，以显示这些路径的可选择性。

至于潜在增长率，我们曾运用基于人口、就业因素实际产出的恒等式分解方法，将1985—2030年划分为四个阶段：1985—2007年、2008—2012年、2013—2018年与2019—2030年，依前两个阶段为基础，对后两个阶段实际潜在增长率进行了估算，测算结果是2013—2018年平均为7.87%；2019—2030年平均为6.9%，并认为依据此恒等式变换所推算的实际潜在增长率不仅是高位的，而且可能是高限的①。

1. 资本投入型增长路径

资本投入型，即以资金、资源与土地等货币资本、物质资本投入为主要贡献的增长路径。通常也称投资驱动型增长，也是我们最熟悉的路径。正如前文所言，在此路径上，政府运用行政力量，动员了大量资本、土地、矿产等资源，先通过“低价工业化”走出了一条特殊的高增长路径，激励了工业化大发展，又通过“高价城市化”，推动了城市化大发展，将我国经济推入了“起飞”跑道，完成了从低收入向中等收入国家的转变。但这“一低一高”两种资本投入型增长路径的交叉作用，积累了经济结构失衡、过度投资、产能过剩、环境和资源制约、城乡地区差距、收入差距过大等矛盾，使这种高投入、高消耗、高排放的增长已难以为继，而这正是我国进入“新常态”的最主要原因。

假如无视这些日益扩大的矛盾，继续粗放式高资本投入增长路径，在2008—2012年的基础上继续维持高达30%的净投资率，结果将是投入的增长效应大幅下降。这是因为，在粗放式高投入下，无法扭转资本效率严重下滑，以及随之导致的资本弹性下降态势，再加上劳动年龄人口增长率不可逆转的负向增长，将会使高投入增长收效甚微。我们通过一个简单测算可验证上述论断，估算结果如表1所示。

---

① 具体分析以及本文以下测算表的形成，可详见黄志钢、刘霞辉：《中国经济中长期增长的趋势与前景》，《经济学动态》2014年第8期。

表1　高资本投入型增长的效果

	历史 1985—2007	现状 2008—2012	预测 2013—2018	预测 2019—2030
（17）潜在增长（生产函数拟合）三因素	10.02%	9.63%	5.27%	3.2%
（18）资本投入（K）：弹性	0.62	0.55	0.45	0.40
（19）贡献份额=［（18）×（24）］÷（17）	69.92%	71.05%	76.9%	78.1%
（20）劳动投入（L）：弹性	0.38	0.45	0.55	0.60
（21）贡献份额=［（20）×（27）］÷（17）	5.73%	1.75%	-6.9 %	-13.1 %
（22）tfp：增长率	2.44%	2.62%	1.58%	1.90%
（23）贡献份额=100-（19）-（21）	24.35%	27.20%	30.0 %	35.0%
［因素细分］				
（24）资本投入增长率（k=dK/K）=（25）×（26）	11.30%	12.44%	9.0%	6.25%
（25）（净）投资率（I/Y）	21.32%	35.55%	30.0%	25%
（26）资本效率（Y/K）	0.53	0.35	0.30	0.25
（27）劳动投入增长率（l=dL/L）=（28）+（29）	1.51%	0.38%	-0.66%	-0.71%
（28）劳动年龄人口增长率（popl）	1.58%	0.93%	-0.01%	-0.01%
（29）劳动参与率变化率（θL）	-0.07%	-0.55%	-0.65%	-0.7%

表1中，在劳动年龄人口增长率、资本效率与资本弹性的负面增长效应影响下，单纯提高净投资率已无法有效支持GDP增长。尽管资本贡献份额比前阶段提高5个百分点，达76.9%，且TFP贡献率也由先前的27%增到30%，但经济增长率仍将下滑4.4个百分点，为5.27%。显然，这明示了过去粗放型的投资驱动增长路径已到尽头。倘若此趋势继续延伸，在2019—2030年，增长率将进一步下滑到3%。此时，尽管资本贡献份额高达78%，TFP贡献率也进一步增达35%，但由于资本效率的损失，劳动年龄人口增长率不可逆转的负向增长效应将被放大，由-6.9%扩大到-13%。这也意味着，粗放型投资驱动路径不仅无法有效提高增长率，也无法弥补劳动年龄人口增长率逆转的不良态势，反而会进一步放大其负效应。此外，若分别与2013—2018年的7.87%，2019—2030年的6.9%的潜在增长率相比，可发现其差距将由2.6%扩大为3.7%，实际上已证明该路径的不可持续。

故此，“新常态”下，已不可能再复制先前的资本投入型增长路径。当前，不要说资源、能源、环境、土地已难承受，以上估算也表明，即使再搞货币宽松政策，投入大量货币来驱动，也难再现辉煌。事实上，由于房地产与地方债风险、产能过剩、重复建设的积重难返，在政府—国企—国有银行“三位一体”链条下，这些资金要么会被用于消化房地产与地方债风险；要么会再次加重产能过剩、重复建设的负担；要么则刺激投机，流向股市等虚拟市场，而很难进入真正有货币需求的实体经济。如农业基础设施、农村开发改造以及缓解民企、小微企业的资金链断裂风险。这从2014年6~7月份信贷与融资状况，即可看出端倪：7月份人民币贷款增加3852亿元（约合621亿美元），远低于6月份的1.08万亿元；7月份社会融资规模从6月份的人民币1.97万亿元降至2731亿元[①]，增幅下降之剧是惊人的。这种骤降其实既反映了实体经济贷款需求疲软，也可谓前期贷款的强劲尝试后，对增长难以产生有效刺激的一种反应。由此，资本投入就进退两难：若信用收缩，可能集中爆发短期风险；信贷扩张又难推动实体经济。另外，这种状态的持续，也可能导致“滞涨”危机：一方面反映实体经济的各项指标，如发电量、铁路运输、动力煤消耗量以及大宗商品价格处于较低水平，经济下行态势明显；与此同时，食品价格却不断上涨，酝酿着通胀的潜在风险。由此，粗放式高资本投入型增长路径，在“新常态”下无法继续，是确定无疑的。

2. *劳动投入型增长路径*

如果说，资本投入型是工业化阶段主要的增长路径，那么劳动投入型增长路径更多是小农经济，或工业化早期以劳动密集型产业为支柱时的主要增长路径，如我国劳动投入年均贡献率在1986—1990年曾占到42.85%的比重[②]，此后下降趋势明显，从1991年开始年均贡献率均不到 9%。随着工业化的展开与深入，资本投入就会逐步替代劳动投入成为主要增长路径，这是经济发展的一般规律。据我们测算，2008—2012年，我国年均劳动投入增长率已由先前的1.51%降到0.38%，而随着劳动人口数量减少，2013—2018年、2019—2030年将会分别降至-0.66%与-0.71%。鉴于“人口红利”不再的客观事实，对于已进入工业化中后期的我国，此路径已无须考虑。通过测算，可见一斑，如表2所示。

表2　劳动投入型增长路径

	历史 1985—2007	现状 2008—2012	预测 2013—2018	预测 2019—2030
（17）潜在增长（生产函数拟合）三因素	10.02%	9.63%	3.34%	2.4 %
（18）资本投入（K）：弹性	0.62	0.55	0.45	0.40
（19）贡献份额=［（18）×（24）］÷（17）	69.92%	71.05%	80.8%	83.3%
（20）劳动投入（L）：弹性	0.38	0.45	0.55	0.60

① 《中国经济刺激措施成效不大》，亚汇网，2014年8月14日。

② 徐向艺、徐英吉：《劳动、资本及产业结构变动在我国经济增长中的贡献分析》，《山东经济》2007年第6期。

续表

	历史 1985—2007	现状 2008—2012	预测 2013—2018	预测 2019—2030
（21）贡献份额=［（20）×（27）］÷（17）	5.73%	1.75%	−10.8 %	−17.8 %
（22）tfp：增长率	2.44%	2.62%	1. 0%	0.84%
（23）贡献份额=100-（19）-（21）	24.35%	27.20%	30.0 %	35.0%
［因素细分］				
（24）资本投入增长率（k=dK/K）=（25）×（26）	11.30%	12.44%	6.0%	5.0%
（25）（净）投资率（I/Y）	21.32%	35.55%	20%	20%
（26）资本效率（Y/K）	0.53	0.35	0.30	0.25
（27）劳动投入增长率（l=dL/L）=（28）+（29）	1.51%	0.38%	−0.66%	−0.71%
（28）劳动年龄人口增长率（popl）	1.58%	0.93%	−0.01%	−0.01%
（29）劳动参与率变化率（θL）	−0.07%	−0.55%	−0.65%	−0.7%

表2假设2013—2018年，投资率回落到2007年以前20%左右的水平，但资本效率并未得到改善，资本弹性继续下降，都同于表1水平，TFP贡献率也如是。由此，在无资本因素的有效支撑下，增长率将会因客观的人口“负利”效应，更快下滑至3.34%。此趋势若继续，在2019—2030年，即便净投资率仍维持20%的水平，由于人口负面因素进一步扩大，增长率最终将会徘徊在2.5%的水平。显然，无资本支撑的劳动投入型增长路径，在工业化时期是不可想象的。表2还仅是涉及劳动年龄人口的下降，若再考虑没有资本支持下实体经济衰弱而引发的大量失业因素，该路径的增长率可能还要再降1个百分点，这对于当前我国经济的发展阶段，无异于经济停滞。

这里值得说明的是，该劳动投入主要是指普通劳动投入而非知识型劳力，当前的“民工荒”即是如此。而人力资本投入侧重在知识投入，一般表现在效率型增长路径，更多体现于城市化、经济结构服务化趋势的形成过程中，是推动增长由要素驱动向创新驱动的源泉。当然，在服务业发展过程中，并不都是人力资本施展的舞台，也会出现低素质劳动力大量涌入服务业部门，导致大量非正规就业的现象，凸显服务业部门的弱质性问题，削弱该部门效率的提升。尽管此时第三产业比重会得到提升，但弱质的服务业部门，不可能促进工业发展，反而会导致经济效率整体低下。拉美国家20世纪80年代经济增幅大起大落与增长乏力的现象，表明普通劳动投入即使大量投入服务业，第三产业比重虽高达60%～70%，也难以证明劳动投入型增长路径的可持续性。因此，工业化阶段后，大力发展服务业，必须依靠人力资本的知识推动，促使服务业形成较高的劳动生产率，增长才能进入新阶段。由此，也进一步证明传统的劳动投入型增长路径已成历史，以人力资本主导的效率驱动型增长路径方是时代主流。

3. 效率驱动型增长路径

效率驱动型增长路径，是指经济增长主要依赖于全要素生产率（TFP）的提高，其贡献份额超过50%以上的增长路径。全要素生产率又称“索罗余值”，其增长率常常被视为科技进步的指标，通常认为有三个来源：效率改善、技术进步与规模效应，通过科技进步、组织创新、专业化和生产创新等方式，使产出增长率超出要素投入增长率的部分，即TFP增长率。可以说，效率型增长的源泉在于知识投入，本质上是知识型投入，其中各行各业、形形色色人力资本的涌现，扮演着关键角色。通常，已实现效率驱动型增长路径的发达国家，其TFP贡献份额都在60%以上，而我国TFP贡献份额大约维持在1/4的水平，TFP增长率年均约为2.5%，表明我国还远未迈入效率驱动型增长路径，但无疑是“新常态”下必须要奋斗的目标。

对于我国仍是处于“干中学”模式下的发展中国家，TFP增长来源主要是依赖国外技术设备带来的效率改善、技术进步及规模效应，这就使得我国TFP增长与高投入有较大关联，如图1：

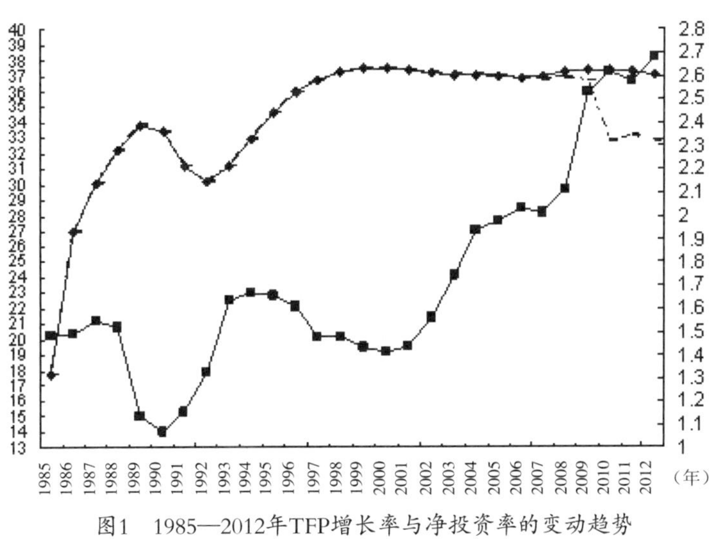

图1　1985—2012年TFP增长率与净投资率的变动趋势

由图1可知，我国TFP增长率随着净投资率变化，总体趋势是上升的。但在此过程中也可以看到，从1985年以来，每当投资出现下降时，TFP增长率反而升高，即TFP波峰与净投资率波谷大体相对应。2007年后这种态势出现了变化，TFP增长率变化平稳，但净投资率却直线上升，而此时正是效率损失最严重的阶段，故推测TFP增长率拟合值应有所偏高（似乎趋势应如虚线所示）。这一点，与张军估计比较一致，认为2007年之后，中国经济以减速趋势被动地回应了外部冲击，而且可以猜测过去5年TFP应该有更显著的减速[①]。实际上，以日本为例，在1971年尼克松冲击（日元汇率升值）和1973年石油危机对日本经济“从高速增长转入低速增长”的影响中，一些经济学家对日本经济增长的核算工作曾经发现，当日本的GDP增长率急速下降时，它的TFP的确出现了负增长。这种状况表明了“干中学”模式下TFP增长的脆弱性，一旦有外部冲击，TFP拉动效应就明显式微。故我们判断，随着“全球化红利”消失，当前我国“干中学”模式效应必将式微，再加上高投入规模效应不再及效率改善不利的变化趋势，若TFP不能在自主创新、生产创新、制度创新等“创新”模式下实现增长，TFP增长率将会持续下降。反之，假使我国自主创新水平能提高，TFP贡献份额有显著上升，则可能出现令人欣喜的增长局面，具体测算如表3：

表3　效率驱动型增长路径的两种情形

	预测 2013—2018	预测 2019—2030	预测 2013—2018	预测 2019—2030
	资本效率未改善情形		资本效率改善情形	
（17）潜在增长（生产函数拟合）三因素	6.0%	3.9 %	8.1%	8.0 %
（18）资本投入（K）：弹性	0.45	0.40	0.5	0.45
（19）贡献份额=［（18）×（24）］÷（17）	56.0%	50.9%	54.0%	45.0%
（20）劳动投入（L）：弹性	0.55	0.60	0.5	0.55
（21）贡献份额=［（20）×（27）］÷（17）	–6.0 %	–10.9%	–4.0 %	–5.0 %
（22）tfp：增长率	3.01%	2.34%	4.05%	4.8%
（23）贡献份额=100–（19）–（21）	50.0 %	60.0%	50.0 %	60.0%
［因素细分］				
（24）资本投入增长率（k=dK/K）=（25）×（26）	7.5%	5.0%	8.75%	8.0%
（25）（净）投资率（I/Y）	25%	20%	25%	20%
（26）资本效率（Y/K）	0.30	0.25	0.35	0.40
（27）劳动投入增长率（l=dL/L）=（28）+（29）	–0.66%	–0.71%	–0.66%	–0.71%
（28）劳动年龄人口增长率（popl）	–0.01%	–0.01%	–0.01%	–0.01%
（29）劳动参与率变化率（θL）	–0.65%	–0.7%	–0.65%	–0.7%

表3测算了资本效率是否得到改善的两种情形，假设投资率分别回归到较为理性的2013—2018年阶段的25%与2019—2030年阶段的20%，不再是投资驱动型30%的水平。

① 张军：《中国经济未来的潜在增长率》，财经网2013年12月2日。

在资本效率未改善的情形下，资本效率、资本弹性与前两种情况一致，在TFP贡献份额分别为50%与60%的时候，在2013—2018年与2019—2030年阶段，我国经济增长率将分别为6%与4%左右的水平，显然要高于前两条路径的测算值，而TFP增长率要在3%的水平上，虽难度较大，但增长拉动效应非常明显。若再锦上添花，资本效率能够一并得到改善，也无须改善太多，只要回到甚至比2007年前还要低0.35～0.40的水平，在投资率为25%的水平上，效率驱动型增长路径将会推动我国经济增长率重回8%以上，并且在投资率为20%的水平上，2019—2030年阶段仍可维持8%的水平。这种情况似乎过于理想，因为回到8%以上的增长率，意味着突破了2013—2018年平均为7.87%、2019—2030年平均为6.9%的潜在增长率水准。这个突破其实也表明人口“负利”虽是客观情况，但人力资本作用的充分显现，将能够跨越该“负利”陷阱，激发经济的潜在增长力；由此也反衬出无效率的资本投入对人口“负利”陷阱的无可奈何，由表1、表2都可看出，资本贡献份额越高，人口“负利”的反向增长效应越大，而在资本效率改进下的效率驱动型增长路径，人口“负利”的反向增长效应基本维持在-4%至-5%的水平。

当然，效率型增长路径的确很具魅力，但真正实现却是一个高难度挑战，因为这要求TFP年均增长率要在3%～4%的水平上递增，从而实现由“干中学”到“自主创新”模式的转型。这不仅需要大批人力资本投入，也需要一系列制度创新的保证，更需要一定的时效来达成，故效率驱动型增长路径对目前的中国仍是一种理想与追求。

（二）需求端的消费需求拉动型增长路径

从需求端出发，通常概括为投资、消费、净出口三种需求。鉴于当前外需不振，非我国所能支配，只能尽量争取扩大，故此主要分析投资与消费需求。同样，依照需求拉动贡献率的大小，有投资需求拉动型与消费需求拉动型增长路径。

投资需求是指整个社会在一定时期内对投资品的需求，其领域为生产资料市场，旨在扩大生产性需求。通常启动投资需求有财政和金融两种主导型方式，分别以政府投资与非政府投资为主。无疑，投资需求的核心在于投入与生产，其财政和金融两种启动方式，也决定了是资本投入促成了投资需求的实现，也即投资需求拉动增长直接就是新一轮资本投入的投资驱动。此外，鉴于投资需求的中间性与生产性，以及重化工业内部具有自我循环的特点，故只要资金充足、资源许可，即可在固定资产、中间品、再生产领域持续进行，在政府主导模式下，过度投资极易发生，以致产能过剩、重复建设。由此，投资需求拉动型增长路径本质上具有资本投入型增长路径性质，二者是直接的对应关系，故无须单独探讨，这里重点探讨消费需求拉动型增长路径。

消费需求是指整个社会在一定时期内对消费品的需求，主要指针对人们吃、穿、用、服务等物质产品和精神产品的消费需求，是最终消费性需求。消费需求的启动以个人收入为杠杆，基本职能是为生活消费服务，旨在扩大消费性需求。由此可见，投资需求与消费需求虽同列需求端，但二者性质不同，也具对立的一面：一个是投入，生产产品，一个是消费，消耗产品；且具此消彼长的关系。从现实国情看，多年来也的确正是由于过度投资挤占了居民消费，使我国居民消费率持续下降，最终消费率逐年下降，消费需求不足。如图2，投资率与居民消费率几乎完全的反向发展态势则是明证。

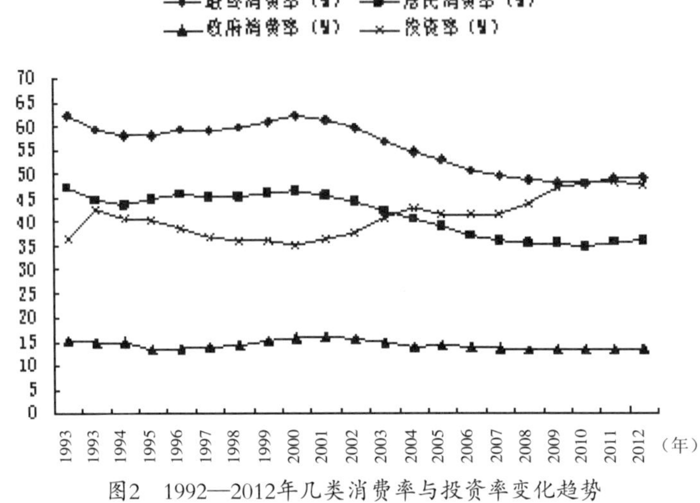

图2 1992—2012年几类消费率与投资率变化趋势

此外，二者对增长拉动，一个是直接的，一个是间接的。因为消费需求要拉动增长，必须先经过市场检验，在生活品被消费之后，引发企业后续投入方能成就拉动效应，具间接引致特点。二者这种直接与间接效应，也使得由消费需求引致的增长，具相对理性与持续性，而投资需求则易导致持续盲目投资、过度投资。这也是人们期待消费需求能在“新常态”下大展宏图的重要原因。同时，由于我国消费率水平低，具有很大的增长空间，也加重了对消费需求拉动增长产生极大憧憬的筹码。在图2中，我国50%以上的投资率和40%左右的居民消费率，以及55%左右的最终消费率，相比发达国家美国、日本、德国和英国消费率高达89.7%、73.6%、69.2%和91.8%，以及发展中国家的巴西、印度、印度尼西亚和埃及消费率分别为82.6%、75%、70.3%和69.1%[①]，足以证明我国过去增长路径的某种非理性。由此，在投资需求过度、外需不振的情况下，消费需求自然就成为想当然的增长拉动主体，希冀其成为“三驾马车”应该脱颖而出的一架，且这也是“新常态”下，优结构的一个重要内容。不过，若结合国情及细究一下该路径特点，则可发现其理想性色彩较浓。

---

① 韩学丽：《论投资驱动型向消费驱动型增长方式的转变》，《中国经贸导刊》2012年第18期。

其一，由于消费需求对拉动增长的间接引致特点、消耗性特征以及从消费函数C=C（Y）看，消费是收入的函数，收入对消费的影响具有决定性的意义，是收入变化决定了消费变化，如此，也就决定了无法用生产函数测算收入的框架来直接分析该路径。当然，这也并不意味着供求两端路径的分析是完全割裂开的，如投资需求拉动型增长路径与资本投入型增长路径有直接对应关系，故对其分析可直接通过后者来观察；消费需求拉动型增长路径则与劳动投入型、效率驱动型增长路径有间接对应关系，对其分析可间接借助后者来判断。

之所以说其有间接关系，是指无论劳动投入型还是效率驱动型增长路径都主要依赖人力因素，不过前者主要是普通劳力，后者是知识型劳力，即人力资本。这种主要依赖度，也决定了二者增长成果必然要向劳力倾斜，直接体现在收入分配的倾斜上，而收入对消费具有决定作用，故无论是劳动投入型还是效率驱动型增长路径，其实同时也就是消费需求拉动型增长路径。如我国20世纪八九十年代，就既是劳动投入型，也可谓消费需求拉动型增长路径；当前的发达国家就是效率驱动型与消费需求拉动型增长路径的结合体。一个值得关注的对象则是拉美，就如我国一样，先前走了劳动密集型加工的劳动投入型增长路径，后来大量普通劳力又投入于服务业中，第三产业比重高达60%~70%，消费率也高达70%~80%，这无疑是消费需求拉动型增长路径，但也始终未跳出劳动投入型增长路径，最终陷入了“中等收入陷阱”。反观我国，在走了一段劳动密集型加工的劳动投入型增长路径后，进入了高资本投入型增长路径，这无疑是正确的，此阶段收入分配自然会向资本倾斜，消费需求拉动型增长式微也是必然的，且其式微度与投资集中度成正比，即投资量越集中于少部分主体，消费需求拉动的式微度就越大。但遗憾的是，在这个高投资的“干中学”阶段，一方面我国并未有效地向知识型投入逐步转型，另一方面由政府主导的高投资，从重化工业又转入了房地产，导致资本投入型增长路径走入“死胡同”，同时也极大地弱化了消费需求拉动效应。

当前，如果我国要重启消费需求拉动型增长路径，又该何去何从？是与传统的劳动投入型增长路径相结合，还是与效率驱动型增长路径相结合？通过前面的测算，我们知道对当前我国而言，传统的劳动投入型增长路径已成历史，而效率驱动型增长路径还路途较远，或如拉美，大量普通劳力进入服务业，来成就一条消费需求拉动型增长路径，等待的却是“中等收入陷阱”。由此可知，既然与消费需求拉动型增长路径对应的投入型增长路径或已然过去，或还未到来，那么该路径无疑就具有理想性色彩，因为既不能回到过去，也无法超越现实。实际上，该路径虽看似理想，但却不是一个可直接追求的目标，其间接引致增长的机制决定了该路径处于附属地位，必须从属于、依附于某一供给端的增长路径，作为该供给端路径的结果。也不存在独立的消费需求拉动型增长路径，因为，增长直接取决于投入，消费只是间接影响，且消费能否拉动增长，最终还要看能否引发投入，这一点，后文还会谈到。

其二，由于消费拉动增长的间接引致特点，其实即使消费率提高，也并不能一定保证其持续增长，如在产品过剩时，消费仅是削减库存，难以引致新一轮投资。而且从现实看，由于此前资本投入型增长路径几乎走到极致，也加大了当前国情下通过消费需求拉动增长的难度。这可以通过分析其引发拉动效应的两个前提条件——消费能力与消费意愿得到验证。

消费能力主要通过收入水平来体现。从国情看，我国城乡收入水平虽逐年上升，但差距却呈发散态势，表明增长成果越来越不为普通城乡居民所分享，如图3所示。

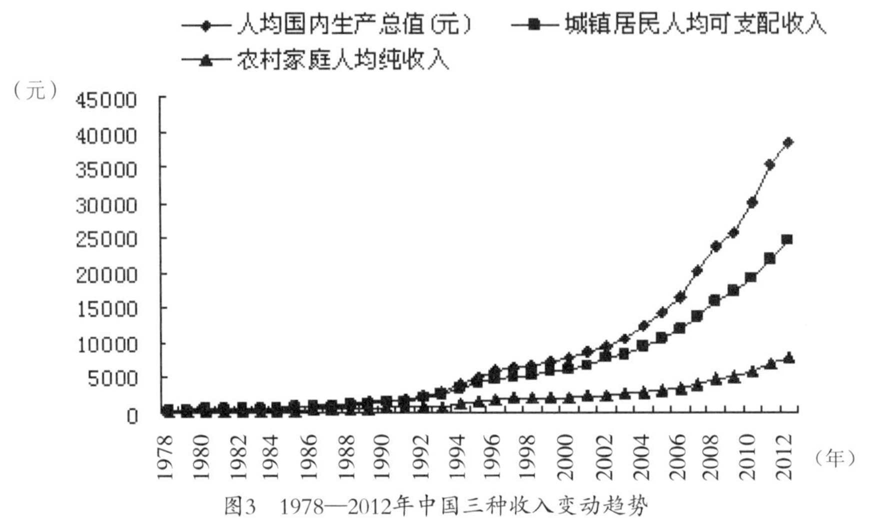

图3 1978—2012年中国三种收入变动趋势

同时，无论是城乡内部还是城乡之间收入分化都趋于严重，尤其是城乡之间，基尼系数已超过0.45，三种基尼系数变化趋势如图4所示。

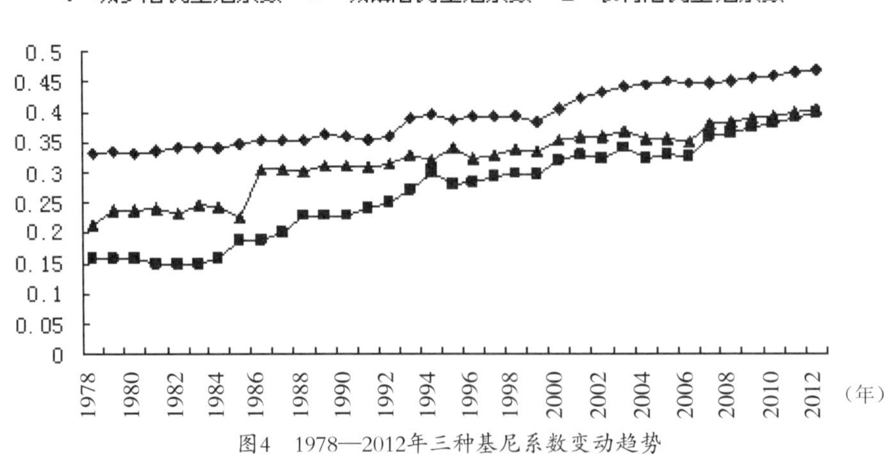

图4 1978—2012年三种基尼系数变动趋势

北京大学中国社会科学调查中心最近发布的《中国民生发展报告2014》首次公开披露的信息更加惊人：中国财产不平等程度在迅速升高，1995年我国财产的基尼系数为0.45，2002年为0.55，2012年中国家庭净财产的基尼系数达到0.73，顶端1%的家庭占有全国1/3以上的财产，底端25%的家庭拥有的财产总量仅在1%左右。财产不平等程度明显高于收入不平等，这意味着，中国已成为世界上贫富差距最严重的国家。财富存量与收入流量的差异，表明我国有更广大的民众消费能力相当不足，也意味着该路径面临动力不足的困境。

至于消费意愿，可由消费倾向显示，我国城乡消费倾向都呈下降态势（见图5）。消费倾向是一个社会心理问题，与居民收入提振消费相比，并非那么单纯。通过收入分配改革，能立竿见影提高居民收入，虽有可能但并不必然提高消费需求。若不能相应提高消费倾向，所增收入被储蓄，同样难以实现消费拉动增长。而提高居民消费倾向涉及更广泛的改革，除了收入分配，还包括食品安全、假冒伪劣等消费环境问题，以及房地产、教育、医疗等众多问题。因此，要实现消费拉动增长，就必须以一系列卓有成效的改革为基础。

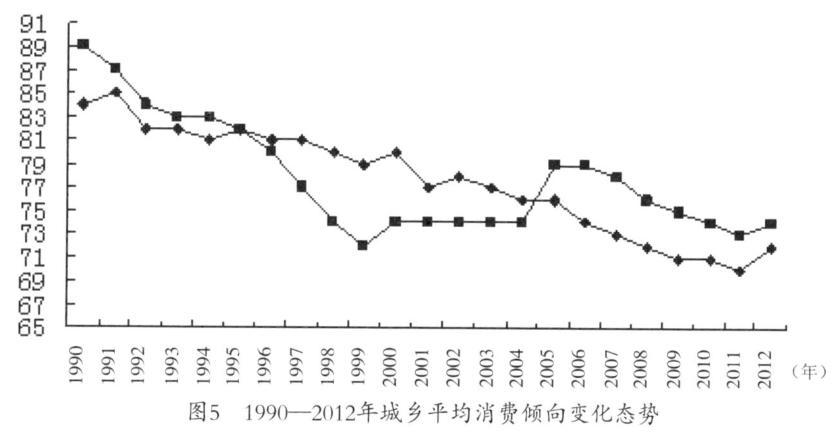

图5　1990—2012年城乡平均消费倾向变化态势

其三，在当前国情下，如果人为促成该路径，也会导致负面效应。其中，收入是一个关键变量，因为收入提高是一柄“双刃剑”。由于收入同时也是企业成本，不恰当的高收入会导致“工资侵蚀利润”，弱化再投资能力①，困扰实体经济。如此，即使消费力提高，但却降低了企业继续投资的意愿与能力，最终也失去了增长的根本。考

① 刘树成：《国民收入翻番难点透视》，《人民论坛》2013年第4期。

虑到我国大部分就业为民企所吸纳，一味强调收入提高，会对本来已步履艰难的民企雪上加霜，导致失业增长。如此，无异于对该路径的釜底抽薪。而更令人沮丧的是，依照当前国情，无论工资怎样涨，可能都难以根本减轻普通居民生活负担及提高消费意愿。因为资产价格的高涨，房产、医疗、教育等费用的高企带给居民生活的压力已非涨工资所能释放。近期羊城晚报①就报道了“深圳公务员工资虽高却被房价甩了”的事实。由于房价高，每月税后8500元左右的工资，生活压力依然巨大。因此，要真正促成消费需求拉动型增长，除了适度增加收入，缩小社会各阶层收入差距外，还必须从高涨的资产价格入手，从打破垄断着手，通过挤压资产泡沫、消除垄断高价、实施转移支付、改善居民福利，来提高消费意愿。

其四，“新常态”下的重要经济特征就是经济增速换挡，在此经济减速与结构调整期间，失业问题、未来不确定性问题会更加凸显。这无疑会进一步扩大我国居民本已存在的消费能力与消费意愿不足的负面效应，更加大了消费需求拉动增长的难度。因此，消费需求拉动增长虽很诱人，但在“新常态”下，将其作为一个主要选项，实际上不仅难以实现且潜藏风险。

其五，就消费需求拉动型增长路径的本质看，其不过就是一种经过了市场检验后的再投入型增长路径。“三驾马车”需求拉动，是事后统计的结果，是将先前投入结果区分为三个方向，而实际上增长的本质在于投入，消费需求如何，仅是构成了对先前投入品质的市场检验。若先前投入的产出经过了市场洗礼，产品被市场消费了，则表明投入的有效性、正确性与可持续性。故强调消费需求拉动，实质在于对投入型增长路径附带一个市场认可的理性约束条件。通常，对有资金约束、以市场需求为导向、参与公平竞争、追求利润的市场主体而言，这是必然的投资取向，从事后看，也就构成了消费需求拉动增长的现象，当然也表明这是市场效率较高的投入驱动型增长。由此，实际上并不存在一个单独的消费需求拉动型增长路径，既然消费掉了，又何来增长？只有投入，才能增长，这是常理。故若要说消费需求拉动增长也是一条路径，那也只能是依附于、附属于某一供给端的增长路径，强调消费需求，无非就是要理性化、规范化投入驱动的取向与行为，因为只有投入才是增长之源。

多年来，我国在政府主导模式下“三位一体”的投资取向和投资行为，常常忽视消费需求的制约，热衷于重化工业内部循环投资及房地产业投资，导致我国投入结果与消费需求渐行渐远，产能过剩、房地产过剩，直至当下增长乏力。因此，要探讨“新常态”下增长路径的选择，就必须回到投入来探寻。虽然，我国工业化、城市化

---

① 羊城晚报：《深圳公务员：工资虽高却被房价甩了 谁干谁知道》，2014年3月19日。

取得快速发展，但工业化与城市化都仍未完成，而农业基础建设薄弱也需大力投入。当然，要回到投入型增长路径，这也应是既可维持合理增长，又可推进结构调整，同时也合乎市场效率的增长路径。

四、“新常态”下的选择：效率资本投入型增长路径

综上几种路径，要么难以为继，要么是过去时或将来时，而消费需求拉动型增长路径在性质上对投入型增长路径的依附性、从属性特征，以及其在现实中不仅难以实现且潜藏风险的事实，决定了“新常态”下，我国增长路径的选择只能从投入着眼，且仍需从资本投入型增长路径着手。当前我国经济增长的资本贡献率高达70%，从连续性与增长惯性上看也不易转型，否则很可能导致停滞，使经济面临“硬着陆”的风险，因此，重新审视资本投入型增长路径是必须的。

要重审资本投入，就不得不返回柯布—道格拉斯生产函数框架，并进一步分析资本因素的构成。同样，从标准生产函数出发，经数学变形，则对应的标准增长核算方程为：

$$\dot{Y}/Y=\dot{A}/A+\alpha\cdot(\dot{K}/K)+(1-\alpha)\cdot(\dot{L}/L)$$

该式表示：GDP增长率=资本弹性×资本投入增长率+劳动弹性×劳动投入增长率+全要素生产率增长率。其中，资本投入增长率=净投资率（I/Y）×资本效率（Y/K）。

可见，对于促进增长，资本因素涉及三变量：资本弹性、资本效率与净投资率。过去高投入增长由于过分重视净投资率的攀升，而使资本投入型增长难以为继。显然，“新常态”下，在维持合理净投资的情况下，必须从资本弹性与资本效率两个变量入手，探寻新的资本投入型增长路径。

（一）资本产出弹性

资本产出弹性的最基本含义，是指产量变化率对资本投资变化率的反应程度。在工业化或工业化向城市化的转型阶段，资本效率又是资本弹性大小的决定性因素。因为当净投资变化率很大，但产出增加率却变小时，从资本因素来看，必是资本效率低下所致，结果资本弹性自然就下降；反之，则相反。图6就明证了两者变动趋势有较高的一致性。

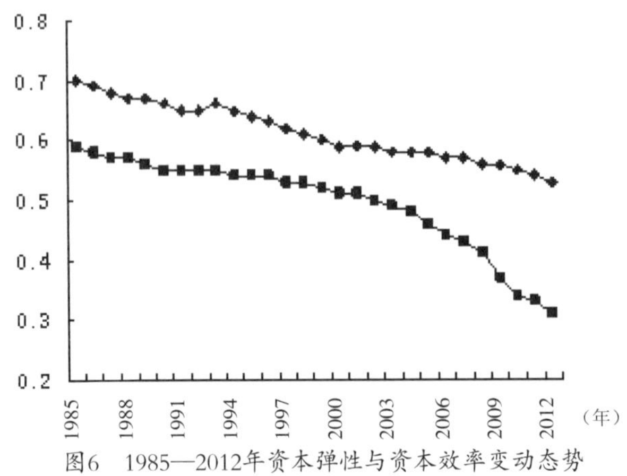

图6　1985—2012年资本弹性与资本效率变动态势

此外，资本弹性相对变动趋势也与劳动弹性有关，即与国民收入分配结构相关。若收入向资本倾斜会加大资本弹性，若劳动份额通过国民收入提高而提升，资本弹性将会表现相对下降，由此也一定程度表明了劳动收入提高的“双刃剑”效应。故当前阶段，应合理导引劳动收入提高，通过改革，循序渐进、多渠道地提升消费需求拉动效应；否则，若实行强制性收入分配倾斜政策，而使低附加值低素质劳动力获得与之贡献不相称的国民福利提升，就会人为压低资本弹性，增长将很易进入减速通道。如此，不仅会弱化投入增长效应，也易引发通胀风险。当然，随着进入城市化服务化阶段，净投资率下降及人力资本附加值提高，势必导致劳动投入弹性增加。此时尽管提升资本效率仍会提高资本弹性，但已难抵挡劳动弹性上升势头，资本弹性相对下降也会是一个必然趋势。鉴于当前阶段，资本效率是资本弹性的决定性因素，且二者有较一致的变化趋势，这就意味着，可单从资本效率角度来考虑新的资本投入型增长，打造一条有效率的资本驱动路径。如果说，依赖高投资率驱动的称为高资本投入型增长路径；那么以资本效率提升为前提条件的，则姑且称之为效率资本投入型增长路径。

（二）效率资本投入型增长路径的测算效果

在效率资本投入型增长路径上，净投资率将回归到较理性的25%，而资本效率由前阶段的0.35提高到0.38，相应地，由于资本效率改进的支持，资本弹性将回升至0.57；同时TFP贡献份额也将同前述路径，大致在30%。如此，2013—2018年，GDP增长率将会上升至7.4%，接近7.87%的潜在增长率。若经济继续沿着资本效率改进路径运行，那么2019—2030年，在资本效率继续上升至0.43，净投资率再继续降低5%的情况下，即使资本弹性降至要素弹性逆转的临界点0.5，此阶段GDP增长率也将会达到

6.45%，同样接近6.9%的潜在增长率。显然，与1985—2007年资本效率0.53相比，资本效率提升至0.38或0.43并非天方夜谭；而2013—2018年资本弹性由0.55仅上升至0.57，只要不强制实施分配政策，人为快速提高劳动弹性，资本效率提升引致资本弹性回升也是一个自然结果，具体如表4所示。

表4 资本效率提升的效率资本投入型增长路径

	历史 1985—2007	现状 2008—2012	预测 2013—2018	预测 2019—2030
（17）潜在增长（生产函数拟合）三因素	10.02%	9.63%	7.4%	6.45%
（18）资本投入（K）：弹性	0.62	0.55	0.57	0.50
（19）贡献份额=［（18）×（24）］÷（17）	69.92%	71.05%	73.2%	66.7%
（20）劳动投入（L）：弹性	0.38	0.45	0.43	0.50
（21）贡献份额=［（20）×（28）］÷（17）	5.73%	1.75%	–3.7%	–5.5%
（22）tfp：增长率	2.44%	2.62%	2.26%	2.5%
（23）贡献份额=100–（19）–（21）	24.35%	27.20%	30.5%	38.8%
因素细分				
（24）资本投入增长率（k=dK/K）=（25）×（26）	11.30%	12.44%	9.5%	8.6%
（25）（净）投资率（I/Y）	21.32%	35.55%	25%	20%
（26）资本效率（Y/K）	0.53	0.35	0.38	0.43
（27）劳动投入增长率（l=dL/L）=（28）+（29）	1.51%	0.38%	–0.66%	–0.71%
（28）劳动年龄人口增长率（popl）	1.58%	0.93%	–0.01%	–0.01%
（29）劳动参与率变化率（θL）	–0.07%	–0.55%	–0.65%	–0.7%

显然，与前几种路径的测算情况相比，效率资本投入型增长路径的测算值最令人满意。当然，这不能与资本效率改善情形下的效率驱动型增长路径8%的增长率测算值相提并论。因为在这种情形下，由于人力资本作用的充分显现，实际上激发并提升了经济的潜在增长力，再加上资本效率的改进，这意味着我国经济增长将会进入一个理性的、自主创新的、可持续性的新轨道，但此情此景对于当前的我国还是一种理想性的追求。不过，值得注意的是，与资本效率未改善情形下的效率驱动型增长路径6%的测算值相比，效率资本投入型增长路径的测算值仍是高的，且二者差距越来越大，由2013—2018年的差距1.4%到2019—2030年的2.5%左右。这其实表明，虽然资本效率改善与TFP效率驱动都是增长率提升的主要方式，但在当前我国经济状况下，显然前者更为重要，提升效果也更佳，当然也就更为迫切。而TFP效率驱动功效的发挥，首先需要提升资本效率来支撑，如此，我国经济才有可能再次步入8%以上的增长历程。而此次高

增长必将是集约式的、结构均衡的、可持续性的理想增长历程。至于劳动投入型增长路径、高资本投入型增长路径，当然就无须多言了。通过图7对几种增长路径的测算状况比较，即可一目了然。

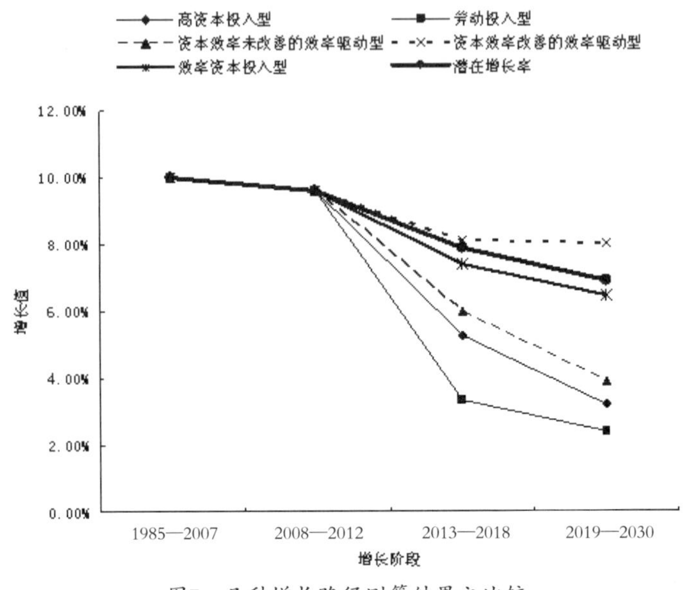

图7 几种增长路径测算结果之比较

由图7可知，在资本效率未能提升时，不管是高资本投入型、劳动投入型，还是效率驱动型增长路径的结果，都与潜在增长率渐行渐远，并有相互趋同态势，此即表明当前我国经济增长，若无法改善资本效率，即使TFP贡献份额达到50%以上，都难以阻止经济增长逐步下滑以及与潜在增长率差距拉大的趋势，也意味着TFP增长的推动效应将会被低下的资本效率所蚕食。反之，在资本效率提升下，效率资本投入型增长路径则将会逐步趋近我国经济的潜在水平，两阶段测算值与潜在增长率的差距也呈收敛态势。而在此基础上，若TFP贡献份额能逐步上升，达到50%左右时，经济将会突破人口“负利”限制，提高潜在增长率，进入到8%以上的增长区间。由此，也凸显了资本效率提升对促进当前我国经济增长首要的、关键性的作用。而之所以如此，实在是导致资本效率下滑及阻止其提升的因素，正是困扰与束缚我国经济良性运行的根本原因所在，也是我国一系列经济问题积重难返的根源所在。

（三）效率资本投入型增长路径选择的意义与功效

对于增长，尽管从投入与需求角度，可细分出多类型的增长路径，但自工业化铺开后，应是资本投入型与效率驱动型（TFP）增长路径唱主角。通常，在市场主导型经济运行中，由前者过渡到后者，是一个自然过程，其中资本效率内化于资本投入过程中不断提升，而资本效率的逐步提升，实乃是为最终进入效率驱动型（TFP）增长路径奠定基础、创造条件的过程。发达国家由资本投入型顺理成章地进入效率驱动型增长路径，资本效率不断提升功不可没；而拉美始终不能迈入效率驱动型增长路径，也正是在先前资本投入增长中，资本效率并无适时提升，难以促进知识性投入，导致跨入效率驱动型增长路径所必需的条件与基础不足。工业化萎缩后，又转入发展吸纳普通劳力的服务业，由于没有效率支撑，仅停留于传统的生活服务业，而非生产服务业，实际上退回到劳动投入型增长路径。此时，尽管消费比重大，但难逃脱“中等收入陷阱”。可见，无效率支持的第三产业及消费需求的比重大，并不必然是一个经济体健康的表现。故当前我们必须正视与接受这个现实：我国仍处于资本驱动增长阶段，只不过应选择以资本效率提升为核心的效率资本投入型增长路径。

其一，提出效率资本投入型增长路径，实乃一种无奈。因为我国经济运行在政府主导型模式下，资本效率不仅没有提升，反而呈下降态势，这就难以进入创新驱动的效率型增长路径。由此，该路径就有类似对先前高投入增长的亡羊补牢之意，旨在推动资本驱动模式继续前行，并在资本效率提升过程中，扭转经济结构扭曲态势，化解积累的矛盾，为资本投入型增长路径最终过渡到效率驱动型增长路径搭建跳板。作为“新常态”下的新路径选择，这是其主要的意义与功效。

其二，此处的效率与效率驱动有所不同，后者更多在于技术进步与创新、人力资本等偏重于科技含量的效率；而资本效率更侧重配置、积累、形成及回报等资本流动过程中各环节的效率，与推进市场完善的联系更紧密些。故以促进资本效率提升为核心的投入增长路径，有助于突破政府主导，推动经济运行向市场主导模式挺进。

其三，由资本因素三变量看，资本效率是个枢纽变量。因为资本效率不仅是提高增长的直接因素，也是拉动资本弹性上升的决定因素，而提升资本效率对知识投入、组织创新、制度创新的内在要求，会导引资本自发朝此方向流动，从而激发出人力资本的功用，不仅有利于减缓当下经济下行态势，也有利于为进入效率驱动型增长路径创造条件、奠定基础。

其四，在资本驱动仍是我国增长最主要贡献者的当下，以资本效率为标准，可避免投资的投鼠忌器心态。只要有助于资本效率提升的投资，就无须控制；而资本效率标准下的投入，也决定了其必然是符合市场需求的、理性约束的投资，不仅有助于形成多元化的、比例合理、量化适度的投资格局，且有助于提高消费需求的拉动效应。

其五，与技术进步、自主创新等难以把握的客观性高要求相比，资本效率提升具有相对的易操作性，可行性较强。因为其更多着力于资本的配置、形成等效率上，可充分发挥我国强政府的主观优势，只要各级政府真心去做，真正面向市场，朝完善市场的方向努力，就能成为改善我国市场经济体制的强势推动者。此外，其可行性还体现在：资本效率虽具扭转乾坤的意义，但也无须大幅提升，即可推进GDP增长率接近潜在水平；并且资本贡献份额依旧占绝对比重的当下，通过提升资本效率，也无须大幅投资，对GDP增长的贡献份额即可达到70%以上①。

由上，在资本驱动仍是我国增长路径的唯一选择及高投入难以为继的当下，本文认为以资本效率提升作为当前投资驱动的标准，抓住了导引我国经济可持续增长的“牛鼻子”，从这个意义上，资本效率也可谓盘活整个经济大棋的枢纽性变量。

（四）资本效率内涵及其下降缘由

既然资本效率是枢纽性变量，那么认识资本效率内涵及其下降缘由就是必须的。虽然上文的资本效率是以实际GDP/资本存量（Y/K）来衡量的，但仅能反映单位资本实际产出变量的整体效率，而整体效率乃是资本配置、积累、形成及回报等资本流动过程中各环节效率的综合体现，故要全面探讨，就得从这些环节入手，主要考虑有五：

（1）资本投入总效率：通常用资本—产出比（K/Y）与边际资本产出比率（ICOR），或其倒数产出—资本比（Y/K）与边际产出资本比率（IOCR），即投资效果系数来表示，这些变量具有相同的变动趋势。对于资本投入总效率，学界结论都一致认为该效率是持续下降的，尤其2008年后更明显。导致持续下降的缘由主要是：庞大的公共部门投资，即政府主导的固定资产投资效率低下。大量效率低、公益性强的交通、运输、水利、环境、供水、能源工程等基础设施建设，因为这些公共产品一般具有非价格投资特征，不追求跨期最优结果，同时某些地方政府不断打造形象工程，对于居民福利水平和产能形成效率较低。此外，财政改革及其宏观调控能力的加强，也降低了市场机制资源配置作用，金融发展水平与银行大量信贷、技术创新能力缺乏等也是资本投入总效率持续下降的原因。

（2）资本配置效率，即资本在行业、地区或部门的转移效率。当前，学者们大都借鉴 Jeffrey Wurgler（2000）的投资反应系数模型来衡量，结论也基本是资本在各部门、各行业、各地区之间配置结构失衡，资本配置效率低。具体表现与原因可归为：一是国企资本配置效率显著弱于非国企，私营工业企业远高于国企。二是国有银行信贷投放受行政命令影响多，较少关注资金回报率，因而大部分居民储蓄以低利率投至国有部门，造成非国有部门资本配置不足。三是资本配置蓄意向低效的国有部门倾斜，即使国有经济产值增加有限，资本也不会撤出而进入效率更高的非国有部门。

① 黄志钢、刘霞辉：《中国经济中长期增长的趋势与前景》，《经济学动态》2014年第8期。

四是资本省际配置严重失衡，资本在各省份之间的配置缺乏效率，区域之间存在严重不平衡。五是行业间资本配置，除与人们生活息息相关的饮食行业外，资本配置水平高的行业基本上都是国家重点扶持或者政策倾斜的行业，如金属采选、烟草加工业、化纤制造、通信设备制造等。即使资本不增值，大量资本仍进入，资本配置在行业间存在严重非理性，其中多数国有化程度都较高。六是资本配置跨行业要优于跨地区，原因是资本跨行业转移主要由商品市场或者说是需求结构驱动，跨地区转移则主要由要素市场驱动，表明地方政府对要素市场高度管制，使要素市场价格机制难以发挥功能，造成商品和要素的市场化差异，也造就了二者资本配置效率的差异。七是产业间资本配置结构失衡，第二、第三次产业资本效率都较差，第二产业ICOR在2000—2008年保持在3.0左右的水平①，2009年后大幅提升，而长期以来第三产业投资效率比工业更差， ICOR持续在4.0～6.0的区间里变化，原因是我国服务业相对第二产业有更低的劳动生产率②。

（3）资本动态效率，或曰资本积累效率。通常以资本积累的黄金律增长模型或AMSZ准则来衡量。主要着眼于资本净收益的正负判断，资本净收益为正，则动态有效。此项研究由于划分时间段不同，学界结论有差异，但2003年后动态效率下降较快，目前已进入动态无效水平基本上是个共识。

（4）资本回报率，不论从宏观层面，如白重恩等（2007）③，还是微观层面，如卢峰（2007）④都得到了中国资本回报率较高的结论，而宋铮（2011）⑤的研究也支持了该结论。资本回报率高的很大原因是国民收入在初次分配上大幅向资本倾斜所致，这是资本投入型增长路径的必然体现。如此，一方面刺激了资本投入的积极性，另一方面也降低了居民的收入水平。

（5）资本形成效率，即投资转化为资本的效率。孔睿、李稻葵等（2013）⑥发现民营经济投资比重对资本形成效率有显著负向效应，原因是民营经济相对国有经济更

---

① 20世纪50～70年代处于工业化向城市化转型时期的日本，资本形成的ICOR基本维持在2.0的水平。

② 中国经济增长前沿课题组：《中国经济长期增长路径、效率与潜在增长水平》，《经济研究》2012年第11期。

③ 白重恩、谢长泰、钱颖一：《中国的资本回报率》，《比较》2007年第28辑，中信出版社，1～22。

④ 卢锋：《我国资本回报率估测（1978—2006）——新一轮投资增长和经济景气微观基础》，《经济学（季刊）》2007年第3期。

⑤ Zheng Song.Kjetil Storesletten，and Fabrizio Zilibotti，Growing Like China［J］.American Economic Review，2011，101：202- 241.

⑥ 孔睿、李稻葵、吴舒钰：《资本形成效率探究》，《投资研究》，2013年4月。

为弱势的地位，使其在融资、审批、土地等诸多领域面临更严重的困难，交易成本较高，没有足额形成资本，产生了更多的投资损耗，促成了我国资本形成效率的低下。

五、促进效率资本投入型增长路径形成的建议

在资本投入过程中，不断提升资本效率是效率资本投入型增长路径的精髓。为促成该路径的形成，关键在于消弭资本效率下降的成因，并探寻提升的方法。鉴于当前，我国资本效率存在不正常的持续下滑态势，阻止该趋势必是首当其冲。从我国对资本效率研究的内容来看，整体层面效率探讨较多，对资本在流动过程中各环节效率研究较少，这当然与我国资本效率在总体上有重大损失，尤其是基本面资本配置效率低下，一些细化在具体环节中的效率缺失不易显露相关。因此，要促进效率资本投入型增长路径形成，首先就要从造成资本效率持续下降的缘由入手。根据上文成因，具体建议如下：

第一，政府要主动减少投资，对于必要的公益性投资要建立健全基础设施项目的科学评估与决策机制，同时建立严格的资金使用监管机制和工程质量审查机制，减少官员腐败，杜绝“豆腐渣”工程，提高资本形成率与回报率。

第二，减少行政干预，逐步放开要素市场的管制，深化价格体制改革，强调要素配置的价格机制作用，形成合理的相对价格体系，真实反映企业效率，导引各产业部门以真实效率为衡量基准的均衡增长。

第三，建立以提高资金使用效率为目标的国有银行放贷、进行资本配置的评估指标体系，促进利率市场化，将资金导向效率较高的民企，改变“国企有钱无处花、民企有处无钱花”的格局。降低民企融资成本，推动民间投资，加快民间金融改革步伐，充分发挥民间资本的高效性。

第四，打破各级政府的行政分割与区域垄断，减少重复建设，破除国企不必要的行业垄断，降低国企等形形色色国有经济的市场参与度，建立低效企业出清机制，尤其是国企破产退出机制。

第五，消除政府制度性障碍，真正推动行政审批制度改革。开拓民企投资空间，减少行政权力对民资的干扰、限制与束缚，减少民企各种公关开支，提升民间资本形成效率。同时，削减不必要的行业管制，容忍民间资本进入高层次服务业等利润丰厚的领域，促使民资流向投资，而非炒作楼市、股市等投机市场。以促进民间消费，提升民间资本效率。

总之，以上所指主要在于扭转政府主导型模式下“三位一体”的行为，因为这既是造成资本效率低下的最大缘由，也是政府投资集中、民间投资不足而导致消费需

求拉动增长乏力的根源所在。由此，要促进效率资本投入型增长路径形成，首先必须确立推动政府主导型向市场主导型转变的总方向，打破前者赖以发挥功能的政府—国企—国有银行的链条，改革其行为，促成民间—民企—民有金融相互作用、自由竞争、分散决策的市场态势，推动民企成为主要的资本投入主体，提升资本效率。

参考文献

[1] 黄志钢. 刘霞辉中国经济中长期增长的趋势与前景. 经济学动态，2014（8）.

[2] 中国经济增长前沿课题组. 中国经济转型的结构性特征、风险与效率提升路径. 经济研究，2013（10）.

[3] 中国经济增长前沿课题组. 中国经济长期增长路径、效率与潜在增长水平. 经济研究，2012（11）.

[4] 中国经济进入新阶段 新常态，新在哪？. 人民日报，2014-08-04.

[5] 张军. 中国经济未来的潜在增长率. "财经网"，2013-12-02.

[6] 孔睿，李稻葵，吴舒钰. 资本形成效率探究. 投资研究，2013（4）.

[7] 韩学丽. 论投资驱动型向消费驱动型增长方式的转变. 中国经贸导刊，2012（18）.

[8] 任保平，郭晗. 红利变化背景下中国经济发展方式转变的路径转型. 西北大学学报.（哲学社会科学版），2012年4月.

[9] 王维群. 改革开放以来我国资本投入的效率及其优化对策研究. 重庆大学硕士学位论文，2010.

（黄志钢、刘霞辉，中国社会科学院经济研究所）

新常态

新结构

新常态与管理创新

□ 李京文

一、认识新常态，把握新机遇

习近平总书记2014年在河南考察时指出，“中国经济已经进入新常态这一关键的战略发展期”。新常态概念是美国太平洋基金会管理公司最先提出来的，在不同的领域有不同的解释，但在宏观经济领域，西方舆论界普遍认为是指在经济危机过后缓慢而痛苦的恢复过程。中国学术界试图用以表述中国经济2010年以来经济发展速度的连续下滑，但更多的研究者认为，中国经济经过30多年高速发展以后，经济总量和规模都已经达到相当高的水平，经济发展速度虽然逐步放缓，但是在上述基础上，即使是6%、7%左右的发展速度，其新增量也是可观的，速度在世界上也仍然是领先的，这种发展态势是一种趋势性的表现，是市场经济经过一段时间的高速发展以后必然要出现的阶段性态势。这就是中国经济发展面临的新常态，我们必须要认识新常态、适应新常态，还应把握新常态、引领新常态。

以文字逻辑来说，“新常态”相对应的是“旧常态”“常态”或者“超常态”，因此，它必然有自己的特点。习近平在出席2014年亚太经合组织（APEC）工商领导人峰会并作题为《谋求持久发展　共筑亚太梦想》的主旨演讲中指出了中国经济新常态的三个主要特点及给中国带来新的四方面的发展机遇。新常态的三个主要特点：一是从高速增长转为中高速增长。二是经济结构不断优化升级，第三产业消费需求逐步成为主体，城乡区域差距逐步缩小，居民收入占比上升，发展成果惠及更广大民众。三是从要素驱动、投资驱动转向创新驱动。

同时，新常态将给中国带来新的四方面的发展机遇，它们是：

（1）新常态下，中国经济增速虽然放缓，但实际增量依然可观。经过30多年的高速增长，中国的经济体量已经今非昔比。例如，2013年一年中国经济的增量就相当于1994年全年的经济总量，仍属各国前列。即使是7%左右的增长，无论是速度还是体量，在全球也是名列前茅的。

（2）新常态下，中国经济增长更趋平稳，增长动力更为多元。有人担心，中国经济增速会不会进一步回落，能不能爬坡过坎？我们认为风险确实有，但没有那么可怕。中国经济的强韧性是防范风险的最有力支撑。同时，我们创新宏观调控的思路和方式，以目前确定的战略和所拥有的政策储备，我们有信心、有能力应对各种可能出现的风险。

（3）新常态下，中国经济结构优化升级，发展前景更加确定。中国最终消费对经济增长的贡献率近50%，超过了投资。服务业和出口增加值的贡献比重继续而且超过第二产业。高新技术产业和装备制造业增速超过工业平均增速，单位国内生产总值能耗下降4.6%。这些数据显示，中国经济结构正在发生深刻的变化，质量更好、结构更优。

（4）新常态下，中国政府大力简政放权，市场活力进一步释放。既要放开市场这只“看不见的手”，又要用好政府这只“看得见的手”。

二、适应新常态，引导新常态，依靠创新驱动实现新发展

习近平同时指出，我们也清醒地认识到，新常态也伴随着新问题、新矛盾，一些潜在风险渐渐浮出水面。能不能适应新常态，关键在于全面深化改革的力度。当前，中国改革已经进入攻坚期和深水区。我们要敢于啃硬骨头，敢于涉险滩，敢于向积存多年的顽疾开刀。中央对经济形势做的判断是我国经济正处于经济增长速度换挡期、结构调整阵痛期、前期刺激政策消化期三期叠加的特殊时期：所谓经济增长速度换挡期，就是我国经济已处于从高速换挡到中高速的发展时期；所谓结构调整阵痛期，就是说结构调整刻不容缓，不调就不能实现进一步的发展，但调整是有困难的，也是一个痛苦的过程；所谓前期刺激政策消化期，主要是指在国际金融危机爆发初期，我们实施了一揽子经济刺激计划，现在这些政策还在继续消化过程中，正处于消化期。

1979—2010年，中国经济高速增长，其中有一半年份的增长率是两位数。到2011年我国经济增长率才降为9.3%，2012年为7.8%，2013年为7.7%，2014年为7.4%。面对经济连续下滑的情况，中央认为主要经济指标处于年度预期目标的合理区间，经济社会发展总的开局是好的。“速度再快一点，非不能也，而是不为也”“中国经济增速有所趋缓是中国主动调控的结果”“为了从根本上解决中国经济长远发展问题，必须坚定推动结构改革，宁可将增长速度降下来一些。任何一项事业，都需要远近兼顾、深谋远虑，如果采取杀鸡取卵、竭泽而渔的模式，这种发展是不会长久的”。因此，应使经济增长率处于合理的区间，才能保持可持续的发展。

什么叫经济增长率处于合理的区间？就是既不冲出“上限”，又不滑出“下限”。“上限”就是要防止通货膨胀，“下限”就是保就业，不大幅降低人均收入。根据这一要求，经济学家预测，我国现阶段经济发展的上下限分别为9%和7%，我国正

处于经济发展从高速向中高速过渡的增长速度换挡期，增速大体保持在7%左右。以习近平为总书记的党中央强调，在这一换挡期，我们要保持调控定力，稳中有为，把握好经济社会发展预期目标和宏观政策的黄金平衡点；要不断完善调控方式和手段，坚持宏观经济政策连续性、稳定性，提高针对性、协调性；要把握好宏观调控的方向、力度、节奏，根据经济形势变化，适时适度进行预调和微调，使经济运行处于合理区间。

习主席还指出，“我国经济发展要突破瓶颈、解决深层次矛盾和问题，根本出路在于创新，关键是要靠创新驱动。”因此，“实施创新驱动发展战略决定着中华民族前途和命运”。“即将出现的新一轮科技革命和产业变革与我国加快转变经济发展方式形成历史性交汇，为我们实施创新驱动发展战略提供了难得的重大机遇。机会稍纵即逝，抓住了就是机遇，抓不住就是挑战。”

三、实施管理创新，推动新常态经济的持续稳定发展

本届论坛的主题是“新常态与创新驱动发展”，科技创新与管理创新是创新驱动的两大主要内容，也是新常态下实现创新驱动发展的两个轮子。如果说科技创新是发展的动力源，管理创新则是发展的稳定器和加速器。为了实现“十三五”目标，为了新常态的持续稳定发展，必须实施管理创新。当前，我们面对的是新常态，在过去的发展态势下形成的管理理论和管理模式，有许多会不适应新常态下新的形势、新的情况、新的要求，必须推进管理创新，才能落实科技创新和提升管理效益。

以习近平为总书记的党中央在编制“十二五规划”的建设中明确提出要贯彻创新、协调、绿色、开放、共享的观念。这不仅是治国兴邦的新理念和新方略，而且也是新常态下管理创新的灵魂。

我们都知道，管理不仅是一种理论、理念、思想，而且更多的是一种实践、艺术、方法，是一种更多地要求理论和实践的统一、方法论和实际效果的统一的领导艺术。因此，以人为本，充分调动和发挥人的积极性与创造性，是使领导艺术也就是管理效果得到最好提升的基础和关键内容。人，作为社会关系的总和，不仅具有社会群体性，而且是一种具有特殊性的作为客体和主体相统一的矛盾集合体，其间的相互交流是必然的，不同利益的冲突和矛盾是客观存在的，但是其间的利益平衡和矛盾融合更为重要，因为，没有其间的利益平衡和矛盾融合，就不可能有发展，或者说是有更好的、更有效率的发展。这也是管理最终要实现的结果。过去我们遵循的管理理念主要是从西方引进的建立在“优胜劣汰”基础上的理论，提倡的是竞争观念，而这与中国传统文化提倡的“和为贵”和合思想是大相径庭的。我们应当抛弃那种只顾自己

（个人和企业）、不顾他人的旧观念，提倡和谐、合作、互助、共享共赢的新理念。从新中国成立伊始到改革开放，中国的管理科学有很大的发展，但主要是引进西方在工业化过程中形成的管理理念和管理方法，其中有相当一部分与中国的传统文化和中国的国情是不相适应的。在新常态环境下，问题则更多，必须根据有中国特色的社会主义的要求，结合新常态下的情况和新需求，推动管理创新。

按照哲学辩证法思想关于事物发展的阶段性原理，以及中国和合哲学思想关于事物发展变化的“三分法”辩证思维之“中和”的新认识，和合管理认为市场经济应该有其发展的阶段性，而且西方管理学最新研究成果及世界市场经济发展中出现的新情况，也已经证明并正在显示市场经济的转型以及合作的越来越重要的意义。在今天的市场经济由竞争型向合作型转化，以及未来的以合作为主导的市场经济新的发展阶段中，合作战略将会融合直至取代竞争战略，而一种新的和合发展力亦将取代核心竞争力成为企业区域国家持续发展的关键所在和力量源泉。所谓和合发展力，就是在和合理念及其战略思维指导下，通过合作伙伴之间各种相关因素的优势互补，包括生产、技术、价格、市场、管理和人才等各个方面的有机整合，形成的有利于共同发展和增加赢利的能力。通过“和气生财，合作制胜，家和万事兴”的路径选择形成的企业区域国家的和合发展力应该成为新时期企业国家获利能力和持续发展的核心能力。从博弈论的视角出发，和合发展力是冲突与互存同在情况下的混合博弈解，是通过互动和沟通的“和”与“合”的努力形成的共赢结果。按照新制度经济学的说法，这一过程由于降低了机会成本和交易成本因此对企业的获利能力提高有利。同时，和合发展力不仅为企业国家在市场经济新时期的持续健康发展开辟了新的路子，而且是符合经济社会发展的具有时代意义的创新范畴。和合战略管理、和合战略营销以及企业和合文化建设过程，就是企业和合发展力的实现和实践过程。这一理论对新常态下的管理创新做出了有创建性的探索。希望学术界的国内外同仁共同致力于新时期的中国式管理创新的研究与实践，为了创新驱动和中华民族的伟大复兴以及世界各国的经济复苏与繁荣发展贡献更大力量。

（李京文，中国社会科学院学部委员，中国工程院院士）

论人本型经济结构

——对中国新阶段结构转型战略的新思考

□ 常修泽

［摘要］结构性矛盾是中国经济内部的深层次矛盾。其根源之一在于经济领域没有完全摆脱“物本位”和更深层次的“官本位”的影响。文章以人的发展经济学为理论依据，提出了“人本型结构”这一核心范畴，并将此核心范畴作为主线贯穿到中国经济的六大结构中，认为在需求结构上，瞄准提高“居民消费率”及相应的“民富支撑”；在供给结构（产业结构）上，瞄准与人直接相关的现代服务业和战略性新兴产业；在要素投入结构上，瞄准人的“心灵放飞”和万众创新；在资源环境上，瞄准生态福祉和环境人权；在城乡结构上，瞄准填平城乡之间人的制度鸿沟；在区域结构上，瞄准区域人际协调，以避免“板块群体碰撞”。此外，文章认为，结构转型“转到深处是体制”，必须真刀真枪改革，克服两种“本位”，推进“五环式”改革，持续反腐败并突破固化利益格局。唯有此，结构转型才有可靠的制度支撑。

［关键词］经济结构转型　人的发展经济学　人本型结构论制度支撑

结构性矛盾是中国经济内部的深层次矛盾。虽然国家多年来一直强调“调结构”，但是，实事求是地说，结构转型并没有取得突破性进展。结构转型为什么一直转不过来？个中原因当然十分复杂，但从深层次探究，其根源之一在于没有摆脱“物本位”和“官本位”的束缚。对中国经济结构问题的探讨，可以有多种视角。与已有研究不同，本文选取了一个新视角——“人的发展经济学”视角，研究探讨如何以人的发展为主线来推进经济结构的转型，并力求将此主线贯穿到需求结构、供给结构（即产业结构）、要素投入结构、资源环境结构（也是一种要素投入结构）以及城乡结构、区域结构之中，故曰“人本型结构论”[①]。

一、中国经济内部的结构性矛盾

（一）需求结构

马克思在《〈政治经济学批判〉导言》一书中曾对社会再生产四个环节的一般联系有过精辟论述，其中明确指出，生活消费是社会再生产全过程的“终点”，“在消费中，产品脱离这种社会运动，直接变成个人需要的对象和仆役，供个人享受而满足个人需要。因而，生产表现为起点，消费表现为终点”[②]。尤其是在社会主义制度下，由于社会制度的规定性，其生产目的更应是为了“人”及“人的需要”。要说“常态”，这才是经济发展的应有之“常态”（而不仅仅是在经济下行时，作为“保增长”的经济手段。这是本人主张的“人本型”结构与“物本型”结构不同的视角）。固然，在社会主义初级阶段，基于经济社会和人的发展的需要，需保持相应的投资率和净出口率，但不应忘却生活消费是社会生产的最终目的，在实践中不应挤压消费，尤其不应挤压居民消费。

中国经济结构存在的突出问题是什么呢？笔者认为，首先是需求结构，特别是“消费需求不足”的问题。

自改革开放以来，中国的最终消费率（包括政府消费和居民消费）长期在60%~70%内波动，但进入21世纪后呈现明显的逐年下降趋势，从2000年的62.3%持续下降到2010年的48.2%，降低了14.1个百分点，为改革开放以来的最低点，2011年略有回升至49.1%（参见图1）。特别是居民消费率从2000年的46.4%下降到2011年的35.7%（中国国家统计局口径），约下降了10个百分点[③]

---

① 应欧洲政策研究中心（CEPS）的邀请，2015年2月26—27日，笔者在布鲁塞尔出席了该中心主办的“2015欧洲思想实验室年会”，并在关于“走向创新市场领导者：中国‘十三五’规划”高端对话环节，以《用“人本”思想推进中国的经济结构转型》为题，阐述了本文的基本观点（见“中国改革论坛网”之专家动态《常修泽教授出席“欧洲思想实验室年会”并就中国“十三五”规划议题发言》。因会议发言时间所限，当时笔者只扼要阐述，未及全面展开。现以笔者即将出版的《人本型结构论——中国经济结构转型新思维》一书书稿为依据，系统阐述本人的学术观点，以求教于学术界。

② 参见马克思，1962：《〈政治经济学批判〉导言》，见《马克思恩格斯全集》第 12 卷，北京：人民出版社，第733~762页。

③ 本文涉及的世界银行数据，引自世界银行资料库；中国官方的数据，引自《中国统计年鉴》，不一一作注。

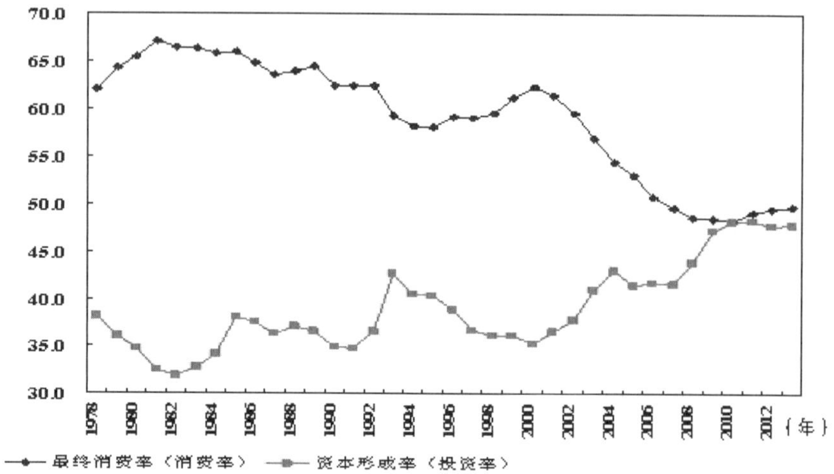

图1 改革开放以来中国的投资率和消费率（%）

资料来源：《中国统计年鉴2013》

最终消费率持续下降，相对应的是投资率呈现上升态势。投资率居高不下，严重挤压消费率，致使中国的最终消费率低下，不仅低于处于较高发展阶段的发达国家，也落后于处于相同发展阶段的发展中国家，例如同为“金砖国家”的巴西、俄罗斯和印度。尤其是与人相关的“居民消费率”更低，见图2和表1。

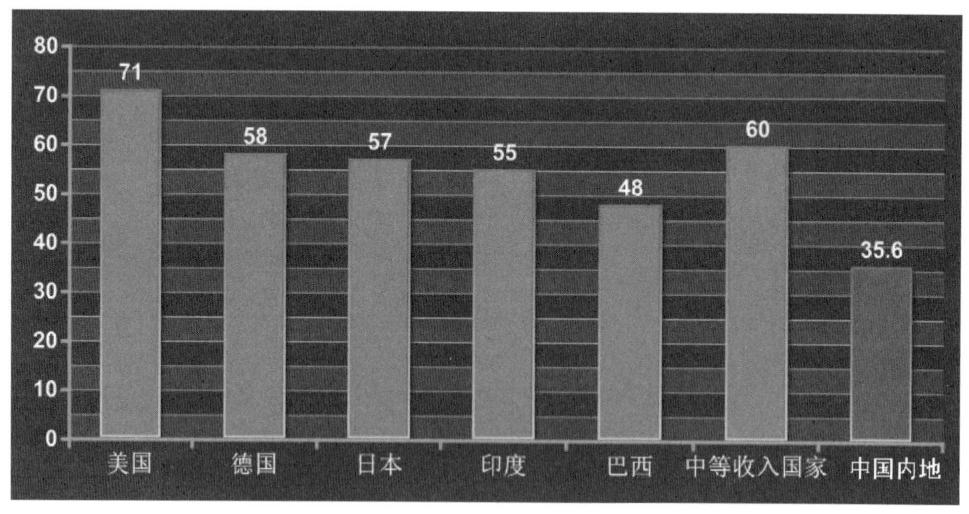

图2 居民消费率国际比较（2011）

数据来源：国家发改委“十二五”规划分析（2011年）

表1 2012年居民消费率的国际比较详表 （%）

	消费率	其中：居民消费率	投资率
中国	48.4	34.6	48.8
巴西	83.8	62.3	17.6
德国	76.8	57.5	17.3
法国	82.4	57.7	19.8
英国	87.4	65.6	14.8
印度	72	60.3	34.7
日本	81.4	60.9	20.6
韩国	69.4	53.5	27.6
俄罗斯	66.7	48.1	26
美国	84.3	68.6	19
高收入国家	n.a.	61.4	19.6
中等收入国家	n.a.	54.9	31.7
低收入国家	n.a.	77.5	27.8
世界平均水平	n.a.	60.4	21.7

资料来源：世界发展指标数据库（WDI）

从表1可以看出，按世界银行数据库资料，2012年中国居民消费率为34. 6%（中国国家统计局资料，2012年为36%），而美国的这一比例是68.6%，德、法、英等欧洲国家为55%~65%，日、韩等东亚国家为50%~60%，多数发展中国家则为60%~65%（见表1）。

总之，中国与"人"的发展直接相关的居民消费率处在低迷状态，与"物"的增长直接相关的投资率却处在"亢奋"状态，说明居民的消费需求有被投资率不合理地抑制的问题。马克思在《资本论》中曾用过一句格言："死人抓住活人。"[①]而现在的中国是"死物（投资）抑制活人"，笔者称之为"物本压制"。这是中国经济结构调整首当其冲的问题。

（二）供给结构（产业结构）

随着中国经济增长进入中高速阶段，被高速增长所掩盖的经济矛盾逐步暴露出来，最突出的是工业比重偏高，而与人的发展直接相关的服务业发展不够，成为整个

① 所谓"死人抓住活人"，是马克思《资本论》序言提到的一个格言。它是指前人的思想禁锢了后人。本文借用这一句式，阐述"死物（投资）抑制活人"，也是对人的一种"禁锢"。

产业结构中的一条“短腿”。

2014年中国第三产业增加值占GDP的比重为48.1 %，纵向比有进步，但提升并不理想，与人民群众多样性和可持续性的需求有明显的差距。特别是横向与2012年世界服务业增加值占比平均水平70.2%相比，仍相差22个百分点［2014年台湾地区第三产业占比达68%以上，而大陆地区只有48.1%。虽然发展阶段不同（大陆整体发展水平处于工业化中后期），两个经济体的规模也不同，但大陆与台湾第三产业相差20多个百分点，也令人感慨］。

从服务业就业指标看，2013年中国（指中国内地部分）占比仅为38.5%，而美国2010年是81.2%，虽有阶段不同的客观因素，但也不至于少于美国的一半吧？由此可见中国服务业落后之一斑。

同时，在工业内部也存在不少现实问题。例如，产能过剩呈现多产业、长时间等突出特点。国际和国内经验表明，产能利用率为80%左右是衡量工业产能是否过剩的分界点[①]，75%以下表明产能过剩严重。解决产能过剩问题，亟须新思维。

（三）要素投入结构

要素投入结构主要揭示经济发展靠什么“要素”投入的问题。按照新古典经济增长理论的索洛模型，劳动力、资本（包括资金以及作为特殊形式资本的土地和其他自然资源）投入以及技术进步是经济增长的三大源泉。在生产技术给定的条件下，产出由投入的数量决定。由于资本和劳动的边际产出递减，长期内的经济增长由技术进步决定。也就是说，当经济处于均衡的稳定状态时，人均产出的增长率只取决于技术进步的速率。中国过去30年经济发展主要靠什么呢？靠拼劳动力、拼资源、拼环境。如今，劳动力、资源和环境成本已经“拼够老本”，这条老路不可持续下去了。

未来中国在要素投入结构上的变革方向是进一步发挥技术进步和创新的作用，而最突出的问题是“人”的潜力没有得到充分发挥。世界经济论坛公布的《2014—2015年全球竞争力报告》排序显示，在144个经济体中，中国位列全球竞争力第28名，而与人的创新相关的“技术储备度”排名方面，中国仅排在第83位。[②]按世界经济论坛判断，“中国仍非创新强国”。这是一个很刺激民族心理的判断。

---

① 中国社会科学院经济研究所常欣的新著《增长动力转换论》（经济科学出版社2014年版）一书中使用的分界点值为81%～82%；国家发改委有关司局研究者以78%为分界点。笔者取中间值80%左右作为分界线。

② 参见世界经济论坛：《2014—2015年全球竞争力报告》。

（四）另一种要素投入结构：资源环境

讨论要素投入结构，不能仅仅分析劳动力投入与技术投入的关系，在人类面临环境挑战的今天，必须重视投入结构中的资源环境的代价。在中国，这表现为大量的资源消耗和环境污染。近年来，北京和若干城市大面积的雾霾天气、沙尘天气肆虐，也从一个方面说明中国的环境资源已经被严重“透支”。

正是这种“透支”，引发了人们的思考。笔者在《广义产权论》一书的题记中写道：“反思这场金融危机和环境危机，我发现：美国人透支的是家庭财产，中国人透支的是国民资源——从人力资源到自然资源到环境资源。透支资产的困于当前，透支资源的危及长远。”（常修泽，2009）考虑到中国所付出的沉重代价，在发展思路上必须改弦易辙。

（五）城乡结构

城乡结构问题，是特别富有人道主义内涵的一个结构性命题。如果单纯看“进城”比例而不考虑是否享有城市人的权利和尊严的话，2012年中国毛城镇化率已经达到52.6%，但是这个口径是按城镇常住人口（半年以上）来统计的，如果从人的发展角度来说，中国的实际城镇化率仍然仅为35%（户籍人口），远低于52%的世界平均水平。

笔者在《人本体制论》一书中曾指出，城镇化最深刻的本质，是人的城镇化（常修泽，2008）。农村人是不是跟城里人一样，享受到了城市提供的各种福利？农村的孩子能不能跟城里孩子一样上公办的小学、初中？能不能像城里人一样到医院用医保就医？总之，一句话，是不是享受了城市的文明？是不是融入了城市？

由于户籍制度的障碍，特别是户籍身份上所附着的福利差异，2亿多进城“农民工”并没有平等地享受城市的各种基本公共服务。据国家统计局发布的2014年全国农民工监测调查报告，2014年全国农民工总量27395万人，其中，外出农民工16821万人，雇主或单位为外出农民工缴纳养老保险、工伤保险、医疗保险、失业保险和生育保险的比例分别为16.7%、26.2%、17.6%、10.5%和7.8%。从近七年调查的数据看，外出农民工参加社会保险的水平有所提高，“五险”的参保率提高了4~6个百分点，但总体水平仍然较低。

（六）区域结构

进入21世纪以来，在区域协调发展战略的引领下，随着各具特色的区域战略的实施，中国的地区差距有所缩小，但区域间发展不平衡的问题依然存在。从《中国统计年鉴2013》反映区域经济实力的主要指标，包括地区生产总值、固定资产投资、对外贸易、地方财政收入来看，东部地区仍然处于绝对的优势地位，面积占第一位、人口占第二位的西部地区经济发展仍然十分滞后，其中潜伏着许多内在的矛盾。

在新阶段，中国经济的内外环境将发生重要的变化和挑战。就全球来说，主要是全球新技术革命潮流、后金融危机时代的全球化潮流和注重人的自身发展三大潮流；就国内来说，主要是中国人口结构的重大变迁和“刘易斯拐点”的到来，以及资源环境矛盾的进一步显现。特别是信息革命和生物革命的迅猛到来，不仅改变着经济发展结构，而且改变着人的自身，使人自身发生前所未有的变化。在此背景下，无论是需求结构，还是供给结构，抑或是要素投入结构，都将发生深刻而重大的变化。这一切，都使中国经济内部的深层次结构矛盾进一步凸显，促使中国经济结构转型。

二、中国经济结构转型必须“以人的发展为导向”

中国经济结构转型正处在“人本导向”与“物本导向”的博弈时期。一个幽灵，一个以“增长中心主义”为宗旨的物本型幽灵，仍在中国大地游荡。即使在近年最新的关于中国经济结构转型升级的讨论中，这一气氛也苦苦挥之不去。究竟中国经济结构转型升级的基本导向是什么？或者说，中国经济结构转型升级的根本出发点放在哪里？这里专门讨论一下“以人的发展为导向”的经济结构转型升级问题。

在讨论之前，需要科学把握“人”的内涵。按照笔者的《人本体制论》的论述，应从三个维度把握人的含义（常修泽，2008）。

一是横向上的“全体人”，而不是“部分人”或“多数人”或“大多数人”。笔者强调，在讨论“以人的发展为导向”的经济结构转型时，应把握“全体人”：在消费结构上，既要关注富人，也要关注穷人和中产阶层；在城乡结构上，既要关注城里人，也要关注乡下人；在区域结构上，既要关注东部人，也要关注中西部人。在实施转型过程中，作为一个执政党，应该有“海纳百川”的博大胸怀。

二是纵向上的“多代人”，而不仅仅局限于“当代人”，强调“本代公平”和“代际公平”并重，据此推进结构转型：在产业结构上，不仅要考虑满足“当代人”需要的服务业，还要考虑满足“跨代人”需要的战略性新兴产业；在资源环境方面，不仅要强化当代的“节能减排”，还要考虑长远的生态建设，以期使多代人获得生态福祉。

三是内核上的“多需人”而不是“单需之人”。在“人本型结构”中，作为“主体化”的“人”有多种需求，包括物质生活、精神生活、健康和生命安全，以及参与社会生活、政治生活的需求，等等。因此，经济结构大系统的各类结构，必须设法满足“人”的多种需求。这不仅涉及经济结构本身，而且涉及社会结构、文化结构乃至政治结构。

笔者主张把“以人的发展为导向”作为结构转型的根本指导理念，有如下三个原因。

第一，从理论角度来分析，追求人的发展是马克思主义的精华，也是当代人类文明发展的基本价值取向。

马克思（1848）在《共产党宣言》中阐述新社会的本质要求时，曾明确指出：“每个人自由的全面发展是一切人自由全面发展的条件。”意味深长的是，恩格斯晚年在致卡内帕的信中强调，他除了摘出这句话以外，“再也找不出合适的了”。正是基于对这种“新社会本质”的认识，马克思预言，在这一社会中，人们可以“在最无愧于和最适合于他们的人类本性的条件下来进行这种物质变换”。基于此，在拙著《人本体制论》一书中，笔者曾指出“促进每个人的自由发展是马克思主义的精华”。

当然，这不仅是马克思主义的核心价值，而且是人类共同文明的最高价值。早在20世纪70年代初期，当中国人还在遭受“文化大革命”摧残之时，国外一批具有人文主义思想的学者就日益关注人自身的命运问题。例如，古雷特提出，发展的核心价值和基本要素应包括三个方面：一是“生存”，指创造满足人类基本需要的能力；二是“自尊”，指自重和独立性的感觉；三是“自由”，指从贫困、无知和卑贱三种状态中摆脱出来，使人们具备更大的能力来决定他们自己的命运（Goulet，1971）。到了20世纪80年代初，佩鲁指出，应把“人的全面发展”作为发展的根本目标与核心价值取向（Perroux，1983）。

第二，从现实角度分析，以人的发展为导向是摆脱“GDP中心主义”惯性运作的理性选择。

中国提出“调结构”非自今日始，但多年来，总的看没有取得实质性的突破。原因何在？虽然有外部冲击的客观原因，但从深层根源来说，基本上还是一个旧的发展理念和体制在惯性运作、在束缚着中国。这里面的要害是以GDP为中心的速度增长主义的思想在作怪。

先看一个基本事实：多年来，中国以GDP所代表的物质财富快速增长，但城乡居民——人的收入增长与经济发展“不同步”。请看30年来两条曲线的“剪刀型离差”（见图3）。

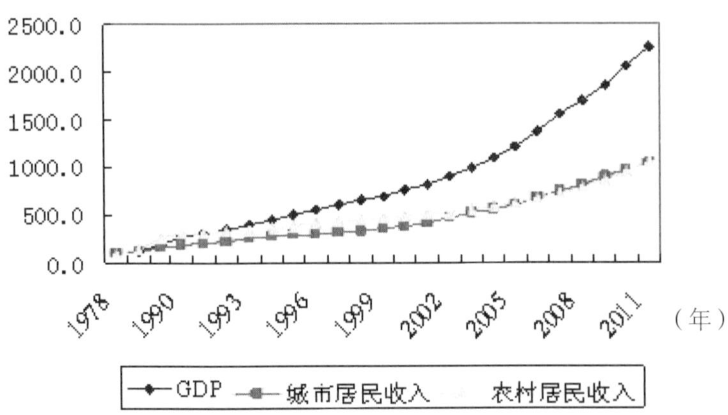

图3　改革开放以来中国GDP指数与居民人均收入指数的对比

注：GDP指数和居民收入指数均以1978年为100

资料来源：《中国统计年鉴2013》

从图3所示可清晰看出：30多年来，上曲线所表示的GDP（国内生产总值）增长势头强劲，特别是进入21世纪之后，陡然上升；下面两条曲线所表示的城乡居民收入线虽然也在上升，但与GDP离差很大，而且呈现逐步扩大趋势，以致形成一个“剪刀差”。上面线可称“GDP增长指数线”，下面线可称“民富增长指数线”。这个图反映了中国“GDP增长指数线”与“民富增长指数线”的离差程度。

既然以追求GDP增长速度为首要目标，那么，怎样才能使GDP高速度增长呢？最直接、最快捷的途径就是扩大投资。于是，“投资驱动型”模式应运而生。进一步往下挖掘：“投资驱动型”深层的原因是什么？笔者以为是“政府主导型”（“官本位”）在作怪。在此，我们发现了“物本位”与“官本位”的内在联系。“GDP至上”—“投资驱动”—“政府主导”，这是一个有着紧密联系（“一荣俱荣，一损俱损”）、完整的“因果链”。要摆脱这一链条的惯性运作，必须从源头上提出“以人的发展为导向”。

第三，从未来趋势分析，“以人的发展为导向”是适应新阶段中国人需求变化的必然要求。

中国的经济社会发展正在出现某种阶段性变化。总体上判断：到2020年，中国将完成“全面建成小康社会”的战略目标。这就意味着，下一步中国将转入以追求人自身更高发展的新阶段。

在新的阶段，人民群众将会提出与以往不同的需求，这类需求越来越具有多样性、进阶性、公平性和可持续性的特点。讲究HDI（“人类发展指数”）指标，也更有意义。一方面，客观地讲，中国是一个发展中国家，促进人的全面发展有一个逐步提升的过程。从现实来看，在“生存”“自尊”和“自由”三个方面，中国的“人本”还处于“低端”状态。另一方面，我们也要看到，当代世界新技术革命的浪潮，不仅推动着经济的发展，同时也在重塑着人的自身，“无限制新人”背后所隐含的是更富独立性和开放性的要求（常修泽，2008）。

三、“人本型结构论”在六个结构中的战略铺陈

（一）需求结构：瞄准提高“居民消费率”及相应的“民富支撑”

1. 紧盯“居民消费率”

讨论需求结构中的消费，有三组四个指标需要分开：第一组是消费率或称最终消费率（指消费支出占“支出法”中的国内生产总值的比重），包括政府消费率、居民消费率两个指标；第二组是消费增长率（指消费量与基期相比的动态增长幅度）；第三组是消费对经济增长的贡献率（指消费增量与“支出法”中的国内生产总值的增量之比）。

在以上指标中，最后一个指标是从增长主义的角度探讨消费“对增长的贡献”问题，该指标2013年为48.2%，2014年上升3个百分点达到51.2%。这是有意义的，然而这不是本文的研究角度。至于消费增长率，可以从增长主义角度探讨，也可从人的发展角度探讨（带有二重性）。基于“人”的角度研究，笔者最看重的是最终消费率，特别是“居民消费率”。从消费增长率来看，近年来是不慢的（2013年社会消费品零售额增长率为13.1%），但笔者认为中国需求结构的症结不在“消费增长率”，也不在“消费对经济增长贡献率”，而在“居民消费率”。仔细对照一下图2显示的中国与国际的显著差距，就知道笔者为什么特别关注居民消费率了。

中国居民消费率偏低是一个大问题。现在到了创造消费大国的“人本基础”的时候了。在“十三五”期间乃至更长的时期内，重要的任务就是要在需求管理—供给管理相结合的新方略中，把居民消费率拉高。

那么，居民消费率提高到多少才合适？基于对“十三五”规划时期投资、出口以及居民收入等因素的综合分析，总消费率估计在56%左右，其中，居民消费率至少应在43%以上。从2014年的37.7%（调整后的最新数据）提高到43%，大致一年提高1个百分点。

2. 释放民间的消费潜力

中国民间的消费潜力是巨大的，消费空间是相当广阔的。世界经济论坛（WEF）发布的《2014—2015年全球竞争力报告》对全球144个经济体按12个分项以及总体状况进行了测评。中国12个分项在144个经济体的排名如下：制度第47名，基础设施第46

名，宏观经济稳定性第10名，健康与初等教育第46名，高等教育与培训第65名，商品市场效率第56名，劳动市场效率第37名，金融市场发展第54名，技术储备度第83名，市场规模第2名，商务成熟度第43名，创新第32名。总的来看，绝大多数都不理想，而且对比前几年的情况，比如《2011—2012年全球竞争力报告》，12个分项指标中有9个指标的排名出现了不同程度的下滑，唯一的“亮点”是市场规模始终名列第2名。

现在的问题是如何把亿万人民的消费潜力变成促进人的发展的强大动力。这就要加快培育消费增长点。例如，现在中国有2.1亿60岁以上的老年人口，如何促进养老家政健康消费？截至2015年2月，移动电话用户总数达到12.9亿户（且更换周期平均为15个月），移动宽带（3G/4G）用户总数达到6.24亿户（比上年同期净增数增长40%），估计几年后将达到10亿户。如何继续壮大信息消费？2014年全年国内游客达36.1亿人次，如何提升旅游休闲消费，在“十三五”末期把中国打造成为世界第一大旅游目的地国？此外，如何推动绿色消费？如何稳定住房消费？如何扩大教育文化消费等问题都值得思考。

3. 打造“人性化消费”新格局

除了研究中国居民消费“量”的增长之外，更应研究居民消费特征和方式的变化。从20世纪80年代以来，中国居民消费具有明显的模仿型排浪式特征：说购买彩电，排浪式地购彩电；说购买冰箱，排浪式地购冰箱等。自21世纪第一个十年之后，这种消费特征逐步淡化。鉴于模仿型和排浪型的消费阶段已经过去，个性化、多样化消费已呈主流，需要创新消费模式，激活消费需求，破解“人性化消费”过程中的各种障碍，形成一个“人性化消费”的新格局。

4. 建立促进居民消费的长效机制

笔者提出“十字箴言”：“能消费、敢消费、放心消费”。

首先是“能消费”，需要正确处理好“国富”和“民富”的关系。既要“国富”，又要“民富”。在前述图4所示“国富”“民富”两条曲线出现“剪刀状”离差的情况下，笔者主张适当向“民富”倾斜，在“十三五”期间，尤其如此。这就要在经济发展的基础上进一步提高城乡居民收入水平（2014年全年全国居民人均可支配收入为20167元，城镇居民人均可支配收入为28844元；农村居民人均可支配收入为10489元。在“十三五”期间，居民人均可支配收入的增长速度应明显超过国民生产总值的增长速度），特别是中低收入者的收入水平（2014年全年低收入组人均可支配收入为4747元，中等偏下收入组人均可支配收入为10887元。在“十三五”期间，中低收入者的收入水平应明显超过居民人均可支配收入的增长速度），为消费提供“民富支撑”。

其次是“敢消费”，需要完善社会保障制度，重点是养老、医疗、失业等制度，提高保障水平；同时健全社会救济制度，做好扶贫工作。尽快编织好全社会的“安全网”，让老百姓吃上“定心丸”，以解除消费的后顾之忧。

最后是“放心消费”，需要加强政府对消费环境的监管。实行严格的“责任清单”制度，确保食品、药品等各个领域的消费安全。这才是切实的“人道主义”。

（二）供给结构（产业结构）：瞄准与人直接相关的现代服务业和战略性新兴产业

笔者参加的“2015欧洲思想实验室年会”是关于“中国‘十三五’规划”的专场，讨论主题为“走向创新市场领导者”。笔者当时引用了美国著名学者托马斯·彼得斯的一段话：“不要老想分享市场，而要考虑创造市场。不是取得一份较大的馅饼，而是要设法烙出一块较大的馅饼，最好是烘烤出一块新的馅饼。”（托马斯·彼得斯，1988）。从人的发展角度研究，在中国“十三五”及未来一段时间，人们需要的“新的馅饼”是什么呢？笔者认为，主要是与人的发展直接相关的现代服务业和战略性新兴产业。

1. 产业结构逐步从以工业为主导转向以服务经济为主导

中国“十三五”及未来一段时期，将是由“工业化中后期”向“工业化后期”转变的时期。与此相适应，国家应明确提出“逐步从以工业为主导转向以服务经济为主导”的经济战略和行动方案。鉴于中国服务业占GDP比重仅为48.1%（2014年），比世界服务业平均水平70.2%（2012年）差22个百分点的事实，应把发展现代服务业作为优化结构的“战略重点”。

发展目标是在2016年内，务求实现服务业比重超过50%（三大产业中“控股”标志），继而在2020年全面建成小康社会之时，争取达到55%以上（这大体与目前印度、俄罗斯等“金砖国家”的服务业比重水平并驾齐驱，并不算高），然后再向世界服务业平均水平70.2%迈进。

2. 补足生产性服务业发展滞后的“短板”

发展服务业，应采取生产性服务业和生活性服务业“双线推进”的方略。从经济角度分析，生产性服务业具有技术附加值高、技术高度密集、耗能低、经济产值高等特征。而从“人本”角度分析，生产性服务业具有需求弹性大、有助于提升就业率的人性特征。目前，生产性服务业是我国整个服务业的重点和“短板”。在“十三五”及未来一段时间应侧重发展以下八个产业：金融服务业、现代物流业、交通运输业、技术服务业、商务服务业、设计咨询服务业、人力资源服务业和节能环保服务业，尤其要突破金融服务业、现代物流业和人力资源服务业等“重点短板”。

以金融服务业为例，我们看一看2013年全国的银行业金融资产分布图：

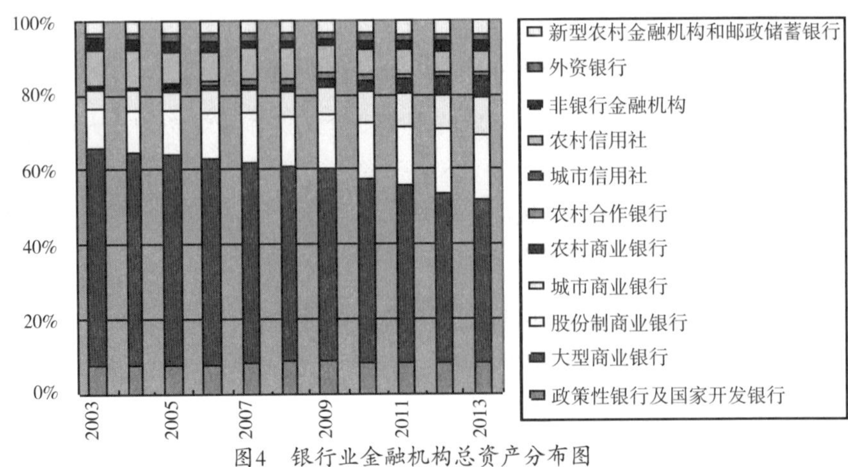

图4　银行业金融机构总资产分布图

资料来源：中国银监会年报（2013年）

在图4中，由下而上银行业金融资产分布格局是政策性银行，国有商业银行（工行、农行、中行、建行、交行），股份制银行（广发行、招商行等），城商行，农商行和农村信用社等，但是，这里没有民营银行。2014年国务院已经批准成立了第一批民营银行（5家），再过十年，这个图形将发生格局性的改变。

3. 开拓“大健康产业”等生活性服务业新领域

生活性服务业是直接为“人”的生活服务的行业。在“十三五”期间，应研究2020年小康社会全面建成后，人民群众想什么？盼什么？对现代服务业有什么新需求？笔者在《人本型结构论——中国经济结构转型新思维》一书关于产业一章中，写道：“悠悠万事，唯此为大：健康产业”（安徽人民出版社2015年8月版，第110页）。2014年底,习近平同志在江苏视察时更是明确指出“没有全民健康，就没有全面小康”。在美国，健康服务业占GDP的比重为17%~18%，但中国只有5%左右。如何把民生健康或“健康中国”作为未来服务业发展的“旗舰”？大有文章可作。

除着力发展“大健康产业”外，还要大力发展以下7类：①商贸服务业（特别是电子商务）；②旅游业；③居民服务业；④文化产业（演艺、网络文化产品、影视、出版）；⑤体育健身休闲竞赛表演；⑥住房产业；⑦市场化培训教育服务业等。从现在起，就应瞄准上述产业，开拓新领域，发展新业态，打造新热点。同时针对服务业发展中的体制障碍，进一步扩大服务业对外开放，克服该领域开放度低、限制多、国际竞争力弱等问题。

4. 立足于“多代人”，发展战略性新兴产业

战略性新兴产业是以重大技术突破为基础、对人的长远发展具有重大引领作用且成长潜力大的产业。发展战略性新兴产业已成为世界主要国家抢占新一轮经济和科

技发展制高点的重大战略。对中国这样一个人口众多、人均资源少、生态环境脆弱，又处在工业化快速发展时期的国家来说，更具有重要战略意义。要在未来国际竞争中“自立于民族之林”，就必须加快培育和发展战略性新兴产业。

在“十三五”期间，发展战略性新兴产业，应瞄准新一代信息技术产业及“互联网+”、高端装备制造产业、生物产业、新材料产业、节能环保产业、新能源产业、新能源汽车产业等。尤其是新一代信息技术产业及“互联网+”，它不仅会改变人们的生产方式、生活方式，而且会改变人的思维方式，重塑人的自身。

（三）要素投入结构：瞄准人的“心灵放飞”和万众创新

要素投入结构转型的核心是“创新驱动”。但“驱动”什么？已有的认识并不清晰，普遍的看法是“驱动”经济增长。笔者主张两个“驱动”：一则“驱动”经济发展，二则“驱动”人的发展。当今大势，新一轮世界信息革命浪潮兴起，可以用五个字来概括这轮浪潮：“云”（云计算）、“物”（物联网）、“移”（移动互联）、“大”（大数据）、“智”（智能化）。而在国内，随着土地等物质要素趋紧、人口老龄化严重、农业富余劳动力减少，也要求我们由过去拼物质资源向创新转换。

1. 加强关键领域的核心技术和品牌的研发

2014年欧洲专利局收到27.4万项专利申请，其中，中国2.65万项，占近10 %；总获批6.46万项，其中，中国获批1200多项，仅占2%。在品牌方面，据世界品牌实验室的数据显示，在2014年全世界品牌500强中，美国拥有227项，几乎占总数的一半，而中国仅29项。《福布斯》杂志2014年发布的全球品牌100强，美国占54项，中国品牌为0。这两则消息既令人忧虑，也让我们找到了关键：未来应更注意提高专利的质量和效应，打造自主品牌，尤其是具有国际知名度的品牌。

2. 推进万众创新

创新必须要有创新型人才。出于兴趣与爱好，努力把各种创意转变为现实的“创客”（Maker）要依靠力量。据统计，中国当前有1亿左右科技人力资源，这是中国最宝贵的“创客”。首先要发挥这些人士的引领和带动作用，同时，培育和造就千千万万个各种“创客”，使之成为自主创新的主力军，也促进创新者自身的发展。

3. 创新知识产权保护及相关制度

制度比技术更值得关注，尤其是知识产权保护制度、对科技人员的产权激励制度等较为关键。此外，还应着力推进相关财税体制、金融体制、市场体制的创新，为万众创新提供体制支撑。

4. 创新的根本在于创新者的“心灵放飞”

如何开掘创新之源？最根本的是思想的自由和开放。当前知识分子的心灵并未完全放飞，被一种无形的力量压着。欲真推进创新，必须让其心灵放飞，如果心灵不放飞，遑论什么创新？中华文明中有很多墨守成规的东西，但也有类似“天行健，君子以自强不息”的创新精神，需要挖掘；同时需要认真吸收西方文明中的“冒险精神”，这样才能进行创新创意，才能把创新者自己打造成一代“无限制的新人”。

当然，在看到新技术促进人的发展的同时，也要看到问题的另一面。事物都是“双向占有”的。信息技术的传播有没有对人形成另一种“限制”呢？马尔库塞的名著《单向度的人》就曾指出，“技术的进步使发达的工业社会对人的控制可以通过电视、电台、电影、收音机等传播媒介而无孔不入地侵入人们的闲暇时间，从而占领人们的私人空间……让人们满足于眼前的物质需要而付出不再追求自由、不再想象另一种生活方式的代价”（马尔库塞，2008）。可见，技术的进步是否使发达的工业社会加剧“对人的控制”，仍需要深入讨论。

（四）资源环境：瞄准生态福祉和环境人权

世界著名哲学家伯特兰·罗素在《工业文明的前景》中讲过一段颇为深刻的话。他说，不是社会主义与资本主义斗争，而是工业文明与人性斗争（Bertrand Russell，1923）。这里最值得关注的是“人性”二字。

“人性”是资源环境命题的最高境界，它表现为生态福祉和环境人权，涉及人的生存权和发展权问题。据公开的数据显示，中国二氧化硫排放量超过大气达标数值；化学需氧量排放接近排放最大允许量的两倍。这对人的生存和发展造成巨大的影响，何谈人的尊严？个别地方发生的环境事件已敲起了警钟：我们要防止可能发生的没有外部势力插手的、内生的“绿色骚乱”。

中国政府已明确提出，到“十三五”末期即2020年，单位GDP二氧化碳排放量将比2005年下降40%~45%，非化石能源占一次能源消费比重将达到15%。这是对国人的生态福祉和环境人权的庄严承诺。如何实现？应从四条线路推进：第一条是技术线路，向技术要生态福祉（如LED技术等）；第二条是结构线路，向结构要生态福祉（如首钢搬迁改成文化园区等）；第三条是政府线路，向规制和政策要生态福祉（如环境税以及对环境的其他管制，用李克强同志的话说，环境执法不应是“棉花棒”，而应是“撒手锏”）；第四条是市场线路，向产权要生态福祉，要有“天（环境产权）、地（资源产权）、人（环境人权）”的广义产权思路（常修泽，2009、2010）。

习近平同志在海南指出，良好的生态环境是最公平的公共产品。倘能按上述四线路推进，中国人的生态福祉就能得到提高，环境人权也就有相应的保障。

（五）城乡结构：瞄准填平城乡之间人的制度鸿沟

这是一个极富人道意味的命题。2015年春夏之交，贵州毕节市四个孩子的自杀，再次震惊中国。这虽然只是个案，但折射出了深刻的社会现实。中国城乡之间（也包括演化到城市内部）的制度性“鸿沟”早就应该填平了。

这将是一项复杂的系统工程。基本思路是着力解决城乡“二元结构”和城市内部“二元结构”同时并存的“双二元结构”问题，实现“城乡一体、城内融合”。首先，应着力解决城乡“二元结构”问题。要以“城乡共荣”为前提，实现乡村与城市的共存。其次，应着力解决城市内部“二元结构”问题，使进城农民市民化。

填平城乡之间人的“鸿沟”，须重点推进四项制度改革：①户籍制度改革，确保到2020年，基本建起新型户籍制度，使1亿左右农业转移人口和其他常住人口在城镇落户。②农村土地制度改革。应加快推进农村土地确权、登记、颁证，依法保障农民的土地承包经营权和流转权、宅基地使用权。同时，推进农村集体经济组织产权制度的改革，保护成员的集体财产权和收益分配权。③公共资源的配置制度改革，实现城乡均衡配置。④社会保障制度，使城乡居民获得基本的社会保障。当前，外出农民工这部分群体参加社会保障的比例还很低，需要做艰苦的工作。

（六）区域结构：瞄准区域人际协调，以避免“板块群体碰撞”

中国是一个区域发展颇不平衡的国家。为避免“板块群体碰撞”，27年前即1988年笔者主持曾提出“四沿—渗透型”开放战略，反映了自己的一种区域“均衡发展”的情结[①]。

27年过去了，新阶段应当实行什么样的区域发展战略呢？经过近年研究，笔者建议实施升级版的“四沿”发展战略。一是升级版的“沿海”战略：以京津冀协同发展和“21世纪海上丝绸之路”为重点，特别是在实施21世纪海上丝绸之路战略的过程中，发挥沿海地区排头兵和主力军的作用。二是升级版的“沿江”战略：以长江经济带拉动大长江流域经济发展。三是升级版的“沿线”战略：以“新丝绸之路经济带”拉动大陆经济发展。四是升级版的“沿边”战略：实施边境或跨境经济合作区等多种沿边发展方式。

---

① 1988年5月4日，新华社编发的《国内动态清样》第1182期，以《常修泽等建议实行“四沿—渗透型”开放战略》为题呈送中央政治局和国务院领导同志参阅。新华社记者杨继绳在《瞭望》周刊发文介绍了这一战略构想。《瞭望》周刊（1988年第21期）指出，常修泽等提出的“四沿渗透型”开放战略，对中央的沿海发展战略“提出了重要的补充和修正意见”。

从整个中国的视野去考虑问题，除了大陆区域之间的人际协调以外，还应包括港澳台地区与大陆之间的人际协调问题。香港和澳门的发展虽已纳入“一国两制”范畴，但2015年6月18日的政改挫折表明需要有新的协调。我国大陆与台湾地区的经济关系，则是一种“特殊的区域关系”，如果忽视乃至丢掉这一块，中国的区域结构研究就是不完整的。应根据ECFA生效之后两岸经济关系进入新阶段的变化，将两岸经济的合作与发展融合到国家“十三五”发展规划中，并在实际行动中加强两岸合作[①]。

四、真刀真枪改革：为“人本型结构”提供制度支撑

结构转型“转到深处是体制”。前面阐述的经济结构转型，除涉及生产力和生产关系外，更涉及制约结构转型的体制障碍问题。在酿成“物本型”经济结构的诸种传统因素——人口红利、资源红利逐步消退之际，“制度红利”成为“人本型结构论”的重要动力。结构转型，是真转型还是假转型？如果是真转型，那就请扫除体制障碍吧。

第一，真刀真枪改革。中共十八届三中全会通过的《中共中央关于全面深化改革若干重大问题的决定》，是一个全方位改革的纲领性文件。整个决定内容，涉及336项具体改革，可以看成是新阶段各个相关领域“滴灌式”的制度设计，为我们提供了明确的和可操作性的方略。两年来，中国改革的画卷正徐徐展开。作为“全面改革元年”的2014年，改革虽有一些新的举措，但总体判断，仍缺乏比较大的突破。在此背景下，习近平同志提出“真刀真枪搞改革”，点破了当前改革的要害之所在。

第二，克服两种“本位”。笔者在2008年出版的《人本体制论》一书题记曾写道：“在传统的计划经济模式下，人的主体性被集权所压制；在原教旨的市场经济模式下，人的主体性被金钱所侵蚀；至于在未来某个虚拟世界的体制下，人性会不会被过度纵欲而扭曲，尚不得而知；我现在最想探求的是，在21世纪的中国，如何建立无愧于人自身解放和发展的新体制。”（常修泽，2008）

“建立无愧于人自身解放和发展的新体制”，在结构层面就是要打造“人本型经济结构”。“人本”的对面是什么？一是“物本”，二是“官本”。为什么人本型经济结构难以建立？流行于各级政府的GDP挂帅（“物本位”）以及因政府职能没有取得实质性转变而依然存在的“政府主导型”（“官本位”）是重要原因，并成为

---

① 对笔者的建议，台湾地区《旺报》（2010年10月6日）、台海网（2010年10月6日）和中国改革论坛网（2010年10月9日）上都有过报道。

结构转型的制约因素。之所以如此，原因十分复杂。直接的原因之一是原有干部考核体系与财税体制导致地方政府行为微观化。经济利益驱动与政治晋升拉动两股力量的合流，形成“双驱动”机制。虽然近年一些人文发展指标和可持续发展指标开始被重视，但惯性仍然存在。由于没有实现发展理念转换，GDP仍在官员内心世界居核心地位，其“经济人”特征没有发生根本变化。另一个更为深层的原因是纵向的权力来源结构和民主监督机制的缺乏。

克服两种“本位”，首先是克服“物本位”，改变GDP在官员内心世界至高无上的地位，确立“人类发展指数”等人文指标和环境指标的约束作用。其次是克服“官本位”，转变“政府主导型”的发展模式。既让市场在资源配置中发挥“决定性”作用，又发挥政府的重要作用。但近来出现一种把“政府的重要作用”解释为“政府驾驭市场”的观点，且颇为流行，应该澄清和纠正。同时，要实施“三张清单”，即负面清单——明确企业不该干什么，做到“法无禁止皆可为”；权力清单——明确政府该干什么，做到“法无授权不可为”；责任清单——明确政府的责任，做到“法定责任必须为”。从更深层考虑，还要推进政府自身的结构改革，建立政府权力体系内的决策权、执行权、监督权相互制衡机制，使政府“有权而不能任性”。

第三，推进“五环式”改革。笔者在2008年出版的《人本体制论》一书中指出，新阶段历史要求中国开展的是类似奥运“五环”的改革，包括经济、政治、社会、文化、生态环境制度改革[①]。在新阶段，无论是哪个结构转型，都会触及经济体制乃至政治社会文化和环境资源体制。可以这样说，没有“五环改革”的突破性进展，经济结构的改造、转型、升级是不可能的。为此，中国新阶段应按照中共十八届三中全会确定的“五位一体”改革“蓝图”推进全面改革，扫除制约经济结构转型的体制障碍。这就意味着，本文研究的中国经济结构转型，与“五环改革”具有内在的一致性。

第四，反腐败与突破固化利益格局。新阶段的全方位改革将会遇到重重障碍，其中，严重的腐败和固化的利益格局是最大的障碍。春秋时代郑国政治家子产曾讲过一段颇有哲理的话：“火烈，民望而畏之，故鲜死焉。水懦弱，民狎而玩之，则多死焉。”（《左传·昭公二十年》）如果执政者严格执法，就很少有人以身试法；相反，如果执法者太过懦弱，就会有人“狎而玩之”。

中国确实有过“水懦弱”的情况。不是不想医治这个“患病的机体”，但当“打开”之后看到“五脏六腑”已经那样，没敢动“大手术”，只好“缝上”继续维持。

① 2013年10月出版的《包容性改革论》一书和在《经济社会体制比较》上发表的文章对此已经详细论述，这里不再展开。参见常修泽《包容性改革论探讨——中国中长期全方位改革的战略选择》，《经济社会体制比较》，2013年第6期。

于是历史老人看到了那么多“狎而玩之”的官僚纵欲妄为、“玩死”自己。这种情况不应该继续下去了。

中国需要严厉而有效的“反腐败”斗争，切实制止官僚“狎而玩之”。通过“反腐败”，矫正权力与资本结盟、权力与利益交换的格局。同时，必须摆脱既得利益格局中某些“障碍力量”的束缚，改革者首先自己不要被既得利益集团所绑架，决策者也不能顺着权力与资本结盟的思路来决策。唯有超越固化利益格局的羁绊，才能开创改革新的局面。

参考文献

［1］常欣．增长动力转换论．北京：经济科学出版社，2014.

［2］常修泽．人本体制论——中国人的发展及体制安排研究．北京：中国经济出版社，2008.

［3］常修泽．广义产权论——中国广领域多权能产权制度研究．北京：中国经济出版社，2009.

［4］常修泽．包容性改革论——中国新阶段全面改革的新思维．北京：经济科学出版社，2013.

［5］常修泽，等．创新立国战略．北京、海南：学习出版社、海南出版社，2013.

［6］国家统计局，《中国统计年鉴2011》．北京：中国统计出版社，2013.

［7］道格拉斯·诺思．经济史中的结构与变迁．陈郁等，译．上海：上海三联书店，1991.

［8］恩格斯．“致朱·卡内帕”．马克思恩格斯全集（39）．北京：人民出版社，1986.

［9］恩斯特·卡西尔．人论．甘阳，译．上海：上海译文出版社，1985.

［10］赫伯特·马尔库塞．单向度的人——发达工业社会意识形态研究．刘继，译．上海：上海译文出版社，2008.

［11］马克思．《政治经济学批判》导言．马克思恩格斯全集第12卷．北京：人民出版社，1962.

［12］原载《经济社会体制比较》2015年第5期总第181期，2015年9月.

（常修泽，国家发展和改革委员会宏观经济研究院教授，博士生导师，清华大学中国经济研究中心研究员）

经济新常态下我国对外经济贸易发展的新思路

□ 付彩芳 裴长洪

[摘要]以经济从高速增长到中高速增长，经济结构不断优化，要素驱动向创新驱动转变为特征的经济新常态出现，其面临的主要挑战是，劳动力、土地等资源价格上升，技术创新不足，资金成本高而资本回报率降低，投资、消费、出口需求不振等现象，在消化前期政策中一些潜在风险逐渐显现，只有深化改革才能适应新常态。全面深化改革，需要进一步扩大对外开放、进一步提高对外经济贸易发展水平。为此，需要进一步优化货物贸易结构，大力发展服务贸易和优化整个外贸结构，提高利用外资的水平，继续扩大我国企业对外投资，改善投资结构和方式。

[关键词]新常态 对外经济贸易 结构优化

2014年5月，习近平总书记在河南兰考考察时首次指出我国“经济发展要适应新常态”之后，“新常态”一词被多次提及。7月27日，习近平总书记在中共中央召开党外人士座谈会上提到要适应经济新常态。随后，人民日报连发三篇文章阐述经济新常态，指出了我国经济运行的新特征、新趋势。11月9日，习总书记在亚太经合组织工商领导人峰会开幕式上发表了题为“谋求持久发展共筑亚太梦想”的演讲，指出中国经济新常态的主要特点，以及经济新常态下中国经济面临的挑战与机遇。12月5日，中央政治局会议又提出经济新常态的趋势性变化，随后12月9日召开的中央经济工作会议全面描述了新常态的九大特征。新常态是对我国现阶段经济特征做出的战略性判断。

一、经济新常态的主要特征

（一）经济从高速增长转变为中高速增长

从1980年到2014年，我国GDP经过了长达35年的高速增长，年平均增长率达到9.8%。经济增速在10%以上的共有15年，高于8%的年份共有26年，有9年经济增速低于8%。经济增速持续下滑的三个阶段分别是1986—1990年，1983—1999年，第三次是从2008年持续到现在。2012年至今，已经连续三年GDP增速低于8%，2015年上半年GDP

增长率继续走低为7%。关于中国经济的减速是由于周期性波动还是结构性长期性的减速问题，国内外学者进行了很多相关研究，做出了中国经济增长阶段出现了根本性转变的判断，并对中国经济潜在增长率做出了分析和测算。经济学家对于潜在增长率的测算方法和模型有所不同，使用最多的是时间序列方法，比如滤波法就是在时间序列里使用最广的方法，此外，还有消除趋势法、增长率推算法、生产函数法、菲利普斯曲线法和投入产出法等。不同的方法和模型测算的结果虽然有差异，但是对新常态下潜在增长率的数据测算基本在5%～7%，这意味着以后中国经济从高速增长转变为中高速增长阶段。

图1　中国GDP增长率变动图

数据来源：国家统计局

（二）经济结构不断优化

中国的产业结构、投资消费结构、城乡结构等存在长期的不平衡，但经济结构正在逐步优化。通过图2可以看出，从1980年到2014年间，在国内生产总值的构成中，第一产业和第三产业有此消彼长的趋势，第二产业增加值有小幅的波动。1980年，GDP的构成中，三次产业增加值分别占30%、48%和22%。35年后，第一、第二、第三产业的构成分别为9%、43%和48%。从2012年开始，第三产业增加值超过第二产业，服务业占经济的比重越来越大，虽然与美国等发达国家80%的比例还有一定差距，但服务业增长的势头越来越明显。

2013年，第二产业和第三产业对GDP的贡献分别为3.7个百分点，这是第一次出现服务业对国内生产总值增长的拉动作用与第二产业齐平。2014年，第三产业和第二产业对国内生产总值的拉动分别为3.6个和3.4个百分点，第三产业首次超越第二产业。

表1　第一、第二、第三产业对国内生产总值增长的拉动　（%）

时间	GDP增长率	第一产业	第二产业	第三产业
2005年	11.3	0.6	5.7	5
2006年	12.7	0.6	6.3	5.8
2007年	14.2	0.4	7.1	6.7
2008年	9.6	0.5	4.7	4.5
2009年	9.2	0.4	4.8	4.1
2010年	10.6	0.4	6.1	4.2
2011年	9.5	0.4	4.9	4.2
2012年	7.7	0.4	3.8	3.5
2013年	7.7	0.3	3.7	3.7
2014年	7.4	0.3	3.4	3.6

据国家统计局公布的最新资讯，2015年1～2季度GDP增长率为7%，三次产业增长率分别为3.5%、6.1%和8.4%，服务业增速高于第一、第二产业，并且同时高于GDP的增长率。三次产业结构正在逐步优化。

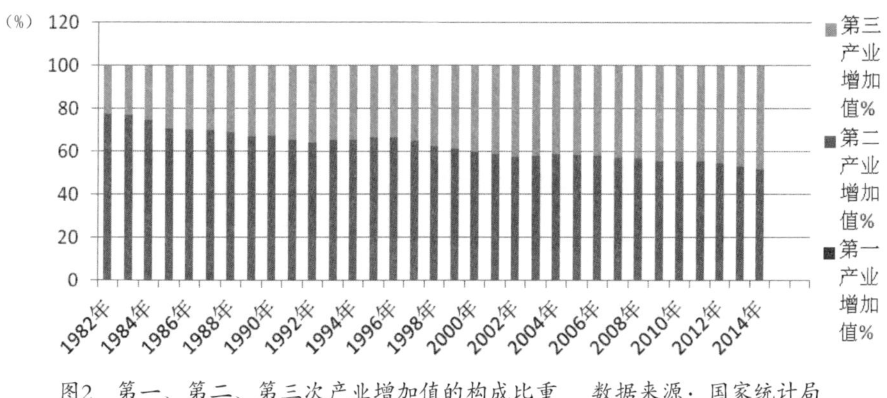

图2　第一、第二、第三次产业增加值的构成比重　数据来源：国家统计局

（三）要素驱动转向创新驱动

在劳动力、土地价格上涨，资源环境约束条件下，过去靠要素驱动的经济增长方式已经不可持续，经济发展方式正在转向创新驱动。劳动者素质的提高为创新驱动型经济发展提供了人才保障。近几年来，伴随着劳动力数量逐渐降低的同时是劳动者素质的不断提高。根据国家统计局公布的数据，2014年，全国每10万人口高等学校平均在校生人数为2488人，相比10年前的1613人增长了54%。同时，科研投入在不断加大，

2012年我国研发经费总量突破万亿大关，2014年研发经费支出同比增长12.4%。人力资源质量的提高和科研进步为创新驱动提供了物质条件，但是我国劳动生产率提高并不显著，还存在着从科研向生产技术创新转化的问题。2014年，我国高技术制造业增加值比上年增长了12.3%，但是劳动生产率低和技术创新不足依然是我们面临的很大问题。根据中国科学院中国现代化研究中心发布的中国现代化报告，我国农业劳动生产率和工业劳动生产率普遍较低。据2012年报告的数据显示，我国农业劳动生产率是世界平均水平的47%、美国的1%；同时2015年的报告显示，2010年中国工业劳动生产率指数为100，同期美国为827、加拿大为755、日本为668。要素成本上升和劳动生产率低的问题，造成了企业的经营困境，摆脱困境的根本出路是必须从靠要素驱动的增长方式转到靠创新驱动。

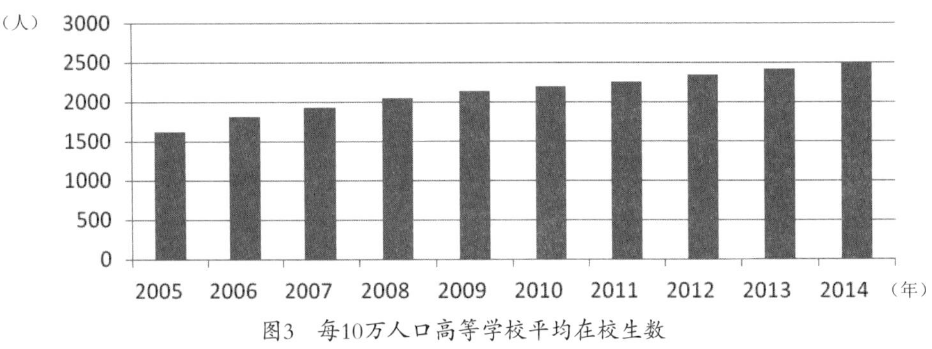

图3　每10万人口高等学校平均在校生数

二、进入经济新常态面临的主要挑战

经济新常态既是转型期中国经济特征的外在表现，又是经济发展方式转变的必然趋势和必经阶段。进入经济新常态面临的主要挑战是：

（一）要素供给的变化

从要素供给的角度看，近年来劳动力、土地等要素价格不断攀升，技术创新不足和资本回报率降低的问题同时存在。从2011年到2014年，我国15～59岁劳动年龄人口分别是94072万人、93727万人、91954万人和91583万人，连续三年下降。相比2011年，2014年劳动年龄人口下降了2.8个百分点，下降人数为2489万人。劳动年龄人口减少是造成劳动力成本上升的主要因素。同时，土地价格由于城镇化建设连年攀升，融资难和融资贵的问题依然存在，特别是中小企业融资难问题一直没有得到很好的解决，社会融资成本依然很高。

表2 2011—2014年我国人口结构 单位：（万人，%）

	2011年		2012年		2013年		2014年	
	人口	比重	人口	比重	人口	比重	人口	比重
0～14岁	22164	16.5	22287	16.5	23875	17.5	23957	17.5
15～59岁	94072	69.8	93727	69.2	91954	67.6	91583	67
60～64岁	18499	13.7	19390	14.3	20243	14.9	21242	15.5
65岁及以上	12288	9.1	12714	9.4	13161	9.7	13755	10.1

数据来源：国家统计局

（二）三大需求不振

从需求角度来讲，投资、消费、出口需求不振。经济危机之后，世界经济艰难复苏，欧债危机阴霾未散，造成出口下滑，净出口对国内生产总值增长的贡献一度为负。

表3 最终消费、资本形成总额、货物和服务净出口对国内生产总值增长的拉动 （%）

时间	2005年	2006年	2007年	2008年	2009年	2010年	2011年	2012年	2013年	2014年
GDP增长率	11.3	12.7	14.2	9.6	9.2	10.6	9.5	7.7	7.7	7.4
最终消费	6.4	5.4	6.5	4.3	5.3	5	6	4.4	3.7	3.7
资本形成总额	3.6	5.4	6.2	5	8	7	4.3	3.2	4.2	3.6
货物和服务净出口	1.3	1.9	1.5	0.3	–4.1	–1.4	–0.8	0.1	–0.2	0.1

金融危机之后，净出口对经济增长的拉动作用一度为负，2009年货物和服务净出口对经济增长的拉动作用为-4.1%。由于出口的拉动作用下降，我国出台了各项扩大内需的政策。消费对GDP增长的拉动作用开始显现，并一度超过投资。2014年，消费对GDP的拉动作用为3.7个百分点，投资和出口分别为3.6个和0.1个百分点。

投资作为拉动经济增长的“三驾马车”之一，对经济增长的影响作用极大。在我国，由于固定资产投资占总需求比重大，对经济增长的影响意义更大。亚洲金融危机之后扩大投资和内需的政策使得固定资产投资额快速扩张，投资增速一度从1999年低于5%增长到30%左右。由于危机之后4万亿投资政策的影响，2009年固定资产投资增速一度超过30%，之后大幅回落。2014年全社会固定资产投资增速低于15%。根据国家统计局的最新数据，2015年6月，固定资产投资增速为11%，继续回落。

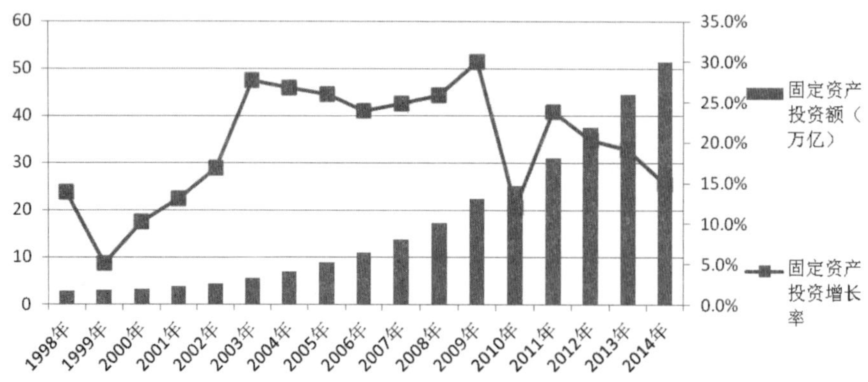

图4　固定资产投资额和投资增长率

数据来源：国家统计局

制造业和房地产业投资额两项占据整个固定资产投资总额的60%左右，所以这两项投资的变动对全社会固定资产投资会产生重大影响。根据最近三年的数据，固定资产投资增速持续下滑。从2014年开始，房地产和制造业两个行业的固定资产投资增速开始低于全社会固定资产投资增速，成为拉低全社会固定资产投资增速的主要原因，特别是房地产业固定资产投资增速从2015年开始达到个位数并迅速降低，2015年5月，房地产业固定资产投资增速为6%，制造业为10%，均低于全社会固定资产投资11%的增速。

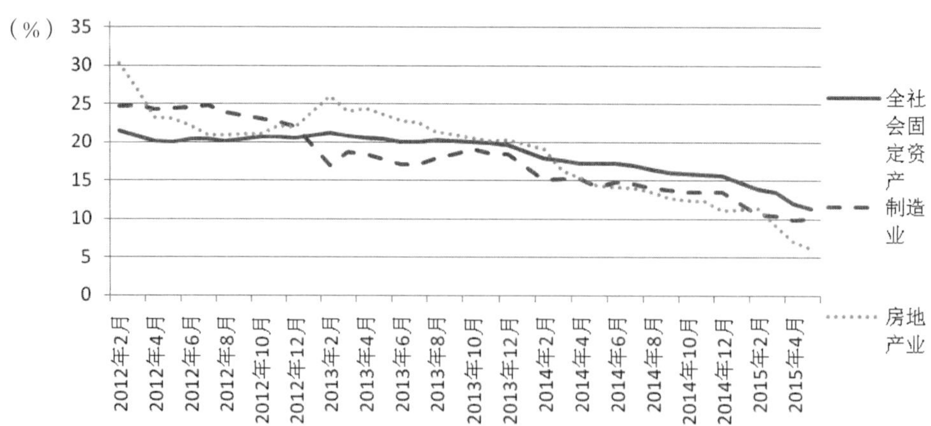

图5　全社会固定资产投资以及制造业、房地产业固定资产投资增长率

数据来源：国家统计局

制造业投资回落也是造成固定资产投资下降的主要原因。从国内来看，内需增长势头疲软，导致对制造业需求下降，再加上制造业产能过剩的形势依然严峻，受到资源环境等压力的影响，高耗能行业投资继续回落，同时制造业领域高回报项目在减少。中国低端制造业和中高端制造业同时受到东南亚和欧美等市场的冲击和排挤，国际市场对中国制造业的投资也在降低。在国内国际等因素的影响下，低端制造业的投资空间难以再扩大，我国制造业投资下滑的长期性趋势难以改变。

消费对国内生产总值的贡献从20世纪90年代之后出现了明显的下降，在按支出法计算的国内生产总值的构成中，消费的贡献从1990年的93%下降到1997年的40%多，1998年到2000年消费的比重有所增长，但从2000年之后又呈现下降的趋势，2010年之后，消费比重才又开始逐渐上升。虽然消费、投资与出口三者结构逐渐优化，消费对GDP增长的贡献逐渐加大，但是消费增长乏力，增速在近年来逐渐下降。

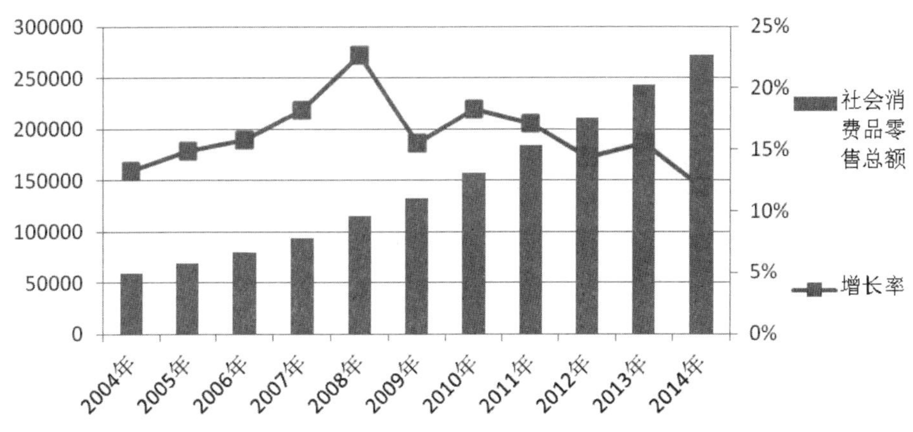

图6 社会消费品零售总额及增长率

数据来源：国家统计局

（三）潜在风险不断显露

根据国家统计局的数据，我国规模以上工业企业利润总额连年增长，金融危机之后，相比之前30%多的平均增长率，全国规模以上工业企业利润额增长率开始大幅度下降。根据国家统计局的统计口径，2011年之前规模以上的工业指的是主营业务收入达到500万元以上的工业法人企业，2011年之后则是指主营业务收入达到2000万元的工业企业。2011年利润增长率有大的下调，如果是因为统计口径变动的原因，那么2012年利润增长率继续下行则反映了企业经营的困境。到2014年，我国规模以上工业企业利润额为负增长。

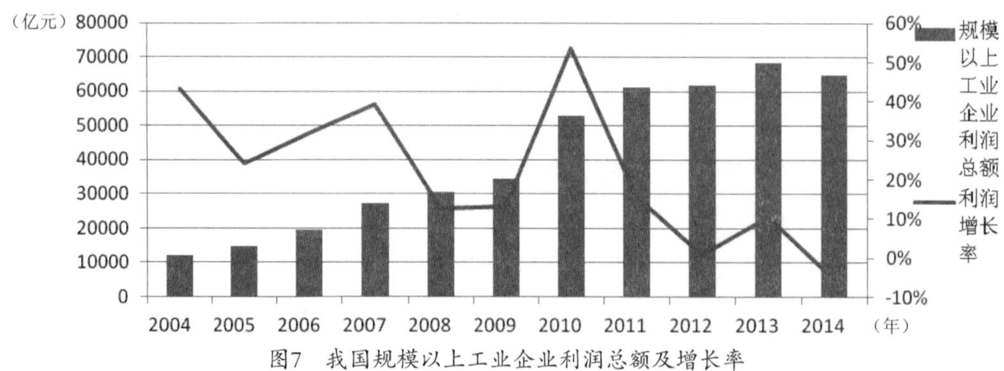

图7　我国规模以上工业企业利润总额及增长率

数据来源：国家统计局

企业利润的降低伴随着资本回报率的显著下降。白重恩（2014）对1978—2013年中国整体资本回报率进行了估算，得出了这样的结论，在剔除生产税和企业所得税之后，不考虑存货的情况下，2013年中国资本回报率为4.96%，考虑存货则为4.17%，整体低于5%的水平。虽然资本回报率在降低，但是近年来融资难和融资贵的问题依然没有解决，资金成本依然呈上升趋势，进一步加剧了企业的经营困境。

房地产市场明显降温，风险凸显。从2010年开始，房屋销售面积增速明显下降，据国家统计局的数据显示，2010年商品房销售面积增长率低于10%，2014年商品房销售面积比上年明显下滑。房屋销售面积下滑的同时，房价也结束了不断上涨的局面，70个大中城市房屋销售价格出现了同比和环比同时下降的情况。

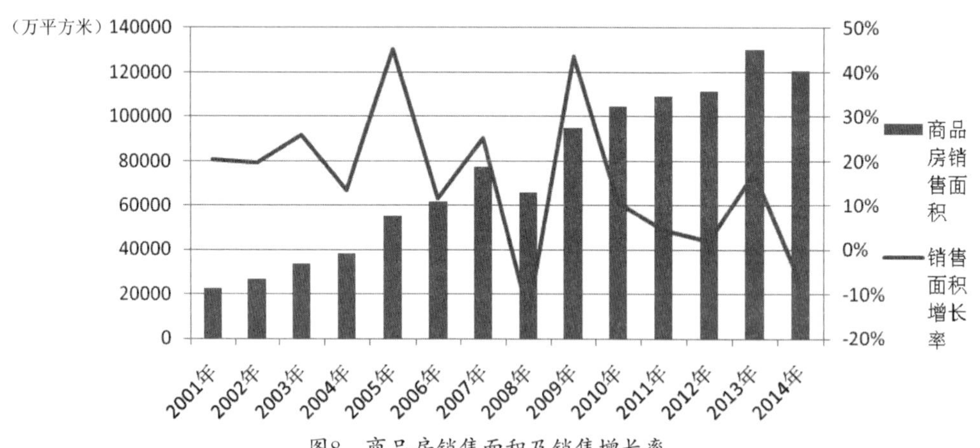

图8　商品房销售面积及销售增长率

数据来源：国家统计局

根据国家统计局公布的最新数据，2015年第一季度，绝大部分城市仍然呈现房价环比和同比同时下降的局面，由于政策的调控，从4月份开始，房价环比上涨的城市略有增加，但是绝大部分城市房价同比仍然呈下降趋势。根据6月份的数据显示，70个大中城市新建商品住宅价格环比下降的城市有34个，上涨的城市有27个，有9个城市与上月持平。价格同比下降的城市有68个，上涨的城市仅有2个。

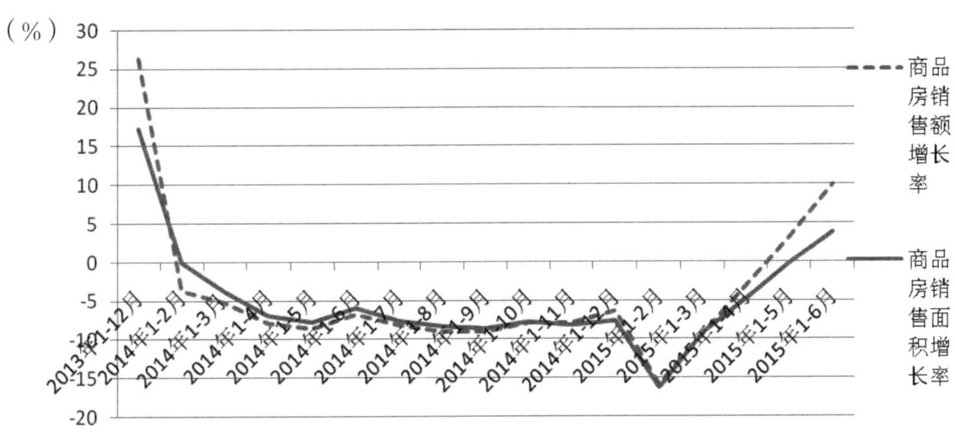

图9　最近商品房销售额和销售面积增长率

数据来源：国家统计局

商品房销售面积和销售额的下降导致房地产开发商的流动性下降和资金链的紧张，进一步导致信贷市场风险凸显。此外，房地产市场的不景气导致开发商的信心下降和房地产投资萎缩。由于房地产投资占我国固定资产投资的25%左右，房地产投资增速下降必然拖累固定资产投资的增长。

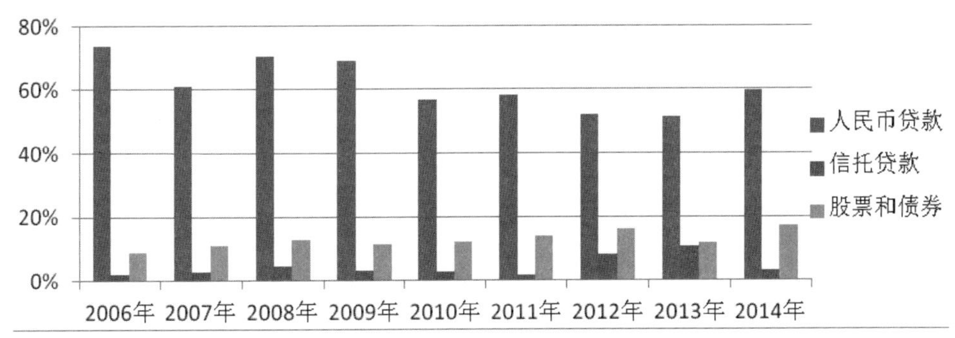

图10　社会主要融资渠道及其占融资总额的比重情况

数据来源：国家统计局

我国社会融资渠道主要是银行贷款，虽然近年来融资结构在不断改善，2014年人民币贷款的比重依然占社会融资总额的近60%。在企业利润下降和房地产市场快速降温的情况下，企业的风险很容易转化成为银行体系的信用风险。

三、经济新常态下我国对外经济贸易发展的新要求、新任务

经济新常态下各种潜在风险逐渐显现，只有深化改革才能适应新常态。全面深化改革，需要扩大对外开放水平，提高对外经济贸易发展水平。当前，世界经济进入“平庸增长”阶段，除了金融危机造成的经济衰退、外部需求萎缩、出口下滑之外、以人工智能、机器人和新材料等为代表的第三次工业革命，将对中国劳动密集型产业形成冲击。国际治理规则正在重构：TPP试图另立国际贸易新规则，涉及服务贸易、投资、环境保护等内容的高标准条款将使中国在短期内没有竞争优势。意在重塑国际贸易新标准的TTIP，旨在深化服务贸易开放的多边贸易体制谈判TiSA等都会削弱中国作为新兴国家的话语权。此外，美国非传统货币政策的退出和加息的预期，将使得新兴国家和发展中经济体的风险和脆弱性增加，中国对外开放的国际形势更加复杂。

面临经济新常态与新的国际环境，我国对外经济贸易发展的应对思路是：

（一）货物贸易优化升级

1. 出口结构转型升级

危机之后，出口对经济的拉动作用在减弱。出口对一国经济具有战略性意义，不仅仅是促进经济增长的动力之一，也不仅仅是需求管理的一个方面，而是一个国家竞争优势的体现和参与国际分工的方式。促进出口、实现出口产品转型升级，可以提高一个国家产品的国际竞争力，促进国内行业升级，也是经济新常态下对外开放的主要任务。在人口结构转变的大背景下，我国廉价劳动力的低成本优势正在丧失。低成本优势丧失的同时，劳动生产率并没有显著提高。所以，劳动力成本上升是企业进行技术创新和提高效率的重要动力，也是必要选择。

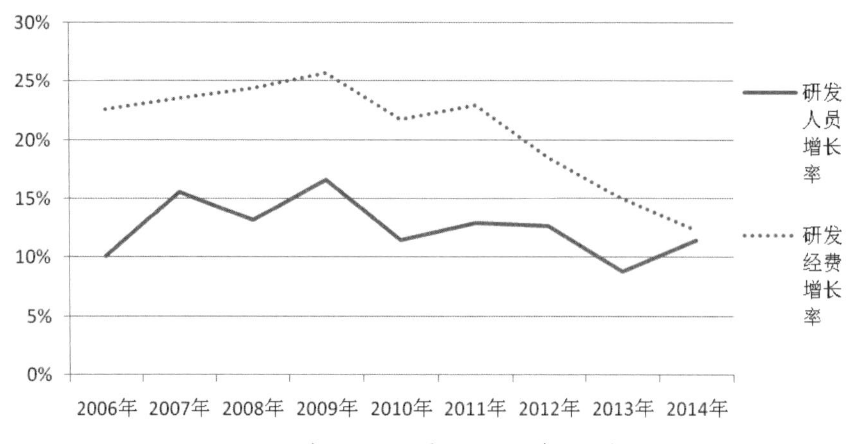

图11　我国研发人员和研发经费增长率

数据来源：国家统计局

近年来中国的研发经费经过一个较高比率的连续增长，2012年研发经费支出首次突破1万亿元，之后增长率虽然有所下降，但是均高于10%。2014年，全年研发经费支出比上年增长12%，研发人员队伍也在快速增长，2014年研发人员数量达到393.7万人，比2005年的136.5万人增长了188%。2014年，国家科技成果登记53140项，专利申请受理数为2361243项，分别比2005年增长了64%和395%。虽然科技成果登记、专利申请等项目在不断增长，科研人员和经费也在不断增加，但是高新技术产品的出口增长情况并不乐观。据海关的统计数据显示，2014年全年高新技术产品出口金额比上年同期下降-1%，2015年上半年同比增长0.7%。同时，相对于国有企业和民营企业，外资企业依然是高新技术产品出口的主力。促进出口转型升级还要依赖于科技成果的转化。

出口转型升级的路径除了科技创新，还有产业的梯度转移。根据任志成和戴翔（2015）的实证研究，劳动力成本的上升对科技创新的倒逼作用具有明显的地区差异，对东部沿海而言，劳动力成本的创新倒逼效应显著，而中西部地区的效应并不显著。也就是说，中西部地区还存在着一定的劳动力成本优势，我国国内仍然具有产业梯度转移的空间。通过国内产业梯度转移，可以在一定程度上继续保持我国劳动密集型产品的竞争优势。

2. 优化进口结构，改善经济增长的供给面

根据裴长洪（2013）的研究，“进口结构变化越活跃，经济增长也就越有活力”。特别是资本品和技术的大量进口，能直接改善经济增长的效率。此外，还有胡小娟等（2014）根据实证研究表明，资本品和中间品的进口是中国工业结构优化升级的重要变量，是中国工业结构的优化升级的格兰杰原因。

金融危机以来，我国进口增速出现明显波动，并在之后迅速降低。除去2009年，从2012年开始，年进口增速降为个位数，并在2014年降为-0.6%。

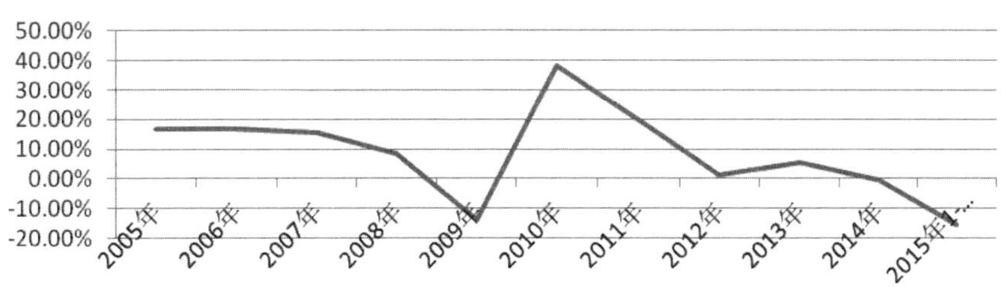

图12 近年来进口增速

数据来源：海关统计数据

根据海关的最新数据，2015年上半年，进口贸易同比增速为-15.6%，其中一般贸易为-18.6%，来料加工和进料加工贸易分别为-4.3%、-11.9%，加工贸易进口设备为-6%。根据以往的情况，我国进口增长主要是由加工贸易带动，加工贸易的增速要

高于一般贸易，加工贸易进口设备增长也较快。在近来进口低迷的情况下，加工贸易的增速仍然快于一般贸易。可见我国进口结构仍然有调整和优化的空间。

我国消费品进口依然存在数量少、价格高的情况。消费品的进口对于调剂国内市场余缺，引导消费升级，有助于国内企业更注重产品的质量和信誉，倒逼企业创新，对于促进产业升级和经济增长具有正面作用。2014年，我国消费品进口金额为9362.7亿元，增速有了明显的提高，为14.9%，而同期整体进口增速为-0.6%。消费品进口占同期我国进口总值的比重也有了明显上升，为7.8%。但是我国消费品进口比重仍然远远低于世界平均水平。

改善进口结构，首先，应该促进资本品进口结构的优化，从而有助于改善企业的生产效率，实现我国工业的转型升级，进而改善经济潜在增长率。其次，应该扩大消费品进口比重，增加居民社会福利。

（二）大力发展服务贸易，优化外贸结构

世界贸易的现状是货物贸易比重远远高于服务贸易，根据联合国贸发会的数据显示，2013年，全球服务贸易金额为4.7万亿美元，为全球贸易量的1/5。但世界贸易发展的长期趋势是服务贸易增长快于货物贸易和全球经济增长速度。

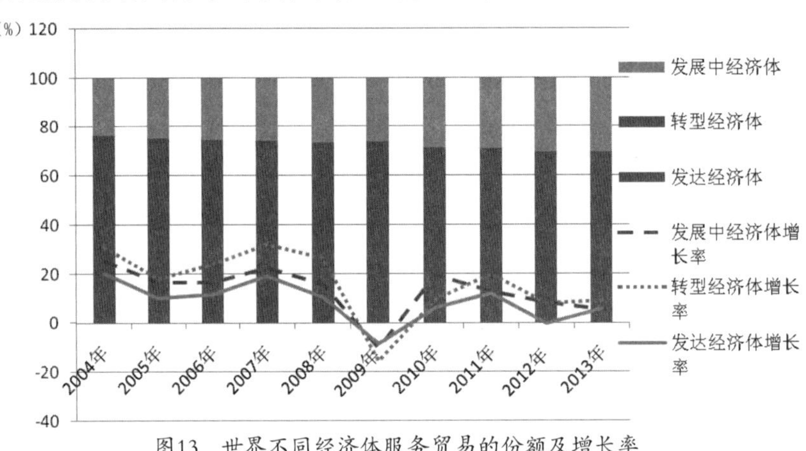

图13 世界不同经济体服务贸易的份额及增长率

数据来源：UNCTAD数据库

服务贸易在全球的分布具有不均衡性，发达经济体服务贸易份额占据全球的2/3强，而发展中经济体和转型经济体的份额占据1/3左右。不过发展中经济体服务贸易的增长速度要快于发达经济体，所以发展中经济体的份额在逐渐增加。根据联合国贸发会数据，1980年，发展中经济体服务贸易的份额占全球的18.5%，发达经济体占79%，到2013年，两者的份额分别为30%和67%。世界服务业增加值占GDP的比重达到了70%左右，但是服务贸易占GDP的比重仅为10%左右。服务业的增长，带来的是服务贸易规

模的扩大，但是根据联合国贸发会的数据，中等收入国家和中低收入国家的服务贸易占GDP的比重并没有随着其服务业增加值的增加而提高。

表4 2014年主要国家服务贸易金额和增长率 （单位：百万美元，%）

出口				国家	进口			
2014Q1	2014Q2	2014Q3	2014Q4		2014Q1	2014Q2	2014Q3	2014Q4
165883	170039	178510	175696	美国	104426	117051	116907	114880
3.6	5.2	2.8	3.6		3	3.9	2.8	3.8
65354	69343	68275	69346	德国	76251	81428	91205	79290
11.2	10.2	2.1	–4.9		3.5	4.5	1.1	–4.5
82950	91310	89813	85637	英国	50010	52662	57294	45523
8.4	11.3	9.2	4.3		14.2	7.5	2.8	–6.7
60230	70046	72024	64893	法国	58380	63222	64583	61834
10.5	10.1	3.2	–1.5		10.9	11.9	6.8	2.2
49520	60939	54132	66365	中国	85458	86285	102352	106908
4	25	5.8	13.9		16.5	10.8	9.9	25.7

数据来源：WTO数据库

全球服务贸易量最大的五个国家分别是美国、英国、德国、法国和中国。2014年，我国全年服务贸易出口额为2310亿美元，进口额为3810亿美元，服务贸易额约为美国服务贸易额的1/2。贸易逆差为1500亿美元，为最大的服务贸易逆差国。

通过表4可以看出，中国服务贸易进口的增长率要高于出口的增长率。未来服务贸易逆差有继续扩大的趋势。

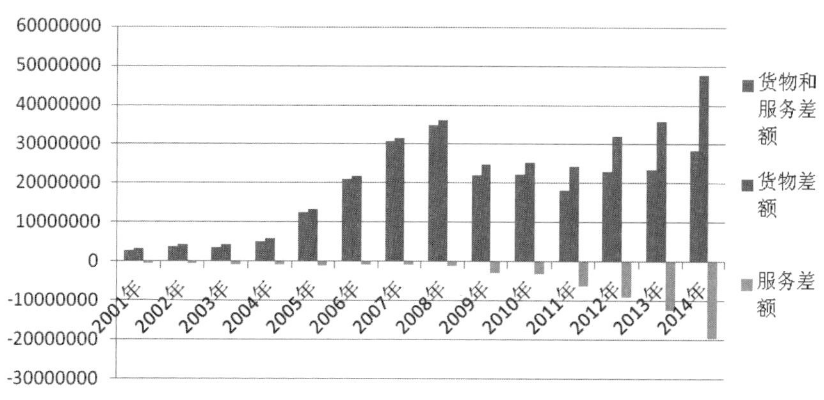

图14 货物和服务贸易差额情况

数据来源：国家统计局

注：经常项目差额为贷—借 单位：万美元

我国服务贸易的集中度较高，主要集中于旅游、运输、咨询等传统服务行业，其中旅游服务的占比是最高的，其次是运输和咨询业务，三者占了我国服务贸易额的2/3。此外，我国服务贸易行业分化较大，有些行业长期逆差，国际竞争力有待进一步提高。比如，金融、专有权利使用费和特许费等行业贸易长期处于逆差，而且逆差额在不断扩大。我国服务贸易的发展战略是提高这些行业的竞争力。传统的旅游服务在金融危机之前是长期顺差，危机之后转为逆差，计算机和信息服务、咨询服务等则由逆差转为顺差。虽然服务贸易出现发展分化，但根据服务贸易进出口增长率的变动情况可以预见，服务贸易长期逆差的情况仍然会继续。中国服务贸易出现逆差是从20世纪90年代开始的，后来随着贸易额的增大，贸易逆差也在持续扩大，通过图14可以看出。但是由于货物贸易顺差在不断加大，服务贸易逆差的增加并没有使得经常项目差额缩小，不过货物和服务贸易顺差的增速在降低。

与服务贸易占贸易总额1/5的世界平均水平相比，我国服务贸易占贸易总额的比重还比较低。根据商务部的数据显示，2014 年我国服务贸易进出口金额占对外贸易总额的比重为12.3%。

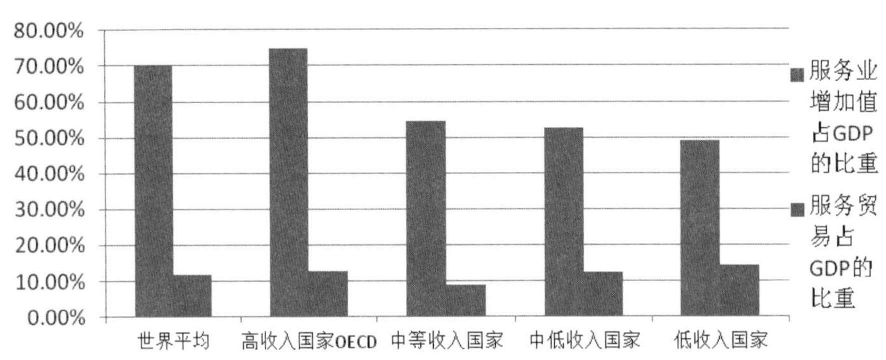

图15 世界不同国家服务业增加值和服务贸易占GDP的比重

数据来源：世界银行

一国服务业的发展是服务贸易存在和发展的基础。根据服务业增加值占GDP的比重可以看出，一国服务业的发展状况，不同国家和地区差别较大。根据世界银行的数据，服务业不发达的低收入国家服务贸易占GDP的比重并不比发达国家低。发展中国家在旅游运输建筑等行业占据有相对的优势，而发达国家在金融、保险、计算机信息服务等高附加值行业有绝对的优势。我国作为发展中国家，在保险、金融、专有权利使用费和特许费等高附加值行业长期处于逆差，也说明了我国在这些行业的竞争力水平有待提高。相对于发达国家，发展中国家服务业发展还有巨大空间，没有服务业的发展和壮大，服务贸易的发展无异于无源之水。

在经济新常态下，服务业的发展对促进我国经济结构转型升级、优化外贸结构具有十分重要的意义。

（三）引进来与走出去

1. 提高利用外资的水平

1979—2014年，我国累计实际利用外资金额达到了15134亿美元，实际利用外资金额连续23年居发展中国家首位。2014年末年实际利用外资金额为1197亿美元，外资流入量首次超过美国，成为全球最大外资流入国。

吸收国外直接投资的目的无非是两个：一个是解决国内投资资金不足的问题，另外一个就是通过FDI给发展中国家带来先进的技术和管理经验。根据国家统计局的数据，2014年，我国金融机构各项存款余额为113.9万亿元，同期全社会资本形成额为29.5万亿元，从资本供给数量的角度来看，通过FDI来解决国内资金不足的问题已经不复存在。另外，关于吸收直接投资是否具有强大的外溢效应，已经有大量的文献进行了相关研究。国外文献关于技术溢出效应有不同的结论，大部分文献证实了FDI促进了东道国的技术进步，产生了正的溢出效应。也有部分文献得出截然相反的结论，认为国外直接投资抑制了东道国的技术进步。国内相关的文献也得出了不同的结论，有学者通过实证研究得出了FDI对国内企业劳动生产力的提高以及技术创新具有正的溢出效应，但是也有学者研究表明FDI的外溢效应并不显著。原小能、宋杰（2007）通过访问调查和问卷调查相结合的方法发现，外资企业为中国企业的研发活动、职工培训和生产管理水平的提高起了很大作用，但是水平技术转移的作用不明显。这表明，中国除了要加强学习能力之外，还需要加强自主创新能力，因为“随着中国企业与外资企业技术差距的缩小，不可能再依赖于外资企业转移较先进或者最新的技术”。

在技术外溢效应降低的同时，外资对我国国内投资的挤出效应也逐渐显现。杨柳勇和沈国良（2002）通过实证研究得出，从长期来讲，外商直接投资已经对我国国内投资产生了挤出效应，产生挤出效应的原因主要是因为外商投资产业结构与我国国内产业机构的相似度越来越高，此外，60%的外商投资分布在产品过剩的消费品行业，技术密集程度不高的加工企业占很大的比例，除了对国内企业形成了很大的竞争优势，产生了挤出效应之外，也不利于技术的外溢和产业链的延伸。关于外商投资对我国国内投资的挤出效应的研究文献有很多，国内学者从不同的角度进行了详细的分析。例如，李艳丽（2010年）通过改进的Agosin 和Mayer模型进行了实证研究，表明FDI对国内投资产生了挤出效应，但是具体到国内不同的地区，产生的效应会有区别，如对东部地区和西部地区是挤出效应，但是对中部地区则是挤入效应。实证研究表明，我国利用外资已经超越了追求规模的阶段，引进外资要注重质量的提升，有利于前向和后向的产业带动。

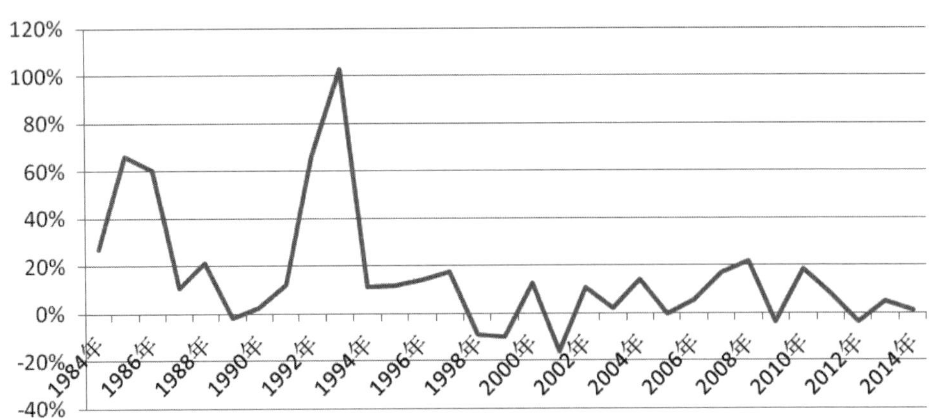

图16　我国实际利用外资金额增长率

数据来源：商务部数据统计

随着外商投资的技术外溢效应不断降低，更加凸显了创新驱动经济发展的重要性。此外，在不断引进外资的过程中，地方政府低价出售土地使用权以及环境恶化等社会成本逐渐显现。我国外资流入的速度在逐渐放缓，虽然外资存量在不断增加，但外资流量的增长率在逐渐下降。在经过了90年代的高增长之后，实际利用外资额的增长率在逐渐降低，2014年实际利用外资增长率降到了1.7%。

外商投资的产业结构也在不断调整。对比2003年和2013年外商投资金额的行业分布可以看出，2003年，外商直接投资行业集中度非常高，70%左右的投资金额是制造行业。制造业是属于单项投资规模较小的行业，外商在劳动密集型行业的投资也较多。2013年，制造业外商投资占据了外商投资金额的38.7%，比2003年有明显下降。投资行业集中度下降，服务业投资明显增加。据商务部发言人沈丹阳的报告称，2014年服务业吸收外商投资进一步增加，金额为662.3亿美元，占比达到55.4%，高出制造业22个百分点。根据表5可以看出，外商投资的行业分布已经有很大的优化，但是制造业和房地产业两个行业占据了外商直接投资金额的63%。

经济新常态下，要素成本不断上升，产业升级的政策以及对诸多优惠政策的取消，会进一步抑制资源依赖和劳动密集型外资的流入，创新驱动型社会对于引入技术密集型外资企业有利，外资的流入对于结构优化和产业升级要起到推动作用。

表 5 外商投资金额主要行业分布情况

2013年		排序	2003年	
38.7%	制造业	1	制造业	69.0%
24.5%	房地产业	2	房地产业	9.8%
9.8%	批发和零售业	3	电力燃气和水	2.4%
8.8%	租赁和商务服务业	4	农林牧副渔	1.9%
3.6%	交通运输仓储和邮政	5	交通运输仓储和邮政	1.6%
2.4%	信息传输计算机和软件	6	建筑业	1.1%
2.3%	科研技术服务和地质勘查	7	采矿业	0.6%
2.1%	电力燃气和水	8	金融业	0.4%
2.0%	金融业	9	其他	
1.5%	农林牧副渔	10		
1.0%	建筑业	11		

2. 继续扩大对外投资并组建中国国际化生产经营网络

外商投资规模不断扩大的同时，我国对境外投资规模也在不断扩大，特别是近十多年来对境外投资额迅速增加。2003年我国对境外投资净额为28.5亿美元，累计对外投资净额（存量）为332亿美元。2013年对外投资净额为1078.4亿美元，累计对外投资净额（存量）为6604.8亿美元，分别是2003年的38倍和20倍。

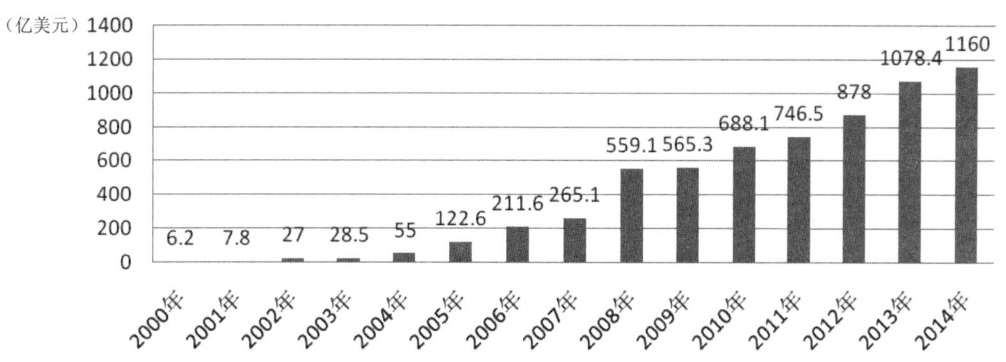

图17 2000—2014年我国境外投资净额

数据来源：根据国家统计局网站和历年中国对外直接投资公报数据整理

鼓励对外投资是我国实施走出去战略的重要步骤，经济新常态背景下，对外投资战略的意义更加重大。中国制造业在国际上的优势来自于其大量廉价劳动力的供给，随着劳动力成本的上升和国内资本回报率的降低，中国制造业在全球价值链的空间不断被挤压。中国对外投资的两个方向：一个是对外的产业转移，寻求成本更低的制造业基地；另外一个就是通过对海外企业的投资并购，实现对国外先进技术、管理经验和销售网络等资源的获取，以促进国内的技术创新和产业升级，并向价值链的高端发展。从国内情况来看，由于多年的国际收支顺差，我国积累了大量的外汇储备，为对外投资提供了足够的外汇支撑。此外国内企业的实力不断增强，2014年世界500强企业前十名有3个中国企业，前100名有16个中国企业，前500名有91家，不断成长的中国企业成为中国对外投资的支撑力量。

通过图17可以看出来，2008年之后，我国对外投资规模增长很快。2008年到2013年的6年之中，对外投资净额之和为4515.4亿美元，占对外投资存量的68.4%。也就是说，自从90年代开始鼓励海外投资之后，我国对外投资存量的三分之二是最近6年创造的。危机之后国内国际经济状况造成了我国对外投资井喷式的增长。

在投资规模不断扩大的同时，我国对外投资的结构也具有自身的特点。我国对外投资行业以采矿业和服务业为主。2003年，对采矿业的投资占对外投资净额的48%，其次是制造业，比重为22%。采矿、制造、批发零售、商务服务四个行业的投资占了当年对外投资额的93%，行业集中度非常高。2013年，对外投资份额最大的是租赁和商务服务，比重为25%；采矿业比重下降，位居第二，为23%；金融业对外投资份额位居第三，为14%；值得关注的是制造业的份额下降为7%，位居第五。对外投资的行业集中度开始下降，对外投资的行业结构仍然具有如下的特点：首先，单项投资额较低的商务服务、建筑、制造业和批发零售业投资额占对外投资净额的50%。其次，我国对外投资的重点并不是我国具有优势的制造业，而是采矿业和服务业。对外制造业投资的薄弱反映我国制造业缺乏核心技术和产权的现实，我国在国际产业链上占据的是制造加工环节，我们的弱势是上游的研发和要素资源以及下游的销售网络，大规模投资境外采矿业与我国突破要素限制的能源战略有关，而服务业的投资，一方面是因为商务服务等行业所需要的单项投资金额较小，另一方面则顺应了全球经济结构演变的趋势。金融危机过后，一些优质的海外企业由于资金链的困境，给我国企业提供了海外投资并购的机会。跨国并购越来越成为我国对外投资的重要方式。根据2014年中国对外投资合作发展报告的数据，2013年跨国并购项目多达424起，直接投资交易金额337.9亿美元，占当年对外直接投资净额的31%。特别是中国企业对欧美市场的投资并购，有利于获取技术、管理、品牌、供应链、销售网络，营销团队等宝贵的战略资产，正是我国企业进行全球价值链拓展的重要方式。

表6　我国境外投资净额主要行业投资比重

2013年		顺序	2003年	
投资比重	行业		行业	投资比重
25%	租赁和商务服务	1	采矿业	48%
23%	采矿业	2	制造业	22%
14%	金融业	3	批发和零售	13%
14%	批发和零售业	4	租赁和商务服务业	10%
7%	制造业	5	交通运输和仓储	3%
4%	建筑业	6	农林渔牧	3%
4%	房地产业	7	建筑	1%
3%	交通运输业	8	电力煤气水	1%
7%	其他	9	–	–

数据来源：中国对外直接投资统计公报

我国在继续扩大对外投资规模的同时，境外投资的重点是改善投资的结构和方式，继续鼓励和培养一批具有国际竞争力和产业链整合能力的跨国企业并形成全球供应链体系，通过投资并购建设国际营销网络。在互利共赢的基础上促进国内经济结构调整和产业升级。

3.　以“一带一路”建设为契机进一步推动对外投资

“一带一路”建设是我国睦邻友好、互利共赢的对外经贸政策的体现，这个合作倡议的推出带动了我国和沿线国家相互投资的深入发展。

“一带一路”沿线横贯亚非欧，大部分是新兴和发展中经济体。沿线涉及65个国家和地区。据商务部的数据，“一带一路”沿线国家和地区覆盖人口44亿，占世界人口的63%，经济规模达到21万亿美元，占世界经济规模的比重为29%。加强与“一带一路”沿线国家经济贸易往来，推动与沿线国家的相互投资对于我国经济转型升级有非常大的意义。

“一带一路”沿线国家和地区经济发展差异较大，情况各有不同。欧洲和亚洲之间广大的内陆腹地存在道路联通不畅，基础设施建设落后，等情况。发达国家和发展中国家都存在基础设施投资的巨大缺口。发达国家存在基础实施老化更新的需求，而发展中国家则存在基础设施落后的情况。据亚洲开发银行的数据，亚洲从2010到2020年中有8万亿美元的基础设施投资缺口，而中国在基础设施，建筑工程等领域存在成熟技术和充沛资金。原苏联解体后独立的很多国家产业结构单一，资源丰富，为我国全球能源战略投资和制造业转移提供了机会。欧洲国家先进的技术和品牌优势等资源为我国企业进行海外投资并购的重要目标。沿线国家在能源、基础设施建设、制造业等领域的合作潜力巨大。

自从提出“一带一路”倡议以来，双边投资已经取得了很大的进步和成果。据商务部发言人沈丹阳的报告称，2015年上半年，沿线国家对我国投资金额为36.7亿美元，设立投资企业948家，分别同比增长10.6%和4.2%。同时，我国对“一带一路”沿线国家的投资增长明显加快。1～6月份，我国对沿线48个国家投资70.5亿美元，比上年同期增长22%，占我国境外投资总额的15.3%。

在对“一带一路”沿线国家投资成效显著的同时，应该对存在的风险持谨慎态度。有些沿线国家和地区存在政治不稳定、经济转型、主权信用评级较低以及意识形态差异等问题，特别是一些地缘政治敏感地区可能产生的大国之间博弈都是需要考虑的问题。

面对可能存在的风险，需要从以下几个方面应对。首先是要提前做好风险调查与评估工作，建立安全防范与处理机制。在此过程中，政府要加强信息服务工作。此外，利用好海外咨询服机构的同时，要大力发展我国的海外咨询与服务工作。投资并购要采用多种方式相结合，独家投资、联合投资、股权投资等多种方式以分散风险。此外，还要在相关国家和地区做好宣传工作，以展示中国负责任大国的形象和中国企业的社会责任心。

参考文献

［1］白重恩，张琼．中国的资本回报率及其影响因素分析．世界经济2014（10）．

［2］胡小娟，辛丽萍，肖浩．进口贸易结构对中国工业结构升级的影响研究．首都经济贸易大学学报2014（6）．

［3］李艳丽．FDI对国内投资的挤入挤出效应——基于地区差异及资金来源结构视角的分析．经济学动态2010（10）．

［4］裴长洪．进口贸易结构与经济增长：规律与启示．经济研究2013（7）．

［5］裴长洪．经济新常态下中国扩大开放的绩效评价．经济研究2015（4）．

［6］裴长洪，郑文．中国开放型经济新体制的基本目标和主要特征．经济学动态2014（4）．

［7］裴长洪．全面提高开放型经济水平的理论探讨．中国工业经济2013（4）．

［8］任志成，戴翔．劳动力成本上升对出口企业转型升级的倒逼作用——基于中国工业企业　产业数据的实证研究．中国人口科学2015（2）．

[9] 杨柳勇，沈国良. 外商直接投资对国内投资的挤入挤出效应分析. 统计研究2002（3）.

[10] 原小能，宋杰. 外商直接投资企业的外溢效应：基于外资企业问卷调查的研究. 世界经济2007（12）.

（付彩芳，中国社会科学院研究院博士研究生。裴长洪，中国社会科学院经济研究所所长）

走向“十三五”：适应经济发展新常态的财税改革与发展

□ 高培勇　汪德华

［摘要］本文立足于经济发展新常态的客观背景，分析了“十三五”时期财税体制改革的形势和任务，并提出了若干领域的改革和发展政策。本文指出，“十三五”时期财税改革和发展的主要任务有：全面落实十八届五中全会布局的深化财税体制改革；积极应对进入新常态的财政收支形势；加大全口径预算管理的力度，实现国家治理现代化；调整财政收入结构，使其具备现代财政制度的特点；理顺中央与地方财政关系。为此，要加大预算制度改革及财政支出结构调整力度，确保新《预算法》及各项改革任务的有效落实；加强公开透明、绩效导向对预算改革的推动作用；强化四本预算的全口径控制，研究编制综合预算；研究编制资本与债务预算以防范财政风险；调整支出结构，建立社会福利支出适度增长机制。在税收制度及政府收入体系改革领域，应科学设计、分步实施、协同推进“六税一法”改革；优化政府收入体系结构；推进税收法治化进程；构建税式支出制度，将税收优惠纳入预算管理范围。在财政体制改革领域，应合理划分事权和支出责任；以效率和公平为标准调整收入划分方案；优化转移支付结构与管理，逐步法治化；出台完善省以下财政体制的指导性意见。

［关键词］财税改革　预算改革　财政体制

作为中国经济发展步入新常态之后的第一个五年规划，“十三五”时期的财税改革与发展，对于加快形成适应经济发展新常态的经济发展方式，建成高质量的小康社会，为实现第二个百年目标奠定更为牢靠的基础，具有极其重要的意义。为此，我们必须准确把握经济发展新常态下的财税运行规律，全面而适时地调整以往习以为常的理念、思维和做法，以与以往大不相同的理念、思维和做法推动中国财税改革与发展的进程。

一、“十二五”规划执行情况：一个简要梳理

“十二五”时期（2011—2015年），恰逢中共十八大、十八届三中全会、十八届

四中全会、十八届五中全会先后召开。这几次重要会议，对于财税体制改革均有相关甚至是系统的部署。因而，“十二五”时期的财税体制改革，除了“十二五”规划的约束之外，还受到中共十八大、十八届三中全会、十八届四中全会、十八届五中全会的深度影响。特别是十八届三中全会《关于全面深化改革若干重大问题的决定》（以下简称《决定》），在将财政定位为“国家治理的基础和重要支柱”的同时，对财税体制改革从更高的层次、更广的视角进行布局，有力推动了“十二五”时期的财税体制改革。

随着十八届三中全会《决定》对于财税体制改革做出系统部署，“十二五”规划有关财税体制改革的基本思路和具体内容发生了一些重要变化。如表1的A部分所示，“十二五”规划所要求的，全口径预算管理、中央对地方转移支付制度、省直管县财政管理制度改革、地方政府自行发债制度、预算编制和执行管理制度、预算公开、政府财务报告制度、营业税改征增值税、消费税改革等，均已经或将在2015年年底前实施。可以看到，多项改革均是在十八届三中全会《决定》公布之后加速推进的。

表1 “十二五”规划财税体制改革执行情况一览表

A. 已完成或基本完成的“十二五”规划改革要求		
“十二五”规划要求	十八届三中全会要求	执行情况
实行全口径预算管理，完善公共财政预算，细化政府性基金预算，健全国有资本经营预算，在完善社会保险基金预算基础上研究编制社会保障预算，建立健全有机衔接的政府预算体系	实施全面规范、公开透明的预算制度	2010年，政府性基金预算、国有资本经营预算首次列入全国人民代表大会审议和表决程序；2013年全国社会保险基金预算提交全国人大审议。2014年，新《预算法》以及国务院关于预算改革的文件，进一步细化了全口径预算改革的要求，自2015年开始实施。（新《预算法》、国发〔2014〕45号《关于深化预算管理制度改革的决定》、财法〔2014〕10号、财预〔2014〕368号）
增加一般性特别是均衡性转移支付规模和比例，调减和规范专项转移支付	完善一般性转移支付增长机制。清理、整合、规范专项转移支付项目	改革方案和文件于2014年公布，2015年启动改革（新《预算法》、国发〔2014〕71号《关于改革和完善中央对地方转移支付制度的意见》）
推进省以下财政体制改革，稳步推进省直管县财政管理制度改革	优化行政区划设置，有条件的地方探索推进省直接管理县（市）体制改革	财政省直管县改革已基本完成，部分地区（如新疆等地）未实施
建立健全地方政府债务管理体系，探索建立地方政府发行债券制度	允许地方政府发债。建立规范合理的中央和地方政府债务管理及风险预警机制	改革方案和文件2014年公布，2015年启动改革（新《预算法》、国发〔2014〕43号《关于加强地方政府性债务管理的意见》、财预〔2014〕351号）

续表

完善预算编制和执行管理制度，强化预算支出约束和预算执行监督，健全预算公开机制，增强预算透明度	实施全面规范、公开透明的预算制度。审核预算的重点由平衡状态、赤字规模向支出预算和政策拓展	预算公开透明、推动预算绩效管理有明显进步。预算外资金已取消。出台多份文件要求加强财政支出预算执行管理以及盘活财政存量资金。十八届三中全会《决定》提出的改革思路较"十二五"规划有所拓展。相关改革方案和文件2014年公布，2015年启动改革（新《预算法》、国发〔2014〕45号、财法〔2014〕10号文、财预〔2014〕368号）
进一步推进政府会计改革，逐步建立政府财务报告制度	建立权责发生制的政府综合财务报告制度	2014年已公布改革方案，2015年启动改革（新《预算法》、国发〔2014〕63号《关于批转财政部权责发生制政府综合财务报告制度改革方案的通知》）
扩大增值税征收范围，相应调减营业税等税收	推进增值税改革，适当简化税率	2012年上海市启动"营改增"试点，其后覆盖地域和范围不断扩大，预计2015年完成改革
合理调整消费税征收范围、税率结构和征税环节	调整消费税征收范围、环节、税率。	2014年已开始调整消费税征收范围和税率结构的改革，预计2015年还将继续调整。征税环节尚未调整
深化部门预算、国库集中收付、政府采购及国债管理制度改革	—	《决定》中未再强调。2015年之前已启动部分零星改革。新《预算法》涉及此项改革任务，相关改革方案2014年已公布，2015年开始实施（新《预算法》、国发〔2014〕45号）
B. 尚未完成的"十二五"规划改革要求		
"十二五"规划要求	十八届三中全会要求	执行情况
在合理界定事权基础上，进一步理顺各级政府间财政分配关系，完善分税制	建立事权和支出责任相适应的制度，适度加强中央事权和支出责任。保持现有中央和地方财力格局总体稳定，进一步理顺中央和地方收入划分	《决定》明确了事权和支出责任划分的思路和方向，指出了中央地方财力划分的基本原则，具体方案尚在研究中，预计将在"十三五"时期公布
逐步建立健全综合与分类相结合的个人所得税制度，完善个人所得税征管机制	逐步建立综合与分类相结合的个人所得税制	未公布所得税改革方案。《税收征管法》修订工作正在进行中
研究推进房地产税改革	加快房地产税立法并适时推进改革	正在研究中
逐步健全地方税体系，赋予省级政府适当税政管理权限	深化税收制度改革，完善地方税体系	《决定》中的改革思路与"十二五"规划要求略有差异，目前未启动

续表

C. 十八届三中全会《决定》提出的新改革要求	
新改革要求	执行情况
建立跨年度预算平衡机制	相关改革方案已公布，正在实施。（新《预算法》、国发〔2014〕45号文、国发〔2015〕3号文《关于实行中期财政规划管理的意见》）
清理规范重点支出同财政收支增幅或生产总值挂钩事项，一般不采取挂钩方式	相关改革文件已公布，正在实施。（新《预算法》、国发〔2014〕45号文）
按照统一税制、公平税负、促进公平竞争的原则，加强对税收优惠特别是区域税收优惠政策的规范管理	相关改革文件已公布，正在实施。（新《预算法》、国发〔2014〕45号文、国发〔2014〕62号文《关于清理规范税收等优惠政策的通知》）
完善国税、地税征管体制	改革方案尚未公布
逐步提高直接税比重	参见个人所得税、房产税改革

资料来源：根据“十二五”规划、十八届三中全会《决定》以及财政部网站相关资料整理所得。

也可以看到，一些改革项目的推进并不尽如人意。如表1的B部分所示，“进一步理顺各级政府间财政分配关系，完善分税制”、个人所得税改革、研究推进房地产税改革、“逐步健全地方税体系，赋予省级政府适当税政管理权限”四项改革，均在十八届三中全会《决定》中得以再强调。但迄今为止，尚未见到相关改革文件，预计到2015年年底前难以完成改革任务。

与此同时，如表1的C部分所示，建立跨年度预算平衡机制、清理规范重点支出挂钩事宜、清理规范税收优惠政策、完善国地税征管体制、逐步提高直接税比重五项改革任务，在“十二五”规划中未见提及，系十八届三中全会《决定》提出的新的改革任务。其中前三项在新《预算法》实施后将实质性的启动改革，国务院以及财政部也已专门出台文件布置相关工作。

总体看来，“十二五”规划所安排改革任务的执行情况，受到十八届三中全会《决定》的深度影响，其中主要任务将能够如期完成。从表1可见，在十八届三中全会召开之后，财税体制改革全面加速。2015年开始实施的新《预算法》解决了多年来困扰财税体制的若干重大问题，国务院也已出台多项文件推动改革。已经启动或已完成的多项“十二五”规划列入的财税改革任务，大部分是在十八届三中全会之后实现。“十二五”规划要求但尚未完成的几项改革，也在《决定》中得以强调。

可以预期，在“十二五”规划的基础上，“十三五”时期的财税体制改革还将受到《决定》的深度影响，成为“十三五”时期全面深化改革总棋局中的重要内容。

二、“十三五”时期财税体制改革的形势与任务

（一）“十三五”时期财税体制改革面临的形势

1. 十八届三中全会布局的新一轮财税体制改革

2014年6月，中共中央政治局通过了《深化财税体制改革总体方案》（以下简称《总体方案》）。按《总体方案》要求，2016年基本完成深化财税体制改革的重点工作和任务，2020年各项改革基本到位，现代财政制度基本建立。《总体方案》设定的改革时间表，恰好贯穿“十三五”时期始终。由此可见，完成十八届三中全会布局的新一轮财税体制改革任务，实现现代财政制度基本建立的改革目标，将是“十三五”时期财税改革的中心工作。

需要注意的是，《总体方案》所描绘的新一轮财税体制改革，其影响力、涉及面、复杂性都超过以往的历次财税改革。概括起来讲，新一轮财税体制改革，是经济发展步入“新常态”、致力于匹配国家治理现代化进程、立足于发挥国家治理的基础性和支撑性作用、以建立现代财政制度为标识的财税改革（高培勇，2014）。[①]新一轮财税体制改革的这些特点，要求在“十三五”时期树立推进改革的新思维，处理好财政与国家治理体系建设、财政与经济、继承与创新等方面的关系。

2. 财政收支形势进入新常态

“十三五”时期，一般公共预算收入增速已进入个位数时代，全口径财政收入增长态势均不容乐观，而财政支出需求将继续增长，支出刚性份额继续增加。财政收支的紧张态势，将是我国长期面临的新常态之一，也是“十三五”时期财税体制改革面临的重要约束条件。这一方面将为“十三五”时期推进财税体制改革带来压力，另一方面也要求将增强财政长期可持续性作为改革的重要目标。

在“十二五”时期，尽管国际金融危机的阴霾始终未能散去，但2010年和2011年我国的税收收入增长速度依然超过20%。不过，从2012年起，税收收入增速逐步下滑到个位数。采用税种分解的思路分析2010年、2011年两年税收高速增长的原因，可以发现，在中央层面，是进出口环节的税收超速增长。在地方层面，则是房地产相关税收的超速增长。与企业生产经营密切相关的主体税种如增值税、企业所得税等，对税收收入超速增长所起作用微乎其微。在一定程度上，这两年税收的高速增长，可视作

---

① 高培勇：《论国家治理现代化框架下的财政基础理论建设》，《中国社会科学》2014年第12期。

2009年经济刺激计划的副产品。这意味着。2008年之前依赖于增值税等主体税种高速增长的我国财政收入增长动力机制，已经发生改变。

展望“十三五”时期，经济转向中高速增长将导致财政收入较低增长常态化，财政收入对GDP的弹性系数将回归 1 左右，财政收入增长将与GDP现价增速大体同步。与此同时，受房地产供需形势变化的影响，土地出让收入可能下滑；受经济增速的影响，其他类政府性基金收入增长也不容乐观；社会保险缴费收入增速下降，2014年已出现缴费收入低于养老金支出需要，且年度缺口将不断加大。总体上看，全口径财政收入的各组成项增长态势均不容乐观，土地出让收入可能会大幅下滑。

从国际经验看，财政支出随着经济社会的发展进步呈刚性增长态势。在经济增速下降区间，反而有财政支出不断膨胀、财政收支矛盾加剧的趋势。“十三五”时期，我国经济增速进入中高速平台，但财政支出的各方面需求将越来越强劲，其中与个人直接相关的刚性支出份额将继续增加。为保障和改善民生、推动经济发展方式转变、支持城镇化健康发展、应对人口老龄化挑战、深入推进体制改革等，都要求加大财政投入力度。其中，“保工资、保运转”支出、与居民利益直接相关的社会福利性支出，都属于刚性支出份额，无法消减。2013年，教育、社会保障与就业、医疗卫生三项社会福利性支出达4.47万亿，占全国公共财政支出比重的32%。“十三五”时期，受人口老龄化以及社会保障事业发展的影响，这部分支出的份额还将继续增加。

十八届五中全会公报指出，到2020年全面建成小康社会，是我们党确定的“两个一百年”奋斗目标的第一个百年奋斗目标。“十三五”时期是全面建成小康社会决胜阶段，“十三五”规划必须紧紧围绕实现这个奋斗目标来制定。”[①]为实现“全面建成小康社会”战略目标，需要在脱贫攻坚、加大老少边穷地区转移支付力度、普及高中教育、贫困学生救助、城乡一体化发展、现代农业、创新发展、绿色发展，以“全民参保”为目标的社会保障事业发展等诸多领域加大财政投入。如果财政收入形势难以有效改善，则“十三五”时期的财政收支矛盾将更为突出。为此，加大财政支出结构调整力度，减少无效支出的改革更为急迫。

3. 全口径预算管理的力度与国家治理现代化的要求

国家治理的现代化，需要将政府所有收支纳入预算管理，通过预算程序使人民代表机构能全面控制政府收支总量、结构和政策。只有实现预算体系的完整统一，才能全面反映政府对公民的受托责任。当前我国已建立起以一般公共预算、政府性基金预算、社会保险基金预算、国有资本经营预算四本预算，全面反映政府收支的全口径预

① http：//news.xinhuanet.com/fortune/2015-10/29/c_1116983078.htm

算管理制度。新《预算法》也已确认了改革成果，并提出了加强四本预算之间统筹力度的法律要求。这些改革从财政层面奠定了法治政府的基础，但着眼长远，似还有进一步改革的空间。

如表2所示，2013年中国全口径财政收入占GDP的比重已达33.1%，税收在全口径财政收入中的比重仅为59%。除税收外，在一般公共预算中还有非税收入占比为10%，此外还有政府性基金收入占比为5.86%、土地出让收入占比为10.65%、社保基金缴费收入占比为13.68%、国有资本经营预算收入占比为0.88%。这些均是全口径财政收入的组成项。

表2　2013年中国全口径财政收入规模及结构

项目	金额（亿元）	占全口径收入比重	占GDP比重
一般公共预算收入	129142.90	68.92%	22.81%
其中：税收	110497.33	58.97%	19.52%
政府性基金收入	10989.09	5.86%	1.94%
扣除征地和拆迁补偿后的土地出让收入（地方）	19952.27	10.65%	3.52%
社保基金缴费收入（地方）	25638	13.68%	4.53%
国有资本经营预算收入	1651.36	0.88%	0.29%
全口径财政收入	187373.62	100.00%	33.10%

资料来源：根据《财政统计摘要2014》提供的原始数据整理所得。其中社保基金缴费收入不包含居民养老基金缴费收入以及居民医疗基金缴费收入，具体数据来自http：//www.mof.gov.cn/zhengwuxinxi/caizhengxinwen/201410/t20141010_1147665.html。

现有的全口径预算管理制度，已经基本实现将所有政府收支的总量，以四本预算的方式在人民代表大会上全面反映。但从国家治理现代化的要求来看，应实现各级人民代表大会在立法层面对同级政府所有收支的“全口径”控制，即财政统一。这就是说，所有政府收支都必须纳入“公共”轨道，由立法机构按照统一的制度规范审查和批准，政府的活动及其相应的收支才具备合法性。即使退一步，也应实现由财税部门代表政府在行政层面对所有政府收支实行“全口径”管理，按照统一的制度规范行使管理权和监督权。这是实现立法层面“全口径预算管理”的重要基础（高培勇，2009）。①

① 高培勇主编：《实行全口径预算管理》（中国财政政策报告2008/2009），中国财政经济出版社2009年版。

按照“全口径控制”这一标准，我国的全口径预算管理无论是立法层面，还是行政层面均尚未实现。即便是新《预算法》，“将所有政府收支纳入预算”仍局限于理念层面，而尚未推进到包括所有政府收支的实践层面。预算管理程序改革的重点，主要集中在占全口径预算收入比重仅为69%的一般公共预算。即使是这一部分，以支出挂钩、专项资金等形式存在的支出碎片化现象也很严重。更何况大量的政府性基金为收支部门所控制，既未实现立法层面的全口径控制，也未有在行政层面全口径统筹的具体安排。这不能不说是一个极大的缺憾。

十八届三中全会《决定》以及新《预算法》所启动的改革，强化了不同预算之间的统筹，有助于缓解支出碎片化现象。但从“全口径控制”标准着眼，四本预算是否可以简化合并，其相互之间应当是什么关系，需要进一步研究。

4. 财政收入结构尚不具备现代财政制度的特点

在现代财政制度中，税收应是政府取得财政收入的主要形式。税收制度反映国家与纳税人之间的经济关系，税收制度应具备公平统一、依法运行、结构合理、调节有力等特点。在当前我国经济发展新常态的背景下，特别需要税收制度在收入分配、节能环保等方面发挥经济调节功能。对照这一要求，一方面如表1所示，税收在全口径财政收入中的比重还较低；另一方面，税收制度本身、全口径财政收入体系的经济调节功能也非常不足。税收法治、构建公平统一的税收环境等方面缺陷明显。

仅就由18个税种所组成的现行税制体系而言（高培勇，2013），其中直接税占比仅25%左右，而间接税占比高达75%；93%的税收收入由企业缴纳，来自居民缴纳的税收收入占比很低；针对居民个人征收的财产税尚属“空白”。[①] 这表明，中国现行税制缺乏调节收入分配的手段。同时环境税尚未出台，资源税税率偏低；而以经济调节为主要功能的特别消费税，征收范围较窄，征收环节单一，税率结构欠优化等问题，也使其在节能环保、收入分配方面的调节作用较弱。

如按全口径财政收入来考察，如表3所示，我国对所得和收入征税的比重远低于若干大国以及OECD成员国平均值；对商品和劳务征税比重高于对照国家；社会保障税费低于部分对照国家；对财产征税反而高于对照国家。可以看出，大国之间的税制结构虽有所差异，但也存在一般规律。我国的社会保障税费比重低，反映社会保障事业发展不足。所得或收入征税属于能起调节收入分配功能的直接税，我国的比重偏低，反映税制体系调节收入分配功能不足。我国的土地出让收入实质上是由购房人承担，因此从筹集收入的角度看与房产税类似。但与发达国家保有环节的房产税相比，我国

---

① 高培勇：《以税收改革奠基收入分配制度改革》，《经济研究》2013年第3期。

的土地出让收入反而恶化了收入分配。越是低收入人群，在房价不断上涨的背景下，无论是以相对值还是单位绝对值衡量，其承担的实际税负反而更高。因此，我国加上土地出让纯收入后的对财政征税比重高，并非有利于调节收入分配，反而是恶化了收入分配。

表3 2012年若干大国全口径财政收入结构 （单位：%）

国家	所得或收入征税		商品和劳务征税		社会保障税费及工薪税		财产征税	
	占总收入比重	占GDP比重	占总收入比重	占GDP比重	占总收入比重	占GDP比重	占总收入比重	占GDP比重
美国	47.9	11.7	17.9	4.4	22.3	5.4	11.8	2.9
德国	30.4	11.1	28.8	10.4	38.3	13.9	2.4	0.9
墨西哥	26.3	5.2	54.5	10.7	16.5	3.2	1.5	0.3
法国	23.7	10.4	28.8	10.8	40.6	17.9	8.5	3.8
英国	35.6	11.8	32.9	10.9	19.1	6.3	11.9	3.9
韩国	29.9	7.4	31.2	7.7	25.0	6.2	10.6	2.6
日本	31.1	9.2	18.0	5.3	41.6	12.3	9.1	2.7
OECD（平均）	33.6	11.4	33.2	10.8	27.3	9.4	5.5	1.8
中国	17.2	5.7	42.48	14.05	13.7	4.5	14.04	4.6

资料来源：OECD成员国数据来自于OECD（2014）：Revenue Statistics 2014。中国数据为2013年数据，基础数据来源同表1。其中，中国的所得和收入征税包括个人所得税、企业所得税、土地增值税；商品和劳务征税包括增值税、消费税、进口货物增值税和消费税（扣除出口退税）、营业税、城建税、资源税、关税、烟叶税、非税收入中的专项收入、政府性基金收入（不包含土地出入收入）；财产征税包括房产税、车船税、车辆购置税、城镇土地使用税、扣除征地和拆迁后的土地出让收入；社会保障税费及工薪税即表1中的城镇职工五项社会保险的缴费收入。

税收优惠政策也是发挥税制体系经济调节功能的重要手段。但在我国，区域性税收优惠政策、行业性税收优惠政策繁多，制定这些政策的目的也并非仅是促进公平、促进创新、节能环保等，更多的是区域之间、产业之间竞相比拼的结果。除正式税制体系中的税收优惠政策之外，一些地方政府和财税部门还通过税收返还、财政补贴等方式变相减免税，制造“税收洼地”。这些问题的存在，不仅没有发挥有益的经济调节功能，反而严重影响了公平统一的市场环境。

5. 中央与地方财政关系有待理顺

处理好中央地方关系，是我国国家治理现代化进程的关键问题。财政关系是中央地方关系的基础，也是历史上调节中央地方关系的主要手段。1994年分税制改革改变了中央地方的财力分配关系，近些年来引起社会的广泛讨论，通俗的说法是“中央事少钱多，地方钱少事多”。但如果以大国横向比较的视角来分析，中国的情况应当是“中央钱不多，事太少”。事权划分及支出责任的分配领域的改革滞后，导致政府职能行使不畅，转移支付比重过大、管理混乱。

如表4所示，法国、英国、韩国是单一制国家，美国、德国、墨西哥是联邦制国家，但各国2012年中央政府的财政收入比重均超过50%，而中国2012年中央政府公共财政收入占全国的比重仅为47.91%。在中央政府财政支出比重方面，其他国家中央支出比重均超过50%，远高于中国的14.9%。以中央地方政府债务余额比重来观察，我国地方债务余额占GDP比重为20.64%，高于中央的15.3%。总体上看，虽然中国是单一制国家，但无论是中央地方财政收入的划分，还是支出的划分，政府债务余额的分布，都更接近于联邦制国家，甚至比联邦制国家更为分权。如将一般公共预算收支以外的政府收支加入考察，这一问题更为严重。

表4　2012年若干大国中央地方财政收支、转移支付和债务数据　（单位：%）

国家	中央收入占总收入比重	中央支出占总支出比重	中央转移支付占总支出比重	中央债务余额占GDP比重	地方债务余额占GDP比重
美国	54.63	52.84	7.37	81.04	22.94
德国	64.55	60.92	3.52	56.99	32.25
墨西哥	83.98	56.22	21.77	–	–
法国	84.16	79.82	5.43	103.77	10.12
英国	90.76	74.35	14.6	99.33	5.94
韩国	82.42	58.72	19.08	36.43	1.23
中国	47.91	14.9	36.01	15.3	20.64

资料来源：中国数据系采用《财政统计摘要2014》以及国家审计署2013年第32号公告《全国政府性债务审计结果》中原始数据计算所得。其中地方政府债务是将政府承担担保责任、可能承担救助责任债务折算后，与政府承担偿还责任债务加总所得。其他国家数据来自于OECD国家财政分权数据库，http：//www.oecd.org/ctp/federalism /oecdfiscaldecentralisationdatabase.htm。

如将政府职能划分为维护市场统一的政府基本职能、社会福利职能、促进经济发展职能，则在现代发达国家，司法、市场监管等政府基本职能侧重于上级政府，社会福利职能视管理信息复杂性有所不同，但大部分也集中在中央，经济发展职能则侧重于地方。但即使与分权度较高的联邦制国家相比较，我国政府间财政关系的突出特点是中央负责的事务太少，基本沿袭由中央掌握决策权，事务的具体执行权及支出责任由地方承担的分权模式。其根源是1994年的分税制改革及其后的改革，基本未涉及事权划分的改革；2003年以来多项重大民生福利项目的出台，政府事权划分采取一事一议的方式处理，维系过去的分权模式。由此带来的一个问题是我国中央政府转移支付占全国财政总支出的比重远高于其他国家，达到36.01%（见表4）。转移支付的制度设计也存在问题。具有均等化功能的一般性转移支付规模偏小，指定用途的专项转移支付比重高、项目繁多、交叉重复，导致中央部委过多干预地方事权，地方财政自主权下降。

（二）“十三五”时期财税体制改革的主要任务

“十三五”时期的深化财税体制改革，是实现“完善和发展中国特色社会主义制度、推进国家治理体系和治理能力现代化”这一全面深化改革总目标的关键环节。按照十八届五中全会的部署，在“十三五”时期，要通过深化财税体制改革，“建立健全有利于转变经济发展方式、形成全国统一市场、促进社会公平正义的现代财政制度，建立税种科学、结构优化、法律健全、规范公平、 征管高效的税收制度。建立事权和支出责任相适应的制度，适度加强中央事权和支出责任。调动各方面积极性，考虑税种属性，进一步理顺中央和地方收入划分。建立全面规范、公开透明预算制度，完善政府预算体系，实施跨年度预算平衡机制和中期财政规划管理。建立规范的地方政府举债融资体制。健全优先使用创新产品、 绿色产品的政府采购政策”。

应当看到，这不是可以轻松完成的任务。为此，需要全面贯彻落实党的十八大和十八届三中、十八届四中、十八届五中全会精神，坚持处理好政府与市场的关系、发挥中央和地方两个积极性、兼顾效率和公平、统筹当前利益和长远利益、总体设计与分步实施、协同推进各项改革的基本原则，按照“完善立法、明确事权、改革税制、稳定税负、透明预算、提高效率”的思路，积极进取、稳步推进改革。

具体而言，改革的主要任务包括三个方面：其一，改进预算管理制度，加快建立全面规范、公开透明的现代预算制度。包括统筹各方力量，确保新《预算法》及各项相关改革的顺利实施；顺应国家治理现代化的新要求，研究进一步理顺预算管理体系的方案；重视社会福利性支出的预算管理，提升财政可持续性。其二，完善税收制度，建立有利于科学发展、社会公平、市场统一的税收制度体系。包括确保及时、平稳、高效完成《决定》提出的税制改革任务，提高税收的经济调节功能；坚持全口径管理思维，将非税收入纳入改革视野，清费正税，使政府收入结构逐步与成熟市场经济国家接轨。其三，调整中央和地方政府间财政关系，构建有利于发挥中央和地方两个积极性的财政体制新格局。包括合理划分中央地方事权和支出责任，以效率和公平为标准调整收入划分方案，优化转移支付结构与管理，逐步实现中央和地方财政关系的法治化。

三、预算制度改革及财政支出结构调整

预算制度改革是新一轮财税体制改革的重点和基石，也是十八届三中全会之后推进速度最快的一项改革。到目前为止，新《预算法》已于2015年开始实施，国务院已颁布多份文件推动改革与新《预算法》的实施。“十三五”时期，首先要统筹各方力量，确保新《预算法》及各项相关改革的顺利实施；其次要顺应国家治理现代化的新要求，研究进一步理顺预算管理体系，弥补新《预算法》的缺憾；最后是重视社会福利性支出的预算管理，提升经济发展新常态下的财政可持续性。

1. 确保新《预算法》及各项改革任务的有效落实

“十三五”时期，预算管理领域首要的改革任务是落实十八届三中全会相关决定，确保新《预算法》及相关各项改革措施的有效实施，加快建立全面规范、公开透明的现代预算制度。按照新《预算法》以及已出台的国务院、财政部等各项文件，改革的任务主要包括：建立透明预算制度，除涉密信息外，所有政府、部门预决算，专项转移支付均应细化公开；完善政府预算体系，加大四本预算之间的统筹力度；清理规范重点支出挂钩制度，避免财政支出政策碎片化；改进年度预算控制方式，公共预算审核重点由平衡状态、赤字规模向支出预算和政策拓展，建立跨年度预算平衡机制，实行中期财政规划；完善转移支付制度，让一般性专项支付和专项转移支付归位，增加一般性转移支付比重；加强预算执行管理，盘活财政存量资金，提高财政资金效率；规范地方政府债务管理，防范和化解债务风险。

落实各项改革任务均涉及错综复杂的利益关系，是对各级政府和部门既有工作模式，乃至对既有国家治理模式的挑战。为克服改革遇到的阻力，需要明确改革的宏观思路。一是坚持顶层设计与基层试验相结合，在正确方向指导下激发各方改革活力；二是坚持问题导向思维，研究推出各项改革的具体政策措施；三是注重改革的协调性，明确预算改革与整体改革之间的协同关系，预算改革各项任务之间的逻辑顺序、主攻方向，确保各项改革形成合力；四是坚持整体推进和重点突破的改革思路，以重点突破带动整体推进，以整体推进支持重点突破。

推进各项改革的有效实施需要统筹各方力量。一是按照国家治理现代化的要求，强化人大预算管理能力，具体措施是适应新《预算法》的改革要求，增加人大预工委以及地方各级人大相关部门的人、财、物；二是要加强财政部门的宏观统筹力量，加强政策研究；三是加强审计部门的作用，发挥其在查找问题、独立分析、推进改革方面的独特优势。

2. 加强公开透明、绩效导向对预算改革的推动作用

透明预算以及强化预算管理的绩效导向，是《决定》以及新《预算法》确定

的重要改革方向。两者既是改革重点任务，又是其他各项预算改革的重要推动力。“十三五”时期，应将公开透明以及全过程预算绩效管理作为预算改革的抓手，利用其反作用力推动各项改革任务的落实。

“透明预算”是现代财政制度的一个重要特征，也是国家治理体系和治理能力现代化，推进依法治国，打造法治政府、阳光政府的题中应有之义。预算改革的目标是建立“全面规范、公开透明”的现代预算制度。不论是哪种政府收支，也不论是由哪一个部门或地区管理的政府收支，都要全面纳入预算管理，且都要按照公共收支的理念和规则加以管理。实现“透明预算”需要以预算公开为基础，公开透明的预算有助于全社会共同来查找发现问题，对各级政府和部门形成改革压力，进而有助于加快建立全面规范的预算管理制度。

“十三五”时期，打造“透明预算”的主要任务有：一是坚持全口径预算管理思维，制定包括四本预算在内的公开透明的时间表和路线图；二是细化政府预决算公开内容，除涉密信息外，政府预决算支出全部细化公开到功能分类的项级科目，专项转移支付预决算按项目、按地区公开；三是扩大部门预决算公开范围，细化部门预决算公开内容，中央和地方所有使用财政资金的部门均应公开本部门预决算，公开内容应细化到基本支出和项目支出；四是按经济分类公开政府预决算和部门预决算；五是积极推进各级政府债务公开，政府综合财务报告公开，预算绩效信息公开，财税政策与规章制度公开。

绩效导向是指以支出结果为导向的预算管理模式，是现代财政制度的发展方向。预算管理制度改革的根本目标是提升公共资金使用绩效。强化预算管理的绩效导向，既能推动政府部门不断改进服务水平和质量，又能暴露预算管理制度方方面面的问题。我国已推行全过程预算绩效管理制度，新《预算法》也提供了法律支持。“十三五”时期，应全面推进预算绩效管理，构建覆盖所有财政性资金，贯穿预算编制、执行、监督全过程，实现“预算编制有目标、预算执行有监控、预算完成有评价、评价结果有反馈、反馈结果有应用”目标的管理机制，以绩效问责倒逼改革。

3. 强化四本预算的全口径控制，研究编制综合预算

新《预算法》以及国发〔2014〕45号文等相关文件已要求，明确一般公共预算、政府性基金预算、国有资本经营预算、社会保险基金预算的收支范围，建立定位清晰、分工明确的政府预算体系，政府的收入和支出全部纳入预算管理。还要加大政府性基金预算、国有资本经营预算与一般公共预算的统筹力度，建立将政府性基金预算中应统筹使用的资金列入一般公共预算的机制，以及加大国有资本经营预算资金调入一般公共预算的力度。加强社会保险基金预算管理，做好基金结余的保值增值，在精算平衡的基础上实现社会保险基金预算的可持续运行。

“十三五”时期，应制定具体方案和切实措施，确保各级政府都能将上述改革要求落到实处。还应从强化所有政府收支全口径预算控制的目标出发，研究制定如何在现有四本预算的基础上简化合并，最终实现立法层次的统一控制。在现代发达国家，因社会保险基金管理上的特殊性，政府预算一般分为普通预算和社会保险基金预算两类，同时要编制全面反映政府收支状况的综合预算。鉴于现实国情，我国可分步推进、逐步实现这一目标：

其一是落实已出台改革政策的要求，加大政府性基金、国有资本经营预算统筹或调入到一般公共预算的力度。

其二是在现有框架下编制政府综合预算，全面反映政府的收支行为。

其三是将国有资本经营预算合并到一般公共预算，国有资本收益上缴比例不断提高，并全部纳入一般公共预算，国有资本所需支出从一般公共预算中安排。

其四是逐步清理政府性基金，逐步将各类政府性基金预算合并到一般公共预算。

其五是取消国有资本经营预算和政府性基金预算，形成一般公共预算加社会保险基金预算的“两本”预算体系，同时编制综合预算。

4. *研究编制资本与债务预算，防范财政风险*

规范地方政府债务管理，既是建设现代财政制度的重要组成部分，又与宏观经济、财政风险紧密相关，是“十三五”时期预算改革的重点和难点。当前我国已推出地方政府债务管理的一系列制度：包括增量上规范的地方政府举债融资机制，存量债务的处理机制，地方政府债务的规模控制和预算管理制度，地方政府性债务风险预警与防范机制，等等。“十三五”时期，有效落实这些改革任务，建立“借、用、还”相统一的地方政府债务管理制度，满足地方政府合理投资需要，尚有很多难题有待解决，相关配套政策亟待推出。一是如何根据债务风险状况、宏观经济形势等，合理确定地方政府发债规模，并在各地区间合理分配；二是如何设计地方政府债务风险评估和预警机制、应急处置机制以及责任追究制度，并使其取得实效；三是如何分类处置大规模存在的融资平台公司，分清有关债务责任，完成这项工作难度不小；四是如何设计PPP模式，有力推动社会资本进入基础设施建设领域；五是如何建立健全地方财政收支体系，这实际上是打造健全的地方政府债务人人格、实现地方政府债务良性循环的基础。

地方政府债务风险广受关注。但在我国基础设施建设尚处于高峰期的国情下，允许地方政府举债融资非常有必要。控制地方政府债务规模和风险，必须要和控制基础设施建设类资本支出的规模和风险结合起来。按现有制度规定，地方政府债务将分为一般债务和专项债务，分别纳入一般公共预算和政府性基金预算。尽管目前摆脱不了这种惯性轨道，但从长远看，这种制度安排不利于从整体上分析、控制资本性支出和举债融资的规模、结构。为此，“十三五”时期应研究制定单独编制资本支出和债务预算制度，即将所有政府债务和资本性支出综合起来，编制在一本预算中，以便于从整体上控制各级政府的资本性支出和对应政府债务的规模和结构，分析其必要性、效益以及其风险。

5. 调整支出结构，建立社会福利支出适度增长机制

国际经验表明，随着经济的发展，财政支出结构中社会福利性支出比重越来越高，经济建设性支出比重逐步降低。“十三五”时期，既是我国建设现代财政制度的关键时期，与此同时，随着经济和社会保障事业的不断发展，也是成为社会福利性支出不断提高、财政支出结构逐步向发达国家靠拢的重要时期。财政支出结构的调整是现代财政制度的自然结果，现代财政制度应当使财政支出安排符合人民期望的方向。

从现状看，我国一般公共预算中，民生福利性支出的比重已经较高。但如以全口径财政支出来衡量，支出结构上经济建设色彩依然突出，社会福利性支出比重偏低。2012年，中国全口径财政支出中经济建设支出的比重为38.67%，远高于OECD成员国中发达国家10%左右的水平，而医疗卫生、社会保障就业、教育等社会福利支出的比重为40.51%，较OECD成员国60%～70%的比重低20个百分点以上。[①]由此可以预见，未来一段时期将是我国社会福利支出快速增长的时期。社会福利性支出比重不断提升，也是符合我国发展需要的调整方向。

拉美国家的“中等收入陷阱”以及近期的欧债危机均表明，社会福利水平过高或缺乏制度上的制约，不利于经济发展以及福利水平的长期改善。在社会福利支出快速增长时期，需要建立科学设计且严格执行的制度，以期在财政可持续的基础上不断提升社会公平。为此，需要在预算安排上建立社会福利支出适度增长机制，还要抓紧改善社会保障等领域的制度设计，避免“福利养懒汉”，以便更好地提升社会福利体系建设对经济发展的积极影响；以教育、就业支持项目为重点，加强绩效评估，以强化激励为导向改善制度设计；加强基本养老和基本医疗保险基金的中长期收支分析，将短期内的政策调整与长期的资金平衡结合起来，确保基金财务的长期可持续性。

四、税收制度及政府收入体系改革

税收及其他类政府收入，担负着为财政乃至政府执政筹集稳定资金来源的基本

---

① Wang Dehua. The Size and Structure of China's Full-covered Fiscal Expenditure，China Finance and Economics Review， 2015，3（1）.

任务。在现代国家治理体系中，还要充分发挥税收制度以及政府收入体系的经济调节功能，使其有利于科学发展、社会公平和结构优化。十八届三中全会《决定》中提出了优化税制结构、完善税收功能、稳定宏观税负、推进依法治税的改革思路，部署了“六税一法”以及清理规范税收优惠政策的改革任务。“十三五”时期的税收制度以及政府收入体系的改革，首先要确保及时、平稳、高效地完成《决定》提出的改革任务，提高税收的经济调节功能；其次要坚持全口径管理思维，将非税收入纳入改革视野，清费正税，使政府收入结构逐步与成熟市场经济国家接轨。具体说来有以下四项重要任务。

1. 科学设计、分步实施、协同推进“六税一法”改革

十八届三中全会《决定》部署的“六税一法”改革，即增值税、消费税、个人所得税、房产税、资源税、环境税六个税种，以及《税收征管法》的改革，是“十三五”时期税制改革领域的重点工作。为此，首先要以“优化资源配置、促进社会公平”为判断标准，科学设计各项改革的具体方案，实现提高直接税比重的改革目标；其次要注意和全面深化改革各项任务、宏观经济形势等之间的协调关系，安排好各项税制改革的先后顺序。

增值税的改革目标是增强税制的中性特征，建立全面覆盖的、规范的消费型增值税税制。到“十二五”期末，应全面完成“营业税改征增值税”的改革，将“营改增”的范围逐步扩大到生活服务业、建筑业、房地产业、金融业等，同步取消营业税。“十三五”时期，增值税改革的重点是优化税制设计，包括实现向消费型增值税的完全转型、简化合并税率结构、清理规范增值税领域的税收优惠三项改革。国际上通行的消费型增值税，主要特征是企业的固定资产投资进项税可以纳入抵扣范围。2009年的增值税转型改革，解决了机器设备类固定资产投资进项税纳入抵扣范围的问题，但房屋建筑物投资进项税尚未纳入抵扣范围。实现这一改革有两种思路可以选择：一是在建筑业实现“营改增”改革之后，允许企业的房屋建筑物投资包含的进项税纳入增值税抵扣链条；二是机器设备投资进项税抵扣比例从当前的1倍扩大到1.5倍的思路，按照宏观数据测算，这一思路可实现与房屋建筑物投资进项税抵扣同等减税效果，同时有利于鼓励企业走上技术更新、结构转型的发展道路，还能根据宏观经济形势的需要随时启动，无须等待建筑业“营改增”完成。按照税制理论分析，税收中性是增值税的突出优点，由此要求税率尽可能单一、免征或零税率范围尽可能小。在“营改增”完成之后，我国增值税基本税率已达四档，不利于优化市场配置资源功能的发挥。为此，在“十三五”时期，还应适时启动将基本税率从四档合并到两档的改革，同步清理各类税收优惠，减少免征或零税率适用范围。考虑到改革的社会接受度，可将起减税作用的增值税全面转型改革，与起增税作用的合并税率、清理税收优

惠改革同步推进。

消费税、资源税以及环境保护税的改革目标是优化税制，增强税制的经济调节功能，充分体现资源、环境的稀缺价值。如果说增值税改革重要的原则是维持市场中性、避免市场扭曲的话，那么，消费税、资源税以及环境保护税改革就是要充分发挥其税制的扭曲作用，以纠正市场经济的负外部性。

按照这一思路，“十三五”时期消费税改革的主要任务，是在已部分完成改革的基础上，进一步调整征税范围、税率结构和征收环节。重点是将高耗能、高污染产品以及部分高档消费品、部分高档服务纳入征收范围，或者提高其税率，以发挥消费税在节约能源、环境保护和调节收入分配方面的功能。适应人们收入水平提高，消费结构已经发生变化的现实，将部分已成为正常消费品的应税产品从征税范围中剔除，或降低税率。将部分消费税征收环节从生产环节后移到批发零售环节。这是十八届三中全会确定的改革思路，其目的之一，是与中央、地方财力重新划分的财政体制改革相配套。

“十三五”时期资源税改革的目标是在对石油、天然气和煤炭实行从价计征的基础上，进一步扩大适用范围，特别是在水流、森林等资源生态空间，全面推行从价计征改革。

“十三五”时期，应着力推进以环境保护税替换排污费的改革。改革的重点和难点是综合考虑环境实际治理成本、环境损害成本和收费实际情况等因素合理设计税制和税率。可考虑结合国际经验，将大气污染物、水污染物、固体废物、噪声以及二氧化碳排放等都纳入征收范围，将排放量作为主要计税依据。加快环境保护税立法，开征环境保护税并替代排污费。

个人所得税以及房地产税的改革，担负着逐步提高直接税比重、优化税制结构和收入分配格局的任务。改革需要注意充分体现量能负担的原则，注重征管条件的配套，税制设计应有利于强化征管。同时，还要注意与“营改增”为代表的间接税改革相衔接——抓住“营改增”实现较大幅度减税、间接税比重有所降低、为直接税比重的提高腾挪出必要空间的契机，适时启动个人所得税和房地产税的改革。

个人所得税改革的目标是，逐步建立健全综合与分类相结合的个人所得税制度。可从“小综合”起步，合并部分税目，根据征管条件的改善不断推进到“大综合”。在合理确定综合所得基本减除费用标准的基础上，适时增加专项扣除项目。合理确定综合所得适用税率，优化税率结构，可考虑适度加大分档区间，最高档边际税率略有下降。

房地产税改革的目标是，加快推进房地产税立法，开征居民保有环节的房地产税收，统筹设置房地产建设、交易和保有环节的税负水平。可考虑对居住住房设定一定的区域校正人均免征面积，对所有经营性房地产和个人住房统一开征房地产税，按房地产评估价值确定计税依据。

个人所得税以及房地产税的改革，需要加快构建面向自然人的税收征管服务体系作为配套。为此，一方面，需要加快《税收征管法》的修订进程，建立第三方涉税信息报告制度，逐步实现法人、非法人机构、自然人之间税收征管的均衡布局，确保税务部门依法有效实施征管。另一方面，考虑到两个税种所涉及的征管条件差异，可本着先个人所得税、后房地产税的次序，由流量环节的自然人入手，再到存量环节的自然人税，循序渐进。

在“六税一法”的改革顺序时间表设计上，应注意与配套条件、涉及范围以及外部宏观环境的协调，既要敢于啃骨头，又要注意节奏。首先应积极推动《税收征管法》的修订工作。在六个税种改革顺序上，应先易后难，注重减税改革和增税改革的搭配。“营改增”优先推进，同步推动消费税改革；资源税改革与增值税全面转型可同步推进；综合与分类相结合个人所得税税制改革，应积极推动，尽快实施；房地产税以及环境保护税均应立法与改革同步，考虑到房地产市场形势及环境保护税税制设计的难度，两者的改革可安排在“十三五”后期。

2. 优化政府收入体系结构

现代国家的财政制度，筹集财政收入应主要依赖于正式的税收。目前税收收入占全口径财政收入的比重不足60%，是在财政收入端困扰我国国家治理现代化的重要问题。“十三五”时期，应与预算体系改革相配套，优化政府收入体系结构，着力推动非税收入向税收收入转化的改革，将税收收入占全口径财政收入的比重提升到70%以上。改革的重点是清理政府性基金收入，一般公共预算中的专项收入和行政事业性收费，并实现社会保障“费改税”。

我国的各类政府性基金，是在特定历史条件下，按照国家规定程序批准，向公民、法人和其他组织征收的具有专项用途的资金，包括各种基金、资金、附加和专项收费等。从性质上看，除土地出让收入之外，大部分政府性基金收入，以及专项收入应属于特别消费税。“十三五”时期，可逐项分析各类政府性基金以及专项收入，予以清理规范。如具备纠正外部性的经济调节功能，则改列入消费税征税范围；如不具备经济调节功能甚至起相反作用的，可考虑取消，相关支出如需要安排，从一般公共预算支出。结合简政放权，清理规范行政事业性收费，需要保留的予以保留。

“十三五”时期，要研究推进社会保障“费改税”的实施方案，提高社会保障筹资的强制性和规范性，重点是现行的五项职工社会保险缴费。一种思路是结合社会保障体制改革，将五项职工社会保险缴费改征社会保障税，缺陷是可能加重中小企业负担。另一种思路是参考最新国际经验，开征“社保增值税”替换部分社会保险缴费，具体是降低社会保险缴费（如职工养老保险）10～15个百分点，相应提高增值税基准税率2～3个百分点，将其增加的收入全部用于社会保障支出。这种思路的优点是可降低企业和就业者的劳动税负，有利于促进就业、促进贸易以及优化收入分配。

3. 推进税收法治化进程

推进税收法治化，不仅是建立现代财政制度的必要条件，也是落实十八届四中全会“依法治国”精神和十八届三中全会“税收法定”原则的必然要求。税收涉及每个人的利益，社会关注度高，因此税收法治化是财政法治化的优先事项。当前我国仅有三个税种立法，因此推进税收法治压力很大。“十三五”时期，应在处理好改革与立法之间的协调关系的基础上，安排好立法顺序，积极推进税收法治化进程，力争税收立法5～10部。

当前，我国推进财税领域的改革，主要法律依据是20世纪80年代全国人大对国务院的授权，大部分由国务院直接颁布推动相关改革文件。这种改革方式，特别在税收领域的改革，引起了社会上较多的讨论。“十三五”时期，将是大力推进“依法治国”的关键时期，财税改革也要提升法治思维。首先要发布税制改革总规划，明确各税种改革的基本目标和框架，明确各税种立法的规划，向社会公布，这是改革法治思维的重要体现；其次是要确定基本的原则，凡是新推出的税种，如居民房地产税、环境保护税等，均应改革与立法同步，法律实施之日就是改革启动之时；再次对已经征收税种的改革，也要积极立法。视情况不同，可以先改革后立法，以法律巩固改革成果，也可以改革和立法同步，以法律提高改革的权威性。最后，对“十三五”时期未纳入改革视野的税种，也应积极立法。

4. 构建税式支出制度，将税收优惠纳入预算管理范围

按照《决定》、新《预算法》以及国发〔2014〕62号文《关于清理规范税收等优惠政策的通知》的要求，清理规范税收优惠政策的改革已经启动。“十三五”时期，不仅要按照相关法律和文件要求，继续强化税收优惠政策的清理规范工作，巩固改革成果，更重要的是推动相关制度建设，构建税式支出制度，将税收优惠纳入到预算管理范围。

我国现实的税收优惠几乎涉及所有税种，产业税收优惠政策以及区域税收优惠政策繁多，“税收洼地”遍及各个产业和各个区域。这一状况出现的原因，除前期控制不严之外，也与缺乏一个统一的制度来管理税收优惠有关。为此，“十三五”时期，应学习成熟市场经济国家的做法，构建税式支出制度，使税收优惠的作用及其丧失的税收收入显性化，纳入预算管理程序。所谓税式支出，即是将税收优惠政策导致的税收损失看作一种隐性的财政支出。所谓税式支出制度，就是测算每项税收优惠政策所导致的税收损失，编列按税种和按政策目标的预算，一般作为正式预算报告的附录。

构建税式支出制度，有助于将税收优惠政策的成本和效益公开透明，有助于从制度上规范管理税收优惠政策。

五、财政体制改革

十八届三中全会已经在“发挥中央和地方两个积极性”的旗帜下，将财政体制改革作为新一轮财税体制改革的重点任务，明确了改革的目标是建立事权与支出责任相适应的制度，同时要求稳定中央地方收入分配格局，调整收入分配方式。不过，目前除转移支付制度的改革方案之外，财政体制改革的具体方案尚未推出。可以预期，这将是“十三五”时期财税体制改革领域的重头戏。

1. 合理划分事权和支出责任

合理划分中央、地方间事权和支出责任，既是建立现代财政制度的基础问题，又是国家治理模式现代化的重要支撑。十八届三中全会《决定》已确立改革的基本方向，即建立事权和支出责任相适应的制度，主要是把中央应该管理的事务管起来，对地方事权充分简政放权。设计具体的改革方案，实现《决定》提出的改革方向，将是“十三五”时期财政体制领域改革的首要问题。合理划分事权和支出责任，改革效果在财政上的体现主要是实质性的大量减少专项转移支付；在行政上的体现就是上下“职责同构”现象弱化，中央公务员比重增加。

事权划分领域，首先要科学划分政府与市场的分界，再是按照政府基本职能、社会福利职能、经济发展职能三个维度明确中央和地方的分工。具体说来，在维护市场经济体制运转的基本政府职能方面，尤其是保护财产权利和维护契约方面要突出中央的职能，以避免地方保护主义，提升社会公正度，促进统一市场形成。比如，按照十八届四中全会精神，要设立国家巡回法庭，还要突出食品安全监管、环境等领域的中央直属监管职能。在社会福利职能方面，应根据具体事权的管理复杂程度以及外部性程度分别处理。这涉及劳动力的自由流动和收入再分配的基本养老保障，应主要由中央直接管理；医疗保险和医疗机构的运转等，主要由地方管理。流动人口子女义务教育应由中央统一制定最低标准，并提供对应部分的转移支付，钱随人走，流入地政府担负主管责任。经济发展领域的基础设施建设和产业支持政策，事权划分应稳定下来，分级负责。中央不应再以专项转移支付的方式支持地方基础设施建设和产业发展。

中央和地方支出责任划分及实现方式的总体思路是：分级事权应分级担负支出责任；公共事权可共同担负支出责任；中央事权可部分采取转移支付的方式委托地方承担。特别要注意的是，对于地方事权，要控制中央各部门以专项转移支付的方式干预地方事权。

从现实情况看，在中央层面，各相关政府职能部门不愿意承担具体执行职责，而愿意保留以专项转移支付或审批制度干预地方的权力。在地方政府层面，则不愿意放弃具体执行的权力，双方都缺乏进行事权关系调整的激励。考虑到中央部委和各级地方政府均缺乏动力改变当前事权划分现状，可设立一个权威议事机构承担设计方案任务。可考虑由中央或人大常委会负责组成一个委员会，以形成中央地方事权和支出责任调整的具体方案，并担负方案实施的检查、落实等具体工作，解决争议问题并确定转移支付资金安排的基本框架。委员会的办公室可设在中央财经领导小组办公室或人大常务委员会的财经委员会内。

2. 以效率和公平为标准调整收入划分方案

十八届三中全会《决定》提出："保持现有中央和地方财力格局总体稳定，结合税制改革，考虑税种属性，进一步理顺中央和地方收入划分。"这是调整收入划分方案的总体原则。在现实层面，由于2015年"营改增"即将完成，原100%属于地方税的营业税，将被仅25%属于地方的增值税完全替代，由此地方政府将产生约1.5万亿人民币的财力、财权缺口。当前采取的过渡性安排政策，即原来缴纳营业税的企业在"营改增"之后的增值税依然归于地方，不过是一种权宜之计，不可持续。如何按照"保持现有中央和地方财力格局总体稳定"的要求，设计具体的收入划分调整方案并取得各方共识，弥补地方政府的财力、财权缺口，将是"十三五"时期的重要改革任务。

理论上，应将收入周期性波动较大、具有较强再分配作用、税基流动性较大、易转嫁的税种划为中央税，或中央分成比例多一些；将其余税种划为地方税，或地方分成比例多一些，以充分调动中央、地方两方的积极性（楼继伟，2014）。[①]在现实中，除居民房地产税等少数税种之外，符合以上理论特点且能够留给地方政府的税种并不多（Bird，2009）。[②]按照"保持现有中央和地方财力格局总体稳定"的要求，需要维持中央与地方50：50的基本分配格局。因此，采取税种完全划分与税种分成相结合的思路是一个必然选择。

具体方案设计上，可考虑调整增值税分成比例、部分消费税征税环节后移并划为地方税、启动居民房地产税并划为地方税等相结合的思路。如可考虑将增值税中央地方分成比例，由现有的75：25，改为60：40。但是各个地方所获得税收的具体分配公式应发生改变，不应完全按照现有当地所缴税收划分收入的模式，应在其中加入常住人口等指标。由此可实现维持现有财力分配格局，重构地方发展激励的改革目标。

---

① 楼继伟：《深化财税体制改革，建立现代财政制度》，《求是》2014年第20期。

② Richard M. Bird. "Tax Assignment Revisited" in John Head and Richard Krever，eds.，Tax Reform in the 21st Century . New York：Wolters Kluwer，2009：441-70.

3. 优化转移支付结构与管理，逐步法治化

按照已出台的国发〔2014〕71号文《关于改革中央对地方转移支付制度的意见》，转移支付制度改革已经成为财政体制领域率先启动改革事项。改革的总体目标是压缩转移支付规模，调整转移支付结构，完善转移支付分配方式和管理方式。“十三五”时期，要切实落实国发〔2014〕71号文所要求的改革，在改革取得一定成效后应积极推动转移支付立法。

压缩转移支付规模，主要依赖于中央与地方事权的合理划分。按照十八届三中全会《决定》的意图，在维持现有财力分配格局的前提下，中央承担更多事权和支出责任，则转移支付规模应当能获得有效压缩。

调整转移支付结构，首先是要专项和一般转移支付分别归位，对现有各类转移支付重新梳理，按其实际性质分别归类；其次是完善一般性转移支付增长机制，增加一般性转移支付规模和比例，特别是明显增加对革命老区、民族地区、边疆地区和贫困地区的转移支付，从解决人民最关心最直接最现实的利益问题入手，提高公共服务共建能力和共享水平，实现共享发展；其三是清理、整合、规范专项转移支付，将专项转移支付比重降低到40%以下。对竞争性领域专项转移支付逐一甄别排查，凡属“小、散、乱”以及效用不明显的坚决取消，其余需要保留的也要予以压缩或实行零增长，并改进分配方式，引入市场化运作模式。

完善中央对地方转移支付管理办法和分配方式，主要是规范专项转移支付项目设立，严格控制新增项目和资金规模；建立健全专项转移支付定期评估和退出机制，认真清理现行配套政策，逐步取消地方资金配套；规范专项资金管理办法，做到每一个专项转移支付都有且只有一个资金管理办法；对专项转移支付资金分配，采取因素法和项目法相结合的方法。

4. 出台完善省以下财政体制的指导性意见

在中央和地方财政体制发生变动之后，省以下财政体制也要同步发生变动。对此，应采取中央设立改革框架与底线，具体方案由省以下政府设计的思路。在事权和支出责任划分领域，可参照中央和地方的基本框架，提出地方各级政府间事权和支出责任划分的指导思想、具体原则，明确若干领域的底线要求，由各省级政府出台具体改革办法，允许地方结合本地实际灵活执行。在收入划分领域，应提出保障县级基本财力的底线要求，具体方案由地方自定。在省以下转移支付制度，各级政府可比照中央对地方转移支付制度，优化各级政府转移支付结构，完善管理和分配办法。特别是要加大整合力度，将支持方向相同、扶持领域相关的专项转移支付整合使用。

参考文献

[1] 财政部国库司．财政统计摘要2014．北京：中国财政经济出版社．

[2] 高培勇．以税收改革奠基收入分配制度改革．经济研究2013（3）．

[3] 高培勇．论国家治理现代化框架下的财政基础理论建设．中国社会科学，2014（12）．

[4] 高培勇．实行全口径预算管理．中国财政政策报告2008/2009．北京：中国财政经济出版社，2009．

[5] 楼继伟．深化财税体制改革，建立现代财政制度．求是，2014（20）．

[6] 中共中央．中共中央关于全面深化改革若干重大问题的决定．上海：人民出版社，2013．

[7] 中共中央．中共中央关于制定国民经济和社会发展第十三个五年规划的建议．人民日报，2015-11-04．

[8] Richard M. Bird. “Tax Assignment Revisited” in John Head and Richard Krever, eds. Tax Reform in the 21st Century. New York: Wolters Kluwer, 2009: 441-70.

[9] Wang Dehua. The Size and Structure of China's Full-covered Fiscal Expenditure, China Finance and Economics Review, 2015, 3（1）.

（高培勇，中国社会科学院学部委员，财经战略研究院院长、研究员。汪德华，中国社会科学院财经战略研究院副研究员）

“十三五”期间的“三农”改革与发展

□ 李周 等

发展农业、建设农村、富裕农民，是治国安邦的大事。农业丰则国家安，农村稳则国家强，农民富则国家盛。食物供需平衡和农产品价格稳定是市场稳定、社会稳定的基础，也是转方式、调结构、促改革的基础。农业向好，全局就会主动。

“十三五”是全面建成小康社会的关键期，深化农村改革的攻坚期，提升农民素质和加快农业转型的战略机遇期。各级政府要利用该时期农村人口流动性增强、农民分工分业加快、农业生产集约程度提高，工业化、城镇化、信息化为农业带来的深刻变化，以求真务实、一丝不苟的科学精神，探寻工农协调发展、城乡互补共赢的新优势、新空间、新机遇、新途径，并将其转换成新政策、新项目、新工程，促进现代农业发展、社会主义新农村建设和核心农民培养，实现农业稳固持续、农村美丽和谐，农民富有乐业的目标。

一、“三农”发展的主要任务

（一）发展现代农业

世界各国的农业资源禀赋和现代农业发展道路有很大的不同，但发展的结果却有相似性，即农业发展越来越依赖于技术、制度和组织创新，而对土地、水资源、资本和劳动力的依赖性逐渐下降。这是农业资源禀赋丰富的美国、加拿大，农业资源禀赋不丰富的以色列、荷兰，以及农业资源禀赋介于他们之间的法国、德国，都成功地孕育出合乎自身特色的现代农业。我国幅员辽阔，各地农业资源禀赋差异很大，适宜选择的农业发展模式有所不同，总体上看，发展现代农业主要有下列五项任务。

1．转变农业发展方式

第一，依靠动植物品种、细胞、蛋白获取技术和卫星定位遥感以及生物自动管理等创新，促进技术、信息对资本、土地、劳动的替代，实现农产品供需平衡和消除资源耗竭、生态破坏和环境污染的有机统一。既要利用基因工程和细胞工程成分利用生物种质资源和杂种优势，又要构建监测和化解风险的快速反应机制，防范这种最大限度地简化复杂的生物演化过程的创新可能造成的风险。

第二，以市场需求为导向，以技术、制度、组织创新为手段，以生态系统和水土资源可持续利用为约束，进行农业布局规划和战略调整，形成优势突出、特色鲜明、适应资源、生态和市场要求的农业产业体系。实施高标准粮田建设工程，增强粮食综合生产能力；实施产业集群培育工程，构建新型农业经营体系；实施生态农业发展工程，形成农业新业态；提高农业规模化、专业化、区域化、组织化和机械化、信息化水平，提高农业综合生产能力。重点打造粮食生产核心区，增加产能、稳定产量、提高效益，保障国家粮食安全。

第三，实行最严格的耕地保护制度和农业用水总量控制制度，保护基本农田和农业产能，促进地表水替代深层地下水，守住水土资源红线；确定适宜的耕作强度和化学品投放标准，解决过度消耗水土资源、过度依赖化肥农药的问题，守住生态红线。

第四，强化食物生产和消费管理。改进收割机械、仓储设备和仓储技术，减少生产、仓储中的食物损耗；倡导一方水土养一方人的理念，缩短鲜活农产品的运输距离，减少运输中的物耗和能耗；普及食品营养知识，消除大米过精、面粉过白和油色过浅导致的营养成分流失；开展素质教育，消除食物消费中的浪费行为。

最后，政策重点要由解决“近渴”拓展为消除“远渴”。要将瞄准食物产量、农民收入的政策体系拓展为瞄准农业资源、食物质量、生态系统服务价值的政策体系。要多扶持农业技术研发等具有乘数效应的公共品，少扶持农产品、生产要素等没有乘数效应的私有品，并将按行政区划配置农业研发资源的体制改为按农区类型配置农业研发资源的体制。要多补贴有机肥、生物农药、可降解地膜等环境友好型投入品，少补贴化肥、农药、地膜等对环境有负面影响的投入品。要多补贴农业生态建设，少补贴农业生产活动。水土资源确权登记必须尊重农民的选择，同时提倡能为土地整理创造条件的确股不确地的确权方式。

2. 扩大农业经营规模

我国农业面临的突出问题是主要农产品价格普遍高于进口农产品价格。2014年，国内小麦、玉米和大米的价格都高于相应进口产品的国内到岸完税价，小麦高5%，玉米高6%，大米高25%。大豆国内价格为每吨4500元，进口到岸价格为每吨4200元；油菜籽国内价格为每吨5100元，进口到岸价格为每吨4300元；棉花国家临时收储价格为每吨20400元，进口到岸价格为每吨17000元。原糖国内主产区价格为每吨5400元，进口到岸价格每吨低于4000元，畜产品也是如此。在价格信号的引导下，“十二五”期间农产品净进口量快速增加。面对这个局面，我们要跳出农业必须保护的窠臼，抓住越来越多的农民不愿继续从事超小规模农业的有利时机，推进农业适度规模经营，培育具有自生能力的核心农户，提升我国农产品的国际竞争力。

具有自生能力的核心农户是土地经营规模足以使其在农业中充分就业，且农业收入不低于主要劳动力在非农部门就业的农户的收入。农民就业转移和农地流转是核心农户充分就业的基础。国家应放弃维系超小规模农业的政策，消除劳动力转移、土地流转和改造传统农业的人为障碍，并从提高非农部门就业、收入的稳定性和农民的非农就业技能入手，提高农户经营超小规模农业的机会成本，促使农民就业转移、土地流转和核心农户形成。

根据调查，要确保核心农户的收入不低于主要劳动力在非农部门就业的农户的收入，农业经营规模至少达到30亩。从可能性和操作性的角度考虑，“十三五”时期我国农业经营规模目标可以确定为：15亿亩耕地推行规模经营，其中12亿亩耕地按户均30亩配置，3亿亩耕地按户均60亩配置，余下的3亿亩耕地按户均10亩配置，加上500万个以林、牧、渔业为主的农户，全国农户8000万个，农民3亿人，农业人口比重减少到25%左右。

3. 细化农业生产结构

传统农业只关注粮食生产而不区分口粮与饲料粮，现代农业初始阶段形成了包括口粮和饲料粮的生产结构，现代农业成熟阶段则形成了包括口粮、饲料粮和牧草的生产结构。牧草生产的出现有三个原因：第一，多年生牧草（紫花苜蓿的生长期为25年，三叶草为20年，禾本科的黑春草为7～10年）与每年种植、只成活百十来天的农作物相比，光热利用更充分，合成的生物量更多。据统计，单位面积豆科牧草的蛋白质产量是谷物的5～10倍。20世纪50年代以来世界上种草的国家越来越多。荷兰、法国、英国、德国、澳大利亚和新西兰等国家，50%以上的耕地用于种草。谷物出口量最多的美国和加拿大，牧草种植面积高达40%。2001年美国有219万农户，其中种草养牛的农户123万，占农户总数的50%以上。1997年，荷兰种草养牛的农户60283户，占农户总数的65%。2009年美国种植牧草435.4万公顷，产量1.52亿吨；青贮玉米241.4万公顷，产量1.12亿吨；加拿大种植牧草737.9万公顷，产量3043.2万吨。2008年，国际牧草贸易量694.40万吨，贸易额22.89亿美元，与1962年相比增长近87倍。第二，牧草耐旱省水，可以在降雨200~300mm的半干旱地区种植。这些不适宜种植谷物的地方适宜牧草生长、收割和翻晒等，种草具有比较优势。第三，牧草是保持水土的理想作物。美国的调查表明，在5°的坡地上，每公顷土地的年平均土壤流失量，白茬地为7吨，一年生作物为3.5吨，人工林为0.9吨，多年生牧草为0.02吨。

“十三五”期间的种植结构调整举措是：第一，推进饲料粮生产。我国目前玉米总产量的70%以上用作饲料，将其中一半改种赖氨酸含量高的高油玉米和青贮玉米，既可提高饲料粮的质量，又可提高饲料粮生产的经济效益。第二，推进豆科牧草生产。我国有9亿亩中低产田，将其中1亿亩改种豆科牧草，既能改善饲料结构和土壤肥力，又能减少水资源消耗和改造中低产田的任务。牧草生产应走规模化、区域化、产业化之路，整合产前、产中和产后各环节，形成完善的牧草产业体系。第三，在天然草地上撒播草种。我国40亿亩草场中至少4亿亩草场适宜采用该措施，这可使平均产草量增加20%，相当于增加了近亿亩草场。

4. 拓展农业多种功能

农业的功能包括农产品供给功能、调节气候、净化环境、维持生物多样性等生态服务功能和自然人文综合景观带来的休闲、审美、教育等文化服务功能。农民增收的途径要与农业功能拓展相衔接。农业功能拓展越充分，农业产业体系越健全，农民增收渠道就越通畅。

“十三五”期间我国农业要从拓展功能入手，延长产业链，多维度地增加附加价值和农民收入。第一，以农业资源高效和循环利用为核心，以生态农业、绿色产业为抓手，增强农业的产业竞争力。通过微生物资源产业化，将植物、动物构成的二维农业拓展为植物、动物、微生物构成的三维农业，通过海藻资源产业化，将陆地农业拓展为陆地与海洋交融的农业。第二，利用农业资源、农业设施、田园景观、农家生活、农耕历史文化、民族传统文化、地方特色文化等旅游资源，满足国民日益丰富多彩的精神生活与文化需求，实现第一产业和第三产业的有机结合。第三，维护和提升农业生态系统服务价值，通过生态补偿政策获得回报。

5. 提高农业持续水平

中国是土地资源相对稀缺的国家。传统农业阶段倾向于精耕细作，现代农业阶段倾向于用化学品替代土地。化学品的投入极大地提高了农产品产量，而化肥、农药和农膜的过量使用又影响了农产品质量安全，并造成农田生态系统恶化和环境污染。2010年完成的第一次全国污染源普查结果显示，农村排放的化学需氧量占全国的43%、总氮量占全国的57%、总磷量占全国的67%。农业已经成为主要的污染源。这种高耗肥（药、膜）、高耗水、高耗能、高产量的现代农业发展模式受到越来越多的质疑。农业作为一个具有显著的外部性的产业，应适当牺牲部分短期经济效益而增加正外部性，而不宜为了追求一点短期经济效益而增加负外部性。比如，大豆的根瘤菌每年每公顷可固定90Kg氮，若适当放弃短期和局部经济利益，就可以通过种植大豆减少氮肥用量。

持续农业是仿照生态系统互适共生、互容共存和互补共赢三个特征的农业。其中，互适共生是指相互适应、和谐共生；互容共存是指相互包容、和睦共处；互补共赢是指相互补充、和衷共济。持续农业是超越化学农业的农业形态，是经济、生态、环境综合效益最大化的农业，而不是经济、生态、环境效益都最大化的农业。为了化解持续农业对农产品产量和产出的影响，必须实施适度进口政策和生态补偿政策。

（二）建设现代农村

整洁优美的农村环境、悠闲舒适的农家生活和平等和谐的人际关系，既是农民的追求，也是市民的向往。从上述三方面开展农村建设，会得到广大农民的认同和全体市民的支持。

1. 改善乡村环境

经过半个多世纪持续不断的努力，我国适宜绿化的荒山荒坡的绿化任务已经初步完成，森林覆盖率由1949年的8.6%提高到目前的21.6%。经过30多年的推进，覆盖全部生态系统的自然保护体系已经基本建立。全国自然保护区总面积14631万公顷，其中陆地面积占全国陆地面积的14.8%，超过了世界和发达国家的平均水平。

“十三五”期间要将工作重心由绿化转向美化，逐步解决植被和物种过于单一的问题，逐步提高乡村景观的秀美程度；通过交通等基础设施建设，特别是人文景观与生态景观的优化配置，将乡村的绿色、美色充分展现出来，将生态系统由资源利用转为景观利用，提升农村的产业结构，逐步实现水土资源可持续利用、生态系统演进、国民经济发展和国民福祉改善的有机统一。

2. 推进乡村整治

近30年，农民的居住条件有了明显改善。农户为住宅不断拆建付出了高昂代价，但农户住宅和周边环境协调性差等问题尚未得到很好的解决。

“十三五”时期，要把乡村整治作为农村全面建成小康社会的重要内容。要以全域规划、全域整治、全域建设的理念编制乡村整治规划，依据村落、镇区与自然景色融为一体的规划布局，创造性地开展乡村整治，逐步实现田园风光、秀山丽水，和谐乡村、幸福家园四位一体。乡村要成为农民共享现代文明的幸福家园，成为市民分享美好生活的休闲乐园，成为慰藉国民心灵的精神家园，使乡村整治成为全体国民共同追求的目标。

乡村整治要着眼于乡村整体面貌提升和乡村整治方式转型，要从点上整治转向连片整治，推动乡村人居环境整体性改变，整治一片，巩固一片，维护一片，不断扩大乡村整治建设成果。乡村整治要创新运作模式。采用农民主导、市场运作、政府配合的方式和规则约束、文明评议等制度，提高村民参与乡村整治的积极性。要探索农村建设用地异地置换机制、有偿退出机制和有偿使用机制，开展农村建设用地综合整治和城乡建设用地增减挂钩试点，推进乡村人口向中心镇村集聚，促进农村建设用地集约利用和高效利用。

乡村整治要与城市化统筹规划。农业比较优势显著的村庄要配置现代农业居民点，农民转移量大、农业条件弱的村庄要向中心村聚集；人口流入较多、非农产业发展趋势明显的村庄要向小城市方向发展；成为市场交易枢纽的村庄要转变成为现代农业服务中心；文化古村古镇要向旅游名村名镇方向发展。

各地乡村要按照城乡统筹发展、城乡一体化的要求，特别是自身的突出优势确定一个标新立异的主题，制定一套切实可行的方案，配置一批丰富多彩的项目，设计一套行之有效的操作流程，形成亮点纷呈的创建局面。依托乡村整治、幸福家园建设带动乡村发展。

3. 促进乡村和谐

乡村和谐包括人际关系和谐、村落关系的和谐和人与自然的和谐。促进乡村和谐的主要内容是：树立和谐理念，弘扬和谐精神，倡导和谐风尚，培育和谐氛围，享受和谐生活，化冲突为和谐。一要学习，通过培养村民的学习兴趣，使自觉、自律和反省、向善成为村民的生活方式。二要包容，以兼容并蓄的态度，将强调团结和睦的民族文化、与人为善的传统文化和强调国家法律和市场规则的现代文化融合为一个有机整体。三要奉献，以正确的人生观、价值观、道德观修身养性，形成我为人人、人人为我的共同理念和人人乐意为社区公益事业做贡献、志愿为他人提供服务的风气。

“十三五”期间，要以建设和谐乡村为抓手，培育互敬、互爱、互信、互助、互让、互谅、互勉、互慰的人际关系，将和谐相处、守望相助、激励相容等内在的农民意愿和需求落到实处。把建设文化场馆、开展形象性的文化活动同培育文明社会风尚、培养有益农民心性的和谐理念有机地统一起来，把挖掘传统文化的现代价值同引导村民参与文明公益活动有机地统一起来，开创和谐乡村建设的新局面。

（三）培育现代农民

劳动力是可变性最强的生产力。无论技术创新还是组织或制度创新都是劳动力努力的结果。从提高农民素质入手，把农民创收的潜力和创新的活力充分激发出来，是促进现代农业发展、持续增加农民收入和确保城乡同步小康的关键所在。

1. 进一步向农民赋权

30多年来，农村改革的主线是向农民赋权。改革初期赋予农民自主经营承包的权利，农民凭借着这个权利，很快就解决了自己的温饱和全国农产品短缺的问题；20世纪80年代中期赋予农民在农村从事非农产业的权利，农民凭借着这个权利，创造出了乡镇工业占据中国工业半壁江山的奇迹；20世纪90年代以来赋予农民进城就业的权利，农民凭借着这个权利，现在已经成为我国工人阶级的主力军。农民对国民经济的贡献已经由农业部门拓展到非农产业部门，由农村拓展到城市。2008—2012年，农民工创造的GDP占全国GDP总量的份额由32.1%上升到38.6%，4年间提高了6.5个百分点。

“十三五”期间要赋予农民利用集体所有的农村建设用地经营城市的权利。让农村集体经济组织以土地入股的方式与资本开展合作，使农民得到持续的股权收入，并降低城市化过程中的土地成本，以及工业化、城市化的融资难度。

同时，深化改革城乡居民选择就业机会不公平的陈规陋习，赋予农民自由择业的权利；深化改革城乡分割的户籍制度，赋予农民自由迁徙的权利；深化改革农村集体经济的体制机制，赋予农民自由加入和自由退出的权利。

2. 加强农民人力资本投资

近些年，以农业具有弱质性为依据增加农业补贴已经成为国家政策的取向。其实，为农民发放资金和实物最多只能消除农业弱质性的负面影响，而产生不了消除农业弱质性的作用。农业的弱质性要靠技术创新、制度创新、组织创新和农民素质的提高来消除，农业发展和农民增收也要靠技术创新、制度创新、组织创新和农民素质的提高来实现。

“十三五”期间，要以“授人以渔”的方式提高农民做事的信念和学习的能力，并掌握承接项目所需的知识、技能、经验和信息；用“授人以欲”的方式激发农民奋进向上的欲望；用“授人以誉”的方式引导农民为自己成为更有价值的人而努力。今后的文盲不再是不识字的人，而是不会自学和学了知识不会应用的人。所以农民素质的高低要以他们的学习能力和做事能力来评估。各级政府都要为农民提高素质而进行人力资本投资，形成依靠人力资本投资、技术、组织、制度创新和完善农业产业链兴农、富农、惠农的局面。

3. 健全农村公共服务体系

在建设服务农村服务体系中，市场和社区都要承担相应的责任，政府不宜大包大揽，以免导致市场发育不完整和社区缺乏凝聚力。对于政府来说，上级政府的责任是消除农村公共服务体系的地区差别。例如，中央政府的责任是消除农村公共服务体系的省际差别，省级政府的责任是消除农村公共服务体系的市际差别，余类推。下级政府的职责是消除管辖范围内的农村公共服务体系中的薄弱环节。

政府要继续推进生态、社会等基础设施向乡村配置，推进社会保障、劳动就业、文化体育、医疗卫生等公共服务向乡村覆盖，发展服务组织，创新服务方式，健全服务体系、增强服务能力，提高服务质量，逐步消除教育、文化、卫生、社会保障和水、电、气、路、网络等城乡差距。创建科学、文明、健康的生活方式，让乡村成为农民安居乐业的幸福家园。

二、深化农村改革的主要任务

（一）深化农地制度改革

土地制度是农村最基本的经济制度。推进农地产权制度改革，旨在探索集体经济的有效实现形式。近些年来农地流转变得越来越活跃了。随着农地流转规模不断扩大，流转形式不断增多，现行农地产权安排越来越不能适应要求了。土地流转引发的问题，最为简明的办法是把隐含在农村集体土地中的股权显在化。集体经济组织成员实际上是凭借着他们拥有集体土地的股权得到承包权的。20世纪50年代的农村集体经济组织是以农户土地折股入社的方式形成的，这是现在将隐含的股权显在化的理由。

农村集体土地的股权是稳定的，适宜用权证的方式界定；经营权是变动的，适宜采用契约的方式界定。集体经济组织成员既可以自己使用归其名下的集体土地经营权，也可以将其全部或部分让渡出去，集体土地股权证在这两种情形下都在自己手里，即土地股权证相当于房产证。集体土地股权按照公平原则在有资格的集体经济组织成员内部分配，也实现了集体土地的按份共有的改革目标。

农村土地制度应该具有稳定性、灵活性和有效性三个特征。一是稳定性。所谓稳定性，就是拥有特定社区集体土地股权的成员不要轻易发生变化。为此，一要减少集体成员之间的土地股权交易；二要把土地股权交易范围限制在集体成员之间；三要严格界定土地经营权流出主体的资格，以免多次流转对土地产权稳定性造成冲击。二是灵活性。股权形态的土地产权既有利于土地整理，又有利于土地产权细分，是比实物形态的土地产权更具灵活性的土地产权形态。三是有效性。这个有效性包括集体经济组织和持有集体土地股权的成员权益保护的有效性，土地经营者的农业生产的有效性，以及国家关注的土地资源可持续利用的有效性。

在农地产权结构中增加股权的理由是：第一，土地承包权的经济实质是土地股权。土地股权与土地承包权相比，法学用语更规范更严谨，经济学概念更清晰更合理。第二，“大包干”初期，所有农户都经营自己承包的土地，土地承包权需要同实物形态的地块相对应。现在，越来越多的农户把承包的经营权让渡出去了，对土地的关注由生产功能转为财产功能，具备了将实物形态的土地权益调整为价值形态的土地权益的条件。第三，改革初期分到户的实际上是土地股权，采用承包权的说法是为了降低政治敏锐性，以便在决策层达成改革共识，这充分体现了改革推动者的智慧。我们的认识不宜局限在承包权上。第四，土地流转越充分，农业平均经营规模越大。经营规模的扩大必然涉及土地整理。将农户的土地生产权改为土地收益权，有利于促进土地整理，提高农业生产效率。

（二）深化集体经济改革

经过30多年的体制演进，我国农村已经形成多种经济成分相安并存、共同发展的局面。现在强调集体经济，旨在解决其发展滞后的问题，而不是为了抑制其他经济成分的发展。

人类的发展是与集体行动相伴而行的。针对集体行动的绩效不尽如人意的现象，学者们就集体行动的监督和激励机制进行了深入探讨，主要结论是：集体行动必须以追求相容性利益为目标，必须具有对集体成员奖罚分明的选择性激励，必须赋予集体成员进入和退出的权利，合作方式应由农民共同决定，监督和激励机制应由农民共同设计，集体规模不宜太大。

虽然近30多年来我国农村的集体经济受到农业“大包干”、乡镇企业改制和取消“三提五统”的数次冲击，但村级集体经济依然存在，农民依然认同集体经济。中南财经政法大学课题组的大型调查表明，大多数受访农户认为，所在村组集体经济组织在很多方面发挥了积极作用，但还满足不了农户的期盼。80.9%的受访农户认为应切实保障集体财产权，82.9%的受访农户认为集体经济组织尚需完善。受访农户几乎都认同集体经济组织和村民委员会合二为一的做法，担心另设一个集体经济组织会增加管理成本。61.3%的受访农户认为村民委员会行使经济职能的效果“很好”，26%的受访农户认为“一般”，3.9%的受访农户认为“不好”。这说明村民委员会代行农村集体经济组织职能并非完全不可行。

朱有志等人所做的湖南省5乡10村300份农户问卷的汇总结果表明：47%的农户认为所在村组拥有集体资产（包括土地、山林、房屋、作坊、水面等）；50.4%的农户愿意拿出部分承包耕地和林地作为村、组集体资产，25.2%的农户不愿意；24.4%的农户没有明确回答；59.3%的农户愿意以土地入股的方式，拿出一部分承包耕地和林地作为村、组集体资产。

当前发展壮大集体经济具有三个有利条件。第一，乡土能人的成长。改革开放30多年来农村最大的变化是涌现出一批乡土能人，他们其中的一些人愿意为家乡发展做贡献，这是发展壮大集体经济的人才条件。第二，集体建设用地进入市场。农村集体建设用地进入市场有利于资源配置优化，并给集体经济组织带来更多财富。这是发展壮大集体经济的资源条件。第三，农村大变革和农民大分化的环境。随着越来越多的农民进入非农部门就业，土地流转、土地入股等条件变得越来越好。这是发展壮大集体经济的环境条件。

坚持集体经营制度、发展壮大集体经济，必须深化集体经济改革：第一，将管理农民的理念转化为“依靠农民，服务农民”的理念。第二，赋予农户自由退出的权利。第三，选好带头人。通过民主程序选出懂经营、会管理、有技术，勇于创新、善于沟通、甘于奉献的农村能人。第四，完善治理机制。用制度和机制奠定民主管理的基础，实现能人模式到制度模式的过渡。第五，量化集体资产股权。通过股权化改革实现集体资产的按份共有，改变集体资产产权模糊不清的局面。第六，明确经营责任。活化资产存量，优化资产增量，抵御不当干预，确保集体资产保值增值。第七，提高管理水平。做好“三资”数据台账，构建“三资”信息监管平台，推进“三资”管理的制度化、规范化、信息化。第八，健全财务监管机制。发挥群众理财小组、监督小组的作用，定期进行财务审计，定期公开财务收支情况。第九，妥善处理集体经营和家庭经营的关系。保障集体经营的主导地位和家庭经营的基础地位，集体利益和成员利益的兼顾和平衡。

（三）深化乡村治理改革

乡村治理是国家治理体系的有机组成部分。我国传统的农村社区是由相对稳定的利益共同体构成的，社区事务主要在共同体内自行解决。宗族制度、伦理道德、村规民约在社区治理中发挥着重要作用。改革开放以来，在不断并村的影响下，乡村已由内生的利益共同体演变为外生的利益联合体。虽然自然村的利益共同体功能依然存在，但回归自然村格局既不可能，也不合理。我国在改革开放初期就开始推行村民自治，从1980年第一个村委会诞生算起，村民自治已推行了35年。村委会的主要工作是承接乡镇政府安排的行政事务，乡村治理具有行政化特征强化、共同体特征弱化的倾向。在市场化和乡土人才流出的冲击下，传统文化的纽带作用弱化了，乡村共同体的认同感和凝聚力弱化了，乡村治理主体也弱化了。

为了重建乡村利益共同体，提升乡村治理能力，各地进行了不同形式的创新。基本做法是发挥威望高、能力强的乡村贤达（如退休干部、退伍军人和经济能人）的作用。他们以公共治理、公共服务为职责，以民事民办、民事民治为原则，以法律政策、村规民约为依据，动员村民参与村庄公共事务，游说村里能人向村级公共事业投资，协助村庄发展经济。乡村贤达介入乡村治理，有利于促进中国制度优势和传统文化优势的结合，有利于整合乡村共同体和激发村民参与村庄事务的积极性，有利于提高乡村凝聚力和自治能力，有利于建立乡村居民的利益表达机制和乡土精英参与家乡建设的平台，有利于改进乡村治理结构和促进乡村社会治理。必须指出，我国乡村已经融入国家治理体系之中，自下而上的乡村治理必须服从国家治理体系的要求，与其形成互补关系而不是替代关系。

（四）创新农业经营主体

“大包干”的实施很快就解决了农民温饱和农产品供给短缺问题，说明超小规模农业对于解决这两个问题是有效的。超小规模农业的主要问题是就业缺乏市场竞争力，所以随着经济发展，愿意从事超小规模农业的农民越来越少，以致有人发出今后谁来种地的担忧。其实，超小规模的农业走向衰败是新型农业经营主体形成的必要条件，我们应该乐见其成。放弃超小规模农业的主要是在非农部门就业的青壮年农民，而不是留在农村的年老体弱的农民。

新型农业经营主体是在竞争中脱颖而出、具有自生能力的农民，而不是没有政府扶持就无法经营的农民。新型农业经营主体必须量力而行，自行解决发展过程中遇到的问题。政府采用这种策略，新型农业经营主体的发育会慢一些。但只有这样，才能通过市场竞争机制，形成具有自生能力的新型农业经营主体成长壮大的格局。这样的新型农业经营主体，银行会乐意为其贷款，保险公司会乐意替其保险，市场化的营商环境就逐步形成了。政府的责任是为新型农业经营主体创造公平竞争的环境，并把他们推向市场，而不是保护他们。

核心农民是推进农业经营方式创新的主体。“十三五”时期，要全方位地优化核心农户成长环境。要为核心农民增强素质、提高技能创造条件，要为有文化、懂技术、会经营的核心农户开办家庭农场创造条件，要为农民合作社、农业企业等其他新型主体的发展创造条件，提升我国农业对接市场、抵御风险的能力。

三、农业政策的评价

对于解决特定的问题，存在着追求理论完美和关注操作简便的政策选择。改革初期往往倾向于操作简便，当前则越来越倾向于理论完美。其实政策选择在任何时候都应该强调操作简便，而不是理论完美。下面结合具体的农业政策做一些分析与评价。

（一）目标价格政策

从理论上讲，粮食最低收购价政策有扭曲市场价格、推高粮价的弊端，而目标价格政策既可以充分发挥市场配置资源的决定性作用，又可以将国家干预市场的程度降至最低。这是决策界和学术界都赞同用目标价格政策替代最低收购价政策的主要依据。然而，要不要采用目标价格政策并非取决于这一判断，而要分析我国是否具备了实施目标价格政策所需的条件。据分析，现在实施目标价格政策会遇到以下五个问题。

第一，如何获得农产品市场价格形成的充分信息。所谓目标价格政策，就是政府预先确定目标价格，实际价格由市场决定，农产品市场价格低于目标价格时，按目标价格与市场价格的差价给予农民补贴；农产品市场价格高于目标价格时，则不启动该政策。在该政策下，倘若市场价格高于目标价格，农民会为了得到更多收入而讨价还价；倘若市场价格低于目标价格，农户决不会为减少政府补贴而讨价还价，在这种情形下就不会有价格形成的充分信息。

第二，如何识别目标价格和市场价格的差价。农产品从产地到销地通常会发生数次交易。粮食保护价是在粮食卖给政策执行机构时执行的，具有唯一性。在实施目标价格的情形下，如果每次交易都补差价，补贴总量就会很大。如果只补一次，如何找到需要补贴目标价格与市场价格差价的那次交易呢？

第三，如何消除低估粮食市场价格的偏差。市场价格与目标价格的价差是决定补贴数量的一个因素。由于价差越大补贴越多，一部分个人或组织就会为了获取更多补贴而低报粮食市场价格，这导致粮食市场价格系统偏低。

第四，如何消除高报粮食种植面积的偏差。种植面积是决定补贴数量的另一个因素。具体的补贴办法是：根据目标价格与市场价格的差价和总产量测算出补贴总量，再根据目标价格与市场价格的差价和平均单产测算出单位面积的平均补贴标准，最后根据实际种植面积和粮食补贴一折（卡）通，将补贴资金足额兑付给实际种植者。一部分个人或组织就会为了获取更多补贴而多报种植面积，这导致种植面积系统偏高。

第五，如何获得每个农户的准确信息。我国刚刚进入大数据时代，目前还不具备获得实施这项政策所需的每个农户的准确信息的条件。在这种情形下，工作重点应该是培育实施这项政策所需的条件，而不是急于推出这项政策。

简言之，政策优劣的判别标准并不是它的市场化程度的高低，而是其达到预期目标的可操作性的强弱。苏联和东欧国家急于向他们驾驭不了的市场经济体制转型，这是他们的改革未能达到预期目标的重要原因。我们不宜忽略他们的教训而步其后尘。

（二）农业补贴政策

从理论上讲，农业补贴最好按粮食种植面积、粮食产量和销售量而不是按土地面积发放，最好补给农民而不是地主。但是，每年弄清每个农户的粮食播种面积、粮食产量和销售量的工作量很大，且很难消除各地虚报粮食播种面积和粮食产量的情况，所以这种理论上最好的做法的可操作性是很差的。农业补贴按耕地面积发放并非一无是处。第一，政策可持续性强。按照WTO规则，与生产和产量脱钩的补贴是不受控制的补贴，可以持续地执行下去。第二，政策执行成本低。政府无须为弄清每个农户每年的粮食播种面积、粮食产量而投入大量的调查成本。第三，农民满意程度高。按耕地面积发放补贴最透明，最公平，是农民认同按农地面积发放粮食补贴的主要原因。同理，农业补贴补给地主也并非一无是处。第一，我国的耕地仍以农民自营为主，截止到2014年上半年，流转土地只占所有耕地的28%。对72%的耕地来说，补地主和补农民是一样的。第二，土地是否流转取决于双方对流转价格的认同，而不取决于补贴给谁。近几年土地流转不断加速，说明这种补贴方式对土地流转的影响是有限的。第三，在地主和农民分离的情形下，农业补贴给地主，其转包费会相对低一些，补贴给农民，其转包费会相对高一些，双方的收益决不会因为补贴对象变化而发生显著差异。这也是转包土地的农民对这种做法没有太多意见的主要原因。

一言以蔽之，农民的接受程度是评价一个政策适宜与否的标准。强调理论上的合理性而忽视实际上的可操作性，就有可能失之偏颇。

（三）生态补偿政策

近些年来，为了提高企业和农民开展生态建设的积极性，政府开展的生态补偿的内容不断增多，范围不断增大。这项工作的主要问题并不是补偿标准太低，难以把农民参与生态建设的积极性激励出来，而是补偿方法不当。目前，所有生态补偿瞄准的都是土地面积和家庭，哪个地方拟补偿的面积大、户数多，得到的补偿款就多，反之则越少，而与被补偿者的努力程度毫无关系。这种做法的实质是“干多干少一个样，干好干坏一个样，干和不干一个样”。要扭转这个偏差，必须改用按生态系统服务价值的实际增量补偿的办法。必须指出，做这件事情不宜采取建机构、加编制和增预算的传统做法，而应该采用遥感分析、草根监测和第三方评估三位一体的做法。其中，科技人员利用遥感资料对生态系统服务价值的变化进行分析和评价。以村庄为单位做好生态系统服务价值监测体系的布点，各个监测样点由受过培训的农民监测样地的变化，为评估遥感分析结果的精准性提供数据。第三方评估的主要任务是，抽查监测样点，评估草根监测结果的可靠性和精准性。这项工作做好了，就可以将按面积、户数补偿的做法转换为按生态系统服务价值增量补偿的办法。

（四）粮食保障政策

我国现在确立的是“以我为主、立足国内、确保产能、适度进口、科技支撑”的国家粮食安全战略。二十字方针中，确保产能和适度进口是新提法。以产能目标替代产量目标，其核心是保护耕地，并通过土地整理和农业基础设施建设提高耕地的产能，而不是最大限度地追求耕地的产量，这是非常重要的变化。我国的耕地已经连续耕作了很长时间，在条件允许的情况下适当地降低耕作强度，是保护我国耕地产能，提高耕地利用可持续性的重要举措，是解决过量使用化肥农药，地下水位下降等环境问题的重要举措。产能保护需要适度进口来支撑，所以适度进口的提出也是非常重要的变化。

农业生产中的气候风险是常发性、客观性风险，政治风险是偶发性、主观性风险。对于特定需求，供给源越多，实现供需平衡的条件就越好，所以适度进口、多源进口是化解气候风险的重要举措。农业是水土资源密集产业。通过国际贸易增加农产品的供给源，有利于降低国内农业生产对水土资源的压力。政治风险要靠仓储和产能保护来化解，而不宜依靠提高粮食自给率来消除。总之，政府要综合协调国家食物安全和统筹两种资源、两个市场的关系。

（五）城镇发展政策

1. 城镇化中的公平问题

关于城镇化过程中的公平问题，大多关注被征地农民的公平问题，其实更要关注城镇化过程中未被征地的农民和被征地农民的公平问题。否则，就难以抑制村庄追求土地非农化的冲动，就难以将最严格的耕地保护制度落到实处，就难以维护土地利用规划的严肃性。

政府制定的建设用地规划解决不了所有村庄和农民的权益公平问题。要确保所有村庄和农民的权益公平，政府必须把规划带来的级差收益征收掉。虽然政府缺乏合理使用被征收的级差收益的制度使问题变得更加复杂，但仍要倡导依靠劳动（能力、创新）致富的文化，否则就会形成农民等待政府为其创造致富机会，政府通过规划和政策变动为农民创造致富机会的恶性循环。

2. 城镇化中的耕地保护问题

城镇化既是占用部分农地的过程，也是减少农民、扩大农地平均经营规模、提高农业劳动生产率和农民收入，缩小城乡发展差距、农民与市民生活方式趋同的过程。例如，随着城镇化的推进，日本农户平均经营规模从20世纪初的1公顷增至1991年的1.4公顷，专业农户的平均规模达到5.05公顷。美国农场平均规模由1953年的242英亩增至2000年的434英亩，增长近一倍。

保护耕地是世界各国城镇化过程中的普遍做法。为了节制城镇化对农地的占用，各国都制定了严格的耕地保护制度。

第二次世界大战前，英国对耕地基本不予保护，耕地面积迅速减少。为了遏制耕地下降态势，英国于1947年制定了《城乡规划法》。该法规定：所有土地的发展权均归国家所有，任何人欲开发土地，均须申请并取得开发许可。农地变更用途，规划机关审批开发申请时要向农业部部长咨询，以消除对农地的过度侵占。

日本对农地改变用途实行严格的管制。他们将农地分为一类、二类、三类。一类农地除公共用途外不准转用，三类农地可以转用，二类农地在没有适宜的三类农地时方可转用，但要一宗一宗排定等级，先转用低等级的农地。韩国的主要做法是把农地分为绝对农地和准农地。绝对农地严禁改变用途，除法律特别规定的公共目的外，改变农地用途必须经农林部许可。

美国农地资源禀赋扶持丰富，同样形成了包括立法、规划、税收等内容的耕地保护综合体系。1981年制定的《农地保护政策法》，将农地划分为四类，实行严格的用途管制，包括最大程限地减少联邦项目占用农地。《农地和乡村保护法》规定，所有开发都必须取得规划许可。审核农地转用时考虑更多的是农地的环境价值而不是农地的生产力。

严格保护耕地，既是保障农业发展的要求，也是保障优质农产品生产的需求。在农业中，只有有机质含量高且各种营养元素丰富的土地才能生产出优质农产品。为了防止稀缺的肥沃土地因非农占用而毁于一旦，必须对其进行严格保护。这是世界各国保护耕地的主要理由。

农地转为非农地通常具有增加投资、就业和GDP的效应。有人据此批评我国政府设置耕地红线的政策。这种只看到土地非农化增效的一面忽视城镇用地扩张没有限制就不会有节约土地的动力以及土地利用效率必然低下的一面，显然失之偏颇。

我国耕地的产出效率位居世界先进水平。在世界主要粮食生产国中，只有法国和德国的耕地产出效率高于我国。我国城市土地的产出效率低于国际平均水平。我国城市人均建设用地（126平方米）分别比发达国家（人均82平方米）和发展中国家（人均87平方米）高53.7%和44.8%；单位土地面积投资量仅为美国的1/3、德国的1/7和日本、英国的1/10。按照国际统计数据，工业用地占城市用地的15%左右，2000年以来我国工业用地比重一直超过20%，许多城市超过25%，甚至35%。每平方公里城市工业用地的产出，我国2011年为3.6亿美元，东京2007年为21.13亿美元，新加坡2007年为64亿美元。由此可见，非农地利用效率高于农地并不能成为必须把农地转为非农地的理由。恰恰相反，城镇化过程中要严格控制工矿用地规模，激励企业家提高非农用地利用效率。

我国现有城镇用地7.3万平方公里，容纳了7.3亿人。按这个标准计算，再增加3万～4万平方公里的土地就可以满足我国城镇化的土地需求。目前，全国农村建设用地有18.5万平方公里，足以满足城镇化的土地需要。何况现有的城镇用地还有提高利用效率的空间。所以，新增城镇用地不宜采用先占用耕地，再将农村建设用地复垦为耕地的做法。

（李周、任常青、党国英、谭秋成、张海鹏，中国社会科学院农村发展研究所）

“十三五”时期的经济走势与财政金融对策研究

□ 刘尚希　孟艳

［摘要］“十三五”时期是我国经济结构升级换代的关键时期，本文通过分析宏观经济运行面临的有利因素和突出风险，提出通过全方位创新提升实体经济的效率，加快经济结构调整。在此基础上，从财政金融与实体经济相生相克的逻辑关系来认识财政金融发展的内涵，强调财政金融对转型升级的关键作用，探讨未来五年财政金融改革的具体措施。财政作为国家治理的基础，支持实体经济发展可从化解风险和深化财税改革两个视角形成基本思路。金融支持实体经济发展，需要从金融体系的顶层设计入手，加快改革金融管理体制和社会资金的配置格局，不断优化金融结构。

［关键词］财政金融　实体经济　经济结构　经济效率

“十三五”时期（2016—2020）是中国经济结构实现升级换代，跨越中等收入陷阱，全面建成小康社会并进入更高经济发展阶段的关键时期。升级换代是我们努力追求的发展目标，中等收入陷阱则是需要谨慎避免的风险，完成这两项任务，都要求“十三五”时期的实体经济发展水平整体上有一个质的提升，在保持合理经济增速的情况下，提高经济增长的质量。目前，中国已成长为世界第二大经济体，又是人口最多的国家，还面临着环保压力、资源瓶颈、人口老龄化、经济下行风险、国际竞争加剧等诸多制约因素，以如此庞大的体量实现经济发展更上一层楼非常具有挑战性。

过去依赖要素高投入的发展模式已不可持续，可行的路径只有以全方位创新提升实体经济的效率，即通过科技创新、管理创新、机制创新和制度创新，激发经济运行的活力，优化资源配置，统筹兼顾长短期目标，化解各种矛盾和风险。在此过程中，财政金融是关键。只有财政金融与实体经济形成良性循环，转型升级才有可能。

一、“十三五”时期经济走势的基本预判

经济史表明，经济结构调整的过程，是资源配置格局重新组合和转换的过程，也是优胜劣汰的产业升级过程。但无论是劣势产业的淘汰出局，还是新兴业态和新兴

产业的培育，都需要支付相应的成本。如果这种新旧更替的高额成本与经济增速严重下滑复合在一起，会加重结构调整的代价，甚至引发经济衰退，结构调整的过程也会因此更为痛苦；如果继续以扩张性政策刺激经济增长，则类似饮鸩止渴，不仅不可持续，而且还会延迟调整进程，阻碍未来经济发展。

未来五年是我国经济结构调整的突破阶段，在宏观经济运行的诸多领域需要系统化的战略思维，权衡利弊，统筹兼顾长短期利益，寻求调整过程的平衡之道。在总体要求上会承接“十二五”收官之年的思路，即“着眼于保持中高速增长和迈向中高水平的‘双目标’，坚持稳政策预期和促改革调结构‘双结合’，打造大众创业、万众创新和增加公共产品、公共服务‘双引擎’，推动发展调速不减势、量增质更优，实现中国经济提质增效升级”。

从国内外环境分析，实现“十三五”时期的经济发展目标和总体要求，我们认为，有四大有利因素和四种突出风险值得密切关注，可以通过把握好有利因素带来的机遇，阻隔风险因素产生和传播的条件，来探讨未来五年改革和发展的路径和举措。

1. 有利因素

有利因素之一，政府治理水平和廉洁程度的提升。十八大以来，我国政府全面推进依法治国，倡廉治奢，致力于打造“阳光政府”，通过简政放权，转变政府职能，推行负面清单、权力清单、责任清单制度，用政府权力的“减法”，换取市场活力的“乘法”，有利于释放市场发展的空间，稳定经济发展预期，为深化改革提供良好的宏观管理环境。

有利因素之二，中国拥有发达的互联网和完备的制造业供应链条。以德国工业4.0，美国再工业化为代表，国际上科技竞赛如火如荼，新一轮科技革命正以信息经济新范式改造传统行业，通过互联网元素与制造业的融合生成的智能制造已经逐步实施和扩散开来。我国拥有较为发达的互联网基础设施，是世界上唯一拥有联合国产业分类中全部工业门类的国家，通过实施“中国制造2025”战略，动员各种生产要素向新兴产业和新兴业态汇集，追赶科技进步潮流，促进工业化和信息化深度融合，加快制度创新和技术创新，是兼得经济结构调整和经济增长双目标的关键所在。

有利因素之三，国内区域经济协同发展的新空间。未来五年，城镇化依然是我国经济发展的重要潜力所在，京津冀一体化战略和长江经济带战略是推进新型城镇化的重要抓手。这有利于促进生产要素的区域自由流动，经济落后地区与发达地区互联互通，优势互补，共同发展，优化国内经济的空间布局。

有利因素之四，国际经济合作的新格局。“一带一路”战略建设为我国开辟了国际合作和实施走出去战略的新格局，有利于打开外部世界的需求，提高国内产业的梯度布局能力，为经济结构调整赢得空间和时间。自贸实验区建设有利于以点带面扩大对外开放，促进国内外生产要素的自由流动，提高资源配置效率。亚洲基础设施银行等国际组织兴起有利于我国在全球经济一体化把握主动，发挥经济优势，实现互利共赢。

2. 风险因素

风险因素之一，债务的可持续性。2008年以后，去杠杆化和修复资产负债表是许多国家尤其是发达经济体普遍面临的任务，欧洲一些国家以及日本至今仍然是债台高筑，甚至面临清偿能力危机。我国债务问题的凸显则出现在2013年以后，突出表现为地方政府性债务的攀升。未来五年，受房地产市场价格波动，经济增速下降，养老和医疗支出压力加大，偿债高峰期来临等因素影响，政府性债务问题仍会影响财政和实体经济健康运行。

风险因素之二，融资难、融资贵。由于金融结构不合理和金融管理体制改革不到位，我国存在货币宽松与实体经济融资难、融资贵并存的矛盾现象，资金不能有效配置到效率高的、具有良好发展前景的企业中，大量社会资金沉淀在金融体系内部或僵尸企业之中，低效的金融资源配置格局会束缚经济活力。

风险因素之三，经济下行压力。从外部经济环境来看，除美国以外的主要经济体放缓，外部需求低迷；从国内发展条件来看，人口红利减少，企业效率下降，经济增长动力不足，从而导致经济下行，需要警惕效率、效益下降引发的结构性收缩加剧的问题，尤其需要避免两者的相互叠加和螺旋式下行。

风险因素之四，环境污染与资源浪费。与其他经济体的发展历程相似，工业化也给我国带来了突出的环境污染问题，增加了社会和家庭的医疗成本，也增加了社会成本，尤其是健康成本。未来五年，环境治理需要社会各方加大投入，城市和乡村都要走清洁发展之路。与此同时，由于技术、成本、管理或体制方面的原因，我国还存在严重的资源浪费问题，包括能源、金融资源、人力资源、自然资源等，例如，“高消耗”问题，我国单位GDP能耗依然为高收入国家的1.8倍，中等收入国家的1.2倍，世界平均水平的1.5倍。再例如，2013年，我国劳动生产率仅为美国的17.1%，甚至明显低于俄罗斯的33%，南非的28%，亦低于巴西的17.3%。

以上这些公共风险因素都会拖累“十三五”时期经济运行实现双目标要求，另一方面看，可以把这些公共风险转化为改革的动力，以公共风险为导向，把化解上述风险作为政府改革和政策的着力点，推行全方位创新，加快经济结构调整。

从上述影响“十三五”期间国民经济和社会发展的因素看，我国在“十三五”期间处于宏观经济转型的重要时期，经济增速会出现一定程度的回落，经济高速增长很难重现，但实现2020年中国经济总量比2010年翻一番的目标所必需的年均增速6.5%以上还是可能的，这将主要通过结构性改革来解放社会生产力。以整体观来看，“十三五”期间的经济转型升级与社会环境、生态环境的关系比以往任何时候都更为密切，也就是说，经济领域的公共风险越来越取决于整体的公共风险状态，就经济风险论经济风险，已经呈现出越来越大的局限性。整体优化资源配置，大力发展低能耗、高附加值产业，实现绿色低碳循环发展，提高全要素生产率。这些都是化解经济风险的应对之策，但需要站在国家治理的高度才可能实现。这也表明当前推进的结构性改革已经超越了经济的内涵，实质上是国家治理结构的改革，即实现制度整体现代化。唯有如此，社会生产力才能真正得到解放。

二、财政金融与实体经济的关系：相生相克

实体经济是财政金融发展的基础。财政金融应以有效服务和支持实体经济发展为目标导向，如果偏离实体经济，财政金融就会成为无源之水，不可持续。财政金融发展状况与实体经济的运行状态相辅相成，不应出现长期的大幅度偏离。

资金是现代经济运行的血脉，财政和金融都涉及资金的运动。前者是公共资金的运动，后者是社会资金的运动，财政金融活动对实体经济发展具有深入而广泛的影响力，既可以有效支持实体经济发展，也可能成为实体经济耗损的重要因素。构建现代财政金融制度，正确运用财政工具和金融工具可以引导或推动实体经济发展，而财政风险、通货膨胀、金融压抑等则是耗损因素，甚至是破坏性因素，例如，金融危机、财政危机常常与经济危机相伴。

研究财政金融如何才能与实体经济实现“相生”的理想状态是现代经济学关注的核心命题，凯恩斯主义、新凯恩斯主义、新古典综合派、货币学派、理性预期学派、供给学派、制度经济学、新制度经济学、福利经济学、内生增长理论、发展经济学等现代经济学流派分别从不同的角度阐释影响实体经济运行的关键变量，并提出相应的宏观经济政策主张，财政金融作为支持实体经济健康运行的主要工具，自然成核心的研究命题。例如，蒙代尔-弗莱明模型（IS-LM-BP模型）系统地分析了开放经济条件下财政政策、货币政策、资本流动对产出、利率、汇率的影响，研究怎样通过财政金融政策搭配实现宏观经济的内外均衡。

在实体经济增长方面，不同经济学流派分别强调了劳动力、资本、土地、制度安排、税率水平、货币供给量、财政支出规模等因素的重要作用，整体而言，实体经济运行作为一个复杂系统，是上述各类因素共同发挥作用的结果，每一类因素都具有不可替代的位置；分阶段考察，某一类或某几类因素则是制约或推动实体经济增长的关键所在，也是财政金融政策予以倾斜性支持的对象，例如，金融危机时期，危机处置和金融监管制度对保障实体经济运行的作用则更为凸显。结构调整时期，鼓励和引导技术进步应是财政金融支持实体经济发展的着力点之一。

概括而言，财政金融活动本身是影响实体经济发展的内生变量，同时，它们又可以作为外生变量，去影响和引导实体经济发展的其他内生变量，支持实体经济发展，因此，财政金融领域的基础设施、制度安排、体制机制、政策工具、调控系统等方面的完善程度，决定着财政金融与实体经济之间关系处于何种状态。相生？抑或相克？相生的条件大致包括拥有较为完善的财政金融基础设施（包括商业法律体系、会计审计体系、支付清算系统、金融市场体系等）；财政金融体制机制能够动态适应实体经济的发展与变化；税率、利率与汇率保持合理适度；财政金融风险处于可控与可管理状态；财政金融监管制度保持有效；具有适度的系统性保护机制或公共安全网；等等，缺乏这些基本条件，财政金融活动就极为可能拖累或消耗实体经济的发展，出现相克的格局。

观察近年来全球经济的运行状况，也可以验证财政金融发展与实体经济之间相辅相成和相生相克的逻辑关系。20世纪初期，美国在网络经济泡沫破灭以后，运用低利率的货币政策刺激经济和房地产市场发展，实现了金融业繁荣和实体经济稳步增长的目标，但是，也埋下了金融危机的种子。2008年，美国次贷危机引发国际金融危机和经济衰退，扩张性财政政策和量化宽松的货币政策成为应对措施，与之相伴的是政府债务的快速攀升，甚至美国国债作为无风险资产的地位都一度受到质疑，金融风险向财政风险转化。凭借着能源等领域的科技进步和美元作为世界货币的国际地位，经过6年之久的努力，美国经济才逐步回归到正常运行轨道，通过实体经济增长消化累积的财政风险。

而其他发达经济体则没有这样幸运，仍然没有完全走出财政风险、金融风险和经济衰退相互反馈的泥潭，欧洲债务危机的爆发和日本经济长期衰退即为例证。问题的起因都是在于老龄化、外部不景气等因素引起经济增长乏力，进而金融风险暴露，表现为银行不良资产激增、房地产、股票市场等资产价格快速下滑，政府通过扩张性财政政策刺激经济发展，导致政府债务水平激增，甚至财政危机。面对这种困境，欧元区国家被迫实行财政紧缩，经济衰退条件下的财政紧缩措施进一步拖累实体经济复苏，债务违约、债务重组等问题至今仍是欧洲经济的拖累。而日本则选择了推移风险的债务维持模式，长期实施零利率政策，虽然避免了财政风险演化为债务危机，但经济运行始终缺乏活力，没有完全摆脱不景气的状态。面对财政金融发展与实体经济交织互动的复杂作用机制，发达经济体尚且如此，对收入水平相对较低的发展中国家而言，则更具挑战性。

如前所述，“十三五”时期我国实体经济运行面临的风险因素包括财政、金融和实体经济等三大领域，在经济增速放缓的条件下，尤其要防范和化解这些领域的风险转化为公共风险，警惕三大领域的风险相互反馈，汲取欧洲和日本的前车之鉴。从审慎的角度，结合“十三五”时期以全方位创新推进经济结构调整的发展路径，我们认为，应从与实体经济相生相克的关系来认识财政金融发展的内涵，探讨未来五年财政金融改革的具体措施。

第一，财政金融发展应促进（相生）而不是抑制（相克）实体经济发展，即通过财政金融发展来化解实体经济的风险，避免财政金融自身做大做强而挤压实体经济。美日欧经济运行境况的差异存在一个关键原因，美国在处理金融危机和财政风险的过程中，实现了科技创新和生产效率的提升，而日本和欧洲国家在这方面较为滞后，导致实体经济缺乏驱动力。因此，财政金融发展都应以支持创新驱动为导向，为适应新环境做出改变，直接服务于实体经济生产效率的提升。

第二，针对实体经济发展，财政政策与货币政策需要为实体经济创造宽松的发展环境，避免在结构调整阵痛期经济加速下滑；同时，发挥政策引导作用，引导更多的社会资源支持两类领域，一类是有助于增强国家竞争力的支柱产业和新兴产业，另一类是关系国计民生的基础产业。从政策特征来看，财政政策长于结构调整，货币政策长于总量调控，基于此，“十三五”时期，财政政策在结构调整方面需要发挥更大作用，货币政策侧重于为市场主体提供机会公平和顺畅便捷的货币金融环境，提高融资便利度，降低融资成本，使市场主体可以充分利用我国实体经济面临的有利因素。

第三，针对公共风险，财政金融不仅仅是一个政策取向问题，而是一个体制机制重塑问题。这离不开财政金融改革。需要增强危机意识，通过财政金融改革提高公共风险的宏观管理水平，针对实体经济发展的内在要求，梳理财政金融运行中与之不合宜的机制或制度安排，兴利除弊，加快推进现代财政制度和金融服务体系建设。

第四，财政与金融存在内在关联，无论是在调控政策层面，还是在体制机制改革方面，都需要加强协调与合作，形成合力促进实体经济发展。在外汇储备、国债发行、国库现金管理、政策性金融等领域建立共识，合理分工，建立有利于满足对外经贸往来和国内经济长期发展的制度安排。建立财政风险与金融风险相互转化的防火墙，打破风险大锅饭，做好风险化解预案，提高国家整体的风险处置能力，为经济结构调整提供相对稳定的宏观环境。

三、财政与经济相生：关键是如何分配风险

财政作为国家治理的基础，在支持经济结构调整和创新驱动发展方面可以发挥作用，不仅通过承担公共风险、深化改革，系统性重构财税体制机制为实体经济发展创造良好的环境，而且可以运用多种政策工具，有效支持经济社会发展的薄弱环节。针对“十三五”时期经济发展的总体要求，财政支持实体经济发展可以从合理分配风

险、提升财政风险管理水平和深化财税改革三个视角形成基本思路。

（一）合理分配风险

现代社会，财政的基本功能之一是防范化解经济风险、社会民生风险、生态环境风险等各类公共风险，以维持整个经济社会系统的稳定，实现发展的可持续性。财政以防控经济社会风险为己任，力求公共风险最小化，政府预算安排要体现防范化解公共风险这一功能，这是一个永恒的预算政策主题。“十三五”时期，我国面临的公共风险主要是经济稳定风险、社会民生风险和生态环境风险，降低这些公共风险是财税改革及预算收支安排的基本导向。

另一方面，财政的运行状态、财政风险也会影响到经济社会的稳定与发展，因此，公共风险最小化以财政风险的天花板为条件，不能超出财政的最大承受能力，即通过扩大财政风险来防范化解公共风险是有限度的，不然会起负面作用，反而导致经济社会风险扩大。欧盟是前车之鉴：救援经济金融危机，结果导致财政危机，进一步激化经济社会风险。

“十三五”时期，我国仍处于城镇化快速发展和人口老龄化加速的阶段，教育、医疗、养老、环境等公共服务的需求呈现刚性增长，财政支出增长随之呈现出越来越刚性化的特征，而且在经济下行和结构调整期，需要更多的财政支出。与此同时，由于税源收缩和主动实施减税政策，财政减收的态势也较为明显，收入下降与支出扩大并存的变化趋势意味着赤字规模的扩大，是用财政风险的上升来化解经济社会风险，防控公共风险累积扩大。毋庸置疑，对任何一个经济体而言，结构调整都是需要付出代价和时间成本的过程，在此过程中，财政以自身风险的扩大为代价为结构调整创造条件、提供保障是其应尽的职责，但同时也应防止财政风险外溢叠加到公共风险之上，否则将会引发更大的公共风险。

理想的状态是以财政风险的扩大换来公共风险的降低，避免全局性的公共危机，然后，伴随着经济社会运行状况不断改善而逐步化解财政风险，在一定时间周期内实现经济社会系统性总风险的最小化。实践中，为实现上述风险动态平衡与最小化目标，必须通盘考虑经济社会发展形势的变化，根据经济社会风险与财政承受能力的配比，因时因地判断公共风险和财政风险各自的容忍度，并合理配置化解这些风险所需的相应资源。

整体而言，以适当扩大财政风险的方式来化解公共风险是正确的选择，有利于降低当前面临的经济社会风险，避免就业、金融和社会恐慌等公共危机的发生。总之，面对不确定的现实世界，我们需要有不确定性决策思维和常态化风险意识，才可能达到预想的目标，获得我们想要的确定性，规避我们不想要的风险。

（二）提升财政风险管理水平

在经济下行期，可以通过实施扩张性财政政策，以扩大财政风险为代价支持经济结构调整，为实体经济发展提供良好的环境，但是，财政管理始终要遵循审慎原则，政府赤字、债务上升很容易，有如氢气球，不控制就会自动上升，应通过完善制度安排、优化管理机制、创新管理措施等方式提升财政风险管理的效率与水平，疏堵结合，主动控制财政风险。

如前所述，在财政领域，地方政府性债务可持续性是未来几年影响实体经济运行的主要风险。一方面，地方政府性债务存量规模庞大、偿债高峰期相对集中；另一方面，随着经济增速的下滑，财政收入加速下滑，而社会性支出、经济性支出需求刚性快速增长，导致财政收支矛盾加大。过去几年财政收入几乎都维持了两位数的增速，而今年上半年财政收入增幅低于经济增幅，在7%以下；支出增速达到两位数，可以预见，“十三五”时期财政减收增支的压力会进一步加大，这意味着政府性债务尤其是地方政府性债务的增长刚性仍很强。

针对存量债务风险，已经采取了强有力的一系列化解措施，主要有：一是规范和严格债务管理。中央351号文和43号文对地方政府性债务管理做出了新规，推行全口径预算管理，约束地方政府性债务的盲目扩张。二是实行债务分类，厘清地方债性质，明确企业与银行之间、财政与银行之间、中央与地方之间或者上下级各级政府之间的风险责任，避免风险大锅饭。三是提高预算体制灵活性，推广PPP模式，创新融资渠道。四是实行债务置换，以时间换空间。这些措施既包括缓解债务压力的短期措施，也有利于促进债务管理规范化的长期制度建设，在“十三五”期间需要继续实施和完善，但这些措施还不足以解决未来的财政减收增支的巨大压力，应对未来的财政风险，财政支持实体经济发展，还需要深化财政领域的各项改革。

（三）加快财税改革

1. 支出改革

第一，在市场主体可参与的领域，转变财政投入的方式，包括科技、教育、农业等领域的财政支出改革。这方面需要考虑三个层次的问题：一是直接财政投入还是间接财政投入；二是消耗性的财政投入还是循环性的财政投入；三是全国性的财政投入还是散点式的财政投入，中央干中央的，地方干地方的，还是建立一个蛛网式的财政投入格局，来统筹全国在某一事项上的财政投入资金。相比而言，间接式财政投入，循环式财政投入，蛛网式财政投入有利于吸引社会资金流向这些领域，更有利于节约财政资金，扩大财政支持范围和效率。

第二，在互联网经济的环境中，政府的财政投入固然重要，但比政府资金投入更重要的是信息。在信息化时代，信息是更重要的资源，财政在信息领域建设方面需要加大扶持力度，通过支持“互联网+”等新兴业态，降低经济运行成本，提高经济运行效率。

第三，建立透明规范高效的预算管理制度。完善政府预算体系，按照新预算法的理念，逐步归并政府性基金预算，或者按照一般公共预算的标准管理政府性基金预算；加快权责发生制政府综合财务报告制度；加强中期财政规划管理。

第四，退出企业可充分发挥作用的竞争性领域，加大向社会领域的投资，特别是人力资本积累和人力资源开发投资，提升人口质量。在人口数量红利日渐耗尽的情况下，人口质量红利的挖掘变得更加重要。教育、培训、公共卫生和医疗等领域，既要发挥市场、社会的潜力，更要发挥政府的引导作用。

2. 收入改革

第一，创造条件，加快推进营改增。营改增既是对整个税制的完善，也是对企业减税的重要措施，十三五期间需要在全覆盖基础上进一步完善，按照低税率、宽税基和严征管的思路，形成真正中性的现代增值税制度。

第二，强化税收的激励约束功能。对于创新，要充分发挥税收的激励功能，运用税收政策支持产学研相结合、支持科技成果转化，以及吸引社会资金和资源流向科技创新和新兴产业领域。对具有负外部性行为，要充分发挥税收的约束功能，如资源消耗、污染排放，通过建立健全环境保护税、资源税、消费税和房产税等税种，引导生产和消费行为。

第三，落实税费征收法定原则，清理各地不规范的税费优惠措施，治理碎片化、不规范、不统一等问题，促进全国统一市场体系的完善和公平竞争，激发微观主体的活力和创新动力。

第四，优化政府债务结构。地方债这几年迅速扩大，在政府性债务中比重上升，而国债比重在下降，这种债务结构既不利于控制风险，也不利于债务资金的有效使用，适当降低地方政府债务比重，是防控债务风险的重要措施。另外，优化债务期限结构、品种结构、丰富债品，也是财政支持实体经济发展（优化政府投资，实施积极财政政策）以及与金融发展形成良性互动（包括利率市场化、央行资产负债结构调整、人民币国际化等方面）所需要的。

3. 财政体制改革

建立事权与支出责任相匹配的财政体制，是构建现代国家治理结构的重要切入点。财政治理是政府治理，也是国家治理改革的突破口，通过财政体制的系统性重构，形成国家治理与地方治理的分级治理体制，提高治理效率，有形成治理的长效机制。

四、如何避免金融与经济相克

改革开放以来，金融在我国经济发展过程中起到了巨大的推动作用，实现了我国经济的快速发展，尤其是商业银行的发展，推动了第二产业的超常规发展，从而奠定了我国经济发展的基础，这一点可以从我国经济发展的历程得到验证。在三十多年的经济发展进程中，每逢金融改革加快，货币政策对路，我国经济发展就比较顺畅；相反，金融改革滞后，货币政策出现偏差，经济就会运行不畅。

经过三十多年的发展之后，我国金融与实体经济之间出现脱节，呈现出相克的局面，就像两个齿轮之间的耦合脱离了。这突出表现在我国社会资金的“脱实”，也就是社会资金的流转离开了实体经济，在金融体系内部流转，商业银行聚集的大量资金滞留在实体经济之外，在虚拟经济中自我循环扩大，这使得我国金融体系的风险在不断积聚和积累。

在结构转型的阶段，商业银行把大量资金错配在以传统行业为主体的国有企业和低回报率为主的地方政府融资平台上，造成社会资金配置的低效率。与此同时，商业银行的粗放经营模式使得扩张规模成为商业银行的主要目标，这一方面会导致社会无风险资金收益水平的提高；另一方面，也推动了金融资产价格的虚涨，在传统产业面临困境和地方政府融资平台风险不断积聚的情况下，商业银行大量资金转向影子银行，从而推高了资产价格，形成了金融体系的虚假繁荣。

金融体系内资金快速流动的情形在“次贷”危机前的美国也同样存在，经过2000年后美联储的不断释放流动性，美国出现了流动性泛滥状况，大量资金在追逐着各种资产，并且推动各类资产价格持续升高。2007年，随着房屋价格的下跌而出现“次贷”危机之后，先前在各个市场泛滥的流动性瞬间消失，这导致很多金融机构出现流动性危机，并且通过金融系统的传递形成了席卷全球的国际金融危机。

“十三五”期间，要避免金融与实体经济相克，就要回归金融的本源，构建普惠金融理念；大力发展资本市场直接融资，降低商业银行间接融资的比重；改革金融监管体系，控制金融风险，为经济转型创造条件。

1. 树立普惠金融理念

通常所说的普惠金融是将排斥穷人、低收入者的金融体系改造为包容性的金融体系。对于我国而言，发展普惠金融具有重大意义，因为我国现有的金融体系具有很强的排斥性，与实体经济相克的程度深且广，甚至存在所有制歧视，对民营企业、小微企业都有看不见的玻璃门。树立普惠金融理念，就是要降低金融的排斥性，扩大包容性，使“嫌贫爱富”的金融变成低收入者和小微企业也能享受的普惠金融。

2. 构建多层次、多种类的金融机构体系

为了实现普惠金融理念，“十三五”期间应加快金融改革，根据不同金融需求者的风险收益特征和金融机构运营特征，分别从微观、中观和宏观三个层面构建和完善多层次、多种类的金融机构体系。重构商业性金融和政策性金融体系，为不同的资金需求者提供金融支持。同时，根据客户的不同，构建不同种类和业务方向的金融机构体系。例如，可以将从事商业性信贷的金融机构区分为全国性银行、区域性银行、地区性信贷机构以及小额贷款机构等，证券公司也可以由全牌照公司区分为经纪业务公司、资产管理公司、投资银行等金融机构，其中投资银行也可以分为股权类、固定收益类、并购类金融服务中介。在这种理念下，需要对现在大而全的金融机构进行整合，使其区分经营机构和控股集团，实现经营机构的专业化和控股集团的业务多元化和混合化。

3. 发展资产证券化业务，优化金融资产结构

商业银行间接融资的长期畸形发展产生了约为中国国内生产总值1.5倍的银行贷款，这需要通过资产证券化业务，将相当一部分银行贷款转化为资产支持证券，从而缓解坏账压力，逐步降低商业银行间接融资比重，扩大直接融资比重，优化中国金融资产整体结构，降低金融体系的脆弱性。同时，资产证券化业务能够较为明显地降低商业银行的影响，缓解商业银行业务畸形发展给其他金融机构业务发展带来的扭曲，降低社会资金融通成本，引导市场无风险利率的下行，减少融资难、融资贵的现象，以便实体经济企业获得资金支持。

4. 发展多层次资本市场，实现资金供求双方的有效衔接

一是加快债券市场发展。我国资本市场中，股票市场的发展较为迅速，债券市场的发展相对缓慢，特别是企业债市场，企业直接发债融资的渠道不畅，只能通过商业银行信贷融资，融资成本提高，融资便利性也较差。在促进股票市场发展的同时，应更加注重债券市场特别是企业债市场的发展。

二是完善股票市场结构。我国已经建立了包括主板市场、中小板市场、创业板市场、新三板市场以及产权交易市场在内的多层次资本市场，但发展不平衡。应逐步构建新三板、创业板、主板多层次的资本市场金字塔结构；同时，简化公司上市的流程，从上市审批制度逐步转变为注册制，满足各类企业的股权融资需求。

5. 发展融资担保、融资租赁、小额信贷、互联网金融等各类金融中介

发达经济体的金融体系包罗万象，企业可以获得各种金融机构的金融服务，满足不同层次、不同类型的资金需求。在严格的分业监管体系下，所有处于交叉领域或者是非传统领域的金融业务的发展都受到人为抑制。应通过改革金融监管体制，解除金

融抑制，鼓励具有创新精神的各类非银行金融机构的发展，满足实体经济的发展需要。

6. *改革金融监管体制*

我国金融分业监管体制导致金融改革政策割裂，各项金融改革措施囿于各个监管当局自身利益，缺乏统筹规划和顶层设计。特别是在金融创新不断出现的情况下，不同金融行业之间的资金流动已经极其普遍，这在一定程度上会带来金融风险的行业集聚。在分业监管的体系下，各金融监管机构了解的信息都是片面的，很难对创新业务的整体风险进行评价，更无法事先加以防范。同时，随着互联网金融的兴起，传统金融业态在向新兴金融业态转换，跨行业、跨市场、跨领域的创新层出不穷，当前这种分业监管的僵化体制已经穷于应付。因此，应建立统一的金融监管体系的，以整个金融体系一盘棋来统筹构建金融监管，控制金融风险，提高融资效率，支持实体经济发展。

（刘尚希，财政部财政科学研究所所长，研究员，博士生导师。孟艳，财政部财政科学研究所研究员）

新常态下的中国总需求结构调整机制

□ 杨瑞龙　于春海　杨继东

一、引言

自2010年以来，中国经济进入经济增速阶段性回落的“新常态”时期，

并呈现出几个新现象：一是随着GDP增速逐季回落，CPI却保持相对稳定，没有出现整体性通缩；二是随着GDP增速跌破8%的水平，就业水平并没有恶化，服务业却在不断发展中有所改善；三是很多金融企业的财务指标依然不错，但总体金融风险却在持续上扬，局部风险存在恶化的可能。显然，本轮中国经济增长速度回落的主导因素不是传统的总需求不足，而是潜在增速的回落；不是传统的周期性波动，而是结构性的趋势下滑。在经济结构严重扭曲的情况下，如果简单地启动凯恩斯主义的刺激计划，尽管有可能使GDP止跌回升，但将导致资产价格泡沫化，产能过剩进一步恶化，经济结构进一步扭曲。因此，为了提高经济增长的质量就必须把总需求结构的调整置于战略高度。然而，我国总需求结构取决于我国特有的经济发展模式，如果不能深化经济体制改革，结构调整很难取得实效。本文将首先分析我国总需求结构失衡的机制，然后探讨为什么我国多次结构调整的实践都没有取得预期效果的根源，最后证明政府的自我改革是结构调整有效性的必要前提。

二、“速度依赖症”下的我国总需求结构失衡机制

改革开放以来，我国总需求结构发生了显著变化，最终消费占比大幅度下降，投资占比大幅度上升，这构成了我们所界定的总需求结构失衡状况。在时间节点上，我国总需求结构失衡状况的加速发展主要发生在1988—1994年以及2000年以后，这刚好对应着我国改革开放加速推进和增长战略发生重大调整的两个阶段。在横向国际比较中，我国家庭消费占GDP的比重不仅低于发达经济体和世界平均水平，也低于其他发展中经济体。

改革开放以来的30年间，我国总需求结构发生了显著变化，最终消费占比大幅度下降，投资占比大幅上升。1980—2014年，最终消费占GDP比重下降了14.3个百分点，

从65.5%降至51.2%；资本形成占比上升了近12个百分点，从34.8%升至46.0%。2010—2014年投资占比与最终消费占比基本持平。

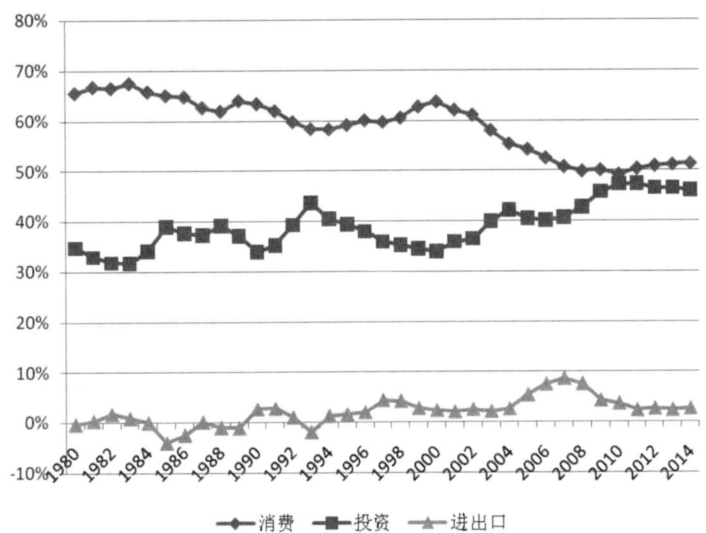

图1 总需求结构的变化（占GDP的比重）①

我国总需求结构对投资和出口的高度依赖性在根本上源于经济赶超战略的政治动因和实现过程。为了在短期内实现经济赶超目标，经济总量的扩张成为政策层面的首要目标。由于技术进步和生产率增长面临较多的约束和不确定性，促进资本投入的迅速增长就成为实现经济总量迅速扩张的首要选择。

资本投入的增长不仅受制于资本形成的来源——储蓄的供给，而且受制于资本成本和资本收益的权衡。为了加速资本的形成过程、推动投资的迅速增加，需要通过各种手段增加国内储蓄的供给，提高资本收益率，压低资本成本。

增加国内储蓄的手段有很多种，首先是一般意义上的金融深化措施，通过金融自由化改革促进金融深化，以高利率和多样化金融工具吸引家庭增加储蓄供给。但是这在短期中不利于资本形成过程的加速，因为利率的提高会抑制投资的增长。而且，现有理论和经验证据也无法在利率和家庭储蓄之间建立明确的联系。为了兼顾促进储蓄和增加投资的双重目标，必须做出其他选择，最有效的措施是维持甚至增加要素市场的扭曲。

要素市场的扭曲导致家庭收入增长缓慢，收入分配向政府和企业倾斜。这使得政

① 数据来自中经网统计数据库。

府和企业成为国内储蓄供给的重要主体。在中国的总储蓄中，家庭储蓄所占比重不到50%，50%以上是政府储蓄和企业储蓄。企业收入构成了资本积累的直接来源。在政府承担大量经济建设和投资职能的情况下，政府储蓄也成为资本积累的直接来源。通过要素市场的扭曲，使得家庭收入增长速度低于经济总量的扩张速度，这就使得总收入中越来越大的部分通过政府和企业这两个主体，直接转变为国民储蓄，并成为资本积累的来源。

在这样一种高度依赖投资与出口的增长模式下，消费增长面临收入与供给的双重制约。这表现在如下几个方面：（1）为了快速推进工业化进程，必须通过劳动市场和金融市场等要素市场的扭曲，压低劳动价格和资金价格，降低工业部门的生产成本和资本形成成本，以推动资本形成过程的加速；（2）高资本密集的重化工业部门的迅速发展，资本替代劳动的能力显著提高；（3）金融市场扭曲人为压低了资金成本，在劳动力成本上升的背景下，资本替代劳动的动机不断增强；（4）工业部门特别是重化工业部门的生产特点，决定了劳动与资本在生产过程中地位的不对等，资本处于强势地位，劳动处于弱势地位，这与要素市场的扭曲结合在一起，进一步制约了初次分配中劳动收入占比的提高；（5）服务于资本积累的生产性财政，在二次分配方面难有作为，无法从根本上扭转劳动收入占比过低的初次分配格局。

中国家庭的消费倾向不仅受制于收入水平以及谨慎性储蓄动机，还受到供给结构的影响。国有企业改革导致家庭在教育、医疗和住房方面的支出成本大幅增加。城市化以及农村劳动力向城市的流动虽然带动了农村居民收入的上升，但是由于户籍制度的存在，使得农村移民工人难以充分享受城市的医疗、教育、养老和住房等方面的福利，所有这些都会导致家庭谨慎性或预防性储蓄动机的增强。另一方面，教育、医疗和养老等非贸易品供给的不足，使得家庭对潜在需求即便有收入支持，也无法转变为实际的购买支出，由此导致“强制储蓄”问题。这就使得家庭虽然在国民收入分配中占有的份额较低，但是却依然维持非常高的储蓄率。

在特定的制度安排和市场结构下，储蓄行为与市场价格机制的联系弱化，甚至没有明显联系。在这种情况下，金融体系蜕变成政府影响社会资本形成成本和结构的工具。利用利率管制下的以银行为主导的金融体系，政府可以对相关行业和企业的融资成本施加实质性影响，控制其信贷可获得性，影响其融资成本。利用产业政策实施行业进入壁垒，影响特定行业的竞争成本，达到直接影响特定行业中资本收益率的目的。利用对生产、投资和出口直接的政策性补贴，改变资本形成成本和资本收益率。

借助于要素市场扭曲、收入分配体制和政策、产业政策、供给政策以及生产和投资补贴等手段，一方面能够增加国内储蓄供给，使得资本积累有了充足的来源；另一方面能够维持资本收益和资本成本之间持久的、较大的差异，进而维持企业强烈的投资动机。这是支持我国高投资最为重要的内部因素。尽管随着我国劳动市场的完善，实际工资在不断上升，但是由于扭曲资本收益和成本的政策性或体制性因素依然存在，资本收益和资本成本的差异依然显著存在。在劳动成本不断上升的背景下，企业具有用资本替代劳动的行为，这导致我国的投资率无法出现实质性下降。

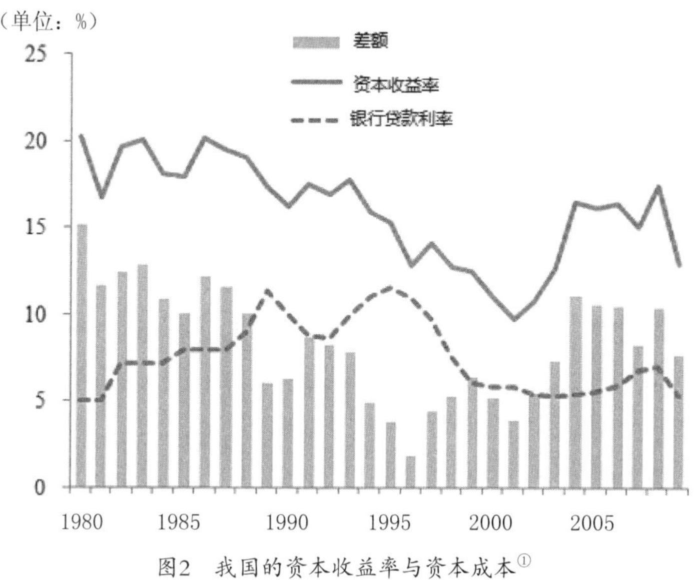

图2　我国的资本收益率与资本成本[①]

高储蓄和高投资必然会带来另一个问题，大规模投资意味着未来生产能力和产出规模的膨胀，在国内消费需求受到压制的情况下如何解决日益扩大的产出能力的市场实现问题？为了解决这个问题，出口成为中国经济赶超型战略的必要组成部分之一。这样，从最终表现来看，我国的经济赶超战略演变成“出口导向型工业化战略”。

传统增长模式下失衡的总需求结构，导致总需求的增长难以持续。在宏观经济的动态平衡关系中，投资兼顾了需求和供给两方面属性，投资增长不仅意味着当期需求的增加，还意味着未来供给能力的更快扩张。在失衡的总需求结构中，这要求出口持续快速扩张。受制于国际分工体系的演变趋势及国外市场的竞争态势，我国出口持续快速增长的空间越来越小，这必将制约国内投资的增长。另一方面，高投资还直接受制于国内环境和资源成本的加剧和约束的强化。

在原有的过于依赖高投资的增长模式下，我国经济增长的就业创造效应和收入创造效应不断降低，为了解决就业和收入增长问题，必须依赖于高增长速度，这是所谓

---

① 图形来自：Fukumoto and Muto（2012）：Rebalancing China's economic growth：Some insights from Japan's experience，China & World Economy，2012，20（1）：62-82。

的“速度饥渴”或“高增长速度依赖症”。在这种背景下，一旦投资和出口受制于国内外约束而无法维持过往的高增长趋势，经济总量扩张速度的下降将会使得就业和家庭收入增长问题恶化，并带来较为严重的社会问题。

第一是政府与市场失衡加剧。为了稳定经济增长，政府不得不选择越来越多的干预微观经济。而随着政府干预的增加，市场自我完善的能力将减弱，这导致政府与市场之间的失衡加大。集中表现为政府主导的投资挤压了私人投资空间，要素市场价格机制扭曲导致民间借贷问题日益突出。其次是资本与劳动失衡加剧。为了维持增长，保持较高的投资水平和投资收益，政府在一定程度上选择保护投资而不是保护劳动。劳动者谈判能力并没有随着相关法规出台得到明显提高，劳动报酬不能随着生产率增长而增长，因此劳资冲突不断加剧，带来社会管理的困难。第三是城乡失衡加剧。在既定增长模式下，城市部门的增长决定了地区经济增长，城市发展被倾注了更多的政府注意力。而农村的发展后于城市发展，城乡之间的差距并没有随着经济发展明显改观。总体而言，城乡失衡矛盾不断凸显。第四是收入分配失衡。传统增长模式下，要素市场价扭曲和再分配的生产偏向，导致收入分配不断恶化。第五是内外失衡加剧。随着国际经济不平衡加剧和金融危机影响的持续，中国经济内外失衡的矛盾也不断增减。上述矛盾带来的结果很简单：有速度，结构恶化；没速度，社会矛盾爆发。

三、经济新常态下内需可持续增长的结构基础

总需求结构失衡是传统增长模式内生决定的，尽管从长期来看，可通过增长模式转换来改变收入分配格局，进而提升消费需求对GDP的贡献率。但在短期内，受社会经济条件的制约，只能更多地依赖投资来稳定经济增长。因此，一方面我们要依赖投资稳定经济增长；另一方面，我们要在增长过程中推动增长模式的转变。

（一）消费需求替代外需与投资需求的约束性条件

从总需求结构的表象来看，为了扭转投资和出口占比过高、家庭消费需求占比过低的失衡状况，需要用家庭消费需求替代外需和内需中的投资需求。然而，在给定的结构和制度特征下，这两种替代过程都是难以完成的。短期内，实现总需求结构平衡并不是要使消费替代投资对经济增长的贡献，压制投资可能加剧中国经济的波动风险。

第一，从家庭消费需求与外需之间的替代关系来看，相对于国内总供给，我国的家庭消费需求更加偏向于非贸易品，而出口的则是以制成品为主的贸易品。居民对教育、医疗、社会保障、社会福利、公共管理和组织等非贸易品不断增长的潜在需求，受制于供给的匮乏而无法转变成现实的购买支出，由此导致居民储蓄增加。非贸易品

供给不足所导致的“强制储蓄”，是造成我国居民低消费倾向的重要原因。在这样的动态趋势中，增加对居民的转移支付以及从其他角度提升居民收入水平的政策措施不能构成刺激国内消费需求的充分条件。消费需求作为内需的重要组成部分，所需要的主要产品并不是那些可供出口的产品，在既定供求结构下，无论是支出变更政策还是支出转换政策，都无法有效地实现国内消费需求对出口的替代。

第二，鉴于消费和投资支出中非贸易品类别的差异，降低投资支出并不能有效缓解国内供给对非贸易品消费支出的强制约束。非贸易品供给约束直接制约非贸易品消费支出的增长，而且还使得总消费支出也无法迅速增长[①]，单纯的需求管理政策无法刺激消费支出的迅速增长。

第三， 从家庭消费行为来看，消费不仅受制于供给约束，还受制于家庭的收入和消费倾向。影响家庭收入增长和消费倾向提高的因素很多，人均可支配收入的提高是一个缓慢的过程，并且收入提高不一定马上带来消费迅速增加。

第四，实际上中国的消费增速已经在加快，中国的发展阶段表明，我们并没有达到发达经济体的消费水平。片面压投资不仅无法提升消费，而且在短期内不利于中国经济的健康发展。投资速度调整甚至是简单地压低投资速度，不是可行的选择。

第五，尽管改革收入分配制度有助于提升消费水平，但在既有增长模式下，收入分配制度反映总体利益结构，如果不通过改革打破利益结构，收入分配结构就难以调整，因此透过收入分配改革来提升消费就是一句空洞的口号。

也就是说，从增长模式角度来看，当前在既有投资结构和增长路径下，仅仅通过收入分配改革来解决目前的扩大内需问题，并不是治本之策。维持内需可持续增长的基础在于，通过投资转型，推动居民收入增长，配合收入分配改革，拉动消费增长，形成投资和消费的良性循环。

（二）投资转型是内需可持续增长的关键

增长模式变革下的投资转型是内需可持续增长的关键。在投资结构优化和效率提高的支持下，产业结构逐步升级，就业增加，进一步导致收入增加，收入的持续增长将为消费升级奠定基础。进一步结合收入分配制度改革，增加社会保障力度，减少收入的地区之间，城乡之间和家庭之间的差距，促进最终消费需求的稳定增长。而最终消费需求的增长又将进一步促进投资增长，形成投资增长与消费增长的良性互动。如

---

① 经过过去多年的经济发展、收入增长和消费升级，包括耐用消费品在内的有形产品的消费虽相对“饱和”，但对医疗、教育和社会保障等服务的潜在需求仍迅速增长。从消费选择行为来看，在服务性消费需求得不到有效满足的情况下，对有形产品的消费难以大幅增加。

果当前仅仅强调通过收入分配改革促进消费增长，忽视投资领域的改革，消费最终将变成无源之水。

收入分配制度对应了一种权力关系和动力机制，对经济增长具有重要的影响。投资体制转型的主要困难就是要化解行政分配权力和市场分配权力之间的冲突。过去的分配体制决定报酬机制和结构矛盾不断叠加，最终导致政府、企业和居民收入分配失衡。居民收入在企业和政府的挤压下受到抑制。这种分配格局导致两种效应：国家财富迅速增长，政府和企业共同推动的高投资加速经济增长，产品出口加速财富累积；居民收入增速缓慢，企业没有动力支付高工资，政府没有强制动机和措施减少税负。以内需可持续增长为目标的结构调整下，需要平衡政府，企业与居民之间的分配关系。

在投资结构方面，基于我国制造业比重相对过高、服务业比重相对过低的情况，结构调整的基本方向是更重视服务业的发展，因此，需要实现投资结构向服务业的倾斜。但是必须强调的是，为了实现消费增长和投资增长的良性循环，服务业发展的重点应该是医疗、教育、养老和社会保障等公共服务业，因为这类服务业不仅与家庭需求直接相关，而且是过去一段时间内制约我国家庭消费增长的最重要的供给短板。

为了提高投资效率，重中之重是取消各种限制资本流动的行业准入约束。资本自由流动的实质是更大地发挥市场对投资选择的引导作用，减少政府干预。根据我们的研究，如果资本可以自由流动，那么每年的总产出还可以增加11%～16%。表1显示，从实际利率和均等化利率的差异来看，目前中国制造业的资本利用效率不高。1999年，均等化利率是实际利率的1.5倍，但是在以后的年份中这个差距在逐渐减少。相应地，实际产出与理想产出之间的差距也在逐年减少。这表明，动态地看，中国制造业的资本利用效率在改善。

表1　资本在所有企业之间自由流动的理想结果

年份	实际产出	理想产出	总产出增加（%）	实际利率（r）	均等化利率（r）
1999	5796	6684	15.3	2.78	4.24
2000	6870	7989	16.3	3.31	5.17
2001	7707	8958	16.2	3.46	5.40
2002	9078	10480	15.4	3.76	5.75
2003	11780	13530	14.8	4.45	6.72
2004	15420	17700	14.8	5.12	7.78
2005	18700	21140	13.1	5.46	7.89
2006	23390	26260	12.3	5.80	8.13
2007	29010	32430	11.8	6.37	8.78

（三）市场导向下的投资结构转型

在长期中，为了实现投资转型和投资持续增长，关键在于投资结构和投资领域的拓宽和转型，即从传统低效率的、依赖出口市场的生产领域转向创新高效、适应国内家庭消费需求的产业部门。这种转变应该是市场力量引导下的自发演进，为此，必须通过完善要素市场、放松政府管制和投资领域的准入限制、推动财税改革、限制国有企业的垄断力量，推动投资结构转型与投资持续增长走向市场力量引导下的自发演化的路径。

所谓投资转型，就是通过劳动力、技术、资本、自然资源、环境承载与制度资源等生产要素在不同产业部门或行业之间的重新配置，实现整体经济增长效率的提升及产业结构协调发展并逐步向更高水平演进，即实现经济结构的优化并与社会发展相适应。在投资动力机制和方向转变的条件下，将带来新的消费升级机会。一方面，投资转型将改变产品市场的供给结构，满足居民更多样的消费需求；另一方面，投资转型将会创造新的就业机会，并提高劳动者收入占比，增加居民收入，促进消费的可持续增长。

如何才能保证在投资总量不变的情况下，优化投资的内部结构，把投资从产能过剩领域，从环境损害领域，从阻碍需求的领域转向适应中国经济发展阶段，投资内部效率提高的领域和部门中来呢？如何促使微观企业从依赖政府主导的投资决策转向更加依赖市场，更加依赖创新才能发展的轨迹上来呢？我们认为，为了实现投资转型，必须创造如下几方面的条件：（1）完善要素市场、理顺价格机制，使得不同产业部门或行业的投资成本与收益在市场上得到真实显露；（2）推动政府的自身改革，打破利益格局，避免政府“与民争利”，政府更多地专注于创造公平竞争的市场秩序；（3）限制国有企业的垄断力量，放松民间资本的投资领域限制和行业准入限制。这样，供给和需求力量的对比才能在市场价格机制中得到真实体现，真实显露投资成本和收益的市场价格信号才能充分发挥其对投资结构转型和投资增长的引导作用。

（四）消费需求增长的制度性条件

由于家庭消费增长面临着比投资增长更多的约束，所以，投资转型带来的供给结构变化、就业模式变化和初次分配格局的变化不足以保证家庭消费的持续增长，还必须有其他方面的变革，包括：（1）完善包括初次分配和再分配在内的整个分配体系；（2）通过城市化和区域发展政策缩小城乡差距和地区差距；（3）完善社会保障体制。

收入分配结构对消费具有重要的影响。不同人群具有不同的边际消费倾向。即使人均收入水平提高了，但如果增加的收入主要集中在少数人手中，或是集中在高收入群体，又或是集中在消费倾向较低的人群，社会总体消费水平也很难增长。近年来，经济保持了持续稳定增长的态势，同时居民收入水平也不断提高。在居民绝对收入提高的同时，我国的基尼系数也有较大的提高。当前，收入分配的不合理现象已经引起了政府的重视，政府也已经采取了一系列的措施调节居民的收入分配，如通过税收、转移支付等手段缩小不合理的差距，但各种差距仍然没有得到较为有效的控制。

随着中国经济的发展，地区之间消费差异逐渐增加。在北京、上海等经济发展水平较高的地区，GDP消费占比逐年增加，而有些地区呈现下降趋势。这表明，发展落后地区的消费增长还有很大的空间。缩小地区之间发展差距有利于消费增长。从下图中看出20世纪90年代以来我国收入和消费的标准差逐年增大，这反映了我国各省之间收入和消费的不平等程度逐步加大。伴随着收入不平等程度的提高，消费不平等程度也在增加，但另一方面，消费不平等程度低于收入不平等程度。

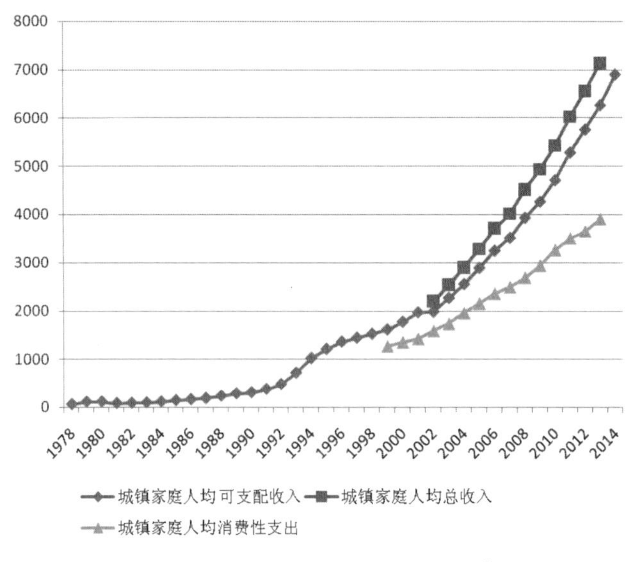

图3 分省家庭平均消费差异变化[①]

尽管我国的城镇化水平获得了快速发展，然而城镇化水平仍然较低，推进城镇化建设是扩大消费需求的重要战略。城镇化与城市人均消费水平正相关，而目前农村居民消费水平仍然大幅低于城镇居民消费水平，更多的农民工进城，进而成为城市人口，这将大幅提高整体居民消费水平。

① 数据来自中经网统计数据库。

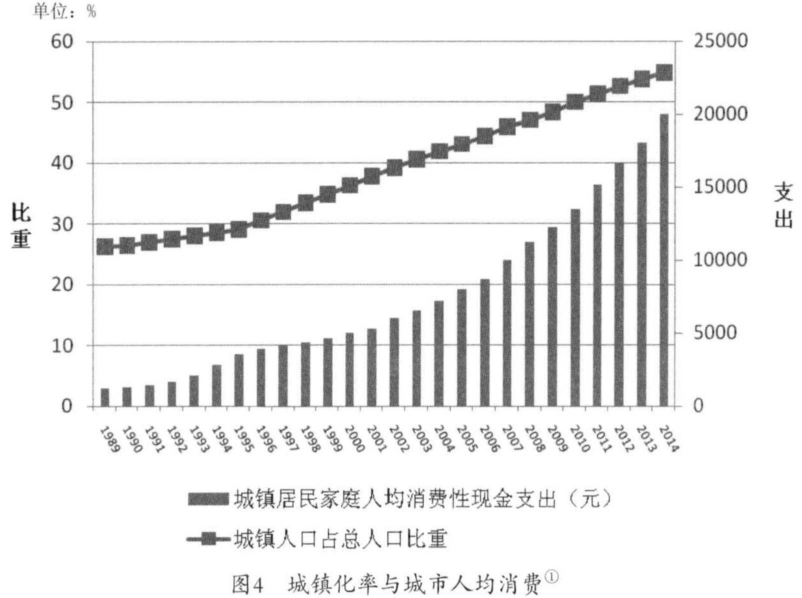

图4 城镇化率与城市人均消费①

社会保障体系可以减少消费者面对的未来不确定性，从而减少人们的预防性储蓄，增加消费。由于社会保障制度建立和发展的主要功能是要保证社会各阶层的个人在退休之后都能享受到某种比较一致的利益结果，因此，适度缩小不同收入阶层之间的社会差异，并保证居民个人在其生命周期内的各个阶段都具有较稳定的消费水平。社会保障制度的存在增加了人们对未来预期的乐观性，这在某种程度上替代了个人为实现跨期消费所要进行的预防性储蓄，如此，居民个人便会倾向于减少自己的预防性储蓄，被代替下来的储蓄将应用于个人消费，从而增加即期整体的消费。在建立社会保障制度的情况下，人们对未来预期的乐观度总体上来说还是增加了，从而有助于扩大消费需求。进一步来看，社会保障制度的建立提高了低收入阶层的消费能力和倾向，这可以提高低收入者未来可支配收入的水平，从而提高低收入阶层的边际消费倾向和能力，有助于全社会消费总量的提高。

四、坚定市场取向的改革是内需可持续增长的关键

无论是分配结构、总供给结构还是总需求结构，其特征都根植于我国传统的增长模式。我国传统增长模式的制度基础在于政府主导的渐进式增量改革。所以，传统增长模

① 数据来自于中经网统计数据库。

式的困境不仅预示着增长模式调整的必要性，更预示着调整改革路径和模式的必要性。

随着经济发展水平的提高和内外部环境的变化，传统增长方式留给我们的选择只有两个：不改革和改革。不改革，继续依赖增长解决社会经济矛盾，社会矛盾不断累积。一旦增长停滞，矛盾爆发。改革，重新调整经济增长路径，适当降低经济增长速度，深化结构调整，实现内需的可持续增长。一个国家的经济不断增长的能力是建立在先进技术以及所需要的制度和思想意识的相应调整的基础上的[①]。改革开放30年来经济高速增长的源泉和基础上，各因素均已发生衰减或变异：未来市场化进一步改革的红利将逐渐递减；受主要发达国家和地区外部不平衡调整的压力、全球经济增速深度下滑和复苏的不确定性、中国出口产品集中度不断上升所逐步界定的国际市场容量、出口退税政策难有提升空间、劳动和资源成本上升和汇率升值的压力以及逆周期的贸易政策盛行等因素的影响，未来出口作为中国经济增长的动力和源泉难以维持和提升；当前工业化过程已达到历史和国际的高位，并接近尾声，未来工业投资增长速度将会明显趋缓；人口红利逐渐衰竭，未来储蓄率将逐步降低，中国较长时期内依靠人口红利和高储蓄率带来经济高速增长的时代将出现变化。

伴随着增长要素的变异，我国经济进入了新常态，其显著特征是主导我国经济下滑的核心原因是潜在增长率的下降，特别是在本次经济下行的过程中，就业状况良好，物价比较稳定，服务业呈现良好的发展态势，经济结构出现了转型契机。尽管国外有些学者在唱空中国经济，但事实上支撑我国经济增长的传统要素仍将继续发挥作用，如新人口红利、新制度红利、新全球化红利等，同时消费率的提升、城镇化进程、产业结构升级和经济结构转型、创新能力的提升等新的增长要素在开始发挥作用。尽管上述的新增长要素足以支撑我国未来中长期的经济增长，但这些新增长要素的培育在很大程度要通过市场取向的改革来激发微观主体的活力。

尽管过去的政府主导型的市场取向改革取得了巨大的成就，但在经济新常态下这种传统的改革模式能否持续？事实上，原有的改革路径已经遇到困境，改革必须进行重新调整和规划。这是因为，过去改革的特征是：（1）以政府为先导改革。由于新的增长模式构建，内需持续增长更多依赖市场引导，政府主导可能破坏市场导向型经济结构的调整。（2）利用原有组织推进改革。随着经济的发展，原有组织可能与某些市场主体结盟，从而形成特定的利益集团，使得既得利益者继续改革的动力已经在衰减。例如过去通过地方政府推进改革，但地方政府主导改革的副作用也日加明显。

① 库兹涅茨：《现代经济增长：发现和反映》，《现代国外经济学论文选》第二辑，商务印书馆，1981年。

（3）增量改革。新的增量改革常常是非帕累托改进，一部分人将在改革过程中利益受损，特别是政府官员。新的改革要求约束政府权力，增加政府透明度，这些都会损害官员个人私利。（4）过去先试点，后推广的改革模式不可持续。改革试点权在行政系统中配发，这在调动地方政府的改革积极性方面起到了重要的作用，因为试点权会带来垄断性制度收益。但是随着经济发展，这种试点造成的寻租行为日益严重，从而扭曲了市场化改革的真实成本与收益。

我们需要继续坚持渐进式改革，但同时需要保持社会稳定。然而，随着各种失衡和矛盾的加剧，包括市场与政府的关系失衡、资本与劳动的利益失衡、地区发展失衡和收入分配失衡等，不改革就无法继续保持社会的稳定。因此没有政府推动的自我改革，深层次的改革就难以推进。当前政府需要认清改革的局面，坚定改革的决心。从利益关系调整的过程中寻找改革的动力，调动各方的积极因素，促进改革不断推进。中国经济增长的奇迹与改革的推进密切相关。改革推动了资源利用效率的提高和资源重新分配，各阶层在改革过程中增加了自身福利也进一步推动了改革的进程。在1992年前，中国采取了局部改革，取得了部分改革的经验。1992—2002年，通过更为全面的市场改革，国有企业改革，外贸改革，金融制度改革促进和经济增长。2002年，新一届政府推动和谐发展和包容性增长，社会经济发展再上一个台阶。尽管改革过程中存在这样那样的问题，但改革继续推进是经济继续发展的决定力量。

鉴于此，我们认为：第一，不能就改革谈改革，改革的重点不是重新界定收入分配结构，而是重新界定政府权力与市场权力。通过政府自身改革，打破政府、企业和家庭之间的传统利益分配格局，使得政府角色从“与民争利”转变为“为民创利”。第二，不能就分配谈分配，分配关系的调整不仅在于权力关系的调整，同时也在于生产方式的调整。因此政府一方面应当通过现有权力体系的大调整来实现收入分配关系的调整，另一方面也应当重视中国的发展阶段，建立起与生产方式相适应的分配模式，市场力量也是调整分配关系的核心力量之一。第三，防止一些理想主义的激进做法。中国的发展阶段决定了短期内消费占比不能模仿“美国”，警惕福利刚性加重中国经济前行的负担。第四，要尊重经济发展的自然演进规律与民间智慧，防止政府过度干预经济对经济增长内生能力的扼杀。 第五，“稳投资”与“扩消费”的组合是内需可持续发展的结构基础，不能简单化。

根据中国现实和国情，政府自上而下的改革是改革成功的关键。由于进一步的改革主要涉及全局性改革，特别是中央政府层面的改革，因此，改革需要依赖中央政府自上而下的推动，并保证地方政府具有落实中央政策的有效激励。从中国历史经验来看，改革的道路虽然任重而道远，但只要社会形成改革的共识，理解改革的利害关系，以史为鉴，改革促进发展值得期待。改革的四个突破口在于：（1）政府功能重新定位；（2）限制国有企业的垄断力量，发展民营经济；（3）完善要素市场和分配体制；（4）社会改革。

首先，政府功能重新定位。市场经济的充分发展需要政府提供相应的服务，政府必须从增长型政府向发展型政府转变。停止干预市场价格和交易，逐步废除对土地、劳动力、能源、矿物以及资本价格（利率和汇率）的管制。政府必须改革垄断企业；改革税收制度，以全面落实改善社会福利的目标。增加在社会保障、医疗、教育、住房和环境等公共服务领域的开支。政府政策要注意以下方面：一是平衡，即宏观政策的松紧平衡，该压的要压，但该保的一定要保；二是服务，政府应该为放松微观经济提供服务，创造环境；三是改革，市场化的改革要及时跟上，这样才能打破市场中的各种樊篱，释放经济活力。从地方政府的角度而言，我国的经济增长已经进入一个转型期，如果要试图获得一个新的报酬递增的增长路径，唯一可行的对策就是实现创新导向型的经济结构转型。地方政府之间的相互竞争会影响各地区的创新水平，进而会影响各地区的经济结构的调整。如果要实现通过地区创新能力的改进来实现结构转型，那么建立规范的地方政府间竞争秩序就至关重要。

其次，限制国有企业的垄断力量，放松对投资主体和投资领域的限制，为民营经济的发展创造条件。目前情况看，是否出现“国进民退”的趋势，这依然存在争议，但现实是，国有企业数目在下降，就业人数在下降，增加值和固定投资在增加。尽管国有企业占比在减少，但是国有企业控制了经济上游部分，拥有生产定价权，容易得到政府的支持，方便获取银行的贷款，同时国有企业的利润并没有用于社会的再分配。这些特征导致社会竞争受损，资源使用浪费和社会不公平程度增加。以对外投资为例，中国的外汇主要由私营部门创造，但是对外直接投资主要由国有企业驱动。通过下图考察了国有企业资产利润率的情况，我们发现，国有企业资产利润率与国有企业在行业中的比重正相关。这说明，国有企业的利润在一程度上仍然反映了垄断利润。

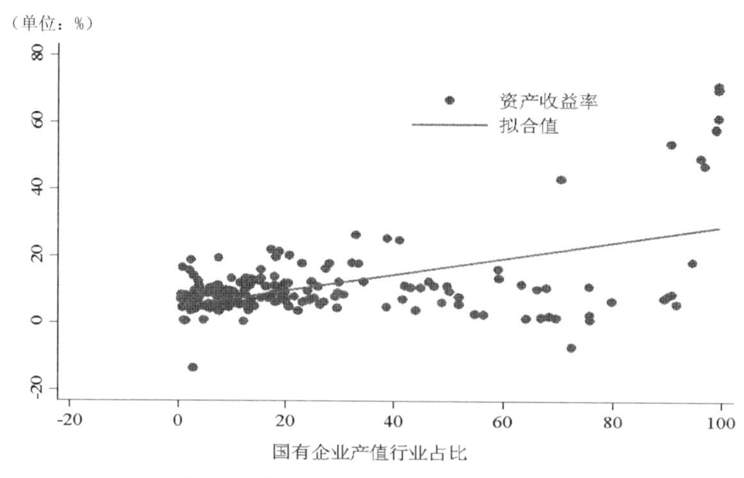

图4　国有企业行业占比与资产收益率

再次，消除劳动力市场和金融市场在内的要素市场的扭曲，配合再分配体制的改革。完善要素市场，消除政策性扭曲，使劳动和资金等要素的供给和需求力量在市场上得到真实体现，并最终在工资和利率等价格信号中得到真实显露。这是要素市场真实显露不同产业部门或行业的投资成本与收益的前提。在要素市场能够真实反映要素成本和收益的情况下，市场力量才能成为投资结构演进过程的主导力量。我国居民收入增长缓慢的一个重要原因是财政收入增长过快，这一定程度挤占了居民收入的增长。尽管政府可以通过再分配增加居民收入，但由于我国的财政主要是生产型财政，在财政支出的顺序中，与医疗、教育、社会保障相关的支出和转移支付并不处于优先位置，所以，财政的再分配功能并不强。从调整经济结构的角度来说，由于税种设置的不合理性，使得部分税种可能对创新和转型起到相反的作用，比如增值税。因此，在保持适度的税收收入增加的同时，需要调整税种结构，降低增值税的收入比重。如果能在经济转型的过程中，适度调整增值税，完善和培育合理的地税体系，可能更有利于地区发展、区际平衡以及良性地区竞争。

最后，社会改革。中国的改革者必须注意到，随着中国经济的发展，社会结构发生了深刻的变化。经济发展必须与社会发展相协调。社会结构变化主要表现在：随着网络发展和信息传播扩散，对自我利益的感受和追求也随之增强；社会成员之间利益关系的互动性，相互影响性增强，从原来分割的局面日益融合；社会成员的利益日益多元化，不同利益主体的利益冲突逐渐加剧，要求多样，灵活的社会政策与之相统一。这些特征会影响经济层面的改革，这要求经济层面的改革需要体现来自居民自下而上的需求。自下而上的需求更能反映居民自我利益的分布，多元化格局与发展的灵活性需要鼓励居民参与政策的设计和政策实践的反馈。

（杨瑞龙，中国人民大学经济学院院长，教授，博士生导师。于春海、杨继东，中国人民大学经济学院）

改革分配制度，促进消费增长

□ 李实

一、导论

从新世纪开始， 我国国民收入中消费份额出现了急剧下降。消费占国民收入的比例从2000年的62%下降为2010年的48%，十年中下降了14个百分点。这是历史上世界上任何一个其他国家都不曾出现的情况。虽然近两年我国国民收入中消费占比略有上升，但是仍处于很低水平上。从消费结构上看，导致消费占比下降的主要因素是居民消费占比的快速下降。在全社会总消费中，政府消费与居民消费所占比例出现了一升一降的情形，前者从20世纪90年代中期的22%上升到2012年的27%，后者却从78%下降到73%。而在居民消费中，城镇居民消费所占比例呈稳定上升趋势，而农村居民消费所占比例呈下降趋势。自20世纪90年代以来，城镇居民消费在全社会总消费中所占份额上升了近17个百分点，而农村居民消费所占份额却下降了近13个百分点。出现这种情况的原因，一方面是城镇化过程引致的城镇人口的增加，另一方面是城乡之间收入差距的扩大引发的农村居民消费能力的相对萎缩。

居民收入差距扩大会带来居民消费占比的下降吗？答案是肯定的。这是因为边际消费倾向递减的作用。所谓的“边际消费倾向递减”是指居民收入中用于消费的比例会随着其收入增加而不断下降。这意味着一个社会中低收入居民的边际或平均消费倾向会高于高收入居民。它进一步表明一个社会中低收入居民收入增长快于高收入居民，收入差距会缩小，同时有助于消费增加。中国的居民调查数据显示出农村居民的平均消费倾向明显高于城镇居民，城镇居民中低收入组的平均消费倾向明显高于高收入组。例如，根据国家统计局住户调查数据可以计算出城乡居民各自的平均消费倾向，2013年城镇居民为67%，而农村居民为74%；城镇居民中收入最高的10%的居民的平均消费倾向不足50%，而收入最低的5%的居民的平均消费倾向却接近100%。这意味着相对于城镇居民来说，农村居民收入提高更加有助于增加消费；相对于高收入居民来说，低收入居民的收入提高也更加有助于促进消费。

在促进居民消费方面，外出农民工群体是不可忽视的。根据国家统计局的农民工监测数据，到2014年年底外出农民工人数高达近1.7亿，加上他们的亲属，人数超过2

亿，然而这个群体的消费行为和消费水平却很少受到关注。根据我们的估计，农民工群体的平均消费倾向不仅大大低于城镇户籍居民，也低于农村居民。在2013年，农民工群体的平均消费倾向只有45%，比城镇居民低近22个百分点，比农村居民低近30个百分点。从收入水平上看，农民工的收入还是明显低于城镇居民，但是其收入中用于消费支出的比例却明显低于城镇居民，他们的消费行为是受到压抑，是不正常的。农民工偏低的消费倾向是与他们在城镇中所处的经济地位，社会地位甚至政治地位不无相关的。在经济上，他们经常会遭遇到就业不稳定，收入不稳定，居住不稳定等情况，而这些不稳定性实质上也是他们将来要面对的经济生活上的风险，它们在很大程度上会抑制他们的消费欲望和扭曲其消费行为。他们的社会地位可以说是不伦不类，不清不白。他们长期工作和生活在城市，却难以被城镇居民所接纳，也难以融入城镇社会。他们中的大多数人没有社会保障，不能分享到城镇中的公共服务，他们的子女不能享受到城镇中的优质教育。因而，农民工所面对的这些歧视性的制度和社会环境会使得他们不得不付出更大的代价去获得本应该享有的公共服务。这无疑也会影响到他们的消费行为和消费能力。

近几年我国的收入分配格局出现了一些新变化，收入差距扩大的趋势得到了初步抑制。根据国家统计局的估计，2008年以来全国收入差距的基尼系数下降了近3个百分点。这主要归因于城乡之间收入差距的缩小，而城镇内部和农村内部收入差距并没有出现明显的下降趋势。然而，我国城乡之间收入差距仍处于很高水平上，2014年城镇居民人均收入仍为农村居民人均收入的2.7倍以上，这一差距在世界上其他国家是很难见到的。应该看到过去几年城乡之间收入差距的缩小是与经济的高速增长和政府财政收入的超高速增长有关的。经济高速增长对农民工的需求大幅度增加，带来了农村外出就业劳动力数量增加和农民工工资的快速上升，从而对于增加农民收入起到了重要作用。政府财政收入的超速增长使得政府财政支出更多地向农村倾斜，有能力出台多种多样的惠农政策和扶贫项目，带来农村居民转移性收入出现了快速增加。根据国家统计局住户调查数据，2010年农村居民户的转移性收入占纯收入的比例仅为3.7%，到2012年上升到8.7%。因此，近几年农民收入的快速增长和城乡之间收入差距的缩小是与经济高速增长和政府积极地惠农政策分不开的。

二、中国（居民）消费份额的变动趋势

20世纪90年代以来，中国国民收入中消费所占比重出现了显著变化。特别在新世纪开始后， 国民收入中总消费（居民消费+政府消费）的份额，以及居民消费的份额都出现了急剧下降。图1是根据国家统计局公布的国民收入核算数据绘制的1990年以后

全社会消费份额的变动趋势。从图1 不难看出，在20世纪90年代初期总消费占国民收入比重在60%以上，在1993年开始了几年下降的情况，总消费份额一度下降到60%以下，从90年代中期出现了回升的势头，到2000年回升到90年代初期的水平。然而，从2000年开始，总消费份额出现了长达10年的下降期，而且降幅非常明显：从2000年的62%下降到2010年的48%。而在2010年后的几年中总消费份额略有回升，到2013年为50%。

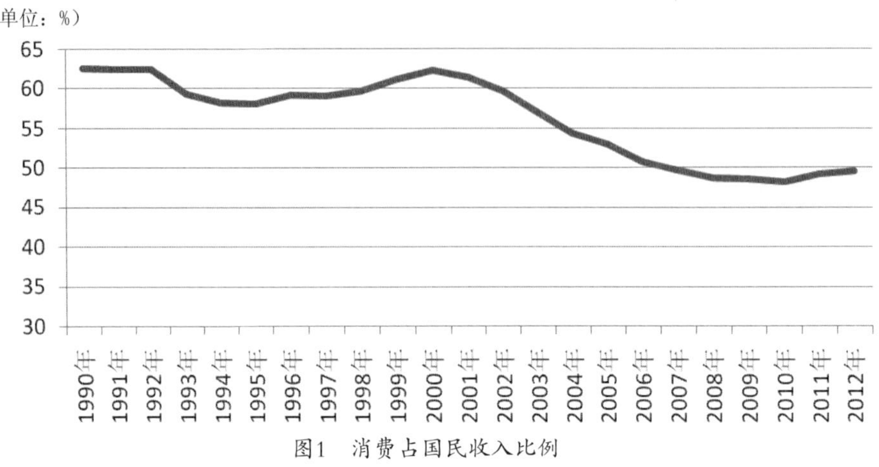

图1　消费占国民收入比例

资料来源：作者根据相关年份《中国统计年鉴》中国民收入核算数据绘制。

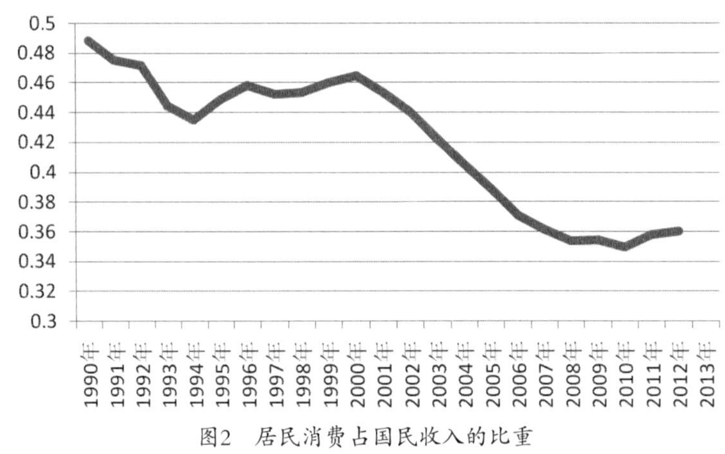

图2　居民消费占国民收入的比重

资料来源：作者根据相关年份《中国统计年鉴》中国民收入核算数据绘制。

全社会总消费中包括了居民消费和政府消费，我们需要进一步考察居民消费份额的变化，因为居民消费份额的变化更能够反映居民收入分配带来的影响。图2显示了1990年以来居民消费占国民收入比重的变化趋势， 从中不难发现从2000年始居民消费占比处于不断下降的趋势，一直持续到2010年。居民消费占比下降幅度之大是相当惊人的，由2000年的46%下降到2010年的35%。虽然在近几年居民消费占比略有回升，但其速度是相当缓慢的。值得注意的是，在这期间政府消费占比是不同的变化趋势，在

2001年之前它基本上是上升的，而在在此之后略有下降，其下降幅度远远小于居民消费占比的下降幅度（见图3）。正是基于这个原因，在社会总消费中居民消费所占的比重也呈现出下降的趋势。如图4所示，从1996年开始总消费中居民消费的占比开始下降，一直持续到2012年。在1996年总消费中居民消费的占比高于77%，到2012年下降为不到73%，下降幅度接近5个百分点。这一方面是与政府消费的持续增加有关系，另一方面是与居民消费行为发生了变化有关系。20世纪90年代末推进的城镇住房制度改革，带来了房地产市场的发展，也带来了房价的节节攀升。这对于许多有住房需求的家庭来说，为了购房不得不压低消费，增加储蓄，从而带来了居民消费倾向的不断下降。除此之外，城镇居民收入差距的持续扩大对于城镇居民平均消费倾向的下降起到了推波助澜的作用。

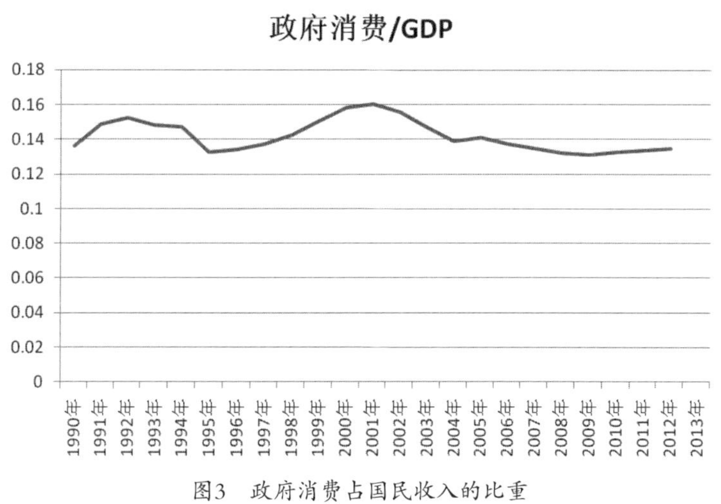

图3 政府消费占国民收入的比重

资料来源：作者根据相关年份《中国统计年鉴》中国民收入核算数据绘制。

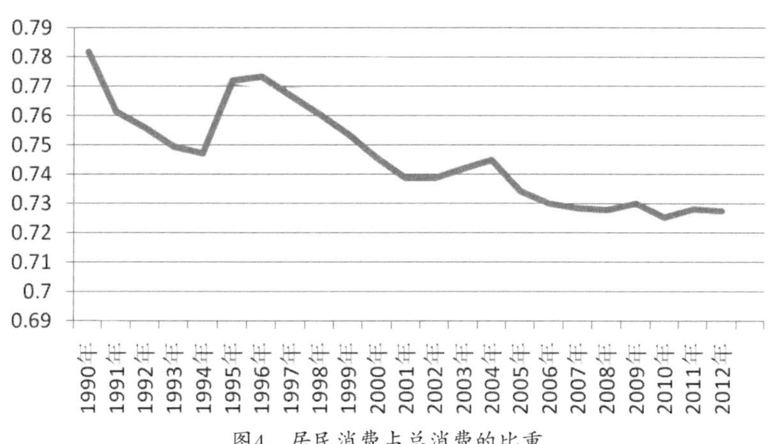

图4 居民消费占总消费的比重

资料来源：作者根据相关年份《中国统计年鉴》中国民收入核算数据绘制。

我们可以进一步考察居民消费中城乡居民消费构成的变化。基于中国是一个城乡分割的社会，加上城镇化的过程中城镇人口不断增加的情况，城乡居民相对消费比重的变化也就是自然而然的结果。图5显示了社会总消费中城乡居民消费所占比例的变化趋势。从20世纪90年代以来，总消费中农村居民的消费份额是不断下降的，从1990年的近40%下降到2012年的不足18%，而城镇居民的消费份额却是上升趋势，从1990年不足40%上升到2012年的56%。城乡居民消费份额的相反的变化趋势，一方面反映了城乡人口比例的变化，从1990年到2012年城镇常住人口的比例上升了25个百分点，另一方面反映了城乡居民收入差距的变化。

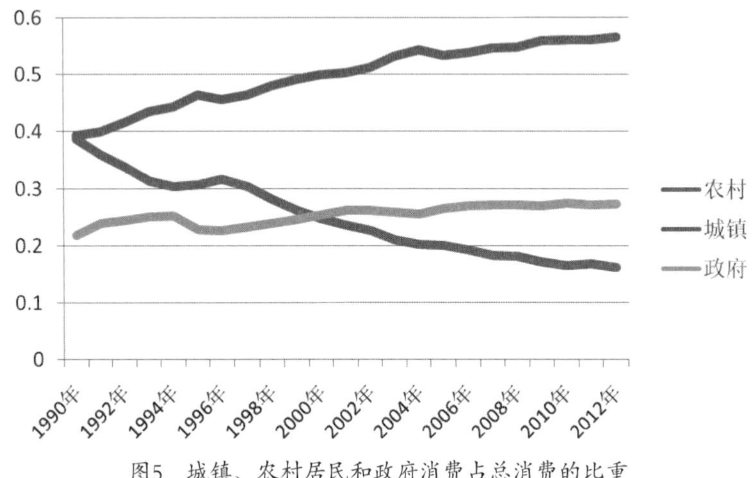

图5　城镇、农村居民和政府消费占总消费的比重

资料来源：作者根据相关年份《中国统计年鉴》中国民收入核算数据绘制。

归纳起来，从2000年以来，中国消费份额出现急剧下降的趋势，居民消费份额下降得尤为明显，其中农村居民消费份额的下降主要归结于农村人口比例的下降和农民收入的缓慢增长。在居民消费份额下降过程中，收入分配格局变化以及收入差距的扩大是不可忽视的影响因素。近两年国民收入中消费份额以及居民消费比例出现了短暂回升，这也是与居民收入差距略有缩小，城乡居民收入差距有所缩小不无关系。因而，如果收入分配格局不发生根本性的变化，收入差距继续处于较高水平上，居民消费份额下降的情况还会重新出现。

三、居民收入差距与消费份额变动的相关性

根据现代消费理论，收入分配差距与社会的平均消费倾向之间存在明显的相关性，在一定条件下前者是后者的一个主要影响因素。这是因为边际消费倾向递减导致了收入高的人群的消费倾向会低于收入低的人群。为了验证中国居民消费与收入差距

的相关性，我们会更多地使用住户层面的数据进行相关的分析。

（一）城乡居民收入差距及其消费倾向

首先来看看城乡居民的消费倾向的变化。图6是1990年以来城乡居民消费倾向的变动趋势。该图的数据来源于国家统计局住户调查数据，其中居民消费倾向是消费支出/可支配收入。从中不难看出，城镇居民的平均消费倾向一直处于下降的趋势。在1990年城镇居民平均消费倾向为85%，然后开始一路下降，到了2012年为67%，下降了18个百分点。而农村居民平均消费倾向的变化不同于城镇居民，在20世纪90年代出现了明显下降，但是从2000年开始处于一种相对稳定而略有回升的状态。农村居民消费倾向的变化更多地反映了农村收入增长，农村社会保障制度的实施所带来的影响。90年代农村居民消费倾向急剧下降（10年时间降幅高达近15个百分点），这一是反映了这一时期农民收入的缓慢增加；二是反映了农民税费负担的急剧增加；三是反映了公共服务市场化导致了农民额外负担的增加。从2000年开始，农村居民消费倾向之所以能保持相对稳定的状态，并且在一段时期内有所回升，是因为这一时期农民收入出现了较快增长，加上免除农业税，取消农民缴费，实行农业补贴政策，以及后来实施的农村社会保障制度，包括新型农村合作医疗制度，新型农村养老保障制度。这些政策措施一方面加快了农村居民收入水平的提高，另一方面或多或少地减少了农民的后顾之忧，提高了对未来生活的信心。这两方面的效应的共同结果就是农村居民消费倾向的稳定和上升。

从图6还可以看出，从2005年开始，农村居民平均消费倾明显高于城镇居民，到2012年前者比后者高出8个百分点。这意味着农民收入提高对促进全社会消费的增加可以发挥更大的作用，也就是说缩小城乡之间居民收入差距可以带来消费份额的提高。

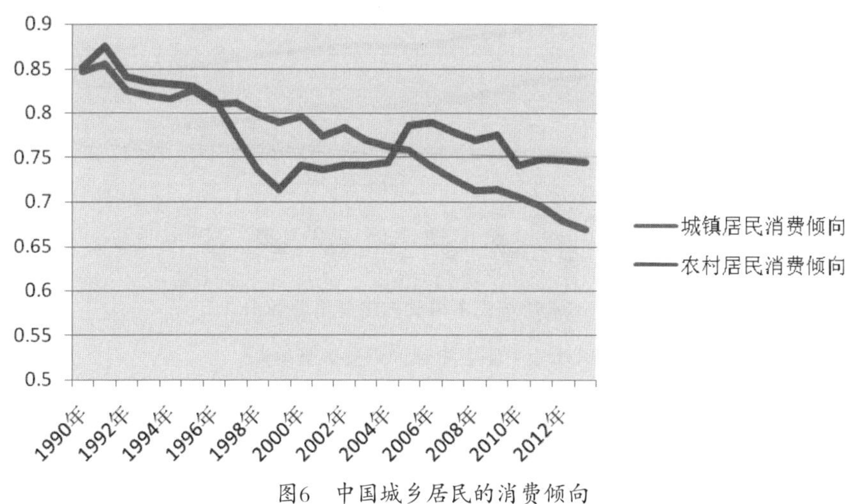

图6 中国城乡居民的消费倾向

资料来源：作者根据相关年份《中国统计年鉴》中住户调查数据绘制。

（二）城镇居民的收入差距与消费倾向

对于城镇居民来说，不同收入组人群具有不同的平均消费倾向，而高收入组人群的平均消费倾向往往会低于低收入人群的。图7给出了2002—2012年城镇居民不同收入组的平均消费倾向的变化。首先，正如消费理论所预测的，不管是高收入组人群，还是低收入组人群，其平均消费倾向都会随着其收入增加而下降。如图7所示，在2002—2012年期间城镇居民的平均消费倾向下降了近10个百分点，收入最低的5%居民的平均消费倾向8个百分点，收入最高的10%的居民的平均消费倾向10个百分点。其次，高收入组人群与低收入组人群的平均消费倾向有着明显的差异，前者远低于后者。如图7所示，收入最低的5%的居民的平均消费倾向比收入最高的10%的居民的平均消费倾向高出近40个百分点。这意味着如果通过收入再分配政策将收入最高的10%的居民的收入中10000元转移给收入最低的5%居民，那么社会消费额将会增加4000元。最后，即使到了2012年，城镇低收入居民的消费倾向仍处于很高水平，接近于1，意味着低收入居民收入增加部分几乎全部用于消费。这表明促进消费增加的更加有效的政策措施是提高城镇低收入居民的收入水平。

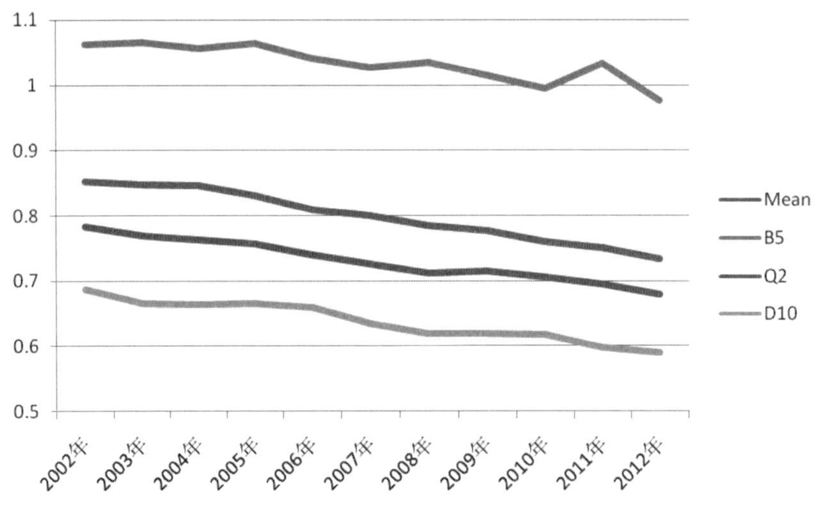

图7　城镇居民不同收入组的消费倾向

资料来源：作者根据相关年份《中国统计年鉴》中住户调查数据绘制。

注释：Mean=城镇居民平均消费倾向；B5=收入最低的5%人群的平均消费倾向；Q2=收入次低的20%人群的平均消费倾向；D10=收入最高的10%人群的平均消费倾向。

（三）农村居民的收入差距与消费倾向

与城镇居民相比，农村居民的消费倾向的变化趋势大不一样。图8显示了2002—2012年农村居民不同收入组的平均消费倾向的变化。不难看出，虽然农村不同收入组居民的消费倾向还是有所不同，低收入组居民的平均消费倾向明显高于高收入组居民的，但是至少在这一考察期内，不管是高收入居民还是低收入居民，其平均消费倾向并没有出现下降的趋势，而且收入最低的20%人群的平均消费倾向不仅没有下降，反而有明显上升。农村居民消费倾向的相对稳定性在很大程度上是与他们的消费行为有关的，而其消费行为受到了其较高收入增长预期的影响，也受到了农村社会保障制度的快速发展的影响。从2008年开始，国家统计局的数据显示农村居民收入增长速度超过了城镇居民收入，城乡之间收入差距出现一度缩小的势头。与此同时，农村社会保障制度快速推进，农村新型合作医疗制度的参合率到2008年底已超过了90%，8亿多农民参加了这项保障制度；近几年农村新型养老保险制度正在积极推进，到2011年已有超过3亿农民参加该保险制度，近9000万60岁以上农村老人领取养老金。这些因素无疑会提高农村居民的消费信心，带来了其消费份额的相对稳定性。

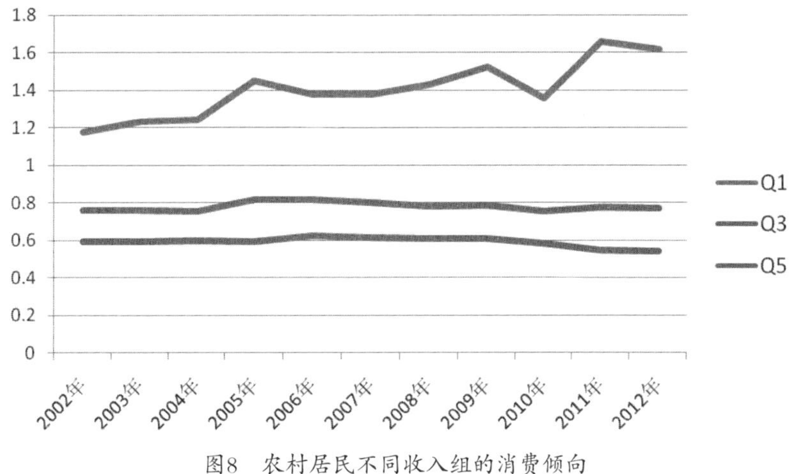

图8　农村居民不同收入组的消费倾向

资料来源：作者根据相关年份《中国统计年鉴》中住户调查数据绘制。

注释：Q1=收入最低的20%人群的平均消费倾向；Q3=收入中间的20%人群的平均消费倾向；Q5=收入最高的20%人群的平均消费倾向。

（四）农民工的收入与消费倾向

农民工群体的消费行为很值得研究。他们中的大部分人长期居住在城镇，就业于城镇，但是由于受到其户籍的限制，他们不可能像城镇居民那样对他们的就业稳定性和收入稳定性有一个长期的预期。而且，他们中大部分人是单是外出打工，或者农村老家仍有留守孩子和老人，这些对他们的消费行为也会带来很大的影响。农民工及其一起在城镇中居住的家庭成员已构成了城镇中很大比例的常住人口，他们的消费也占社会总消费的很大比例。因此，为了提高社会消费份额，不能不关注他们的消费行为和消费倾向。

另一方面，现在我国经济进入中（高）速增长阶段，城乡之间居民收入差距还能继续保持下降的趋势吗？这将取决于我国新型城镇化的进程和政府对农村发展的扶持力度。如果过去几年的惠农政策仍将持续下去并且不断加大力度，城乡之间收入差距持续下降的势头是可以实现的。与此同时，加快新型城镇化的进程，让更多的外出就业农民工和农村流动人口能够融入城市社会，真正成为城镇居民，也会有助于缩小城乡之间的收入差距。从促消费的角度来讲，解决农民工的市民化待遇无疑是一个突破口。在劳动力市场上农民工能够享有平等的就业权利，享有同工同酬的待遇，享有同等的社会保障，在社会政策上他们及其家人能够在城镇中享有同等的公共服务，享有平等的住房保障和受教育机会，不但有助于他们收入的提高，而且会提高他们的消费倾向，带来全社会消费需求的增加。

图9显示了不同收入组农民工家庭的月收入和月支出以及平均消费倾向。从中可以看出，即使在农民工家庭之间，收入高的人群的平均消费倾向仍是明显低于收入低的人群，这是与边际消费倾向递减定律是一致的。然而，还应该看到不同收入组人群之间的平均消费倾向的差别不是特别的明显，基本上在40%～60%之间。即使是最低收入组农民工，其家庭的平均消费倾向不高于60%，这意味着他们仍有着很强的储蓄动机。最为重要的是农民工家庭的平均消费倾向仅为50%，相比而言，同一时期城镇居民的消费倾向为68%，农村居民的消费倾向为75%，都明显高于农民工家庭。

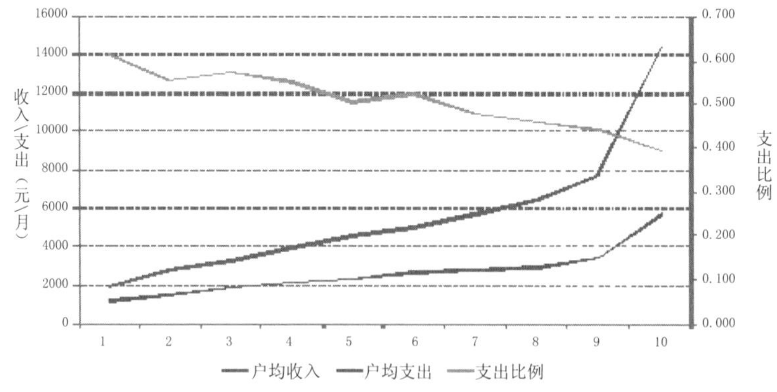

图9　不同收入组农民工的收入、消费支出和消费倾向

资料来源：作者根据国家计生委流动人口监测调查数据（2013年）计算与绘制。

对于农民工家庭而言，除了收入外，他们住房类型与其消费倾向有明显的相关性。相比来说，有相对稳定住所（如购买保障房，商品房，自建房）的农民工家庭的平均消费倾向较高，而那些没有稳定住所的农民工家庭（如租住私房，廉租房，单位住房）的平均消费倾向较低（见图10）。

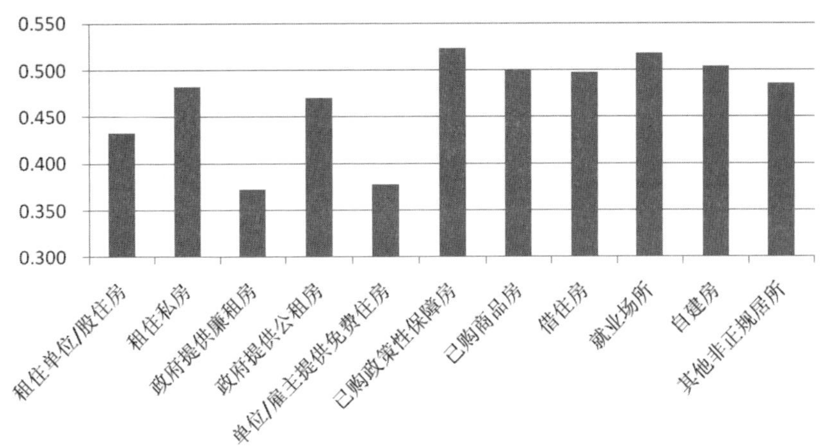

图10 农民工的住房类型与消费倾向（2013）

资料来源：作者根据国家计生委流动人口监测调查数据（2013年）计算与绘制。

另一个影响农民工家庭消费倾向的因素是他们在城镇是否有长期居住的预期。绝大多数农民工在城镇就业和生活都有不短的时间，但是是否能够长期居住下去仍具有许多不确定性。正是由于他们心存这种不确定性，缺少长期在城镇居住的预期，会严重地影响到他们的消费倾向。表1显示了农民工家庭在居住地的长期居住意愿与消费倾向的关系。从中可以看到，愿意在城镇长期居住的农民工家庭有着较高的平均消费倾向，而不愿意在城镇长期居住的农民工家庭却有着较低的平均消费倾向，前者比后者高出3.5个百分点。由此可见，如何让农民工家庭具有长期的预期，不仅在城镇就业方面有长期预期，还在城镇生活居住方面，在享受城镇公共服务方面，以及在将来在城镇养老方面都有着长期预期，对于促进社会消费，扩大消费需求将具有重要的推动作用。从这个意义上讲，实现新型城镇化，即人的城镇化，对于经济增长的促进作用是多重要的，其中一个作用是通过促进这些新市民的消费来促进经济增长和经济转型。

表1 农民工在居住地的长期居住意愿与其消费倾向

愿意在本地定居	比例（%）	收入（元）	消费支出（元）	消费倾向
愿意	56.8	5765	2744	0.473
不愿意	14.1	4474	1973	0.441
说不准	29.0	4536	2093	0.461

资料来源：作者根据国家计生委流动人口监测调查数据（2013年）计算与绘制。

四、收入差距的变动趋势

在过去十多年中，中国政府在调节收入分配方面做出了一定努力，出台了一些有助于提高低收入人群收入的政策措施，特别在提高农民收入上取得了较为显著的效果。然而，由于一些导致收入差距扩大的制度性和政策性因素没有从根本上加以改变，加上财富存量和收入流量之间互相强化的作用，中国收入分配的基本格局没有发生根本的扭转。从近期的变化来看，中国收入差距仍处于高位水平上，没有出现明显的下降趋势。对此，我们可以依据有关的统计数据和研究成果从以下几个方面来加以说明：

第一，过去十年中农村内部居民收入差距的扩大趋势有所放缓。一些可比的数据表明，农村内部收入差距的基尼系数从2000年的0.35上升到了2010年的0.385，上升了近4个百分点，平均每年上升不到0.4个百分点（见图11）。而且这种扩大主要出现在近几年，如2000—2002年农村收入差距的基尼系数上升了2个百分点，而在后来的8年中只上升了不到2个百分点。2010年以来农村居民收入差距会略有缩小，但是其基尼系数下降幅度不会超过2个百分点。

导致农村收入差距缓慢上升甚至下降的因素是多方面的。首先，非农就业机会的普及化，外出就业劳动力数量不断增加，有助于抑制农村内部收入差距扩大的趋势。在20世纪90年代，导致农村内部收入差距扩大的一个主要因素是非农就业机会的地区差异和人群差异。然而，在过去10年中，随着城镇化过程和农村劳动力外出就业机会增多，一些落后地区劳动力也获得了同样的外出就业的机会，其工资性收入占其家庭收入的比重不断上升，起到了抑制农村内部收入差距扩大的作用[①]。除此之外，人口变动因素也在缩小农村内部收入差距。比如，农村中的高收入家庭陆续迁移到城镇居住，而随着农村中高收入人群数量的减少，测量出来的收入差距也会下降。又比如，一些乡村通过新的城镇规划被划为城镇地区，而这些乡村往往都是收入水平较高的。这意味着城镇区域的扩张的结果是减少农村中的高收入人群的数量，从导致测量出来的收入差距的下降。综合上述几方面的因素，应该说一些官方数据反映出来的农村内部收入差距的缓慢扩大甚至有所缩小的事实是比较可信的。

---

① 利用中国收入分配课题组的2002年和2007年的调查数据计算的结果显示，在2002年农民外出打工工资收入的集中率小于家庭总收入的基尼系数，意味着其缩小收入差距的效应；到了2007年，外出打工工资收入的集中率还有所下降，意味着其缩小收入差距的效应有所加强。这意味着农村内部收入差距会随着农民外出打工收入的增加而不断下降。

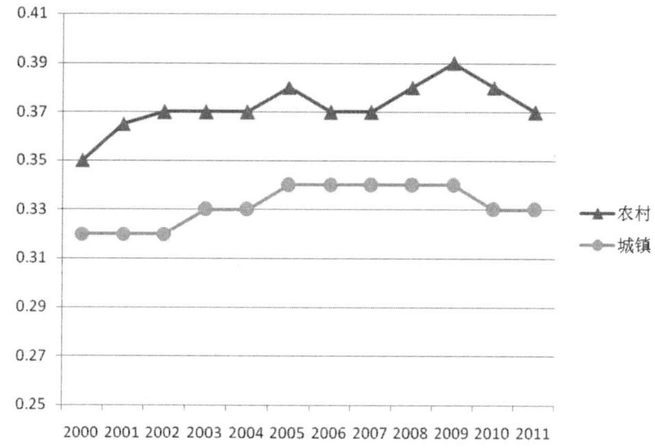

图11 中国农村和城镇居民收入差距的基尼系数，2000—2011年

资料来源：张东生主编《中国居民收入分配年度报告2012》，中国经济出版社，2012年。

第二，城镇内部的实际收入差距加速扩大。从人们的感受来看，过去十年中城镇内部收入差距的扩大幅度要超过农村，但是一些相关的统计数据却显示了不同的结果。例如，根据国家统计局的估计（见图11），在新世纪的开始三年，城镇内部收入差距基本上没有变化，基尼系数为0.32；在2002—2005年期间基尼系数上升到0.34，然后几年在这个水平上徘徊；然而从2009年基尼系数开始下降，城镇居民收入差距的基尼系数仅从0.34下降为0.33。这一结果受到了一些学者的批评，认为城镇收入差距的基尼系数存在着低估问题。由于国家统计局住户抽样调查中抽取到高收入住户样本变得越来越困难，因此住户调查中高收入样本比例严重偏低，造成了城镇居民收入差距的低估。当然这个样本偏差问题也造成了城乡之间收入差距的低估和全国收入差距的低估。根据相关的研究，如果对调查样本偏差加以修正后，现在城镇内部收入差距的基尼系数也许超过了0.4，要大于农村内部收入差距的基尼系数。

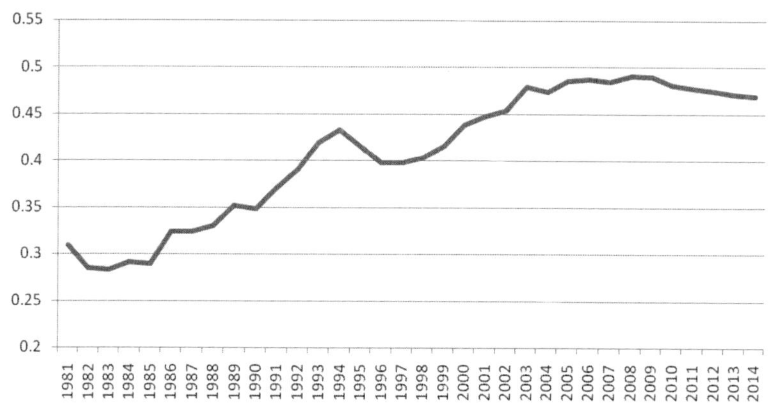

图12 中国全国居民收入差距的基尼系数，1981—2014年

资料来源：1981—2001年的基尼系数来自Ravallion and Chen，2007 ； 2002年的基尼系数来自Gustafsson et al， 2008； 2002年以后的基尼系数来自国家统计局公布的数据。

第三，全国收入差距扩大达到了半个多世纪以来的最高水平。按照国家统计局的估计，从2000年至2008年，全国收入差距一直处于扩大趋势，基尼系数从0.44上升到0.49以上①。近几年收入差距出现了缓慢下降的势头，例如全国的基尼系数从2008年的0.49下降到2014年的0.47（见图12）。由于全国基尼系数下降的幅度很小，这样一种下降的势头是否会演变成一种长期下降的趋势仍有待于进一步观察。鉴于国家统计局调查样本存在偏差问题，全国收入差距也会存在一定程度的低估，而低估的基尼系数是否能反映收入差距变化的真实趋势也是一个问题②。更重要的是，我们不可以过度解读短时期内出现的收入差距小幅度下降的现象，更不可以把它理解为是一种长期趋势的开始。综合各种因素来看，当前全国收入差距仍处于一个很高水平上，它已超越了过去60年中的任何时期。考虑到低估的一些因素，中国全国收入差距的基尼系数应该不低于0.5③。

五、加快收入分配制度改革，促进居民消费增长

大量的研究文献显示，过大的收入分配不平等对一个国家的经济发展和社会稳定会带来许多的负面影响。它会带来居民消费需求不足，会带来效率低下，从而导致经济增长动力不足；它会导致贫困人口和低收入人群无力积累人力资本，导致他们长期陷入贫困陷阱，带来社会阶层的固化；它会导致社会成员之间，难以建立起相互信任的社会关系，易于引发社会矛盾。更为重要的是，严重的收入分配不平等虽然表现为一种结果的不平等，但是它会导致公共政策和再分配政策失去作用，从而难以建立一个机会公平的社会制度和分配机制。

在过去，中国经济社会之所以能够在收入差距不断扩大的同时，保持相对稳定的状态，主要是有赖于经济的高速增长和低失业水平。一方面，收入差距在扩大，另一方面低收入人群的收入在增长，贫困人口数量在减少。然而，现在中国经济进入新常态，经济增长的降速已不可避免。如果经济增长出现下滑或出现经济长期衰退，失业

---

① 见《马建堂就2012年国民经济运行情况答记者问》，http：//www.stats.gov.cn/tjdt/gjtjjdt/t20130118_402867315.htm。

② 根据李实，罗楚亮（2011）的估算，由于城镇高收入样本偏低造成了全国收入差距的基尼系数低估了5个百分点左右。

③ 如果认同这样一个结果，那么，从国际比较的角度来看，中国已算为高度收入不平等的国家之一。在联合国开发署出版的2011年《人类发展报告》中，列出了111个国家近期的基尼系数，其中基尼系数超过0.5的国家有17个，占全部样本国家的15%。

增加的局面，过大的收入差距和收入分配不公对社会不稳定的影响就会更加凸显出来。

解决当前的收入分配问题需要从全局出发，综合考虑，制定一套完整、有效的收入分配与再分配政策体系，及时出台一些有效的收入分配与再分配政策，以抑制收入差距扩大的趋势，从根本上消除收入分配不公问题。由于中国经济正处在一个关键的发展时期，在收入分配制度改革上要将消除收入分配不公作为中心内容。

更应该看到，在初次分配过程中，在一段时期国民收入中劳动报酬份额出现了持续下降的趋势，特别在1998—2007年十年间，劳动报酬份额从53%下降到不足40%。即使在后续的几年中劳动报酬份额有所回升，其水平仍处于较低水平[①]。在劳动报酬份额偏低的情况下，政府在调节收入分配方面会遇到更大的挑战。

解决收入分配问题，需要从初次分配和再分配两个方面发力。在初次分配领域，政府需要承担责无旁贷的责任。首先，在推进市场化改革进程中，进一步完善市场体系，让市场机制在资源配置中起到决定性作用，离不开政府的作用。中国的商品市场体系基本建立起来并且发挥积极作用，但是生产要素市场仍是不完善的，存在着较为严重的行业垄断，市场扭曲和分割，以及过多的政府干预。这不仅导致了生产要素配置上的低效率，而且会带来严重的收入分配不公。对于资本市场来说，特别在金融部门中，国有大资本占据垄断地位，而民间资本很难参与到金融活动中，而且在一些高盈利行业和领域仍然存在着国有资本的垄断和对民营资本的排斥与阻碍，从而导致了垄断行业人员和高管人员收入高出市场工资水平及其行业间收入差距过大的问题。中国的劳动力市场也是不完善的，存在着城乡劳动力市场分割，就业中的户籍制度带来的身份歧视，性别歧视，“拼爹”现象，工资支付中的“同工不同酬”问题仍是处处可见[②]。这无疑带来了就业者之间不合理的收入差距。土地市场问题更多，在一定程度上说中国还没有真正的土地市场，而土地市场的形成是与农民利益密切相关的，是有助于农民收入提高的，也是有利于改善农村内部收入分配，降到收入差距的。建立有效的土地市场涉及土地制度改革，产权制度的保护，土地交易市场的完善等一系列问题，而这些问题只能由政府加以推动解决。

其次，在初次分配领域建立合理的收入分配秩序同样离不开政府的作用。一些发达国家的经验表明，工资收入的正常增长是与工资谈判机制分不开的。国内学者近几年也在积极呼吁建立工资谈判（协商）机制，但是进展不大，其中一个重要原因是我

① 从2007年至2012年，劳动报酬份额从39%回升到46%，仍明显低于20世纪90年代中期的水平。

② “同工不同酬”是指一些国有企业对不同身份的员工实行不同的工资标准，即使他们从事相同的工作。比如一些国有企业使用数量不少的派遣工，他们与企业正式员工做同样的工作，但其工资水平较低，缺少相应的社会保障待遇。

国缺少工资谈判（协商）机制所需要的制度环境，特别是工会制度不能保证工会具有独立性，不能充分代表工人的利益。工资谈判（协商）机制能够保障工资的合理增长的前提是参与谈判的工人代表能够真正代表工人的利益，中国现有的工会制度还做不到这一点。因此，改革工会制度，让工会具有独立性，真正代表工人的切身利益，只能是政府的责任。

最后，政府在再分配领域可以做更多的事情。而且，相对于其他国家来说，中国政府还需要进一步加大收入再分配政策的调节力度。有学者做了再分配前和再分配后的收入差距的国际比较，一些发达国家在再分配之前的收入差距的基尼系数甚至达到0.5以上，而在再分配政策实施以后，基尼系数就一下降到0.3左右，能够下降到大约20个百分点。对我国的再分配政策效应做了类似测算，收入再分配政策后的基尼系数下降不到5个百分点。这个幅度应该说是非常小的，说明中国政府的收入再分配政策的作用是有限的。因此，在收入再分配方面，中国政府需要从以下几个方面做出努力。

第一，提高税收对收入分配的调节力度。现在我国税收对收入分配的调节力度是非常有限的，主要原因有两点：一是税收结构的不合理，其中主要表现为直接税比重过低而间接税比重过高，而前者是有助于缩小收入差距，后者却是有助于扩大收入差距；二是个人所得税只是一种工薪税，实际上是对工薪阶层的征税，而对于那些其他收入来源的人群收入起不到有效的调节作用。因此，提高税收在收入分配中调节力度需要对税收结构加以调整，需要增加一些有助于调节收入分配的税种，同时减少间接税的比重。引入调节收入分配的税收有许多种， 其中房产税和遗产税是值得考虑的。实施财产税，一方面可以增加直接税的比重，政府可以更有条件减免部分间接税，让企业更有活力，另一方面可以更加有效地调节高收入群体的收入。

第二，增加对低收入和贫困人口的转移支付力度。虽然中国已经建立了一个覆盖城乡的庞大的最低生活保障制度，每年获益的人口超过了7000万，但是其覆盖面仍有待于进一步扩大，其保障水平还是偏低的，再分配的效果不明显（李实，杨穗；2009）。特别在农村地区，一些财政困难的地区受到自身财力的限制，将保障标准定得很低，使得低保制度不能起到应有的作用。因此，不断提高低保标准并实现“应保尽保”的宗旨将是低保制度的一项主要改革内容。此外，中国的转移支付的种类是偏少的。例如在一些国家普遍实行的儿童营养补贴，残疾人补贴，老年人津贴被认为是重要调节收入分配的手段，而在我国却并没有成为政府的议事日程。因此，在转移支付方面，政府可以不断增加针对特殊人群和弱势人群的福利项目，以缩小他们与其他社会成员的收入差距。

第三，完善社会保障制度，缩小保障水平的差距。迄今为止，中国已初步建立了覆盖全社会的养老保障制度和医疗保障制度。然而这两种保障制度都有一个共同的问题，即不同人群享有不同制度，制度之间有着明显的保障水平的差异（李实，赵人伟，高霞；2013）。从长期来看，一种保障制度，分为不同类别和等级，而类别之间存在较大待遇差别，显然是不可持续的。对这个问题的解决只能是政府的责任。

第四，努力落实公共服务均等化的目标。虽然这个目标已得到了全社会的认可，但是现实情况还相差甚远。过去的经验表明，在公共服务提供方面，仅靠市场机制是不够的，政府的作用应该更大。特别在实现公共服务均等化的过程中，离开了政府更是不可想象的。

第五，加大扶贫力度，让穷人看到希望。改革开放以来，中国在扶贫方面取得了举世闻名的成就，但是仍有数量不少的贫困人口。这部分人群在很大程度上被排斥在发展过程之外，长期陷入了贫困陷阱而不能自拔，因此解决贫困人口的脱贫问题更是政府的主要职责。

总之，通过加快收入分配制度改革，在缩小收入差距的同时，可以更有效地促进消费增加。在这方面通过缩小城乡之间收入差距，农民收入更快增长会有更明显的“促消费”的效果。缩小城乡内部收入差距，特别是提高低收入人群收入的较快增长来带动消费增加。更为重要的是，把解决农民工的市民化待遇作为促消费的突破口，让他们在就业和职业选择，收入决定，社会保障和住房保障的享有及其子女受教育机会等方面获得平等的权利和机会，将会大大促进全社会消费增加。

（李实，北京师范大学中国收入分配研究院执行院长，教授，博士生导师）

新常态下的结构调整与创新

□ 李义平

新常态下应当有新思维，新常态下经济持续发展的关键是调结构。要正确认识创新规律，大力造就创新氛围，让货真价实的创新脱颖而出。

一、中国经济步入了新常态

历经30年两位数的快速发展，中国经济步入了一个新的历史时期，即步入了“新常态”。

1. 新常态的显著特点是再也不可能有两位数的高速增长

中国经济在已经过去的30多年中，所以能够有两位数的快速增长，就内部而言是因为以下的原因：（1）改革开放之初我国的产业空间很大，什么产业都可以发展。现在产业空间相对饱和。（2）改革开放之初基数小，用来表示增长率的相对数容易提高。（3）资源、环境、劳动力相对便宜，既有的竞争优势也主要是便宜。（4）改革开放打开了国门，可以模仿着做。（5）既有的政府过深介入市场的体制，包括地方政府之间的GDP竞赛，以及以GDP为主要内容的考核指标更有利于粗放经营和经济增长速度的推进。就外在条件而言，恰逢世界经济处于发展周期的高峰，一方面对我国工业品有大量的需求，另一方面向外进行在本国生产并不划算的产业转移。用美国学者泰勒·考恩的话讲，当时有大量低垂的果实，现在低垂的果实已经吃空，世界经济复苏艰难，各种资源、特别是劳动力已不再便宜，产业相对饱和，靠模仿和便宜的发展路线已经走到尽头，环境压力加大，人民群众对发展的要求更高了。

2. 如果把一个追赶型国家成为发达国家的历程分成三个阶段，我们处于一个不创新就难以发展的阶段

我们可以从一个追赶型国家经济发展的角度把一国经济发展分为三个阶段，即模仿—创新—世界知名品牌。按照这样的划分，我们的很多产业还处于第一阶段，自主创新不够，世界知名的品牌不多。我们可以把一个产业从起步到成熟的过程分为三个阶段，第一阶段是研发，研发可以有核心技术。第二阶段是制造，通常附加值不高，处于产业链的低端。第三阶段是品牌经营，拥有世界知名品牌和核心技术，依然是产

业链的高端。按照这样的划分，我们相当多的产业承接的是制造，甚至是劳动密集型的制造，研发环节和品牌经营环节大多不在我们手里。当然，上述的分析也同时说明，只要上升到更高的层次，就有广阔的发展空间。产能的过剩、产业的相对饱和，只是在较低的层面上的饱和。

与“大”相比，强的标准应当是：一是把一些产业提升到产业链的高端，有品牌、有核心技术、有产业话语权；二是能够靠自己的力量解决我国经济发展的关键问题，例如各方面装备的有效解决；三是能够摆脱资源依赖；四是产业结构更为科学合理，在遵循效率原则的前提下较大幅度地提高现代服务业的比重；五是实现生态文明，持续发展，真正实现社会主义生产目的。

由大到强是当前中国经济发展中必须解决的主要问题。由大到强必须创新驱动，坚持质量、效益与速度的统一，应当寻求通过更高的质量、更好地缩小以推动经济发展。

实际上不少先行发展的国家也都进行过这样的调整。战后日本经济曾经在一个较好的发展时期。20世纪70年代的石油危机后也进行了调整。韩国亚洲危机后也进行了类似的调整。美国20世纪80年代通过对传统产业的调整，调整出了后来的新经济。总的来看，调整的结果是质量上去了，层次提升了，经济发展更成熟了。这是一个必须的阶段，我们应当摆脱单纯的“速度情结”，积极面对必须进行的调整。

二、新常态应当有新思维

中国经济步入了“新常态”。“新常态”下的中国经济面临的任务、环境、条件，以及解决问题的途径都与既有的快速发展的30年不同。既有的思维方式、行为方式、解决问题的政策和举措解决不了“新常态”下面临的新问题。“新常态”应当有新思维。

正确地理解“新常态”，就是要正确地认识我国经济发展的阶段性特征，准确地抓住在这一历史阶段所要解决的关键或瓶颈性问题，如不能有效地解决该问题，经济就难以稳健地发展。

那么，“新常态”下的关键任务是什么呢？我们可以从认识一国经济发展的阶段性特征出发来把握这一问题。一般来说，一个后发展国家的追赶型经济发展，大致经历三个阶段。发展之初的第一阶段通常会有较快的增长速度。其原因在于产业空间大，可以模仿式的亦步亦趋地发展，资源环境压力不大，有充裕而便宜的劳动力，GDP的基数小。在我国，还特别应当强调的是改革开放对生产力的解放。进入第二个阶段，快速发展的条件不复存在，例如产业空间相对饱和，模仿式的发展边际效用迅速递减，资源环境压力加大，人民群众对美好环境的渴望急剧提升，劳动力成本提高，经济规模增大，经济增长速度势必慢下来。但这不是退步，而是一种进步，是步入了一个稳健的增长期。鉴于模仿的边际效用急剧递减，这个时期面临的关键任务是通过大众创新寻求新的经济增长点，是追求速度、质量和效益的统一，而且重点在质量和效益。第三个阶段，进入发达国家的行列，此时不仅经济发展速度放慢，而且各发达国家的经济增长速度基本趋同。原因在于在这个阶段，经济规模增大，每个增长的百分点都对应着巨量的GDP规模，而且发达国家的产业精细，超越了发展之初的产业比较粗糙时的自然资源的比较优势，主要靠人力资本和科学技术，是新的层次的比较优势。根据以上分析，中国经济进入了第二阶段，步入了“新常态”，面临的主要任务是通过创新探寻新的增长点。

我国经济步入了“新常态”，步入了以创新为核心的稳健的增长期。然而创新和稳健的增长是需要条件的。与追赶成功的国家的对比分析可以发现其所需条件。从这些国家的实践来看，他们一开始就是市场经济，就是通过市场经济体制激发起人民群众的创业、创新的激情，因为经济发展说到底是微观层面的事，是企业家和民众不断探索的结果。美国经济学家、诺贝尔经济学奖获得者埃德蒙·菲尔普斯在其《大繁荣——大众创新如何带来国家繁荣》中总结性地写道：“国家层面的繁荣源自民众对创新过程的普遍参与。它涉及新工艺和新产品的构思，是深入草根阶层的自主创新。”市场经济体制可以激发创新，在市场经济背景下追赶的国家为创新准备了相对充分的条件，这就是公平竞争的市场经济体制。我们既有的追赶过程是市场体制不断完善的过程，政府、特别是地方政府在竞赛式的发展中发挥着重要作用。例如以GDP为核心的招商引资，上项目，制定某种保护性的政策，甚至包括地方保护以及保护落后产能。这样的体制结构似乎更利于把增长速度作为主打目标的快速发展时期，而不利于创新，不利于“新常态”所要求的增长速度、质量和效益的统一。与追赶成功的国家的比对证明，我们必须通过全面贯彻党的十八届三中全会、十八届四中全会精神的改革，改革出有利于创新的制度安排。只有如此，我们才能有效地解决“新常态”面临的新问题。

据上分析，“新常态”必须有新思维。新思维的核心是同旧的习惯决裂，围绕“新常态”下所要解决的重点任务，从市场经济的要求出发思考问题、解决问题。我们每天做出的大量选择，似乎都是深思熟虑的结果，其实不然。这些选择都是习惯使然。习惯是反复如此的结果，习惯是下意识的，是从来不需要记起、永远也不会忘记的，是条件反射，是不自觉的。长期的计划经济和三十年快速发展的实践的“历史惯性”，使得我们即使面对着“新常态”下的新问题，依然会轻车熟路地重复原来的思维方式和行为模式，以及解决问题的举措。例如，只要经济增速稍微放缓，就情不自禁地刺激。凯恩斯主义的刺激虽然当下可以促进经济增长，但接下来的则是滞涨。刺激保护了落后产能，延误了创新。更如，一些地方政府面对“新常态”考虑发展的思路依然是上项目，以及对一些项目、产业、人才的计划式的偏袒和支持。一些人表面是“新常态“，但说的还是原来的话，做的还是原来的事。已有的思维方式和行为方式的核心是过分相信行政力量。这种深厚的习惯有时会使人们根本认识不到它是一种与新任务不相适应的旧习惯。

另外，鉴于模仿的边际效用递减，大众式创新是企业、民众不断探索和摸索的结果，“新常态”下工作的着重点应当在于给企业、给人们以公平而充分的竞争环境和空间，让市场经济体制全面充分地发挥作用，而不是政府直接选择产业。对此，2014年中央经济工作会议十分深刻地指出：“使市场在资源配置中起决定作用，主要靠市场发现和培育新的增长点。”会议强调“政策要宽，营造有利于大众创业，市场主体创新的政策环境和制度环境，培育市场化的创新机制……”这里讲的就是“新常态”下的新思维。从这样的“新思维”出发，政府应当切实按照市场经济的要求转变职能，从市场经济的要求出发思考问题、解决问题。政府转变职能应当有时间表。

通常认为以往的发展靠劳动力红利的说法是不全面的。如果说劳动力便宜就可以带来红利，那比我们劳动力便宜的国家多的是，为什么没有劳动力红利。准确地阐释是改革开放激发了深藏在广大人民群众中的生产力。如果这一判断是正确的，那么“新常态”下面对的创新的历史重任，就必须通过进一步的改革，激发起人民群众创新的激情。这种激情是深藏在人民群众中的，而且永远不会枯竭，但它需要全面贯彻党的十八届三中全会、十八届四中全会精神的改革。

三、调结构是新常态下经济维持健康发展的重中之重

结构调整是新常态下和第十三个五年计划期间经济能否持续健康发展的关键所在。由此，我们必须深刻认识结构调整的意义、原则和途径。

1. 不断进行的结构提升和调整是一国经济持续健康发展的关键所在

（1）发展是变革的函数。一国经济发展的长期徘徊不前是产业结构的“固化”，例如农业与家庭手工业结合的产业结构使历史上的中国经济几乎处于“停滞”状态。先期发达的市场经济国家所以发达，则是因为产业结构不断提升。提升就是创新。这种调整和提升是内生的，是市场机制使然。通常是某一企业在竞争规律的作用下率先创新并获得超额回报，其他企业纷纷跟上，诞生了一批相关产业和企业，利润随之被平均化，并实现了一个新的层次的均衡。在新的层次的均衡上，又有企业率先创新，再一次打破已有的均衡，在更高的层次上实现更高的均衡。率先创新者获得超额回报的奖励，落后者被无情淘汰，结构得以调整，经济随之发展。这个过程永远不会完

结。同理，哪个国家率先创新，哪个国家同样可以获得超额的社会回报。

（2）只有结构效应和内涵式的扩大再生产才能保证一国经济的持续发展。经济发展分为水平效应和结构效应。水平效应是给定技术条件，产业结构、产品结构不变的情况下，平面地扩展和重复既有的产业结构和产品结构，以发展经济。结构效应是通过创新，提升产业、产品结构而获得更高层次的经济发展。人们通常还用内涵式的扩大再生产表示结构效应，用外延式的扩大再生产表示水平效应。

从逻辑上讲，一国在发展的初期，由于产业空间大，因而更多地采取水平效应的发展方式，表现为上项目、铺摊子。发展到一定程度，由于产业空间相对饱和，曾经的外延的、粗放的生产方式的约束条件发生了变化，要求必须转向结构效应，即通过创新和产业、产品结构的提升，更高层次、更高质量的发展经济。一国经济的长期停滞或者陷入中等收入陷阱，就是产业结构长期没有提升。

发展之初的水平效应通常与模仿相伴。这就是后发优势。模仿会在最初的经济发展中发挥显著作用，但发展到一定程度，模仿的边际效用会急剧递减。如果创新跟不上，结构不能得到及时调整和提升，经济发展就缺少新的主导产业，就难以持续发展。这就是我们看到的拉美一些国家的情况。

（3）中国经济进入了新常态，新常态下的主要任务是创新，调结构，做强。新常态意味着模仿式的两位数的增长已经不再可能，意味着经济发展的约束条件已经发生了很大的、甚至是颠覆性的变化，资源环境的压力很大，劳动力红利已经渐逝。这是发展的过程，是站在了新的历史起点上。

快速的、以数量扩张为特征的发展模式，特别是在存在地方保护的情况下的一个副产品就是产能过剩。结构的调整与提升已成为当前经济发展的重中之重。中国经济已经起飞，但必须持续加油，持续加油就是通过结构调整和创新寻求新的主导产业，这样的主导产业能够使中国经济适应变化了的约束条件，持续地高质量地发展。

2. 结构调整的原则

（1）效率原则。结构调整的基本原则是效率原则，是在给定的条件下所有资本都得到了最大限度的利用。所有的、种类不同的资本的边际效益相等，马克思称之为平均利润，不存在某一两个产业能够获得高额的、不正常的利润，例如当下的房地产和某些金融衍生产品；也不存在对于经济社会来说十分需要的产业却利润稀薄到难以生存，例如一些制造业。当然，资本如此最佳配置需要的前提条件是资本和劳动力的自由流动，是市场在资源配置中起决定性作用，没有非市场力量的障碍以及对价格机制的有意扭曲。

（2）坚持实体经济的原则。实体经济是一国经济大厦的根基。马克思称其为生产性劳动，其他的劳动为非生产性劳动。非生产性劳动的产生是由于生产性劳动效率提高使然，是服务于实体经济的。实体经济中的农业关系到谁来养活本国人民的问题。实体经济中的制造业关乎谁来装备一国的各个行业，涉及一国经济的强弱。正是因为如此，美国在经济过度虚拟化引发的金融危机后高调回归实体经济，德国更是提出了工业4.0规划。

现实生活中存在着群众运动式地、人为地、拔苗助长地发展服务业的现象。这是对配第·克拉克定律及库兹涅茨相关论述的误读。配第·克拉克定律指出，随着经济的发展，资本会在第一产业、第二产业递次流向第三产业。库兹涅茨也指出，随着经济的发展，农业部门实现的国民收入会下降。在工业化阶段，工业部门对国民收入的贡献会提高。在工业化的后期，工业部门对国民收入的贡献会降低，服务业的贡献会越来越大。人们忽视了这个变化过程是有条件的，即第一、第二产业效率的充分提高，创造了发展第三产业的需求和条件。这是一个自然历史过程，它不仅没有否认实体经济的基础性作用，而且是以坚实的实体经济为前提的。没有智能化的制造业，就不可能产生现代服务业。没有坚实的实体经济的基础，一窝蜂地发展服务业，就只能是餐饮、休闲等服务业，进而造成这些行业的产能过剩。

（3）比较优势和新时期的比较优势原则。中国经济以往的成功，在于发挥了亚当·斯密、李嘉图式的传统的比较优势，后发展中国家在发展之初几乎都是这样。然而，这样的比较优势原则显然不能解释自然条件处于不利地位的国家或地区为什么能变不利为有利，继而成为经济发展的佼佼者，不能解释更多地与要素禀赋无关的企业的兴起，如需要精良技术与熟练工人的新产业，不能解释全球绝大多数贸易量为什么会发生在条件相等或要素禀赋没有很大差异的国家。对这些现象的解释，就是一国掌握的知识、技术和能力，是知识、技术和能力方面的比较优势。一国经济要持续的、高质量的发展，就不能陶醉于传统的比较优势，以至落入比较优势的陷阱，要适时地塑造新的比较优势。从这个意义上讲，劳动力红利的逝去并不是什么坏事，它会逼迫着我们培育新的比较优势。产业结构与比较优势是等同的，有什么样的比较优势就有什么样的产业结构。资本的效益不是无限大的，是受产业结构制约的。

3. 怎样才能有效地调整产业结构

（1）重点是通过健全的市场经济的体制去调节。纵观发达市场经济国家的结构调整，其所以成功，基本上都是靠市场的力量。原因在于产业结构调整的本质是产业往哪个方向发展，企业才能生存、才能发展。政府的优势不在于预见产业的方向，更不在于预判和规定哪个产业必胜，而在于创造健全的、充满活力的市场经济的体制，让各种产业和创新公平竞争，优者脱颖而出。大量的历史事实可以证明这个判断。当年福特开发汽车产业就不是美国政府调节的；比尔·盖茨、乔布斯在20世纪70年代开始电子产品的开发也不是美国政府号召的；李书富、马云们所开发的行业也不是当地政府调节的。李书富、马云们为什么诞生于中国浙江而不是其他地区，原因在于那里的商业氛围和市场机制，而不是政府的抑制性的指导，或者说在指导中抑制。1776年，亚当·斯密就曾经在他的《国民财富的性质和原因的研究》中指出，用不着政府干涉，出于自己的利害关系，人们会把资本投放到最有效率的产业上。现代经济学则用政府和企业各自的信息优势规定了各自的功能。

应当更好地发挥政府作用。一国市场经济体制下政府的地位和作用取决于历史。东亚国家在市场经济的初期，政府作用的效益比较广，特别是在产业政策上。然而到了市场相对成熟的时期，都把更多的选择交给了市场。原因在于在市场经济的初期市场发展尚不成熟，各种信息以及产业结构比较简单。发展到后来，市场经济体制相对成熟，产业更为精细，关系更为复杂，进一步产业发展的方向存在着很多不确定性，需要直接活跃于最底层、最前线的企业去艰苦探索。此时，政府的作用多转向努力建立一个优胜劣汰、激励创新的体制。政府的作用就是让健全的体制去发挥功能。最好的产业政策是有效竞争的机制，而不是具体指出产业方向，继而群众被动式地去响应。调整产业结构必须调整我们的思维习惯和经济体制。

中央政府是可以高瞻远瞩地制定产业政策和发展规划的。但地方政府在产业政策的设计上应当受到一定的限制，因为地方政府有特殊的利益诉求，会脱离实际地拔苗助长地发展所谓时髦产业，也会为了GDP保护落后。当世界经济一体化的时候，整个国家更应当建立统一市场，更应当一体化。

（2）抓住经济下行期的机遇，充分利用兼并重组等市场经济的机制，有效调整产业结构。市场经济体制所以在产业结构调整中功勋显著，完全在于它的机制。危机、兼并、重组就是市场经济的机制。

危机作为市场经济的机制，就是在经济发展到下行期强制性地淘汰落后。我们应当从经济发展的周期理解危机，理解经济下行期在经济发展过程中所起的作用，而不是从意识形态的角度理解危机。人类经济的发展是由一个一个的周期联结起来的波浪式的发展。如果没有下行期的淘汰，就没有产业结构的提升和高潮期的发展。创新是淘汰中的创新，当该死的细胞死不掉，该活的细胞活不了的时候，这个机体绝对是没有活力的。马克思论述了劳动资料的更新对经济发展的重要意义。他说："在发生决定性变革的时候，又迫使旧的劳动资料在它们的自然寿命完结之前，用新的劳动资料来替换。迫使企业设备提前按照更大的社会规模更新的，主要是灾祸、危机。"马克思认为，市场机制在调整产业结构方面的作用，"就像房屋倒在人的头上时重力定律强制地为自己开辟道路一样"，具有强制性。这就是靠市场机制调整产业结构为什么效率显著的原因所在。

（3）当前中国经济发展中的痼疾是结构失衡，治理痼疾一定要有战略实力，一定要慎言刺激。我们所以要慎言刺激，第一，刺激在一定程度上是在复制已有的产业结构。例如在上一轮刺激中针对家电行业和房地产行业的政策，本来这两个行业就产能过剩，刺激的结果是产能更加过剩。刺激性政策重点解决速度问题，而不是结构问题。第二，全面刺激政策的边际效益明显递减。这就是说，一开始用宽松的刺激性政策，似乎还有一点作用，但因为刺激性政策不仅没有解决结构问题，反而使结构问题更严峻了，再用刺激性政策解决速度问题，就需要更大的流动性注入。这就像使用抗生素一样，一旦抗体有了抗药性就需要更大剂量的抗生素。第三，货币本质上是帮助交易的，不宜作为经济政策。货币也不是资本，如果中央银行发行的货币可以自然而然地成为资本，那么一国的中央银行只要开动印钞机器就可以使这个国家成为资本充裕的国家。中央银行的操作只是发出一笔笔贷款。这些贷款对于有技术、产品和市场的企业而言，可以起到帮助正常生产的积极作用。对于本该被淘汰的产业和企业，它的作用只是延缓了破产的时间，还可能阻止新的竞争者的诞生，从而拖延了经济结构调整。

四、认识创新规律，积极创造创新赖以发生的条件

一些地方政府正在制定创新规则。然而历史的观察以及创新的内在规律表明，市场经济下的创新恰恰不是规划出来的，太过严格的规则反而有可能窒息创新。

（1）市场经济下的创新是内在的，是参与者积极主动地自觉行动。创新者所以创新，除了自己的爱好和兴趣之外，更重要的是竞争和生存的需要。市场经济下的生存和竞争法则是必须的领先。通常的情况不是甲比乙在绝对量上多多少，而是甲比乙在相对量上领先多少，于是率先创新者可以获得超额的社会回报。随着其他企业纷纷跟上，在出现了一个新的经济发展的高潮的同时，利润随之被平均化。社会的经济技术水平上升到了一个新的层次，在一个新的层次上实现了更新的均衡。在此基础上又有敢于冒险者打破新的均衡，再一次引领创新和实现更高层次的均衡。这是一个动态的过程，永远不会完结。

（2）创新的第二个特点是风险和不确定性，是探索未知领域。这里的风险和不确定性包括两个方面。一个是创新的方向和技术层面的不确定性。创新者是根据自己掌握的已有的知识和信息做出的大致的判断，创新能否成功取决于自己的知识、信息。判断是否接近事物发展的方向，以及必须攻克的技术难关是否能够突破，创新者是蚁群中的探路者或探险者。人们期盼成功，但成功的概率并非抛硬币，有时简直就是碰运气，是偶然出现的。例如托马斯·爱迪生无意中从手上涂的油烟中发现了一种灯丝。亚历山大·弗莱明因为忘记盖上一个皮氏培养皿而发现了青霉素。另一个方面的风险则来自于市场，来自于市场的检验。马克思说商品能不能得到社会的承认是一个惊险的跳跃。创新者预先决定的创新方向只是自己的预判和决定，但创新者是给社会

提供商品和服务的，要接受市场的检验。哈耶克更为形象地指出，企业不可能知道某款新车型的盈亏概率，就像小说作家不可能知道某部作品登上畅销书排行榜的概率一样。市场检验可以杜绝伪创新。

创新的不确定性及其近乎探险的性质，要求创新者应当是接近一线或前沿的观察者，应当有无限的想象力、洞察力，需要战略眼光，需要坚忍不拔，甚至是孤注一掷的执着。乔布斯、比尔·盖茨20世纪70年代就开始了对电子产品的研究，就是上述判断的生动例证。创新者的判断有时来自于直感，但直感不是空穴来风，是知识、信息、生活阅历的积累在一瞬间的爆发。

（3）市场经济下的创新是具有广泛参与性的大众创新。一个国家的创新状况，取决于这个国家民众普遍参与的程度，进而取决于这个国家的商业氛围。商业氛围越浓厚，自觉创新的人就越多、越广泛，不仅创新成功的绝对数会增大，而且会提高创新的成功率。民众的积极参与，不仅可以形成积极向上的氛围，还可以信息共享，互相熏陶，在无意之间传递着产业的味道。这就如同一项体育活动一旦成为一国全民性的运动，那么在该项体育活动的赛事中该国就更容易获得好成绩和好名次。由此可见，万众创业必然形成波澜壮阔的创新。

（4）既然是大众的创新，那么这种创新的另一个特点就是如同美国学者埃德蒙·菲尔普斯在《大繁荣——大众创新如何带来国家繁荣》中指出的“缺乏协调”，或者说是缺乏规划。正是因为缺乏协调，才使这种创新具有了多样性。多样性是各类、各种层次的创新充分萌发，使经济体充满活力。菲尔普斯生动地写道：“如果让国王一个人挑选值得投资的项目，那只能造就色调单一的国家。除其他因素外，经济活力还取决于企业家的多样性，以便从中找到最合拍，最有条件将创意融入可行的工艺和产业的人。”

上述论述说明市场经济体制下的大众创新恰恰不是规划出来的。规划要求统一划一，抹杀了创新所需要的多样性，规划是以一个时间点的知识和信息预判未来，预判几年以后的事情，但知识和信息是瞬息万变，规划者往往远离第一线，更触摸不到市场走势的变化。用统一规划来规划创新，是计划经济下用行政力量指导经济发展的思维惯性。当然，我们并不完全否定规划，不否定规划的积极作用，规划在社会经济发展中还依然具有重要意义。但要分清层次，在战略和方向的层面，在国家层面，在“两弹一星”的国家创新团队的层面依然意义重大。而在市场的层面，规划应当有足够的弹性。

上述关于创新的规律性的分析还告诉我们，我们虽然难以预判某项具体的创新的诞生，但我们可以知道在什么样的条件下容易发生创新。我们应当努力创造发生创新的环境和条件，让更多的企业家去真正创新，而不是套利，不是政商勾结。

（李义平，中国人民大学经济学教授，博士生导师。）

中国生产服务业的发展[①]

□ 李江帆 江波

［摘要］新常态的重要表现是经济结构发生新的变化，第三产业比重超过第二产业。作为第三产业重要组成部分的生产服务业，在国民经济增长中发挥越来越重要的作用。本文基于对大量统计数据，分析了中国生产服务业的发展背景，从占比与规模、绝对发展水平、内部结构、对GDP贡献率、劳动生产率、投资收益和对外直接投资等方面分析了中国生产服务业的发展特征，从理论创新、发展战略、牵引作用、细分行业发展、供给创新和扩大开放等方面，概括了我国生产服务业的发展经验，从发展水平、内部结构、服务输出能力和区域分布等方面分析了其存在的问题，揭示了生产要素投入软化的发展方向。

生产服务又称生产者服务（producer services），是指“向中间生产者而不是最终消费者提供”的服务[②]（Greenfield，1966），或称“服务形式的生产资料”，它“直接构成第一、第二、第三产业的生产要素”（李江帆，1986，1987，1990）。狭义生产服务指为工农业提供的服务形式的生产要素。广义生产服务指在三次产业生产实物产品和服务产品过程中被作为生产要素投入的服务。生产服务业是为三次产业生产提供服务形式生产要素的行业，包括金融业，租赁和商务服务业，科学研究和技术服务业，批发和零售业，交通运输、仓储和邮政业，信息传输、计算机服务和软件业。生产服务业在当代全球经济中的作用越来越明显。中国正在顺应经济结构的高级化发展趋势，推进生产服务业的发展。本文结合我国经济发展的新常态，对中国生产服务业的发展背景、发展特征、发展经验、存在问题与发展方向做简要分析。

---

① 本文是李江帆教授主持的中国教育部哲学社会科学研究重大课题“加快发展我国生产性服务业研究”（批准号：11JZD023）和中国博士后科学基金资助项目“服务化与信息化的融入机制研究”（批准号：2014M550443）的研究成果。张少华、孙得将、姚洋洋、张少辉、刘恩初、陈明等参与本文研究。

② Greenfield，H. Manpower and the Growth of Producer Service［M］. New York & London Columbia University Press.1960.

一、中国第三产业的发展背景

1. 第三产业缓慢发展时期：1949—1979年

第三产业即广义服务业，指除了第一产业（广义农业）、第二产业（广义工业）以外的其他各业。1979年改革开放前，中国第三产业长期发展缓慢，比重偏低。从纵向看，1952—1980年，三次产业增加值结构由50.7：21.0：28.3变为30.4：49.0：20.6，就业结构由83.5：7.4：9.1变为68.7：18.3：13.0。从横向看，第三产业就业比重在1980年仅为13.0%，在世界银行统计的126个国家和地区中排第106位；产值比重在1982年为22%，在93个国家和地区中排倒数第2位。

中国第三产业发展缓慢的影响因素：一是经济理论失误：把服务部门看成“非生产部门”，认为其比重增大是“帝国主义腐朽性和寄生性的突出表现”。不了解服务业比重的增大是世界经济发展的必然趋势，在实践中歧视“非生产部门”，使第三产业资源投入受阻，发展被遏制。二是发展战略失误：在工农业已有较大发展时，没有及时把第三产业的发展列入国家经济发展战略。三是政策失误：长期实行服务低价制，损害了服务业的利益；把不少服务活动当作资本主义因素来批，挫伤了服务业发展的积极性。

2. 第三产业迅速发展时期：1980—2013年

改革开放以来，中国第三产业迅速发展。1980—2013年，三次产业增加值结构由30.4：49.0：20.6变为10.0：43.9：46.1，第三产业比重在2013年首次超过第二产业（图1）。就业结构由68.7：18.3：13.0变为33.6：30.3：36.1（图2，2012年数据）。第三产业增加值比重提高了25.5个百分点，就业比重提高了23.1个百分点。人均服务产品占有量[①]大幅度增长，由91元增加到2015元，增长22.1倍（可比价）。第三产业发展水平与世界的差距正在缩小。中国人均服务产品占有量与世界水平的比例，由1978年的5.1%，提高到2000年的11.5%，2006年的20.8%，2012年的41.6%（表1）。

---

① 李江帆在1994年提出，衡量第三产业发展水平，除了使用第三产业比重的相对指标外，还要辅之以第三产业发展的绝对指标——人均服务产品占有量（服务业增加值除以人口）和服务密度（第三产业增加值除以土地面积），用以消除比重指标的不确定性缺陷（见李江帆：第三产业的产业性质、评估依据和衡量指标，《华南师范大学学报》1994年第3期）。相应地，可采用人均生产服务产品占有量（生产服务业增加值除以人口）和生产服务密度（生产服务业增加值除以土地面积）衡量生产服务业的绝对发展水平。

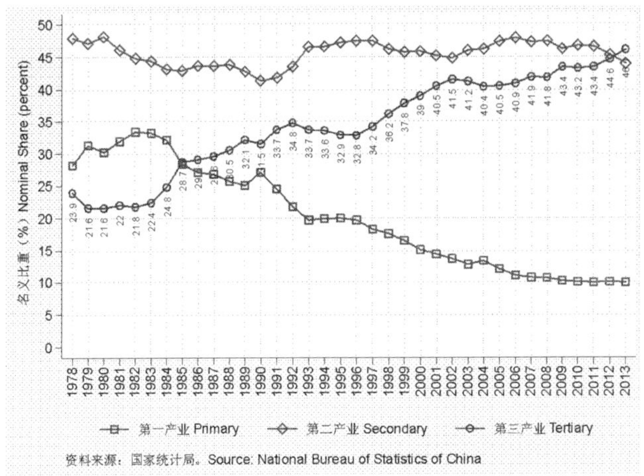

图1 1978—2013年三次产业占GDP比重（当年价）

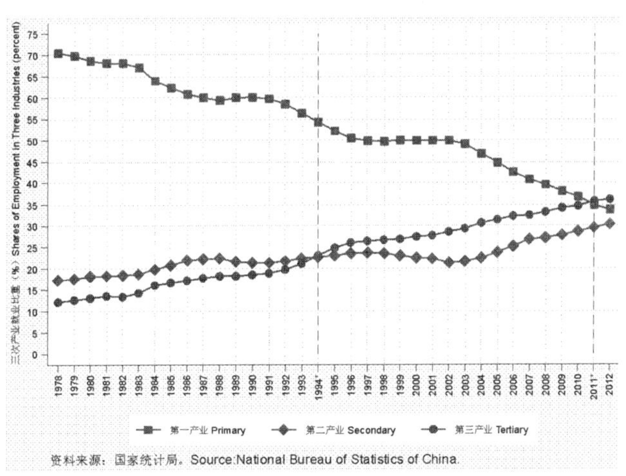

图2 1978—2006年中国三次产业就业结构

表1 人均服务产品占有量的国际比较（当年价，美元/人）

年份	1978	1984	1990	1995	2000	2006	2012
世界	1146	1512	2496	3308	3474	4873	6404
中国	59	73	111	211	400	1013	2662
亚洲	366	512	902	1506	1452	1811	3128
欧洲	2575	2880	6518	8439	7834	14191	16974
美国	6608	11197	16527	20729	27530	35664	40537
日本	4726	6457	14914	28082	25458	24068	33615
韩国	551	1015	2901	5815	5883	10666	11976
俄罗斯	—	—	1139	1316	838	3425	7256

续表

年份	1978	1984	1990	1995	2000	2006	2012
印度	74	107	146	162	210	410	814
巴西	705	635	1402	2766	2133	3269	6601
南非	778	1117	1528	2042	1749	3131	4550
chn/wld（%）	5.1	4.8	4.5	6.4	11.5	20.8	41.6

资料来源：据联合国统计司http：//unstats.un.org/unsd/snaama/selbasicFast.asp数据计算

二、中国生产服务业的发展特征

随着第三产业的迅速发展，中国生产服务业得到长足发展[①]。其特征为：

1. **生产服务业在GDP中的占比小幅提升，产业规模持续扩大**

2004—2011年，生产服务业增加值占GDP比重（当年价）由22.38%升到24.73%，第一产业占比由13.39%下降到10.09%；第二产业占比围绕着46%波动；第三产业占比持续上升趋势，由40.38%升至44.59%。

表2　2004—2012年中国生产服务业占GDP比重（当年价）　单位：%

年份	第一产业	第二产业	第三产业	生产服务业
2004	13.39	46.23	40.38	22.38
2008	10.73	47.45	41.82	23.84
2011	10.04	46.59	43.37	24.73
2012	10.09	45.32	44.59	

资料来源：相关年份的《中国统计年鉴》

同期，中国生产服务业增加值增长2.27倍，增长速度高于GDP（1.95倍）、第一产业（1.22倍）、第二产业（1.98倍）和第三产业（2.18倍）。

① 中国第三产业内部行业统计口径在2003年做了调整，造成前后数据不可比，故本文以2004—2011年数据分析生产服务业近年发展。

表3　2004—2011年中国生产服务业增加值变化　单位：亿元（当年价）

年份	GDP	第一产业	第二产业	第三产业	生产服务业
2004	159878	21413	73904	64561	35774
2008	314045	33702	149003	131340	74869
2011	473104	47486	220413	205205	116990
2012	518942	52374	235162	231406	—

资料来源：相关年份的《中国统计年鉴》

2. 生产服务业绝对发展水平稳步提高，与世界差距正在缩小

中国人均生产服务产品占有量和生产服务密度大幅提高。人均生产服务占有量从2004年的2752元/人增长到2011年的8683元/人，增长2.15倍，几乎每年保持两位数的增长率（2009年除外），在2007年更高达27.41%。生产服务密度从2004年的37.27万元/平方公里增长到2011年的121.86万元/平方公里，增长2.27倍，年均增长率高达18.44%。

表4　2004—2011年中国生产服务业的绝对发展水平　单位：万元/平方公里，元/人

年份	第三产业		生产服务业		
	服务密度	人均服务产品占有量	生产服务密度	人均生产服务产品占有量	人均生产服务产品占有量的增长率（%）
2004	67.25	4967	37.27	2752	—
2005	78.04	5730	42.62	3129	13.70
2008	136.81	9890	77.99	5638	18.77
2011	213.76	15230	121.86	8683	18.61
AARG（%）	17.96	18.44	17.36	17.84	—

资料来源：根据相关年份《中国统计年鉴》计算

但是，中国人均生产服务产品占有量在世界上仍处于较低水平（见表5），2011年为1269美元，大致相当20世纪90年代中期世界、BRIIAT2008年、俄罗斯2005年、巴西2006年的水平，虽远高于印度，但远低于美国、日本、欧洲、北美自由贸易区、东亚（不含中国、蒙古、朝鲜）的发达国家和地区。不过，中国生产服务业发展水平与世界的差距正在不断缩小。

3. 生产服务业内部结构演变呈逐渐升级趋势，行业结构趋向优化，新兴业态不断涌现

表6是2004—2011年中国生产服务业细分行业的增加值比重及发展速度，反映了

中国生产服务业内部结构演变趋势。生产服务业增加值的年均增长率为18.44%。细分行业分为两类：第一类是年均增长率明显高于生产服务业，包括金融业（25.04%）、租赁和商务服务业（20.07%）、科学研究和技术服务业（21.78%）、批发和零售业（19.68%）。第二类是年均增长率明显低于生产服务业，包括交通运输、仓储和邮政业（13.52%）、信息传输、计算机服务和软件业（12.80%）。

中国生产服务业内部结构变化趋势有两点值得注意：

（1）中国生产服务业仍然以传统服务业为主，但比重逐渐下降。交通运输、仓储和邮政业与批发和零售业等传统服务业部门的增加值占生产服务业比重从2004年的60.82%下降到2011年的56.31%，但仍占生产服务业的一半以上。

（2）中国生产服务业内部结构持续优化，知识密集型、技术密集型生产服务业占比不断提高。金融业、租赁和商务服务业、科学研究和技术服务业，信息传输、计算机服务和软件业等现代服务业部门的增加值占生产服务业比重从39.18%上升到43.69%。尤其是金融业、租赁和商务服务业、科学研究和技术服务业以20%以上的年均增长率提升，三者比重从27.34%增至35.33%。这主要是由于随着中国产业经济转型升级，第一、第二、第三次产业对生产服务的需求层次逐渐提高，在市场利益机制的诱导下，不断涌现出研发设计、信息服务、管理咨询、科技服务、商务会展、文化创意等新兴服务业态，这些新兴服务业态开始成为中国生产服务业发展的新的增长点，从而中国生产服务业开始呈现出以劳动密集型为主的产业结构向以知识—技术密集型为主的产业结构转型的趋势。

表5 人均生产服务产品占有量的国际比较 单位：美元/人

年份 Year	中国 chn	印度 ind	俄罗斯 rus	巴西 brz	美国 U. S.	日本 jpn	世界 wld	EU27	NAFTA	East Asia	BRIIAT	中国/世界 chn/wld（%）
1995	116	66	720	1102	8766	11626	1472	4788	6510	10408	508	7.86
2000	206	88	535	805	12108	10393	1560	4661	8985	9376	448	13.24
2005	340	164	1506	1070	14640	10556	2055	7737	11004	10112	772	16.54
2010	1036	320	3187	2476	16368	11873	2661	9233	12442	11146	1479	38.91
2011	1269	373	3823	2845	16936	13020	2916	9933	12947	12227	1708	43.53

Note：1. EU27 includes the 27 countries in European Union. 2. NAFTA or the Northern American Free Trade Area，includes the United States，Canada and Mexico. 3. East Asia includes Japan，Korea，China Taiwan，but not mainland China. 4. BRIIAT includes Brazil，Russia，India，Indonesia，Australia and Turkey.

Producer service products per capita is calculated by dividing the value added of producer services by total population.

资料来源：根据WIOD database计算

表6 2004—2011年中国生产服务业细分行业增加值比重及增长率　单位：%

	交通运输、仓储和邮政业		信息传输、计算机服务和软件业		批发和零售业		金融业		租赁和商务服务业		科学研究和技术服务业	
年份	比重	增长率	比重	增长率	比重	增长率	增加值	增长率	增加值	增长率	增加值	增长率
2004	26.01	—	11.84	—	34.81	—	15.08	—	7.34	—	4.92	—
2005	26.07	14.64	11.99	15.76	34.13	12.14	14.88	12.87	7.65	19.09	5.29	22.99
2008	21.86	12.06	10.50	17.21	34.97	25.05	19.85	20.47	7.49	19.45	5.33	16.04
2011	19.18	17.25	8.36	10.11	37.14	21.54	21.33	18.96	8.04	20.84	5.95	23.58
AAGR（%）	—	13.52	—	12.80	—	19.68	—	25.04	—	20.07	—	21.78

资料来源：根据相关年份《中国统计年鉴》计算

4. 生产服务业对GDP的贡献率在曲折中上升，正成为国民经济的重要推动力

表7显示，2005—2011年中国生产服务业对GDP的贡献率在曲折中上升。相应地，2004—2012年第一、第二产业对GDP的贡献率下降，第三产业对GDP的贡献率上升。

表7 2005—2011年中国生产服务业的GDP贡献率　单位：%

年份	第一产业	第二产业	第三产业	生产服务业
2004	7.80	52.23	39.92	—
2005	5.61	51.11	43.27	20.52
2008	5.73	49.25	45.02	25.19
2011	4.61	51.61	43.77	26.30
2012	5.72	48.71	45.56	—

资料来源：根据相关年份《中国统计年鉴》计算

表8 是2005—2011年中国生产服务业内部各细分行业对生产服务业的贡献率。交通运输和仓储及邮政业、信息传输和计算机服务及软件业对生产服务业的贡献率下降；批发和零售业、金融业对生产服务业的贡献率在曲折中上升；租赁和商务服务业、科学研究和技术服务业对生产服务业的贡献率在6%～11%之间波动。

表8 2005—2011中国生产服务业细分行业对生产服务业的贡献率　单位：%

年份	交通运输、仓储和邮政业	信息传输、计算机服务和软件业	批发和零售业	金融业	租赁和商务服务业	科学研究和技术服务业
2005	26.48	12.99	29.41	13.49	9.76	7.87
2008	14.50	9.50	43.16	20.79	7.52	4.54

续表

年份	交通运输、仓储和邮政业	信息传输、计算机服务和软件业	批发和零售业	金融业	租赁和商务服务业	科学研究和技术服务业
2010	15.41	4.60	43.32	20.59	10.21	5.86
2011	17.53	4.77	40.89	21.13	8.62	7.06
AAGR（%）	–6.64	–15.38	5.65	7.77	–2.05	–1.79

资料来源：根据相关年份《中国统计年鉴》计算

5. 生产服务业的劳动生产率持续提升，成为三次产业劳动生产率提高的重要引擎

表9显示，2004—2011年间中国生产服务业的劳动生产率提高较快，年均增速达15.05%，高于三次产业劳动生产率增速（12.59%）、第二产业（11.15%）和第三产业（14.62%）。中国生产服务业的劳动生产率提高1.66倍。相应地，第二、第三产业的劳动生产率分别提高1.07倍、1.58倍，三次产业劳动生产率仅提高1.28倍。可见，中国生产服务业对三次产业劳动生产率的提升作用显著。

表9　2004—2011年中国生产服务业劳动生产率　　单位：万元/人，%

年份	全行业	第二产业	第三产业	生产服务业
2004	14.40	15.75	10.87	16.92
2008	25.76	27.83	20.43	33.27
2011	32.82	32.61	28.13	44.76
AAGR（%）	12.59	11.15	14.62	15.05

资料来源：根据相关年份《中国统计年鉴》计算

中国生产服务业各细分行业劳动生产率的增长速度（表10）分为三类：（1）批发和零售业、金融业、科学研究和技术服务业的劳动生产率增长速度均高于生产服务业。（2）交通运输和仓储及邮政业、租赁和商务服务业的劳动生产率增长速度低于生产服务业，但仍高于三次产业和第二产业。（3）信息传输和计算机服务及软件业的劳动生产率的增长速度相对慢。究其原因，一是随着技术进步，大量使用人工操作的行业、环节和流程标准化、自动化，减少人工操作，并应用精密仪器设备。二是人力资本水平提高，使知识密集型生产服务业附加值提高。三是近年政府对基础设施投资重视，使资本密集型生产服务业基础设施的资本形成持续增加。这都促进了相关行业在产出增长的同时，成本下降，劳动生产率提高。

表10　2004—2011年中国生产服务业细分行业劳动生产率　　　　单位：万元/人，%

年份	交通运输、仓储和邮政业	信息传输、计算机服务和软件业	批发和零售业	金融业	租赁和商务服务业	科学研究和技术服务业
2004	14.73	34.24	21.23	15.15	13.51	7.92
2008	26.09	49.28	50.90	35.60	20.42	15.54
2011	33.85	45.97	67.10	49.39	32.83	23.34
AAGR（%）	12.76	4.48	18.25	18.95	13.83	16.81

资料来源：根据相关年份《中国统计年鉴》计算

6. 生产服务业的投资收益明显高于社会平均水平，成为外商直接投资的重要领域

表11显示，在2004—2011年间，中国生产服务业的单位投资产出始终高于三次产业、第二产业和第三产业。2004年生产服务业、第二产业、第三产业、三次产业的单位投资产出分别为3.12、2.57、1.62、2.27；2011年生产服务业、第二产业、第三产业、三次产业的单位投资产出分别为2.68、1.66、1.21、1.52。中国生产服务业的每单位投资产出领先于全社会平均水平。

表11　2004—2011年中国生产服务业单位投资产出

年份	三次产业	第二产业	第三产业	生产服务业
2004	2.27	2.57	1.62	3.12
2008	1.82	1.94	1.45	2.96
2011	1.52	1.66	1.21	2.68

资料来源：根据相关年份《中国统计年鉴》计算

表12显示，2004—2011年中国生产服务业各细分行业的单位投资产出差异较大。（1）金融业的单位投资产出相当高，一般都在40以上，个别年份（2007年）更是高达78.30。（2）信息传输、计算机技术和软件服务业的单位投资产出高于生产服务业，且呈现在曲折中上升的趋势。（3）批发和零售业、租赁和商务服务业、科学研究和技术服务业的单位投资产出高于生产服务业，但开始出现下降趋势。可能由于这些行业的固定资本投资开始饱和，进一步提高产出不能紧靠粗放型投资，而需要通过增加人力资本积累、实施管理创新等生产要素来提高全要素生产率进而增加产出。（4）交通运输、仓储和邮政业的单位投资产出远低于生产服务业和全社会平均水平，且一路走低，由1.22下降到0.79。这应与近十年来中国大规模基础设施建设使交通输运、仓储和邮政业的投资饱和有关，导致该行业投资的边际回报减少，单位投资产出下降。

表12 2004—2011年中国生产服务业细分行业单位投资产出

年份	交通输运、仓储和邮政业	信息传输、计算机技术和软件服务业	批发和零售业	金融业	租赁和商务服务业	科学研究和技术服务业
2004	1.22	2.56	9.78	39.65	6.24	5.28
2008	0.96	3.63	7.00	57.05	4.14	5.11
2011	0.79	4.50	5.84	39.08	2.78	4.15

资料来源：根据相关年份《中国统计年鉴》计算.

表13显示，2004—2012年中国生产服务业实际利用外资快速增长，正成为外商直接投资日益青睐的重要领域。生产服务业实际利用外资占三次产业的比重由10.39%增加到26.60%，实际利用外资额的年均增长率为21.40%，远远高于第一、第二、第三次产业的8%、1.8%、19.18%。

表13 2004—2012年中国生产服务业实际利用外资占比 单位：%

年份	三次产业	第一产业	第二产业	第三产业	占三次产业%	占第三产业%
2004	100	1.84	74.98	23.18	10.39	44.83
2008	100	1.29	57.64	41.07	18.61	45:31
2012	100	1.85	46.96	51.20	26.60	51.96
AAGR（%）	7.94	8.00	1.80	19.18	21.40	——

注：占三次产业%：生产服务业实际利用外资总额占三次产业实际利用外资的百分比。占第三产业%：生产服务业实际利用外资总额占第三产业实际利用外资的百分比。
资料来源：根据相关年份《中国统计年鉴》计算

经过近十年发展，中国生产服务业实际利用外资总额占第三产业比重已由2004年的44.83%上升至2012年的51.96%。2004—2012年间，中国生产服务业各细分行业实际利用外资存在以下趋势：（1）交通运输和仓储及邮政业、租赁和商务服务业实际利用外资占生产服务业比重较大，但呈下降趋势。交通运输和仓储及邮政业、租赁和商务服务业实际利用外资占生产服务业比重下降，实际利用外资金额仅增加1.73倍、1.91倍。（2）批发和零售业实际利用外资占生产服务业比重持续增大，逐渐成为生产服务业6大细分行业中实际利用外资占比最大的行业。批发和零售业占比上升，实际利用外资金额增长了11.79倍。（3）金融业、科技服务业实际利用外资占生产服务业比重虽较小，但实际利用外资金额分别增长了7.39倍、9.53倍，占生产服务业比重上升，将日益成为外商直接投资的亮点。（4）信息传输、计算机服务和软件业实际利用外资占生产服务业的比重总体呈现如“W”曲折变化的态势，比重波动，现尚未达到历史最高水平，实际利用外资金额增长了2.67倍。随着通信与信息技术的不断进步和广泛应用，中国信息传输、计算机服务和软件业将成为吸引更多外商投资的重要领域。

表14 2004—2012年中国生产服务业细分行业实际利用外资占比 单位：%

年份	交通运输、仓储和邮政业	信息传输、计算机服务和软件业	批发和零售业	金融业	租赁和商务服务业	科学研究和技术服务业
2004	20.21	14.54	11.74	4.01	44.84	4.66
2008	16.58	16.14	25.78	3.33	29.42	8.76
2012	11.69	11.30	31.84	7.13	27.63	10.42
倍数	1.73	2.67	11.79	7.39	1.91	9.53

注：中国生产服务业细分行业实际利用外资占比表示某个细分行业实际利用外资总额占生产服务业实际利用外资总额的百分比。

资料来源：根据相关年份《中国统计年鉴》计算

7. 生产服务业已成为中国对外直接投资的最重要领域。

2003—2012年中国三次产业对外直接投资增长29.76倍。其中，生产服务业对外直接投资增长75.28倍，占三次产业对外直接投资比重也由25.52%提高至63.29%，已成为中国对外直接投资的最重要领域。相应地，第二产业对外直接投资占三次产业比重由71.72%下降至31.20%。

表15 2003—2012年中国生产服务业对外直接投资占比 单位：%

年份	三次产业	第一产业	第二产业	第三产业	生产服务业
2003	100.00	2.85	71.72	25.43	25.52
2008	100.00	0.31	17.24	82.46	81.21
2012	100.00	1.66	31.20	67.14	63.29

资料来源：根据相关年份《中国统计年鉴》计算

表16显示，中国生产服务业对外直接投资主要集中在租赁和商务服务业、批发和零售业、金融业。2003—2012年间，租赁和商务服务业是中国生产服务业对外直接投资的第一大行业，自2008年开始，该行业对外直接投资占生产服务业一直在50%上下浮动，对外直接投资额增长94.92倍。批发和零售业对外直接投资占生产服务业比重虽在曲折中下降，但2012年仍达23.48%，对外直接投资额增长35.53倍，是中国生产服务业对外直接投资的第二大行业。金融业对外直接投资占生产服务比重呈现“先升后降再升”的N型态势，在2012年为18.12%，成为中国生产服务业对外直接投资的第三大产业。

表16 2003—2012年中国生产服务细分行业对外直接投资占比 单位：%

年份	交通运输、仓储和邮政业	信息传输、计算机服务和软件业	批发和零售业	金融业	租赁和商务服务业	科学研究和技术服务业
2003	10.60	1.21	49.04		38.27	0.88

续表

年份	交通运输、仓储和邮政业	信息传输、计算机服务和软件业	批发和零售业	金融业	租赁和商务服务业	科学研究和技术服务业
2007	21.91	1.64	35.60	8.99	30.22	1.64
2008	5.85	0.66	14.35	30.94	47.83	0.37
2012	5.38	2.23	23.48	18.12	48.12	2.66

资料来源：根据相关年份《中国统计年鉴》计算

三、中国生产服务业的发展经验

1. 服务经济理论创新推动了第三产业与生产服务业大发展

中国长期以来受计划经济时代“唯物质生产论”的影响，片面重视工农业，忽视第三产业。学术界、商界和政府部门把服务人员看成是不创造价值，不创造社会财富的“非生产人员”，是靠“物质生产部门”的布施养活的，动辄指责他们“吃农民的饭，穿工人的衣”，而又“一不会种田，二不会做工”，不生产实物产品简直有如做了亏心事一般。理论失误导致实践上对服务业采取贬斥、压缩、控制发展的产业政策。

中国学术界在20世纪80年代初开始了对服务业是否创造产品、价值和财富的大讨论，取得重大进展。《第三产业经济学》是这一时期学术研究的代表性成果[①]。经济学家李江帆在该研究成果中指出：服务人员获得工农生产的“饭”和“衣”，是以向对方提供生产与消费同时进行的服务产品为代价的。服务人员“一不会种田，二不会做工”，就如同工人农民“一不会教书，二不会治病”一样，是社会分工，各司其职的必然结果，没有什么理由要加以非议。传统政治经济学理论将产品局限于物品的范围，否认“非物质生产劳动者”生产产品，这是上述谬论得以流行的一个理论渊源，也是中国第三产业缓慢发展的重要原因。要正确认识第三产业的社会地位，关键问题是必须突破传统的产品观念，将非实物形态的劳动成果也纳入社会产品的范围。他以服务产品理论为基石构筑起一个理论新体系，以严谨的态度将政治经济学正确地应用到第三产业领域，探讨、概括和解释现代经济生活中涌现的以服务业为中心的一系列新问题，补充、丰富了传统政治经济学的基本原理，透过纷繁复杂的第三产业经济现象，从共有经济规律和特有经济规律两个角度，系统揭示了第三产业经济规律。该研究成果被中共中央、国务院《关于加快发展第三产业的决定》采用，对中国第三产业发展的实践和决策产生了积极的影响。

① 李江帆著：《第三产业经济学》，广东人民出版社1990年版。

在改革开放初期，研究服务的中国学者大多认为服务只是消费资料，所有生产过程均不需服务充当生产要素。沙吉才等（1981）提出，所有生产过程均需“非物质生产资料”充当生产要素①。李江帆（1986，1987）首次提出将服务产品划分为服务形式的生产资料和服务形式的消费资料，指出生产服务“直接构成第一、第二、第三产业的生产要素”，充当实物生产过程和服务生产过程中的生产资料，参与价值创造②。

1990年，《第三产业经济学》获得中国经济学最高学术奖——孙冶方经济科学著作奖，标志着中国学术界关于“服务是否创造价值”等根本性理论问题争议的终结。这一著作是中国最早系统分析生产服务业为第一、第二、第三产业提供生产服务的理论文献，为第三产业和生产服务业研究奠定了坚实的理论基础。此后，随着中国学术界对服务经济理论，尤其是生产服务业的经济增长效应、产业升级效应等学术问题的深入探讨，进一步推动了中国生产服务业的发展。

2. 发展第三产业的战略决策推动了第三产业发展

改革开放以来中国第三产业的迅速发展，与中国引进第三产业概念和实施加快发展第三产业的战略决策密切相关。在经济结构升级的迫切要求下，在理论界几次思想争论的推动之下，各级政府对第三产业的认识逐渐深化，对第三产业发展支持的力度日益加强。

1979年第三产业概念在中国调研报告出现。1981年上半年中国报纸掀起第三产业宣传高潮：主要是为了解决就业问题。1981年下半年某些权威人士认为第三产业是“渗透着资本主义本质的概念”，第三产业概念被打入“冷宫”。

1984年中央领导人提出大力发展第三产业的方针。1985年国家统计局建立第三产业统计。1986年在国家五年计划中首次出现“第三产业”概念。在中央层面，改革开放以来多次出台了影响较大、涉及面较广地针对服务业的发展政策，在强调服务业的综合发展时也强调了生产服务业的发展。

（1）1992年中共中央、国务院发布了《关于加快发展第三产业的决定》，从第三产业的加快发展是生产力提高和社会进步的必然结果，分析了发展第三产业的重要意义，并颁布了13条抓住制约第三产业发展的关键性薄弱环节，很大地改善了第三产业发展的政策环境的措施，强调加快第三产业发展的重点领域不仅包括与经济发展密切相关的商业、物资业、对外贸易业、金融业、保险业、仓储业等生产服务业，而且包

---

① 沙吉才，孙长宁.关于社会主义制度下的生产劳动问题［J］.经济学动态.1981第8期，第11～16页。

② 李江帆.第三产业与两大部类的关系试析［J］.体制改革探索，1986，（3）；李江帆：《把第三产业纳入再生产公式》，《贵州社会科学》，1987年第3期，第5～9/44。

括与科技进步相关的咨询业（包括科技、法律、会计、审计等咨询业）、信息业和各类技术服务业等新兴的生产服务业，以及对国民经济发展具有全局性、先导性影响的交通运输业、邮电通信业、科学研究等基础性生产服务业。这是中国发展第三产业最重要的战略决策，指引着第三产业在健康的道路上发展。

（2）2001年底，国务院办公厅转发国家计委关于《“十五”期间加快发展服务业若干政策措施的意见》，提出优化服务业行业结构、加快企业改革和重组、放宽服务业市场准入、扩大对外开放、多渠道增加服务业投入等7大方面的政策措施促进服务业发展。

强调从四个方面着手优化生产服务业：①强化对交通运输、商贸流通、农业服务等行业的改组改造。②推进连锁经营、特许经营、物流配送、代理制、多式联运、电子商务等组织形式和服务方式的发展。③大力发展信息、金融、保险以及会计、咨询、法律服务、科技服务等中介服务行业。④按照城市功能定位，改组改造传统服务业，着重发展现代服务业和新兴服务业。

（3）2007年3月，国务院发布《关于加快发展服务业的若干意见》，再度为服务业发展政策松绑。该意见明确提出要加大政策扶持力度，积极推动生产服务业加快发展，大力发展面向生产的服务业，促进现代制造业与服务业有机融合；培育形成主体功能突出的国家和区域服务业中心、工业设计和研发服务中心、区域性物流中心；鼓励外商投资服务业，积极承接国际服务外包业务，培育外包产业基地。

（4）2012年12月，国务院颁发《服务业发展“十二五”规划》。以单独章节阐述了我国“十二五”期间生产服务业发展的方向和重点领域，指出应该围绕促进工业转型升级和加快农业现代化进程，推动生产服务业向中、高端发展，深化产业融合，细化专业分工，增强服务功能，提高创新能力，不断提高我国产业综合竞争力。具体措施包括：金融服务业、交通运输业、现代物流业、高技术服务业、设计咨询、科技服务业、商务服务业、电子商务、工程咨询服务业、人力资源服务业、节能环保服务业、新型业态和新兴产业12个生产服务业重点领域。

加快发展农村生产性服务业。

扩大服务业开放。发展服务贸易。提高服务业利用外资水平。鼓励国内企业实施“走出去”战略。深化内地与港澳地区服务业合作。推进海峡两岸服务业合作。

（5）2014年8月，国务院发布了《加快发展生产性服务业促进产业结构调整升级的指导意见》（国发〔2014〕26号），这是中央政府层面首次出台专门强调支持加快发展生产服务业的政策措施，这对生产服务业来说具有里程碑意义。

该意见指出，加快生产性服务业创新发展，实现服务业与农业、工业等在更高水平上有机融合，推动我国产业结构优化调整，促进经济提质增效升级。该意见鼓励企业向价值链高端发展、加快生产制造与信息技术服务融合。

通过进一步扩大开放、完善财税政策、完善土地和价格政策、加强知识产权保护和人才队伍建设、建立健全统计制度等6项政策措施，重点发展研发设计、第三方物流、融资租赁、信息技术服务、节能环保服务、检验检测认证、电子商务、商务咨询、服务外包、售后服务、人力资源服务和品牌建设等11个领域。

近几年，不少地方政府，特别是在经济比较发达的地区，纷纷出台推动生产服务业发展政策，比较典型的有广东、上海、苏州、江苏、南京、天津、杭州等。这些政策可细分为两种类型：一种是发展纲要，另一种是政策意见。发展纲要主要是对当地生产服务业发展现状进行评估、阐明生产发展服务业的意义、设定发展目标、界定发展的重点区域和行业，以及提供一些原则性和方向性的指导意见。相比较而言，政策意见则显得更具体、细致，主要从税收、财政、金融、市场准入、用地、用水等方面详细列举相关优惠措施。

3. 重视生产服务在产业转型升级中的牵引作用，推进工业生产服务业发展

推进中国特色新型工业化，需要推进信息化与工业化深度融合，发挥生产性服务业在转型产业转型升级过程中的牵引作用，增强我国工业核心竞争力和可持续发展能力。

2012年1月，国务院颁布《工业转型升级规划（2011—2015年）》（国发〔2011〕47号）。该规划指出，中国新型工业化道路需要大力发展生产服务业，充分发挥信息化在转型升级中的支撑和牵引作用，促进“生产型制造”向“服务型制造”转变，加快推动制造业向数字化、网络化、智能化、服务化转变。归纳起来，该规划从3个方面着重支持发展与工业转型升级相关的生产服务业：第一，提高工业信息化水平。第二，发展支撑增强电子信息产业竞争力的生产服务。第三，发展工业生产服务，推进服务型制造。

4. 重视生产服务业细分行业发展，促进生产服务的价值链嵌入功能

为落实“十二五”规划纲要、《关于加快发展服务业的若干意见》等相关部署，提高生产服务在产业价值链中的嵌入程度，推进产业转型升级，国家层面相继出台相关政策促进不同专项生产服务行业发展。

（1）高技术服务业。

2011年12月，国务院出台《关于加快发展高技术服务业的指导意见》（国办发〔2011〕58号），指出高技术服务业是现代服务业的重要内容和高端环节，加快发展高技术服务业对于扩大内需、吸纳就业、培育壮大战略性新兴产业、促进产业结构优化升级具有重要意义。

该意见确定研发设计服务、知识产权服务、检验检测服务、科技成果转化服务、信息技术服务、数字内容服务、电子商务服务、生物技术服务八大高技术服务业发展

的重点领域，从加大财税支持、拓展融资渠道、完善市场环境、培育市场需求、增强创新能力、加强人才培养、深化对外合作、引导集聚发展八项政策措施支持高技术服务业的长短期目标。

除此之外，还陆续出台针对金融服务、流通服务、电子商务服务、环保服务、循环经济服务、海洋航运服务、航空服务、物联网服务、高端软件和新兴信息服务、文化创意和设计服务、生产服务业中小企业等方面的产业规划和政策意见。

（2）金融服务。

2014年8月，国务院发布《关于加快发展现代保险服务业的若干意见》（国发〔2014〕29号）。

2011年6月，国务院办公厅转发银监会发展改革委等部门《关于促进融资性担保行业规范发展意见的通知》（国办发〔2011〕30号）。

（3）电子商务服务。

2008年3月，国务院办公厅发布《关于加快电子商务发展的若干意见》（国办发〔2005〕2号）。

（4）流通服务。

2012年8月，国务院出台《关于深化流通体制改革加快流通产业发展的意见》（国发〔2012〕39号）。

（5）节能环保服务与循环经济服务。

2012年6月，国务院发布《"十二五"节能环保产业发展规划》（国发〔2012〕19号），将节能环保服务列为"十二五"期间节能环保产业发展的重点领域之一，实施节能环保服务业培育工程，发展环境投融资、清洁生产审核、认证评估、环境保险、环境法律诉讼和教育培训等环保服务体系。

2013年2月，国务院出台《循环经济发展战略及近期行动计划》（国发〔2013〕5号），提出构建循环型服务业体系，推进服务主体绿色化、服务过程清洁化，促进服务业与其他产业融合发展。

（6）交通运输服务。

2014年9月，国务院出台《关于促进海运业健康发展的若干意见》（国发〔2014〕32号），强调海运业是经济社会发展重要的基础产业，提出大力发展现代航运服务业。

2012年7月，国务院出台《关于促进民航业发展的若干意见》（国发〔2012〕24号），指出民航业是我国经济社会发展重要的战略产业，强调大力发展通用航空服务、提升航空运输服务质量，从而推动发展航空客货运输、通用航空、航空维修、航空金融、航空旅游、航空物流等航空服务经济发展。

（7）物联网服务。

2013年2月，国务院出台《关于推进物联网有序健康发展的指导意见》（国发〔2013〕7号），指出物联网是新一代信息技术的高度集成和综合运用，具有渗透性强、带动作用大等特点，推进物联网的应用和发展，需要大力支持企业发展有利于扩大市场需求的物联网专业服务和增值服务，推进应用服务的市场化，带动服务外包产业发展，培育新兴服务产业。

（8）高端软件和新兴信息服务。

2012年7月，国务院印发《“十二五”国家战略性新兴产业发展规划》（国发〔2012〕28号），指出发展高端软件和新兴信息服务产业是我国战略性新兴产业发展的重要任务之一，需要积极培育云计算服务、电子商务服务等新兴服务业态，利用信息技术发展数字内容产业、文化创意产业，带动我国信息产业实现由大到强的转变。

（9）文化创意和设计服务。

2014年3月，国务院发布《关于推进文化创意和设计服务与相关产业融合发展的若干意见》（国发〔2014〕10号），指出文化创意和设计服务已贯穿在经济社会各领域各行业，具有高知识性、高增值性和低能耗、低污染等特征，推进文化创意和设计服务等新型、高端服务业发展，促进与实体经济深度融合，培育国民经济新的增长点，提高产业核心竞争力。

（10）生产服务业中小企业。

2009年9月，国务院出台《关于进一步促进中小企业发展的若干意见》（国发〔2009〕36号），鼓励中小企业在科技研发、工业设计、技术咨询、信息服务、现代物流等生产服务业领域发展，促进中小企业在软件开发、服务外包、网络动漫、广告创意、电子商务等新兴领域拓展，强化金融服务、信用信息服务在中小企业发展中的服务功能。

5. *多渠道增加投入，推动生产服务业供给创新*

保证对第三产业投入增长，是促使第三产业持续、稳定、快速发展的重要前提。2001年底颁布的《“十五”期间加快发展服务业若干政策措施的意见》，明确提出要“多渠道增加服务业投入”，并提出了3条具体的政策措施：

（1）中央和地方各级政府，都要适当安排一定数量的投资，作为加快发展服务业的引导资金，以更多地吸引银行信贷资金和社会投入。

（2）银行要适当增加对服务业的信贷支持，积极向符合贷款条件的服务业企业及其建设项目发放贷款。

（3）鼓励符合条件的服务业企业进入资本市场融资，通过股票上市、企业债券、项目融资、资产重组、股权置换等方式筹措资金。创造条件，逐步解决某些服务行业用水、用气、用电价格不合理问题。

进一步，2004年，国家发改委发布《国家服务业发展引导资金使用管理办法》，详细界定了设立国家服务业发展引导资金的意义、引导资金支持的重点领域、使用方式等事项，为多渠道增加生产服务业投入提供了重要的催化剂。

2014年颁布的《关于加快发展生产性服务业促进产业结构调整升级的指导意见》进一步从财税政策、创新金融服务、完善土地和价格政策等方面“推动生产服务业供给”，具体措施：

（1）探索完善财政资金投入方式，重点支持公共基础设施、市场诚信体系、标准体系建设以及公共服务平台等生产服务业发展薄弱环节建设。

（2）鼓励开发区、产业集群、现代农业产业基地、服务业集聚区和发展示范区积极建设重大服务平台。

（3）积极研究自主创新产品首次应用政策，增加对研发设计成果应用的支持。

（4）创新金融服务，开发适合生产性服务业特点的各类金融产品和服务，推动生产服务业供给规模。

（5）合理安排生产性服务业用地，促进节约集约发展。鼓励工业企业利用自有工业用地兴办促进企业转型升级的自营生产服务业。

（6）建立科学合理的生产性服务业企业贷款定价机制，加大对生产服务业重点领域企业的支持力度。

6. 坚定不移地扩大开放，逐步放开生产服务业市场准入，加强对外合作

在经济全球化时代，产业价值链的片段化导致生产服务业在价值增值过程中的作用愈加重要。因此，在推进第三产业和生产服务业改革的同时，中国也非常注重生产服务业领域的扩大开放。

2014年颁布的《关于加快发展生产性服务业促进产业结构调整升级的指导意见》从以下几个方面提出了进一步扩大开放的具体举措：

（1）进一步放开生产性服务业领域市场准入，鼓励社会资本以多种方式发展生产性服务业。

（2）进一步减少生产性服务业重点领域前置审批和资质认定项目，由先证后照改为先照后证。

（3）允许和鼓励社会资本参与应用型技术研发机构市场化改革和国家服务业综合改革试点。

（4）探索对外商投资实行准入前国民待遇加负面清单的管理模式。

（5）简化境外投资审批程序，进一步提高生产服务业境外投资的便利化程度。

（6）鼓励企业利用电子商务开拓国际营销渠道，为符合条件的电子商务企业、快

递企业提供便利通关措施。加快跨境电子商务通关试点建设。

（7）鼓励设立境外投资贸易服务机构。

此外，通过与香港、澳门签订CEPA，与台湾签订《海峡两岸经济合作框架协议》，建设上海自由贸易区、深圳前海深港现代服务业合作区等措施积极探索中国生产服务业的扩大开放。

四、中国生产服务业的存在问题与发展方向

（一）生产服务业发展中的存在问题

总体来看，中国生产服务业发展成效较为明显，为进一步构建高效的生产服务业发展体系奠定了重要基础。但是，从中国经济发展需要来看，生产服务业存在总量增长较快但水平不高、传统生产服务业与现代生产服务业之间结构失衡、创新能力弱、产业控制力低下等问题。具体表现：

1. 总体发展水平低：近年来中国生产服务业总量较大，但人均服务产品占有量和服务密度远远低于发达国家和新兴经济体

先看人均服务产品占有量。2000—2011年中国生产服务业增加值占GDP比重已增到22.48%，略低于G7国家和其他金砖国家。生产服务业的人均服务产品占有量也从200美元增长到1221美元，增长了5倍以上。但是，中国生产服务业的人均服务产品占有量远远低于G7国家和其他金砖国家（印度除外）。2000年中国生产服务业的人均服务产品占有量不到意大利（G7中最低）的1/20，只是美国（G7中最高）的1/57。2011年中国生产服务业的人均服务产品占有量也不到意大利的1/7，只是美国的1/13。

再看服务密度。2000—2011年中国生产服务业的服务密度从2.7万美元/平方公里增至17.6万美元/平方公里，增长了近6.5倍。但是，仍远远低于美国、英国、德国、法国、日本、意大利等发达国家。

2. 内部结构层次低：中国生产服务业仍然以传统服务业为主，知识密集型、技术密集型等现代服务业占比相对较低

中国生产服务业中的租赁及其他商务服务业占生产服务业的比重远低于G7国家和其他金砖国家。2011年，G7国家租赁及其他商务服务业占比的平均水平为40.92%，中国只有15.8%，远低于美国（41.97%）、英国（50.63%）、德国（51.45%）、法国（48.94%）等发达国家，也低于巴西（28.88%）、俄罗斯（23.19%）、印度（21.3%）。根据ISIC3.0，租赁及其他商务服务业除了机器设备租赁以外，还包括计算机及相关活动、研究与开发活动和会计、法律、广告、工程咨询、管理咨询、技术测试与分析等其他商务活动，这些服务活动具有显著的人力资本密集型、知识密集型和

技术密集型特征，其发展水平是衡量生产服务业现代化程度的重要标志。而且，租赁及商务服务业是产业结构优化升级的重要引擎，其作用不可限量。但是，中国的租赁及商务服务业发展水平却相对滞后。

相反，中国生产服务业仍然以批发贸易业、交通运输业等传统服务业为主，二者占比高于50%，而G7的平均占比刚接近30%。同时，金融服务业中除货币媒介以外的金融租赁、其他信贷授予、证券投资、金融衍生交易等新兴金融服务业还相对落后，与货币直接相关的传统金融服务活动近年发展较快。

中国生产服务业还存在内部结构不平衡的矛盾，仍然是传统服务业为主，而充当“战略推进器”的租赁和商务服务业等知识密集型、技术密集型等现代生产服务业发展还相对滞后。

3. 服务输出能力低：随着全球服务贸易活动日益频繁，中国服务输入与输出之间的差距不断扩大，本土生产服务业的服务输出和服务提供能力相对较弱

从总量上看，中国服务贸易总体规模持续增加，但逆差也不断扩大。2000—2012年中国服务贸易进出总额由660亿美元增长到4706亿美元，2012年中国进出口总额占全球服务贸易总额的5.6%，居世界第三位。但是，中国的服务贸易进口增速显著快于出口，服务输入与输出之间的差距进一步扩大，2012年高达897亿美元。而以OECD为代表的发达国家服务输出一直高于服务输入，服务贸易顺差额持续扩大，从2002年的727亿美元提高到2012年的4757亿美元，年均增长21.8%。

而且，服务贸易中以商业存在的形式提供的服务输出对产业发展的引擎作用更加重要。部分发达国家主要通过服务业直接投资以商业存在的形式提供服务输出，具有很强的服务提供能力，这种形式的服务输出在当前经济全球化背景下的全球产业价值链治理中发挥着关键的高端控制作用。2005—2012年法国、德国、英国和美国的FATS服务输出量已经接近或超过BOP服务输出量的2倍。相反，中国以商业存在形式提供的服务输出能力还相当弱小。从总体结构来看，中国新兴服务贸易增长快速，但是传统服务贸易仍然占据主导地位，在资本密集型、知识密集型服务领域较为薄弱，还处于比较劣势。

近年来中国计算机和信息服务、金融服务、保险服务等高附加值服务贸易增速很快，但在中国服务贸易总额中比重依然较低。2012年中国服务贸易进出口仍有60%以上集中在运输、旅游等传统服务业领域，而金融服务、保险服务、计算机和信息服务、通信服务四类高附加值和高技术含量的服务贸易仅占服务贸易总额的17.1%。

从服务输出结构来看，以OECD国家为代表的国际服务贸易日趋知识化、技术化和资本化，结构上已经从劳动密集型的传统服务业（旅游服务、销售服务等）为主逐步转为以知识密集型、技术密集型甚至资本密集型的现代生产服务业（研发设计服务、通信服务、金融保险服务、计算机相关服务等）为主。这种变化代表着全球国际服务贸易的主要趋势和发展方向。但是，2002—2011年期间中国的通信服务、金融服务、保险服务、其他商务服务以及专利使用费和特许费等现代服务输出占比基本都低于OECD国家，只有运输服务、建筑服务等传统服务输出占比高于OECD国家。

4. 区域分布不平衡：中国生产服务业呈现明显的区域发展差异，东中西部发展不平衡

东、中、西部生产服务投入均大幅增长，东中西区之间差异仍较大：东部生产服务投入占全国60%以上，分别是中部和西部的3倍和4倍。但是，生产软化系数[①]表现出另一番景象。据计算，2002—2007年间，东部生产软化系数最低（24.35%～18.80%），西部生产软化系数最高（29.05%～23.88%），中部生产软化系数居中（24.77%～21.22%），说明经济发展水平较高的东部地区，其生产服务投入占中间投入比例反而较低。这一点与生产软化系数和经济发展水平之间的一般规律相悖。

（二）生产要素发展方向——投入软化

国务院常务会议部署加快生产性服务业重点和薄弱环节发展促进产业结构调整升级，在笔者看来，其主要思路是通过促进投入工业的服务形式生产要素的增长（即投入软化），引领工业提质增效升级。

根据服务对象，生产服务可分为第一产业生产服务（农业生产服务）、第二产业生产服务（工业生产服务）、第三产业生产服务（服务业生产服务）。相应地，生产服务业指为三次产业提供服务形式生产要素的行业。生产服务业按其作用点可分为三个层次：一是生产服务的核心层，这是直接作用于生产过程的生产服务，如研发、科技、信息、文化创意、生产管理等服务；二是生产服务的外围层，这是作用于流通过程的生产服务，如物流、商贸、金融、会展等服务；三是生产服务的相关层，这是作用于生产者和投资环境的生产服务，如为生产者服务的商务旅店、餐饮、娱乐、休闲服务，配套商务服务等。

从存在形式看，生产要素包括两个方面：一是实物形式的生产要素，如设备、工具、原料、材料、燃料和能源等生产要素。二是服务形式的生产要素，如研发、设计、生产管理、科技、信息、商务、金融、物流服务等生产要素。在生产要素中，服务形式生产要素比重增大，实物形式生产要素比重下降，就是生产要素的软化。因生

① 生产软化系数是某一生产过程所需的服务型生产资料占所需生产资料总量的比重。见李江帆：《第三产业经济学》，广东人民出版社1990年版，第403页。

产服务业生产软生产要素，所以，生产要素软化与生产服务业发展，是同一现象的两种说法，意味着服务形式生产要素在一定程度上对实物形式生产要素的替代。

分析表明：服务形式生产要素的增长，即生产过程中软生产要素对硬生产要素的替代，具有推进国民经济效率提高的作用。三次产业消耗生产服务占生产要素的比重随经济发展水平提高而上升；发达国家三次产业消耗生产服务的比重高于发展中国家。随着国民经济发展水平提高，农业、工业和服务业对服务形式生产要素的需求都日趋增长，服务形式生产要素占生产要素的比重趋于上升，而实物形式生产要素的比重趋于下降。

国务院常务会议正是顺应生产要素软化趋势做出发展生产服务业部署的。在笔者看来，既包括增大工业生产领域的软投入，也涉及增大工业流通领域的软投入。主要有：（1）通过鼓励新材料、新产品、新工艺研发应用和研发设计等工业服务（生产服务的核心层）的投入和交易，增加工业生产过程中的软投入，引领产业提升。（2）通过提高工业信息化水平，流程再造和优化，农村互联网建设，鼓励能源管理、环保服务（生产服务的核心层）发展，增加工农业的软投入。（3）通过建设物流公共信息平台和货物配载中心，加快标准化设施应用（生产服务的外围层），推进第三方物流与制造业联动发展，增加工业流通过程的软投入，提高流通效率。（4）通过服务外包获得分工协作优势，提高制造业效率。（5）依靠人才建设，支撑服务形式生产要素的发展。

总的来说，目前发展生产服务业的主要关注点是工业生产服务。主要思路是通过工业生产要素软化，引领工业提质增效升级。基本方法是通过生产服务供给的增大和创新，刺激工业服务需求的增大和升级（在这里工业服务需求被视为动态变化的）。一方面，通过放宽市场准入，在人力（大力培养生产服务业急需的高端人才和创新团队）、财力（鼓励社会资本参与和金融机构拓宽融资渠道，对认定生产服务业给予高新技术企业所得税优惠）、物力（推广设备融资租赁，完善财税、土地、价格等政策，信息化和发展互联网）上对工业生产服务投入实施优惠政策，鼓励国内生产服务业供给的增加。另一方面，在生产服务业的部分领域（建筑设计、会计审计、商贸物流等领域）有序放开外资准入限制，并以简化审批、投资便利化等手段鼓励中国企业境外投资。

这一切目的是为经济社会持续健康发展打造新引擎。这是在当前中国经济下行压力较大情况下宏观调控思路的创新：不再依赖刺激投资和工业外延扩大，而是通过刺激生产服务业扩大服务需求，把调结构和稳增长结合起来，促进国民经济稳定增长和提质增效。

需要指出，第三产业也是生产服务业的重要服务对象，第三产业的产出有相当大的比重被作为生产要素投入服务业生产过程。这在发达国家表现得尤为明显。在我国，第二产业生产服务仍是生产服务的主体，但在发达地区和大城市，第三产业生产服务的发展已初露端倪。按国务院规划，到2020年全国将实现向服务经济为主的产业结构的转型。这意味着，全国第三产业占国民经济的比重将超过50%，第三产业生产服务占生产服务业的比重也将大大提高。根据生产服务业发展规律，并借鉴国际经验，我国生产服务业发展应采取如下战略定位：在全国重点推进第二产业生产服务业，在特大城市拓展第三产业生产服务业，在农村和城镇地区着力发展第一产业生产服务业。全国重点推进第二产业生产服务业，考虑了我国产业结构以工业为主的实际，而在特大城市拓展第三产业生产服务业，则体现了产业结构的发展将引起第三产业生产服务比重的上升趋势。因此，在全国贯彻国务院部署发展工业生产服务时，东部沿海发达地区和大城市，应该重点推进第三产业生产服务业的发展。

根据我国以往经济发展的教训，推进服务形式生产要素的发展，要注意克服三种倾向：

一是思路雷同，以搞运动的方式发展服务形式生产要素。国务院关于生产服务业的部署，是根据生产要素软化趋势和我国生产服务业的重点和薄弱环节提出的，需要结合实际执行。如果把国务院列出的“产业清单”当作所有地区发展生产服务业的“标准”规划清单，不考虑当地实际和城乡特点，以搞运动的方式，在全国各地“照样画葫芦”推进生产服务业发展，很有可能在新一轮发展中，造成某些服务行业的一窝蜂发展和第三产业的“产能过剩”。

二是按发展工业的模式发展服务形式生产要素。以往发展工业的模式是搞工业园区。新增工业企业集中在工业园区，具有工业集群外部正效应，可降低成本获得竞争优势。新增工业生产服务企业在服务园区也可获服务业集群的外部正效应。但不少工业生产服务企业，或是对工业生产环节和流通环节的改造、优化、升级，或是工业“跨界”兼营生产服务，需在空间上与工业企业紧密结合，利用原有厂房和办公室就可以提供服务，不一定要集中在服务园区。不少生产服务可以借助网络技术扩大服务半径，实现远程服务，如无必要，不一定需集中在一个办公楼或一个园区。政府工作重点应是帮助它们改善运营环境，如解决市场准入和融资困难，减轻税负，而不是重点搞显示政府政绩的标志性成果服务业“集聚区”，更没有必要一个镇搞一个生产服务业密集区。

三是按“供给决定论”发展服务形式生产要素。应该承认，中国政府主导经济发展的能力是相当强的。在工业领域，新增企业往往是生产技术成熟、有遍及世界的完善销售网络的跨国集团的制造环节，政府只要解决投资、工业用地、厂房和人员招聘等生产要素的供给问题，销往全世界的工业品的需求问题几乎可以忽略不计。确实是“政府指向哪里，就打向哪里”，可以说是“供给决定论”。但在服务领域，如不考虑服务输出，服务产品是满足本地消费的，服务供给规模受服务需求的严格制约。如果服务需求不足，即使政府有能力解决生产服务业的投资、用地、办公楼和人力资源等服务供给问题，生产服务也可能因无人或少人光顾而无法开业，更不可能得到发展。因此，应按“供需决定论”来推进生产服务业发展。既要考虑有没有服务供给条件，更要考虑有没有服务需求条件，服务需求半径实际有多大，服务需求量是否达到足以支撑服务业独立化的起点规模。

参考文献

［1］Antonelli，C. Localized Technological Change，New Information Technology and The Knowledge - based Economy：The European Evidence［J］. Journal of Evolutionary Economics，1998（8）.

［2］Barro，R.J. Government Spending in A Simple Model of Endogenous Growth［J］.The Journal of Political Economy，1990，98（5）.

［3］Greenfield，H. Manpower and the Growth of Producer Service［M］. New York & London Columbia University Press.1960.

［4］Grubel，H. G. and M. A. Walker. Service Industry Growth：Causes and Effects［M］. Canada：The Fraser Institute，1989.

［5］Jiang，Bo. and Jiangfan Li. Government Scale，Labor-Resource Intensive Industries and Development Lags of Producer Services：Mechanism and Empirical Research［J］. China Industrial Economics，2013（1）.

［6］Jiang，Bo. Research on the Development Mechanism of Producer Services Sectors in China［D］.Sun Yat-sen University. 2013.

［7］Li，Jiangfan：Industrial Nature，the Assessment Basis，and Measurable Indicators of the Tertiary Industry［J］. Journal of South China Normal University，1994（3）.

［8］Li，Jiangfan：Put the tertiary industry into reproduction scheme［J］. Guizhou Social Sciences，1987（3）.

［9］Li，Jiangfan：The Tertiary Industry Economics［M］. Guangdong people’s publishing house，1990.

［10］Li，Jiangfan：Naihua Gu. and Jiexiong Chen. China’s Tertiary Industry Development in 30 Years［EB/OL］，2008. http：//theory.people.com.cn/GB/40557/134502/139099/

［11］State Council of PRC. Guiding Opinion on Accelerating the Development of Producer Services to Promote Industrial Structure Adjustment and Upgrading［EB/OL］, 2014. http：//www.gov.cn/zhengce/content/2014-08/06/content_8955.htm

［12］State Council of PRC. Industrial Transformation and Upgrading Plan（2011-2015）［EB/OL］, 2012. http：//www.gov.cn/gongbao/content/2012/content_2062145.htm

［13］State Council of PRC. Opinions on Accelerating the Development of Modern Insurance Service Sector［EB/OL］, 2014. http：//www.gov.cn/zhengce/content/2014-08/13/content_8977.htm

［14］State Council of PRC. The 12th Five-Year Plan of Service Sector Development［EB/OL］, 2012. http：//www.gov.cn/zwgk/2012-12/12/content_2288778.htm

（李江帆，中山大学管理学院教授、博士生导师，中山大学中国第三产业研究中心主任。江波，博士，助理研究员，中山大学中国第三产业研究中心主任助理，广东金融学院中国服务经济与管理研究中心副主任）

我国金融开放和金融创新的新趋势及金融风险防范

□ 谈俊 贺力平

引 言

经过三十多年的改革开放，我国经济在经历前期的高速增长后，进入新的发展阶段。新阶段，国内经济增速明显放缓，前期发展中积累的问题日渐“水落石出”，既要解决历史遗留问题，也要推动经济转型升级和创新发展，同时世界经济增速整体放缓，局部地区动荡不断，国内外各种问题纵横交错使我国经济呈现出错综复杂的局面。

就金融领域而言，实体经济存在的诸多问题逐步在金融领域显现，金融系统自身蕴含的风险也在经济增速放缓的大背景下日益显露。未来，面对复杂的内外部环境，需要继续深化改革，在更高层次上推进我国的金融开放和金融创新，充分利用国内外“两个市场”“两种资源”，发挥市场在金融资源配置中的决定性作用，同时要不断完善金融监管体系，关注和防范重点领域存在的金融风险。

一、理论阐释

（一）金融开放、金融创新与金融风险的概念界定

1. 金融开放

对于金融开放，学术界尚未统一概念界定。严格地讲，金融开放包括金融对外开放和对内开放，现有文献大多从单一的对外开放或对内开放的视角进行研究。基于现有文献，本文认为，金融开放是一个国家放松或取消金融领域存在的各种管制，既允许国内外经济主体进出本国金融市场从事一定的金融服务，同时也允许国内经济主体进入国际市场从事金融业务，参与国际竞争。

从开放的领域来看，金融开放包括放松或取消金融机构准入限制，放松或取消金融市场准入限制，放松或取消金融领域经营和服务项目的限制；从开放的方向来看，金融开放包括对内开放和对外开放，对外开放又可进一步细分为“引进来”和“走出去”。

2. 金融创新

对于金融创新（Financial Innovation），学术界亦没有统一观点，但大多以奥地利经济学家熊彼特（Schumpeter）在《经济发展理论》一书中对“创新”所做定义的基础上加以衍生。李健（1998）将金融创新定义为：金融领域内部通过各种要素的重新组合和创造性变革所创造或引进的新事物[①]。生柳荣（1998）认为金融创新乃是金融业各种要素的重新组合，具体是指金融机构和金融管理当局出于对微观利益和宏观效益的考虑而对机构设置、业务活动、金融工具及制度安排所进行的金融业创造性变革和开发活动[②]。王爱俭（2003）提出，金融创新是指将金融领域的各种要素进行重新组合和创造性变革的总和，并指出狭义的金融创新是指金融工具的创新，广义的金融创新是指适应经济发展需要而创造新的金融市场、金融商品、金融制度、金融机构、金融工具、金融手段以及金融调节方式[③]。王华庆（2011）认为，金融创新是金融活动参与主体为适应变化了的经济金融环境，面对新出现的市场机会和风险，为达到一定目标，通过多种技术手段，在制度、组织、业务、技术、产品、交易等多个方面进行变革的过程[④]。

从上述概念可以看出，金融创新的核心在于通过对金融业各种生产要素的重新组合更好地满足市场主体对金融服务的需求。金融创新来源主要有两个途径：一是经济主体出于分散风险、提高资源配置效率的需要而产生的金融创新，二是经济主体在既有规则下旨在规避金融监管而推动的金融创新。

按照影响范围和实际效果的不同，金融创新的实际效应可以划分为微观、宏观层面的正向效应和负向效应。金融创新微观层面的正向效应表现在微观经济主体收益的提高、风险的分散等方面，负向效应表现在微观经济主体风险的积累和收益水平的降低等方面，这也是金融机构风险的主要来源之一。金融创新宏观层面的正向效应体现为金融创新改善了社会范围内资源配置，分散了社会范围内的风险，而负向效应则体现为系统性金融风险的积累。

3. 金融风险

金融风险属于风险范畴。美国经济学家、芝加哥学派创始人奈特（Knight）在其名著《风险、不确定性和利润》中对风险进行了界定和阐释，提出“风险”是可度量的不确定性，用以衡量经济主体遭受损失的概率以及损失的程度。沿此逻辑，金融风

---

① 李健：《金融创新与发展》，北京：中国经济出版社，1998年1月第1版，第26页。

② 生柳荣：《当代金融创新》，北京：中国发展出版社，1998年5月第1版，第8页。

③ 王爱俭：《金融创新与虚拟经济》，北京：中国金融出版社，2003年第1版，第21页。

④ 王华庆：《金融创新——理性的思考》，上海：上海远东出版社，2011年第1版，22页。

险可以定义为：在一定条件下，经济主体在金融活动中遭受损失可能性的大小以及损失的程度。

根据金融风险的层次，金融风险可以划分为微观层面的金融机构风险和宏观层面的金融系统风险。

（二）对金融开放、金融创新与金融风险相互关系的认识

首先，金融开放能够促进提升金融创新能力，金融创新则有助于巩固和扩大金融开放。一方面，金融开放为各国在金融领域互通有无创造了条件。借助金融开放，一国在金融领域的先进经验可以为另一国所借鉴，从而提高后进国家的金融创新能力。另一方面，金融开放是否能够持续很大程度上取决于实践效果。当开放效果较好时，金融开放才能持续；反之，金融开放很可能仅具有阶段性。借助合适的金融创新，推动金融开放取得良好的实践效果可以巩固和扩大金融开放。

其次，金融开放和金融创新是金融风险的重要来源，同时也为分散和化解金融风险提供解决之道。金融开放和金融创新通过引入新的要素对原有金融体系进行调整和再造，这一过程本身蕴含各种不确定性，会产生微观和宏观金融风险。同时，金融创新作为风险管理手段之一，本身具有分散和化解金融风险的作用，而金融开放则为分散和化解金融风险提供了外部借鉴。

二、进一步扩大金融开放

回望改革开放以来我国金融开放的历程，可以有这样一个鸟瞰式图景：金融领域整体呈现出非均衡的开放态势，金融对外开放领先于对内开放；金融对外开放过程中，“引进来”领先于“走出去”。如果将视野集中于最近一段时期，金融领域存在的上述非均衡开放态势正被逐步扭转，“引进来”继续稳步推进的同时“走出去”步伐有所加快，对内开放力度也不断加大。新阶段，进一步扩大我国金融对内对外开放有两个维度，一是进一步提高已有开放领域开放度，二是拓展新的开放领域。

（一）稳步放开和扩大以民营银行为代表的民营金融机构市场准入

改革开放至今，我国多元化、多层次的金融机构体系已大体形成，各类金融机构的数量和规模与改革之初相比均不可同日而语，但总体上中小型民营金融机构的发展仍然滞后，准入门槛仍然高企。以银行业为例，民营资本在我国银行业资本构成中已达到一定比例，股份制银行和城商行的总股本中，民间资本占比分别从2002年的11%和19%提高至2013年的45%和56%，全国农村中小金融机构民间资本占比已超过90%，村镇

银行民资占比达到73%[①]，但严格意义上由民间资本发起设立的中小民营银行长期处于空白状态。

理论上，中小型民营金融机构能够进一步完善我国多元化、多层次的金融机构体系，进一步激活金融市场活力，促进利率市场化改革，为破解我国沉疴已久的小微企业融资难、融资贵等难题探索可行的路径与方法，为经济的创新发展和转型升级提供更具针对性和更加高效的金融服务。实践中，2013年7月，《国务院办公厅关于金融支持经济结构调整和转型升级的指导意见》提出“尝试由民间资本发起设立自担风险的民营银行”；同年11月，党的十八届三中全会《中共中央关于全面深化改革若干重大问题的决定》提出“在加强监管的前提下，允许具备条件的民间资本依法发起设立中小型银行等金融机构”。截至目前，国务院批准的首批5家试点民营银行已全部正式营业，银监会今年（2015年）制定了《关于促进民营银行发展的指导意见》，并计划于年内继续推出30家民营银行试点。

当前，我国民营金融机构的发展仍处于起步阶段，其作用还远未得到充分发挥，未来需要在完善监管的条件进一步放开准入，推动民营金融机构发展。

第一，进一步降低民营金融机构进入壁垒。一方面，取消设立民营金融机构数量限制，提高民营金融机构竞争度。以民营银行为例，当前试点阶段，我国对民营银行的设立存在严格数量限制，民营银行之间几乎不存在竞争，难以激发民营银行的活力和创造力。未来，需要取消设立民营金融机构的数量限制，提升民营金融机构的竞争度。有条件的地区在完善区域金融监管的情况下可以探索试行小型民营金融机构设立的注册制改革。另一方面，放宽民营资本进入领域，增加民营金融机构种类。当前我国民营金融机构主要集中在银行领域，未来要将民营金融机构进一步扩展至保险、证券等领域，进一步丰富民营金融机构体系。

第二，放开对民营金融机构的区域和业务准入限制，打破地域分割和市场分割。统一的金融市场有助于金融资源跨区域流动，提高配置效率。此次民营银行试点地域特征明显，不利于民营银行使用区域外资源发展自己，未来应鼓励和推动民营金融机构跨区域经营。此外，此次民营银行试点对其业务领域做了较严格限制，要求“与现有商业银行实现互补发展，错位竞争”，这一定位短期有助于民营银行发展，但长期会导致出现金融业务的领域分割，不利于不同类型银行的竞争。未来需要放开民营金融机构业务领域准入限制，鼓励民营金融机构与其他金融机构竞争。

第三，完善存款保险制度，减小可能出现的民营金融机构风险扩散。对于处于起

① 数据来源于《中国金融》网站：http：//www.cnfinance.cn/articles/2014-03/12-19005.html。

步阶段的民营金融机构来说，风险控制可能成为其主要薄弱点之一，应对不力可能会导致风险扩散而引发社会不稳定。我国于今年（2015年）5月1日正式实施的存款保险制度的一个重要作用即缓冲因银行机构（包括民营银行）破产可能引起的风险扩散，但其效果如何还有待检验，需要在实践中不断完善以提高其对民营金融机构风险扩散的应对能力。

第四，鼓励民营金融机构发挥自身优势进行创新。鼓励民营金融机构发挥市场化机制优势，在不发生重大风险的前提下推进产品创新、服务创新、流程创新和管理创新，为小微企业、个人以及“三农”等提供高效金融服务。

需要指出，实现盈利在民营金融机构的经营中占有突出位置，通过提高民营金融机构的创新能力是提升其盈利能力的重要途径。当前及今后一段时期，加强金融创新对民营金融机构而言有着特别重要的意义。首先，我国经济增速放缓将影响民营金融机构的盈利能力。总体上看，经济增速的变化透过企业等经济主体收益水平的变化影响全社会的总体资金需求，进而影响银行等金融机构的盈利水平。当前我国经济增速的趋势性放缓将不可避免降低小微企业的资金需求，从而降低民营金融机构的盈利水平。其次，利率市场化改革将一定程度上减少民营银行利差所得。由于存在利率管制，很长一段时期中利差是我国银行业的重要利润来源。随着利率市场化改革不断推进，利差不断缩小将一定程度上降低包括民营银行在内的银行业利差所得。再次，从风险防范角度看，能否有效分散和防范各类风险将直接影响民营金融机构的盈利能力和经营的可持续性。相比国有商业银行等其他类型金融机构来说，民营金融机构因自行承担经营风险，风险约束更加显性化，对外部各类风险的敏感性也更强，因而也更需要借助金融创新来分散风险。

（二）继续稳步推动外资金融机构和资本“引进来”

自改革初期的1979年日本输出入银行在北京设立代表处开始，我国外资金融机构“引进来”一直稳步发展。以银行业为例，截至2012年6月末，48个国家和地区的银行在华设立了39家外资法人银行（下设261家分行及1家附属机构）、1家外资财务公司、95家外国银行分行和202家代表处[①]。

我国实践经验表明，大力引进外资金融机构和资本，促进了金融市场的改革，提升了金融服务水平和效率，加强了中外在金融领域的交流与合作，较好地满足了实

① 数据转引自李扬等：《中国金融体制发展道路》，北京：经济管理出版社，2013年4月第1版，第347页。

体经济多元化的金融服务需求。但我国金融开放中的“引进来”还存在很大的提升空间，银监会数据显示，截至2012年底，外资银行在中国银行业市场份额占比不到2%，其他金融机构占比更低。

未来，扩大外资金融机构和资本“走进来”，制度层面需要进一步放宽或取消外资金融机构的进入限制和市场准入限制，条件成熟时取消对合格境外投资者的资格和额度审批，逐步对外资金融机构实施“负面清单”和准入前国民待遇；实践领域进一步推进上海国际金融中心建设，使上海成为外资金融机构和资本进入我国的“桥头堡”，更好地发挥出金融机构的积聚效应和规模效应，进一步完善“沪港通”在联通沪港资本市场资金流动方面的作用，在促进内地与香港资本市场双向开放的同时不断提升对外开放的层次和水平，实现与国际市场更加深度的融合。

（三）加快金融机构和资本“走出去”

相比外资金融机构和资本的“引进来”，我国金融机构和资本“走出去”起步较晚，且主要是银行机构“走出去”，但近几年走出去步伐有所加快。银监会统计数据显示，截至2012年底，先后有16家中资银行在海外设立1，050家分支机构，50家证券、基金和期货公司在境外设立有子公司。2014年我国金融机构海外并购达到30起，是2013年的两倍[①]，2012年我国金融机构对外直接投资为79.7亿美元，2013年、2014年分别达到157.8亿美元和148.7亿美元[②]，增长明显。

在经济全球化日益加深的背景下，加快我国金融机构和资本“走出去”是我国进一步融入全球体系的必然选择。首先，加快金融机构“走出去”是满足资本输出的需要。联合国贸易和发展会议数据显示，2012年，我国对外直接投资存量全球占比仅为2.2%，居全球第13位，存在较大发展空间。随着我国对外直接投资规模、领域和范围的不断扩大，迫切需要我国金融机构积极“走出去”，支持国内企业的海外经营活动。其次，金融机构和资本“走出去”有助于提升我国在国际金融事务中的话语权和金融机构的国际影响力，更好地维护我国的国际金融利益。

当前，对我国金融机构和资本“走出去”来说，出现了较好的“窗口期”。内部因素方面，我国金融机构实力较强，抵御风险能力有较大提高。银监会数据显示，截至2013年12月底，我国银行业金融机构境内外本外币资产总额达151.4万亿元，商业银行资本充足率为12.2%，不良贷款率为1.0%，金融资产质量处于历史较好时期。根据

---

① 数据来源：http：//wallstreetcn.com/node/215598。

② 数据来源：国家外汇管理局。

SNL金融全球银行的最新排名，全球排名前五的银行中，中国四大国有商业银行全部上榜，按顺序分别为工行、建行、农行和中行。外部因素方面，多个国家和地区经济增速放缓给我国金融机构和资本“走出去”创造了良好的时机。随着发达经济体步入“新平庸”状态，加之新兴经济体整体经济增速乏力，未来一段时期，全球经济增速难有较大改观。IMF预测数据显示，2015—2018年，全球GDP增速仅在略高于4%的狭小区间内波动，这为扩大投资带来了契机，也为我国金融机构和资本“走出去”创造了机会。

当前及今后一段时期，我们要把握住这一“窗口期”，积极推动我国金融机构和资本“走出去”。第一，密切关注全球整体和东道国经济走势。全球和东道国经济过度波动将会提高我国金融机构和资本“走出去”面临的不确定性，为此，应密切关注全球和东道国经济走势，提高政策应对的预见性和准确性，增强危机防范能力，避免产生不必要的风险和损失。第二，采取多种形式“走出去”。根据东道国经济发展水平、进入门槛、金融监管制度等的不同，有针对性地灵活采用设立分支机构、参股东道国金融机构、合资以及实施兼并等多种形式推动我国金融机构和资本“走出去”。第三，加强内部文化整合。我国金融机构和资本在“走出去”过程中，由于与东道国金融机构在文化习俗、经营理念、员工价值观念等方面存在差异，文化整合势在必行。经验显示，文化整合效果不佳是导致企业“走出去”失败的主要原因之一。我国金融机构和资本以设立分支机构、合资以及实施兼并等形式“走出去”时，均面临内部文化整合问题。为此，一方面要着力了解、研究和掌握东道国文化，另一方要加强金融机构内部的文化沟通，减少文化摩擦。

（四）继续稳步推进人民币国际化

人民币国际化是金融对外开放“走出去”的重点领域之一。改革开放以来，随着我国经济总量不断攀升以及与世界经济联系日益紧密，国际市场对人民币的需求水涨船高，人民币国际化条件也日趋成熟。在市场需求驱动和我国政策推动下，以人民币在国际市场发挥交易媒介、价值储藏和计价单位职能为主要特征的人民币国际化得到稳步推进。

人民币国际化程度不断提高具体表现为：第一，跨境贸易人民币结算快速发展。我国于2009年7月首次在上海等5个城市开展跨境贸易人民币结算试点；2010年6月试点地域范围有所扩大，境内地区扩大到北京等20个省市，境外试点地区从港澳、东盟等地扩大至所有国家和地区；2011年8月境内试点地区进一步扩展至全国。跨境贸易人民币结算额实现迅猛增长。2010—2014年，我国跨境贸易人民币结算额分别为5 063.4亿元、2.1万亿元、2.9万亿元、4.6万亿元和6.6万亿元[①]。第二，人民币作为储备货币地位不断增强。目前，部分国家已经将人民币作为其储备货币的一个选择。韩国、泰国、马来西亚、柬埔寨、俄罗斯等多个国家货币当局已宣布将人民币纳入其外汇储备货币。虽然人民币在各国外汇储备中所占比例还较低，如泰国仅为1%左右，且主要集中在我国周边国家和地区，但这体现出了人民币作为储备货币地位的不断增强。第三，人民币国际合作不断扩展。中国人民银行《2015年人民币国际化报告》显示，截至2015年5月末，人民银行已经与32个国家和地区的中央银行或货币当局签署双边本币互换协议，总规模达3.1万亿元人民币左右，在15个国家和地区建立了人民币清算安排，范围覆盖东南亚、西欧、北美、中东、南美和大洋洲等地。

未来，人民币国际化程度的提高重点落脚于价值储藏职能和交易媒介职能的进一步发挥，其中，进一步发挥价值储藏职能是人民币国际化下一步的核心所在。更具体的，当前，人民币币值总体稳定，经过人民币汇率中间价报价改革，中间价将更接近市场实际汇率水平，这能够进一步提高人民币汇率形成机制市场化程度和汇率弹性，促进人民币实际有效汇率相对稳定，同时也有助于人民币尽早加入SDR，进一步扩大人民币影响力；人民币在世界贸易和经济交往中交易量较大，中国人民银行《2015年人民币国际化报告》显示，截至2014年底，人民币已成为全球第二大贸易融资货币、第五大支付货币、第六大外汇交易货币；但人民币尚未实现完全可兑换，我国金融市场仍不够发达，人民币离岸市场也存在较大完善空间，因此，推动实现人民币资本项目可兑换、通过深化改革提升国内金融市场发展水平和继续完善人民币离岸市场是今后进一步推动人民币国际化的主要着力点。对此，一要在实现资本项目开放的同时，扩大境外人民币资金投资国内市场的规模，并为他国人民币外汇储备在境内投资提供便利；二要继续推动人民币离岸市场发展，拓宽人民币回流渠道，扩大境内机构在离岸中心发行债券的规模；三要进一步深化国内金融改革，完善多层次资本市场体系，放松对民间资本和外资金融机构的准入限制，提升金融监管水平。

二、进一步增强金融创新能力

金融创新既是提高金融资源配置效率的方式之一，也是分散金融风险的主要途径。未来，金融衍生品创新将成为提升我国金融创新能力的重要领域。金融衍生品在我国出现相对较晚，目前主要包括资产证券化、利率类衍生品、外汇类衍生品和股票

---

① 数据来源：中国人民银行相关年份第四季度《中国货币政策执行报告》。

类衍生品等主要类型。

1. 资产证券化

我国早在1992年就开始了资产证券化的尝试，2004年1月，国务院发布《国务院关于推进资本市场改革开放和稳定发展的若干意见》，明确提出要“积极探索并开发资产证券化品种”，我国资产证券化发展正式启航。2005年4月，中国人民银行、银监会联合发布《信贷资产证券化试点管理办法》，开始了我国资产证券化的实践。截至目前，我国资产证券化发展经历了两个阶段。第一阶段为2004—2008年试点阶段，期间共发行26单产品，总计962.3亿元；第二阶段为2012年至今，在经历了始于2009年的资产证券化试点暂停后，2012年5月资产证券化试点重启。

资产证券化试点重启以来，发展明显加快。首先，发行规模快速扩张。以2014年为例，2014年全年共发行66单信贷资产证券化项目，总计2 819.8亿元，超过了2005—2013年发行总和①。其次，发起机构不断增加。2014年，35家银行、7家汽车金融公司、3家资产管理公司、2家金融租赁公司成功发行了资产支持证券。再次，基础资产类型进一步丰富。2014年，除传统对公贷款、个人汽车抵押贷款、个人住房抵押贷款、重整贷款之外，新增了融资租赁资产证券化，同时，部分金融机构也在探索信用卡应收款证券化等新产品。

资产证券化在我国有望保持快速发展态势，原因在于：首先，巨大的融资需求是资产证券化的动力。我国经济的转型升级将催生巨大的融资需求，全社会直接融资比重近几年虽然有所上升，但仍未超过20%。未来一段时期以银行信贷为主体的间接融资仍将是我国主要的融资方式，满足社会融资需求的快速增长将是我国资产证券化的主要动力。其次，巨大的资产存量规模为资产证券化奠定了基础。以银行信贷存量为例，央行《2014年金融机构贷款投向统计报告》显示，2014年末，金融机构人民币各项贷款余额81.7万亿元，同比增长13.6%，在期限较长、收益稳定、流动性较低的适合进行证券化的信贷资产中，仅个人购房抵押贷款余额就达11.5万亿元。再次，政策层面的支持加速了资产证券化进程。2014年11月，银监会和证监会相继宣布信贷资产证券化和券商专项资产证券化转向备案制；2015年4月，中国人民银行发布《中国人民银行公告〔2015〕第7号》，标志着信贷资产支持证券（CLO）发行注册制正式落地，由此，信贷资产证券化的“银监会备案+央行注册”模式正式确立，这将显著提高我国CLO的发行效率，加快资产证券化步伐。

未来，进一步提升我国资产证券化发展水平，要做好以下一些工作：第一，简

---

① 数据来源于中债资信研究报告。

化发行程序，提高发行效率。目前，我国大多数资产证券化的发行还属于审批制，未来可进一步扩大备案制和注册制范围，提高资产证券化发行效率，降低发行成本。第二，增加基础资产类型。目前，我国资产证券化的基础资产主要集中在信贷资产、券商专项资产、类资产等方面，均属于有形基础资产，未来可以探索商标等无形资产的证券化，以进一步扩大基础资产的种类和范围。第三，完善交易平台，促进资产证券化产品的交易。资产证券化只有实现交易才能真正盘活资产。为此，一方面需要完善交易所等现有交易平台，另一方面要创设新的资产证券化交易平台，为不同种类、不同规模的资产证券化交易产品提供专业交易平台。第四，优化管理体制，将资产证券化归口于单一部门进行管理。现有中央银行和银监会各管一块的分头管理模式难以形成合力，易出现管理的缺位、错位和不到位，改由单一部门对资产证券化进行统一管理，有助于理顺管理体制机制，提高管理水平。第五，完善对资产证券化产品的监管，提高资产证券化产品的透明度。

2. 利率、外汇、股票类衍生品

我国利率类衍生品在利率市场化改革的背景下出现，主要品种有债券远期、利率互换和远期利率协议。其中，利率互换发展迅速。2009年，利率互换交易额为3 557亿元，2010年增加至10 423亿元，2011年进一步增加至2.7万亿元，相比2009年增加了接近8倍，最近一年来（2014年8月至2015年7月）更是达到63 440.5亿元[①]，反映出市场投资者采用利率互换工具管理资金成本的强烈诉求。

我国外汇类衍生品主要包括人民币对外币远期、外汇掉期等。其中，人民币外汇远期业务出现于2005年，2007年全年成交2 952笔，成交金额为223.9亿美元，最近一年（2014年8月至2015年7月），人民币外汇远期业务成交4 773笔，成交额435.6亿元[②]。人民币外汇掉期交易产生于2006年，2007年累计成交15 948笔交易，成交金额折合3 154.7亿美元，最近一年（2014年8月至2015年7月），人民币外汇掉期业务成交165 481笔，成交额59 881.4亿美元[③]。

股票类衍生品在我国出现时间较晚，产品种类相对较少，主要包括股指期货和股票期权。我国第一个股指期货产品沪深300指数期货于2010年在中国金融期货交易所正式上市交易，此后还陆续上市了上证50指数期货、上证180指数期货、中证500指数期货等多个指数期货产品。股指期货上市以来，市场整体运行平稳。2010年股指期货推出当年的期货合约日均成交量超过26万笔，日均成交额达到2 377亿元，单日最大成交

① 根据中国外汇交易中心利率互换月报数据计算。

② 根据中国外汇交易中心人民币外汇远期月报数据计算。

③ 根据中国外汇交易中心人民币外汇掉期月报数据计算

额更是超过4 100亿元。在推出的前两年内累计成交约1.2亿笔，首年持仓728.1万笔，次年持仓1 082.2万笔[①]。

相对于股指期货，股票期权在我国的发展仍处于起步阶段。2015年2月9日，上证50ETF期权的正式出现标志着A股市场进入股票期权时代。

3. 对我国金融衍生品发展的看法

一直以来，各界对我国金融衍生品的发展争议不断。一类观点认为，发展金融衍生品有助于分散金融风险、完善金融体系、提高资源配置效率，提升我国金融实力，应大力加以发展；另一类观点则针锋相对，认为金融衍生品风险程度高，容易引发金融和经济危机，应严格限制甚至取消金融衍生品在我国的发展。2015年6月，我国股市快速下跌使后一类声音再度提高，认为金融衍生品存在的做空机制是此次股指快速下跌的主要推手，应严格限制做空，取消股指期货等金融衍生品的上市交易。

结合此次股市快速下跌，本文认为我国不应放缓甚至取消金融衍生品的发展，而是应该在完善金融监管的同时继续发展金融衍生品，推动金融衍生品创新，避免因噎废食。

首先，此次股市快速下跌根源在于股市背离我国经济增长减速态势的快速上涨。股市作为实体经济的“晴雨表”，反映了实体经济的发展态势。虽然股市由于其自身的运行机制会在一定程度上偏离实体经济，但不会最终脱离实体经济。反观最近一年我国的宏观经济态势和股市走势，在经济增速不断放缓的背景下，股指却节节走高。在本轮A股达到最高的5 166点的当天，沪市平均市盈率为32.1，创业板更是达到153.9。股市与实体经济走势的背离为股市快速下跌埋下了隐患。

其次，不能轻易认为做空机制、特别是股指期货是此次股市快速下跌的主要原因。做空机制在我国的发展仍处于初级阶段，我国目前可以使用的做空机制是期货卖空和融券卖空，融券卖空因成本较高且限制较多而没有受到太多关注，股指期货卖空是否是此次股市快速下跌的原因则需深入调查，不能轻易定论。从国际经验看，做空机制并不是股市下跌的主要原因。1987年美国股灾发生后，舆论普遍将矛头指向股指期货，直至1991年，诺贝尔经济学奖得主莫顿·米勒领导的工作组经过调查研究，指出是宏观经济和股票市场自身存在的问题而非股指期货是此次股灾的原因[②]。美国股灾同期，没有股指期货的墨西哥股市跌幅反而更大。

---

① 数据来源：李扬等：《中国金融体制发展道路》，北京：经济管理出版社，2013年4月第1版，第309页。

② 见莫顿·米勒所著《金融创新与市场的波动性》一书第二部分“1987年股市崩盘及其后果”，北京：首都经济贸易大学出版社，2002年2月第1版。

再次，股指期货为促进我国金融衍生品的发展积累了宝贵的经验，取消将得不偿失。我国股指期货自推出以来，交易秩序规范，合约交割顺利，丰富了金融衍生产品工具体系，改进了我国股票市场的运行机制，为我国金融衍生品市场的长远发展积累了诸多实践经验。随着我国金融市场的进一步发展，将会对股指期货产生更大的需求，股指期货的风险管理的作用也将会得到进一步发挥。如果限制甚至取消股指期货的发展，将无法满足未来市场对风险管理工具的巨大需求。

未来，促进我国金融衍生品的发展，一方面要加大金融衍生品的开发力度，进一步增加期货、期权类金融衍生品，丰富金融衍生品工具箱；另一方面完善金融衍生品的监管，通过借鉴他国先进经验和基于我国实际积极探索的双重途径提升我国金融衍生品的监管水平。

三、进一步提升金融风险防范能力

随着我国金融开放的扩大和金融创新的增加，需要更加重视防范金融风险。总的原则是，守住不发生区域性和系统性金融危机的底线，在经济的平稳发展中预防和化解各类金融风险，提升金融风险防范能力。当前及今后一段时期，在完善金融监管体系的同时，需要关注和防范若干重点领域的金融风险。

（一）完善金融监管体系，增强金融系统的风险防范能力

首先，建立和完善宏观审慎监管政策框架。次贷危机和国际金融危机的爆发表明金融机构的微观审慎稳健并不意味着金融系统宏观审慎稳健，日益复杂的金融产品创新可能将单个金融机构的风险在短期内迅速扩散至整个金融系统甚至其他国家和地区，导致金融危机发生。因此，需要构建和完善逆周期的宏观审慎监管政策框架以提高金融系统应对金融风险的能力，具体包括完善系统性金融风险监测框架，建立具有前瞻性的风险预测指标体系和相应的风险处置机制，完善系统重要性金融机构的评估、监测与管理等。

其次，完善金融监管部际协调机制。金融危机后，在混业监管短期内难以落地的情况下，我国建立了由人民银行牵头，证监会、银监会、保监会和外汇管理局参加的金融监管协调部际联席会议制度，但这一制度还有待完善，未来需要加强对交叉性金融产品和跨市场金融创新的协调，增加部际间信息沟通以减少监管的缺位、错位和不到位，提高监管效力。

再次，加强跨国金融监管协调与合作。我国金融机构“走出去”要受到所在国家金融法律法规等的约束，因此，要加强我国与他国金融监管部门的沟通与合作，尽力

消除我国金融机构走出去面临的“监管不适”。

（二）关注和防范若干重点领域的金融风险

1. 关注和防范房地产市场调整对金融系统的冲击

我国房地产市场在经历了一段亢奋的增长后，现在到了调整阶段。房地产行业整体供给相对过剩，房价也难以再现快速上涨的局面，但房地产市场持续、大幅的调整将对金融系统产生冲击，带来大的信贷风险。

首先，将影响房地产企业还款能力。有关资料显示，2013年，全国房地产开发投资实际到位资金11.5万亿元，其中自有资金仅为1.9万亿元。房地产上市企业2013年的资产负债均值为65.8%，净负债率均值为79.7%。如果房地产销售大幅下降，将导致部分房地产企业资金链断裂，降低其还款能力，并引发信贷违约连锁反应。除银行机构外，以房地产融资为主的信托、委托贷款等非银行金融机构也会受到波及。

其次，将影响购房者的还款能力。当前，我国个人房贷占房地产贷款的65%左右，房价大幅下跌将影响购房者的还款能力，引发个贷违约上升。有研究数据显示，如果房价下跌幅度超过30%，个贷违约将显著提高，并对银行等相关金融机构产生冲击。

再次，将影响房地产上下游产业的还款能力。房地产行业对建材、家电钢铁、电子等上下游产业发展拉动作用明显，房地产业大幅调整将提高这些行业的债务风险，降低其信贷还款能力，从而对金融系统产生冲击。

对此，防范和应对房地产市场调整可能给金融系统带来的冲击，除通过推进商品房预售制度调整改革、灵活放开住房限购等行政措施外，还需采取市场化措施，如借助资产证券化，一方面盘活银行房地产信贷资产，提高银行等金融机构的资产负债率，增强其抵御房地产市场调整的能力，另一方面盘活房地产企业的存量资产，降低房地产企业资金链断裂的风险。

2. 防范和化解地方政府债务对金融系统的冲击

地方政府债务既有助于改善地方公共服务，也容易因过度负债而影响经济稳定。近几年，我国地方政府债务问题日益突出，已成为影响金融和经济稳定的隐患之一。

一方面，经济增速放缓背景下，地方政府无法偿还银行机构贷款的风险不断增大。银行贷款是我国地方政府债务资金的最主要来源。审计署2013年12月30日发布的《全国政府性债务审计结果》显示，截至2013年6月底，我国全口径地方性政府债务17.9万亿元，较2010年底和2012年底分别增长66.9%和12.6%。其中，银行贷款达到10.1万亿元，占地方政府债务总额的56.6%。随着经济增速放缓以及随之而来的财政收入和土地收益增速降低，进入偿债高峰期的地方政府债务一旦出现违约将对银行业产生冲击，影响金融系统和宏观经济稳定。另一方面，地方政府债务仍在通过多种途径不断积累，且透明度低。在地方政府债务规模继续扩大的同时，部分地方通过委托贷款、融资租赁甚至违规集资的方式融资，不仅成本高，而且透明度低，进一步积累了地方政府债务风险。

从产生原因看，地方政府出现债务问题的原因较多，既有体制方面的原因，如现行财税体制导致地方政府财权不大，但事务不少，迫使地方政府过度举债；也有法律层面的原因，我国《预算法》明确规定，地方政府预算必须“量入为出、收支平衡”，同时却要求地方政府对诸多事项进行预算外的资金配套，这实际是鼓励地方政府违规举债；还有操作上的原因，地方政府投融资平台进行透明度较低的不规范融资等。

如何防范和化解地方政府债务对金融系统的冲击？从地方政府债务的产生、积累直至债务风险出现和爆发的全过程来看，金融系统只是地方政府债务问题爆发的出口，是全过程的一个环节。因此，防范和化解地方政府债务对金融系统的冲击要全盘谋划、全环节治理。着眼于长远，要调整完善现有财税体制，使地方政府财权和事权相匹配，从法律层面明确地方政府具有举债权，加强对各级政府投融资平台的规范和整理，提高投融资平台的透明度，制定一套行之有效的地方政府债务管理法律法规体系。立足于当前，通过债务置换延长地方政府债务到期期限，优化债务结构，借助资产证券化等金融工具盘活债务资产，提高地方政府还债能力。

3. 银行不良贷款的反弹

当前和今后一段时期，我国金融领域需要加以关注的又一个风险点是银行系统不良贷款的反弹。随着我国经济增速放缓，近年来实体经济积累的问题越来越多地反映在银行机构的信贷质量上，典型表现为银行业不良贷款余额和比率持续“双升”。

来自银监会的数据显示，截至2015年第2季度末，我国商业银行不良贷款余额达到10 919亿元，较上个季度末增加1 094亿元，连续14个季度上升，不良贷款率达到1.5%，比上一个季度增加0.1个百分点，贷款损失准备21 662亿元，比上个季度末增加836亿元，但拨备覆盖率却由上个季度末的212.0%降至198.4%。从我国目前的宏观经济发展趋势来看，未来一段时期，经济中的困难会进一步在银行系统显现，商业银行不良贷款余额和不良贷款率很可能继续上升，需要密切关注并加以应对。

不良贷款“双升”对我国经济的影响集中体现在三个方面：其一，将影响银行机构的微观稳健。不良贷款“双升”一方面将侵蚀银行机构的利润，降低银行机构的收益率，另一方面将降低银行机构的不良贷款拨备覆盖率，提高风险敞口水平。其二，将影响金融系统宏观稳健。长期以来，银行都是我国金融系统的主体，证券、保险等金融机构虽然有了长足发展，但无论是资产规模还是机构数量，与银行业均不在一个数量级上，一定程度上，银行业发展态势是我国金融系统是否稳健的风向标。虽然金融机构的微观稳健不能确保金融系统的宏观稳健，但没有金融机构的微观稳健，金融系统的宏观稳健也无法实现。因此，随着不良贷款“双升”，银行机构微观稳健性的降低将导致我国金融系统稳健性的下降。其三，可能推动我国经济加速下滑。银行信贷具有内在的顺周期性，不良贷款“双升”不但会降低银行机构发放贷款的意愿，而且会推动银行加快回收贷款，同时也会约束银行机构维持和扩大对实体经济信贷支持的能力，从而进一步降低经济增速。

对此，应多渠道积极探索化解不良贷款的对策。一是在政策允许的条件下及时核销不良贷款，应充分利用呆账核销条件放宽的政策便利，加大呆账核销力度；二是探索不良贷款市场化处置机制，借助资产证券化、资产流转等向有意愿、有能力的投资者出售不良贷款，最大限度盘活不良贷款；三是鼓励银行根据行业和企业的差异适当放缓回收贷款，减少对实体经济“抽血”。对于具有较好发展前景的行业和企业，可以延长贷款回收期限以帮助其渡过暂时的难关。

4. 部分金融机构和投资机构违约风险防范

近一段时期以来，信托、债券等金融细分领域陆续出现了部分金融和投资机构的违约事件，我国第二大担保公司——河北融投担保集团丧失担保能力使信托、银行、证券等近50家金融机构面临项目违约风险，涉及资金达500亿元，引发市场对大规模违约一触即发的担心。

改革开放以来很长一段时期内，由于存在着政府隐性担保，“金融机构违约”这一概念在很多人看来理论意义大于现实意义，认为政府不会轻易让陷入困境的金融机构出现违约甚至破产，刚性兑付也成为金融领域的潜规则。

刚性兑付的负面影响至少表现在两个方面：其一，助长了金融机构经营管理人员的道德风险和逆向选择行为。由于金融机构的主要职能之一是进行风险管理，因而要求其经营管理人员具有较高的风险意识和风险识别能力，能够基于市场风险进行审慎决策，提高金融机构的稳健性。刚性兑付的存在弱化了风险控制在金融机构经营中的重要性，降低了经营管理人员的风险敏感性，风险不再是其在决策过程中需要加以考虑的一个参数，或者不再是一个重要参数，便利了经营管理人员为实现自身特定目标而提高决策的风险水平，助长其道德风险和逆向选择行为。其二，扭曲了金融市场的价格信号，降低了金融资源配置效率。以金融机构融资为例，由于刚性兑付降低了金融机构对风险的敏感性，使金融机构能够以高于市场真实利率水平的成本进行融资，进而抬高了市场整体的融资成本，扭曲了真实的市场利率水平。从这个角度来看，我国由市场决定存贷款利率水平后需要打破金融领域的刚性兑付，以更好地反映市场利率的真实水平。

如何看待我国当前及今后一段时期可能不断增多的金融机构违约事件？一方面，市场经济中，金融机构违约类似企业倒闭，是市场经济的有机组成部分，有金融发展就会有金融机构违约。金融机构出现违约使金融风险显性化，本身是金融系统自我修复机制的一种体现，有助于提高金融系统和宏观经济的稳健性。另一方面，我国经济增速放缓使金融系统原本隐含的风险逐步暴露，导致金融机构违约逐渐增加，但这为打破刚性兑付提供了良机，应抓住这一有利时机推动打破刚性兑付，减少金融领域的资源配置扭曲。

面对我国可能不断增多的金融机构违约，我们既不能过分夸大金融机构违约的不利影响，走回强化政府隐性担保的老路，也不能对金融机构违约及其影响熟视无睹，任其发展，需要在遵循市场运行规律的基础上有针对性地加以应对。一是在守住不发生区域性和系统性金融风险的前提下，稳步有序释放金融机构违约风险。结合当前国内外经济形势，可以考虑先打破影响相对较小的小型金融机构的刚性兑付，释放部分风险，同时严格控制风险大范围扩散，确保不发生区域性和系统性金融风险。二是逐步取消对各类非系统重要性金融机构的隐性担保，提高金融机构决策的风险敏感性。三是配合利率市场化改革完善征信体系和信用评级体系。不同的企业具有不同的风险敞口，通过完善征信体系和信用评级体系提高金融机构的风险识别能力，根据融资企业风险敞口的差异给予不同的融资成本，对金融机构的风险从源头处进行预先管控。四是完善存款保险制度，尽可能减少因金融机构破产给存款人带来的损失和社会震荡，维护社会稳定。五是完善宏观审慎监管框架，防范金融机构微观风险向金融系统宏观风险演化。

5. *防范跨境资金剧烈异常流动和人民币汇率异常波动的风险*

资本和金融账户完全开放将更加便利各类资金的跨境流动，能够更好地满足企业和居民多样化投资需求，有助于充分利用国内和国外两个市场提高资源配置效率，但同时也会给一国带来诸多新的风险和挑战，其中，短期跨境资本因其波动性大、流动方向易变等特点对一国金融市场和经济的影响尤甚。

经过前期渐进式改革，我国资本和金融账户开放已取得很大进展。我国“十二五规划”提出“加快推进人民币实现资本项目可兑换”，党的十八届三中全会报告亦重申要“加快实现人民币资本项目可兑换”。对我国来说，资本与金融账户完全放开后，很多由短期资本跨境流动引起的风险将从理论变为现实，一些未曾预计到的难题和风险也会出现，需要积极地加以防范和应对。

第一，短期资本大进大出的可能性在提高。理论上，金融与资本账户完全开放并不必然会带来短期资本大规模的跨境流动，但开放为短期资本大规模跨境流动创造了便利条件。当前及今后一段时期国内外复杂多变的经济形势将使我国在金融与资本账户完全开放后短期资本大进大出的概率增加。次贷危机后，受世界主要国家和地区经济增速分化的影响，短期资本在发达国家和发展中国家之间经历了若干次大规模流动。如2013年5月、2014年6月国际短期资本曾大规模流出新兴市场。2015年以来，随着美国经济复苏势头不断得到确认，国际市场对美联储加息的预期日益强烈，加之美元汇率持续走高，再次引起新兴市场短期资本大规模流出。从发展趋势来看，世界经济当前的发展态势仍将延续，短期资本在国际大规模流动的态势仍会持续，这将提高我国面临短期资本大规模跨境流动冲击的可能性。

第二，可能对我国的银行体系产生冲击。金融与资本账户完全开放后，一方面将更加便利境内银行机构、特别是中小型银行在国际市场进行短期融资以解燃眉之急，但另一方面短期资本的集中流出将影响国内银行机构资产负债表的稳健性，增加银行机构流动性管理难度，使银行的可持续经营陷入困境。

第三，对股市和人民币汇率波动的影响将进一步加大。毫无疑问，金融与资本账户完全开放后，短期资本进出我国资本市场将更加便利，人民币汇率也会因短期资本频繁的跨境流动而更具波动性。

前不久，我国对人民币汇率水平进行了一定程度的调整，人民币实现了一定幅度的贬值，对此，国内外存在不同看法，有观点认为是人民币贬值导致了周边国家的金融动荡和此次全球股市的普遍下跌，还有观点认为人民币贬值旨在促进出口，缓解我国商品出口困境。对此，我们需要加以全面考察。

首先，人民币贬值是否是周边国家金融动荡和全球股市下跌的主要原因？不可否认，随着我国与周边国家贸易往来的不断增加以及人民币在周边国家和地区使用范围的不断扩大，人民币汇率贬值不可避免会对周边国家金融市场产生或多或少的影响，但这不是周边国家此次金融动荡的主要原因，美元走强和美联储加息预期是周边国家此次金融动荡主要原因的观点成为很多人的共识。部分东南亚国家实行盯住美元的政策，美元走强和美联储加息预期引起的资本回流美国导致这些国家货币贬值，加之这些国家经济结构相对单一，对外依存度高，容易受到资本流动的打击。因此，认为人民币贬值导致周边国家金融动荡的说法不成立。

其次，人民币贬值主要是为了通过促进出口带动我国经济增长吗？诚然，作为拉动我国经济增长的“三驾马车”之一，出口在最近一段时期下滑明显。从理论上来看，人民币贬值有助于提高我国商品的国际竞争力，从而带动出口量回升，但借助人民币贬值是否能够实现拉动经济增长的目标？一方面，人民币累计贬值4.66个百分点尚不足以带动出口显著增长，另一方面，人民币贬值会提高我国进口产品的成本，并带动产成品成本上升，不利于国内消费水平的提升。因此，寄望通过人民币此次贬值促进出口并拉动经济增长的观点难以成立。

再次，人民币此次贬值是顺应市场发展态势、旨在完善人民币汇率市场化形成机制的政策选择。与周边国家类似，在美元走强和美联储加息预期的影响下，我国近期也出现了资本净流出，人民币面临贬值的市场压力。同时，为了配合实现资本账户完全开放，我国也在积极推动人民币汇率市场化形成机制改革。当我国放开对人民币汇率的管理改由市场决定汇率水平的时候，一个重要的前提是放开时的汇率水平与真实汇率水平不能相差太大，否则将产生较大的动荡。借鉴此前我国价格市场化形成机制改革“一调二放三挂钩”的经验，此次人民币贬值可以视为一种回归真实汇率水平的调整，为接下来放开人民币汇率水平减轻压力。

需要指出，虽然我国在相关领域已进行了一定程度的渐进式配套改革，如利率市场化改革、人民币汇率形成机制市场化改革等，但资本和金融账户完全放开之初仍可能出现较大波动，如短期资本跨境流动增加，人民币汇率波动加大等，但随着市场对开放态势的逐步适应，这种波动有望趋缓。

面对资本和金融账户完全开放可能带来的风险，应坚持“干中学”的思路，在扩大开放中积极加以应对。首先，密切关注世界经济形势变化，完善资本“双向”流动监测体系，提高跨境资本流动监测的准确性和数据的透明度，为准确评估跨境资金流动的影响和完善跨境资金流动应对预案奠定基础。其次，深化外汇管理体制改革，在加快实现人民币资本项目可兑换的同时，协调推进利率、汇率等市场化改革，减小跨境资本流动的套利空间。再次，建立健全资本跨境流动的宏观审慎管理框架，提高跨境资本流动风险管理水平。积极探索引入“托宾税”等价格工具调节跨境资本流动，保留在紧急情况下对资本流动采取临时性管制措施的政策空间。严厉打击利用离岸公司和地下钱庄进行“洗钱”等违法资金跨境转移行为。最后，积极借鉴其他国家管理资本跨境流动的先进经验，增加我国管理资本流动的政策工具选择空间。例如，可以基于我国实际借鉴土耳其中央银行的灵活利率走廊政策和准备金选择机制对资本的跨境流动进行宏观审慎管理，缓解资本跨境流动的波动程度。最后，加快培育和发展外汇市场，加强金融创新，开发人民币汇率期货、期权类金融衍生工具，为经济主体提供多元化避险工具选择。

（谈俊，北京师范大学经济与工商管理学院。贺力平，北京师范大学经济与工商管理学院教授，北京师范大学国际金融研究所所长）

新常态

新动力

锐意改革，才能确立新常态①

□ 吴敬琏

当下中国经济形势的特点，是主要靠投资驱动的旧常态已经不能维持，而合乎我们意愿的新常态又还没有确立。要确立符合我们意愿的新常态，关键要在稳住大局、避免发生系统性风险的前提下，全力以赴地推进改革，优化结构、提高效率，为经济发展增添新的驱动力量。

旧常态已逝，新常态未立的困境

所谓中国经济的旧常态，是指靠海量投资和高额出超推动的高速增长这样一种经济态势。中国经济的高速增长在维持了相当长时期以后，在2008年由于受到全球金融危机的冲击而使增速一度下降。随后在2009年4万亿投资和10万亿贷款的强刺激下止跌回升，重回8%以上的增长速度，甚至从2009年第四季到2010年第一季度连续3个季度达到10%以上的增长率，然后就开始掉头向下。近几年来，几乎每年政府都会出台一些保增长的刺激措施，但GDP增长率仍然一路下行。从2011年到2014年的4年中，GDP增长率分别是9.2%、7.8%、7.7%、7.4%。今年上半年降到7.0%，第三季度进一步降到6.9%。今后的走势也未可乐观。以上的情况表明，高速增长的旧常态无法维持，已经是一个既成的事实。与此同时，合乎我们意愿的新常态又还没有确立。

新常态（New Normal）这个近年来在国际上十分流行的名词最先是由美国太平洋资产管理公司（PIMCO）的首席执行官 M.A. El-Erian提出的，用以描述2008年全球金融危机后可能出现的长时期经济衰退。

中国领导也在2013年开始用“新常态”来描绘中国正在进入的新的经济态势。不过，中国所说的“新常态”，当然并不是El-Erian讲的那种长期萧条的状态，而是一种

① 根据本文作者在2014年12月31日在“正和岛新年论坛”，2015年2月26日在“中国经济50人论坛研讨会”、4月25日在第7期上海金融家沙龙暨第75期中欧陆家嘴金融家沙龙和11月3日在耶鲁大学北京中心等处的演讲综合整理而成。

增长速度虽不太高、却能保持活力和富有效率的发展态势。

根据权威方面的说明，中国经济的这种新常态具有两方面的特征： 一方面是从高速增长转向中高速增长，另一方面是从规模速度型的粗放增长转向质量效益型的集约增长。

我们当前面临的问题是，以上两方面的转变过程是不同步的：前者已是既成事实；后者只是期望而非现实。

由于过去许多社会经济矛盾是靠数量扩张来“摆平”的，经济增速下降必然带来风险。如果不能用增长质量的提高去弥补增长数量上的损失，许多经济和社会矛盾都会暴露出来，甚至进一步激化。虽然近年来采取了一系列措施来阻止经济下行的趋势，但是效果存疑。这样，中国的经济发展就面对着经济增长的换档期、结构调整的阵痛期、前期刺激政策的消化期“三期叠加”的难题。

如何应对这种局面，是近期官、产、学各界所关注的热点。

自从2008年中国经济由于受到全球金融危机的冲击开始震荡减速以来，各界人士对于减速的原因一直存在“需求侧因素分析”和“供给侧因素分析”这样两种不同的分析方法[①]和相应的应对方略。

根据需求侧因素分析提出的对策

从需求侧的三个主要因素：消费、投资、出口“三驾马车”的分析去探寻增速下行的原因和制定对策，是近年来最为流行的方法。但是在本文作者看来，这种分析方法和从中引出的结论在理论上和实际运用中都是存在问题的。

首先，这种分析方法实际上是从凯恩斯主义的短期分析框架引申出来的。按照凯恩斯主义的理论，GDP总量是由需求侧诸因素的状况决定的：

$$Y = C + I + (Ex - Im) + (G - T)$$

在上式中，Y等于GDP总量，C代表消费总量，I代表投资总量，Ex- Im代表出口减进口，即净出口数量，G-T代表政府支出减政府收入，即财政赤字或结余；GDP的增长速度，则由消费增量、资本增量（投资总量）等项需求增量之和所决定。

在遇到需求不足、经济出现周期性衰退的时候，就运用扩张性的财政政策和货币

① 已故经济学家青木昌彦在2015年3月25日中国金融40人论坛提供的论文《从比较经济学视角探究中国经济新常态》中把它们分别命名为“需求侧因素分析”和“供给侧因素分析”。他指出：“要探索‘新常态’下持续增长的可能性，较之着眼于需求侧的因素（比如说‘三驾马车’），要更加注重对供给侧的因素的审视。”与会的中国经济学家吴敬琏、余永定等都同意他的这一看法。

政策来提振需求和保持增长。

且不说经济学界对于凯恩斯主义的宏观经济理论是否正确存在激烈的争论，即使认为凯恩斯主义的宏观经济理论完全正确，用凯恩斯主义的上述理论框架来分析中国经济的增长趋势也是不合适的，因为凯恩斯主义的理论和政策所针对的，是经济学所说的短期经济问题。凯恩斯对这一点说得很清楚，他在回应自由主义关于市场能够实现经济的再平衡，而无须宏观经济政策干预的批评时说："从长期来说，我们都死了"（In the long run， we are all dead.）。这就是说，从长期看市场经济会经过波动自动实现再平衡。但是，如果政府不采取救助措施，在短期内会造成严重的损失，因此宏观经济政策是必要和有益的。所以无论怎么说，运用凯恩斯主义的短期分析框架去分析中国的长期经济问题，都是一种误用。①

由于把"三驾马车"力度大小决定GDP增速高低看作是经济学的定理，它对宏观经济政策产生了巨大的影响。每当出现经济增下行，人们做出的第一反应，就是要求政府采取扩张性的宏观经济政策，"扩需求"，"保增长"。当消费和出口难于拉升时，任务往往最后就落在增加投资的身上。② 频繁运用凯恩斯主义式的刺激政策"扩需求、保增长"造成了两方面的后果：第一，2009年以来频繁地使用扩张性的宏观经济政策进行刺激，使政府和企业都债台高筑。目前我国国民资产负债表的杠杆率（债务对GDP的比例）已经达到250%～300%的高度。其中，非金融企业的杠杆率高达125%左右，远超过90%的公认警戒线。 在这种情况下，不但个别企业和个别地方政府的偿债危机时有发生，而且发生"国民资产负债表衰退"的系统性风险也在继续积累（见图1）。

① 关于这个问题，清华大学的钱颖一教授作过透彻的说明。他指出，现在的问题不是周期性的、短期的，而是趋势性的、进入中等收入阶段后的增速下滑和结构调整。但是，所有的注意力都在短期拉动投资和消费上。以前凯恩斯式的刺激有作用，现在到了向供给政策转变的时候。民间要靠创新创业，政府要靠职能转变为服务型政府。政府的职能应该主要是提供公共服务"软件"，而不是直接投资和建立科技园"硬件"（见王力为（2015）：《我们的问题不是短期问题——专访钱颖一》，载财新《中国改革》，2015年第4期，2015年3月31日出版）。

② 根据"三驾马车"的分析，有人也寄望于用增加消费的办法来提高增长速度。然而，消费结构取决于收入结构，收入结构最终又取决于生产（供给侧）结构。如果不能提高劳动者的知识和技术水平，转变经济增长方式，只可能出现两种结果：或者是由于劳动者的知识结构和技能未有提高和未能增加收入，他们的消费无法得到满足；或者是劳动者的收入得到提高，但由于效益没有增进，使企业不堪重负。

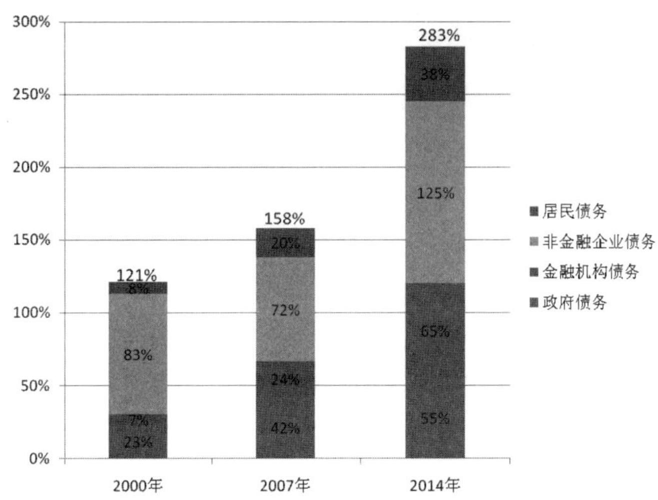

图1　杠杆率（债务对GDP比率）加速提高

数据来源：McKinsey Global Institute：《Debt and （not much） Deleveraging》，2015年2月

第二，虽然近年来几乎每年都会出台一些“保增长”或“稳增长”的刺激措施，刺激力度并不小，但投资报酬递减规律的作用却日益明显地表现出来，促增长的作用每况愈下，近年来已经降低到几近于无的地步（见图2）。

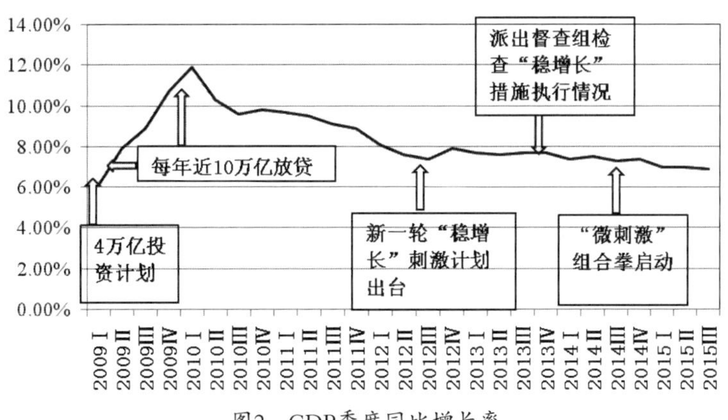

图2　GDP季度同比增长率

数据来源：国家统计局网站、新华网，（Ⅰ、Ⅱ、Ⅲ、Ⅳ分别代表第一、二、三、四季度）

从这两方面的情况看，把增加的投资作为提升增长速度的主要手段弊多利少，不是一种宜于采用的应对方略。

根据供给侧因素分析提出的对策

第二种思路，是从供给侧因素的分析寻求对策。经诺贝尔经济学奖获得者R·索洛（Robert Solow）改写过的生产函数：Y = Lα ·K1−a·A 表达了供应侧的三个主要因素。

其中，Y等于GDP，K代表资本，L代表劳动，A则是所谓“索洛余值”（Solow Residual）。

在索洛1956年发表他的著名论文《关于经济增长理论的一篇文稿》以前，人们普遍认为，总产出只由劳动力和资本这两个因素决定；如果没有新的劳动力加入，增长的动力只有新增资本（投资）一项。然而投资的单项增长，必然造成投资报酬递减的结果。于是，为了保持一定的增长率，投资率必须不断提高。索洛在他的论文中用美国20世纪前49年的数据检验了这个理论。数据表明，美国的经济增长率并未降低，投资率也没有降低。索洛认为，原因是，在撇除劳动力和资本这两个供给侧因素的贡献以后，还剩下一个余值（索洛余值A）。他把这个余值定义为技术进步，也就是全要素生产率（TFP）的提高。索洛的生产函数表明经济增长由新增劳动力、新增资本（投资）和效率（TFP）提高这3个因素决定。

另外两位研究发展经济学的诺贝尔经济学奖获得者库兹涅茨（Simon Kuznets）和舒尔茨（Theodore Schultz）对索洛余值的来源从不同视角做出了解释。库兹涅茨说，它来源于“广泛运用基于科学的技术”。舒尔茨则认为，它得益于人力资本，即劳动者的知识和技能的提升。他提出，和物质资本投资报酬递减的情况不同，人力资本的投资是回报递增的。尽管他们三人在对现代经济增长中效率提高的源泉做出说明时用语不尽相同，但他们和大多数经济学家一样，肯定地认为现代经济增长的主要驱动力量在于技术进步和效率提高。①

这一理论模型和分析框架对于为何中国经济在改革开放以后能够长期保持很高的增长速度以及近年来经济增速为何持续下降，都有很强的解释力。

过去30多年的高速增长是怎么来的呢？除了大规模的投资以外，还有一些其他的因素。第一个因素是大量新增劳动力投入生产活动之中，也就是人们常说的“人口红利”。第二个因素，是效率的提高。改革开放以前中国经济的效率提高得慢。改革开

---

① 有关问题的具体讨论，请参阅吴敬琏（2005）：《中国增长模式抉择》，上海：上海远东出版社，2014年第4版，第35～44页。

放对提高效率产生了十分积极的影响。首先，市场化改变了城乡隔绝的状况，大量过去在农村低效利用的劳动力和土地转移到城市。这种结构变化使资源的利用效率得到提高。[①]其次，开放使我们能够通过引入外国的设备和技术，很快地提高中国的生产技术水平，使中国与发达国家之间的技术水平差距迅速缩小。这样一来，生产效率提高对增长的贡献就有了比较大的提高。

到2005年前后，以上这些支撑高速度增长的因素出现明显衰减。

首先，随着我国出生率的下降和“人口红利”的消失，新增劳动力对经济增长的贡献也变得越来越小。中国社会科学院的蔡昉教授在2006年就已指出，根据他们此前三年的调查发现，剩余劳动力无限供应的情况正在发生改变，“刘易斯拐点”已经出现。其次，随着城市化进入后期，从产业结构变化带来的红利逐渐减少。再次，随着中国一般技术水平跟西方国家相接近，用简单引进外国设备和技术的办法提高自己的技术水平的空间已经大大收窄了。在这种情况下，清华大学的白重恩教授、日本一桥大学的伍晓鹰教授和其他一些研究者都得到大体一致的结论，就是从21世纪初期开始，中国经济增长中全要素生产率的贡献明显降低，并引起中国经济的潜在增长率明显降低。如果既不能继续用增加投资的办法去维持高增长率，又不能从技术创新和效率提高找到新的增长动力，GDP增速进入下行通道就成为必然。[②]

从以上分析得出的结论是：中国经济只有实现发展模式转型、优化结构和提高效率，才有可能走出目前的困境，确立合乎我们向往的新常态。

发展方式转型进展缓慢缘于存在体制性障碍

问题在于，经济发展方式转型并不是一个新近才提出的问题。早在1995年中共十四届五中全会做出的《关于制定“九五”计划（1996—2000）的建议》中，就正式

① 青木昌彦教授在前引论文中，把《劳动人口从低生产率的农业地区转移到高生产率的城市地区，称为“库兹涅茨过程”。他指出，“大规模、快速的库兹涅茨过程，是过去25年中国高速增长的重要影响因素”。不过根据他的研究，劳动人口变化曲线在2010年前后出现了拐点，农业地区人口下降的过程变得缓慢起来。今后甚至可能面临负人口红利的问题。

② 参见白重恩、张琼（2014）：《中国经济减速的生产率解释》，载《比较》辑刊，2014年第4期；伍晓鹰（2015）：《“新常态”下看中国经济的生产率问题——中国经济全要素生产率的最新测算和解读》，载中国社会科学院经济学部编：《解读中国经济新常态：速度、结构与动力》，北京：社会科学文献出版社，2015年版。

提出了必须实现经济增长方式从粗放增长转变为集约增长[①]、经济体制从计划经济转变为市场经济这“两个根本转变”的要求。从那时到现在，时间已经整整过去了20年，但是转变经济发展方式的任务还远远没有完成。

开始执行这一方针的“九五”（1996—2000）期间适逢在中共十四届三中全会《关于建立社会主义市场经济若干问题的决定》的指引下兴起的改革大潮，经济体制转型和经济增长方式转型都取得了积极的进展。遗憾的是，到了“十五”（2001—2005）期间，转型却停顿了下来。

“九五”期间在经济改革和发展方式转型的推动下，中国经济的表现良好：增长提速、贸易扩容， 国家实力增强。“十五”期间的经济增长沿袭了“九五”的惯性，但这也降低了改革动力，特别是国企改革出现停顿。例如，1997年的中共十五大提出调整和完善国民经济的所有制结构。其中一个重要内容，是国有企业有进有退，从竞争性领域退出[②]和实现公司化改制。最初几年，首先在“放开搞活中小型企业”方面取得了很大进展。接着，大部分二级国有企业实现了公司化改制并在国内外股票市场上市交易。但是到21世纪初期改到一级企业（集团公司）层面时，改革就停顿下来了。2006年国资委甚至发文，要求国有经济在军工、电网电力、石油石化、电信、煤炭、民航、航运等七个行业中“保持绝对控制”，在装备制造、汽车、电子信息、建筑、钢铁、有色金属、化工、勘察设计、科学技术等九个行业中“保持较强的控制”。这跟中共十五大和十五届四中全会的有关规定是相背离的。在有些地方和领域，甚至在一些部门和地区出现了“国进民退”和“再国有化”等“开倒车”行为。

影响经济发展方式转型的另一个因素是21世纪初政府主导的城市化的加速。在中国的土地产权制度下，各级地方政府通过土地财政获得几十万亿元的资金资源，再加上用土地抵押贷款，大量投资，营造“政绩工程”和“形象工程”。21世纪初期在全国范围内掀起了声势浩大的“重化工业化运动”和“造城运动”，结果使经济发展方式非但没有向效率导向的集约增长方式转变，反而变得更加粗放。

在2005年制定“十一五”（2006—2010）的过程中，爆发了一场关于工业化道路和经济增长模式的大争论：一派意见认为中国靠强政府、大投资实现高速发展的模式

---

① 实现经济增长方式从粗放增长到集约增长方式的转变，是苏联共产党在20世纪60年代提出的发展方针。它的基本内容是使效率提高成为经济增长的主要驱动力量。

② 中共十五大决定，国有经济只需在“关系国民经济命脉的重要行业和关键领域”保持主导即控制地位。1999年的中共十五届四中全会进一步把“关系国民经济命脉的重要行业和关键领域”规定为涉及国家安全的行业、自然垄断的行业、提供重要公共产品和服务的行业，以及支柱产业和高新技术产业中的重要骨干企业。

非常成功，已经创造了若干“奇迹”，应该继续沿着这条路往前走。另一派意见认为中国经济存在不平衡、不协调、不可持续的问题，应该回到“九五”计划规定的路子上来，加紧实现经济体制从计划经济到市场经济的转型和经济增长模式从粗放型到集约型的转型。①

当时曾经总结过，为什么“十五”期间在经济增长方式转型不进反退？人们达成的共识是：根本原因在于实现转型存在“体制性障碍”，资源配置不是由市场主导，而是由政府主导，各级政府投入了海量资源，用以实现提升GDP增长率的政绩目标。为了实现经济发展方式的转型，必须推进改革，以便消除这些体制性障碍，使市场能够发挥应有的作用。

经过深入的讨论，“十一五规划”采纳了后一种意见，规定要把转变经济增长方式作为“十一五”的“主线”。但是，由于改革没有大的进展，发展模式转型的体制性障碍没有得到消除。“十一五”的实际表现和“十五”并没有太大不同。

到了“十一五”的最后几年，各种颓象开始显现。这时，中共中央专门组织了转变经济增长方式的省部级研讨班，提出了 “加快经济增长方式转变刻不容缓”的口号，重申要把经济发展方式的转变作为“十二五”（2010—2015）期间经济工作的主线。

但是，在“十二五”的开头几年仍在进行的“中国向何处去”的大争论中，一些很有影响力的人士强调，通过强政府、大投资实现高速增长的“中国模式”具有无比优势，已经创造了种种世界奇迹，应当继续沿着这条路走下去。

为应对全球金融危机采取的强刺激措施，使粗放增长方式更加强化。连本应靠体制完善实现的结构优化，也变成了在政府主导下“有保有压”“有扶有控”地“调结构”。在发展战略性新兴产业中，各级政府插手微观经济活动，在土地、资金、政策等多方面给予选定的企业和项目直接的支持。这种违反竞争原则的做法造成的结果是，付出了过高的成本，而效果并不明显。②

直到2012年的中共十八大对这场事关“中国向何处去”的大争论做了明确的回答，这就是要坚持中共十一届三中全会以来的路线，“以更大的政治勇气和智慧全面深化改革”。随后，中共十八届三中全会制定了全面深化改革的总体规划。十八届四中全会又提出了全面推进依法治国的纲领。这些都为实现经济发展方式转型提供了制度前提。

---

① 参见吴敬琏（2005）：《中国增长模式的抉择》，上海：上海远东出版社。

② 支持电动汽车发展，作为政府扶持战略性新兴产业的一个案例，其经验教训很值得加以总结。对这一项目实施情况的分析，可以参看吴敬琏（2013）：《政府不应在“调结构”中起主导作用》，载吴敬琏：《直面“大转型”时代》，北京：三联书店2014年版，第127～130页。

从以上的分析可以得出结论，面对目前错综复杂的局势，正确的应对办法只能是在稳住大局、保证不发生系统性风险的条件下，把主要的注意力放在推进改革开放上，通过全面深化改革来促进经济发展方式的转型，实现结构优化和效率提高，从根本上解决我国经济发展长期存在的不平衡、不协调和不可持续的问题。

稳住大局，为推进改革和转型赢得时间

由于2009年以来持续加杠杆，造成目前我国国民资产负债表的杠杆率过高，蕴藏着比较大的金融风险。个别企业资金链断裂和个别地方政府发生偿债困难已经屡有发生，必须采取有力措施来避免个别风险暴露演化为系统性危机。

首先，要采取措施控制和化解风险。可选措施包括：（1）停止对回报过低和完全没有回报项目的投资；（2）动用国有资本偿还政府的隐形负债，例如数额很大的社会保障基金的缺口；（3）妥善处理各级政府的巨额债务；（4）停止对“僵尸企业”的输血；（5）对资不抵债的企业实行破产清盘和破产保护下的重整，化大震为小震，释放风险；（6）停止刚性兑付；（7）盘活由于粗放增长造成的死资产存量，例如闲置的地产项目、“晒太阳”的开发区等。

其次，辅之以适当的财政和货币政策，维持宏观经济的基本稳定，防止在意外冲击下系统性风险的发生。

在当前的形势下，宏观经济政策仍然应当执行2014年12月中央经济工作会议确定的“积极的财政政策要更有力度，货币政策要更加注重松紧适度”的方针。

货币政策要坚持稳健的方针，这意味货币政策要兼顾提供必要流动性和去杠杆这两项要求，避免采取强刺激和拼投资、向市场大量注入货币和实行信用扩张的政策。

在货币政策的问题上，日本野村研究所首席经济学家辜朝明对于“资产负债表的衰退”的分析也值得注意。[①]他指出，当出现由于杠杆率过高导致的“资产负债表衰退”时，货币政策很难发挥提振经济的功能。这是因为在“现金为王”的情况下，人们都会捂紧钱袋子，不愿借债来进行长期投资。如果手里有钱，人们更愿意投入流动性较高的证券市场、而不是不易抽身的实业。近几年，虽然存在部分领域结构性短缺的问题，总体上说流动性是比较充裕的。在这种情况下，如果过度使用扩张性的货币政策，股市也容易导致资产泡沫膨胀并在泡沫最终爆破时出现严重经济震荡。

---

① 参见辜朝明（2008）：《大衰退：如何在金融危机中幸存和发展》，北京：东方出版社，2008年中文版。

增强积极财政政策的力度意味着增加赤字。目前我国预算赤字离公认的警戒线还有一些距离，增加赤字还有一定的空间。需要注意的是，运用扩张性的财政政策时要讲究方法。扩大赤字有两种办法：一种是增加支出，另一种是减少收入。在目前的状况下，我倾向于更多地采用普惠式的减税的办法，来对企业的积极性进行刺激，目前中国经济遇到的一个大问题是不少企业家对未来发展缺乏信心，没有投资积极性。一定要改善营商环境，提高他们的信心。

当然，仅仅实行减税并不足以解决企业家对未来发展信心和投资积极性不高的问题。他们的消极心态是多种因素造成的。各级政府应当借鉴1998年应对亚洲金融危机时扶持民营中小企业的经验，进行全面的调查研究，提出切实有效的解决方案，增强企业家的信心，使他们能够在创新创业、转变我国经济发展方式中发挥积极的作用。

主要的着力点在于切实推进改革，实现发展方式转型。

推进改革开放是应对当前局势和确立新常态的治本之策。因为只有通过建立市场化、法治化和国际化的营商环境，搭建起能够激励创新和创业的平台，才能实现由投资驱动的经济发展方式到效率驱动的经济发展方式的转型。

中共十八届三中全会《决定》为中国经济改革的目标做出了明确的规定，这就是建设“统一开放、竞争有序的市场体系”。其实这一目标在1993年中共十四届三中全会《决定》中就已经提出来了。当时的表述是：“发挥市场经济在资源配置中的基础性作用，必须培育和发展市场体系…… 形成统一、开放、竞争、有序的大市场。”20年后重提这一体制目标，并环绕这一基本目标部署了上百项具体的改革任务。现在我们需要以“建设统一开放、竞争有序的市场体系”为标尺，总结中共十八大以来各项改革的进展，部署和推进下一步的工作。

有些论者提出通过改革优化结构和提高效率是一件长时期才能见效的“慢活”，我国经济面临严峻的形势，还是应当采取能在短期内见效的刺激政策，使经济增长的颓势得以扭转。

关于强刺激政策不可行的理由，本文在前面已经有所申论。关于改革“远水救不了近火”的说法，我们已经听了多年。正是因为在这一理由支持下的延误，才造成了现在的被动状态。时至今日，已经是痛下决心，锐意改革的时候了。何况近年来的一些行业和地区的实际情况表明，认真进行改革是能够取得优化结构和提高效率的结果的。

最近几年服务业发展的加快，就是一个鲜明的例证

中共十八大召开前后，我国就已经按照建立竞争性市场体系的方向进行了一些试验性的改革，比如企业注册登记的便利化、营业税改增值税，等等。这些改革取得

的一个明显的成效，就是服务业发展的加快。在中国的经济发展中，一直是制造业一马当先和一枝独秀。从2005年制定“十一五”时开始，政府就一直把制造业的服务化（“向微笑曲线两端延伸”）和发展独立的服务业当作转变增长方式和提升经济效率的有效途径，并且力图用行政手段扶植服务业的发展，却一直未能取得明显的进展。最近几年，在上述市场取向改革的推动下，服务业发展开始加速，并在2013年超过第二产业成为我国最大的产业。较之第二产业吸纳就业能力更强的第三产业的迅速发展，使我国就业情况在GDP增速下行的情况下得以保持较好的状态。改革小试牛刀尚且能够取得这么好的成果，全面深化改革步伐的加速能够对克服当前面临的困难起更大的作用应当是毋庸怀疑的。

除此而外，今年以来，在大多数地区经济不振的同时，一些改革开放较早、政府干预较少、市场较为规范的城市，创新创业出现了亮眼的风景。这种情况，也应当加强我们对于改革开放的信心。

从目前的情况看，政府职能改革、简政放权已经取得进展。现在需要注意的，一是要防止回潮，二是要继续向纵深发展，通过制定企业市场准入的负面清单和政府职权的正面清单，形成厘清政府与市场关系的正式制度。

作为金融改革核心的利率市场化和汇率市场化的进展超过预期，但是金融体系其他方面的改革，例如金融市场监管体系的改革还亟待加快。以理顺中央地方关系为重点的财政改革进展情况比较正常，现在还需要及时解决中央、地方财权和支出责任的划分、转移支付的制度化等更深层次的问题。

2015年10月，全面深化改革领导小组下发《关于推进价格机制改革的若干意见》，这意味着建立我国商品价格体系的关键性战役即将全面展开。早在我国市场价格改革起步的1984年，中共十二届三中全会就在《关于经济体制改革若干问题的决定》中指出，“价格体系的改革是整个经济体制改革成败的关键”。可是由于某些主观和客观因素的牵制，30年后这一任务还没有完全实现，以至若干重要的资源，如能源、服务价格仍由政府控制，这种情况妨碍了市场在资源配置和激励机制在发挥作用。因此，价格改革的启动，可以说是全面深化改革的关键一步。不过价格改革涉及千家万户的切身利益。因此，在具体操作上又要充分地谨慎稳妥，务求取得改革的全胜。

严格准确地执行竞争政策，是全面深化改革必须打好打胜的一场硬仗。竞争是市场制度的灵魂。目前仍然存在的大量行政保护和利用市场垄断地位妨碍竞争的行为，这是建设统一开放、竞争有序市场的巨大障碍，必须通过反垄断法律的修订完善和执法体系的加强加以消除。

近年来，虽然国有经济在国民经济中所占份额有所下降，但是国有企业掌握着大量重要资源并且在许多重要行业中处于支配地位，它们的改革进展和经营状况改善，对于提高整个国民经济的效率具有举足轻重的作用。目前有关国有企业改革的1+N个文件正在陆续下达，如何根据中共十八届三中全会决定，实现国有企业管理从管人、管事、管资产到管资本为主的转变，还有一系列认识问题和实际问题需要认真解决。

中国（上海）自由贸易区正在进行一项具有历史意义的试验。正如中央所明确的，进行自贸区试验的意义并不在于给予政策优惠，而在于适应贸易和投资便利化的大趋势，“营造市场化、国际化、法治化的营商环境”。目前正开始在其他地区复制推广上海自贸区的经验。不论地方政府还是中央领导部门都要紧紧把握促进贸易和投资便利化的大方向，为开辟对外开放新局面做出贡献。

现代市场经济的有效运作离不开政府在创设良好的营商环境和提供公共服务方面的作为。在发挥政府作用的过程中，一定要避免各种妨碍市场在资源配置中发挥决定性作用的错误做法，致力于通过改革创建良好的创新创业环境和提供其他的公共产品和公共服务。目前在反腐高压态势下，政府官员“乱作为”的情况有收敛，但“不作为”的情况却有所蔓延。王岐山书记以前说过，先治标后治本，用治标为治本赢得时间。我觉得在反腐高压势态已经建立的情况下，应当大力加强制度反腐，把权力关到法治的笼子里。与此同时，要按照政府“法无授权不可为”的原则，加快建立官员职权的正面清单，使官员行使职权有规可循。

（吴敬琏， 国务院发展研究中心研究员）

深化改革，推动经济稳步进入新常态

□ 张卓元

中国经济正在进入新常态。如何认识新常态，如何使中国经济适应新常态和稳步进入新常态，各方面正在深入研究和热烈讨论。本文主要从如何通过全面深化改革主要是经济改革，推动中国经济顺利和稳步进入新常态，发表个人看法。

一、中国经济正在进入新常态，但是尚未很好进入新常态

2014年下半年以来，中国经济学家对于中国经济是否已经进入新常态有不同的表述。有的认为中国经济已经进入新常态，因为中国的经济增长率已经换挡，经济增速已从2010年的10.4%和2011年的9.3%，下降到2014年的7.3%和2015年前三个季度的6.9%。而有的经济学家则认为中国经济尚未很好地进入新常态，因为新常态不只是限于经济增速换挡，更重要的是经济转型和发展方式转变。这就需要首先弄清楚经济新常态的含义。

经济新常态的含义是什么，新常态的主要特征有哪些？习近平总书记2014年11月9日在亚太经合组织工商领导人峰会演讲时对此有很好的概括。他说，“中国经济呈现出新常态，有几个主要特点。一是从高速增长转为中高速增长。二是经济结构不断优化升级，第三产业、消费需求逐渐成为主体，城乡区域差距逐步缩小，居民收入占比上升，发展成果惠及更广大民众。三是从要素驱动、投资驱动转向创新驱动。新常态将给中国带来新的发展机遇。”按照上述三个主要特点，可以比较清楚看出，中国经济正在进入新常态，但是还没有很好地进入新常态。

首先，中国经济已从过去两位数高速增长转为7%左右的中高速增长，但是经济至今仍在探底过程中，经济增速下行的压力还不小，尚未在7%左右的年均增速中稳定下来。有一些经济学家认为今后5～10年可能要降到5%左右的中速增长。我认为，如果改革发力，政策得当，7%左右或者6.5%左右的增速应当能维持到2020年甚至到2025年。但是7%左右的中高速增长要延续更长的时间则有很大难度。多家单位预测表明，

2020年或2025年以后，中国经济的潜在增长率还会下一个台阶。[①]

其次，在经济结构优化升级方面，总书记讲新常态下第三产业、消费需求逐步成为主体，但是目前离这个要求还有一定差距。我体会，成为主体一般应占60%以上。而2014年，第三产业增加值占GDP比重为48.2%，2015年上半年进一步提高到49.5%。2014年，最终消费对GDP的贡献率超过投资的4个百分点，2015年上半年则达60%，比去年同期提高5.7个百分点。[②]但离消费需求的主体地位还有距离。

再次，从要素驱动、投资驱动转向创新驱动则是中国经济转型、经济增长和发展方式转变的关键所在，也是经济进入新常态的显著标志，而这更需长期不懈的努力，没有五六年的持续奋斗难以有实质性进展。而如果做不到这一点，就谈不上转变经济增长和发展方式，谈不上实现经济向质量效益型转变。国际经验表明，欠发达经济体在追赶发达经济体过程中，在其后发优势逐渐耗尽后，主要靠创新驱动发展时，经济增速必然逐步下台阶，不可能继续保持原来的高速增长。这是一种规律性现象。中国经济现在面临的正是这样一种情况。

因此，新常态不是指经济的两三年短期的状态，也不是管几十年的长期阶段，而是指大致十年左右的中长期状态，是涵盖从2013年起，到全面建成小康社会和进入高收入国家行列以及为实现现代化打牢坚实物质基础的时期，即基本实现工业化和初步实现城市化时期，也就是大致到2025年左右的时期。为什么大致只能维持十年左右的时间？我认为主要是保持7%或6.5%左右的中高速增长的时间不可能太久，能够维持十年左右就很理想了。而且7%或6.5%左右的增速还必须是质量效益型和没有水分的，因为延续过去粗放扩张的路径已经走不下去了。一般估计，到2025年左右，中国经济增速将再下一个台阶，并逐步向世界平均水平靠拢，正像一些外国经济学家说的向“均值”靠拢。[③]

二、党的十八届三中全会后经济改革进程加速

2013年11月党的十八届三中全会做出全面深化改革决定后，中国改革包括经济改革进程加速。在中央全面深化改革领导小组的推动下，改革呈现明显加快势头。在被

---

① 参见中国社会科学院经济学部编：《解读中国经济新常态——速度、结构与动力》，北京：社会科学文献出版社2015年版，第16页。

② 见《经济日报》2015年7月16日。

③ 参见兰特·普利切特 劳伦斯·萨默斯：《亚洲超高经济增速将回落至全球平均水平》，《比较》2015年第1期。

称为“全面深化改革元年”的2014年，中央全面深化改革领导小组确定的80个重点改革任务（其中经济和生态文明领域就有近50个）基本完成，中央有关部门还完成了108个改革任务，共出台了370条改革举措等，数量之多，频率之高，力度之大，前所未有。令人印象深刻的有：

中央政府带头推进审批制度改革，在2013年取消和下放416项行政审批事项基础上，2014年又分三批取消下放行政审批事项247项。2015年还要砍掉200多项。而且正在推进权力清单、责任清单和负面清单制度。

近年来由于推进工商注册制度便利化改革，由先证后照改为先照后证，把注册资本实缴制逐步改为认缴制，大大改善了创业环境，调动了大家创业的积极性。商事制度改革以来，从2014年3月至2015年8月，平均每天新登记注册企业一万多户。其中2015年头8个月，全国新增市场主体934.7万户，比上年同期增长14.9%，平均每天新增企业达1.1万户。这就有力地推动了就业岗位的增加。①

价格改革正在攻坚克难。党的十八届三中全会以后，大批商品和服务价格陆续放开由市场调节，中央政府管理的近60项商品和服务价格已放开或下放，全部农产品、绝大多数药品、绝大多数专业技术服务价格都已由市场定价。中央直接定价项目仅剩约20项，比2001年减少80%左右，已实现将政府定价范围按照三中全会要求确定的限定在重要公用事业、公益性服务、网络型自然垄断环节。一些重要领域如电力、成品油、天然气、铁路运输等领域价格市场化程度显著提高，输配电价改革试点已由深圳电网扩大到其他6个省域电网，跨区跨省输电价格全部放开，燃煤发电上网电价、工商业销售电价大幅下调；成品油销售价格已基本实现市场化；非居民用天然气存量气与增量气价格顺利并轨，40%天然气价格已经放开；铁路货运价格基本理顺，并建立了上下浮动的灵活调整机制。居民阶梯价格制度逐步推开，阶梯气价在13个省份的50个城市实施，阶梯水价在26个省份的275个城市实施，阶梯电价除了新疆和西藏以外，其他地方全部建立。地方价格改革同步加速，平均减少定价项目50%以上，上海、北京等11个地区已经完成地方定价目录修订，等等②。

财税改革总体方案已经中央深改小组通过。正在继续推进“营改增”改革，逐步扩展至第三产业主要行业，促进服务业发展。自2012年试点至2014年年底，“营改增”三年累计减税3746亿元，超过95%的试点纳税人减轻了税赋。同时，扩大小微企业税收减免优惠，进一步扶持小微企业发展。继续控制和压缩“三公”经费支出，财

---

① 见《光明日报》2015年11月4日。

② 见《价格改革攻坚提速落地生根》，《价格理论与实践》，2015年第7期。

政支出继续向民生倾斜。还出台了在公共服务领域推广政府和社会资本合作模式的指导意见、基础设施和公用事业特许经营管理办法，建立了PPP（政府和社会资本合作）项目库，已发布项目1043个，总投资1.97万亿元。

金融领域市场化改革加快推进。利率市场化改革基本实现，银行存款利率上限已经放开，推出大额存单，实行存款保险制度，五家民营中小银行也已陆续开业，人民币国际化程度不断提高，人民币最近被批准纳入国际货币基金组织特别提款权（SDR）篮子，说明国际社会已认可人民币是可以自由兑换的储备货币。资本市场改革也在推进，公司上市将逐渐从审批制改为注册制等。

自由贸易区建设向前推进，开放型经济新体制加快构建。中国（上海）自由贸易试验区已于2013年9月29日正式挂牌。当天，以190条管理措施构成的2013年版负面清单对外公布。这是中国首个负面清单。2014年版负面清单大幅度减少到139条，减少了26.8%。2015年，自贸区扩围，广东、福建、天津被批准建设自由贸易区。出台实施新的外商投资产业指导目录，进一步扩大服务业和一般制造业对外开放，限制类条目由79条减少到38条。全面规划、有序推进“一带一路”建设。

国有企业改革也在逐步推进。2014年7月15日，国务院国资委宣布，在中央企业启动四项改革的试点，分别是国有资本投资公司试点、混合所有制经济试点、董事会授权试点、向央企派驻纪检组试点。其中确定中国医药集团总公司、中国建筑材料集团公司开展混合所有制经济试点。目的有六个，一是探索建立混合所有制有效制衡、平等保护的治理结构；二是探索职业经理人制度和市场化劳动用工制度；三是探索市场化激励和约束机制；四是探索混合所有制企业员工持股；五是探索对混合所有制企业的有效监管机制及防止国有资产流失的方法和途径；六是探索在混合所有制企业开展党建工作的有效机制。央企中石化2014年把油品等销售板块拿出29.9%的股权，作价1071亿元出售，搞混合所有制，成为国有垄断企业放开竞争性业务推进混合所有制改革的一个案例。与此同时，国企负责人和高管薪酬制度改革正在推进，行政任命负责人和高管薪酬大幅度下降，与一般员工收入差距缩小。2015年8月24日，制定了《中共中央、国务院关于深化国有企业改革的指导意见》并于同年9月14日在报刊发布，其他配套文件也陆续出台。还出台了关于进一步深化电力体制改革的若干意见，全面启动新一轮电力体制改革。如此等等。

这些改革，有利于资源的优化配置，有利于稳增长，有利于为经济进入新常态提供新的动力源泉，弱化了原来主要由政府和政府官员为追求短期GDP增速最大化形成的恶性竞争。

三、改革的确进入深水区，有几项改革困难重重

当前，改革的确进入深水区，尽管党的十八届三中全会劲吹改革的号角，三中全会以后中央深改小组强有力推进改革，许多方面的改革进程加速、力度加大、成效显著，但是毋庸讳言，有些领域改革推进得并不如人意，一些重要改革，因为涉及比较重大的利益调整，阻力相当大，因此困难重重。

地方政府职能转变缓慢。由于地方政府公司化严重，地方政府为追逐GDP短期增速最快，一个劲搞粗放扩张，结构趋同，造成不少产业产能过剩严重，生态环境恶化，地方债务负担沉重。现在要转方式调结构，压产能，修复生态环境，减轻债务，就要首先转变地方政府职能，不再充当资源配置主角，转为主要是为地方经济发展创造良好的市场环境、服务环境、法治环境，着力改善民生，让老百姓过上越来越好的日子。但是至今还看不出这方面有多少实质性进展。大家知道，京津冀协同发展是我国的重大发展战略，但是，正如有的文章指出的那样，地方政府公司化是京津冀协同发展的主要障碍，表现为生产要素不能自由流动和迅速的集结，生产活动不能对接协作，更不能互补互助。京津冀都有一亩三分地，自己搞自己的事，三地之间的要素资源配置关联度不高，相互之间不协调、不联合，没有形成一个富有活力、统一、区域性的市场。[①]看来，政府改革特别是地方政府改革仍然是今后改革的重要突破口。

国企改革进展缓慢，垄断行业改革阻力很大。党的三中全会决定指出，“国有资本继续控股经营的自然垄断行业，实行以政企分开、政资分开、特许经营、政府监管为主要内容的改革，根据不同行业特点实行网运分开、放开竞争性业务，推进公共资源配置市场化。进一步破除各种形式的行政垄断。”但是，这方面改革进展很慢。中石化拿出油品等销售板块搞混合所有制，是很初步的，仍然是中石化绝对控股，但是有关部门工作人员却指责中石化抢先改革，没有及时请示报告。大型央企母公司层面（它们绝大多数仍是国有独资）改革似乎还没有动静。三中全会决定要求国有资产监管机构要从过去管企业为主向管资本为主转变，实现国有资本的优化配置。这是机构职能的重大变化，是原有利益关系的重大调整，对于管惯了企业的工作人员来说，是会很难接受的。这就可以解释为什么决定已做出两年多，但至今还没有看到这方面有哪些比较大的实际行动和成效的原因。

三中全会决定提出加快房地产税立法并适时推进改革。决定已做出两年多，但至今还看不见加快的样子。一直说要在2015年底就建立的不动产统一登记机构（这是不

---

① 见孙明华：《地方政府公司化是京津冀协同发展的主要障碍》，《改革内参》2015年第43期。

动产登记的职能部门和将来开征房地产税的资料提供者），至今大多也如泥牛入海无消息。报载，截至2015年3月底的国土部数据显示，全国300多个地市州盟、2800多个县市区旗中，只有50个地市、101个县完成了不动产登记职责整合，占比分别不到16%和4%，也就是说，仍有90%以上的县市没有动作，原因是没有一个部门能够协调推进这项工作。实际上不少人是在消极抵制这项工作。有人调查过，不少地方干部都拥有两三套房子，甚至更多。他们不愿意把自己拥有多套住房的信息公之于世，更不愿意因为拥有多套住房而要交纳较多的税款。而不建立不动产统一登记平台，房地产税的征收就只是一句空话而已。

三中全会决定说，逐步建立综合与分类相结合的个人所得税制。还要逐步提高直接税比重。这应是很重要很迫切的任务。但是阻力重重。在中国，一夜暴富或短期暴富的人的巨额收入是不要交税的。由于中国股市大涨大落，必然造就许多暴发户，有的上市公司大股东一下子套现几亿元、几十亿元的屡见不鲜。这些事，如果是发生在法治比较健全的国家，那么到年底时都要交百分之三四十甚至更高比例的税，而在中国则是免税的。这说明，个人所得税制改革显得特别紧迫。这项改革虽在进行调研和设计中，但是进展并不如人意。

四、既得利益固化后，改革越来越难

深水区改革之所以困难重重，有认识分歧问题，有担忧风险问题，但这些都不是主要的。主要的原因在于既得利益由于近十来年改革放缓固化后，积重难返，致使改革越来越难，风险越来越大。

最近的例子，是不动产统一登记平台建设，一再推迟。这里有一个要求太高太全，做起来很麻烦很费时费力的问题，应当分步实施，不宜一步到位，但是更重要的还是做这项工作的人不积极，因为这项工作可能损害他们的利益。正如我在前面讲过的，有不少地方工作人员自己就有两三套甚至更多房子，他们自然不愿透露自己的房地产信息。这也充分暴露一些地方政府改革的执行力很差。受不动产统一登记平台前景渺茫的影响，有的地方又开始出现炒房产现象，有人一下子买几十套房子。现在，中国的房地产市场已处于供求关系总体均衡的阶段，全国城镇户均已有一套房子，三四线城市房地产市场去库存的任务已经很重，如果此后因为炒房地产而刺激房地产过量投资，必将进一步大量增加空置房。大家知道，房子是由大量钢材、水泥、砖头、木材等盖起来的，是劳动者用汗水浇灌出来的，大量空置房必然带来资源和物质财富的损失和浪费。

垄断行业改革阻力重重，也是因为垄断行业职工特别是其中管理层多年来享受高收入高福利，改革后，引入竞争机制，会使他们的收入和福利受到影响，因此他们本能地会采取各种手段阻挠改革。特别需要注意，不能主要由本部门来设计自己的改革方案，而要有非利益相关者参加，因为主要靠自我革命往往会断送改革，至少会使改革大打折扣。国企改革方案酝酿很久，很迟才出来，至少说明各方面协调起来难度很大。2015年9月公布的国企改革指导意见，总的来说，有关机构是想努力落实三中全会决定精神的，但市场上的反应并不热烈，说明大家对文件也就是对国企改革的期望值是很高的。

同样的道理，也可以说明为什么政府官员不愿意放下手中的审批权力，因为那里有自己的利益，放弃手中权力等于放弃手中的利益。所以，政府改革很重要，很紧迫，但是很难，不是短期就能取得实质性进展的。没有自上而下的有力推动，很难迈步。顺便要提及，2015年一段时间中国股市的大起大落，同政府对股市的过分和不当干预有重要关系，这说明，政府与市场的边界至今在理论上和实践上都还没有很好弄清楚，使市场在资源配置中起决定性作用和更好地发挥政府的作用还没有很好落实。

由于既得利益固化，使改革的风险很大，改革的余地则越来越小。可以想象，我国征收房地产税不可能一下子就像美国那样几乎所有的房地产都征收，开头可以实行的，可能就只对拥有超过一定数量的房地产征税，然后逐步扩大范围，经过若干年后健全起来。所以，看来要到2020年在重要领域和关键环节改革上取得决定性成果，完成三中全会决定提出的336条改革举措和任务，将是困难重重的历程。稍微放松，就可能打折扣。但愿折扣低一点就好！

（张卓元，中国社会科学院学部委员）

“十三五”：以转型改革实现经济可持续增长

□ 迟福林

当前，在内外环境深刻复杂变化、经济下行压力增大的背景下，“十三五”我国增长转型的前景如何，成为国际、国内关注的焦点。总的判断是：第一，我国的经济问题主要不在短期，而在于中期，化解短期矛盾取决于中期的发展前景，未来10年、20年的长期发展也取决于中期的发展前景。这个中期就是“2020年”，即“十三五”。第二，我国的经济增长前景取决于多方面的因素，但在增长转型改革高度融合的背景下，根本上说取决于转型改革的实际进程，观察我国的经济问题要把增长、转型与改革结合起来。第三，2020年是我国经济转型与经济增长的历史关键节点。如果到2020年转型改革能到位，就能够逐步走出短期经济下行的困境，从而为中长期的可持续发展奠定重要基础。如果到2020年转型改革把握不好，未能实现预定目标，很可能将陷入被动的局面，不仅短期难以走出困境，中长期也将面临更大的风险。

从这个意义上说，“十三五”是我国经济转型升级与全面深化改革的历史关键节点：化解短期增长压力、提振增长信心的希望在2020年；转变经济发展方式、促进可持续增长的关键在2020年；实现全面小康、迈向高收入国家行列的关键节点在2020年。在这个特定背景下，“十三五”需要从经济转型升级的趋势出发，对所面临的挑战保持清醒头脑，谋划好、把握好经济增长的路径选择，以转型改革释放巨大的内需潜力，实现经济转型升级的实质性破题和经济的可持续增长。

一、“十三五”：我国经济转型升级的新趋势

“十三五”我国经济稳中向好的趋势没有改变，主要在于经济转型升级大趋势蕴藏着巨大的市场、巨大的经济增长潜力。这个趋势说明，“中国故事”仍未讲完，还有很大的想象空间。

1. 工业转型升级大趋势——从“中国制造”走向“中国智造”

我国进入工业化中后期与全球新一轮工业革命出现历史交汇，由生产型制造业为主向服务型制造业为主的转变，制造业的智能化成为工业转型升级的大趋势。

（1）世界第一制造业大国的矛盾。我国制造业占全球的比重从1995年的4%左右上升到2014年的20.8%。尽管如此，制造业大而不强的矛盾仍十分突出，人均规模不及美、德、日的三分之一。

（2）转方式、调结构和全球新一轮科技革命形成历史交汇点。2015年，国务院出台了《中国制造2025》。实现制造业转型升级的大目标，其中一个重要条件就是我国转方式、调结构和全球新一轮科技革命形成历史交汇点。把握好这个重要机遇，主动推进制造业转型升级，对中长期经济发展至关重要。

（3）制造业全球化、信息化、服务化的特点突出。制造业的全球化布局以及制造业的信息化是制造业发展的大趋势。近些年来，制造业服务化的特点日益突出，这使得制造业与人们的生产生活联系得更加紧密，形成了新的大市场。在这个背景下，如果能抓住制造业转型升级的重要机遇，我国就有望到2020年初步完成从工业2.0向3.0的升级，并奠定走向工业4.0的重要基础。

（4）“互联网+”制造业升级的特点突出。充分利用初步形成的“互联网+”商业模式，推动制造业的转型变革。从很多企业的案例中可以看到，“互联网+”不仅推动了产品变革，更深刻的是推动了商业模式的变革。例如，苹果不仅带来了手机革命，更重要的是带来了商业模式的变化。

（5）转型升级形成创新驱动的新格局。着眼于实现由生产型制造向服务型制造转变，加快科技创新体系由政府为主体向以企业为主体的转变，由封闭式创新向开放式创新转变。

2. 城镇化转型升级大趋势——从规模城镇化走向人口城镇化

“十三五”，“城镇化红利”仍是我国扩大内需的突出优势和经济发展的“最大红利”。这个“城镇化红利”主要来源于“人口城镇化”，而不是过去的规模城镇化。要实现“人的城镇化”，首先要使人口城镇化达到一定水平，解决农民工的身份问题。如果没有较高的人口城镇化率和相应的制度安排，就很难实现“人的城镇化”。“十三五”时期加快从规模城镇化向人口城镇化转型升级，意味着有近4亿农业转移人口进城，这将为生活性服务业带来巨大的市场空间。

（1）2020年人口城镇化率将达到50%左右。2014年，我国规模城镇化率已达到54.77%，估计到2020年规模城镇化将达到60%。当前的主要问题在于人口城镇化率过低。2012年全球人口城镇化的平均水平为52%，我国要努力争取人口城镇化率由2013年的36%提高到2020年的50%左右。如果以农民工市民化为重点的户籍制度改革、基本公共服务均等化等相关改革到位，“十三五”就能够通过人口城镇化释放出巨大发展红利。

（2）“十三五” 人口城镇化率年均提高2个百分点是有条件的。一是户籍制度改革的提速；二是国家加大对中小城镇的公共资源均衡配置，中小城镇将成为吸纳农村转移人口的重要载体；三是基本公共服务体系建设正处于加快推进中，到2020年总体实现城乡基本公共服务均等化。

（3）到2020年“让农民工成为历史”。总的来看，2020年是“让农民工退出历史舞台”的历史节点。这就需要尽快建立流动人口的居住证制度，实现从农民到市民的身份转换。

未来5～10年，城镇化蕴含着巨大的内需潜力。第一，人口城镇化率提升对投资拉动十分明显。如果人口城镇化率达到45%左右，至少能带动35万亿～40万亿元的投资需求。第二，农村70%～80%的消费来源于农民工的收入，一个城镇居民的消费水平是农村居民的3倍。未来几年有3亿～5亿农民工转为城镇居民，将形成巨大的消费潜力。第三，城镇化将带动政府加大对公共基础设施的投资。

3. 消费结构升级大趋势——从物质型消费为主走向服务型消费为主

消费是生产的目的，也是生产的动力。我国消费结构的升级必将在某种程度上倒逼经济转型，从而为可持续增长创造有利条件。

（1）从生存型消费向发展型消费升级。我国进入发展型新阶段，满足人的自身发展的需求开始全面快速增长，城乡居民支出结构中的生存型消费比重持续下降。第一，城镇居民的消费需求已由工业品为主向教育、医疗、健康、旅游等服务型消费为主转变。第二，农村居民的消费需求已由生活必需品向工业消费品为主转变。

（2）从传统消费向新型消费的升级。人们对绿色消费、信息消费、便捷消费等新型消费的需求进一步提高。例如，近10年来城乡居民的信息消费以每年20%左右的速度增长。

（3）从物质型消费向服务型消费的升级。目前，城镇居民服务型消费比重已接近40%，农村不到30%。预计到“十三五”城镇居民的服务型消费占比将提高到50%左右，一些发达地区有可能达到60%左右。

消费结构升级对转型与增长意味着：第一，消费结构的升级蕴藏着13亿人巨大的消费潜力；第二，消费结构升级对产业结构升级提出了日益迫切的需求。据世界经合组织统计，2012年健康服务业占GDP的比重世界平均为5.11%，美国为7.72%，日本、德国、韩国分别为7.16%、6.65%和4.37%，而我国只有1.51%。第三，解决我国消费需求问题，关键是在消费结构转型中破题消费供给“瓶颈”。

二、“十三五”：经济转型与可持续增长的新结构

经济转型蕴藏着巨大的增长潜力，把握经济转型趋势和释放增长潜力直接相联

系。“十三五”经济增长的良好前景在于能不能使转型与增长有机融合：既能实现调结构、转方式的实质性突破，又能奠定经济可持续增长的重要基础。

1. 形成消费主导的经济增长格局

进入工业化中后期，消费将成为经济增长的主要推动力，这意味着新常态下经济增长的动力机制转换。

（1）消费升级的趋势明显。第一，我国消费率比发达国家平均水平低30个百分点左右，潜力巨大；第二，消费理念、消费结构、消费模式发生趋势性变化，消费个性化、多样化将推动服务型经济加快发展；第三，人口结构变化、城乡一体化进程拉动消费。

（2）“十三五”消费总量有望实现倍增。我国目前的消费率为50%左右，预计“十三五”消费率将提高至60%以上，消费总规模有可能从2014年的30.7万亿元扩大到2020年的50万亿元左右。

（3）消费对经济增长贡献率明显提升。2015年前三季度，消费对增长的贡献率为58.4%，创造了历史新高。到2020年，消费对增长的贡献率将稳定在60%～65%的区间。

2. 形成服务业为主体的产业结构

其内涵主要指：一是服务业占三次产业结构的比重。从经济发展的一般规律看，进入工业化中后期，服务业占比一般不低于55%。二是服务业与第一产业、第二产业之间的内在关系。经济发展的不同阶段，要有不同的产业结构与之适应：工业化前期，产业结构以农业主导；工业化中期，产业结构以轻工业和重化工业为主导；工业化后期，产业结构以服务型经济为主导。这表明，不同的发展阶段，产业结构呈现不同的特点。

（1）我国现代服务业发展前景广阔。我国服务业比重比发达国家低20个百分点以上，比发展中国家低约10个百分点。进入工业化中后期，现代服务业呈现较快发展势头：生产性服务业向价值链中高端延伸，生活性服务业更加贴近居民消费需求。

（2）“十三五”形成服务业为主体的产业结构。第一，服务业年均提高1个百分点，“十三五”达到55%～57%是有可能的，基本形成以服务业为主体的产业结构；第二，生产性服务业占比太低是制约工业转型升级的主要因素。“十三五”期间以研发为重点的生产性服务业占比将实现倍增，占GDP比重从15%提高到30%左右。

（3）“十三五”以服务业为主体的产业结构将引领经济新常态。第一，形成7%左右增长的新常态是有基础、有条件的。过去10年，我国服务业每增长一个百分点，可以带来经济增长0.43个百分点。“十三五”如果服务业增加值继续保持年均10%左右的增速，将带动GDP增长4个百分点左右，加上农业、工业的增长，这为我国实现7%左右增长的新常态奠定坚实的基础。第二，形成新增就业不断扩大的新常态。三年前，

GDP每增加1个百分点，吸纳就业不到100万人，2014年GDP每增加1个百分点，吸纳就业160万人左右。经济增长带动的就业容量的扩大，源于服务业的加快发展。从总体情况来看，就业问题主要是个结构性问题而不是总量问题。第三，形成全社会创业创新的新常态。以研发为重点，大力发展中小企业，助推生产性服务业壮大，不仅是形成新一轮创新创业潮的主要推动力，而且将为创新创业开辟巨大的市场空间。第四，形成利益结构优化的新常态。如果服务业就业比例达到50%，中等收入群体比例将明显提升。第五，形成绿色发展的新常态。如果2020年服务业占比55%以上，能源消耗量下降14%，SO_2减排18%左右。

3. *形成以服务贸易为重点的对外开放新格局*

新阶段的市场开放，主要不是一般的制造业市场、商品市场，集中在服务业市场。推进全球自由贸易进程关键在于服务业市场的对外开放程度。以服务贸易为重点对外开放既是适应全球自由贸易进程的需求，又是国内消费结构升级对服务贸易的现实要求。

（1）我国服务贸易规模与转型升级趋势不相适应。从国际比较看，我国服务贸易比重较低，2014年仅为12.3%，而全球平均为20.6%。经济转型升级对服务贸易依赖性加大：无论是生产性服务业还是生活性服务业都对服务贸易提出新的要求。

（2）以“一带一路”为总抓手加快服务贸易强国进程。总的判断是：“一带一路”是以扩大自贸区网络为目标，以服务贸易为重点，以基础设施建设为依托。“十三五”要抓住“一带一路”建设的战略机遇，从服务贸易大国走向服务贸易强国，重在加快服务业市场对外开放。

（3）把服务业市场对外开放作为双边、多边自由贸易的重点。这是大势所趋，对以服务贸易为重点的对外开放新格局上需要有新的认识。在这个背景下，包括金融的开放、企业走出去都与此相关联。我国加快以服务业开放为重点的多边、双边自由贸易进程，不仅能进一步扩大市场，而且在这个进程中我国将成为推动全球治理的重要力量，甚至是主导力量之一。

三、“十三五”：经济转型升级面临的新挑战

“十三五”要以经济转型和改革来应对挑战，化解经济下行压力，防范经济风险和危机，释放经济增长潜力。

1. *创新能力提升的挑战——从投资拉动转为创新驱动*

经济新常态的重要特征在于结构优化、动力转换。经济增长从传统的要素驱动、投资驱动转向服务业发展、创新驱动，成为经济转型升级的重要趋势，并对我国创新

能力的提升提出挑战。

（1）创新驱动的关键是科技创新能力。工业化中后期，经济增长和生产效率的提升主要在于创新。目前，我国的科技创新能力在国际上仍处在中等偏下的水平，尤其是关键技术和核心技术对外依存度高达60%左右。

（2）增强自主创新能力。一是要加大基础研究的支出比重。我国基础研究占研发经费支出的比重在5%左右，而美、英、法都在10%以上；二是要提升科技成果的转化率。我国科技成果转化率为10%左右，而发达国家在40%以上。

（3）参与全球价值分工仍处于中低端环节。在我国，无论是传统制造业还是高新技术产业，都严重依赖国外的技术创新，盈利水平受到极大限制。例如，苹果手机的设计与研发都在美国，一部iphone6的利润率高达70%，而中国代工厂的利润仅有5%。

2. *产业结构调整的挑战——从工业主导转为服务业主导*

总的来看，我们对产业结构的挑战有三个估计不足：对经济下行压力加大的趋势估计不足；对结构调整的困难估计不足；对经济下行压力加大和经济转型困难带来的经济社会矛盾估计不足。产业结构的挑战正处在“痛苦期”，增长面临“转型的痛苦”。

（1）产业结构与发展阶段不相适应。目前，虽然服务业增加值明显增加，但是占GDP比重到2015年前三季度只有51.4%，比发达国家低近20个百分点，比印度、巴西、俄罗斯这些国家也低近10个百分点。从国际经验看，进入工业化后期，服务业增加值占GDP的比重应达到60%左右。无论是与发达国家、新兴经济体国家相比，还是与工业化发展的阶段相比，我国产业结构升级严重滞后。

（2）产能过剩问题严重。在“三期叠加”时期，产能过剩的矛盾问题十分突出，导致实体经济压力不断增大，主要表现在：一是不仅传统行业出现产能过剩，有些新兴行业也开始出现产能过剩的情况；二是由于传统增长方式具有强大的体制惯性，大量落后产能难以退出；三是产能过剩在某些方面具有全面性的突出特点，如果没有改革的突破，产能过剩问题难以解决。

（3）资源能源利用效率低。以2010年为例，单位国内生产总值能耗是全球平均水平的2倍以上。我国节能减排压力加大、形势严峻。

（4）制造业利润持续走低，实体经济困难加大。 一是制造业进入微利时代，近年在31个制造业行业中，有9个行业总资产利润率低于同期贷款利率；二是社会资源流向“虚拟经济”，“脱实向虚”问题突出；三是低成本的比较优势明显减弱，劳动力成本上升势头明显。

从工业主导转为服务业主导是不是产业结构调整的突出挑战？经济学界有不同看法。我的观点是：第一，我国的产业结构和发展阶段不相适应是一个现实矛盾。从目前的情况来看，世界发达国家或地区的服务业产值普遍占到GDP的70%以上。德国作为先进制造业强国，其生产性服务业占服务业的比重在70%左右，同时服务业在整个国民经济中的比重高达75%以上。第二，制约我国工业转型升级的关键因素是以研发为重点的生产性服务业发展严重滞后，即使从工业发展的角度看，服务业发展不足是制约工业转型升级的突出因素。第三，产业结构与城乡居民消费结构不相适应，制约了增长空间。从工业主导转为服务业主导是产业结构调整的突出挑战，是经济转型升级要解决的主要矛盾。服务业主导不是不要工业，而是工业转型升级的重要条件、选择和方向。

3. 全面改革突破的挑战——从被动改转为主动改

任何一个好的政策要放到好的环境下才能产生好的效应。党的十八届三中全会以来，强调全面深化改革，应该看到改革的大氛围有多方面进展，但也要看到全面改革仍面临着被动改的重大挑战。“十三五”要从被动改转为主动改，取得全面深化改革的新突破。

（1）突破利益固化的藩篱与全面深化改革。全面深化改革面临利益关系和权力结构调整，改革的复杂性、深刻性、艰巨性明显加大。每一项改革几乎都涉及利益关系的调整。

（2）大环境大氛围地营造与全面深化改革。改革面临某些理念的束缚、干扰，需要进一步解放思想。随着利益主体的多元化，人们的观念也在分化，每一项改革对不同的人有不同的利益影响，一项改革要大家都赞成困难很大。必须指出，当前一般性讲改革故事的人多，干改革实事的人少，有冲动、有热情投入改革的人就更少。同时，改革缺乏激励机制。在当前高压反腐的背景下，由于尚未形成有效的激励机制和改革的大环境，官员不作为的现象突出，导致很多改革难以取得实质性突破。

（3）扩大全方位开放与全面深化改革。1978年以来的改革是以开放倒逼改革。今天关键在于能不能适应以扩大自由贸易进程为重点的全球化来改变国内规则和制度。我国正处在这样一个过程，“一带一路”战略就是要通过建立更广泛的自由贸易网络，推动全球自由贸易进程，使企业“走出去”。在这个背景下，我国更需要通过全面深化改革把握全球化带来的新机遇。

如何形成全面深化改革的新动力？这需要突破利益藩篱，需要冲破思想观念的束缚，需要更大范围、更深层次的全方位开放。例如，东北现在面临一个很大的问题，就是如何形成振兴东北的新动力。在我看来，东北如果不全方位开放就很难形成新的转型改革动力。

四、“十三五”：经济转型趋势下的改革选择

“十三五”适应经济转型升级大趋势，根本的问题是改革。要以改革形成转方式、调结构的动力。

1. 加快服务业市场全面开放

服务业市场开放在转型改革中将扮演什么角色？总的判断是：服务业市场开放既是经济结构调整的关键，又是市场化改革的战略重点。服务业市场开放要与国人的消费需求相适应。“十三五”深化市场化改革，重中之重是让市场在服务业领域的资源配置中发挥决定性作用。

（1）打破服务业市场垄断。过去我国开放程度高的是制造业领域，而服务业领域的垄断比较严重。当前，我国服务业市场化层次太低，尤其是行政垄断突出。例如，工业部门的市场开放度至少在80%以上，而服务部门50%的垄断格局尚未打破。随着我国服务经济的发展，需要服务业领域更多的利用社会资本和外资，而服务业领域市场开放严重不足，难以利用国内社会资本和外资做大“蛋糕”。必须主动打破服务业市场垄断，放开服务业市场价格，推进服务业市场投资便利化改革。

（2）以政府购买公共服务为重点加快公共服务业市场开放。充分利用市场力量、社会力量扩大公共服务供给，争取使政府采购规模占财政支出比重从2014年的11.4%提高到2020年的15%～20%，服务类占政府采购总额比重从2014年的11.2%提高到30%左右。

（3）积极调整服务业发展的相关政策。过去做大总量的政策导向，抑制了服务业的发展。例如，在土地政策安排上，政府优先供应工业用地，而且商业服务用地价格也明显高于工业用地价格。有数据显示，2013年全国105个重点监测城市的商业服务地价和工业地价每平方米分别为6306元和700元，商业服务用地价格比工业用地价格高出9倍。为此建议：把握服务业市场开放的主动权，推进国内自贸区“提质扩容”；以促进服务贸易为重点加快双边多边自贸区建设；以加快推进服务外包为重点形成国内发展现代服务业的新平台。

2. 以结构性改革破解服务业发展的结构性矛盾

如何以结构性改革破解服务业发展的结构性矛盾？总的判断是：我国改革开放以来所形成的某些政策与体制，带有激励工业发展、抑制服务业发展的突出特征，走向服务业主导的经济转型升级面临着结构性矛盾带来的掣肘。加快推进金融、财税、教育等结构性改革，成为经济转型升级的重大任务。

（1）深化金融体制改革。在经济结构矛盾中，金融领域存在的问题比较突出。一方面，经济转型升级对金融的需求，尤其是金融创新的需求日益强烈；另一方面，金融体制改革不到位，使得经济增长中产生了很多结构性矛盾。第一，中小企业融资贷款难，尚未从体制上得到根本性解决。第二，在“互联网+”的背景下，经济转型升级给金融创新提供更多机会的同时，金融“脱实向虚”的倾向开始显现。第三，在金融市场尚未放开前，金融分业监管和金融混业经营的发展趋势严重不相适应。金融体制改革已经成为破解结构性矛盾、加快结构性改革的重大任务。

（2）破题财税体制改革。财政税收在转型升级中面临着多方面的矛盾，如“营改增”等税收结构改革推进缓慢。“十三五”时期，建议在全面普及“营改增”的同时，对服务业领域的中小企业加大“定向”减税力度。加快以消费税为重点的税制改革，把消费税改为以地方为主的直接税。

（3）加快调整教育结构。当前，教育结构和经济转型升级趋势不相适应的矛盾突出：一方面，经济转型升级对专业技术人才的需求进一步加大；另一方面，由于教育结构与经济发展不相适应，大学生就业难的问题仍然存在。现行的教育体制带有考试型、封闭性、行政化的某些特点，要加快形成创新型、开放性、专业化的教育体制，为提升自主创新能力和经济结构调整提供所需的各类专业人才。

3. *纵深推进以简政放权为重点的政府改革*

为什么“十三五”政府要继续高度重视简政放权？总的判断是：面对经济下行压力，要使市场在资源配置中起决定性作用和更好发挥政府的有效作用，推动经济转型升级取得决定性成果，需要坚定不移地推动简政放权改革向纵深发展。

（1）“打通最后一公里”。第一，建议尽快实行企业自主登记制度。例如，香港采取企业自主登记制度，企业登记耗时最快2小时，最慢2天。目前，“三证合一”是一个大突破，建议在这个前提下尽快在广东等省试点，为“大众创业、万众创新”提供体制上的保障。第二，建议取消企业一般投资项目备案制，强化对政府投资项目的管理。在规划、环保、市场监管的情况下，企业一般投资项目的备案制应当取消，切实节省企业的成本。第三，不用或者少用产业政策干预企业行为。在各种规划明确的条件下，市场在资源配置起决定性作用，企业如何投资主要由市场调节，政府投资只起引导作用。

（2）全面实施负面清单管理。中央全面深化改革领导小组第十六次会议审议通过《关于实行市场准入负面清单制度的意见》，首次明确我国将从2018年起正式实行全国统一的市场准入负面清单制度。建议1～2年内基本实现中央和省级负面清单管理，并赋予地方改革更大试点权，推动多个自贸区商事制度，与国际接轨。

（3）积极推进监管转型。现在简政放权的最大“短板”在“放”和“管”上，“一放就乱，一管就死”，有些部门既审批又监管的局面难以持续。

五、“十三五”：经济转型改革要处理好三大关系

处在经济转型改革的历史关节点，观察、分析经济问题的关键何在？总的来看，处理好速度与结构、短期与中长期、政策与体制之间的关系十分重要。

1. 速度与结构——从更加注重速度到更加注重结构

（1）保持6%～7%左右的经济增速。未来5年，按照我国6%～7%的经济增速，到2020年我国人均GDP将接近1万美元，这为我国由中高收入国家进入到高收入国家奠定了坚实基础。

（2）增长下行有周期性因素，主要是结构性原因。当前经济下行压力增大，既有增长周期的原因，更有发展方式的问题、结构性的原因。比如，2015年的股市危机，对通过监管转型提振市场信心提出更为迫切的要求。再如，产能严重过剩凸显结构性的不合理。当前，我国经济正处在转型升级的关键阶段。在这个过程中，一部分企业要发展，一部分企业要转型，一部分企业要淘汰，这是不可避免的阶段。问题在于，能否使新的一批企业尽快成长。在转型升级背景下，各级政府加大对中小企业扶持，目的是使一些新的企业、新的企业运作模式、新的商业模式能够在这一过程中成长起来。

（3）经济增速要为结构调整预留空间。如何处理速度与结构的关系？这是我国目前面临最大的问题，在看到我国经济下行压力加大的同时，也要看到我国增长方式转换正处在历史关节点。不能因为短期内经济下行压力增大而忽略转方式、调结构的目标。“十三五”，如果转换基本成功就能把握主动，就有我国未来10年、20年的可持续增长；如果没有破题，就会陷于被动，有可能会积累更大的经济风险。在这个背景下，转方式、调结构更为重要。

2. 短期与中长期——从关注短期到谋划中长期

（1）立足中期。分析我国增长潜力、增长前景需要立足2020年这个中期。由此，既可以增加短期信心、缓解短期经济下行的压力，又可以增强转方式、调结构的动力，而且能够为未来10年、20年的长期发展打下坚实的基础。

（2）立足中期，缓解短期。就短期解决短期，不仅难以解决问题，搞不好还会带来更大隐患。立足2020年，就是要客观认识经济转型时期带来经济下行的短期压力，由此找到一条公平可持续发展的新路子。

（3）“十三五”是经济转型升级的历史节点。2015—2017年是一个小坎，我国正处在经济转型升级、结构调整，尤其是增长信心相当不稳定的时期。如果这三年顺利过去，2018—2020年就会有较好的增长势头；2020年是一个大坎，越过这个坎，未来10年实现6%～7%的经济增长是有基础的。

3. 政策与体制——从依靠政策刺激到着力体制创新

（1）政策刺激要起到“托底”作用，不为中长期增长埋下隐患。在当前的经济形势下，短期内政策刺激的“托底”作用十分重要。同时，政策刺激既要着眼短期，更要注意不为中长期埋下隐患。

（2）关键在于激发市场活力。化解经济下行压力，主要不是靠政策刺激，关键在于处理好政府与市场关系，充分发挥市场在资源配置中的决定性作用和更好发挥政府作用。适应发展趋势，运用市场机制充分激发市场、激活企业，在制度创新中发挥政策的放大效应。

（3）以监管转型为重点厘清政府与市场关系。简政放权是充分发挥市场在资源配置中的决定性作用和更好发挥政府作用的重要举措。应当看到，当前监管转型的滞后已经成为深化简政放权的突出矛盾。从消费领域看，消费安全问题根源在于消费监管的缺位；从金融领域看，不冲破大的体制障碍，监管转型将难以取得实质性突破。这不仅关系到改革红利的释放，对未来的经济增长具有重要影响。

我国正处于转型变革的关键时期。观察中国、分析中国，要“明大势、看大局”。“十三五”如果能够自觉把握经济转型升级的大趋势，实现转型改革的重大突破，就能缓解短期经济下行压力，释放经济增长的巨大潜力，有效应对经济转型挑战，并为中长期的可持续增长提供保证。

［迟福林，中国（海南）改革发展研究院院长］

“新常态”、工业化后期与工业增长新动力①

□ 黄群慧

［摘要］ 从工业增长速度变化、工业需求侧变化、工业产业结构和区域结构变化以及工业企业微观主体表现的分析，种种迹象表明中国工业经济正走向一个速度趋缓、结构趋优的“新常态”。这个过程也正是中国步入工业化后期的阶段，国际经验表明工业化后期阶段往往是曲折和极富挑战性的。对于我国而言，在众多挑战中，当前必须高度重视产能过剩、产业结构转型升级和“第三工业革命”三方面的问题。当前我国出现的工业“劣质产业论”是站不住的，而工业“地位下降论”还为时尚早。在我国步入工业化后期，尤其是“十三五”期间，推进工业发展对我国实现工业化和经济步入“新常态”具有十分重要的战略意义。面对工业发展的新挑战，我们要做的是增加工业经济增长的新动力。新时期工业增长的新动力来自于工业化的供给推动力和城市化的需求拉动力的结合，而全面深化改革则是“源动力”。

［关键字］ 新常态、工业化后期、发展共识、创新驱动

经过多年的快速经济增长，中国已经步入工业化后期，经济面临从高速增长常态到中高速增长常态的阶段性转换。在2013年，我国经济结构发生了一个具有历史意义的重大变化，第三产业比例首次超过了第二产业比例。在这种经济发展阶段变化的大背景下，无论是在经济学界，还是在政府和企业界，一个问题时常被讨论：一直作为经济增长引擎的工业，对未来我国经济发展依然十分重要吗？这个问题不仅事关“十三五”规划中工业应该被赋予怎样的使命和地位，以及在新阶段中国工业应该采取怎样的发展战略，而且对未来中国经济发展、工业化进程及现代化事业都有重要的影响。

① 原文刊载《中国工业经济》2014年第9期。

一、走向工业经济的“新常态”

虽然有不同的表述，我国经济在经历金融危机大规模刺激后进入从高速增长向中高速增长的转型期，已被越来越多的学者所认可。2001年到2011年，中国经济增长率年均为10.4%，而2012年和2013年，中国经济全年增速均为7.7%，2012年到2014年上半年，各个季度的经济增长率都在7%~8%。中国经济增长前沿课题组（2014）预测2014年经济增长率为7.4，未来5年增长率预期为6.4%~7.8%；国务院发展研究中心“中长期增长”课题组预测2014年经济增长为7.5%，2015年为7.3%，未来10年平均增速为6.5%。经济增长告别两位数增长，进入次高增长阶段，这被认为中国“新常态”经济的首要表现。当然，我们预期的“新常态”，并不仅仅是经济增速的下台阶，更期望的是经济质量上台阶，也就是经济结构发生全面、深刻的变化，不断优化升级，经济增长从对投资和出口的依赖转而更多依靠消费和内需，从要素驱动、投资驱动转向创新驱动转换。由于从高速增长转为中高速增长的实际周期还不到三年，如果说“新常态”是一个稳定经济的均衡状态，那么我们还还不能判断我国经济增长是否已经下降到一个均衡点或者均衡区间，因此称我国已经从“旧常态”进入“新常态”还为时过早，但是一些阶段性的积极变化已经或者正在出现，可以认为，我们正在走向经济“新常态”。

工业作为经济增长的主要驱动力，近两年来工业运行一定程度呈现工业增速趋缓、工业结构趋优新特征，显现出走向工业经济“新常态”的阶段性变化的迹象。

1. 我国工业增速持续回落，但有逐步趋稳的态势

改革开放以来，按照经济波动看，我国的工业增长大体可以划分为四个波动周期（如图1所示），第一周期是1978年到1985年，1978年全部工业增加值增长率为16.4%，该周期的峰值出现在1985年，全部工业增长值增长率为18.2%，谷底出现在1981年，当年全部工业增加值增长率仅为1.7%；第二周期是1985年到1992年，谷底在1990年，全部工业增加值增长率为3.4%，峰值在1992年，数据为21.2%；第三周期是1992年到2007年，谷底在1999年，当年全部工业增加值增长率为8.5%，2007年的全部工业增加值增长率为14.9%；现在我国正处于始于2007年的一个新的周期中。总体上看，前两个周期的波动幅度较大。而在当前这个周期中，总体增速逐渐回落，但回落幅度逐步收窄，工业经济运行呈现趋稳的态势。

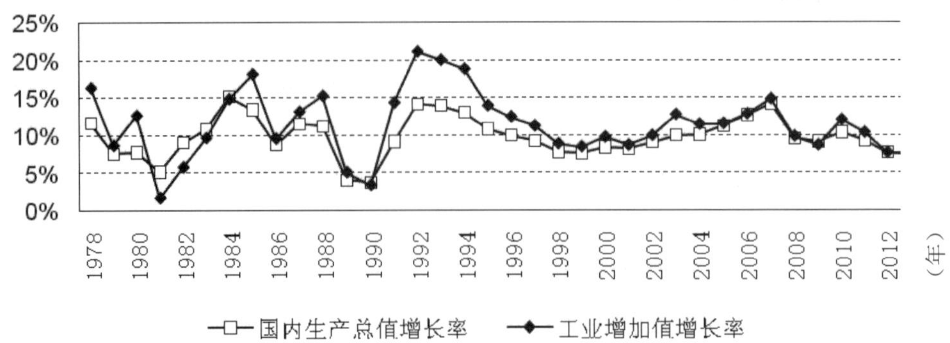

图1 1978—2013年全部工业增加值增长率变化

资料来源：历年中国统计年鉴

更进一步分析当前这个工业增长周期的季度数据。2008年下半年开始，受国际金融危机的影响，工业增加值增速下滑，同比增速一度降至2009年1季度的5.3%；此后，工业增加值同比增速出现反弹，但这一次的反弹持续时间不长，2010年1季度同比增速达19.7%后，工业增加值增速持续回落，到2014年2季度，工业增加值同比增速降至8.8%。这次回落过程，在2013年以后有降中趋稳态势，2013年规模以上工业增加值一季度增长9.5%，二季度增长9.1%，三季度10.1%，四季度10%，2014年1季度规模以上工业增加值增速为8.7%，2季度上升0.1个百分点。还可以具体分析2013年以来的月度工业增长数据，如图2所示。2013年以来月度规模以上工业增加值当月增速和累计增速，虽有波动，但波动幅度不大，在8.5%～10.5之间，这也在一定程度上反映趋稳的迹象。我们现在判断工业增速是否已经达到本次周期的谷底还为时过早，但如果基于学者估计2011—2020年，中国工业的潜在增长区间将从1993—2007年的11%～13%下移到8%～10%，那么现在工业增速逐步趋稳是正常的趋势。

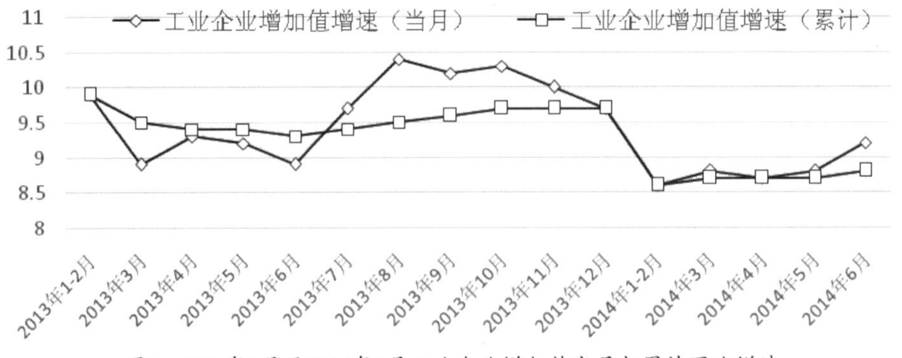

图2 2013年1月至2014年6月工业企业增加值当月与累计同比增速

资料来源：中经数据

2. 工业投资增速明显回落，而投资结构初步呈现优化态势

投资增速回落是我国经济增速下滑的主要原因。自2011年，工业投资增速下滑速度快于全社会固定资产投资增速下滑速度，2011年、2012年、2013年的全社会固定资产投资增速分别为23.8%、20.6%和19.6%，而同期工业投资增速分别为26.9%、20%和17.8%，工业投资增速从2011年高于社会固定资产投资增速3.1个百分点，加速下滑到2013年低于社会固定资产投资增速1.8个百分点。2014以来，在国内外需求总体偏弱的背景下，制造业投资进步一步放缓至历史较低水平。1～6月制造业投资同比增长14.8%，较上年同期回落2.3个百分点，且低于固定资产投资增速2.5个百分点，如图3所示。但是，在工业投资明显回落的过程中，投资结构也呈现优化的态势，2013年制造业投资同比增长18.5%，较2012年回落0.1百分点，而采矿业增长10.9%，比2012年回落1.1个百分点，有利于工业结构的高加工度化趋势。从制造业内部看，高科技行业投资增长较快，而传统制造业行业投资增速下滑。图2中也表明了，2014年以来，前期产能过剩突出的黑色金属冶炼和压延加工业、非金属矿物制品业与有色金属冶炼和压延加工业作为传统的产能过剩行业，产能投放明显放缓，2014年1～6月固定资产投资累计增速分别为-8.4%、14.7%与7.4%。在工业投资增速整体放缓的情况下，工业技术改造投资保持高速增长，2014年1～6月技术改造投资同比增长18%，比工业投资和制造业投资分别高3.8和3.2个百分点，这对企业核心研发能力提升、国内外先进节能节水等技术推广、工业企业能源资源利用效率提升具有重要意义。据工信部调查显示，86%的企业实施技改后能耗下降，其中三分之一以上的企业能耗降低超过10%。另一方面，技术改造带动。2013年，技术改造专项中采用自主知识产权的技术占56%，项目实施后同类产品技术水平实现国内领先的达到68%。另外，民间工业投资活力较充分，2013年工业民间固定资产投资增速增长21%，高于规模以上工业固定资产投资增速3.2个百分点。

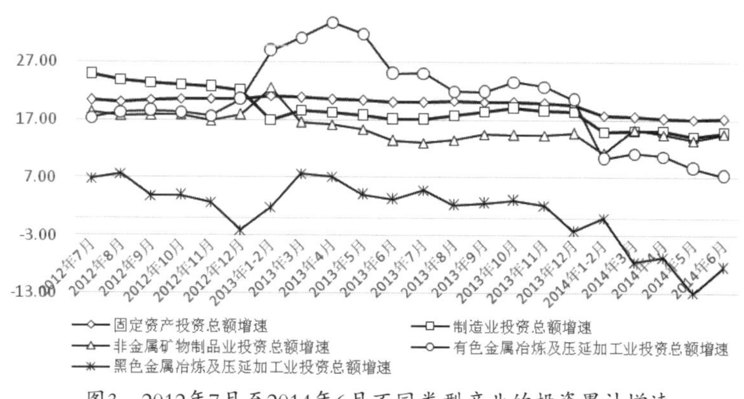

图3　2012年7月至2014年6月不同类型产业的投资累计增速

资料来源：中经数据

3. 消费需求增速平稳下降，而消费结构开始加快升级。

2013年全国社会消费品零售总额实现238709亿元，比上年增长13.1%，扣除价格因素，实际增长11.5%，增速比上年下降0.6个百分点。2006年到2012年全国社会消费品零售总额增速分别是13.7%、16.8%、21.6%、16.5%、14.8%、11.6%、12.1%，2013年的增速是2006年以来的最低增速。2014年社会消费品零售总额增长进一步趋缓，第二季度消费品零售总额实际同比增速下降至10.8%。这意味着中国工业产品的消费需求增速已经逐步下降到一个新水平，还没有明显迹象表明下降趋势已经得到遏制。这一点从中长期来看影响会更为严重，因为如果没有消费需求支撑，新增投资也将成为无效投资，会进一步加剧产能过剩。但是，可喜的是消费结构呈现明显加快升级的趋势，具体表现在以下几方面：一是农村消费继续快速增长，2013年农村消费品零售额增长14.6%，城镇消费品零售额比上年增长12.9%，城乡消费差距呈现缩小态势；二是2006年以来中西部地区社会消费品零售总额增长一直快于东部地区，区域消费差距也正在逐步缩小；三是消费方式多样化趋势发展迅速，信息消费等新型消费业态增长较快，已成为工业经济增长的新动力。2013年中国信息消费整体规模达到2.2万亿元，比2012年增长28%，2014年1～5月全国信息消费规模达1.38万亿元，同比增长19.8%。移动终端产品的智能化加速增长，2013年智能手机出货4.23亿部，同比增长64.1%，而2014年1～5月智能手机销量同比增长110.8%。随着信息服务方式不断创新，居民消费习惯变化明显，2013年电子商务交易规模已达10万亿元，比2012年增长25%。

4. 工业出口增长处于低水平，但贸易结构呈现优化的态势

2008年金融危机爆发，工业品出口交货值实际增速出现急剧下滑，虽然在2009年第四季度至2010年第二季度，工业品出口出现反弹，但此后工业品出口交货值实际增速一直下滑。2013年前4个月由于虚假贸易而在统计上看出口形势略有好转，但总体上看，2008年以来工业制成品出口增长实际上一直处于历史上的较低水平。2012年和2013年我国出口同比增长都是7.9%，2013年我国规模以上工业企业实现出口交货值113471亿元，比上年增长5%，2014年第一季度工业制成品出口总额同比下降4.7%，2014年第二季度，工业制成品出口总额同比增长6.2%，呈现企稳回升态势。现在普遍预计，由于2014年下半年全球经济将回暖，加之2014年5月国务院办公厅出台《关于支持外贸稳定增长的若干意见》，随后海关总署以及国务院的其他相关部门相继出台了一系列配套措施，2014年工业制成品出口的形势将逐渐好转。据估计，2014年中国出口增幅比2013年可高出2到3个百分点。实际上，对于中国工业出口而言，2014年是否会出现“V型”增长，并不是问题的关键。即使我国出口增长处于较低水平，2013年我国已经是世界第一贸易大国，而在此之前我国已经是世界第一的贸易出口大国。对于可期望的工业经济“新常态”而言，关键是中国工业贸易结构的优化。近年来，我国

贸易方式结构发生了明显变化。一是工业出口结构进一步优化，2013年我国机电产品和高技术产品出口值分别比2012年同期增长7.3%和9.8%，远远超过全部工业品出口值5%的增长率。其中集成电路出口尤为乐观，2013年累计出口交货值同比增长达64.1%；二是加工贸易出口额比重不断下降， 1999年这一比重达到56.9%，进入21世纪后加工贸易出口占比逐步下降，2013年已降至38.9%；三是贸易主体日益多元化，内资企业出口竞争力逐步提升，2005年外商投资企业出口占比为58.3%，2013年这一比值为47.3%。另外，中西部出口明显增快，进出口市场分布日趋多元化，随着以上海自贸区、内陆沿边开放为代表的开放型经济体制改革的不断深入，呈现出贸易结构优化的态势。

5. 服务业产值比例首次超过工业，工业产业结构不断优化

无论是从中国的工业化进程看，还是从产业结构高级化趋势看，2013年服务业产值比例首次超越工业产值比例，在一定程度上都是一个具有象征意义的转折点（如图4所示）。2014年上半年增长速度为8%，高于第二产业7.4%的增长速度，服务业占GDP的比重继续上升达到46.6%，服务业成了供给的主要驱动力。长期以来，大力发展服务业、推动产业结构的转型升级一直是我国的产业政策的激励导向和发展战略的目标方向，2013年服务业产值比例超过工业产值比例，这既在一定程度上表明了我国经济政策的有效性，也成为我国经济发展阶段变化的一个重要的标志。从工业产业内部结构变化看，高加工度化趋势明显，技术密集型产业和战略性新兴产业发展迅速。工业中的原材料行业、装备制造业和消费品行业里，装备制造业增长迅速，具有“三大行业之首”的称号；近年来高技术产业增速一直高于工业平均增速；节能环保、新一代信息技术产业、生物制药、新能源汽车等行业发展尤为迅速，产业化程度不断加快。2014年1—6月，高技术制造业增加值同比增长12.4%，高于工业整体增速3.6个百分点，其中，电子及通信设备制造和医药分别增长了13.8%和13.4%。增加值累计同比增速最高的十大行业中，高技术产业、装备制造及运输设备制造等产业占大多数，而增加值累计同比增速最慢的十大行业多是高耗能产业和资源型产业，这进一步说明我国工业产业结构优化趋势。

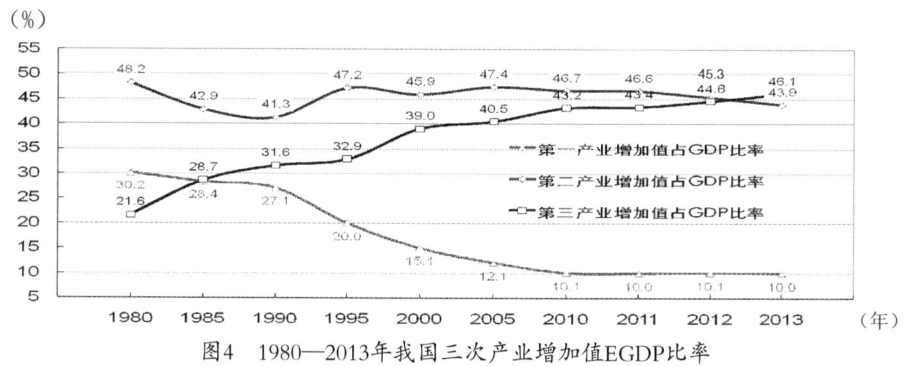

图4 1980—2013年我国三次产业增加值EGDP比率

资料来源：历年中国统计年鉴

6. 东、中、西部工业区域结构趋向平衡，东部地区工业率先呈现企稳态势

近些年来，由于东部地区逐步步入工业化后期阶段，北京上海已步入后工业化阶段，而中、西部地区大多处于工业高速增长的工业化中期阶段，自2006年以来，东部地区GDP占全国比重呈下降趋势，而中、西部地区GDP占比呈上升趋势，东、中、西部经济发展水平差距正逐步缩小。从工业增加值的增长速度看，如图5所示，2005年以来总体上也是维持“东慢西快”的格局，中、西部地区工业增速最快，2008年和2010年西部地区工业增加值增加率比东部分别高出11.1个百分点和11.2个百分点。虽然总体上2010年以后各个地区工业增速普遍出现下降，2011年西部仍比东部高出9.7个百分点，2012高出4.8个百分点，2013年高出1.6个百分点。从产业结构上看，中、西部地区在原煤、天然气、电力等能源工业品方面一直占有优势，近年在微型计算机、集成电路等高技术产品方面也有不俗的表现，表明中、西部地区工业结构在不断升级；东部地区在集成电路、彩电、微型计算机、钢材等工业品的生产能力上有绝对优势，但优势地位相对下降。可喜的是，东部地区的工业发展已经初步呈现出趋稳的态势，2013年东部工业增加值增长率比2012年高出了0.3个百分点，而同期中、西部地区和东北地区的工业增长率都呈下降趋势。2013年东部地区工业呈现率先的企稳态势具有十分重要的意义，这在一定程度上对全国工业走向“新常态”具有先行指标的标志意义。

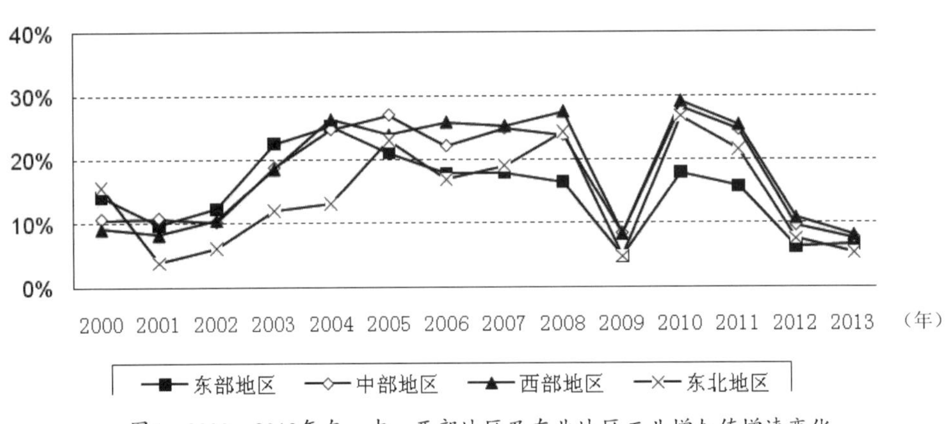

图5　2000—2013年东、中、西部地区及东北地区工业增加值增速变化

资料来源：历年中国统计年鉴

7. 工业企业盈利能力大体保持稳定，工业技术创新能力得到提升

2011年以来，随着工业增速逐渐放缓，企业经济效益指标增幅总体有所回落。2013年后，企业经营效益情况有所好转。2014年上半年工业企业经济效益指标均又有所改善。总体而言，近几年工业企业盈利能力基本保持了稳定。以收入来看，2012年第一季度增速下降后，增长率保持在10%左右；以利润来看，除了2012年工业企业利润

总额增速（累计）连续在第一至第三季度末均为负外，2013年和2014上半年工业企业利润总额增速（累计）都稳定在10%左右。从经营效益来看，2011年以来工业企业工业成本费用利润率（累计）保持了较稳定的水平，在5%～7%浮动。具体参见图6。

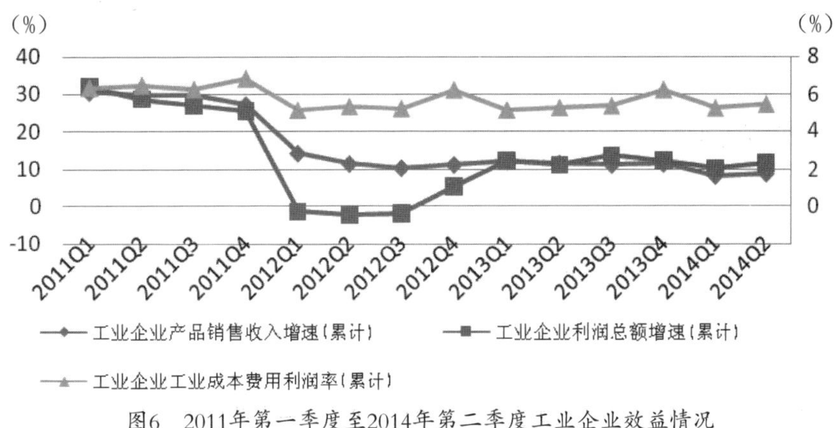

图6　2011年第一季度至2014年第二季度工业企业效益情况

数据来源：中经数据库，Q1、Q2、Q3、Q4分别代表第一、第二、第三、第四季度

近年来我国工业技术创新能力不断提升，在投入方面，2012年，规模以上工业企业的研发内部支出为7200.6亿元，比2011年增长20.1%；研发强度为0.77（R&D内部经费支出与主营业务收入之比），比2011年的0.71和2010年0.69都有上升。在产出方面，2012年国内企业发明专利已达到7.8万件，是2010年的2.2倍。更为关键的是，一些重点领域先进和核心技术不断取得突破，在2013年，石化行业有煤气化技术装备、染料生产工艺、页岩气开发、煤化工技术等方面取得了突破；医药行业，1.1类新药临床申报数量不断增加，已达13%；电子信息行业有55纳米相变存储技术、高性能图像传感器芯片等取得了突破。在工业增速明显下滑的大环境下，工业企业经济效益大体保持稳定、技术创新能力不断提升，这表明我国工业企业成长方式正在转变，成长战略已经开始从规模扩张转向质量提升、从低成本战略向差异化战略转变，企业正在探索通过技术创新来提高自己的核心竞争力，已开始逐步适应中速增长环境下的生存和发展，逐步具备适应“新常态”的能力。

基于上述对工业增长速度变化、工业需求侧变化、工业产业结构和区域结构变化以及工业企业微观主体表现的分析，种种迹象表明中国工业经济正走向一个新的发展阶段，这个阶段的特征是工业经济增长速度大体在8%～10%的区间，无论是需求结构，还是供给结构，都呈现优化态势。之所以是“正在走向”，是因为这些典型特征表现还不稳定，时间验证还不充分。从“旧常态”走向“新常态”的过程，就是从一个稳定均衡状态走向另一个稳定均衡状态的过程，中国工业经济正在“增速趋缓、结构趋优”地走向一个稳定的“新常态”。从理论上说，这个过程往往不是一帆风顺的，而是会出现波动与跳跃，会有所谓的“突变”“混乱”或“危机”。实际上，这几年工业经济增速下滑，工业界已倍感压力，也出现了这样那样的问题，表现出向“新常态”过渡过程中的不适应。实际上，能否避免或者妥善处理、适应新旧均衡状态转换过程中“突变”“混乱”或者“危机”，是经济能否顺利走向“新常态”的关键。

二、迎接工业化后期的新挑战

近两年中国经济增长速度的明显下降，为什么不是一个周期性的短期下降、将来会出现“V型”反弹，而是将步入一个中高速的“新常态”，理论界给出的基本判断是我国的潜在经济增长率下降了，我国步入了一个新的发展阶段。潜在经济增长率下降的原因，其中比较有代表性的是人口红利视角的解释。基于人口红利理论，中国经济之所以能够高速增长多年，主要是因为与劳动年龄人口增长、人口抚养比下降相关的人口红利，由于在2004年出现了以民工荒和工资上涨为标志的“刘易斯转折点”，在2010年劳动人口达到峰值出现负增长，人口红利消失了，中国潜在经济增长率下降将是必然的，经济发展阶段将发生根本性的变化。另外还有学者认为，中国经济进入了结构性减速阶段，正处于投资驱动工业化高增长向效率驱动城市化稳速增长过渡的阶段。而有的学者则直接将其称之为我国进入中国增长平台转换期，现在经济增速下降不是同一平台的短期波动，而是不同增长平台的转换。

在我们看来，发展经济学描述经济发展阶段变化的经典理论是工业化理论。工业化理论认为，一个国家或者地区的经济发展过程（或者说工业化进程、经济现代化进程）可以划分为前工业化、工业化前期、工业化中期、工业化后期和后工业化阶段，每个阶段转换都伴随着经济发展的重要特征变化。我们的长期跟踪评价表明，2010年中国的工业化水平综合指数已经达到66，这意味着2010年以后中国将进入工业化后期，各国历史经验表明，工业化后期与工业化中期相比，一个重要的经济发展特征变化是在工业化中期由于依靠高投资、重化工业主导发展而出现的经济高速增长将难以为继，工业化后期由于主导产业的转换、潜在经济增长率下降，经济增速将会自然回落。国际经验也表明，在长期的工业化进程中，一般是在工业化中期，会出现相当长的一段时间的经济高速增长，这段时间一般持续20多年。第二次世界大战后，经济增长率超过7%、持续增长25年以上的经济体包括博茨瓦纳、巴西、中国、中国香港、印度尼西亚、日本、韩国、马来西亚、马耳他、阿曼、新加坡、中国台湾和泰国13个。其中，日本在1951—1971年间平均经济增速为9.2%，中国台湾地区1975—1995年的平均经济增速为8.3%，韩国1977—1997年的平均经济增速为7.6%，而中国1978—2010年的平均经济增速高达9.89%，连续30多年经济平均增速都接近两位数。而在工业化后期，这些高速增长都无法持续。这里我们基于对工业化水平进行评价所得到的结论，与上述基于人口红利等理论分析的结论互相印证，甚至时间节点也完全吻合。这表明，中国经济发展的确面临着一个重大的阶段转换，那就是从工业化中期向工业化后期的转换。

改革开放以来，中国工业化进程的特征可以概括为：人口众多的大国工业化、长期快速推进的工业化、低成本出口导向的工业化、区域发展极不平衡的工业。虽然中国工业化取得了巨大的成功，但是，当工业化进程推进到工业化后期，要继续保持长期高速推进、低成本出口导向的工业化进程，已经无法实现。对于工业化进程而言，我们同样需要从高速、低成本、出口导向、不平衡的发展“旧常态”向中高速、基于创新的差异化、内外需协调和区域平衡的发展“新常态”转变。这个转变能否实现，事关我国能否顺利走完工业化后期阶段，最终实现工业化。按照十八大要求，到2020年基本实现工业化，这意味着这个转变也十分迫切。但是工业化史表明，按照“收敛假说”，后发国家的工业化进程可以通过学习模仿先进国家的制度、技术和生产方式，推动经济高速发展，从而实现“赶超”，而现实中后发国家的工业化进程往往是曲折的，会面临这样那样的挑战和危机，如在工业化中期会有“中等收入陷阱”，在工业化后期会有“高收入之墙”，所以真正成功“赶超”而实现工业化的国家屈指可数，现在经济学家津津乐道的一般只有日本和“四小龙”。因此，我国进入工业化后期以后，也必然会面临着重大的挑战和任务，包括技术创新与产业转型升级问题、老龄化社会或者“未富先老”问题、资源环境约束问题、区域差距问题、收入分配问题等等，也就是说走向“新常态”之路是曲折和极富挑战性的。我们认为，在众多挑战中，当前必须高度重视产能过剩、产业结构转型升级和新工业革命三方面的问题，前两方面是我国工业化进程的“内生变量”，是自身发展过程中需要解决的问题和完成的任务，而新工业革命则是我国工业进程的“外生变量”，是来自外部发展环境的需要应对的重大挑战。

1. *产能过剩问题*

产能过剩问题虽然被认为是市场经济条件下一个带有普遍性的问题，而且20世纪末和2005年前后我国都出现过较为突出的产能过剩问题，从这个意义上说，产能过剩问题并不是我国工业化后期所特有的问题和挑战。但是，2011年以来，本轮产能过剩问题的性质和特征与以往不同，给我国经济带来的挑战严重性也不同寻常。

一是国际金融危机后的本轮产能过剩涉及领域更广、程度更严重。从范围上看，当前产能过剩的行业已经扩大，2005年前后我国的产能过剩主要存在于钢铁、水泥、有色、煤化工、平板玻璃等传统产业，而本轮产能过剩的范围扩大到造船、汽车、机械、电解铝等领域，其中钢铁、电解铝、水泥、平板玻璃、造船是非常突出的行业，不仅如此，当前产能过剩甚至扩展到光伏、多晶硅、风电设备等代表未来产业发展方向的新兴战略性产业。从产能过剩程度上看，2012年底我国钢铁、水泥、电解铝、平板玻璃、船舶产能利用率分别仅为72%、73.7%、71.9%、73.1%和75%，光伏行业2013年产能利用率在60%左右，多晶硅、风电设备产能利用率均不到50%，这都明显低于国际通常水平（一般认为正常的产能利用率在80%～85%）。由于我国没有正式公布的统一的产能利用率统计指标，无法准确地反映我国产能过剩程度。但是，从工业生产者出厂价格指数PPI看，从2012年3月起至2014年8月，已经连续30个月为负增长。2014年3月全国PPI同比下降2.3%，创下历史新低，4月以后PPI降幅连续4个月收窄，分别是2%、1.4%、1.1%、0.9%，8月数据显示降幅比上月扩大0.3个百分点，为1.2%。虽然影响这个指标的因素较多，但该指标创历史上连续30个月的负增长，在很大程度上说明当前我国工业存在严重的产能过剩、长期维持高库存以及实体经济不景气的情况。

二是由于我国当前处于工业化后期阶段，试图等待经济形势复苏后依靠快速经济增长来化解产能过剩已几无可能。我国进入了工业化后期，已经是名副其实的工业经济大国，有200多种工业产品产量居世界首位，接下来的任务是由工业大国到工业强国，从大到强的转变过程中，产能过剩从以前的相对过剩转为现实的绝对过剩，也就是说，以前周期性的产业过剩后来都可以慢慢通过长期需求消化掉，但到工业化后期以后，许多产业年度需求峰值已经达到，不可能有长期需求慢慢把峰值吸收掉了。例如煤炭行业，有研究预计我国煤炭消费总量的峰值应在2015年，到2017年煤炭消费总量会降低到35亿吨左右，而我国目前生产和在建产能为55亿吨，产能绝对过剩问题十分突出；又如钢铁行业，有研究表明，发达国家均在完成工业化进程之后达到国内钢铁消费峰值，除了日本和德国以外，大多数国家平均为0.6吨/人左右，如果按照2013年7.8亿吨的粗钢产量测算，我国人均粗钢消费量已接近0.6吨，逼近了发达国家钢铁消费峰值，我国钢铁消费已接近饱和水平，这意味着内需层面很难实现爆发式增长以在短期内消化2亿吨左右的过剩产能。

三是当前的产能过剩是粗放的经济发展方式亟待转变、低成本工业化战略急需转型以及我国体制改革不到位的矛盾的集中体现。看似简单的产能过剩，之所以成为我国经济发展的“痼疾”，其背后有着深刻复杂的原因。与成熟的市场经济国家不同，我国的产能过剩问题有市场自身供求关系变化引起的经济周期波动方面的原因，但更为关键的原因是经济体制与发展方式。由于我国进入工业化后期，面临着经济发展阶段的重大变化，与前两次产能过剩相比，当前的产能过剩对体制改革和发展方式转变的要求更为急迫。在经济发展方式无法转变、地方政府对经济过度介入的体制无法改变的情况下，不仅旧的过剩产能难以被消化，还会不断产生新的产能。例如，据中国钢铁工业协会统计，2010—2012年，这3年全国共淘汰炼铁落后产能约8300万吨，但

2011—2012年，这2年全国新投产炼钢产能约1.25亿吨，新增产能速度大于淘汰落后产能速度；电解铝产能2012年达2765万吨，而2013年新投产与即将投产的产能又有200万吨，西部地区在建产能还有约1000万吨；水泥产能2012年达30亿吨、熟料产能达18亿吨，而2013年上半年又新投产水泥熟料生产线32条，新增熟料产能3800万吨，在建熟料生产线290条；平板玻璃产能2012年达到10.4亿重量箱，而到2013年9月底，国内浮法玻璃累计创建新生产线24条，又新增产能11550万重量箱。因此，现在我们面临的产能过剩问题，绝不仅仅是一个淘汰落后产能的问题，也不仅仅是与产业重组、雾霾治理、产业结构转型升级紧密相关的综合治理工作，而是和深化政府体制改革、转变经济发展方式密切相关，与我国治理体系和治理能力现代化进程密切相关。

当前的产能过剩问题，如果矛盾得不到化解，在微观层面，会出现恶性价格竞争、企业效益大幅下滑、大量企业破产、员工失业等现象，在宏观层面，环境问题日益严重，系统性经济风险会加剧，有可能进一步产生经济危机，从而影响社会经济稳定发展。因此，当前的产能过剩问题可以认为是工业化后期我国工业经济走向“新常态”所面临的一个最直接的潜在危机和挑战。

2. *产业结构转型升级*

推进我国经济结构战略性调整一直是我国经济政策和宏观经济管理的重中之重。在我国众多结构性问题中，改善需求结构、优化产业结构、促进区域协调发展被认为是我国当前亟待解决的重大结构性问题。需求结构方面主要表现为内需不足、消费不振的结构失衡问题；产业结构方面主要表现为三次产业结构的农业基础薄弱、工业大而不强、服务业发展尤其是现代生产性服务业发展滞后问题，即所谓的“一产不稳、二产不强、三产不大”的问题；在区域结构方面，主要表现为城镇化发展滞后、中西部地区发展滞后、城乡和区域之间生活条件和基本公共服务差距较大等问题。其中优化产业结构、促进产业结构转型升级被认为是我国经济结构调整的突破口。产业结构转型升级是产业结构合理化与产业结构高级化的统一，主要是指在整个工业化进程中，由第一产业占优势比重逐级向第二、第三产业占优势比重演进，由劳动密集型产业占优势比重逐级向资金密集型产业、技术知识密集型产业占优势比重演进的过程。实际上，工业化本身就是一个国家或地区经济结构由农业占主导向由非农占主导转变，并伴随着结构转变、人均收入不断提升的过程。在工业化后期，产业结构升级更集中于第二产业比例下降、第三产业比例上升，以及劳动密集型和资金密集型产业比例下降、技术密集型产业比例上升的过程。因此，2013年我国第三产业产值比例首次超过第二产业，是工业化后期的产业结构转型升级的一个标志性的转折，也是工业经济从“旧常态”向“新常态”转变的关键变化。

在工业化后期产业结构转型升级之所以构成了一个重要的挑战，是因为这个任务绝非是一蹴而就的。如果说，在工业化初中期，中国从一个农业大国转变为工业大国的产业升级主要通过“要素驱动战略”实现，那么在工业化后期，中国要实现从工业大国转变为工业强国和服务业大国的产业结构升级，更需要的则是“创新驱动战略”。“要素驱动战略”强调的是通过投资、劳动力、资源、环境等要素的低成本的大量投入来驱动经济增长，而“创新驱动战略”强调的则是通过技术创新和制度创新来实现经济的可持续发展。在过去的30多年中，由于农村剩余劳动力的大量转移，显著提高了工业劳动参与率，而工业劳动生产率远远高于农业部门，大大提高了全社会的整体劳动生产率，因此要素投入驱动了经济增长。在未来，进入工业化后期以后，劳动参与率下降、人口红利消失，更多的劳动力将转入服务业，但服务业的劳动生产率又低于工业，因此全社会的劳动生产率将下降，出现所谓的“经济结构减速”和“产业效率失衡”，因此劳动效率的提升关键取决于产业内的技术创新和商业模式创新，通过创新驱动经济增长。从国际比较看，我国工业发展水平虽然与国外先进水平还有差距，但我国服务业发展水平与国外先进水平的差距更大，这在服务业比例不断增大的工业化后期，不仅将造成我国整体效率提升速度下降，而更为关键的是服务业的创新要比工业创新面临更大的挑战，难度也更大，这意味着在创新驱动方面，我国还任重而道远。

工业化后期的产业结构转型升级，不仅仅是任务艰巨，更为复杂的是我国政府习以为常的、推进产业转型升级的抓手——产业政策，其有效操作空间将相对有限。一方面，历史经验表明，工业化后期不同国家产业演进路径具有差异性，这意味着产业政策操作的目标并不十分明朗和单纯。虽然总体上存在上述有关第三产业比例提高、第二产业比例下降的产业结构升级的路径，但是这种路径不是绝对的，现实中一些国家在工业化后期制造业产值比例仅仅是小幅下降，如法国、德国等，有些国家还上升了，如韩国。另外，从制造业内部看，也并不是技术密集型产业的比例越高，制造业内部结构就越优化、发展水平越高。2007年，德国技术密集型产业占制造业比例为49.2%，日本在54%左右，韩国更是高达56.8%，显然这并不意味韩国的制造业结构要优于德国、日本。因此，政府绝对地将统计意义上的产业产值比例设为产业政策目标的价值并不大，即使达到了统计意义上的比例也未必说明实现了产业结构优化升级。另一方面，需要重新科学甄选产业政策的具体工具和措施，政府原有的许多产业政策工具，如直接补贴，将更多地受到限制。理论界一直有人质疑长期以来我国政府依靠产业政策扭曲了资源配置和经济结构。一份1980—2010年中国工业全要素生产率的测算结果表明，长期以来，以能源和基础材料工业为代表的低效率的上游工业部门，不断地接受各种或明或暗，或直接或间接的公共资源补贴，实际上也在“补贴”着“高效率的”以出口为导向的下游成品及半成品部门，这种“交叉补贴”造成了对土地、环境等方面的成本透支，进而使经济结构扭曲和失衡。近年来，对一些目标产业进行补贴，例如战略性新型产业，也备受争议，甚至有观点认为是产业政策导致了产能过剩。应该说，对于我国这类后发“赶超”型国家，产业政策的作用是毋庸置疑的，但问题是如何正确选择产业政策的目标、方式和措施。尤其是到了工业化后期，直接“赶超”型的产业政策的意义逐步衰减，产业政策更为重要的功能是加强物质性、社会性和制度性基础设施建设，健全有利于创新的市场制度、公平竞争的市场环境，产业政策着力点更多地向功能性产业政策转变。这实质上是对政府调控经济、治理现代化能力提出了更高的要求。

3. 第三次工业革命

中国作为最大的发展中国家，其工业化进程呈现出快速、低成本、出口导向、不平衡发展等特征。从世界范围看，在中国进入工业化后期以后，其工业化又与发达国家的“再工业化”叠加，这使得中国工业化进程又增加了一些变数。以重振制造业和大力发展实体经济为核心的“再工业化”战略，并不是简单地提高制造业产值比例，而是通过现代信息技术与制造业融合、制造业与服务业的融合来提升复杂产品的制造能力以及制造业快速满足消费者个性化需求的能力，这种制造业信息化与制造业服务化的趋势使得制造业重新获得竞争优势。虽然这两种趋势的源头可以追溯到20世纪八九十年代，但金融危机后，随着对制造业发展的重视，政府开始大力推动，例如，美国提出“制造业行动计划”，德国提出“工业4.0计划”，欧洲提出“未来工厂计划”，等等，于是，制造业信息化和制造业服务化成为世界工业化进程的两个重要趋势。制造业信息化表现为人工智能、数字制造、工业机器人等基础制造技术和可重构制造、3D打印等新兴生产系统的技术突破和广泛应用，这些构成了第三次工业革命的主要内容。但是，第三次工业革命不能仅仅理解为由3D打印、工业机器人等个别新的制造技术和设备的出现和应用引起的突变，实质它是一场由信息技术创新引发的内涵丰富的、多层次的、已经发生突破但仍处于演进中的工业系统变革。虽然这场变革是第三次工业革命，但并不意味着是一夜来临的，实际上1954年5月24日第一台晶体管电子计算机诞生，到现在已经有60年的历史。但是现在提出第三次工业革命是合适的，主要是因为信息技术的发展及成本大幅度降低，使信息技术在工业生产制造中大规模地使用并引起了制造范式的革命性的变化。正如戴维·S·兰德斯在《国富国穷》中所指出的，“历史憎恶跳跃，大的变化和经济革命都不是突然来临的，它们必定是经过了周全的和长期的准备。可是，连续性并不排斥变化，甚至是剧烈的变化！”

第三次工业革命成为世界工业化进程中突出的新趋势，这种趋势对我国工业化进程可能会形成以下冲击和挑战。（1）进一步弱化我国的要素成本优势，我国必须推进低成本工业化战略转型。第三次工业革命加速推进了先进制造技术应用，必然会提高劳动生产率、减少劳动在工业总投入中的比重，我国的比较成本优势则可能会加速弱化。（2）对我国产业升级和产业结构升级形成抑制。现代制造技术的应用提升了制造环节的价值创造能力，使得制造环节在产业价值链上的战略地位将变得与研发和营销同等重要，过去描述价值链各环节价值创造能力差异的“微笑曲线”有可能变成“沉默曲线”，甚至是“悲伤曲线”。发达工业国家不仅可以通过发展工业机器人、高端数控机床、柔性制造系统等现代装备制造业控制新的产业制高点，而且可以通过运用现代制造技术和制造系统装备传统产业来提高传统产业的生产效率，从而，第三次工业革命为发达工业国家重塑制造业和实体经济优势提供了机遇，曾经为寻找更低成本要素而从发达国家转出的生产活动有可能向发达国家回溯，导致制造业重心再次向发达国家偏移，传统的“雁阵理论”所预言的后发国家产业“赶超”路径可能被封堵。（3）可能进一步恶化我国的收入分配结构。提高劳动报酬的机制，虽然一般可以通过税收等的制度设计提高劳动在初次和二次分配中的比重，但更根本、更有效、对要素市场扭曲最小的方式是为劳动者创造更多高劳动生产率的工作岗位。但是在一般劳动者素质不能够大幅度提高的情况下，第三次工业革命的推进会造成职工的失业或者被锁定在低附加值的简单劳动环节中。

这意味着第三次工业革命会加大我国实施新型工业化战略的难度，但第三次工业革命对我国也是一种机遇，这种机遇不是简单的纳入全球分工体系、扩大出口的传统机遇，而是倒逼我国工业转型升级的新机遇。这实际上要求面对第三次工业革命的挑战，既要有紧迫感，也要有信心，既要保持战略上的平常心态，又要积极应对、适应新变革，从而走向“新常态”。

三、寻求中国工业发展新共识

随着我国经济发展进入工业化后期阶段、经济走向“新常态”，在工业发展问题上出现一些新的论点，比较有代表性的有“劣质产业论”“地位下降论”。“劣质产业论”的核心观点是，工业具有高耗能、高污染、高耗水、高噪声、占地多、事故多的特征，对人类生存与发展的影响弊大于利。“地位下降论”认为，2013年国民经济三次产业中服务业比例已经超过了工业，而且到2020年我国将基本实现工业化，于是工业对我国经济发展的重要性大大下降了，工业在我国国民经济中的主导地位将让位于服务业。“劣质产业论”在我国普通大众和社会中有一定的市场，尤其是随着人民群众环保意识不断提升，以及大众媒体的引导，这个论点也日益流行。而“地位下降论”则被许多学者和政府人员所接受。这些论点的流行，使我国工业发展面临着一个日趋严酷的环境，甚至在政府制定“十三五”规划时，都不敢理直气壮地再强调工业发展。如果说产能过剩、产业结构升级、第三次工业革命等对我国未来的工业发展构成了挑战，这些观点对我国工业发展同样也形成了挑战，只是这是发展观念的挑战，如果得不到科学的澄清，也许对我国经济的影响会更大。

首先，工业最大限度地改善了人类的生活质量、增进了人类的社会福祉，极大地满足了人类日益增长的物质文化需要[①]，对人类社会进步发挥着不可替代的伟大作用。自从18世纪第一次工业革命开始以来，工业不断发展，实现了利用不知疲倦机器替代人的有限劳动、源源不断的无生命动力替代有生命的有限动力、大量丰富的资源替代了有限的动植物资源，极大地促进了生产率的提高和经济的增长，最终避免了因人口增长而带来的人类生存危机，走出了“马尔萨斯陷阱”。虽然人民享受到了现代工业文明，但由于现代社会面临环境污染和资源消耗等问题，许多普通人又会将这类问题完全归罪于工业发展。但是，在这个问题上需要明确以下几点。（1）不能将某些工业行业存在的高能耗、高污染问题放大到整个工业。实际上工业中高能耗、高污染物排放主要集中于石油加工、炼焦及核燃料加工业，化学原料及化学制品制造业，非金属矿物制品业，黑色金属冶炼及压延加工业，有色金属冶炼及压延加工业等石化、化学、冶金、建材工业部门，而且即使是这些行业，也只是某些环节存在高能耗和高污染问题，而不是整个产业链条和生产过程都存在。（2）一些工业行业能耗还低于服务业中一些行业的能耗。据计算，我国交通运输设备制造业，电气机械及器材制造业，通信设备、计算机及其他电子设备制造业，仪器仪表及文化、办公用机械制造业的单位工业增加值能耗远低于交通运输、仓储和邮政业，大致与批发、零售业和住宿、餐饮业相当。（3）工业存在的高能耗和高污染问题只能通过工业自身进一步发展来解决。随着工业技术不断创新，更先进的技术完全能够解决工业发展中的高污染和高能耗问题。例如，随着3D打印这种增量制造技术日益广泛地应用，将彻底改变以前的减量制造方式，极大地节省原料，减少了浪费。依赖呈几何级数发展的科技创新，工业的确能够将这样一个想象世界变得可行：“试想象一个拥有90亿人口的世界，人人都能拥有干净的饮用水、营养的事物、可负担的住房、因材施教的教育制度、顶级医疗护理、没有污染且无处不在的能源。”中国当前严重的污染和资源问题产生的原因，不是世界上还没有先进的工业技术来避免或者减少污染和能耗问题，而是由于激励机制不当、监控制度不健全或者监控制度执行不力，企业缺少动力或者压力来采用先进技术。因此，要解决中国所面临的资源枯竭、环境污染等问题，不仅仅要通过技术创

① 虽然满足文化需求的大多属于服务业，但是，没有工业，文化产品是难以被长时间地记录、保存、传承的，也无法快速大范围地传播，人类文化需求的满足程度将大打折扣。

新提高工业技术水平和促进产业升级，还要通过制度创新为企业技术创新提供更完善的体制机制保障。总之，工业不是劣质产业，而是最能增进人类福祉的伟大产业，因为环境问题就想从工业文明退回到农耕文明的历史倒退不仅不可取，而且也不可行，现代生态文明只能是在工业文明的基础上进一步地发展。

其次，实现工业化并不意味着工业化时代的终结，对于刚刚步入工业化后期的中国而言，其工业化进程还远未结束。一般而言，从理论上可以将整个工业化进程分为前工业化阶段、工业化实现阶段和后工业化阶段，工业化实现阶段又被划分为工业化前期、工业化中期和工业化后期。发展经济学主要关注的是工业化的实现阶段，工业化理论主要揭示的也是在这个实现阶段的经济结构转变、人均收入提升的规律。经济学研究的结果表明，在工业化实现阶段，随着工业化进程的推进，经济结构呈现经济部门重心由第一产业向第二产业和第三产业逐次转移的趋势。但这只是一个大致的趋势，经济学还没办法给出一个统一的、精确的数量标准，以及一个最优的经济结构比例来衡量一个国家和地区是否已经实现了工业化。现有的工业化阶段的评价主要是基于工业化国家经验意义的比较和归纳。我们提出的中国工业化水平评价指标体系和方法，也只做到了在比较和归纳的基础上更进一步地进行综合。关于后工业化阶段，社会学家和未来学家似乎比经济学家关注得更多也更为超前和乐观，1973年丹尼尔·贝尔在《后工业化社会的来临》中，提出了所谓工业社会的终结和后工业社会的来临。而在经济学看来，即使实现了工业化，那也只是进入后工业化阶段，后工业化阶段只是工业化实现后的进一步深化阶段，还处于大的工业化进程中，后工业化阶段并不意味着工业化进程的结束和工业化时代的终结。对经济学而言，宣告工业化时代的终结还为时过早，正如有些学者所指出的：“以经济学的眼光来看，工业化时代的终结对于整个人类社会而言还将是很遥远的事，即使在少数最发达国家，这种转折点也远未发生。”而起始于20世纪60年代、2008年金融危机后成为普遍趋势的发达国家“再工业化”，对此进行了最好的实践注解。对于中国而言，我国在2010年以后步入工业化后期，还处于工业化实现阶段，即使到2020年我国基本实现了工业化，也仅仅走完了工业化进程的前两个大的阶段，我们还要有相当长的后工业化阶段，也就是工业化深化阶段要走。改革开放以来，中国快速地推进了工业化进程，现在成为世界经济总量第二的工业经济大国，在很大程度上实现了“赶超”，但是我国还不是一个工业强国，工业现代化水平还较低。要实现从工业大国向工业强国的转变，在实现工业化后仍还需要一个长期的工业化深化阶段。

再次，2013年我国国民生产总值中服务业产值比例超过工业，但工业在我国经济发展中的重要地位没有变化。判断一个产业在经济发展中的地位和作用，是一个非常复杂的问题。采用三次产业产值比例来判断某一产业是否处于主导地位，是一种统计意义上的方法，直观简便但并不全面。在发达国家，服务业比例不仅已超过了工业，甚至还高达70%~80%，但学者们并没有基于这个比例而达成一致意见，认为服务业已经在发达经济体的经济发展中占据了主导地位，这主要有以下几方面原因。（1）统计意义上的三次产业分类及其数据，扭曲了一个经济体的最终产出的真实情况，由于工业生产的“迂回生产”的特性，本属于工业生产过程的中间产出，都被统计为服务业了。瑞典经济学家简·欧文·詹森在其《服务经济学》中指出：“要理解现代经济体中最重要的服务业的现状，首先要做的是给‘服务业在后工业化时代已经越来越重要’的说法进行降温。……传统的三次产业分类……传达的信息扭曲了欧洲各经济共同体的最终产出，即最终消费被满足时的而真实情形。产品生产、配送中的中间服务业，与最总消费的服务业搅和在一起了。多数经济学家是清楚这一点的，却没有用心向公众讲解。”他提出经济发展的最基本驱动力是消费者需求，消费者需求应该包括产品需求和服务需求，应该基于消费者产品和消费者服务对经济产出进行分类，他按此分类对瑞典经济统计结果进行划分，得到服务和产品的“五五”结构，也就是实体经济和服务经济各占50%的比例，而且这种结构已经保持了很长时间。（2）从一个经济体的能力角度看，制造业才是决定经济发展的关键。哈佛大学和麻省理工学院的两位教授发表的一项研究显示，在过去60多年间，由工业产品复杂性所反映的一国制造业能力是能够解释国家长期增长前景的最好的预测性指标，国家间的制造业能力差异能够解释国家间收入差异的至少70%。这种从能力视角观察制造业经济功能的发现意味着，虽然制造业在发达市场经济国家经济总量中的比重不断下降，但制造业本身所蕴含的生产能力和知识积累却是关系一国经济长期发展绩效的关键。因此，制造业对于国民经济的意义，不仅仅体现在该部门直接创造了多少经济价值，更体现在它对于国民经济长期增长的驱动作用。（3）从工业和技术创新的关系看，工业不仅是技术创新的主要来源，而且还是技术创新的使用者和传播者。从技术创新的来源看，工业本身是技术创新最为活跃的部门，无论是技术创新投入，还是研发产出，工业部门都占据了绝大部分。2004年美国产业研发的70%来自制造业，并拥有美国全部专利技术的90%，而2013年中国发明专利前10名企业都是工业企业，主要集中在能源、电子信息和汽车制造行业。从技术创新使用看，制造业是将技术进步应用于生产的直接的、主要的载体，一项新技术的使用，往往首先要在工业上应用，工业可以将技术转换为无数种设备，进而才能真正促进经济的发展。从技术创新传播看，制造业通常通过提供先进材料、工具、生产设备、零部件，以及转移新技术、管理知识，而成为向其他领域传播技术创新的基地，第一、第三产业的技术进步也必须以工业的技术创新和运用为基础。实际上，如果科技创新没有达到在工业部门广泛使用的境界，对经济增长的意义就不大，仅仅是一种科技“泡沫”。20世纪末期美国的“新经济”之所以破灭，在很大程度上是由于信息技术还没有发展到在制造业广泛使用的境界，更停留在技术革命层面而非工业革命层面。由于工业部门特别是制造业部门作为技术创新的来源、使用者和传播者，构成了一个国家和地区创新能力的重要基础，是创新生态系统中的核心环节之一，创新要在研发部门与制造部门频繁地沟通和互动中才能顺利实现，需要产业公地（industrial commons）的支撑，因此，国际金融危机后，发达国家开始反思过去大规模的离岸外包和制造业空心化对本国创新能力的损害和对创新生态系统的破坏。关于工业的地位，钱纳里等1986年曾给出了很好的总结和概括，他们认为工业是经济增长的引擎，工业的作用可以概括为将技术进步用于生产、促进技术创新、传播技术创新、创新理念、引导制度发展、产生有益外部效应、促进现代服务业发展、创造动态比较优势、促进经济国际化、促进企业现代化等十大方面，他们进一步指出："长期以来，工业就是技术进步、相关技能和企业理念的主要来源者、使用者和传播者。其他生产活动无法与之相比。……当今世界，制造业不仅是发展的组成部分——而且是其中重要的组成部分。"这对我国的启示意义在，虽然2013年我国服务业产值比例超越了工业，而且可以预期这种态势还会持续，但是，我们必须认识到，这种变化只是统计意义上的变化，工业对于我国经济发展的重要地位没有变化，中国经济要实现长期稳定发展，制造业发展才是关键，中国要成为创新型国家，就必须有发达的工业体系支撑。而且，从国际竞争角度看，对于我国一个社会主义大国而言，制造业的国家战略意义更是无法替代的。

最后，当前我国服务业还无法完全替代工业成为经济的主导力量，我国服务业发展战略的重点应是围绕做强工业而大力发展生产性服务业。一直以来，我们期望通过产业政策加快服务业的发展，促进产业结构升级。但是，从我国现在的发展阶段看，服务业还无法替代工业成为经济发展的主导力量。（1）我国生产性服务业的发展还有待制造业的进一步高级化和专业化，加快生产性服务业发展是我国服务业发展的战略重点。虽然服务业有不同的分类方法，但服务业至少应该包括生产性服务业、消费服务业和公共服务业三类。其中生产性服务业一般认为是作为中间服务为制造业配套服务的行业，包括农业服务、制造维修服务、建筑工程服务、环保服务、物流服务、信息服务、批发服务、金融服务、租赁服务、商务服务、科技服务及教育服务等各个方面，发达国家生产性服务业要占到服务业总额的60%左右。生产性服务业产生是工业专业化分工发展的结果。因此，生产性服务业的自身发展依赖于工业的高端化和专业化的发展程度。世界发达国家生产性服务业的发展也都是建立在制造业高度发达的基础上。而当前我国制造业大而不强的现状，还严重制约着生产性服务业的发展，进而影响着整个服务业对经济增长的作用和地位。一方面，推进我国从工业大国向工业强国转变、促进制造业转型升级，对生产性服务业发展有极大的牵引需求，进而有利于生产性服务业的发展。另一方面，促进生产性服务业发展，有利于引领产业向价值链高端提升，有利于我国制造复杂产品能力的提升，有利于制造业转型升级和经济结构调整。因此，加快发展生产性服务具有重要的战略意义。因此，我国应该以加快生产性服务业发展为战略重点，推进工业和服务业的协调发展。2014年8月颁布的《国务院关于加快发展生产性服务业促进产业结构调整升级的指导意见》提出当前我国生产性服务业重点发展研发设计、第三方物流、融资租赁、信息技术服务、节能环保服务、检验检测认证、电子商务、商务咨询、服务外包、售后服务、人力资源服务和品牌建设，就是体现了这方面的努力。（2）服务业劳动生产率低速增长特征以及我国服务业的低效率显著制约了服务业对经济发展支撑作用的进一步发挥。服务作为无形产品，相对于工业而言，具有劳动生产率低速增长的核心特征。这决定了服务业的发展一般对就业增长有正效应，而对经济增长有负效应。这也在很大程度上可以说明为什么一个国家和地区到了工业化后期，随着服务业比例超过工业，而整体的经济增长速度会下降一个台阶。从国际比较看，我国服务业效率与工业效率之差距，要远远大于其他国家。一份研究表明，中国贸易部门（主要工业部门）与非贸易部门（主要是服务业部门）的TFP增长率之比为2.04，而美国为1.47，日本为1.17，欧盟为1.0，这意味着我国要从工业主导的经济转向服务业主导的经济，将会面临更大的效率损失。因此，在服务业效率短期内无法提升的前提下，工业对经济增长的地位还不应被服务业替换。如果我国过快推进经济从工业主导向服务业主导转变，将面临劳动生产率加剧衰退的情况，效率失衡问题将变得十分严重，经济运行风险将陡然上升，甚至有可能陷入“中等收入陷阱”。我们必须牢记，经济增长的核心是生产率提高，虽然服务业对就业贡献很大，但牺牲生产率来换取就业往往是无益的。正是基于这些考虑，有学者在比较研究拉美国家与日本和美国的产业结构演进后认为，拉美国家陷入“中等收入陷阱”与其“去工业化”有关，而我国要坚定不移地走“工业立国”之路，规避拉美国家的“去工业化”，不应过早或过度发展服务业。（3）制造业服务化趋势进一步强化了制造业在经济中的主导地位。制造业服务化有两种不同维度的界定：一是从投入产出的角度将其分为作为制造业投入的服务化和作为制造业产出的服务化，前者即产品制造过程中所需的工业设计、信息存储和处理、人力资源管理、会计、法律、金融等服务性要素在制造和价值创造中的投入增加，成为企业竞争力的关键来源；后者是指在实物产品的基础上衍生出越来越多的围绕实物产品的附加服务，而且服务的内容和质量成为满足消费者需求，从而决定消费者购买决策的主要因素。定义制造业服务化的另一个维度是制造业服务化的“场所”或交易关系，从这种视角出发可以将其划分为企业内部的制造业服务化和企业外部的制造业服务化，前者表现为企业内部服务职能的强化，有助于制造业企业获取范围经济，后者主要表现为独立的生产性服务业的发展，满足了制造业企业寻求规模经济的要求。制造业服务化已经成为全球产业发展的一种趋势，技术融合和商业模式创新正不断推进制造企业的服务化和新型生产性服务业的涌现。20世纪初期IBM公司的硬件收入占其销售收入的70%，而现在其生产性服务收入已占到70%。制造业服务化既是我国制造业转型升级的重要方向和途径，也是服务业特别是生产性服务业大发展的源泉和动力。在制造业服务化的趋势下，制造业企业将自己的研发制造能力与营销服务能力有机融合，竞争力大大提高，制造业和服务业的界限被模糊了，制造业和服务业日益融合，这极大地巩固了制造业在经济中的主导地位。

基于上述分析，我们认为，工业“劣质产业论”是站不住的，而现在提工业“地位下降论”还为时尚早。在我国步入工业化后期，尤其是“十三五”期间，推动工业发展对我国实现工业化和经济步入“新常态”具有十分重要的战略意义。面对工业发展的新挑战，我们要做的是转换工业经济增长的动力机制，创新工业化战略，转变工业增长方式。

四、增强中国工业增长新动力

虽然我国工业经济已经呈现出高级化的积极变化，但2014年8月规模以上工业增加值增速为6.9%，创2008年12月以来的新低，大大低于市场预期，表明工业底部还没有探出，也说明判断工业经济是否进入“新常态”还有待时日。面对工业化后期的各种新挑战，能否稳步进入工业经济“新常态”，关键要看两方面，一是工业增速高速下滑，但不会滑出可以承受的“下线”，能够稳定在一个中高速的区间；二是工业结构呈现明显的向高级化、合理化方向的优化。而在工业化后期工业增长动力趋弱的情况下，保证工业增速稳定在合理的区间和结构逐步优化的关键是能否通过转换工业增长动力机制来增强工业增长的新动力。有了新的动力机制驱动，经济才能在“新常态”下稳定运行，从而度过工业化后期的各种可能危机，最终基本实现工业化。在工业化后期，工业增长的动力主要可以归结为两个大的方面，一方面是工业化自身演进过程中由于技术进步和产业结构升级而产生的供给推动力，另一方面是城市化进程中由于城市发展而产生的需求拉动力。对于中国的工业化和城市化进程而言，由于与全球信息化叠加在一起，信息化将与工业化和城市化结合在一起成为工业化后期工业增长的重要动力。无论是来自工业化深化的推动力，还是来自城市化推进的拉动力，在工业化后期劳动力、资本等要素驱动乏力，更为根本的动力来自创新，这正是所谓“创新驱动战略”的本意。这种创新不仅仅包括一般意义的技术创新，还包括改革开放意义的制度创新，考虑到我国技术创新能力不够很大程度上是受到体制机制约束，工业化后期我国工业增长的"源动力"更大程度上表现为制度创新。

1. **来自工业化进程的供给推动力**

在工业化后期，工业化进程一方面要求传统产业不断升级，另一方面要求新兴产业的培育和发展，从而实现产业结构高级化。这个过程孕育着巨大的工业增长机会。（1）现有产业的升级。随着工业化的推进，我国完成了从纺织皮革工业、造纸及文教用品工业、食品工业等消费品行业曾主导工业增长向冶金工业、电力工业、煤炭工业、建材及其他非金属矿制造业、石油工业、化学工业等资本密集型产业主导工业增长转变，现在进一步转向金属制品、机械制造、交通运输设备制造、电气机械及器械制造、电子及通信设备制造等技术密集型产业主导的工业增长，据预测，在2020年这些技术密集型产业所占行业比重也将达到峰值，然后趋于稳定。这意味着，单纯依靠结构转变推动工业增长的动力将趋弱。应该说，经过30年的"铺摊子"，中国已经具备了庞大的工业基础，但"大而不强"是一个基本现状，这突出反映在我国工业增加值率基本在26%～30%之间波动，而发达国家一般在35%以上，美国、德国等国甚至超过了40%，这又给产业升级留下了很大的空间。因此，未来以工艺流程升级、产品升级、功能升级和价值链升级为内涵的产业升级，将成为工业增长的主要动力，这正是未来我国工业增长的巨大潜力所在。（2）新兴产业的培育和发展。2010年9月8日，《国务院关于加快培育和发展战略性新兴产业的决定》明确提出要发展具有核心技术、具有市场需求前景，具备资源能耗低、带动系数大、就业机会多、综合效益好的战略性新兴产业，要求到2015年，战略性新兴产业增加值占国内生产总值的比重力争达到8%左右，到2020年，战略性新兴产业增加值占国内生产总值的比重力争达到15%左右，节能环保、新一代信息技术、生物、高端装备制造产业成为国民经济的支柱产业，新能源、新材料、新能源汽车产业成为国民经济的先导产业。在国家扶持以及产业政策引导下，新兴产业发展将成为今后工业增长的重要驱动力量。（3）第三次工业革命的推动。中国的工业化进程与第三次工业革命的重叠，既是挑战，也是机遇。根据麦肯锡全球研究机构预估，移动互联、知识型工作自动化、物联网、云计算技术、先进机器人、自动或半自动交通工具、新一代基因组技术、能量储存、3D打印、先进材料、先进油气田勘探开采技术、可再生能源等12项颠覆新技术到2025年对经济的潜在影响将达到16.7万亿~40.4万亿美元。第三次工业革命的深化为我国工业增长提供了巨大的新空间。具体而言，一是第三次工业革命会催生新的制造系统和推动生产设备产业的发展，而这些产业的发展又会带动信息产业、新材料产业等新的产业门类的出现和增长，从而为我国战略性新兴产业的培育和发展创造很好的机会。二是先进制造技术终归是在工厂和制造环节的应用，我国庞大的制造基础为先进制造技术和相关产业的发展提供了巨大的潜在市场和应用场所。三是移动互联、云技术等技术正在不断创新服务业业态和商业模式、颠覆传统商业规制、改变原有的竞争格局，这有利于促进服务业效率的改善，进而也改善了实体经济的产业环境，包括融资环境和营销环境等，有利于工业的增长。麦肯锡预测，到2025年互联网对电子、汽车、化工等工业行业增长的贡献度分别是14%~38%、10%~29%、3%~21%。实际上，自2003年我国实施新型工业化战略以来，我国一直努力推动信息化和工业化深度融合，这为我国工业抓住机遇、迎接挑战奠定了很好的基础。

2. 来自城市化进程的需求拉动力

从工业化与城市化历史演进互动关系看，在工业化初期，重要是工业化进程推动了城市化的进程，而到了工业化中后期，城市化进程的加快又牵引了工业化进程的推进。因此，在我国进入工业化后期后，城市化对工业增长的拉动力量变得十分重要。而且，按照一般工业化国家经验来看，我国的城镇化进程是落后于工业化进程的，因此在工业化后期，加快城市化进程就更有必要。2013年我国的城市化率为53.7%，但是发达国家的城镇化率一般都超过70%，若要达到发达国家的城市化水平，我国仍存将近20个点的增长空间，因此需求的潜力是巨大的。从投资需求看，随着城市化水平的提升，大量人口向城市集中，这对我国城市基础设施和公共服务提出巨大要求，未来我国基础设施投资增长仍有较大的空间。麦肯锡2013年发布的一份关于全球基础设施领域发展与趋势的报告称，运输（道路、铁路、港口和机场）、水、电和通信所需的基础设施投资未来18年中国将会达到16万亿美元。国务院发展研究中心课题组预测，通过改革基础设施融资体制，到2023年，东部基础设施资本存量年均增长6.25%，中部增长8.29%，西部增长5.98%。有学者建议，考虑到我国现在只有珠三角、长三角和环渤海地区初具都市圈雏形，城市化严重滞后这个现实，未来的20年间应有序引导形成20多个大都市圈。从消费需要看，城市化能够缩小城乡收入差距，极大地拓展消费需求空间。2012年，农村居民年均开支人均为6000元左右，县城居民年均开支人均为1.2万元左右，如果转移到地级城市和地级以上城市，年均消费开支将达到人均1.8万元左右。如果能够通过城市化使农村居民达到城市居民的消费水平，将创造巨大的消费增量。另外，我们还必须认识到，我国的服务业发展缓慢和服务业效率较低的一个重要的原因，是我国的城市化水平不够。城市化是服务业成长为经济运行中的主导部门的必要条件，因为城市化的人口集聚效应能够形成需求密度经济（the economies of density of demand），从而可以不依靠劳动生产率的提高而促进经济增长。总之，虽然这些年我们在城市化推进中出现了这样那样的问题，但推进城市化的重要意义不可低估，要重视城市化进程的推进对工业增长的作用，只是我们在推进城市化的过程中，要坚持以人为本的新型城市化战略，提高城市化质量。

3. 来自全面深化改革的“源动力”

无论是产业升级，还是新兴产业的培育和发展，无论是迎接第三次工业革命，还是积极推进以人为本的城市化进程，其更为根本的动力都可以归结为创新。党的十八大明确提出：坚持走中国特色自主创新道路、实施创新驱动发展战略，这抓住了我国进一步发展的根本。“创新驱动战略”的创新不仅仅包括科技创新，还包括制度创新。由于制度创新是完善我国经济发展和科技创新体制机制的根本手段，制度创新的意义在于发挥“改革红利”的作用，因此对于“创新驱动战略”而言制度创新更具有根本意义，也就是说全面深化改革才是实现新时期工业增长的最根本动力。实际上，这些年我国在科技创新投入上大幅度增长，2013年R&D投入占GDP比重达到2.09%，居发展中国家首位，超过了部分高收入国家水平，我国研发人员规模已达360万人/年，居世界第一，也在一系列关键领域取得了重大突破，但是，目前我国创新能力还有待加强，整体上还未进入世界先进行列，尤其是核心技术自主性很差，中国的纺织机械、高端机床、高速胶印机、集成芯片制造设备和光纤制造设备等产品进口分别达到70%、75%、75%、85%和100%。当前，制约我国科技创新能力提升的关键已不主要是科技创新投入少的问题，而是我国科技创新体制机制还有许多方面亟待完善，严重影响到了科技创新投入的产出效果，造成科技创新效率低下。当今时代的科技创新是一项十分复杂的系统工程，其创新效率取决于复杂的创新生态系统的运行效率。国际上创新活动的竞争，不仅仅是一个企业，或者一个产业的竞争，而是一个创新生态系统的竞争。科技创新体制机制改革并不仅仅是科技界内部的事情，而涉及整个社会经济体制改革，包括政府管理体制、货币金融制度、财税制度、土地制度、干部考核制度、产权保护制度、文化体制等各个方面的改革。党的十八届三中全会提出了全面深化改革的各项措施，对创新科技体制机制、完善创新生态系统都具有重大意义，其中最为核心的是政府体制改革。当前面临着政府推动的改革突进与政府自身的改革滞后之间的矛盾，该矛盾使得全面深化改革的动力扭曲，“肠梗阻”现象较普遍，一些长期制约科技创新和经济发展的体制机制问题，虽已达成共识但无法解决。例如，金融领域的垄断格局始终无法打破，造成实体经济利润空间长期受到银行业的过度侵蚀，虽中央多次提出要大力支持实体经济发展，但实体经济生存环境日益严酷；又如，政府财政收入增长率连续多年大大高于GDP增长率，即使在经济增速下降、投资和消费增速都放缓的背景下，企业税收负担还在加大；再如，科研经费管理体制僵化，科研经费管理制度不符合科研活动规律，科研人员的智力劳动得不到充分承认，在很大程度上影响到科研人员的创新积极性。类似的问题还包括垄断领域的“玻璃门”“旋转门”问题，科研成果难以转化为现实生产力问题，收入分配改革问题，等等。新时期开始深化政府体制改革、转变政府职能，党的十八届三中全会的决定既指明了改革方向，也体现了党中央的决心，现在更需要的是进一步解放思想，进一步发挥民主推动力，调动人民群众的积极性、主动性和创造性。

以“创新驱动战略”协调推进新型工业化和新型城市化进程，将增强中国工业发展的新动力，保证在发展阶段转换过程中工业经济的稳定可持续的增长，走向“新常态”，在2020年基本实现工业化，在2030年将中国建设成为一个世界工业强国。

参考文献

[1] 张平，等. 2014. 中国经济增长报告（2013—2014）[M]. 北京：社会科学文献出版社.

[2] 刘世锦. 2014. 在改革中形成增长新常态[M]. 北京：中信出版社.

[3] 中国社会科学院工业经济研究所. 2013. 中国工业发展报告（2013）[M]. 北京：经济管理出版社.

[4] 工业和信息化研究院. 2014. 2014年中国工业发展报告 [M]. 北京：人民邮电出版社.

[5] 蔡昉. 2013. 认识中国经济的短期和长期视角[J]. 经济学动态（5）.

[6] 中国经济增长前沿课题组. 2013. 中国经济转型的结构性特征、风险与效率提升路径[J]. 经济研究（10）.

[7] 刘世锦. 2013. 寻求中国经济增长新的动力和平衡[J]. 中国发展观察（6）.

[8] 陈佳贵，黄群慧，吕铁，等. 2012. 中国工业化进程报告（1995—2010）[M]. 北京：社会科学文献出版社.

[9] 张晓晶. 2012. 增长放缓不是“狼来了”：中国未来增长前景展望[J]. 国际经济评论（4）.

[10] 林毅夫. 2012. 展望未来20年中国经济发展格局[J]. 中国流通经济（6）.

[11] 黄群慧. 2013. 中国的工业化进程：阶段、特征与前景[J]. 经济与管理（8）.

[12] 黄群慧. 2013. 再战产能过剩[J]. 事实报告（3）.

[13] 伍晓鹰. 2013. 测算和解读中国工业的全要素生产率[J]. 比较（6）.

[14] 戴维・S・兰德斯. 2001. 国富国穷[M]. 北京：新华出版社.

[15] 黄群慧，贺俊. 2012. “第三次工业革命”与中国工业发展战略调整：技术经济范式转变的视角[J]. 中国工业经济（1）.

[16] 彼得・戴曼迪斯，史蒂芬・科特勒. 2013. 富足：解决人类生存难题的重

大科技创新［M］. 台北：商周出版社.

［17］史东辉. 1999. 后起国工业化引论——关于工业化史与工业化理论的一种考察［M］. 上海：上海财经大学出版社.

［18］简·欧文·詹森. 2013. 服务经济学［M］. 北京：中国人民大学出版社.

［19］Hausmann，R. & Hidalgo，C.A，et al. 2001. The Atlas of Economic Complexity：Mapping Paths to Prosperity. http：//www.cid.harvard.edu/documents/complexityatlas.pdf.

［20］Pisano，G. & W C Shih. 2009. Restoring the American Competitiveness. Harvard Business Review，6-8：114-125.

［21］联合国工业发展组织. 2003. 工业发展报告2002/2003［M］. 北京：中国财政经济出版社.

［22］郑秉文. 2012. 中等收入陷阱：来自拉丁美洲的案例研究［M］. 当代世界出版社.

［23］邬贺铨. 2014. 信息产业变革新趋势［J］. 产业经济评论（3）.

［24］乔标，赵芸芸，贺石昊. 2012-04-09. 工业增加值率：工业转型升级的风向标. http：//www.ccidgroup.com/sdgc/2792.htm.

［25］方陵生. 2013-07-04. 12种改变未来的颠覆性技术［N］. 文汇报.

［26］王建. 2010-01-20. 用城市化创造中国经济增长新动力［N］. 经济参考报.

［27］黄泰岩. 2014. 中国经济的第三次动力转型［J］. 经济学动态（2）.

（黄群慧，中国社会科学院工业经济研究所所长，研究员，博士生导师）

新阶段中国经济的发展驱动转型与制度治理建设

——中国经济又好又快发展的关键在于真正让市场发挥决定性的作用

□ 田国强　陈旭东

［摘要］当前中国经济正面临较大的困难，形势不容乐观，从上到下很多人也提出了许多应急对策，然而让我们担忧的是，很少看到能够从深层根源、从制度层面提出解决方案的，大多都是治标不治本，往往会有很大的后遗症。更严重的是，尽管现有的发展模式让中国经济在过去30多年取得骄人的巨大成就，但它只是一种追赶式的发展模式，展望未来，之前的成功模式对从要素驱动转向效率驱动乃至创新驱动的发展模式来说是不适合的。本文主要针对当前中国经济所面临的问题及其深层次市场化改革的必要性从理论、历史和统计三位一体进行学理性分析。我们的分析表明，中国经济的超预期大幅下滑的深层次原因更多是制度层面上的问题，是市场化改革不够深入、政府与市场及社会治理边界不够合理、市场经济制度不够完善、包容性制度没有建立起来造成的。面向未来，中国需要尽快从要素驱动转向效率驱动、创新驱动，其关键是进一步地解放思想，推进改革开放，让中国沿着经济自由化、市场化、民营化道路坚定不移地前进，让市场在资源的配置中真正发挥决定性的作用和让民营经济发挥主要作用。市场化改革千头万绪，民营经济主体化、金融市场自由化、土地要素市场化是三大重要切入口。与此同时，为了增强改革的执行力和发展的驱动力，还需要从法治、执行力和民主监督三个维度加强综合治理，推动政府善治，建设有限、有为政府。

［关键词］经济发展　驱动转型　改革治理

导论

中国正处于经济发展驱动转型与国家治理现代化的关键阶段。当前实体经济却面临着非常棘手的发展困境和挑战，2014年中国经济延续了前两年的增长下滑态势且跌幅不断拉大，经济增速创下1990年以来的年度增速新低，2015年上半年经济增速又进一步大幅下滑至7%，且有很大可能会进一步下滑，并伴随着通货紧缩加大的风险。[①]如果任由这种下滑势头发展下去，将必定导致包括因改革滞后、产能过剩、就业困难、收入下降、资金外流、金融安全（大量坏账）、预期恶化从而严重影响社会、经济稳定等一系列严重问题。

在当前世界经济形势基本面总体不错，国内政治经济形势十分稳定，是什么因素造成了这种持续下行的颓势呢？这种实际经济增长率的持续过快下滑，难道真的是“新常态”下的态势，是潜在增长率的极速放缓所造成的吗？[②]毫无疑问，由于要素收益递减客观经济规律，中国经济增长的中枢已经下移。但是，这个下滑程度不应像当前这样来得那么快、那么大。即使抛开深化改革治理等制度建设方面带来的可能红利不论，仅从劳动力、资本和全要素生产率等方面看，中国经济潜在增长率并未大幅下滑，仍有保持中高速增长的潜力。那么，又是什么原因拉大了实际增长率与潜在增长率之间的差距？继而，如何缩小二者之间的差距，使潜在增长率得到充分释放？

如果不找出问题的内在根源，不分析深层次的内在原因，而仅仅只是指出问题的表象和我们需要做什么（如需要应对经济下行压力，要稳增长、调结构，加快实施创新驱动发展战略等），而不是试图从根源上去找原因，从制度层面上去解决问题，那么很容易采用治标不治本，头痛医头脚痛医脚的方式去解决问题。因而，更重要的应该是怎么改、谁去做、怎么做的问题，也就是方向性、原则性、制度性安排首先需要明确：是让市场发挥决定性作用，还是让政府发挥决定性或主要作用？是让国有企业发挥主体作用，还是让民营经济发挥主体作用？这里的主体作用是指就业岗位、产值贡献、创新驱动等方面起到主要作用。

尽管现有的发展模式让中国经济在过去30多年取得骄人的巨大成就，但它只是一种追赶式的发展模式，展望未来，之前的成功模式对从要素驱动转向效率驱动乃至创新驱动的发展模式来说是不适合的。我们的分析表明，随着要素驱动红利衰减，单纯靠要素驱动、政府发挥主要作用及国企发挥主导作用的经济发展方式不再具有可持续性，再加上政府施政过程中出现的严重不作为的问题以及对“新常态”的理解偏差等多重因素叠加，导致了当前中国经济增长持续大幅度下滑，其背后的深层次原因是市场化改革不够深入、政府与市场及社会治理边界不够合理、市场经济制度不够完善。

---

① 上海财经大学高等研究院“中国宏观经济形势分析与预测”课题组：《2015年中国宏观经济形势分析与预测年中报告：风险评估、政策模拟及其治理》，2015年7月。

② 潜在增长率指的是资源基本达到有效配置这一理想状态下的增长率，即生产因素充分发挥作用，现代市场制度建设基本到位。

所以，解决问题的关键要靠制度，制度才是决定性的。

实际上，十八届三中全会的定论十分正确，即要让市场在资源配置中发挥决定性的作用，推动国家治理体系和治理能力的现代化。的确如此，中国要实现经济又好又快的可持续性发展和社会长治久安，关键还在于正确理解发展的逻辑与治理的逻辑，并正确处理二者之间的内在逻辑关联、辩证关系。现代市场制度不可替代，市场需发挥基础性和决定性作用，其关键是政府的定位必须恰当，除非市场失灵，或处于危机情况，否则政府不应该去干预。只有通过制度来合理界定政府与市场、政府与社会之间的治理边界，通过三者各归其位又互动互补的综合治理，才能真正实现又好又快的发展。[①]

但是，决议和现实反差巨大。一遇到情况，中国仍然是一如既往地按照惯性思维、惯性做法（如动不动就采用政府主导经济发展模式）去处理问题。不知道治理有个度，也有好的治理和坏的治理之分，简单地将治理等同于统治或管制。现在我们的许多改革在往回改，其实这样改革不能叫改革，至多叫改正，说不定是在走回头路，改革应该向前走。当前的股市基本上是一个“政策市”，而应对经济下滑所采取的一些政策又回到了政府主导的老路，通过加大干预经济的力度，想要熨平股市的波动、经济的波动，结果造成更大的波动。一旦遇到问题，就想到或仍采用政府主导的方式去解决，其负面作用很大，不可能让市场发挥决定性作用，中国就仍然面临着一个发展型的政府，仍然会一如既往地出现“重政府轻市场、重国富轻民富、重发展轻服务”的“三重三轻”现象。

由于没有明确怎么改、谁去做、怎么做的问题，一旦缺乏了方向感，就很容易导致急病乱投医，甚至引起争论，让人们在中国的改革和走向及国家发展方向上众说纷纭，使改革充满对立和冲突，具有很大的风险和变数，中国改革大业面临着极其复杂的局面，政治干扰经济，借改革中出现的问题，怀疑甚至是否定改革开放的正确大方向，将经济问题上纲上线为阶级斗争、政治层面和意识形态方面的问题，这将无法形成上下一致的改革共识，影响社会和谐稳定。如近一个时期“阴谋论”又沉渣泛起，理性的声音几乎被淹没，盲目民族主义和极端民粹主义有再次抬头的倾向，这实质上是没有自信的表现，对改革发展也形成了极大干扰。又如，许多人混淆概念，将市场化等同于私有化，将个体和民营经济等同于私有经济，将公有经济等同于国有经济，然后利用这些混淆了的概念，曲解中央政策如将让市场在资源配置中发挥决定性作用简单认为是私有化，从而一味地反对进一步深化改革，大事上纲上线，使人们无法达

① 详细讨论见田国强、陈旭东：《中国改革：历史、逻辑和未来》，中信出版社，2014年7月。

成改革共识，更加谈不上深层次的改革。由于政府对这些没有一个明确的态度，让大众感到迷惑，好不容易凝聚起来的改革共识正在涣散，这就使得基层深化改革的具体执行者没了方向感，在这种情况下“多做多错、少做少错、不做不错”自然就成为最优的选择，其表现形式就是不作为，改革也就没了主心骨。

并且，由于中国仍然是由政府主导经济，各级政府对从事经济活动的各种程序审批、项目审批、准入壁垒依然众多，维护和服务性的有限政府、有效政府的目标还远没达到，从而政府部门（无论是否该管的）办事效率的高低成为影响发展包括经济发展的重要因素。尽管强力反腐肃贪非常必要，但由于深层次的市场化制度性改革没有完成，有效市场和有限政府没有到位，其副作用以及目标管理欠缺等造成了政府官员的不作为，也就成为经济增速下滑的另外一个重要影响因素。经济增长的“新常态”应该是中高速，即使下降，也是缓慢下降，这样大幅度下降肯定不正常，肯定不是“新常态”。我们需要纠正GDP中心主义，因为它造成了环境污染、公共服务不足等问题。但是，我们不能完全不要GDP指标，而是把教育、社保、生态、环境等公共服务指标同时放入政绩考核体系。据最近《人民论坛》一项调查显示，在8000多份调查问卷中超过70%的受访者认为，“想改革、谋改革、善改革的干部比例不到40%”。

十一届三中全会和十八届三中全会的决议都是纲领性文章，都有重大历史性意义，但让人感觉还是有不小差异，其最大区别就在于前者决议中要做的事情很快就落实下去了，对于改革有高度的共识，且从上到下提升了一批改革的干将作为改革破题者、推动者和操盘手，很快就形成了改革开放的大好局面。与此同时，中国改革开放关键过程中都是理论探讨先行，在关键的时候往往能得到中央高层的权威表态和一锤定音。十一届三中全会对关于真理标准问题的大讨论、1992年邓小平南方谈话对关于计划与市场关系问题讨论的一锤定音，就是对改革方向的确认和定向，很快统一了思想，形成了上下联动的共识，对其后的市场化改革开放有不可磨灭之功。从这个意义上讲，中国经济的可持续发展关键不是靠众多短期性的政策组合，而必须要在根本性、制度性、方向性的问题上达成共识，同时形成为改革发展而竞争的良好态势。否则，出台的政策也可能是与长远发展目标不兼容的，或者得不到贯彻落实。

中国是一个转型加转轨的经济体，不仅需要进行经济结构的调整，更需要进行经济体制的结构和制度转换。一个发展经济体转向发达经济体的过程一定是从要素驱动向效率驱动升级，这就需要让市场发挥决定性作用，然后再到创新驱动，这需要让民营经济起主导作用。技术创新、商业创新主要靠民企，靠市场激励驱动，而不应由政府和国企主导。因此，需要深入地进行理顺政府与市场、政府与社会之间治理边界的制度性和结构性改革，消除不利于企业创业创新和挤压民营经济的制度性障碍，真正让市场在资源配置中发挥决定性作用，这是顺利跨越潜在的“中等收入陷阱”、促进中国经济向效率驱动乃至创新驱动转变的关键所在。

一个能实现有效治理的好制度需具有三要素：法治、执行力、民主监督。从而，一旦基本的制度、改革方向和大政方针决定之后，无论是否将政府与市场、政府与社会之间的合理治理边界界定清楚，随之而来的都是具体的举措和执行，也就是具体的治理的方法。这样，政府要增强改革的执行力和发展的驱动力，就必须从法治、执行力、民主监督（官员问责和社会监督）三个维度来推进综合治理，同步解决政府在改革发展过程中出现的不作为、乱作为的问题，提升国家能力。

增长瓶颈的根源在于发展驱动和经济体制双转型滞后

一般而言，一个经济体在一定的时期内增长放缓主要有两种原因，一是周期性的，二是结构性的，亦即因经济社会发展、科学技术发明和创新导致的结构性变化。当前中国经济持续下行有一定的周期性的原因，但更多的是来自于自身经济结构的问题，如产业升级、产业结构、需求方式转变等问题。除了这两个原因外，中国更面临着发展驱动和经济体制双转型滞后的问题，这才是导致中国实际经济增长低于潜在经济增长的更为关键的根源因素。

第一，中国作为一个发展中国家，与其他任何一个发展中国家一样，都面临发展驱动的转型问题，都需要经过三个特定的发展阶段：要素驱动、效率驱动和创新驱动。由于边际收益递减的客观经济规律，要素驱动仅仅是阶段有效的，未来中国经济的可持续发展依赖于向效率驱动、创新驱动的转变。但是，这样的转型驱动是有前提的，有赖于市场经济的完善，否则驱动转型不可能成功。需要指出的是，在中国经济从要素驱动向效率驱动乃至创新驱动的转变过程中要素的作用依然不可或缺，只是不能再过多地依靠规模投入，而要通过一系列体制机制尤其是土地制度、户籍制度和金融制度方面的改革深化使土地、劳动力、资本这三大基本要素在企业家精神和创新精神的驱动下自由流动、优化组合，进而实现效率提升和创新激活。

第二，更关键的是中国还面临体制转型的问题。这是由于效率驱动乃至创新驱动能否实现，关键还在于经济体制向现代市场体制转型能否成功。尽管与改革开放之前的计划经济体制相比，中国的市场经济已取得了长足的进步，但与经济发达国家的成熟市场相比，现代市场经济体制还远未完善建立。通过短期宏观调控对经济增长放缓的治理有一定成效，但治标不治本，只能适当采用，否则有后遗症（如2007年后中央动用几万亿元的强刺激和大规模投资把增速拉起来所造成的后遗症）。更为根本的结构性问题和治理问题，是长期以来以要素驱动、政府主导、国企挤压为特征的经济发展模式造成了经济增长的动力枯竭、行业垄断、政府负债、产能过剩、效率低下、民营经济发展不足、企业竞争力低下、国富民穷、贪腐猖獗、腐败消费、民间消费疲软等突出问题，由此也导致社会不公、矛盾激化，甚至是执政危机。这些都需要从长期治理的角度入手通过进一步完善现代市场经济制度来加以解决。

五重原因叠加导致中国经济增长超预期大幅下滑，追赶式经济发展方式已不再具有可持续性

归纳起来，要素驱动红利衰减、政府主导动力枯竭及国企产能过剩挤压民营经济的发展方式不再具有可持续性，再加上政府施政过程中出现的严重不作为的问题以及对于“新常态”的理解偏差，这五重原因的叠加，导致了当前中国经济增长持续大幅度下滑，具体如下。

其一是要素驱动红利衰减、增长中枢下移。要素驱动在过去相当长的一个时期里为中国经济增长做出了巨大贡献，这是客观事实。然而，从长远看，由于边际收益递减的客观经济规律，在生产率下降的同时伴随着要素的成本会不断上升，要素驱动的发展模式是不可持续的。因为要素驱动本身是在要素市场发育不充分的前提下，通过非市场行为压低要素价格而产生的不合理却阶段性有效的竞争优势，容易导致高投入、高耗能、高排放、高污染、低经济效益、低劳动力回报、低创新附加值的粗放式经济发展方式。随着人口红利、资源红利、环境红利等要素红利的衰减，以及人民币升值、国际贸易壁垒高筑、其他新兴经济体崛起等外在持续压力的出现，这一发展模式显然无法继续推动中国从中等收入国家向高收入国家迈进。

需要指出的是，由于区域差异、个体的生产力差异以及经济发展驱动的转换需要一个过程，发展驱动转换不应是一刀切或一蹴而就的。由于对中国经济发展驱动转变的认识不清，误以为从要素驱动转向效率驱动、创新驱动，就是完全不要发挥要素规模投入的作用了，许多地方政府过早、过快地通过“腾笼换鸟”“机器换人”等方式使得一些产业或主动或被动地转移到东南亚一些国家去了。这恐怕也是造成中国经济增长大幅下滑的一大原因。实际上，从要素驱动转向效率驱动、创新驱动，不是一个简单的单向迭代、完全替换的过程，它反映的是占据主导地位的驱动因素的变化，后一阶段同样需要前一阶段的高度发展作为奠基，原有的驱动因素作为存量和重叠还依然要发挥重要作用。否则，两头落空也会使经济增长失去动力。

并且，尽管由于要素收益递减客观经济规律，中国经济增长的中枢已经下移，或者说中国经济的潜在增长率已经下滑，但是这个下滑程度不应像当前这样来得那么快、那么大。即使不考虑深化改革和加强治理等制度建设可能带来的改革红利，从劳动力、资本和全要素生产率等要素的中长期基本面看，中国经济潜在增长率没有出现

大幅下滑，5～8年内有望继续保持在7%以上。当然，我们也不像一些论者想象的那么乐观，认为未来20年中国都还能实现7%乃至8%的经济增长。靠一味消耗资源和危及生态环境的粗放式发展这也许可达到，但其长远代价也是更为巨大的。

其二是政府主导动力枯竭、公共服务功能欠缺、内生增长匮乏。中国依然是一个政府主导型的市场经济体，这是因为在过去以GDP增长为主要衡量指标的“晋升锦标赛”中，地方政府官员用很有效的激励政策来拉动经济增长以取得政绩回报。在1994年分税制改革之后中国的财政体制是“上面千条线，底下一根针”，地方政府的财力和事权本身是不匹配的。1997年土地招标以及住房制度改革重塑了中国的发展模式，由于土地要素市场的政府垄断供给，使得“以地生财”的土地财政，再加上地方抵押借债成为地方政府的重要财政手段。于是，以城镇化为背景，土地要素的城乡流转成为中国过去20年经济增长的主要动力，一定程度上起到了“加速器”的作用。但是，在此过程中也产生了大量问题，如暴力强拆、破坏生态、破坏古迹、破坏文物等等，成为社会矛盾的一大导火索。

对于政府本身而言，这也带来了一个恶性循环。一方面，政府凭借垄断的土地征用权，形成了以土地作抵押的新的融资渠道。2007—2013年间，84个重点城市的土地抵押面积从192.5万亩增加到605.9万亩，抵押贷款从1.33万亿元上升到7.76万亿元。[①]借助金融和资本的杠杆，中国经济在高速增长的同时也形成了高杠杆和泡沫化。另一方面，这些抵押贷款包括其他地方政府债务很大一部分又是靠土地出让收入来偿还的，这就使得地方政府出台很多的激励政策来做大土地财政。2014年地方土地毛收入已经占到地方一般公共预算本级收入的56.2%。如果土地市场发生较大波动，地方政府的融资平台的不良贷款率就可能较快上升，其中蕴含着巨大的地方债务和金融风险，是不可持续的，使得政府主导经济发展的动力枯竭。

同时，政府的发展属性过强，服务功能欠缺还带来一个后果，那就是使得居民消费意愿和消费能力不足。政府依然在许多本应由市场发挥资源配置作用的地方占据主导地位，成为市场利益主体，挤压了居民的市场激励收益机会。政府财政用于固定资产投资、行政管理支出、“三公”消费方面的支出太多，而用于公共服务和社会保障方面的支出不足，基本公共产品的供给严重不足和不均衡，这就使得居民预防性储蓄过多，消费异常孱弱，无法形成真正内生的发展驱动力。2014年中国居民消费的GDP占比仅约38%，还不到美国的一半，与俄罗斯55%的水平相比也有不小差距。中国经济的可持续发展，要求中国必须从生产型社会向消费型社会转型，当然这有一个渐进

① 邵挺：《别了，土地财政》，《中国发展观察》，2009年3月。

的过程。

其三是国有企业产能过剩、挤压民营经济，经济活力下降。时至今日，国有经济的规模依然很大，国有企业在一些地区和重要行业中的垄断地位非但没有削弱，并且还在加强。观察今年上半年各省经济增长数据，可以发现一个现象，即国有经济比重越大、民营经济越不发展的省份往往经济增速越靠后，下降得越快，如东三省的辽宁仅为2.6%，黑龙江、吉林也是倒数几位，均滑出了经济增长合理区间，越是民营经济活跃的地方，经济增速下降较小，如浙江、广东等省。在国有企业比重过大的地区，国有企业往往凭借控制资源能源与优先获取金融资源的优势而占据过多要素，而这些地区的民营中小微企业则面临比其他地区民营经济更为突出的融资难、生产成本高问题，发展严重受限，这就使得当地市场没有一个良性的竞争机制，经济活力下降。

2008年中央“四万亿”经济刺激计划的很多资金就是流向了本来就资金充裕的国有企业，这带来的一大后果就是重复投资、无效投资的不断累积，经济的造血机制不足。国家统计局统计显示，2013年末我国工业企业产能综合利用率基本低于80%，近一两年来进一步降低，一些行业已属于绝对过剩行业。以钢铁产业为例，目前我国大约有12亿吨粗钢年产能当量，按照今年上半年的粗钢产量粗略计算，全年产能利用率不足70%。这仅仅是冰山一角，中国产能过剩的行业远不止于此，此外，像煤炭、电解铝、水泥、平板玻璃、造船等都有超过30%以上的产能过剩率，行业利润大幅下滑。这些都是自我循环的结果，为了要追求更高的增长，就用增长来刺激增长，用资源生产资源，这样反复循环的结果就产生了大批过剩产能，企业大面积亏损。此外，各地方政府大都照搬中央政府2009年提出的七大战略新兴产业及其后扩展的九大战略新兴产业振兴规划，由政府财政补贴扶持和指定技术路线，使得风电设备、多晶硅、光伏电池等许多战略新兴产业一哄而上，同样出现了严重的产能过剩。这些过剩产能如化解不及时、不到位，通货紧缩的风险就会进一步上升，加剧经济下行的趋势。

政府主导型经济和国企垄断不仅导致产能过剩、效率低下，同时也导致了贪污腐败猖獗、腐败消费旺盛和民间消费疲软。客观而言，过去相当长一个时期来自政府部门的奢侈性消费、铺张性消费本身及其相关产业拉动效应，也曾经是中国经济增长的一大动力，但这是一种畸形消费。在“八项规定”“十五条禁令”等出台和落实之后，许多浮华、利润极大的高档消费行业就受到很大打压，如高档酒店、饭店、会所、食品、服装、化妆品、营养品以及金银财宝、珍珠玛瑙、古玩字画等出现产能过剩，消费需求远没有以前旺盛，并影响了其他相关产业。

其四是政府自身的目标管理缺失、不作为现象严重。新一届中央领导集体看到了腐败问题的严重性，将其提升到了亡党亡国的高度，于是深入推进反腐倡廉，这对于整顿吏治、净化政风、制约权力无疑是非常必要和及时的，但由于中国依然是一个政府主导型经济体，还不是一个市场发挥决定性作用的经济体，驱动转变所需的市场制度要件还不健全，没有跟上，对在很大程度上仍还处于“重政府轻市场、重国企轻民企、重国富轻民富”，简政放权改革还有很长路要走的体制转型的中国经济而言，如果仅仅重反腐倡廉而轻目标管理，就容易导致不作为，包括政策不作为和做事不作为，使得“银行的钱难以贷出去、财政的资金难以用出去、各种审批手续难以批出去”的“三难”现象比较普遍。

政府与经济活动至今密切相关，市场仍未发挥决定性的作用，政商关系仍密不可分，“跑项目、拿批文”是其一大特征。当前各级政府对从事经济活动的各种程序审批、项目审批、准入壁垒依然众多，维护和服务性的有限政府、有效政府的目标还远没达到，从而政府部门（无论是否该管的）办事效率的高低成为影响发展包括经济发展的重要因素。一旦影响了政府官员的办事积极性，增长动力就会衰减，从而进一步地加剧了经济增长的下滑。2014年中国经济增长没有达到预期目标以及2015年上半年经济增长的进一步下滑，因经济目标管理缺失从而造成办事不积极、不作为，直接导致中国经济实际增速与潜在增速的缺口扩大。

其五是对“新常态”的理解出现偏差。这也是一个重要原因。“新常态”是指粗放式的高投资、高消耗、高污染所支撑的高速增长不能再继续下去了，而是在提高市场效率与社会公平正义安定有序治理方面要有新作为，使得仍处于提升发展阶段（还没有进入平衡增长轨道）的中国经济保持一个中高速增长。由此，放弃粗放式高速增长的“旧常态”和提倡政府简政放权及减少政府的过位，决不应与不作为、放任经济放缓画等号，更不意味着经济增长的大幅、过快下滑，从而自我放松对实现经济增长目标的坚定承诺和责任心态。这种认知上的误区如不清除，继续放任这种做法，按照这样的下降速度持续发展下去，实际经济增长率继续大幅下滑也大有可能。

以上提及的五大原因导致了中国经济增长持续过快地大幅下降，不过其背后，是制度层面方面的原因，归根结底还是市场化改革不够彻底，说明了合理制度安排的至关重要性。不同的制度安排将导致不同的激励反应、不同的权衡取舍，进而导致不同的结果。还是邓小平说得好：“制度好可以使坏人无法任意横行，制度不好可以使好人无法充分做好事，甚至走向反面。”[①]中国经济的效率由于现代市场制度远未建立而非常低下，以民营经济为主的创新驱动还根本谈不上，如不及时应对，就会大大地增加滑入“中等收入陷阱”的可能。这些解决了，加上政府施政效率和行政效能的提

① 邓小平：《党和国家领导制度的改革》，《邓小平文选》（第二卷），北京：人民出版社，1994年，第333页。

升，未来5～8年内中国保持一个中高速的经济增长是完全可能的。

市场机制不可替代，创新驱动、转型发展呼唤深层次市场化的改革

如前所述，中国经济增长突然失速背后的深层次根源是制度的原因，制度才是关键，是决定性的因素，是因为政府与市场之间的治理边界尚未得到合理界定，市场在资源配置中的决定性作用和民营经济的主体作用远未得到充分发挥，使得原有的经济发展方式不具有可持续性。在从政府主导型经济向市场决定型经济转变的这个过渡阶段中，政府的不作为、乱作为又使得经济增长过快过大地偏离了潜在经济增长率。潜在经济增长率的释放需要通过发展驱动转变和结构性、制度性改革，从要素驱动转向效率驱动、创新驱动，与之相伴的是，中国经济制度改革的路径需要实现从经济自由化向市场化、民营化的变迁[①]，通过深化市场导向的改革进一步完善现代市场经济制度，牵引经济社会制度的合理化转型。

为了推动向效率驱动、创新驱动转变，中央政府近年来先后提出了“一带一路”“京津冀经济圈”“长江经济带”“中国制造2025”“自贸区”“大众创业、万众创新”等国家层面的经济战略。近期又将“互联网+”提升至国家发展战略层面，这与中国今后的发展方向也许是最为契合的。这是因为互联网技术手段作为一种信息交流和处理方式，可以使得信息沟通的成本大大降低，有助于促进现实市场经济向亚当·斯密、哈耶克、阿罗·德布鲁及科斯等人所描述的市场经济的理想状态进一步逼近，从而带来运行效率的显著提升。

不过，在我们看来，如果没有深层次的制度性、结构性改革作为支撑，这些战略举措仍然没法落地，对于经济增长与发展的拉动作用也将是有限的。由于社会流动性的刚化、阶层的分化和利益集团的强大，使得中国深层次改革的空间越来越狭小，越来越艰难。尽管我们不像许多人那样悲观，认为“改革已死”，但也不像另一些人那么乐观，因为改革从来都是非常艰难，是需要大智慧的。不管怎样，改革首要的是明道，要对大原则、大方向形成高度共识。这要求进一步解放思想，坚持改革开放，发挥现代市场制度不可替代的作用。

中国过去30多年改革之所以取得巨大成就最重要的原因在于两个关键字，那就是“放”和“开”，对外开放和对内放开。中国未来在这两个方面还有很长的路要走，

---

① 田国强：《中国国营企业改革与经济体制平稳转轨的方式和步骤——中国经济改革的三阶段论》，《经济研究》，1994年11月。

现代市场经济制度是不可替代的。如果不把这个问题搞清楚，就做不到让市场发挥决定性作用，也就无法实现经济发展动力的转换与重构。现实中所存在的问题及许多人所给出的彼此矛盾的应对之策说明，这方面还存在着许多误区、误解。有人认为，中国过去取得的成绩主要不是市场机制的作用，而是政府的作用，是国有经济的作用，从而提出了所谓的“中国模式”，甚至认为国企改革就是要把国企合并，变为唯一的、绝对的垄断，好让国有企业相互间不竞争。但是，竞争产生效率，一旦国有企业垄断市场，国有企业的效率（而不是垄断利润，很多人分不清它们间的差别）就会下降。此外，垄断了，民营企业如何能进入？这个问题不解决就不能做好中长期发展，无法实现从要素驱动向效率驱动乃至创新驱动的发展转型。近期面对经济波动、股市波动，很多人又开始鼓噪此类杂音，并落实在行动中。如果是这样，中国当初就没有必要改革了。计划经济时代就是政府、国有经济在发挥主导作用，其基本结果就是资源配置的极度低效率。极度原教旨市场主义者则认为，不需要政府干预，市场经济的功能发挥没有边界，没有外部性，不会失灵，基本是万能的。这两种极端观点都不可取。

民营经济、金融市场、土地要素是三大重要改革切入口

市场化改革千头万绪，针对前面所提到的问题及现实中存在的种种认识上的误区，我们认为下一步在一些关键领域的改革方向至少有三个——民营经济主体化、金融市场自由化、土地要素市场化。这三点其实也都是跟政府与市场在资源配置中究竟应该分别发挥怎样的作用这条主线有关的，涉及如何合理界定政府与市场之间的治理边界，其要旨还是进一步深化市场导向的改革，将政府最基本的作用和职能尽量限定在“维护”和“服务”两个方面上，也就是制定基本的规则和保障社会秩序的稳定，以及供给公共产品和服务，充分发挥市场在资源配置中的决定性作用，促进中国从政府主导型经济转向市场决定型经济，为中国从要素驱动转向效率驱动、创新驱动提供制度基础。

一是民营经济主体化。在这里民营经济主体化主要指的是在就业岗位、产值贡献、创新驱动等方面起到主要作用和占主要部分。改革开放以来的实践告诉我们，中国经济的大发展无论是在产值还是就业方面主要靠的不是国有经济，而是非国有经济尤其是民营经济的大发展，并且越是民营经济发达的地方，地方政府无论是经济发展、社会稳定还是其他操心事方面，都少了许多麻烦。如果继续让国有经济发挥主要作用，势必会导致政府在资源配置中占据支配性的主导地位，限制和压制市场决定性作用的发挥，从而难以真正实现国家治理体系和治理能力的现代化。从历史视野的分析角度来看，洋务运动时期、抗日战争前后、社会主义改造之后三次以国有经济推动工业化的

尝试均未取得实质成功，以政府高度干预经济为特色的民国政府统制经济和新中国成立前30年的计划经济弊窦丛生，均未能将经济发展引入正途，值得殷鉴。①

所以，中国经济改革下一步的方向应该是让国有经济发挥重要作用而非主要作用，提高经济领域的自由度和竞争度，让民营经济发挥主体作用。惟其如此，才可能真正发挥市场在资源配置中的决定性作用。前面说过，任何一个经济体一定是从要素驱动向效率驱动升级，也就是让市场发挥决定性作用，然后再到创新驱动，使民营经济发挥主体作用。尤其是如果不能实现创新驱动，经济增长就只有数量的变化而无法产生质的飞跃。从各国经验及中国自身历史经验来看，中国经济从要素驱动向创新驱动的转变，不可缺少民营经济的大发展、大繁荣，包括中小微企业的大发展。

所谓创新，首先就意味着不要循规蹈矩，这就必然蕴含着高风险，尤其是高科技创新更具有高风险特征，创投成功的比例非常低（从而“全民创业、大众创新”只能作为鼓舞人心的口号，并非实际争取的目标），但一旦成功，就会有相当可观的盈利回报，从而能吸引更多的资金前仆后继地往里投。不过，对于国企而言，由于先天缺乏承担风险的激励机制，国企领导怕担责，也担不了这样的责，加上无论盈利多大，自身不可能获什么利，是不可能去冒这样的高风险，从而指望国企创新是不可能的。而对于民营经济，由于具有追求自身利益的强烈动机，是最敢于冒风险的，从而最具有创新意识和创新力。因此，从各国来看，企业创新（非基础性科学研究）的主体都是民营企业。国内公认最具有创新的阿里巴巴、腾讯、华为等企业，也都是民企。余额宝等互联网金融的出现是不让民营经济进入金融行业倒逼的结果，是置之死地而后生导致的结果。国有企业如不能解决效率低下、寻租腐败、挤压民营、不利创新、机会不公这五个问题，就不可能发展好。

需指出的是，混合所有制尽管比当前大多国有企业的模式要好得多，但它至多也只是个次优制度安排，说不定会造成两难。如果让国有成分占主导地位，民营企业或个人能放心将自己的资金交给国企的主管去管理吗？在国企的比重不占优的前提下，又如何保证国有资产不流失？即使能做到，具制度交易成本，包括监督成本一定会很大，效果会有限。此外，通过国企合并形成规模效应，对于应对国际市场竞争也许有帮助，但这也有副作用，不利于国内经济发展和竞争，就是其在国内市场上的垄断势力的加强，对民营经济会形成挤压。并且，民营企业参与国际市场竞争同样可以取得更大、更持久的竞争优势，比如1988年创办的华为如今已发展成为全球通信产业的龙

① 参见田国强、陈旭东：《近现代中国的四次社会经济大变革——国企改革的镜鉴》，《探索与争鸣》，2014年第6期。

头，也成为中国本土企业自主创新和全球运营双轮驱动的最佳样板。

总之，面向未来，中国要真正实现富民强国的目标也有赖于民营经济的发展。根据国内外的经济实践和经济学的基本逻辑，可以发现：欲强国，必先富民；欲富民，必赋私权；保私权，必限公权。其实，姜子牙早在3000前就深刻地认识到此点，说出了“王者之国富民，霸者之国富士，仅存之国富大夫，无道之国富君廪”的名句。通过建立有限从而有效的政府，赋予并保障个人自由选择权、私人财产权及个人生存权。那么，在个人自愿交换基础上的市场经济就能以最少的信息成本实现资源的有效配置，使经济充满活力和创造力，实现经济繁荣、人民富裕，提升国家政治经济实力。尤为重要的是，受个体逐利的约束、资源的约束、信息非对称的约束，要实现富民，首先要赋予公民基本的私权，其最核心的是基本生存权、经济自由选择权、私有产权。只有尽一切可能地去保护私权，同时尽一切可能地去制约公权力，才能为长治久安奠定制度基础。

其中，产权的明晰和保障至关重要。秦朝的商鞅就曾以野兔被捉前后的区分为例来阐述产权明晰可起到“定分止争”的至关重要的作用：“一兔走，百人逐之，非以兔为可分以为百，由名之未定也。夫卖兔者满市，而盗不敢取，由名分已定也。故名分未定，尧、舜、禹、汤且皆如骛而逐之；名分已定，贪盗不取。”[①]当前贪腐猖獗除了因为那些干部本身的素质低外，一个重要的原因就是由于公有产权没有明晰界定及公权力的大量过位，使得那些干部可通过手中的公权力进行寻租，这是造成腐败的根本原因。在防贪、反贪方面，采用孙子兵法中的“不战屈人之兵”才是上策，有贪官才去反贪至多是中策，说不定是下策，这是由于即使贪官只是少数，也破坏了政府的形象，造成了很坏的社会影响。历史经验早已告诉我们这一点。王岐山过去一个时期曾指出反腐应“以治标为主为治本赢得时间”，现在应该已到了治本的时期，反腐的根本出路在于进一步推进市场化的改革和民营化，通过合理界定政府治理边界让官员没有机会贪，通过法治让官员不能贪，通过问责和社会监督让官员不敢贪。

二是金融市场自由化。“金融很重要，是现代经济的核心。”[②]金融只有在为实体经济发展服务的过程中，才能成为经济的中心，中国经济的长远可持续发展需要金融改革发展动力的支持。目前，中国的金融市场还是一个政府监管过度、干预过多的市场，是一个准入壁垒森严的国有垄断市场，由此导致了金融资源配置的扭曲，金融进入实体经济的管道没有打通，迫切需要进一步加大改革开放的力度。这有赖于利率市

① 商鞅：《商君书·定分》。

② 邓小平：《视察上海时的谈话》，《邓小平文选》（第三卷），北京：人民出版社，1993年，第366页。

场化和资本市场深化方面的配套改革，前者的要义在于让各类经济主体可以自由地进行不同资金的交易融通，从而由市场决定不同期限、不同风险特点资金的价格，后者则要求建立多层次市场结构、多元化投资主体和多样化投资品种的市场结构。所以，金融体制改革的下一步目标应该是建立现代化的金融体系，形成各种所有制，特别是大力发展非国有、民营金融机构，以及具有足够广度和深度的金融市场，丰富金融产品种类和投资选择，提高金融资源配置效率，同时要使金融更好地服务于实体经济，尤其要增强其对民营中小微企业的支持力度，促进消费金融的健康持续发展。

互联网金融作为金融业的新生事物，来自民企、来自民间、来自草根，已经并将继续对国有部门依然占据主导的传统金融带来巨大改变，是中国经济在从要素驱动向效率驱动、创新驱动转型的关键历史阶段出现的一种新的业态，与中国经济转型发展的目标方向是相一致的，并将会更有利于这样的驱动转型。由于智能手机的出现，加上大数据、云计算等技术革命，使得中小微企业的市场行为和信用记录越来越为外人所知，信息越来越对称，同时使得融资的风险得以由众多的债权人分担，这样既可以降低融资交易成本，尤其是会大大解决中小微企业贷款难的问题，也可以解决皮凯蒂在《21世纪资本论》中所指出的不正常的资本回报率过高的问题，但最近央行刚出台的《非银行支付机构网络支付业务管理办法》（征求意见稿）又是一个政府过度干预的典型案例，一旦实施，会造成很大的负面影响。

此外，需要重点指出的是，尽管几年前全球金融危机与包括美国银行业在内的金融体系大量衍生产品的推出不无关系，但这绝不意味着我们要禁锢金融业的市场化改革和创新。中国面临的问题关键还在于金融市场化程度不足，开放竞争程度不高，政府过度干预金融市场，使之缺乏自由度，阻碍了金融改革和创新，损害了金融系统的效率和公平。这次股市的暴涨暴跌，不能简单地归咎于所谓的“做空势力”或金融创新，其更多与政府通过短期政策进行刺激而非长期结构性改革进行刺激有很大关联。面对断崖式的股市下跌危机，政府无疑应该行使一定的行政职权首先做到止血，然后尽快恢复市场应有的有效交易功能，但不应将目标放在要把股市推到一定点位上，否则会陷入一种囚徒困境。更重要的还是要在金融领域进行结构性的改革，而不是一刀切地让所有改革创新尝试停摆乃至往回走，只有合理界定好政府和市场的治理边界，正确处理好金融创新和金融监管的关系，才能兼顾整个金融系统的效率性和安全性，使中国经济获得持久发展的动力。

三是土地要素市场化。城镇化依然是中国经济发展的重要动力，但是要转换到市场导向的、开放型的城镇化道路上来，首先还是必须提供这种城镇化的必要条件——由真正的土地市场来配置土地。无恒产者无恒心，且由于土地无法形成规模经济，中国农产品生产成本持续上升导致价格不断上升，使得中外粮食价格差别很大［以今年

6月份为例，国内大米（晚籼米）比泰国进口完税后的价格高51.8%，小麦高56.6%，玉米高65.3%］，并将会继续扩大，这充分说明了中国土地制度存在着大的问题和隐患，需要尽快进行土地要素市场化的改革。通过构建开放和包容的土地市场，让市场在土地要素资源的配置中发挥更重要的作用，使土地真正得以在农户间和城乡间自由流动和自由组合，让民众（尤其是农民）分享更多土地红利，可以为经济社会构筑更牢固的发展基石。因为如前所述，要素市场的扭曲特别是竞争性土地市场的缺失，已经使产品市场、货币市场、劳动市场、资本市场和地方财政体系均发生扭曲，进而引起经济结构的扭曲，正在破坏中国经济和社会稳定的基础，瓦解民众对改革和法治社会的信心。政府应该回归到维护和服务的基本职能上，只管城市规划、区划，管理土地市场的外部经济，提供公共产品和服务，放手让市场配置土地，促进市场导向的城镇化早日完成。

土地要素的市场化改革还需要财政体制改革的配套跟进，因为前者意味着地方政府将有很大一部分预算收入需另辟财源。可以采用国际通常方法，将集中在房地产开发和销售环节的税费，整合成或增加房产物业税，每年征收。这既利于提高效率，也更能彰显公平。通过提高持有环节的成本，让投资者把房子投放到租赁市场和二手房市场上去，形成真正的消费品，降低高空置率，此其一。其二，通过此项税收可以调节社会财富分配和平衡收入差距。对于地方政府而言，这也许是一种比一步削减土地出让金及有关税费更具可操作性的方式。一来可以改变鼓励土地垄断和高价拍卖的逆向激励机制，逐步将地方政府对于土地的收益分摊于未来70年内收取，使政府获得长期稳定的收入来源。二来可以将长期在公共财政体系外循环的巨额土地出让收入纳入预算管理，让地方政府从土地市场的重要交易者真正回归到房地产市场的监管者角色。

当然，在新型城镇化的背景下，与之相关的还有户籍和社保制度改革。当前中国数量型人口红利不断下降，唯有进一步提高劳动力市场的灵活性、流动性以及进一步加大人力资本投资，才能带来劳动生产率的提升。这首先要打破传统户籍制度的刚性，而户籍制度改革其背后的实质是公共服务、公共福利的均等化，这也就涉及社会保障制度改革的问题。在这方面，应以保障基本生存权为根本，以人力资本投资为纽带，通过赋权增能来强化居民基本能力的建设，提供起点公平的机会，这样才能真正地让转移的农村劳动力真正稳定到城市里去。同时，积极推出面向未来5～10年的涵盖就业、养老、医疗、住房、教育等涉及居民“生、老、病、居、教”的具有全局性的一揽子社会福利改革计划，真正做到藏富于民、还富于民，这样才能形成内生的消费驱动发展模式。

健全政府善治三要素：法治、执行力和民主监督

一旦基本的制度、改革方向和大政方针决定之后，无论政府与市场、政府与社会之间的合理治理边界是否界定清楚，随之而来的都是具体的举措和执行。如前所述，十八届三中全会具有重大历史意义，但是对于如何将决议精神尤其是国家治理体系和治理能力现代化的总体目标，落实到改革发展的具体行动中去依然还没有方向感，这对政府执政能力提出了新的更高要求。由于政府既是改革的主要推动力量，更是改革的对象，这就决定了中国下一步改革的艰难性。那么，如何将二者有机结合起来，将全面深化改革引向深入呢？即如何从政府自身的改革入手，来使之成为一个个的改革发动机？如何确保深化市场化改革的成功？如何在加强治理的同时，又不对发展产生太大的副作用？这些问题实际上就牵涉到政府治理本身，在我们看来一个政府的善治要实现依赖于三要素——法治、执行力和民主监督。①

其一，健全法治环境。法治的首要作用是对政府行为的规范和约束，其次才是对市场经济个体的规范和约束。这是法治和法制的本质差别。一个好的法治环境，可以支持和增进市场，真正让市场发挥基础性和决定性的作用，而政府只是起到维护和服务的作用，只有这样才能最大限度地压缩权力寻租腐败的空间。在现代社会，产权的明晰和保护，更需要法治的保障。市场的本质是“无为而治”，“无为而治”的必要条件是完善市场制度，让市场有效，而让市场有效的必要条件是要有一个有效的政府，一个有效政府首先得是一个有限和定位恰当的政府，其定位需要由法治来规范化、有序化、制度化。因此，政府职能从全能政府向有限政府的转变成为关键。

同时，从促进改革的角度来看，也需要法治的健全作为保障。如果仅仅是临时调整那些政策性的短期手段，而不触及与普遍规律相违背的、带有根本性的法规条文，那么改革往往很可能会难以真正落实、持续下去，因为政策宣示很可能会被利益部门或个人根据自身的理解或理念而错误解读甚至反面解读。现实中，十八届三中全会后的土地制度改革就由于许多部门和个人的错误解读，而走了很多弯路。所以，对于那些从理念上根本反对改革的人特别是有话语权、公权力的人也有必要以法治进行规制和制约，从法理上阻塞其阻挠改革深化的空间。

其二，加强国家能力建设。一个善治国家也离不开政府的执行力，也就是所谓的

---

① 福山在其著作《政治秩序的起源：从前人类时代到法国大革命》中，提出所谓良好的政治秩序应该具有三个基本要素：强大的国家、法治和负责制政府（民主），并将其结合在一个稳定的平衡关系之中。但是，笔者认为法治才是首要的和至关重要的，在此前提下才有政府维持和服务职能的发挥及其问责。参见福山、马国川：《国家、法治与负责制政府》，《财经》，2012年12月3日。

国家能力。市场经济不是无政府状态，它需要的是一个有限而有效的政府，政府在最基本的维护和服务职能方面应充分发挥作用。如果连这两个都做不到，那就是典型的不作为当然，这两者都需要公共产品和服务来实现，而公共产品具有外部经济性，这种外部经济性又存在着受益或影响范围的差异，从而也就存在一个中央政府与地方政府的事权和财权分布的最适度，不能将地方事权压得过重而财权统得过死，否则就必然还是“政令不出中南海”，政策得不到贯彻执行。

与此同时，对于当下中国而言，全面深化改革的方案已定，但最终还需要靠各级地方政府及其领导干部去贯彻和落实，特别是在当前政府仍然在主导经济的情景下，需要有执行力。当前不少基层干部怕犯错、怕担责，执行者的不作为，已经成为改革推进的严重障碍。要增强改革的执行力和发展的驱动力，必须从法治、激励和理念三个维度推进综合治理，特别是要发现和培养改革发展的开拓良将。[①]这就要求在干部人才的配置上要下大的功夫，尽可能让思想解放、勇于改革创新、善于改革创新的人来担纲负责，将不唯上、不唯书、只唯实，敢闯、敢试、敢为人先的人放在重要岗位上或一把手的位置上，使他们成为一个个改革发动机。在20世纪80年代我们就拥有一批善于在相关领域和区域推动改革的一线干将，他们直接推动了改革的乘风破浪，并成为后来推动全国性改革的操盘手。如部委的胡耀邦、安徽的万里、广东的习仲勋等等，每一个早先都是各自管辖领域和区域的改革干将，后来进入中央领导集体承担更大的改革任务。

其三，完善民主监督机制。没有民主监督，没有问责，没有责任边界的划定，没有社会和媒体的监督，这样的政府治理体系将是涣散失效的。尤其是对于中国而言，中央政府对于地方官员晋升具有权威性和主动权，如果没有有质量的量化指标，就没了努力方向，也就无法对官员加以问责，从而官员也就没有责任和动力关注经济发展，不再勇于创新。过去的GDP中心主义（当然还加上维稳）的政绩考核方式，在带来经济高速增长的同时，也带来了很多问题和矛盾，但千万不能从一个极端走向另一个极端，不能说现在就可以完全不要GDP增长目标，在这方面不要作为了，当前更需要有质量的经济增长目标。

来自媒体和社会的外部监督也很重要。媒体被称为是政治力量、司法力量和行政力量之外的监督政府的第四种权力，应该且完全可以起到朱镕基早在1998年就提出的“舆论监督、群众喉舌、政府镜鉴、改革尖兵”的作用，推动政府施政效率和行政效能的提升并极大压缩贪腐的存在空间。同时，对于地方政府的公共服务质量信息，

---

① 田国强：《改革发展需要开拓良将》，《人民日报》，2015年7月2日。

当地的民众显然是更加了解的，而地方和中央政府则往往是信息不对称的。因此，政绩考核体系应该纳入当地民众的民意调查，让民众参与完善政绩考评机制，以使信息更加充分。这样，通过自上而下的问责和自下而上的监督，将对政府及其官员的不作为、乱作为形成有效制衡。

四、余论

未来10年，是中国改革和发展的关键时期。十八届三中全会对未来的改革做了许多战略部署和目标定向，但是战略需要战术的支撑，目标需要执行的落实，还需要进一步明确。如果不主动作为，不对改革进行推动，不对改革明确表示支持，不为改革保驾护航，可能导致的结果，要么是下面本来有改革想法的部门、地方可能会由于多做多错、少做少错、不做不错而选择不作为，要么是即使有改革的初步行动，也由于既得利益阶层的阻碍和牵绊，使得改革胎死腹中或无法真正贯彻落实。如前所述，这一轮中国经济的大幅下滑，在很大程度上也要直接归因于此。突破僵局，需要中央在改革的大方向、大方略、大方针上持之以恒，不出现动摇和反复。

面对改革的艰巨性和困难性，必须用好成功改革的方法论，在效率与公平的前提下，解决好改革、发展、稳定和创新的互动关系问题，以改革谋发展，在发展中求稳定，在稳定中促发展，从而在发展中促创新。邓小平领导的改革的成功和中国历来改革的失败给我们提供了很深刻的启迪。要让改革成功，将一件事情办成，必须实现“道、势、术、时”四位一体的综合治理。也就是，在明确了改革的方向和路线这个“道”之后，改革者还需要充分认识到任何一个重大改革或变革成功还有三大必要条件：一是“树势”，必须发挥中央顶层的独有的权威；二是“优术”，细节决定成败，改革的方式、方法要对头；三是“抓时”，要抓住稍纵即逝的改革时机，现在改革的空间越来越狭窄，越往后，改革将越艰难。因此，需要在正确的时间做正确的事情。为了将事情做成，把握做事的时机非常重要，也就是所谓的“道有时，事有势”，如果错过了改革或变革的最佳时机，就可能难以挽回大局。

自古不谋万世者，不足谋一时；不谋全局者，不足谋一域。只有勇于担当，奋力闯关，冲破阻力，才能实现中国人追求170多年的梦想，把中国建设成为民主、法治、富强、文明、和谐的现代国家，真正实现长治久安。

（田国强，上海财经大学经济学院院长。陈旭东，上海财经大学高等研究院助理研究员）

培育经济增长新动力[①]

□ 胡家勇

经过30多年的高速经济增长，中国经济已经迈向新成长阶段。习近平总书记2014年5月在河南考察时首次使用“新常态”来概括中国经济新成长阶段的特征，2014年11月在APEC会议演讲时他指出了“新常态”的三个基本特征，即从高速增长转为中高速增长；经济结构不断优化升级；从要素驱动、投资驱动转向创新驱动。中国经济进入新成长阶段的显著特征是经济增长速度明显放缓，本质则是经济增长动力的转换，从传统增长源泉转向新增长源泉。

一、中国经济成长新阶段

改革开放30多年来，中国经济以年均10%左右的速度增长，2010年超过日本，中国成为仅次于美国的世界第二大经济体，贫困率由65%以上降至10%以下，所有的千年发展目标均已基本实现。[②]从世界视野看，“二战”以后，连续25年以上保持年均7%以上速度增长的经济体只有13个，因此，中国持续30多年的高速增长可谓世界经济增长史上的奇迹。但从2010年第三季度开始，中国经济增长速度开始明显下降，2014年降为7.4%，2015年第二季度再降为7%。

---

① 本文为国家社会科学基金项目“以政府职能转变促进经济发展方式转换研究”（批准号14AJL007）的阶段性成果。

② 世界银行和国务院发展研究中心：《2030年的中国：建设现代、和谐、有创造力的社会》（中文版），北京：中国财政经济出版社，2013年。

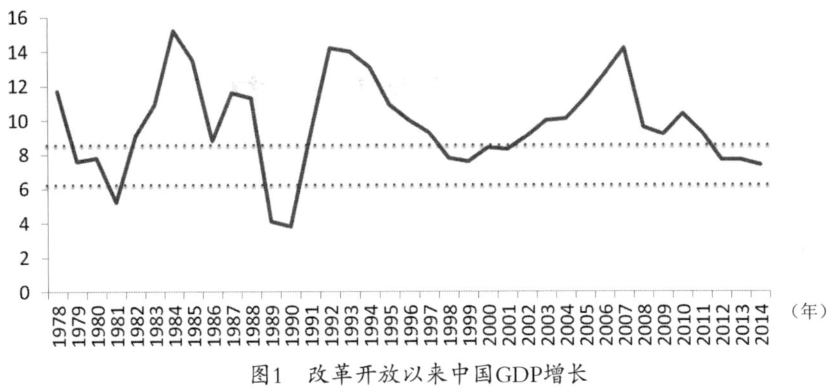

图1　改革开放以来中国GDP增长

对于中国经济增长速度的下降，学术界有一些不同的看法。有学者认为，从2012年开始的增速下降是周期性因素引起的，如有的学者认为，“中国经济潜在长期增长率仍然比较高，目前之所以出现短期增长速度下降，有其比较明显的周期性因素。”多数学者则认为，目前的增速下降是一种结构性减速，是潜在增长率下降带来的，是经济增长阶段的转换。例如，张军扩、余斌和吴振宇等认为，中国当前潜在增速回落属于后发国家追赶进程中的阶段转换，作为后发国家，中国已经越过了追赶周期的第二阶段，即高速增长阶段，而开始进入第三阶段，即中高速增长阶段。①田俊荣、吴秋余认为，中国经济正面临的增速下降“不是景气循环周期的下行区间，而是经济增长阶段的根本性转换”。②

中国经济增长速度的明显下降标志着中国经济开始进入新成长阶段，基本原因是传统增长动力减弱，有些甚至趋于消失，因此需要重塑增长动力和寻找新增长源泉。

改革开放后的前30年，中国的高速经济增长主要靠大规模要素投入驱动，属于典型的外延扩张和粗放型经济。第一，改革开放后的相当长一段时期内，中国有近乎无限供给的劳动力，大规模的劳动力从农业部门转移到工业部门、城市和沿海地区，带动了总体生产率的提高和GDP的增长。有研究测算结果显示，改革开放以来，中国年均TFP的增长率约为3.6%，对经济增长的贡献总体保持在1/5以上的水平，而TFP增长有相当大的一部分原因来自于生产要素，包括劳动力的部门转移。刘易斯模型对劳动力部门转移所带来的生产率增长做出了理论解释。第二，大规模投资和资本积累是推动中国经济高速增长的基本力量。中国的物质资本积累速度远高于世界其他国家。

① 张军扩、余斌、吴振宇：《增长阶段转换的成因、挑战和对策》，《管理世界》，2014年第12期。

② 田俊荣、吴秋余：《中国经济进入新阶段新常态，新在哪？》，《人民日报》，2014年8月4日。

1978—2011年，中国固定资产存量从1.9万亿美元（2005年不变价格）增长到45.3万亿美元，年均增长速度为10.1%，高于同期GDP增长率0.2个百分点。资本积累对经济增长的贡献，1978—2000年在50%～60%之间，2000年以后进一步提高，2006—2012年达到72.2%。[①]投资和物质资本积累之所以能够成为中国经济增长的基本驱动力，原因是多方面的。改革启动的1978年，中国仍处于前工业化阶段，直到2011年，才跨越工业化中期阶段。在这30多年间，中国正处于经济起飞和快速推进工业化过程之中，资本是其中的关键变量。这一时期，存在着大量简单明了的投资机会，日常消费品、低端制造业、出口加工、住宅、基础设施等领域都存在大量的盈利项目，只要有资本，就能抓住这些盈利机会。这一时期，市场需求旺盛束，巨大的潜在需求等待着被满足，消费处于饥渴状态，且呈现出低层次、同质和波浪式推进特征，产出基本不受需求侧的约束。从政府的角色看，这一时期，政府以经济建设为中心，广泛参与资源配置过程，利用手中所掌握的大量资源从事投资活动，以追求GDP高增长和政绩，在投资驱动经济增长中，政府性投资扮演着重要角色。第三，资源成本较低，环境容量相对宽松。土地、能源、水等资源性投入价格偏低，降低了企业经营成本；与此同时，环境规制较松，企业等经营主体甚至可以无代价地排放废水、废气、固体废物等生产性废物。低资源成本和低污染代价刺激了资源、能源密集型产业的发展，同时也把中国经济锁定在了高消耗、高排放、高污染和低附加值的轨道上。第四，中国改革开放适逢世界产业转移、全球经济一体化加速和国际贸易快速增长时期，中国抓住了这一发展机遇，大量吸收外资、引进技术和管理经验，实施激励出口政策，外需成为高速增长的强有力引擎。

经过30多年的高速增长后，中国经济增长的基本条件发生了根本性变化。在理论上，一个国家的经济增长速度取决于供给与需求两个基本面。在供给面，自然资源、人力资本、物质资本、技术和管理水平以及制度安排决定着潜在增长率；在需求面，消费、投资和外需的规模和增长速度决定有效需求水平，进而决定潜在增长率能在多大程度上得到释放和实现。中国经济的供给面和需求面都发生了重大变化。从供给面看，要素禀赋结构已经大不相同。第一，劳动力无限供给的状况发生了根本性改变，劳动力对经济增长的制约作用开始显现。蔡昉认为，在高速增长中起“决定性作用”的人口红利消失了。[②]根据第六次人口普查，中国15～59岁劳动年龄人口2010年达到峰值，之后逐年减少，可以预见，中国劳动力短缺现象会日益加剧，企业用工成本会

① 赵昌文、许召元、朱鸿鸣：《工业化后期的中国经济增长新动力》，《中国工业经济》，2015年第6期。

② 蔡昉：《以转方式调结构引领新常态》，《人民日报》，2015年5月4日。

显著提高。与此同时，人口老龄化步伐加快，65岁以上老龄人口占总人口的比例快速上升，近几年3年左右就提高一个百分点，2007年达到8%以上，2011年达到9%以上，2013年达到近10%（9.7%）。老年抚养比例随之快速提高，进入2000年以后提高到10%以上，2007年提高到11%以上，2011年提高到12%以上，2013年达到13.1%。人口老龄化在减少劳动力的供给的同时，增加与人口老龄化相关的养老、医疗和保健等方面的支出。劳动人口的减少和老龄人口的增加都会对总体储蓄率、投资回报率和原有的比较优势产生负向影响。第二，土地、资源的供给趋紧，价格快速上涨。长期以来，政府通过低价征收土地推动招商引资、房地产发展和城市摊大饼式扩张，2003—2008年，政府征用了140万公顷土地。但可转化为建设用地的土地越来越少，特别是东部沿海地区，因土地而产生的利益冲突越来越尖锐，甚至屡屡引发群体事件。土地红利以及自然资源红利正在快速减少甚至趋于消失。第三，环境容量趋紧，已经不能再靠污染环境来求得快速经济增长。世界银行和国务院发展研究中心的研究报告指出："中国当前的增长模式已对土地、空气和水等环境因素产生了很大压力，对自然资源供给的压力也日益增加。"[①]传统增长方式所造成的环境代价是巨大的，据测算，中国环境退化和资源枯竭所造成的损失接近GDP的10%，其中空气污染占6.5%，水污染占2.1%，土壤退化占1.1%。[②]另根环保部和中国工程院的研究报告，世界上污染最严重的30个城市中，中国占20个，有超过一半的水体受到了污染，超过3亿人使用受到污染的水，1/3的水系未能达到政府规定的安全标准，1/5的农田受到重金属的污染。[③]空气污染、水源污染、土壤污染、沙漠污染等，都对高增长和传统增长方式形成了硬约束。

从需求方面看，投资和外需高速增长的势头已经不复存在。第一，投资的增长速度呈现下降趋势。"十一五"期间，全社会固定资产投资平均增速为25.5%，"十二五"的头两年，增速仍维持在20%以上，但2013年降到19.3%，2014年再降为15.7%。投资增速下降从一个侧面说明投资机会发生了变化，原来的简单明了的投资机会已经不复存在，新的投资机会需要通过技术创新、产品创新、产业创新、商业模式创新等新途径来开拓，难度和复杂度明显加大。在投资增速下降的同时，投资效率也明显下降了。新增资本产出比是衡量投资效率的一个指标，指每增加一个单位的GDP所需要增加的投资额。2005年新增资本产出比是2.4，2008年为2.9，2009年为3.6，2014

---

① 世界银行和国务院发展研究中心：《2030年的中国：建设现代、和谐、有创造力的社会》（中文版），北京：中国财政经济出版社，2013年。

② 世界银行和国务院发展研究中心：《2030年的中国：建设现代、和谐、有创造力的社会》（中文版），北京：中国财政经济出版社，2013年。

③ 环保部和中国工程院：《中国环境宏观战略研究》，北京：中国环境科学出版社，2011年。

年达到 了4.3的较高水平，有持续提高的势头。[①]投资增速的下降和新增资本产出比的提高使投资对中国经济增长的驱动力下降。第二，外需在中国经济增长中的重要性下降。受传统比较优势的减弱、国际市场竞争加剧、新兴经济体对我国主要出口市场的侵蚀以及贸易保护主义抬头等因素的影响，我国的出口增长速度不可能维持在原有水平上。自2012年以来，出口增速已连续3年维持在个位数上，2014年出口增速仅为6.1%。据国务院发展研究中心的预测，2015—2020年，中国出口重现高速增长的可能性很小，货物出口年均增速为6%左右。换一个角度看，中国也不需要继续追求过高的出口增长速度，因为过度的出口增长会造成宝贵资源的流失，加剧环境破坏、贸易摩擦、外贸环境恶化和巨额外汇储备风险等。

由于供给面和需求面的基本因素发展了趋势性变化，加上人均收入水平已经达到中等偏上收入国家标准，中国已经开始迈向新成长阶段。美国经济学家罗斯托把经济发展划分为五个阶段：传统社会、为起飞创造前提条件阶段、起飞阶段、向成熟推进阶段和高额群众消费时代。依据罗斯托标准，在向成熟推进阶段，正常成长的经济力图把现代技术推广到它的全部领域之中；国民收入中有10%~20%经常用作投资；技术的改革加快，新工业加速发展而旧工业停滞，经济结构不断发生变化；对新的进口货物的需要增长；社会按照自己的意愿，迎合现代有效率生产的需要；用新的信念和制度来代替旧的信念和制度，使它能够帮助而不是阻碍成长过程。而在高额群众消费时代，经济的主导部门转移到耐用消费品和服务业，城市居民在总人口中的比例提高了，在办公室工作的人和熟练工作的人所占的比率提高了，越来越多的资源用于生产耐用消费品和服务。[②]按照罗斯托的标准，我国目前已经明显呈现出向成熟推进阶段和高额群众消费时代的某些特征。

二、培育经济增长新动力

在新经济成长阶段，中国经济仍具有巨大的增长潜力。许多学者对中国未来的潜在增长率进行分析预测，依据蔡昉的预测，“十三五”时期中国经济潜在增长率为6.2%[③]；依据世界银行和国务院发展研究中心预测，“十三五”期间中国经济的潜在

① 赵昌文、许召元、朱鸿鸣：《工业化后期的中国经济增长新动力》，《中国工业经济》，2015年第6期。

② 罗斯托：《经济成长的阶段》（中译本），北京：商务印书馆，1962年。

③ 蔡昉：《增长潜能+改革红利》，《人民日报》，2015年8月5日。

增长率为7.0%[①]；依据林毅夫预测，2008—2028年中国经济的潜在增长率甚至可以达到8%[②]。与高速增长时期相比，中国潜在增长率确实下降了，但从国际范围内看，仍是很高的增长速度。实现潜在增长率，不能依靠传统的增长动力和源泉，必须培育新增长动力和源泉，这需要从供给和需求两个方面着手。

（一）从供给面看经济增长新动力的培育

根据马克思主义政治经济学原理，生产在社会再生产过程中起决定性作用，生产在向社会提供产品和服务的同时，也创造着对自身的需求。[③]因此，从长期看，经济增长的根本动力是发展生产力和提升生产能力，这就需要从供给面来探讨经济增长新动力的培育。

经济增长理论探讨了决定经济增长的基本因素。Solow-Swan模型认为，经济增长的动力在于资本积累、劳动力增加和生产效率提高。熊彼特则强调创新在经济发展过程中的关键作用。以罗默和卢卡斯为代表的内生经济增长理论认为，除了资本积累和劳动力数量增长外，人力资本积累和研发等带来的持续技术进步，是推动经济长期增长的动力。以阿吉翁为代表的新经济增长理论认为，经济增长需要建立在技术创新的基础上。根据经济增长理论对经济增长动力的分析，结合我国经济成长新阶段的基本特征，可以看出，中国经济增长新动力将主要来自于创新、结构转型升级和人力资本积累三个主要方面。

1. 创新是经济增长的最重要驱动力

在要素供给、资源、环境约束日益趋紧的条件下，未来中国经济的中高速增长将主要依赖于全要素生产率的提升。在以往的高速增长时期，全要素生产率提高对GDP增长已经做出了贡献。据蔡昉测算，在1982—2009年GDP的增长中，全要素生产率的贡献率为9.6%。[④]但这一时期全要素生产率的提升相当大的一部分原因在于国外先进设备的购买和其他技术引进，以及大量劳动力从低效率的农业部门转移到高效率的非农业部门。这两方面的潜力已经开始衰减。由于这一原因，中国全要素生产率的增速近

---

① 世界银行和国务院发展研究中心：《2030年的中国：建设现代、和谐、有创造力的社会》（中文版），北京：中国财政经济出版社，2013年。

② 林毅夫：《中国经济持续增长潜力依然强劲》，《理论学习》，2014年第6期。

③ 在谈到生产对消费的作用时，马克思指出："生产生产出消费，是由于生产创造出消费的一定方式，其次是由于生产把消费的动力，消费的能力本身当作需要创造出来。"马克思：《1857—1858年经济学手稿》（导言），《马克思恩格斯文集》（第8卷），北京：人民出版社，2009年。

④ 蔡昉：《破解中国经济发展之谜》，北京：中国社会科学出版社，2015年。

年来趋于下降。改革开放以来，中国全要素生产率的增长率年均约为3.6%，2000年以后则下降到不到3%。[①]随着中国与发达国家技术水平差距的缩小，直接引进先进设备和技术专利的难度不断加大，成本不断提高，全要素生产率提高要更多地转向原始创新、模仿创新、集成创新，特别是原始创新，通过不断创新来开辟新技术、新产品、新产业、新商业模式和新生产组织形式。

目前全球正在掀起新一轮科学技术浪潮，信息网络、生物科技、清洁能源、新材料与先进制造等领域正在孕育一批具有重大产业变革前景的颠覆性技术，特别是新一代信息技术的发展为实现从人与人、人与物、物与物、人与服务互联向“互联网+”发展提供了丰富高效的工具与平台，全方位改变着人类的生产生活面貌。中国必须牢牢把握新一轮科技创新的战略机遇，加快推进创新驱动发展战略，使创新成为新成长阶段的动力和源泉。

中国的创新要素已开始积累，技术进步的新引擎和创新驱动新格局开始生成。从企业层面看，企业的创新意愿和能力增强，过去5年规模以上工业企业开展研发活动的比例增加120%，研发人员和研发支出增加1倍以上，企业研发投入占比已经超过了70%，企业作为创新主体的地位开始确立。从全国范围看，2014年R&D经费支出13312亿元，占GDP的比例达到2.09%，2020年预计超过2.5%， 将超越许多发展中国家的水平；累计建设国家工程研究中心132个，国家工程实验室154个，国家认定企业技术中心1098个；拥有有效专利达464.3万件，技术合同成交金额达8577亿元。在一些技术领域我国已经拥有相对优势。在互联网和移动通信领域，我国不仅拥有百度、阿里巴巴、腾讯等互联网巨头，而且拥有华为、中兴通信这样位居通信技术前沿的国际化公司。基于互联网的创新层出不穷，互联网金融可望走在前列。在新材料领域，我国也有位居世界前列的创新，如石墨烯研制处于世界前沿水平，电动汽车发展也有望主导世界。[②]

使创新成为经济增长的强劲动力，需要建立创新资源高效配置和创造潜能充分发挥的体制机制。“创新依赖于经济自由、公平竞争环境、不同背景和社会地位的人能够为创新而竞争、新的创新企业能够不受制于老的创新企业。”[③]因此，为了实施创新驱动战略，中国要加速深化经济体制改革，营造公平竞争的市场环境，运用市场机制调动创新要素和激发创新活力；完善知识产权制度，完善激励创新的机制；建立创新导向的金融体系，让金融体系去识别风险、分散风险、选择技术创新方向；在物联

① 赵昌文、许召元、朱鸿鸣：《工业化后期的中国经济增长新动力》，《中国工业经济》，2015年第6期。

② 姚洋：《坐新科技革命列车的头等车厢》，《人民日报》，2015年5月22日。

③ 达龙·阿西莫格鲁：《制度视角下的中国未来经济增长》，《比较》，2014年第74期。

网、大数据、云计算、新能源汽车等新兴领域组建一批新型研发机构，取得一批原创性科研成果。

2. *产业结构转型升级孕育经济增长新动力*

现代经济增长需要有现代产业结构作为支撑，中国的低端产业结构已越来越不适应现代经济增长。但低端的产业结构也潜藏着巨大的增长源泉，即通过产业结构升级能够使资源得以重新配置和流向高端用途，从而大幅度提高全要素生产率和整个社会的生产力。

产业结构转型升级首先要加快第三产业发展，特别是现代服务业的发展。以经济发达国家产业结构为参考，在现代经济增长中，第三产业在国民经济中占60%以上，第二产业占30%左右，第一产业占5%左右。中国自改革开放以来，产业结构一直在不断优化升级，1978—2014年，第一、第二产业占GDP的比重分别降低了18.9个百分点和5.6个百分点，第三产业则大幅度上升了24.5个百分点，2013年第三产业增加值占GDP的比重首次超过第二产业达46.1%，2014年提高到48.2%，2015年上半年再提高到49.5%。第三产业对GDP的拉动和贡献率越来越接近第二产业。①但我国现有产业结构尚不能支撑现代经济增长和大众消费时代。从第三产业所占比重看，我国与发达国家相比还有不小的差距，更重要的是，我国第三产业本身还比较落后，现代服务业，特别是其中的生产性服务业与发达国家相比差距更大。大力推动第三产业发展，特别是其中的生产性服务业，包括研发、设计、检验检测、品牌、售后服务、金融等的发展，是推动产业结构转型升级的第一个着力点。

推动产业结构转型升级的第二个着力点是改造传统制造业。传统制造业高投入、高排放、高污染、附加值低，且许多行业产能严重过剩。熊彼特有一个著名论断，即经济发展过程是一个“不断地破坏旧结构，不断地创造新结构”的过程。对传统制造业的“创造性破坏”，就是运用现代科学技术使其脱胎换骨。具体讲，主要通过“互联网+”行动计划，将移动互联网、云计算、大数据、物联网等现代信息技术与制造业深度融合，实现制造业信息化和智能化。国务院已于2015年5月颁布了《中国制造2925》，指出要以加快新一代信息技术与制造业深度融合为主线，以推进智能制造为主攻方向，促进制造业数字化、网络化、智能化。

推动产业结构转型升级的第三个着力点是发展战略性新兴产业。以突破性技术和重大发明为支撑的战略性新兴产业是引领中国未来经济社会发展的重要力量，是新发展阶段经济增长的重要源泉。2012年7月，国务院正式发布了《“十二五”国家战略性

① 张慧芳：《新常态下的经济结构：再平衡与新期待》，《经济学家》，2015年第7期。

新兴产业发展规划》，该规划提出，到2020年，战略性新兴产业的增加值占GDP的比重将达到15%，部分产业和关键技术跻身国际先进水平，节能环保、新一代信息技术、生物、高端装备制造产业成为国民经济支柱产业，新能源、新材料、新能源汽车产业成为国民经济先导产业。发展战略性新兴产业将把生产可能边界大幅度地向外推移，为经济中长期中高速增长奠定生产力基础，并改变整个社会的生产和生活面貌。

3. 挖掘人力资本红利

中国经济已经到了“刘易斯拐点”①，这意味着人口红利的消失，但劳动力仍是中国经济中长期增长的重要因素。从劳动力资源中继续获得经济增长的动力，需要提高人力资本质量，从获取人口红利转向获取人力资本红利。人力资本质量的提高，不仅有助于提高劳动生产率和劳动者收入水平，消化日益提高的劳动力成本，而且有助于推动制造业和服务业向价值链高端攀升。中国已经奠定了一定的人力资本基础。2010—2014年，高等学校普通本专科招生人数在660万人以上，2014年达721.4万人；2010—2014年在校人数在2230万人以上，2014年达2547.7万人；2010—2014年毕业生人数在570万人以上，2014年达659.4万人。包括研究生教育在内的高层次教育发展很快，2014年研究生招生62.1万人，在学研究生为184.8万人，毕业生为53.6万人。还有一大批受过初中、高中和中等职业教育的蓝领工人。与发展中国家相比，中国的劳动力素质是较高的。按照《国家中长期教育改革和发展规划纲要（2010—2020年）》，到2020年中国的主要劳动年龄人口平均受教育年限要从2015年的10.5年提高到11.2年，新增劳动力受过高中阶段及以上教育的比例从2015年的87%提高到90%。

为了获得人力资本红利，需要进一步提高人力资本质量，这就需要进行教育改革，使教育与制造业转型升级、创新驱动发展战略和新一轮科技革命浪潮相适应。一是要改善教育结构，提高职业技术教育的比重和质量。2014年，中国中等职业教育的招生人数、在校生人数和毕业生人数都小于普通本专科人数，中等职业教育有萎缩的势头，这对于我国技能型人力资本的积累是不利的。这方面可借鉴德国、日本等制造业强国的经验。二是改善高等教育质量，提高学生的创新能力。包括淘汰过时的课程设置和教学内容，打破抑制沉重创新精神的沉闷的教学方式和考试方式。这方面需要借鉴美国、英国等高等教育强国的经验。

除了提高教育质量外，还需要完善医疗、失业等社会保障制度和劳动力市场制度，提高平等就业和创业的机会，增强劳动力在城乡之间、城镇之间、区域之间和行业之间的横向流动性，以及社会、经济和政治组织内的纵向流动性，这些都是提高人

① 蔡昉：《破解中国经济发展之谜》，北京：中国社会科学出版社，2014年。

力资本质量和配置效率所不可或缺的。

（二）从需求面看经济增长新动力的培育

从需求面看，经济增长是由消费、投资和外需“三驾马车”拉动的。因此，从短期看，经济增长是由有效需求决定的，需求规模和结构决定着已有生产能力能够在多大程度上得到利用和释放。

1. 培育居民消费

居民消费是生产的最终目的，是幸福生活的源泉，因而是经济发展的永恒和不竭动力，其他需求（包括投资需求）则是派生需求或中间需求。马克思主义政治经济学在分析消费在社会再生产过程中的作用时提出了三个重要观点，“没有消费，生产就没有目的”“产品只是在消费中才成为现实的产品”“消费创造出新的生产的需要、创造出生产的动力”。①

在我国，消费，特别是居民消费对经济增长的拉动作用偏弱。1990年以前，最终消费在国内生产总值中所占的比例保持在62%以上，但随后开始下降，到2013年，最终消费在国内生产总值中所占的比例降到了50%以下（49.8%）。在最终消费中，有一部分是政府消费，占GDP的比例为13%～14%。扣除政府消费，2005年以后，居民消费占GDP的比例不到40%，2013年仅为36.2%。从国际比较看，中国居民消费所占的比例不仅低于西方发达国家，而且低于其他金砖国家。2011年，美国、日本、德国、英国和法国的居民消费所占比例分别为71.6%、60.5%、57.4%、64.4%和57.7%，印度、巴西、俄罗斯和南非分别为56.3%、60.3%、49.2%和59.8%，都远高于中国。中国的最终消费对GDP增长的贡献率也偏低，2005年仅为39%，随后有所回升， 2013年为50.0%，2014年为51.2%。

在中国经济起飞和高速增长阶段，由于缺口巨大、自我回旋空间比较广阔，投资可以扮演经济增长第一拉动力的角色。但是，随着中国经济发展进入新常态，消费作为经济增长拉动力的重要作用就会凸显出来，经济增长将步入以消费为主导，消费、投资和出口协调拉动新阶段。

为了充分发挥消费对经济增长的拉动作用，需要采取促进居民消费的政策措施。

第一，促进居民收入增长。收入是消费的基础，消费的增长取决于收入的增长。这就要求我们改变目前居民收入增长低于财政收入和企业收入增长，居民收入占国民

---

① 马克思：《1857—1858年经济学手稿》（导言），《马克思恩格斯文集》（第8卷），北京：人民出版社，2009年。

收入的比重不升反降的宏观分配格局，做到藏富于民，让人民成为收入和财富的持有主体。可以采取的政策措施包括减轻个人所得税，健全工资正常增长机制和生产要素报酬由市场决定的机制，消除拖欠、压低农民工工资现象。从长期看，中国要尽快扩大中产阶层，形成“橄榄型”的社会结构。中产阶层是社会消费的主力，他们追求生活质量，偏爱住房、汽车、高档电器、奢侈品和进口产品消费，能够带动消费成长和消费升级。据美林银行估算，2015年中国中产阶层人口为3.5亿人，占总人口的约27%，而2010年美国中产阶层人口占总人口的75%，日本、韩国、欧盟成员国中产阶层人口超过全部人口的90%。

第二，优化消费环境，提供更加丰富、更加多样化的消费选择。建立安全、透明、规范和低交易成本的消费品市场，强化市场监管，严厉打击假冒伪劣商品；顺应消费层次提高和消费选择的日趋个性化，通过产业结构的升级和改变进口政策，提供迎合消费者需要的新产品和服务；加快消费信贷发展，方便消费者基于收入周期和生命周期来安排消费计划，提高一生的福利总水平。

第三，培育消费新热点。排浪式消费已经过去，传统消费热点开始消退，需要培育和释放新的消费热点。一是信息消费。信息日益成为重要的生产和生活要素，信息消费已经成为一个社会经济效率和生活质量的决定因素和重要标志。中国的信息消费水平与发达国家相比还有很大差距，以宽带拥有量为例，中国每百人中平均13人拥有宽带，而美国、日本和欧洲国家平均为33个人。①通过破除体制障碍，可以激活和释放我国信息消费。二是高端消费。随着收入层次的提高，消费者更加讲究产品的品质、品牌和个性化，但以品质、品牌、个性化为标志的高端消费目前却受到抑制，高端消费品生产也明显滞后，大量的高端消费流失到国外。释放高端消费，不仅可以增加社会消费总量，更重要的是能提升消费层次。三是老年人消费。人口老龄化带来消费新热点，与人口老龄化相关的养老、医疗、护理、家政、陪伴等方面的消费需求增长迅速。2013年中国60周岁以上老年人超过2亿人，占总人口的14.9%，而且在以年均800多万人的速度快速增加，2020年老龄人口将达到2.43亿人，2025年将突破3亿人。据国家老龄委预测，2020年中国老龄人口消费规模将达到3万亿元。但目前中国“银色产业”仅占国内生产总值的不到3%，与欧美国家高达18%的比例相差甚远。四是教育、文化、健康、休闲、旅游等精神领域的消费需求。

2. 培育新投资热点

投资是经济高速增长时期的第一拉动力，但“新常态”下投资的作用会下降，拉

① 李稻葵：《中国经济的三大新增长点》，《北京日报》，2015年5月11日。

动经济增长的方式也会发生变化。1982—2013年，全社会固定资产投资每年平均增长21.2%，2013年以后降到了20%以下，2014年降至15.3%，已经显示出明显放缓的趋势。一些学者也认为，中国的投资已经过度了。[①]但中国还没有完成工业化过程，还处在城镇化加速推进和经济结构急剧转型期，投资仍将是中国经济增长的重要拉动力，但投资率会下降，投资方向需要调整。

与消费不同，投资具有两面性：既构成当期的需求，又形成下一期的供给。因此，在“新常态”下，投资应主要投向那些与居民消费需求具有互补性，能改善生产力结构而又不会形成过剩产能的领域。

第一，信息基础设施投资。信息基础设施是信息社会和创新驱动发展的物质基础。中国信息服务水平滞后于社会需求，在很大程度上是受制于信息基础设施的落后。2014年中国的平均网速为4.25Mbps，而日本的平均网速为15Mbps，韩国为25.3Mbps，中国香港为 16.3Mbps。2015年5月国务院颁布了《加快高速宽带网络建设推进网络提速降费的指导意见》，提出到2015年底，直辖市和省会城市平均接入速率达20Mbps，建成4G基站超过130万个。因此，以宽带、无线互联网、云计算中心为代表的信息基础设施将成为新一轮投资的重要领域。

第二，传统基础设施领域投资。改革开放30多年来，中国已经在公路、铁路、机场、港口等传统基础设施领域进行了大量投资，基础设施水平得到了明显提高。但从人均基础设施拥有量看，我国还落后于世界平均水平。据IMF的数据显示，2010年，中国人均基础设施拥有量仅为西欧地区的38%，北美地区的23%，日本、韩国的18%。可见，即使是在传统基础设施领域，仍有潜在的投资空间。未来传统基础设施领域的投资重点包括：完善基础设施网络，提高基础设施互联互通水平；完善城市间高速铁路和城市地铁，提高城市群的一体化水平；完善农村公路、电力、通信设施建设，将广大农村地区和落后地区更好地嵌入全国基础设施网络；振兴长期被忽视的基础设施项目，如城市地下管网和道路微循环系统等。

第三，传统制造业转型升级投资，包括产能更新、产能转移和产能绿色化所需要的投资。中国的环境污染主要是由落后产能造成的，实现节能减排目标，需要用先进的技术设备更新落后产能，这需要大量投资。适应区域比较优势的变化和新增长极生成，产能需要在区域间转移，这会带来大量投资机会。以钢铁为例，目前中国大约有

① 参见史永东、齐鹰飞：《中国经济的动态效率》，《世界经济》，2002年第8期。袁志刚、何樟勇：《20世纪90年代以来中国经济的动态效率》，《经济研究》，2003年第7期。白重恩、张琼：《中国的资本回报率及其影响因素分析》，《世界经济》，2014年第10期。

10亿吨钢铁产能需要转移。[①]产能的绿色化将深入到制造、服务、建筑、交通、能源、城市发展等领域，需要巨额投资来支撑。据世界银行和国务院发展研究中心估计，未来5~10年，在节能、环保以及用高技术企业替代高污染企业方面，将支出5.8万亿元。[②]

第四，战略性新兴产业投资。2010年，国务院颁布了《关于加快培育和发展战略性新兴产业的决定》，将培育发展新兴产业提升到战略高度，并确立了节能环保、新一代信息技术、生物、高端装备制造、新能源、新材料、新能源汽车等7个重点领域和34个重点方向。2012 年，国务院出台了《“十二五”国家战略性新兴产业发展规划》，明确了7个重点领域2015年和2020年的发展目标，以及相应的配套政策与重大工程。战略性新兴产业发展不仅需要政府进行大量投资来奠定基础和分散风险，而且需要大量民间投资配合和跟进。

第五，养老、医院、学校、文化、娱乐等公共设施投资。适应人口老龄化，需要投资兴建大量医疗机构、养老机构、康复机构、护理机构等；适应居民精神追求的需要，需要投资兴建大量公共文化、休闲、娱乐和旅游设施。

3. 以产能和资本输出引领外需稳定增长

出口高速增长的时代已经结束。2014年，中国出口仅增长4.9%，对GDP增长的贡献率仅为1.3%。面临新形势，中国必须提升对外经济发展战略，由原来以初级产品、一般加工品、微利产品出口为主转向更多地依靠技术产品出口、产能输出和资本输出。“一带一路”战略和国际产能合作等将拓展新的海外市场，有利于中国在全球市场中占据更多的主动权。据中金公司估计，未来10年中国对“一带一路”地区的出口占比有望提升至1/3左右，在“一带一路”上的总投资有望达到1.6万亿美元。[③]2014年底，李克强总理与哈萨克斯坦总理马西莫夫就围绕“中哈产能合作框架协议”初步达成合作协议，价值180 亿美元，主要涉及基础设施、公路、住房等领域。这不仅带动出口的增长，也有利于加快国内相关产业缓解产能过剩的困扰。

三、奠定新增长的体制基础

培育和释放新增长动力，需要有完善的现代市场经济体制作为制度基础，从这个意义上讲，全面深化改革是中国经济进入新增长阶段的根本动力。适应经济发展新

① 李稻葵：《中国经济的三大新增长点》，《北京日报》，2015年5月11日。

② 世界银行和国务院发展研究中心：《2030年的中国：建设现代、和谐、有创造力的社会》（中文版），北京：中国财政经济出版社，2013年。

③ http：//news.hexun.com/2015-01-08/172169612.html.

常态，转换经济增长动力，关键在于真正让市场发挥决定性作用和更好地发挥政府作用，全面深化改革应紧紧围绕这一关键环节展开，从科学处理好政府与市场关系、充分发挥非公有制经济作用、深化国有经济改革着手。

第一，科学处理好政府与市场关系。

十八大报告和十八届三中全会通过的《关于全面深化改革若干重大问题的决定》（以下简称《决定》）都明确指出，“经济体制改革的核心问题是处理好政府和市场的关系”。处理好政府与市场的关系，首先要明确，在经济发展的不同阶段，政府与市场的关系是不一样的。在经济起飞和模仿追赶阶段，由于发展瓶颈和投资缺口明显，且有发达国家作为经济技术追赶标杆，政府计划、政府投资和国有企业可以起到较大作用，政府主导的经济发展模式具有某种优势。但是，一旦经济结构复杂化，隐含知识、私人信息和冒险精神在经济发展中起到更大作用，消费选择更加个性化和多样化，技术模仿空间变小，各种不确定性增强，市场的作用就会显得更加重要和关键，政府的角色就需要做根本性调整。

阿西莫格鲁认为，如果从制度的视角考虑增长，那么，包容型经济制度（Inclusive Economic Institutions）对于创新就是非常重要的。包容型经济制度包括“安全的产权保障；零壁垒的行业进入；公正的法律和良好的秩序；政府支持市场、维护合同，创造一个公平竞争的环境，使得具有不同家庭背景和能力、来自社会各阶层的公民都能公平参与经济活动”。[①]费尔普斯认为，自由企业制度对于创新至关重要。“如果企业家和投资人不能自由创建新企业、自由进入某个产业、自由出售企业的股份（如今主要是通过公开发行）、自由关闭企业（在无销路时），他们就不会对创意的开发进行投资”；“复杂经济的收益主要来自市场”，在不受约束的经济中，“每个公司和参与者都像前方的探路者或者负责搜索的蚂蚁，通过对所有局部变化的观察和分析，敏感地做出反应，调整生产方向和产量”；“某个产业出现的新知识会通过市场机制（价格下降或其他信号）迅速传递给整个社会”。[②]以上论述比较清晰地勾画出了现代市场经济条件下政府与市场各自的角色，那就是，绝大部分资源配置活动和创新活动交给市场进行，市场通过错综复杂的网络和千丝万缕的联系调动潜藏在千百万人中的财富、资源、知识、技能和各种创造力，使它们成为创新和生产力发展的不竭源泉。政府的作用在于为市场经济运行创造支持性框架，包括建立现代市场经济的制度框架，特别是建立完善的产权制度；提供较为完善的基础设施服务，使各类生产要素能够顺

① 达龙·阿西莫格鲁：《制度视角下的中国未来经济增长》，《比较》，2014年第74期。

② 埃德蒙·费尔普斯：《大繁荣：大众创新如何带来国家繁荣》（中译本），北京：中信出版社，2013年。

畅、廉价地流动；构建完善的社会福利制度，分散社会成员的经济风险，保证个人选择自由和发挥冒险精神；完善宏观调控框架，稳定经济主体预期，防止经济大起大落。

第二，充分发挥非公有制经济作用。

非公有制经济已经在我国经济社会发展上扮演着非常重要的角色。2014年，我国私营企业已达1546.37万家，注册资本为59.21万亿元，个体工商户为4984.06万家，资金数额为2.93万亿元，包括私营、个体经济在内的非公有制经济对投资、GDP增长、就业和税收等方面都做出了重要贡献。更为重要的是，以华为、阿里巴巴、腾讯等为代表的非公有制企业在技术创新、商业模式创新等方面亦走在了前面。

我们可以基于多样性来理解“新常态”下非公有制经济的作用。多样性是适应经济复杂性、克服不确定性和激发创新活力的基础条件。“现代经济依靠社会的多样性实现繁荣。”因为，一个社会的创新意愿和能力都与多样性密切相关，金融家、企业家和消费者的多样性，决定着一个社会的活力和创造力。私营部门的成长决定了经济的多样性，从而激发了创新。“从历史上看，激发创造力和远见、推动知识和创新增长的体制只能在私营部门爆发，而非公共部门。”[①]因此，在“新常态”下，政策的重点需要更多地转向非公有制经济的发展。

促进非公有制经济发展，以下两点非常重要：第一，自由投资和自由企业制度。除少数必须由国有部门垄断经营的领域外，其他领域都应向非公有制经济开放，不仅是现有领域要开放，而且新兴领域和未知领域也要开放。“经济如果不受束缚，会成为不断获得经济知识（生产什么和如何生产）并淘汰无用的旧知识的有机体。”[②]第二，平等的法律和竞争地位。十八届三中全会《决定》已经做出这方面的规定：“保证各种所有制经济依法平等使用生产要素、公开公平公正参与市场竞争、同等受到法律保护。”为了使这些规定落到实处，必须有体制机制上的保证。例如，为了保证各种所有制经济依法平等使用生产要素，就必须改革现有的银行制度、资本市场制度、土地市场制度和劳动力市场制度，使市场机制在生产要素配置上起决定性作用，而真正的市场机制一般不会歧视某个特定的市场主体。

第三，深化国有经济改革。

“新常态”下，国有经济的功能和分布领域会不同于以往，因此，要基于新发

① 埃德蒙·费尔普斯：《大繁荣：大众创新如何带来国家繁荣》（中译本），北京：中信出版社，2013年。

② 埃德蒙·费尔普斯：《大繁荣：大众创新如何带来国家繁荣》（中译本），北京：中信出版社，2013年。

展阶段，准确界定国有资本和国有经济的功能，完善国有经济结构。十八届三中全会《决定》指出，“国有资本加大对公益性企业的投入，在提供公共服务方面作出更大贡献。”世界银行和国务院发展研究中心的报告指出，“作为一种公共资源的国有资本应当主要或完全用于提供公共产品”“逐步退出非公共品提供领域”。[①]从另一个方面来讲，国有企业存在创新激励不足、不愿冒风险的问题。因此，为了适应“新常态”，培育经济增长新动力，应加快国有经济退出竞争性领域的步伐，深入推进垄断行业改革，推动国有资本和国有经济回归公益性，向体现国家战略间意图的基础性、战略性、前瞻性领域集中，同时实现国有经济领域产业和产权的广泛开放，使国有经济分布更合理、比重降低到与其功能定位相适应的水平。

适应“新常态”的国有经济改革，会向市场释放大量资源，向非国有经济开放更多投资领域[②]，同时改变市场不均衡结构，提高资源的流动性和市场的竞争性，使新增长动力不断成长壮大。

参考文献

［1］埃德蒙·费尔普斯. 2013. 大繁荣：大众创新如何带来国家繁荣. 中译本. 北京：中信出版社.

［2］蔡昉. 2015. 破解中国经济发展之谜. 北京：中国社会科学出版社.

［3］达龙·阿西莫格鲁. 2014. 制度视角下的中国未来经济增长. 比较（74）.

［4］李稻葵. 2015. 中国经济的三大新增长点. 北京日报.

［5］罗斯托. 1962. 经济成长的阶段. 中译本. 北京：商务印书馆.

［6］马克思. 2009. 1857−1858年经济学手稿. 导言//马克思恩格斯文集. 第8卷. 北京：人民出版社.

［7］世界银行和国务院发展研究中心. 2013. 2030年的中国：建设现代、和谐、有创造力的社会. 中文版. 中国财政经济出版社.

［8］田俊荣，吴秋余. 2014. 中国经济进入新阶段新常态，新在哪？. 人民日报.

［9］熊彼特. 1990. 经济发展理论. 北京：商务印书馆.

［10］姚洋. 2015. 坐新科技革命列车的头等车厢. 人民日报.

［11］赵昌文，许召元，朱鸿鸣. 2015. 工业化后期的中国经济增长新动力. 中

① 世界银行和国务院发展研究中心：《2030年的中国：建设现代、和谐、有创造力的社会》（中文版），北京：中国财政经济出版社，2013年。

② 熊彼特认为：“发展主要在于用不同的方法去使用现有的资源，利用这些资源去做新的事情。”熊彼特：《经济发展理论》，北京：商务印书馆，1990年。

国工业经济（6）.

［12］张慧芳. 2015. 新常态下的经济结构：再平衡与新期待. 经济学家（7）.

［13］张军扩，余斌，吴振宇. 2014. 增长阶段转换的成因、挑战和对策. 管理世界（12）.

（胡家勇，中国社会科学院经济研究所研究员）

新常态经济中的企业创新行为和制度环境

□ 郑红亮　王宇

［摘要］“新常态”下，经济面临结构性降速，消费、投资和出口增长的进一步放缓，迫使企业从依靠投资转向依靠创新发展。“低成本”创新是中国改革开放30年来企业主要的创新模式，但是由于近年要素价格上升，劳动力成本不再具有优势，而且国内技术前沿接近发达国家水平，模仿和山寨式创新难以维持，需要营造企业自主创新环境。本文针对目前阻碍自主创新的金融市场、产权制度、知识产权保护以及政府管制等环境进行分析，并进一步从抓新机遇、推动国有企业改革、政府“负面清单”管理以及培育互联网领先市场角度给出了促进企业创新的政策建议。

［关键词］经济“新常态”　企业创新　负面清单　知识产权保护　互联网领先市场

一、问题的提出

自2008年美国金融危机发生以来，各经济体大多陷入了“挤泡沫”与“修复资产负债表”的困难境地，致使全球经济复苏迟迟未出现。全球经济的持续低迷，以及它对新兴经济体的负面影响，从外部导致了中国经济增长的减速。当然，更为重要的是与中国经济的粗放型增长方式不可持续有关，内部结构性调整因素决定了中国经济必须减速运行。另一方面，这种减速又是我国决策层为适应这种内外部新形势而主动进行调整的结果。2014年5月，习近平主席考察河南时首次提出“新常态”的概念，之后多次提及并在12月9日中央经济工作会议上，做出我国经济发展进入“新常态”的系统论述，概括了“新常态”的九个方面特征，指出“新常态”意味着发展新机遇和新增长，也意味着经济发展必然面临着风险和挑战。

应对“新常态”挑战的不二法门是创新，而企业是创新的最大受益者和最重要的实践者。企业首先要在微观结构上完成从要素驱动、投资驱动向创新驱动转变。2013年1月28日国务院办公厅发布的《关于强化企业技术创新主体地位全面提升企业创新能力的意见》中将企业在技术创新中的主体地位明确为：技术创新决策主体、研发投入主体、科研组织主体和成果应用主体。中共十八届三中全会通过的《关于全面深化改革若干重大问题的决定》进一步指出："建立产学研协同创新机制，强化企业在技术创新中的主体地位，发挥大型企业创新骨干作用，激发中小企业创新活力，推进应用型技术研发机构市场化、企业化改革，建设国家创新体系。"这是在国家创新体系顶层设计中，明确企业和科研机构在创新价值链中的分工和定位，进一步理顺了产学研协同创新机制。2014年12月3日，国务院办公厅印发的《关于深化中央财政科技计划（专项、基金等）管理改革的方案》也指出："发挥好市场配置技术创新资源的决定性作用和企业技术创新主体作用，突出成果导向，以税收优惠、政府采购等普惠性政策和引导性为主的方式支持企业技术创新和科技成果转化活动。"可见，在"新常态"下，企业的创新不仅有自身的迫切性，而且也具有引领全局的重要性。

目前，我国企业创新面临的最大难题之一是资金投入难以真正进入实体经济。虽然国内经济形势总体向好，但下行压力仍然较大，结构调整处于爬坡时期，融资成本居高不下，资金使用效率偏低，使得许多企业特别是中小企业勉强维持经营，研发与创新难以企及。近年来，相当一部分信贷资金被用于资产市场投机，或者在金融体系内部"空转"，而没有进入实体经济。2008年底，除央行之外的其他存款性公司的总资产为64.2万亿元，到2013年底，这一资产规模已扩张至152.5万亿元，增加1.38倍，而同期国内生产总值（GDP）仅实际增长52.8%。中国贷款的加权平均利率在2013年超过7%，2014年第二季度小微工业企业民间借款的年化利率为25.1%（余永定，2014）。中小企业融资难成了长期没有能够很好解决的社会问题。2014年8月14日，国务院印发了《关于多措并举着力缓解企业融资成本高问题的指导意见》，实体企业融资难问题已经引起中央政府的高度重视。在政府的关注下，未来企业融资成本高企现象有可能缓解，但是"大水漫灌"不再可能回潮。值得我们研究的问题是，这种环境的改变是否可能最终迫使企业通过重视创新来解决发展问题呢？具体来说，经济增速的放缓，固定资产投资的减少，从而导致传统类型的市场需求的减少，能否迫使企业的增长从依靠投资转向依靠创新呢？这是本文关注的一个核心问题。

二、文献评述

（一）经典创新理论

"创新"是近年来国内外最热门词语之一。尤其是最近我国"大众创业，万众创新"的推行，"创新"在国内语境里有了新的活力和思想。最早的创新思想可追溯到亚当·斯密和马克思。亚当·斯密在《国富论》中提出分工有利于经济增长的论断，其重要原因是分工能够促进机械发明，机械发明将减少生产中劳动的投入，提高劳动生产率。“机械发明”的提法在一定程度上具有“技术创新”含义。马克思在《资本论》中分析了自然科学在技术进步中的作用。[①]根据他的概括，社会生产力的发展来源于三个方面：发挥着作用的劳动的社会性质、社会内部的分工，以及智力劳动特别是自然科学的发展（洪银兴，2011）。而明确提出创新并进行系统研究的是熊彼特（Schumpeter）。1911年，熊彼特在其名著《经济发展理论》中，首次反映出了其经济增长非均衡变化的思想。在1934年，在其英译本中首次使用了“Innovation”，并在1939年出版的《商业周期》（*Business Cycles*）中全面论述了创新理论。熊彼特提出了创新的特征是生产要素的新组合，阐述了创新是一个过程，是在建立一种新的生产函数的过程中，把一种从来没有过的关于生产要素和生产条件的“新组合”引入生产体系，并进一步概括为五类创新：一是引进一种新产品；二是启用一种新技术，或采用一种新生产方法；三是开辟一个新市场；四是控制原材料或半制成品的新供应源；五是实现一种工业的新组织。创新概念涵盖了企业的产品创新、技术创新、市场创新、组织创新等活动。弗里曼（C. Freeman）将熊彼特的创新内涵概括为：新发明、新产品、新工艺、新方法或新制度第一次运用到经济中去的尝试。显然，熊彼特的创新理论对于我国当前经济发展转型升级和企业创新路径选择而言具有重要的借鉴意义。

熊彼特的创新理论解释创新有如下几方面：（1）创新意味着破坏。所谓“创造性破坏”（Creative Destruction）实际上是一种自我革新、自我发展的动态机制。一般来说，新组合并不是由原来控制生产和商业过程的同一群人来组成的，新组合的产生代表先进的生产方式和技术，由于市场的逐利性，资源配置更加有效，新组合会带来更高的利润，必定会对旧组合进行替代并最终将其破坏。这种破坏性渗透了创新的五个方面：新产品对旧产品的替代与破坏；新技术与新生产方式对旧技术与旧生产方式的替代和破坏；新市场对旧市场的替代和破坏；新原材料与供应源对旧的生产资料的替代与破坏；新组织对旧组织的破坏。熊彼特还认为，这种破坏性是资本主义的本质，创新和破坏往往发生在两个不同的实体经济之间，随着经济发展，总量扩大之后，创新更多地转化为内部的自我更新。一个经济体的结构调整过程，从“创造性的破坏”的角度来看，也是一种创新的过程。（2）创新是经济增长的引擎。熊彼特认为经济增长是通过内生的新产品、新方法来实现的，由此引出了创新与经济增长的密切关系，将经济周期与投资波动和创新联系在了一起。熊彼特提到经济周期的形成与创新有关，创新是推动经济增长周期波动的最终力量。经济运行的繁荣、衰退、萧条和复苏

① 弗里曼：“马克思（1848）恐怕领先于其他任何一位经济学家把技术创新看作为经济发展与竞争的推动力。”见《新帕尔格雷夫经济学大辞典》（第2册），第925页。

的周期循环往复，因为“新的组合，不是像人们依据一般的概率原理所期望的那样，从时间上均匀分布的”，而是“如果一旦出现，那就会成组或成群地不连续地出现”（熊彼特，1990）。创新不会是一个连续的过程，而是一个时高时低、时疏时密的间断性过程。这决定了社会和经济的发展也不是均匀的，注定要经历繁荣、衰退、萧条和复苏，呈现周期性。创新带来了投资扩大，产生了经济繁荣；创新活动枯竭，经济周期处于衰退阶段，投资萎缩，产品供过于求；创新的产生、创新的传递、创新枯竭和新一轮创新的到来决定经济周期的规律，创新行动主导了经济处于增长阶段。（3）创新主要由企业家完成。在微观意义下，熊彼特提出创新活动主要由企业完成，而企业创新的动力来自资本逐利性以及企业家精神。他把企业家精神概括为四个内容：建立私人王国的梦想和意志；在利润和金钱之上对胜利的热情；创新会带来喜悦；创新是企业家的职能。这里熊彼特把企业作为新组合的载体，企业家的职能是实现这种新组合。企业家能够在不增加任何有形要素的情况下，通过实现新组合，使资源配置更加合理，要素被有效地利用，进而实现超额利润。企业一旦停止了新组合，企业家也就不再发挥其主要作用。因此，创新是企业家的灵魂，同样也是企业最本质的特征。熊彼特之后，创新理论主要沿着两个分支发展：技术创新学派和制度创新学派。

（二）技术创新理论

技术创新理论强调技术创新和技术进步在经济增长中的核心作用，研究范围是包括技术扩散、转移和推广在内的技术创新系统，建立技术创新扩散、创新周期等理论模型，代表学者包括曼斯菲尔德（Mansfield）、施瓦茨（Nancy Schwartz）、纳尔逊（Richard Nelson）、弗里曼（Christopher Freeman）、伦德瓦尔（Lundvall）。曼斯菲尔德（Mansfield，1988）明确提出了产品创新在技术创新中的地位，强调技术创新的首创性特征，并定义技术创新是首次引进新产品或新过程所包括的技术、设计、生产、财务、管理和市场的所有步骤。弗里曼（Freeman，1994）从经济的角度定义技术创新，强调了技术创新的商业化应用性，认为技术创新是技术、工艺和商业化的全过程，能够促进实现新产品市场和新技术工艺与设备的商业化发展，并进一步把技术创新定义为包括新产品、新过程、新系统和新服务在内的首次向商业性转化。国内学者傅家骥（1998）对技术创新有过系统表述，强调技术创新是企业家抓住市场的潜在盈利机会，以获取商业利益为目标，重新组织生产条件和要素，建立起效能更强、效率更高和费用更低的生产经营系统，从而推动新产品开发、新生产（工艺）方法应用，开辟新的市场，获得新的原材料或半成品供给来源，或建立企业的新组织，包括科技、组织、商业和金融等一系列活动的综合过程。

依据技术创新研究的角度不同，大致有如下分类：一是按照创新动力来源划分为技术推动型、市场拉动型和技术-市场二元创新型；二是按照创新方法划分为自主创新型、模仿创新型和合作创新型；三是按照创新成果划分为原始创新型、集成创新型和引进消化吸收再创新型。

技术创新在经济增长理论的研究中也是很重要的分支。根据 Romer （1993）、Zeng（1997）所述，可以将新增长理论区分为以资本为基础的 （ Capital-based）增长理论和以思想为基础的 （Idea-based）增长理论。前者强调资本积累是促进技术进步和经济增长的重要力量，后者则强调创新和知识积累在技术进步和经济增长中的突出作用 。熊彼特增长理论强调的实现经济增长的作用机制是，厂商为获得垄断超额利润不断增加 R & D 支出，通过新方法的实施促进经济增长。该理论强调创新、研发和知识积累在推动技术进步和经济增长上的突出作用，因此，这类理论也被称为以研发为基础的增长理论、以知识为基础的增长理论、以创新为基础的增长理论或以思想为基础的增长理论（严成樑、龚六堂，2009）。

（三）制度创新理论

创新与制度相结合的分析，形成了制度创新理论。制度本身因其所包含的效率因素而受到了广泛关注。制度创新是指经济的组织形式或经营管理方式的创新，制度创新被认为是历史演进的源泉。“有效率的经济组织是经济增长的关键，一个有效率的经济组织在西欧的发展正是西方兴起的原因所在。”（诺斯、托马斯，1999）钱德勒（1987）也在研究美国工业于20世纪五六十年代发生的管理革命时指出，美国工业中的规模经济更多的是制度创新的产物，而不是技术创新的结果。

制度创新发生的动因之一是，在现存制度条件下出现了潜在的获利机会，而这种获利机会主要由收益与成本比表示。据此分析，能够引起制度创新的因素有三类：一是市场规模能够影响到制度创新。市场规模变化使制度安排的收益和成本受到影响，进而引起制度创新。二是生产技术的革新能够影响到制度创新。在现存制度条件下，成本和收益之比会受到生产技术的创新影响，进而引起制度创新。三是收入预期能够影响到制度创新。在现存制度条件下，社会集团内部对收入的预期发生一定变化后，会引起对成本和收益之比做普遍的修正的想法，从而引起制度创新。制度创新按照主体不同可以划分为三类：个人的创新、合作团体的创新以及政府机构的创新。其中政府机构进行的制度创新最有优势，并且会变得十分重要。按照制度创新方式的不同，又可把制度创新划分为诱致性制度创新和强制性制度创新（林毅夫，1996）。制度创新还具有两种特征，即创新性和路径依赖性（徐金发、顾惊雷，2004）。创新性容易理解，不赘述；路径依赖性则是指制度创新的结果取决于各自制度发展的历史轨迹（David，1985）。

对技术创新和制度创新进行比较分析可以发现，二者有如下相似的特点：技术创新是技术上的新发明，同样地制度创新也是制度上的新发明；技术创新需要在已知可行性选项中选择，制度创新也是如此；技术创新可以带动本行业和其他行业的集体创新，制度创新也能如此（Davis & North，1971）。二者的区别在于创新的时间同物质资本之间关系的不同：技术创新的时间取决于物质资本寿命的长短，而制度创新完全没有此项限制。

三、企业创新的经济环境分析

中国经济进入“新常态”，面临的是以增长速度降低、结构调整和升级、增长动力转变等为特征的经济环境，为现阶段的企业创新带来巨大挑战。理清现阶段中国企业创新的类型和特点，有利于结合国内经济分析如何为企业创新提供良好环境支持。

（一）企业创新的主要类型

Freeman & Soete（1997）基于熊彼特创新理论分类，将创新定义为新技术和已有技术的差异程度。从这一观点出发，可以把企业创新分为持续改进型创新和根本改进型创新：持续改进型创新带有渐进性和增量性的含义，而根本改进型创新则带有突变性或技术革命性，熊彼特尤其关注根本改进型创新。Lundvall（1992）则强调两种创新同样重要，指出忽略持续改进型创新会导致不能正确看待长期的经济和社会变迁。Moore（2003）对企业创新类型的分类更为细致和系统，他把企业创新分为八种类型：一是源于技术突变的破坏性创新；二是将现有技术带进新市场的应用创新；三是升级既有产品的产品创新；四是提高流程效率或效果的流程创新；五是改善顾客体验的体验创新；六是改进顾客接触流程的营销创新；七是重构顾客价值主张或者公司价值链角色的商业模式创新；八是重构行业关系的结构创新。

我国国内企业创新能力不容乐观，难有技术突变式的根本改进型创新，采取模仿和跟随的创新模式较多。2000—2006年高新技术产业生产总值占比增速明显加快，但到2006年之后，占比开始回落，从2007年的20.1%跌至2011年的18.7%（见图1）；以高技术企业数据为例，2012年中国高技术企业只占全部企业的0.3%。[①]数据显示，以高技术企业为代表的企业创新力在整个产业中的贡献极低，而且近年来高技术企业产业还出现下降的趋势，这值得我们关注。

---

① 数据来源：《中国统计年鉴》（2013），《中国高技术产业统计年鉴》（2013）。

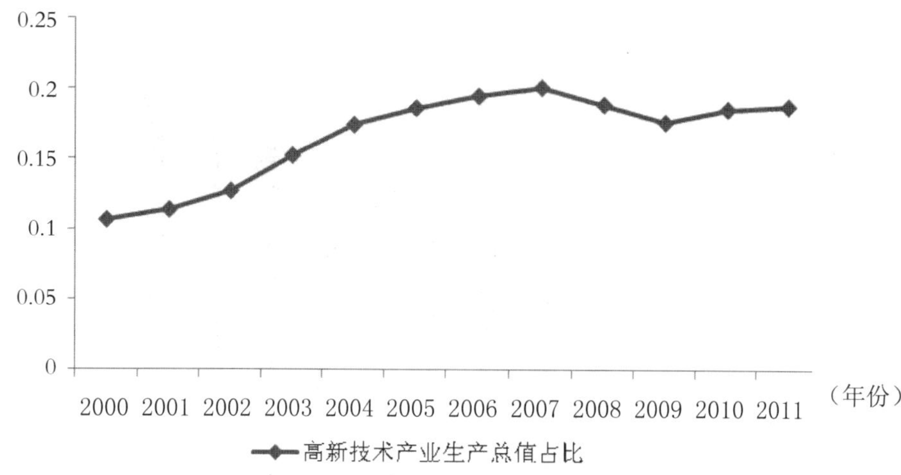

图1　2000—2011年高新技术产业占国民生产总值比重

数据来源：《中国统计年鉴》（2013）；《中国高技术产业统计年鉴》（2013）

（二）中国企业创新的艰难转型

"低成本"创新是中国改革开放30多年来的主要企业创新模式，但这种模式难以持续。对于中国来说，要实现比发达国家更加快速的、可持续的经济增长，就必须比发达国家有更快的技术创新速度，因此，中国可以也必须以比发达国家更加低廉的成本来实现技术创新（林毅夫、张鹏飞，2005）。故此，以前鼓励国内企业进行廉价成本的创新具有可行性。由于中国具有资本相对稀缺、劳动力相对丰富等特点，欠缺发达国家自主研发的要素禀赋优势，国内企业能够进入的产业主要是劳动密集型产业，企业采用的生产技术大多数比较成熟，但受制于企业的智力资本、产品投射市场能力等诸多因素，难以达到所在行业世界技术前沿，因而其产品如果需要更新换代，一般是通过从发达国家引进技术的方式，或通过对世界前沿技术进行模仿的手段，以及通过在国内市场实践中积累知识的方式，实现"低成本"的创新（曾鸣，2008）。在现实中，企业是通过从发达国家购买专利技术，或进口高技术商品和设备，来实现这种"低成本"的创新的。

改革开放30多年来，中国企业的"低成本"创新驾轻就熟。但是，近年来由于劳动力成本上升，技术前沿接近发达国家水平， 这种"低成本"创新已经难以维持。高技术产品进口数量能够反映出一定时期的技术引进规模，从而显示"低成本"创新的发展速度。以1985—2012年中国进口高技术产品贸易额为例（见图2），虽然高技术产品的进口额在逐步增加，但增幅有所下降：2011年高技术产品进口额增长率为12.25%，而2012年的增长率却下降到9.42%。这在一定程度上反映了中国企业的"低成本"创新正在减弱。

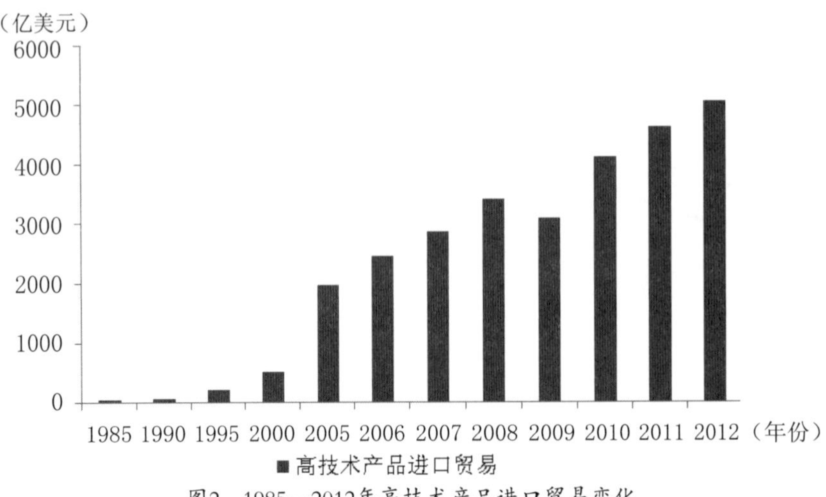

图2 1985—2012年高技术产品进口贸易变化

资料来源：《中国科技统计年鉴》（2013）

山寨式创新阻碍了企业的自主研发。“低成本”创新在国内还表现为山寨产品，这方面手机和互联网公司表现得比较典型。山寨企业依靠成本的优势和信息不对称，面对巨大的市场规模，通过仿制畅销、知名产品，填补市场对产品的需求，在取得初步成功后又逐渐增添创新元素，最终可能获得成功。但是，随着全球化消费市场的进一步趋同，互联网的普及，信息传递速度呈几何级数上涨，利用信息不对称在中国本土寻觅商机已经是难上加难，山寨式创新成功的概率会明显降低。阿里巴巴和腾讯公司等成功转型的企业更加是难以复制。在中国经济增长最为迅猛的时候，我国沿海地区和江浙一带的中小企业纷纷从代工型的OEM（Original Equipment Manufacture）进入设计改造型的ODM（Original Design Manufacturer），中小企业发挥专业化的模式特长，不断通过国际分工深化产品价值链，强化了自身在快速变化的电子信息、轻工加工等产业中的灵活性与适应性。特别是在2002年中国加入WTO以后，企业表现出极强的竞争力。但是，国内以中小企业为主导的产业结构形成了完全按低廉的劳动力和土地价格的比较优势选择技术与创新活动的机制，经过10多年的发展，绝大多数企业的技术活动仍停留在产品与工艺改造阶段，很少有企业开展自主的R&D活动，更难以形成核心技术创新平台。

国际国内形势的快速变化迫使企业需要进行自主研发来安身立命。进入21世纪以来，随着全球化进一步加速以及为争夺终端消费市场使得大国之间的关系日益复杂，新兴发展中国家的经济政治力量上升对原有地缘政治经济带来了巨大冲击。先发国家从战略利益角度出发有意趋向于防御性的技术政策，通过制定产业安全保护政策、降低外商直接投资及提高规模经济壁垒，使创新活动沿着使用特定资源不易被模仿的路径进行，阻碍最新技术向追赶国转移以谋求垄断利润（Thoenig&Verdier，2003）。中国正处于工业化中后期阶段，资本的日益深化和产业关联度的提高使得技术的相互依存度进一步增强，没有形成完整价值链的模仿创新无法有效支撑后发国的可持续发展，后发国只有通过内生优势才能实现关键领域整体产业创新水平的提升（Elkan，1996）。虽然国内各界高度重视企业的自主创新，但是能够进行自主研发的企业群体仍然稀缺。国内学者陈劲（1994）提出，自主创新是指企业在技术引进消化吸收再创新之后的一种特定的技术创新范式，即企业依靠自主研发力量完成技术突破，并取得原创性的科技成果。自主创新之后又拓展为二次创新 、集成创新和原始创新三个类别（吴晓波等，2009）。许庆瑞等（2013）提出，集成创新能力是中国式创新的关键路径，是二次创新能力走向原始创新能力的过渡，原始创新过程本质上是能力进化过程，也是反复试错的过程，因此成本和不确定性也最高。

（三）中国经济发展对企业创新的影响

根据彭博社发布的2015全球创新指数排名，中国名列第22位，名次前于大部分追赶国。《2014年国家创新指数报告》数据显示，中国创新指数世界排名第19位，其他金砖国家均排在30位以外。巴西、印度分别居第38位、第39位，俄罗斯和南非分别居第33位和第36位。由于中国经济的快速发展，资本要素资源开始变得相对丰富，一方面为企业创新的资本投入创造了条件，但另一方面随着资本边际收益率逼近发达国家的水平，资本—劳动比率的提升会促使追赶国利用新的资本要素优势，进而依靠自主创新实现工业整体技术水平的提升，使要素禀赋结构更加接近于目标国（Fisher Vanden& Jefferson，2008）。 在这个意义上，随着技术位置大幅前移，自主创新能够为追赶国工业整体技术水平的升级提供必要的内生优势，有助于工业绩效的显著改善。

但是在我国，资本丰裕后，却未能给企业创新带来优势。汪伟和潘孝挺（2015）研究发现，金融要素扭曲对企业的研发投入和创新成果具有抑制作用。中小企业是最具有创新潜力的群体，但目前普遍存在着自有资金不足的现象，难以进行不确定性大的创新活动。在内源融资不足的境况下，如不能转向外源融资，别说是进行企业创新，有可能连维持生产经营都成问题。积累的资本没有形成对企业投入的原因可能如下：一是金融市场不完善，以银行为中心的金融市场存在行政垄断现象，使得金融为实体经济尤其是为中小企业服务困难。国有大银行的垄断地位造成了加成率高企，影响中小企业正常融资；由于经济增长的降速，中小企业盈利状况恶化，融资风险上升，使其难以获得资金；银行经过规范制度，提高了风险管控意识，而银行避险意识过高也进一步使企业融资变难。二是房地产、地方政府融资平台吸金，占用银行和非银行金融机构的贷款规模，进一步挤掉本应为中小企业提供的资金。三是信贷规模控制和贷存比指标导致交易成本上升，从而影响企业融资。四是存贷款利率的自由化使银行资金来源成本提升，进而提高了企业融资成本（余永定，2014）。

目前，我国企业还未成为创新的主体，创新知识转化率较低。知识创新者需要与企业对接，形成合作创新机制，这有利于克服知识创新与技术创新之间的脱节问题（洪银兴，2011）。如果把知识看作一个市场，那么在这个市场中买卖双方可能是信息不对称的。在知识市场上，知识创新者作为新技术的供给者对其创新成果具有较为完全的信息，但不了解市场需求；企业作为新技术的需求者，了解市场，但不了解新技术的效果，所以难以促成创新成果的交易。这样，一方面知识创新者提供的技术可能是市场不需要的，另一方面市场渴求的新技术又难以出现。学术界的知识创新者与企业分别是知识市场的供给端和需求端。许多重大的科学发现在其应用之前是不知道有多大实际价值的。只有在知识创新者与企业的合作创新中，科技创新的价值才能得到较为充分的实现。而目前，我国学术界的知识创新者与企业的合作远远不够，对创新极为不利。根据《2014年国家创新指数报告》的统计，2013年中国产学合作的论文共计4734篇，略低于德国的4800篇，在全球居第3位，但其数量只占本国论文的1.1%，远低于德国、日本、美国等国家，说明尽管中国加强了高校、科研机构研究成果向企业的扩散和应用，但知识创新者与企业合作仍有待加强。

我国目前的人力资本状况也不利于创新。中国劳动力教育水平已过快速提高期，但遗憾的是高素质人才的培养与发达国家劳动年龄人口人均受教育年限相比仍然有很大的差距。根据《国家中长期教育改革和发展规划纲要》公布的数据，2009—2020年高等教育在学总规模将从2979万人上升到3550万人，而2015年的规模已达到3350万人，2009—2015年总规模年增长率达2.49%，2015—2020年总规模年增长率只有1.19%。从毛入学率分析，2009年高等教育是24.2%，到2015年达36.0%，到2020年仅是40%，测算可以得出2009—2015年是中国高等教育在学总规模以及毛入学率增长最快的时段。从高中阶段教育、职业教育等指标上均发现中国劳动力高素质化教育的快速增长期已过，随着人力资本积累速度的放缓，会制约国内企业创新能力的提升。

从需求角度看，我国短时间内消费市场难有大幅提升，对企业创新不能形成有效刺激。根据2010年第六次全国人口普查数据，中国有13亿人口，而7亿生活在农村，大量农村人口暂时难以城镇化，制约了中国消费；另一方面中国的居民最终消费率偏低，自1978年以来，全国的最终消费率有逐年递减的趋势，2010年最低下探到48.2%，远低于世界平均水平，也低于中低发展中国家。大众消费层次普遍较低，结构不合理，对传统产品的需求正在减少，虽然对创新性、个性化的产品需求开始增加，但是还不具规模，难以形成中小企业产品创新的良好氛围。

四、企业创新的制度环境分析

中国经济发展若想从传统的要素驱动转向创新驱动，制度环境也须相应地从有利于投入要素汇集转向有利于创新要素汇集，需要政府积极简政放权，减少行政管制和干预；积极推动国有企业产权制度和管理体制的改革；建立适合中国国情的知识产权制度，提升企业创新投入和创新意愿，努力营造企业创新氛围。

（一）政府管制和干预的利弊分析

公共产品理论认为，政府干预企业创新的出发点在于创新过程中存在着市场失灵。阿罗认为，“所谓研究开发就是生产技术性知识或信息的活动，而信息具有公共商品的性质，由此，信息生产者不可能把生产信息所带来的收益完全归为已有。”政府管制主要影响创新的两个方面：一方面政府用来弥补市场失灵，强化对创新的激励；另一方面由于创新具有不确定性和高风险性，因此政府支持和补贴企业创新。发展中国家采取政府干预除了以上原因之外，也是为实现经济“赶超”。

基于经济“赶超”考虑，发展中国家政府干预是为了克服两种竞争劣势。第一种竞争劣势与技术有关（技术劣势）。后发企业与主流国家的技术和研发来源相隔离，与世界科学和创新中心相隔离，工程、技术技能和研发落后，并且周围的产业和技术基础设施远未发展。第二种劣势与国际领先市场及挑剔的用户有关，后发企业被主流国际市场隔离（Hobday，2005）。而政府采用干预手段促进企业创新同样存在着争论。一方面以Lall（1992）为代表的观点认为，由于发展中国家的要素市场可能失灵，因而需要政府纠正性的干预，并列举新型工业化经济体如日本、韩国、中国台湾地区的成功经验证明政府支持产业发展的重要性，即形成发展型国家模式（Developmental State），肯定了发展中国家积极实行政府干预对企业创新的作用。Mazzoleni & Nelson（2007）也强调政府干预对创新追赶的重要性。另一方面的研究则认为，政府管制和干预受到现实情况的挑战。部分研究显示政府支持的产业体制反而不利于后发企业的创新能力追赶。Ernst（1998）以韩国为例的研究表明，政府对大企业进行持续扶持，形成的共生关系（Symbiotic Relation）导致了狭窄的产业基础和极端的专业化模式，造成大企业在亚洲金融危机时损失较大。Nolan（2002）以中国航空、石油和石化产业企业为例分析，认为政府培育“国家队”的努力明显失败。Cai & Tylecote（2008）通过对中国移动通信制造企业的调查发现，政府干预国有企业管理者选拔不利于企业技术能力的积累。Etzkowitz & Brisolla（1999）的观点较为折中，认为政府干预需要选好时机和策略。

刚从计划经济走出来的中国，行政权力和审批无处不在，市场与政府之间的博弈还将存在，进一步放松政府管制和减少政府干预是“新常态”下政府的改革方向。截止到2014年底，国务院共取消、下放部门审批事项538项，但政府仍有取消和下放权力的空间，今后要在明确各地政府审批职责，统一各级政府审批标准方面有所突破，不需要审批的可以实行备案制度，并将备案信息汇总后向社会公布。只有这样做，才能真正放松政府管制，促进企业创新。

（二）产权制度分析

中国的学者很早就注意到了产权制度对创新的影响。周黎安、罗凯（2005）实证分析认为，非国有企业的规模与创新呈现出正相关关系，而国有企业没有出现相似情况。安同良等（2006）的研究显示，外资企业的R& D强度最高，股份有限公司和有限责任公司以及港澳台公司的 R& D 强度次之，国有和集体所有制企业的R&D强度最低。吴延兵（2006）的研究表明， 界定清晰的产权结构，有利于激励技术创新和提高创新效率， 不具有排他性的模糊的产权结构对技术创新和创新效率具有抑制作用。李后建（2015）根据中国工业企业数据库数据测算发现，国有企业具有较大比例的创新行为，但是国有企业的创新强度不高，意味着现有的产权激励结构并未从根本上形成推动国有企业创新的力度。

国有企业创新不主动，私营企业创新没资金，合资企业创新外溢少是中国企业创新面临的突出问题。国有企业创新不主动，是老生常谈的话题。吴延兵（2012）认为已有的国有企业改革，通过监督和激励机制设计提高了国有企业的生产效率，但是创新效率难以改善。国有企业创新动力不足的原因在于国家所有制下所引发的委托代理问题和预算软约束。由于创新的不确定性和长期性等特征，使得当下对国有企业进行监督和激励的机制难以适用。国资委作为国有企业主要的管理和监督机构，对企业的生产效率有明确规定，监督国有企业的保值与增值。虽然出台细化的科技创新考核制度，例如对考核期内获得重大科技成果的企业予以年度加分奖励，加强科研型企业开展重大共性基础研究并鼓励企业参与重大行业标准制修订，设立创新引导投资资金等，但由于创新收益权与创新控制权的分离，很难保证创新成果在企业经营者任职期间得到创新收益。而具体到创新者，激励又难以落实到个人，往往形成集体搭便车现象。所以，现在国有企业难以形成创新之风，需要加快改革的步伐。

（三）知识产权保护制度分析

知识产权保护制度对企业创新具有保障与激励作用。罗斯托（1997）认为，从世界各国科技发展的历史演进过程来看， 有一种明显的趋向就是，越早建立和形成知识产权保护制度的国家，其科技进步速度就越快。Kwan & Lai（2003）、Iwaisako & Futagami （2003）等认为，知识产权保护程度的加强使得创新成果被模仿的概率降低，创新回报增加，企业创新的动力增强，因而企业会投入更多的研发资金进行创新。总体上看，发展中国家会从知识产权的弱保护阶段向强保护阶段过渡（Debasis & Ranjan，2006），目前中国正在经历这个转变过程。强化知识产权保护后，那些不重视自主创新的企业，在侵权会受到严厉惩罚的压力下，就不得不重视自主创新。

我国把知识产权保护提高到了战略高度，对知识产权的保护越来越重视。《国家知识产权纲要》提出："知识产权日益成为国家发展的战略性资源和国际竞争力的核心要素，发展中国家积极采取适应国情的知识产权政策措施，促进自身发展。"知识产权保护制度实质上是为激励创新而设立的一种法定垄断制度。在市场条件下寻求行业垄断并获得超额利润是企业维护知识产权保护制度的最终目的。具有技术高势位的国家通常利用知识产权保护制度进行垄断，而技术相对匮乏的低技术国家往往采取弱知识产权保护政策，利用创新的外部性，促进国内技术扩散和企业的吸收、模仿。美国、日本、瑞士等国在不同阶段也采取过弱知识产权保护政策。

在新一轮的国际知识产权保护加强的背景下，中国深受影响。美国"337条款"的绝大多数案件涉及知识产权，2007—2013年间中国企业遭遇"337条款"调查占全球调查总量的三分之一，具体见表1。

表1 中国涉及美国"337条款"案件调查情况

年份	"337条款"调查	涉华案件	占比
1986—1995	143	3	2.1%
1996—2005	177	43	24.3%
2006	33	13	39.4%
2007	36	18	50.0%
2008	41	13	31.7%
2011	69	26	37.7%
2013	42	17	40.5%

资料来源：陈宇学，《创新驱动发展战略》，新华出版社，2014年，第244页

值得关注的问题是，我国知识产权保护得到加强后，知识创新仍然难以达成有效的转化。根据《专利文献引证统计分析报告》统计，以2008—2013年中国发明专利数据为例，高被引专利中实施许可、质押的专利共319件，仅占高被引专利总量的 3.4%。其中，专利许可283件，仅占高被引专利总量的3%；专利质押 36 件，仅占高被引专利总量的 0.4%。毋庸置疑，创新在市场转化中才能产生价值。虽然知识产权保护得到了

加强，但是存在创新激励错配、企业识别能力低以及知识市场难以发挥决定性作用等问题，造成了科研成果转化率低、高价值创新不能变现，最终导致知识创新很难成为企业资产。综上所述，目前从严的知识产权保护也还难以有效促进企业创新。

我国的引智能力和政策支持力度也不够。在知识创新方面，需要加大与外部世界的合作，充分吸收外国的智力创新。但《2014年世界五大知识产权局关键统计数据》显示，在中国国家知识产权局的发明专利申请人中，86%来自国内，而4%来自于美国。同样在美国专利商标局的发明专利申请人中，仅有50%来自美国，3%来自中国。在中国国家知识产权局的专利权人中，来自国内和美国的分别为70%和7%。而在美国专利商标局的专利权人中，美国和中国的分别占48%和2%。显然，美国专利的国际化程度远高于中国。

五、为企业创新优化经济和制度环境

党的十八届三中全会所提出的“市场在资源配置中起决定性作用”的贯彻落实是最重要的创新制度保障。产业竞争优势要从政府转向企业，要由企业而不是政府决定应该发展哪项产业，以及如何获得最适当的竞争优势（陈宇学，2014）。政府只需要给企业提供产业发展的良好环境，弥补市场失灵，投入那些企业不愿意干也干不好的领域，以提供基础设施和公共产品。当前我国政府正积极营造“大众创业，万众创新”的社会氛围，目的是要打造良好的发展环境、公平的竞争环境。为此要逐步清理并废除妨碍创业发展的制度和规定，打破地方保护主义；加快出台公平竞争审查制度，建立统一透明、有序规范的市场环境。

（一）把握“新常态”特征促进企业创新

我国经济发展进入“新常态”，创新不是单一方面的，而是整个发展思路的创新、全方位的创新。我们正在经历大规模的城镇化过程，新型城镇化伴随着的巨大规模的人口迁移和人口聚集，将推动居民消费的持续增长，并成为经济增长的强大推动力。2013年我国的名义城镇化率仅为53.73%，户籍城镇化率则低得多，仅为36%左右，与发达国家相比还有很大的发展空间。

资源配置向服务业倾斜，有利于提升经济效率。经济发展30多年，中国工业化进程显著加快，从之前的工业化前期，发展到如今的工业化后期，劳动力相应地从农业部门转向工业部门，从劳动生产效率低的第一产业转向生产效率较高的第二产业；但随着经济进入工业化后期阶段，经济增长将更多地依靠服务业。产业结构变迁的过程为企业创新提供了大量新的机会。由于服务业门类繁多，多处于低端，具有投资小、运行成本低等特点，对于中小企业来说，在商业模式和企业内部管理上创新即可收获可观利润。而随着现代服务业政策性进入壁垒的降低，也为企业进入创造了条件，为创新营造了有利氛围。

政府应出台更多的制度和政策来推动企业创新。“大众创业，万众创新”的导向性政策明显改善了企业创新的环境，一系列扶植创新政策也逐渐在金融、贸易以及财税等方面开展实施。在此基础上，还应该出台更多的措施，比如取消原有的鼓励跟踪模仿政策，转向鼓励创新创造；从鼓励数量扩张，转向鼓励内涵提升；从鼓励加工制造，转向鼓励创意研发等。

（二）通过国有企业改革推动创新

本轮国有企业改革是在面临新问题、产权结构与激励不相容，以及监督管理制度不合理的大背景下开展的。明确大力发展混合所有制的资本组织形式，是国有企业改革的重要方向。除此之外，改革计划将国有企业按照功能划分，实行国有企业的分类监管体制。

我们应该利用国有企业改革的契机来促进企业创新：一是国有企业改革要以效益为导向，扩大国有企业创新转型力度，突出效益提升能级，从而增强国有企业的创新激励。二是在国有企业分类监管的形势下，针对竞争类、功能类和公共服务类进行分类监管和服务，有助于摆脱原有国有企业的不合理政策限制，完善法人治理结构和国有企业激励约束机制，解决国有企业的委托代理问题和预算软约束问题，提升资本效率，把竞争类企业做大做强，强化其原发性创新动力，而对于功能类和公共服务类企业则可以在强化其经营性业务的同时发掘创新机会。三是国有企业根据改革目标，在布局上有进有退。退出的竞争性领域，可以为民营企业的发展拓宽经营领域，为企业创新带来新机遇。

（三）尊重知识产权，保护企业创新

实行严格的知识产权保护制度，为企业创新提供制度保障。当市场上供给的产品从短缺转向过剩阶段后，企业竞争力主要体现在拥有自主知识产权。应尊重知识产权，完善知识产权保护相关法律，研究降低侵权行为追究刑事责任的门槛，调整损害赔偿标准，探索实施惩罚性赔偿制度。完善权利人维权机制，合理划分权利人举证责任，企业才能够真正重视技术创新，加大创新投入和保证投入的回报率，为市场营造激励创新的公平竞争环境。

重点在中小企业中形成知识产权保护意识，有利于万众创新格局的形成。中小微企业多数处于产业链低端，面临规模小、产品附加值偏低、创新能力偏弱、核心竞争

力不强等诸多困难，迫切需要采取知识产权帮扶措施来促进其健康持续发展。解决中小微企业专利市场信息不对称，为中小微企业设立专门的知识产权培训基地，提高中小微企业创新转化能力，持续推进中小微企业知识产权维权援助工作。

（四）政府采用负面清单管理模式促进企业创新

为实现市场在资源配置中起决定性作用，政府最应该做的就是简政放权，减少行政干预，简化审批流程，审批事项逐步向负面清单管理迈进，做到审批清单之外的事项均由社会主体依法自行决定。把禁止和限制进入的行业、领域和业务列入政府负面清单，清单之外的领域可以自由进入。这将给予企业极大的经营自由，即“法无禁止即可经营”。负面清单管理是市场准入管理方式的重大改革，是对准入边界的长足拓展，可以大幅缩小政府审批范围，进一步避免行政干预企业经营行为，从而为企业提供巨大的发展空间。也只有这样，企业才能根据市场需求进行投资和创新活动，才能最大限度地激发个人的创新精神和创造能力，吸引企业探索新工艺、新技术、新市场和新模式。

用负面清单管理模式构建创新体系。把科技资源配置权力由政府转交给市场，由市场决定创新技术、创新手段、创新归属以及创新成果的价值，修复以往的权力错配，这不仅是简化政府审批流程和简政放权的问题，更是确立市场在创新资源配置中的决定性作用。比如，在科技人才管理方面，核心问题不在于简化了多少人才审批程序，而在于由谁来认定人才，是企业而不是政府。如果政府所谓的人才不能给企业带来收益，那么审批程序再快、下放权力再多，对于企业来说也毫无意义。那些唯学历、唯职称，以及现行僵化科研体制下的人才观，是无论如何也培养不出比尔·盖茨和乔布斯那样的创新人才的。[①]

（五）培育互联网领先市场加快企业创新步伐

中国的互联网产业发展迅速，在许多方面现在已处在全球领先地位。据CNNIC第35次《中国互联网络发展状况统计报告》测算，2014年中国网民规模为6.49亿人，手机网民为5.57亿人，互联网普及率为46.9%，以2013年美国有2.683亿个互联网用户计算，中国网民规模是美国的4.2倍。中国在互联网市场上已经初步具备领先市场优势。领先市场不仅适宜新技术的商业化与发展完善，而且有助于创新在全球扩散。因此，应该继续培育领先市场来促进国内企业创新。

---

① 《激发科技创新市场活力应明确负面和正面清单》，《解放日报》，2015年6月30日。

领先市场促进企业创新的最大动力是市场规模能够分摊企业的研发成本；适当的补偿性资产与良好的基础设施有利于企业形成价格优势；用户对新产品的渴望和挑剔，迫使企业在理解用户真实需求后继续创新。在市场内企业数量巨大，竞争激烈，容易发掘潜在的全球性需求，并率先提出解决方案。目前，全球正在形成的领先市场包括德国、英国、日本的 3G 移动商务应用市场；德国的汽车、机械设备制造和纺织市场；新加坡的港口和航空服务业市场；泰国的医疗服务市场；马来西亚与印尼等国的护发护肤品市场等。

培育中国的互联网领先市场，推进企业创新应采取如下举措：一是继续加强网络基础建设。组织推进宽带网络光纤化改造，加快提升移动通信网络服务能力，大幅提高网速，降低网络资费，提高农村及偏远地区居民网络使用覆盖率，夯实农村及偏远地区网络基础建设，形成各行业、各领域以及各区域都能使用互联网的局面。二是继续降低互联网创新企业的准入门槛，鼓励互联网企业做大做强和上市。基于市场的网络效应较强，初期互联网企业运营到盈利需要较大资本投入，企业虽然有创新亮点，但是缺乏雄厚资金投入和运作也难有所成。降低互联网企业的融资成本是成败关键，目前符合上市条件的互联网企业较少，盈利条件、股东数量、股权结构及发审制度、再融资制度业已成为互联网企业难以上市的主要瓶颈，要打破瓶颈，助力企业创新发展，新三板市场是一个重要的平台。三是提高技术支持能力。聚焦市场共性技术重点突破，弥补技术市场失灵；加快推动云计算、物联网、智能工业机器人、3D打印等技术在生产过程中的应用，推进生产装备智能化升级、工艺流程改造和基础数据共享，使高技术真正成为互联网市场的主要创新方向。四是完善市场环境，放开产品和服务的市场准入限制。构架互联网的负面清单管理模式，破除行政壁垒，减少事前准入事项，加强事中事后监管。加快民营资本进入基础网络建设市场的步伐，方便不同类型资本进入市场，加强基础服务。利用市场积累的大数据，建立市场数据服务体系，为市场发展、监管和公共服务提供支撑。

参考文献

[1] 安同良，施浩，Alcorta. 2006：《中国制造业企业R& D行为模式的观测与实证——基于江苏省制造业企业问卷调查的实证分析. 经济研究（2）.

[2] 陈劲. 1994. 从技术引进到自主创新的学习模式. 科研管理（15）.

[3] 陈宇学. 2014. 创新驱动发展战略. 北京：新华出版社.

[4] 道格拉斯·诺思，罗伯特·托马斯. 1999. 西方世界的兴起. 北京：华夏出版社.

[5] 傅家骥. 1998. 技术创新学. 北京：清华大学出版社.

[6] 华尔特·惠特曼·罗斯托. 1997. 这一切是怎么开始的——现代经济的起源. 黄其祥，纪坚博，译. 北京：商务印书馆.

[7] 洪银兴. 2011. 科技创新与创新型经济. 管理世界（7）.

[8] 李后建. 2015. 制度环境、官员治理与企业创新. 成都：西南财经大学出版社.

[9] 林毅夫. 1996. 财产权利与制度创新—产权学派与新制度经济学派译文集. 上海：上海三联书店。

[10] 林毅夫，张鹏飞. 2005. 后发优势、技术引进和落后国家的经济增长. 经济学（季刊）（1）.

[11] 钱得勒. 1987. 看得见的手——美国企业的管理革命. 北京：商务印书馆.

[12] 徐金发，顾惊雷. 2004. 蛙跳式制度创新初探. 科研管理（3）.

[13] 许庆瑞，吴志岩，陈力田. 2013. 转型经济中企业自主创新能力演化路径及驱动因素分析. 管理世界（4）.

[14] 汪伟，潘孝挺. 2015. 金融要素扭曲与企业创新活动. 统计研究（5）.

[15] 吴晓波，马如飞，毛茜敏. 2009. 基于二次创新动态过程的组织学习模式演进. 管理世界（5）.

[16] 吴延兵. 2006. 中国工业创新水平及影响因素. 产业经济评论（2）.

[17] 吴延兵. 2012. 国有企业双重效率损失研究. 经济研究（3）.

[18] 严成樑，龚六堂. 2009. 熊彼特增长理论：一个文献综述. 经济学（3）.

[19] 约瑟夫·熊彼特. 1990. 经济发展理论. 北京：商务印书馆.

[20] 余永定. 2014. 中国企业融资成本为何高企？. 国际经济评论（6）.

[21] 曾鸣，2008. 中国制造的低成本创新途径. 哈佛商业评论（1）.

[22] 周黎安，罗凯. 2005. 企业规模与创新：来自中国省级水平的经验证据. 经济学（3）.

（郑红亮，中国社会科学院经济研究所研究员、《经济研究》常务副主编。王宇，内蒙古大学经济管理学院）

转向创新战略的市场经济体制

□ 王珺

［摘要］本文从阶段、战略与体制的分析逻辑入手，考察了新中国成立以来我国发展战略与经济体制所发生的两次重大调整过程，一次是在发展阶段没有明显变化情况下的战略与体制变革；另一次是当发展阶段发生了明显变化后，随着战略的调整，体制正在进行的适应性变革。这种变革就是从适应追赶战略的市场经济体制向适应创新战略的市场经济体制转变。

［关键词］阶段　战略　体制

在现阶段我国经济的增长动力从要素驱动向创新驱动的转换中，需要构建一个与之相适应的经济体制。有人认为，这种体制就是社会主义市场经济体制，不需要再去探索一个新的经济体制。我认为，这种观点是把基本体制与阶段特色混为一谈了。因为社会主义市场经济体制是我国体制改革的基本方向，在向这个方向迈进中，由于发展水平与国内外环境的变化，可分为不同的阶段。阶段不同，所制定的战略也不一样，经济体制就会有不同的特点。对于我国来说，随着收入水平的变化，我国正在从追赶战略向创新战略转变，什么是适应并促进这种战略实施的体制呢？理解这个问题，需要从阶段、战略与体制的逻辑入手。

一、理论逻辑

阶段是理解与分析一个国家或地区发展的逻辑起点，也是认识与制定一个国家或地区发展战略的基础。[①]经济学对阶段的研究一般是从人均收入入手的。人均收入被看成是一个国家或地区发展与变迁的连续过程，这个过程相对应的一些节点往往被作为划分发展阶段的依据。对这些节点的理解，主要是观察这个国家或地区的结构性变化，而不是观察在历史进程中所发生的重大事件。因为一个国家或地区的重大事件可

① 王珺：《新形势下的广东民营企业发展》，《澳门理工学报》，2013年第3期。

能是偶然的，虽然它会改变这个地区的发展轨迹与进程，但是，这不具有普遍性与可比性，而结构性变化是从各个国家或地区不同的发展实践中提炼出来的具有发展共性的过程，且具有不可逆性。因此，把收入水平与产业结构联系起来，进而观察两者之间的匹配性与对应性以及产业结构伴随着收入水平的提高而变化的过程是学者以及研究机构对阶段划分所形成的一种共识。比如说，随着收入水平的提高，产业结构从第一产业转向第二产业，再向第三产业转变，这种结构性变化也就成为划分农业社会、工业社会与后工业社会等发展阶段的依据。按照这个分析逻辑，世界银行将世界各经济体按年人均国民总收入（GNI）划分为三组，即低收入、中等收入和高收入，并每年公布新调整的标准。根据2010年8月的最新调整，把人均GDP（国内生产总值）在996美元以下划分为低收入国家，人均GDP在996～3945美元之间为下中等收入国家，人均GDP在3946～12195美元之间为上中等收入国家，在此之上为高收入国家。

战略是一个组织对目标与实现目标路径的谋划与选择。对于一个国家或地区来说，一个合适的战略对明确一定时期的发展方向、目标、任务与重点是十分重要的。每个国家或地区都有一种经济发展战略。这种战略除了要适应本国或本地区的发展阶段外，更多地还要考虑自己在世界经济格局中的相对位置。比如说，对于处于某一特定发展时期的一个国家或地区而言，如果外部不存在比自己的发展水平更高、技术更先进的国家或地区，而自己的发展水平会比其他国家或地区更高一些，那么，它往往充当引领者的角色。在这种情况下，由于缺少可模仿的对象，自己往往成为别人的标杆，这样，制定的发展战略往往会强调创新的重要性，把创新放在发展战略的主要位置上，或者说，选择创新战略。回顾有关的各个国家或地区经济增长的研究文献，可以发现这样一个很明显的特点，不仅充当技术与经济领导者角色的地区或国家是从创新活动开始的，诸如19世纪英国的经济等，而且，追赶成功的国家或地区也不是靠简单的模仿领先国家或地区实现的，而是更多地靠创新实现的，诸如19世纪后期的美国与德国以及20世纪上半叶的日本等。[①]如果一个国家或地区的外部存在着比自己发展水平更高、技术更先进的国家或地区，那么，它可能就是一个跟随者的角色。作为跟随者，既要跟得紧，也要不断地缩小与引领者之间的差距，才有可能实现“赶超”。在这种情况下，它会选择追赶战略。所谓追赶战略就是盯住比自己的经济与技术水平更发达与更先进的国家或地区，利用后发优势，借鉴发达国家或地区的成功经验与失败教训，在模仿创新的基础上，缩小与发达国家或地区的经济与技术差距。梳理现有的

① 詹.法格博格、曼纽尔.戈丁赫，《创新与追赶》，载在詹·法格博格、戴维·莫利、理查德.纳尔逊主编，《牛津创新手册》（中文版），柳卸林等译，北京：知识产权出版社，2009年，第505～534页。

追赶研究文献，三个方面的追赶案例成为人们关注与研究的重点，一是19世纪以来欧洲一些国家，诸如德国与俄国等对英国等发达国家的追赶做法与实践；二是19世纪后半期以日本明治维新为案例的亚洲国家的追赶战略与特点；三是20世纪60年代以后亚洲的中国香港、中国台湾、新加坡以及韩国“四小龙”的追赶案例。

一旦战略确定下去，就需要有一套有效的体制加以实施。如果缺少这种实施战略的有效体制，那么，战略再完美也是无用的。无论是一个国家、地区，还是一家企业，概莫能外。所谓体制就是为保障战略实施而动员与配置资源的能力与制度。具体来说，任何一种体制的构建都要解决三个基本问题，一是由谁来动员资源，二是用什么方式最大限度地动员资源，三是将动员的资源配置到哪里去。不同的战略需要有不同的体制来支撑。在追赶战略中，资源配置的方向与目标是确定的，就是追赶领先者。总结领先者的成功经验与失败教训，模仿式地学习领先者的先进技术，可以大幅度地降低跟随者的试错成本和发展风险。当资本配置方向与目标确定后，资源的动员与配置的集中就变得十分重要了。完全靠市场机制，并不能有效地实现这个目标，强政府的角色就变得不可缺少。长期以来我国形成的集中力量办大事的体制集中地反映了追赶战略的体制有效性。换句话说，当办大事是清楚的，集中资源的体制就是必要的，有没有能力集中资源就反映在经济发展的差异上。比如说，20世纪80年代以来，印度也曾试图发展一些重大的基础设施项目，但是，缺乏资源有效集中的机制，所以，这成为印度经济与中国经济拉开差距的一个重要因素。在创新战略中，前行的道路缺少了可模仿与参照的标杆，什么事情都要通过自己的探索与试验加以推进，而这种探索具有不确定性，需要付出试错的代价。经济体制就需要围绕着降低这种不确定性来展开，否则，就难以适应战略转变对体制的需求。林重庚等人在分析中国从中等收入向高收入国家转型时指出，“在这种情况下，作为政策制定者的政府对哪些事情应该做，未来的创新活动中哪些是最有前景等就变得不明确了。此时，必须要把更多的决策交给私人投资者去博弈，让市场来进行集体判断。”[①]这就是说，如果仅从经济活动的视角来理解集中力量办大事的体制，那么，当需要办的大事（这里所指的是一些大项目）变得不清楚或不确定时，把资源全部集中到政府手里的经济意义就降低了，因为这会挤压民间投资。这样，集中动员与配置资源的体制就要向分散决策的方向发展。在这种转变中，关键是政府角色的转换，即政府不再是资本的主要投资者，更不是生产与技术活动的直接创新者，而是作为创新活动的推动者与培育者。只有政

---

① 林重庚和迈克尔·斯宾塞，《中国经济：中长期发展和转型—国际视角的思考与建议》（中文版），余江等译，北京：中信出版社，2011年版，第6页。

府角色转变了，市场的作用才能到位。当然，创新战略中的市场定位明确了，也能更好地推动政府角色转变。党的十八届三中全会报告把市场在配置资源中的作用从以前的基础性变为决定性的调整正是顺应了这种创新战略对体制的要求。

当一国经济的发展阶段及国际经济的相对地位发生变化时，发展战略也要进行相应的调整，否则，就无法适应市场需求、要素结构与经济环境的变化。比如说，当作为跟随者的后发优势逐步减弱时，或者说，跟随者与引领者之间的经济与技术差距逐步缩小时，跟随者就要及时调整自己的战略。从发展理论与实践角度看，跟随者仅凭追赶战略是可以缩小，但不可能超越引领者，因为引领者在不断地实施技术创新战略的同时，也会以各种方式来限制最新技术的转让，进而维护自己的垄断地位。所以，对于引领者来说，成熟产业的技术是容易转让的，而最新技术是不可能随意转让的。对于跟随者来说，用获取引领者成熟技术的方式来获取它的最新技术就是不可行的。在这种情况下，如果不能及时调整发展战略，仍然采用引进、模仿、再引进、再模仿的方式，那么就无法改变跟随者的角色。随着发展战略的调整，支撑的体制也要进行相应的变革。不同的战略需要有不同的体制来支撑，适应追赶战略的体制不一定适应创新战略。但是，体制调整要比战略调整更复杂，也更困难。这不仅是因为一整套的组织体系、信息传递以及激励制度等都要进行相应的调整，而且，一种体制一旦形成，就具有一定的稳定性，这表现为这种体制调整相对于战略转换的缓慢性与滞后性。正如美国哈佛大学教授维尔特（Richard H. K. Vietor）所说，“与设计一种明智的战略相比，创建一个长效的实施战略的组织，难度要大得多。”①如果与新战略相适应的体制不能尽快形成，那么，新战略就难以实施。

二、中国经济的战略及体制演变

新中国成立以来，我国经济发展取得了巨大成就。1953—2013年间，我国实际国内生产总值年均增长率为8.2%，超过了同时期世界上几乎所有国家和地区的年均增速。回顾66年来的历程，从阶段、战略与体制的视角观察，即我国经历了一次从计划经济体制向市场经济体制的转型和在这种体制转型中的战略转型。所谓体制变革就是指在追赶战略基本不变的情况下，战略的实施从计划经济体制转向市场经济体制。20世纪50年代初，我国处在一穷二白的农业社会，于是，提出了工业化强国目标，确定

① 维尔特，《国家竞争力：全球经济中的国家战略、结构与政府》（中文版），刘波、徐晴译，北京：中信出版社，2015年，第4页。

了加快工业化发展的“赶超”战略，主要以一些发达国家为追赶目标，如超英赶美等。那么，如何实现这种追赶战略呢？一是把重化工业作为追赶的主导产业，因为发达国家的今天就是发展中国家的明天，今天的发达国家走到发达经济状态并占据主导地位的产业基础是重化工业，所以，发展中国家要赶上发达国家就必须要优先发展重化工业。按照这个逻辑，重化工业就成为追赶战略中优先发展的行业。二是在当时的历史条件下，以统一计划来全力动员与集中配置资金、技术、人才以及自然资源等被看成是加快重工业发展的体制保障。这种历史条件包括了冷战时期帝国主义势力对我国的军事与经济封锁、把原苏联模式当成社会主义经济体制标准版本的理解偏差等。三是采取低工资、低收入、高积累的收入分配政策，以保障在初次分配与再分配中有更多的剩余用于重工业。不可否认，这种体制在恢复国民经济、保证重点建设和保障人民生活等方面发挥了重要作用。[①]比如说，建国初期，集中力量建设的“156项”工程，使我国在较短的时间内建立起独立的、比较完整的工业体系和国民经济体系。但是，由于这种战略没有建立在比较优势的基础上（林毅夫，1994），计划经济体制的资源动员能力也受到了极大限制，如经济主体缺乏自主权，国内的劳动力等资源不能通过流动实现再配置、外部资源未能为我所用等。随着经济活动的日益复杂，这种体制的严重不适应性便日益明显地显露出来。

20世纪80年代初，我党在粉碎“四人帮”后把工作重心从以阶级斗争为纲转移到经济建设上来。要加快经济建设，明确发展目标是不可缺少的。60年代以来，我国就提出了到20世纪末基本实现四个现代化的目标。到80年代初，进一步提出了到20世纪末我国人均收入水平要翻两番，基本建成小康社会的目标。然后逐步将现代化发展目标具体分为三步走战略目标。[②]与80年代以前相比，战略目标的选择从追赶某些发达国家转变为提高人均收入水平，这具有更广泛的可比性与普适性。不过，在人均收入增长的指标确定上仍体现了追赶的内涵。诸如在20年内人均收入水平要实现翻两番的目标，必须每年要保持7%以上的经济增长率。经济要加快发展，但是，经济活动与管理方式不能再沿用原有的计划体制，党的十一届三中全会明确指出，“必须要变革一切不适应的管理方式、活动方式与思想方式”。这就是说，必须要探索新的体制，从而更好地实现追赶战略。这种探索概括为三个方面，一是从决策集中转向分散。在此之前我国也有过将权力下放给地方的尝试，但是，并没有将企业作为权力下放的重点，

① 袁宝华：《50年来我国社会主义经济建设中几个问题的回顾》，《当代中国史研究》，1999年第5/6期合刊。梁柱：《社会主义时期毛泽东的两大探索》，《当代中国史研究》，2004年第5期。

② 即到20世纪末期基本上实现小康社会。在党的十八大报告中，提出了在建党100年时，要全面建成小康社会；在建国100年时要建成富强民主、文明和谐的社会主义现代化国家。

而此次改革不仅明确了中央对地方的行政性分权与国家对企业的经济性分权，而且，把分权的重点放在了企业上，这极大地释放了微观经济主体的发展动力。而分散决策离不开市场经济体制的环境。所以，分权，特别是经济性分权必然推进市场化导向的体制改革。二是从城乡分割转向联通。在农村联产承包责任制的基础上，逐步放开农产品、农业生产资料以及农村劳动力跨地区流动的限制，使长期未充分利用的丰富的农村劳动力资源得到了重新配置，这被看成是发展理论中的典型的刘易斯模式。这种产品与要素流动也是以市场价格信号为激励的，缺少了这个信号，也不可能实现剩余资源的有效配置。三是从对外封闭转向开放。封闭使外部的资源无法为我所用，也使学习国外先进技术与知识的机会受到了极大限制。一旦转向开放，世界经济中占据支配地位的市场经济必然会伴随着贸易与投资对我国经济活动产生日益深入的影响，选择与开放相适应的体制也会促使我国走向市场经济。正如科斯在他论述中国如何走向市场经济的专著中所说的，“当中国在70年代末打开面向世界的大门时，她的科技水平远远落后于西方。但一旦中国人民可以不受意识形态约束而向前追赶，他们迅速发现，中西方之间的科技鸿沟给中国经济留下一个巨大的追赶空间，让中国经济可以迎头赶上，快速提高生产率，这使中国必然走向市场经济。”[①]由此可见，无论在资源动员能力还是激发动力上，市场经济体制都比计划经济体制更有效，更广泛，这就推动了我国向市场经济转型。

改革开放30多年来，我国形成的市场经济体制基本上顺应了追赶战略的实施。因为这种体制在充分利用后发优势的基础上，通过引进和吸收国外先进技术与管理经验来改造传统产业与培育新兴产业；在积极参与国际分工中，充分发挥政府的引导作用，重点扶持在现阶段可能不具有比较优势，但是具有潜在竞争力，并对其他产业具有显著带动效应的新兴产业发展，从而引导经济发展从较低阶梯顺利地迈向较高阶梯。如果仅仅按照比较优势，由市场决定产业的发展，而缺少政府的前瞻性引导与扶持，那么，现阶段许多不具有比较优势的新兴产业就不容易发展起来。在追赶时期的市场经济体制中，政府的引导作用之所以会相对更有效一些，是因为一方面它会以发达经济体的发展经验作为参照，非常清楚地知道哪些事情应该做以及如何去做等，从而避免了探索中的试错成本。所以，一些学者把它看成是指挥打仗的军队指挥官，“决策者可以像指挥军队一样引领国家前进。”[②]另一方面与计划经济体制相比，开放的竞争性市场经济环境，特别是国际市场能够迅速而及时地反馈任何一种产业的市场

① 罗纳德·哈里·科斯、王宁著，《变得中国：市场经济的中国之路》，中信出版社，2013年。

② 林重庚和迈克尔·斯宾塞，《中国经济：中长期发展和转型—国际视角的思考与建议》（中文版），余江等译，北京：中信出版社，2011年，第6页。

竞争力情况，从而可使政策制定者及时了解与把握市场对产业政策的反应，进而可以随时调整不适应的产业政策。显然，追赶时期的市场体制突出了政府在产业动态发展上的主导作用。30年来我国经济发展的事实表明，这种体制有效地促进了我国的经济发展，80年代初期，我国人均GDP为492美元（按照当时的官方汇率计算），世界人均生产总值的平均水平为2570美元，我国相当于世界平均水平的不到1/5。到了2014年，我国人均GDP达到了7500美元，世界人均生产总值大约为11147美元，我国的人均GDP已超过了世界平均水平的2/3。事实上，战后日本以及20世纪60—80年代的亚洲“四小龙”在经济发展上的成功经验也印证了这一点。在这个意义上说，我把这种体制称为追赶战略下的市场经济体制。

随着我国经济从低收入阶段转向中高收入阶段，追赶战略就变得不适应了。一方面经过了30年来大量的成熟产业技术的持续引进、吸收与模仿创新，我国与发达经济体之间的技术差距已明显地缩小了。近年来刚刚兴起的新兴产业，诸如新能源、生物医药、航天航空技术、电子技术与新材料等技术并不成熟，许多专利仍处于保护期。对于我国来说，这些新兴产业的发展几乎与发达国家同时起步，不可能像成熟的产业技术一样比较容易和低成本地从国外购买与引进。另一方面虽然现阶段我国人均收入水平仅相当于发达国家的1/5～1/8，但是，人口红利的减少、土地与资源使用成本的上升、国际市场环境的不景气、低端产能的普遍性过剩以及粗放式生产，甚至是掠夺性开发对环境与生态平衡的破坏等已使我国经济必须从数量扩张的外延发展转向依靠科技进步的内涵发展上来。在引进的空间日益减少的情况下，技术来源只能靠自主创新，别无他途。所以，转向创新战略已成为我国经济可持续健康发展的重大战略部署，正如习近平总书记指出的，要把创新作为引领发展的第一动力，抓创新就是抓发展，谋创新就是谋未来。

战略调整必然要求体制做出相应的变革。这种体制变革不是寻找一种新的体制来替代市场经济体制，而是在完善市场经济制度的基础上增强适应创新战略的内涵，换句话说，不断完善的市场经济体制需要从适应追赶战略转变到适应创新战略上来。所谓的适应创新战略的市场经济体制就是指能激励更多的资源投入创新活动的体制。当一国的经济发展水平接近领先者时，曾经模仿的对象不再是前行的标杆，就只能靠创新前行。由于创新具有不确定性，所以，降低这种不确定性成为这种体制构建的出发点，具体突出了四个特点，一是在创建创新环境的基础上，更加重视对创新人才的激励。二是在巩固间接融资的基础上，增加在资本市场上直接融资的份额，诸如股权融资等，以分散创新风险，增加创新激励。三是在政府改善公共服务设施与投资环境时，以政府搭台、企业经营的方式推进孵化器建设，从而有利于企业家发现更多的创新投资机会。四是在扩大技术合作的基础上，更注重知识产权保护。如果把产权明晰作为市场经济体制的基本保证，那么，知识产权保护就是创新战略对市场经济体制的基本要求。

三、转向适应创新战略的市场经济体制

从适应追赶战略转向适应创新战略的市场经济体制就是在市场经济环境中应用新方法解决新问题。美国经济学家阿特金森和伊泽尔（Robert D. Atkinson and Stephen J Ezell）认为，以市场价格协调市场与激励行为的机制是有用的，但是，对于创新活动来说则是远远不够的。这必须要增加制度对不断变化的新形势及时响应和调整的能力，所以，不能只满足于快速发展的技术创新，还需要高速发展的制度创新。而制度创新有时很难实现。[①]因为体制存在着路径锁定效应。一种体制一旦形成，它与人们的行为就会产生互动。一旦人们适应了这种制度环境，就会形成一种惯性。当环境发生变化时，仍然会以这种惯性加以应对，并持续很长时间。越是曾经有效地适应了某种战略的成功体制，当战略发生调整后，转向新体制所遇到的阻力就越大。按照约万诺维奇（Miroslav Jovanovic）的说法，“这种阻力来源于过去与目前的成功所产生的一些盲目自满情绪，而这又会使在这个体制下的企业缺乏灵活性，对技术、竞争与需求变动的适应能力变差，或者对这种变动的适应过程相当缓慢。”[②]日本的金融体制提供了这方面的案例。法格博格等人（Jan Fagerberg&Manuel M. Godinho）认为，当日本在追赶时，是通过公众的高储蓄率来集聚大量金融资本的，然后这些集中的资金投入到那些需要大量资金的规模化产业中，结果是日本的金融体系的专业性和高效率成了追赶的“先锋官”。然而，当日本完成追赶后，金融体系依旧在搜罗各方面的资金，大量鼓励储蓄，甚至在追赶所造成的潜在机遇都已丧失殆尽后也依然如此，最终只能导致日本经济的过剩、危机与低迷。因此，日本的金融体系从很有价值变成了日本经济的沉重负担。这就是说，当20世纪70年代后期的日本逐步进行战略调整后，体制并没有随之相应地变革，进而制约了日本从模仿向自主创新的转变，致使整个经济发展失去了方向与动力，这也成为日本难以超越美国的根本原因。对于我国来说，处在这种增长动力结构的转换期，这需要从战略意义上理解从追赶战略的市场经济体制转向适应创新战略的市场经济体制的紧迫性与复杂性，所谓紧迫性就是指我国已明确了把创新

① 阿特金森、伊泽尔，《创新经济学：全球竞争优势》（中文版），王瑞军等译，北京：科学技术文献出版社，2014年，第284-285页。

② 拉让尼克，《创新魔咒：新经济能否带来持续繁荣》（中文版），黄一义、冀书鹏译，上海：上海远东出版社，2011年，第12页。

驱动作为未来发展的第一驱动力，但是，体制还具有明显的不适应性。如果不能迅速地摆脱自满、突破思想僵化，那么，就不能迅速地培养出一种激励创新的体制机制，从而影响增长动力的转换。所谓复杂性意味着这种体制不是一蹴而就的，也不是轻易转换的。在总结我国30年来的发展经验与借鉴日本等国家的转型教训的基础上，要有效地推动我国在战略转换下的体制调整，需要理清几个方面的思路，为此，我提出我国经济体制在未来变革的路径性建议。

第一，要从适应发展的视角推动体制变革。30多年来我国经济快速增长的发展经验表明，与其他转轨国家相比，我国经济体制转型并不是事先设计好了一个理想的市场目标模式，然后，不管条件地为转型而转型，而是适应发展阶段与条件的变化而渐进转型的，换句话说，这是为发展而转型的。凡是适应发展战略实施的体制就是有效的，不适应这种战略实施的体制就是低效的，甚至是阻碍发展的。过去30年来在追赶战略中推进市场导向的体制改革就是这样走过来的，在今后的创新战略中进行的市场体制调整仍然要坚持这样走下去。

第二，要从解决创新活动的关键环节上推动体制变革。创新作为一种不确定性的投资活动，关键的问题是，与其他经济活动相比，对创新活动的投入具有更大的产出不确定性。这就需要创建一种有利于减少这种不确定性的体制环境。这包括了三个方面，一是将创新活动从偶然的、随机的个人行为变为连续的、有积累的组织行为，增强学习、积累与创造能力，提高创新成功率。二是创建一个有利于各种创新性要素组合、交流与流动的环境。知识外溢被看成是创新者降低创新活动不确定性的一个有效来源，网络与集群是获取知识外溢的基本平台。那么，降低要素流动成本，创建集聚性流动的体制就成为创新战略中市场体制的一个基本特征。三是把创新作为开放的系统，动员具有不同能力、思想、技能与资源的主体加入到创新活动中，他们之间形成共担风险、共享收益的合作关系，以此提高知识的吸收与创新能力。

第三，要从增强创新激励的层面推动体制变革。由于创新具有不确定性，这容易引起对创新活动的投资不足，因此，解决这个问题需要给予创新活动比其他活动更强的激励。具体的办法如下。一是增加直接融资在整个社会融资体系中的地位。如果把追赶战略与银行等间接融资的金融体系联系起来，那么，创新战略必然与以直接融资为主的资本市场发展相联系。2014年，美国直接融资占比平均为89.93%，中国香港直接融资占比平均为81.51%，而我国内地直接融资占比近年来平均仅为14.93%。2014年，我国人均持股额为2.7万元。按照官方汇率计算，这仅相当于美国2007年人均持股额8.7万美元的近5%。二是增强股权投资的比重，应在股权投资中，提高风投的重要性。通过股权投资与风投来分散创新风险，进而更大程度地动员民间资本投入创新活动，并促进创新者与投资者之间的结合。三是降低创新企业的上市门槛，增加创新企业的上市渠道，诸如使上市公司从审批制转变为注册制，扩大中小板、创业板、新三板以及股权公开交易等，使风投通过上市获得更多的兑现巨额回报的机会。

第四，要通过解决体制转换的核心来推动体制改革。从追赶战略的体制转向创新战略的体制，关键在于政府角色的转换。追赶战略下的政府角色与创新战略下的政府角色是不同的，在追赶战略中，政府发挥着引导甚至主导投资的作用。在创新战略下，这种角色就变得不适应了，一方面单纯靠价格调整的市场机制可能对一般性生产活动是有用的，但是对于创新活动是远远不够的。所以，创新需要公共性创新政策的支持，如果任由市场自由发展，缺乏有效的公共创新政策支持，那就不能有效地推动创新和增长。因此，政府不能像对待一般生产活动一样对待创新活动，必须要在公共创新政策上扮演重要的角色。另一方面政府的这种重要角色并不意味着自己要作为创新者的模范，而是要形成一套强有力的创新政策体系，使公众有动力投资创新活动，这包括了鼓励公众投资创新性基础设施建设；支持产学研合作；制定一个劳动技能培训的战略；促进以集群与网络等方式支持中小企业创新等。

（王珺，广东省社会科学院院长，教授，博士生导师）

“新常态”下沿海发达省份产业转型升级的思路及策略

□ 向晓梅

随着我国经济发展步入“新常态”，沿海发达省份的先发优势已逐渐被稀释，能否在新起点上又好又快推进“两个率先”，再造一个黄金发展期，继续担当领跑者和排头兵，关键取决于能否率先走出一条以全面创新驱动为支撑、以转型升级为核心、以跨越发展为特征的新路径。

一、由低成本要素驱动向创新驱动迈进：沿海发达地区产业转型升级的政策与成效

改革开放30多年来，粤苏鲁浙等沿海发达省份依靠政策红利和低成本要素驱动，迅速成为全球制造业中心，为中国经济30年的快速发展提供了强大助力。如广东自1989年起连续26年经济总量位居全国首位，从一个落后的农业省转变为有“世界工厂”之称的全国第一经济大省。

2008年以来，尤其是“十二五”期间，沿海发达省份面对全球金融危机所引致的世界经济增长放缓以及国内经济进入深度调整期带来的双重压力出台了一系列产业创新政策，以创新驱动为动力，加快产业结构战略性调整，抢占发展制高点，经济发展开始从数量型、速度型向质量型、效益型进行转变。

如广东省大力推进珠三角一体化建设，实施提升珠三角带动东西北战略，积极推进劳动力和产业“双转移”，加快建设现代产业体系，大力推进“两化融合”“三网融合”和电子商务、电子政务发展，以信息化助推产业加快转型升级，大力构建科技企业孵化育成体系，大力发展新型研发机构，加快建设科技企业孵化器，大力支持新型创新创业，加快形成“大众创业、万众创新”局面，创新成为全省推动经济转型升级的“新引擎”。江苏省出台了进一步加强企业技术改造的意见和创新型省份建设推进计划，深入实施以新技术、新工艺、新装备、新材料推广应用为主要内容的传统产业“四新”技改工程，培育一批工业化、信息化融合示范区和示范（试点）企业，

推动优势传统产业向研发设计、创新制造和市场营销环节延伸。浙江省大力实施“四换三名”工程，即积极推进腾笼换鸟、机器换人、空间换地、电商换市，着力培育名企、名品、名家，涵盖了产业创新、科技创新、管理创新、组织创新、商业模式创新、要素利用方式创新等，成为浙江省推动经济转型升级的“组合拳”。山东省制定了推进全省工业转型升级行动计划和22个重点产业转型升级方案，依靠创新战略驱动转调升级，云计算、大数据、物联网等一批关键共性技术取得突破。

这些政策的有力实施，推动粤苏鲁浙在产业转型升级方面取得明显成效。2014年四省GDP分别为67792.24亿元、65088.32亿元、59426.59亿元、40153.50亿元，在中国的经济版图上排名前四位，四省GDP之和占据全国经济总量的36.54%。产业由要素驱动转向创新驱动的效果也非常明显。2014年底，江苏共建有国家级企业研发机构107家，企业研发机构数量超过1万家，大中型工业企业和规模以上高新技术企业研发机构建有率达88.2%，科技进步贡献率达59%，企业专利申请、专利授权继续保持全国第一。广东省区域创新能力综合排名连续7年居全国第2位，技术自给率达70%，接近创新型国家和地区水平；PCT国际专利申请量占全国比重超过50%；全省从事研发人员达52万人，规模居全国第一。在超材料、云计算集成与应用、干细胞、基因测序、新一代移动通信技术、光电显示等领域取得一批拥有自主知识产权的核心技术，对产业拉动效果显著。

二、创新断层：沿海发达省份产业转型升级的困境及原因分析

沿海发达省份仍存在产业层次低、过度依赖国外市场、价值链条短、自主创新能力薄弱等创新断层的深层次矛盾。“十三五”时期，站在新的起点，沿海发达省份加快发展方式转变和经济结构调整的任务仍然任重而道远，实现全方位的创新驱动仍然有很长的路要走。主要困境表现如下。

（一）促进产业创新的体制机制尚未理顺，导致沿海发达省份产业创新能力不足和价值链低端锁定的困境

沿海省份市场配置创新资源的机制仍不完善，产学研结合长效机制尚未形成，创新评价机制尚未建立或完善，科技、产业、教育、财税、环保等政策扶持自主创新协同不够，自主创新的法制、税负环境有待进一步优化，制约了企业和社会的创新活力，导致产业层次低、竞争力不强。如2014年中国制造业研发投入强度为1.1%，而美国的这个数值是4%、日本是3.4%。其中，中国高技术产业研发经费占制造业研发经费的比重为26.3%，同样低于美国73.3%、日本41.2%、德国34.3%、英国62.8%、韩国58.7%的水平。山东省重要科技成果实现产业化的比例仅为20%左右，产业转型升级面

临的压力较大。作为制造业大省的广东，电子信息产业中80%的专利技术来源于国外，微电子、光电子、关键芯片和基础材料发展滞后，装备制造业中的精密驱动件、控制件等关键部件依赖进口，存在价值链低端锁定的隐忧。

（二）制度创新步伐减缓，先行一步的地位和优势减弱，在一定程度上制约了产业发展和产业结构优化升级的空间

沿海发达省份改革先行者的形象与地位正在逐步降低或非主流化，改革创新精神不足，尤其是近年来内地省（市）招商引资热情高涨，政策措施灵活，土地供给、地方税收返还、费用减免等力度之大前所未有，导致沿海地区的政策和环境竞争力下降。

（三）产业政策仍缺乏前瞻性，滞后于产业发展的需要，导致某些产业政策与产业发展实际不符，或是产生时效差别，影响了政策实施效果

目前的金融政策、财政分配和投入政策、资本市场规则等，还不适应经济结构动态调整的需求，必须进一步改革资源配置体制，使财政、金融和资本市场的资源配置机制向优势产业倾斜。

三、走进全面创新时代："新常态"下沿海发达省份产业转型升级路径分析

"新常态"下沿海发达省份产业转型升级的整个创新的思维和政策的着力点会发生变化，这个变化就是全面的产业创新驱动，是更加注重全产业链的整体创新，更加注重企业存量技术的改造，更加注重企业走出去的资源整合和区域合作，更加重视与互联网创意产业的融合发展，更加重视企业效益与发展质量，是一种颠覆式的全面产业创新，它会形成以产业创新引领整个产业体系的结构。沿海地区必须对产业转型升级的思维进行新的调整，采取四大路径，推动产业发展走向全面的创新驱动。

路径一：以"两化深度融合"、创意设计、品牌提升和技术改造等模式，助推传统制造业由粗放型向集约型、科技型、品牌化方向转型升级。传统优势制造业必须根据自身特点，适应全球经济环境变化，通过采取 "两化深度融合"、创意设计、技术改造、品牌提升、渠道拓展等各种路径和模式，从全球价值链低端的制造环节向"微笑曲线"的两端延伸拓展，走上集约型、科技型、时尚创意、品牌化发展道路。

路径二：以"互联网+制造""制造+服务""制造业总部经济"等模式推动支柱型制造业由传统制造业向先进制造业和智能制造业转型升级。沿海发达省份的支柱型制造业主要包括汽车制造、石油化工、电子产品、重大装备等产业，其转型升级主

要应通过“互联网+制造”“制造+服务”“制造+创新驱动”“制造业总部经济”节能减排、龙头骨干企业带动转型升级等模式，促进传统制造业向先进制造业、智能制造业转型，同时大力推动制造业与服务业融合发展，促进制造经济向制造服务经济发展，增强支柱型制造业的核心竞争力，推动支柱型制造业攀升价值链高端。

路径三：依托“技术+人才+市场+品牌+资本”的高端要素组合创新，促进快速成长型高科技企业做大做强，形成战略性新兴产业集群。新一代信息技术、生物与健康产业、新材料与高端制造业、新能源与节能环保、新能源汽车等战略性新兴产业应该依托领航企业带动、“科技资本+人力资本+产业资本+金融资本融合”、科技企业路线图计划、新型制造业和服务业互动等模式做大做强，形成一批战略性新兴产业集群，成为在全国乃至全世界具有领先地位的龙头产业。

路径四：以商业模式创新、培育新兴服务业态等方式推动传统服务业向现代服务业转型升级，促进服务业由低端传统型向都市化、高端化、区域一体化方向发展。现代服务业转型升级的主要方向是通过采取商业模式创新、培育兴新服务业态、服务业楼宇经济等6种模式，促进商贸会展、金融保险、现代物流、文化旅游、商务与科技服务等优势服务业向价值链高端发展，着力培育与新型城市化发展相适应的移动互联网服务、物联网服务、云服务、智慧文化与网络教育等新兴业。

四、全面创新时代的制度设计：“新常态”下沿海发达省份产业转型升级的政策创新与建议

从要素驱动到产业局部的创新嵌入，再到全面的产业创新，政策的着力点也会发生变化，在全面创新驱动时代，需要新的制度设计和政策支持。

（一）积极推动自主创新立法，营造鼓励企业创新的法律环境

要适时适当地对原有技术创新及相关法律进行修改、完善以及制定新的法律法规，对超前性、探索性强的科技活动给予鼓励和支持。在创新立法的过程中，应增强法律法规的可操作性。比如，明确规定国家的研发经费在国民生产总值中的比例、企业的研发经费占销售额的比例，用法律为科技创新提供制度保障；完善财政、税收、投资等方面对自主创新进行扶持的政策和法规；建立科技专家咨询制度与陪审制度，建立不同专业技术领域的咨询专家库，吸收各类技术专家参与知识产权案件审判等。

（二）做好产业转型升级政策的顶层设计与规划引导

从国家战略层面上高度重视沿海发达省份的创新转型，突出区域创新规划的引导

作用，促进创新型省份、创新型城市、创新型园区、创新型企业建设，鼓励创建国家转型升级先行区、示范区，并赋予其“先行先试”政策。加大财税、土地政策支持，包括改革财政投入方式，由补助贴息为主向政府股权投资、共有知识产权、创投引导基金等多种方式转变。推进区域税收政策及行业税收政策的落实和改革，完善固定资产加速折旧的税收政策，对重点行业的企业研发和技术改造的仪器、设备可采取缩短折旧年限或加速折旧的方法。

（三）推进创新链、产业链和资金链“三链融合”

建立科研院校、创新服务平台、产业集聚区企业之间的联盟。围绕产业链部署创新链，加快科技创新资源与产业资本、金融资本的融合，破解“技术孤岛”困境。围绕创新链完善资金链，构建包括种子基金、天使基金、创业投资、担保资金和政府创投引导基金等在内的覆盖创新链条全过程的公共（技术）服务平台金融服务体系，破解“产业旱地”困境。

（四）加大技术改造专项资金投入，提升智能制造水平

制定支持企业技术改造的配套政策，鼓励金融机构开设技术改造融资“绿色通道”。鼓励风险投资、创业投资等民间资本参与企业技术改造。对产业链中的关键领域、薄弱环节和共性问题等进行整体技术改造，推广共性适用的新技术、新工艺和新标准。支持企业信息化、智能化成果应用，新产品开发、新工艺应用等，推动一批智能装备整机、关键零部件和系统集成应用等项目建设。推进优势传统产业企业实施设备更新和升级换代，提升装备水平。

（五）创新与“一带一路”沿线国家的合作模式，促进产业区域合作

推动沿海发达省份与港澳台地区及东盟国家的紧密产业合作，构筑联手推动产业链国际化的前沿国际空间，推进21世纪海上丝绸之路经贸合作模式创新。支持企业在境外设立、收购研发机构，通过境外科技创新带动国内产品和技术升级。鼓励有条件的外贸企业延伸产业链条，向产研销一体化的跨国公司转型。支持企业境外参展、拓展海外销售渠道，发展跨境电子商务，培育壮大供应链管理、市场采购贸易等新业态。支持企业对21世纪海上丝绸之路沿线国家进行“集群式”投资，建立投资服务大数据平台。

（向晓梅，广东省社会科学院产业研究所所长，研究员）

新常态

新引领

从供给方面发力，从供给方面改革

□ 厉以宁

2015年11月10日，习近平同志在中央财政领导小组会议上，首次提出“在适度扩大总需求同时，着力加强供给侧的结构性改革，着力提高供给体系的质量和效率”，11月15号在G20会议上，习近平同志又重申重视供给端和需求端的共同协同发力，至此，供给方面改革进入决策公共讨论。

第一个问题：供给方面发力含义是什么？

经济学当中经常考虑供求平衡问题，都认为可以从需求方面调控，也可以从供给方面着手调控，二者区别在哪里？从需求方面调控是近期可以做到的，主要通过增加或限制财政支出、调节货币信贷额来刺激需求或抑制需求。这是从需求方面的调控。

从供给方面调控被认为是中期调控，而需求方面调控是近期的调控。供给方面调控为什么是中期的调控，主要在于经济结构的调整，包括产业政策的调整、技术政策的调整、资源配置的调整，都不是近期就可以见效的。

供给方面可以抑制供给，但不是主要的。抑制供给，比如关闭产能过剩、消耗能源、消耗资源过多的企业，看起来容易，实际上也会遇到困难，比如说，怎样安置失业工人、怎样处理闲置设备和厂房，当然供给方面的发力和需求方面的发力都是可以取得一定成效，但是供给方面的调控比需求方面调控一般都难一点，风险也会大一点。

风险在哪里呢？风险在于失业人数增加，如果这样长期存在失业，社会将不稳定，因此一谈到供给侧的发力，虽然要关停一些产能过剩企业而外通常指增加供给，解决增长中的短板，提供新产品、新技术。这更为重要。

第二个问题：供给方面发力难点在哪里？

在产能不足的情况下，盲目扩展产能可能发生新问题，产能扩张会使停产企业由于重新得到贷款又恢复运行，使资金继续流向那些停产、减产的企业，结果不但宏观上会造成通货膨胀，而且使国内经济结构更加不合理了。扼要地说，在增加的同时也有可能带来三个不足：

（1）资本不足，因为要增加投资；

（2）专业人员和技工不足；

（3）土地、淡水、市场不足、交通设施不足和营销力量不足。

对这三个不足都需要有规划、统筹解决，因此经济学界一般把供给方面发力看成中期调控的任务，需求管理看成是近期调控的任务。

第三个问题：怎样克服当前供给方面改革障碍?

这里一共提出六条建议：

（1）可以通过定向调控起作用，定向调控也就是结构性调控，以定向的减税、免税手段来鼓励现有的生产企业，促使他们增加供给；

（2）鼓励高新企业的成长，扶持短板行业，以弥补生产能力的不足；

（3）大力发展新产品，使他们能够提供居民需要的消费品与服务，以扩大需求；

（4）加强职业技术培训，提高劳动力素质，缓解人力资源供给的不足；

（5）继续简政放权，明确三个清单，就是政府权力清单、政府责任清单、负面清单，这样有利于民间资本避开禁区，投入到供给方面，增加供给的主体。

（6）调动企业创新的积极性，加快国企的混合所有制改革，也使民营企业更快转型。民营企业转型主要是指：企业到了一定规模以后，应该从家族经营制改为现代企业制度，并且要实行职业经理人制度，同时可以根据条件，实行产权的细化、并实行产权的激励。

第四个问题：增加供给和增加需求往往是互动的，这需要做进一步分析。

供给方投资主体和需求方投资主体都不是被动的，他们各有自己盈利目标和实现目标途径，他们的行为是互相影响的。简要地说，要增加供给必须增加投入，包括资本的投入、各种生产资料的投入，以及人力资本的投入。而要增加需求，除了政府购买以外，更需要民间的消费。民间的消费包括居民的购买力，这就要缩小城乡收入差距，还要提高居民的消费愿望。

我在2015年上半年到河北做了一些调查，被一些企业家围住了，他们要我针对当前形势给他们几个建议：

（1）第一个建议是：让产品更个性化。大家可以把自己家里柜子打开、箱子打开，里边放的衣服都是很新的衣服，为什么不穿？是几年前买的，样式过时了、料子不够时尚，所以都不穿了，所以还要买衣服。假定衣服还是几年前的样式、几年前流行的面料，他不会买。所以产品一定要个性化才能打开销路。

（2）第二个建议是：不仅要看到公众有，还要看服务态度。购买意愿，购买意愿是个很复杂的问题，实际上是个文化问题。如果消费者有某种信仰、某种习惯，即使衣服不够了，他想买，但服务员板着脸，他宁可把钱存了不消费，也不会买。所以，一方面购买意愿的转变实际上有一定的过程，品牌吸引人，服务员的热情同样吸引人，这都跟文化的传存、文化的创新结合在一起。

可以讲，要真正扩大消费，不仅要在提高居民购买能力上做出努力，还要设法加强他们购买意愿。年轻一代的消费观念跟老一代不一样，年轻一代，有钱可能不一定投入消费，他们可能更愿意投资。在这种情况下，如果服务员态度再不好，他们宁可不买。

作为投资者，无论他是投资到供给方面，还是投资到需求设施方面，一定要考虑回收的期限和成本高低。假设大家都往供给方面投资，需求会怎么样？需求方投资者可能会转到供给方面，因为感觉到供给方面的收益高。假定供给方面的收益没有需求方面的收益高，人们又会从供给方面把资金抽出，改投到需求设施上。所以双方处在互动的过程中。不要以为增加供给只能往供给投入，不一定？投资者要观看，供给如何影响投资？需求又如何影响投资？这个过程是缓慢的。

（3）第三个建议是：供给增加，也是人力资源结构的调整。也就是说，在供给方面，不仅要看资本的投入，也要看人力资本的投入。如果人力资本跟不上，比如技术工人跟不上，专业人员跟不上，供给不可能取得那么大的效果。所以这里涉及一个重要的问题：我们重视供给的发力，就要要跟人力资本的升级结合在一起。我们经常讲“旧人口红利”没有了，其实，“新人口红利”正在不断涌现。要看我们是否加强人力资本的投资。

大众创业、万众创新就给人力资本升级创造了条件。现在，不少农民热衷于创办家庭农厂，也创办一些小微企业，这都是人力资本的升级。所以中国人力资本将随着供给的发力逐步提升。不提高人力资本素质，就跟不上供给和需求的增长。供给和需求都期待更多、更优秀的熟练技工、熟练服务人员。

在考虑人力资本的提高时，涉及一个根本性的问题，就是教育制度要改革。我刚从贵州调研回来。过去的综合性学院已改成了工程学院，培养技师，同企业合办，95%以上的毕业生分到企业。这样一来，贵州的人力资本结构成得到改变。

这还告诉我们，“旧人口红利”虽然消失了，“新人口红利”正在涌现出来。我在云南调研时，发现职业技术教育正在大步推进，并向沿海一带输送技工，绝大部分毕业生被人家聘走了。

第五个问题：供给的增加会遇到一个资源有限的障碍。

这个问题是指，由于土地有限、淡水资源有限，交通运输建设也因资源有限而受限制。东南沿海地区发展潜力受限制，那就向西部投资，但西部土地虽多，其他资源不足，运输成本高。生产成本高。这个问题怎么办？要增加供给，必须在劳动生产率提高的基础上增加供给。增加供给是中期的调整，中期的调整跟政府的规划有关。现在正在制定“十三五”规划，“十三五”规划中应该考虑今后促进供给的措施。

增加供给不是万能的。供给增加要符合经济规律，要注意增加供给的长期效益，不然将来又会发生产能过剩问题。

要进行供给侧改革，就必须使供给跟需求互动，还是古典经济学的一句老话：供给创造需求，需求也创造供给。

前面已经提到过，今后要让产品更个性化，让服务更人性化。服务老是坐在那里等客户上门，摆面孔谁来买你，你是给人家服务。前面还提到要把品牌打到国外。国外消费者对中国制造业的品牌是不了解的。品牌研究者曾经做过一个调查，给外商发问卷，“把你知道的中国品牌填写几个”。最后问卷调查拿来一看，就一个品牌“茅台酒”。中国的制造业品牌中，他们只知道茅台酒。其他很多制造业品牌，他们不知道。所以要把品牌打到国外，同时也要把顾客留在国内。现在到国外去旅游的人很多。据不完全统计，旅游者在国外购买生活用品，花的资金大概每年1万多亿人民币。为什么他们到国外去购买呢？在调研中发现，有几个答案：一是可以买到真货；二是国外卖的商品比中国国内卖的便宜。为什么国内卖的贵？因为关税高。这种情况告诉我们，要把顾客留在国内。我们到国外去买日用品，增加的税收是外国的税收，增加的就业是外国的就业。这一万多亿元人民币如果在国内购买，减少关税以后，我们是可以做到的。这时，增加税收是国内的税收，增加的就业是国内的就业。

（厉以宁，第十二届全国政协常委，北京大学光华管理学院名誉院长，教授，博士生导师）

适应引领新常态的战略选择

□ 王一鸣

“十三五”规划是我国经济发展进入新常态后的第一个五年规划。“十三五”时期适应引领新常态，就要充分认识新常态带来的新变化，加大结构调整和动力转换力度，积极培育经济发展新动力。本文第一部分讨论经济发展新常态和面临的新挑战，第二部分探讨适应新常态要求推进供给侧结构性改革，第三部分提出“十三五”时期引领新常态的战略对策。本文强调“十三五”时期，要以全面提升经济发展质量和效益为中心，努力实现数量扩张向质量提升、要素驱动向创新驱动、高速增长向高效发展的转换。

一、经济发展新常态和面临的新挑战

“十三五”时期，我国将在更广领域和更深层面上显示出进入发展新常态的特征。正确把握“十三五”时期经济发展的阶段性转换和对经济转型发展的新要求，对这一时期适应引领新常态的战略选择至关重要。

（一）中国经济发展进入新常态

从旧常态进入新常态，虽表现为经济减速换挡，但本质上是结构调整和动力转换的过程。从这个意义上讲，新常态就是从高速增长向高效增长阶段跃升的过程，是中国经济实现由大变强历史性转变的过程。

1. 经济增长减速换挡

从高速增长转向中高速增长，是新常态的基本特征。2012年、2013年中国经济增速都为7.7%，2014年为7.3%，2015年预期目标为7%，都处在7%～8%的中高速增长区间，相较于1980—1990年、2000—2011年两个时期，经济增速下了一个台阶（见图1）。“十三五”时期，经济增速还将随潜在增长率下降而回落，增长区间也会有相应调整。与过去30多年的情景不同，进入新常态，劳动年龄人口数量开始减少，人口抚养比逐步提高，储蓄率和投资率趋于下降，加之劳动力等生产要素从农业部门向非农业部门转移放缓，对全要素生产率提高的贡献降低，而技术进步和人力资本还不足以替代生产要素跨部门转移对全要素生产率提高的贡献。在这些因素的共同作用下，潜在增长率趋于下降，经济减速换挡难以避免，但与此同时，经济增长的质量明显改善，2014年全社会劳动生产率为72313元/人，比上年提高7%，单位GDP的能耗下降4.8%。

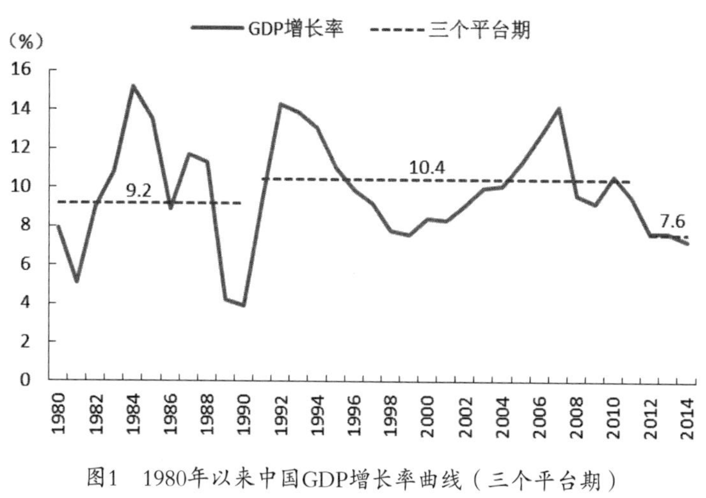

图1　1980年以来中国GDP增长率曲线（三个平台期）

注：三个平台期为1980—1990年、2000—2011年、2012—2014年

2. 结构调整优化升级

与过去追赶阶段制造业产能迅猛扩张不同，进入新常态，制造业面临消化过剩产能的巨大压力，产业规模扩张空间明显缩小。与此同时，教育、文化、医疗、旅游、养老等服务业发展加快。2013年我国服务业增加值占GDP比重首次超过第二产业。2014年服务业占GDP比重提高到48.2%，比2013年提高1.3个百分点，高于第二产业5.6个百分点（见图2）。与此同时，高技术产业占规模以上工业增加值的比重提高，2014年占到10.6%。与互联网和电子商务有关的新兴业态快速发展，2014年全国网上零售额同比增长49.7%，快递业务量增长51.9%。新一代信息技术、生物医药、高端装备制造、新能源等新兴产业迅速崛起，在经济总量中的份额不断上升。

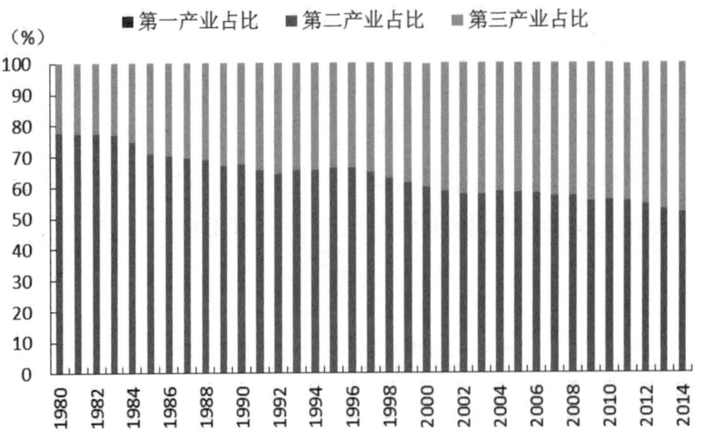

图2　中国三次产业增加值与GDP比重（1980—2014年）

数据来源：国家统计局

3. 增长动力持续转换

进入新常态，产能出现相对过剩，劳动力成本上升，资源环境承载能力接近极限，依靠高强度投入"铺摊子"的空间越来越小，支撑经济发展的主要因素已经由生产能力大规模扩张转向提高生产效率，提高效率和效益成为主旋律。随着城乡居民收入增长加快，中等收入群体扩大，消费逐步成为经济增长的主要动力源泉，投资和出口对经济增长的拉动作用减弱。2014年最终消费对经济增长的贡献率为50.2%，高于资本形成对经济增长的贡献率0.7个百分点（见图3）。科技进步对经济增长的驱动作用增强，近年来专利申请数量和增长速度明显提升。

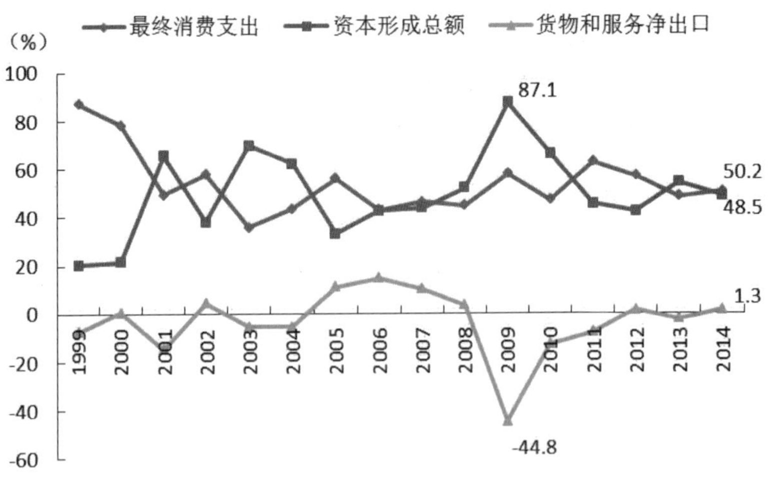

图3　中国消费、投资、出口对经济增长的贡献率（%）

数据来源：国家统计局

（二）面临的挑战风险

进入经济发展新常态，支撑高速增长的传统比较优势减弱，各种约束条件和结构性矛盾的制约加大，社会转型过程中的一些深层次矛盾凸显，保持经济持续健康发展面临诸多困难和挑战。

1. 劳动力成本趋于上升

随着我国人口结构变化，劳动年龄人口出现负增长。2012年我国16～59岁劳动年龄人口数量首次出现下降，当年净减少205万人，2013年和2014年又分别减少244万人和371万人，人口扶养比已经呈现逐年上升趋势。同时，我国劳动参与率也将呈现下降趋势。“十三五”时期劳动力供给总量将进入下降通道，农村可供转移的年轻劳动力已较为有限，低成本要素比较优势将明显弱化，劳动力供需条件变化推动劳动力成本加速上升，保持经济持续较快增长必须更多依靠劳动生产率提高和科技创新的驱动。

2. 储蓄率投资率趋于下降

过去30多年我国储蓄率持续提高与抚养比不断下降是分不开的，但这种情况将随着人口结构变化和老龄化进程加快而发生改变。实证分析表明，储蓄率与人口抚养比呈逆向变化关系，抚养比每上升1个百分点，储蓄率下降0.8个百分点。随着人口抚养比提高，高储蓄率将向下调整，并直接引致投资率下降，投资率已经从2010年的47.2%下降到2014年的46.1%（见图4）。加之投资的边际报酬递减，依靠投资高增长支撑经济高速增长的局面将发生变化，必须在发挥投资对经济增长关键作用的同时着力提高投资效率。

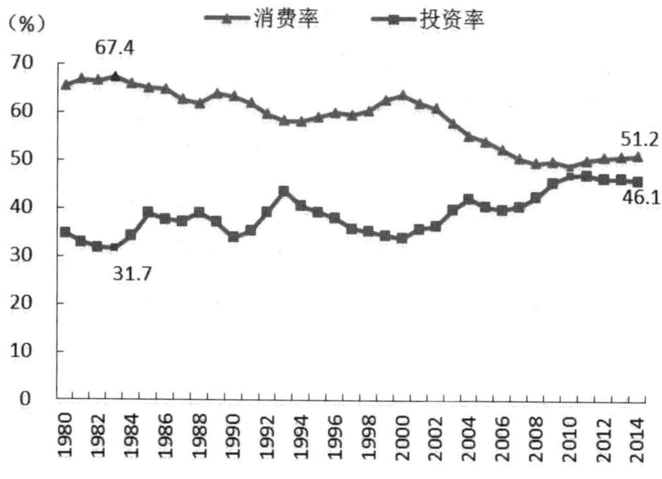

图4 中国消费率和投资率的变动（1980—2014年）

数据来源：国家统计局

3. 企业研发创新能力不足

面对全球以制造业数字化、智能化为核心的产业变革新态势，我国企业研发能力不足的问题逐步暴露出来，大多数规模以上工业企业没有研发活动，即便是有研发活动的企业，研发投入和研发水平也偏低。2013年规模以上工业企业中有研发活动的仅占14.8%，研发经费支出仅占企业主营业务收入的0.8%，而国外企业平均研发强度在20世纪80年代就达到3%以上，跨国公司多在5%以上。企业创新能力仍显不足，拥有自主知识产权的企业比重小，且知识产权质量不高。高度依赖低端加工组装、缺乏技术创新和品牌的产业体系越来越不适应竞争环境的变化，如不加快提升研发能力和产业技术进步，部分已有的技术路线和生产能力将面临被淘汰的风险。推进企业主导、市场导向的科技创新。

4. 制造业大规模扩张的阶段基本结束

制造业规模扩张是推动我国经济高速增长的重要因素。在经历制造业产能迅猛扩张后，近年来主要制造业部门都面临严重的产能过剩。2014年，我国钢材产量达到11.2亿吨，已供大于求；发电装机容量达到13.6亿千瓦，汽车产量达到2372.5万辆，已接近产能上限。我国钢铁、水泥等大宗产品以及汽车等耐用品的需求总量已跃居世界第一，受经济结构调整和资源环境约束影响，未来诸多产品需求规模将逐步接近历史峰值并进入稳定增长或见顶下降的阶段。今后一个时期，我国制造业规模扩张的空间逐步缩小，一些行业面临消化过剩产能的巨大压力。总体上看，制造业发展“铺摊子”阶段基本结束，支撑产业发展的主要因素已经由生产能力大规模扩张转向提高生产效率。

5. 生态环境硬约束持续强化

如果说，在过去高速增长常态下，资源环境的回旋余地还比较大的话，那么进入新常态，经济规模继续扩大和能源资源消耗增加，资源环境的硬约束和刚性压力将逐步强化。我国污染排放总量已相当可观，呈现污染源多样化、污染类型复合化、污染范围扩大化、污染影响持久化特征。随着产业规模继续扩张和能源资源消耗增加，对生态环境的刚性压力将进一步增大。产业无序转移还将加剧对部分生态脆弱地区的生态破坏。我国已经向国际社会承诺，到2020年我国单位国内生产总值二氧化碳排放比2005年降低40%～45%，这将对能源消费过快增长形成明显约束。控制全球温室气体排放总量国际压力逐步增大，社会各界对生态环境要求越来越高，经济发展的资源环境硬约束将逐步强化。

6. 潜在风险显性化压力增大

在速度效益型的增长模式下，经济增速放缓后，财政收入、企业利润增幅也会随之大幅回落。与此同时，过去一个时期扩大债务和信用规模，在促进经济增长的同时，也增大了潜在风险。地方政府融资平台大规模贷款已形成潜在债务风险，房地产和金融系统的风险也在逐步聚积，在增速放缓后，各种潜在风险就会“水落石出”，各种矛盾和风险挑战将明显增多。

（三）发展潜力和优势

经过改革开放30多年的发展，我国物质技术基础更加雄厚，人力资本的规模和累积效应显现，发展潜力和综合优势仍然显著。

1. 科技创新能力大幅提升

近年来，我国科技投入明显增长，科技创新能力大幅提升。2014年研发（R&D）经费支出达到13400亿元，占GDP的比重为2.09%，比2010年提高0.35个百分点。“十三五”时期，随着研发投入的持续增加，科技创新能力特别是企业技术创新能力大幅度提升，突破一批核心关键技术，就可以进一步提高全要素生产率对经济增长的贡献，使储蓄率降低和资本投入增长放缓的影响减弱，并为经济增长注入新的动力。

2. “新人口红利”加快形成

随着劳动年龄人口的增速放缓、人口老龄化进程的加快和储蓄率下调，原来意义上的人口红利将逐步消失。与此同时，随着少儿人口规模缩小和比重降低，无论是国家还是家庭的人均人力资本投入都将有所提高，劳动者素质提升可以抵消劳动力数量增速放缓，完全可以在劳动年龄人口增长带来的“人口红利”逐步消失后，创造和培育由劳动者素质提升带来的“新人口红利”。我国每年毕业大学生700万以上，受过中等职业教育和技能培训的毕业生600万以上，海外归国留学人员将达到30万以上，城市25～34岁年龄段人口中接受高等教育的比例为34%，接近OECD国家的平均水平，为传统意义上的中低端人口数量红利向中高端人才质量红利转换、推动经济迈向中高端水平创造了条件。

3. 城镇化加速发展

2014年，我国城镇常住人口7.49亿人，比上年末增加1805万人，城镇化率为54.77%，虽略高于世界平均水平，但仍明显低于人均国内生产总值相近的国家和地区，预示着未来我国城市化潜力十分巨大。“十三五”时期我国城镇化水平将突破60%，城镇化可以创造出城镇基础设施和住宅建设等巨大的投资需求，以及农村转移人口市民化而形成的巨大消费需求，并对经济增长形成强劲的拉动作用。

4. 内需市场加速扩展

近年来，国内消费增速虽有所放缓，但都以超过国内生产总值的增速增长。“十三五”时期，随着劳动力工资较快上升、社会保障改善，居民消费水平将显著提升，我国国内市场将加快成长，国内市场的总体规模将加速扩大，国内消费率将可能逐步进入上升通道，特别是中等收入群体的快速成长，医疗保健、交通通信、教育文化娱乐服务等高端享受型和发展型消费比重逐步上升，网络消费、信息消费等新兴消费将不断兴起，新型消费业态将不断涌现，成为经济持续发展的强劲动力。

5. 区域回旋空间较大

我国作为一个区域差异较大的国家，客观上也形成了要素和产业发展的互补性，增大了我国经济增长的回旋空间，沿海地区失去比较优势的产业还可以向内地转移，使产业的生命周期得以明显拉长。这种特有的回旋空间，使低成本的比较优势可以通过国内产业转移而继续保持，使各区域在不同产业层次上发挥动态比较优势。

6. 深化改革的潜力巨大

深化改革将有效提高资源配置效率，提高全要素生产率的贡献，从而保持经济增长的动力。虽然相对于以往时期，受“利益格局更加复杂多样”的牵制，改革的推进将更加艰难，但改革的空间依然很大。十八届三中全会以来，党中央做出战略部署，改革步伐明显加快，进一步推进简政放权、国有企业、投融资体制、财税金融体制等牵动全局的改革，将释放巨大的制度红利，为经济持续增长提供不竭动力。

二、适应新常态要求推进供给侧结构性改革

“十三五”时期要适应经济发展新常态，就要充分认识新常态带来的新变化，推进供给侧结构性改革，实现供需在更高水平上的平衡，重塑经济发展新动力。

（一）推进供给侧结构性改革是适应新常态的必然要求

我国经济发展进入新常态，最直观的变化就是经济增速进入增速换挡期，由过去的高速增长转向中高速增长。过去一个时期，我国经济经历了较长时期的下行周期，经济增速在波动中放缓，2015年3季度已经回落至6.9%。与此同时，工业品价格持续回落，至2015年11月工业生产者出厂价格指数已连续45个月下降；工业企业利润下降，亏损面扩大；财政收入增速放缓，一些地区甚至出现负增长；潜在风险显性化的可能性增大。造成这些问题的原因，表面上是有效需求不足，但最根本的还是有效供给不适应市场需求的变化。

从需求侧看，过去一个时期“住”和“行”主导的需求结构，正在向多样化、高端化、服务化需求结构转换。一是“住”和“行”市场需求发生变化，2013年我国城镇户均达到1套房，2014年每千人拥有汽车超过100辆。按照国际经验，房地产和汽车市场需求都将发生明显变化。从我国情况看，房地产投资2000—2013年年均增长24%，2015年前三季度下降到2.6%；汽车产量过去10年年均增长17.9%，2015年前三季度下降0.9%。房地产和汽车市场需求的变化还关联影响到钢铁、水泥、玻璃、轮胎、电子、

家电、家装等关联行业的市场需求。二是高端化需求难以得到满足。随着居民生活水平的提高，人们对各类消费需求的性价比、安全、质量等要求也水涨船高，但消费品供给规模有余而品质不足，导致人们要出国去买奶粉、买马桶盖甚至药品、牙膏。三是服务化需求发展迅速，旅游、养老、教育、培训和各类生产性服务需求与日俱增，而服务业供给仍不失适应需求结构的变化。

从供给侧看，过去一个时期制造业迅猛扩张形成的巨大产能，在国内外市场需求变化的情况下，面临较为严重的过剩，特别是钢铁、煤炭、石化、有色、建材等传统行业，产能过剩更为严重，利润水平大幅回落，有的行业甚至出现全行业亏损。过去一个时期，我们主要是从需求侧拉动经济增长，比如，1998年亚洲金融危机、2008年国际金融危机，都实行了比较大力度的扩大内需政策，这在当时传统产能的市场需求还有空缺的情况下是有效的，但随着消费结构升级并向多样化、高端化、服务化需求转换，传统产能接近或达到上限规模，原有的供给结构已经越来越不适应市场需求结构变化，再简单用扩大投资的办法化解供需矛盾，投资的边际效应明显递减，对经济增长的拉动作用减弱，还会使现有矛盾和问题后延，潜在风险进一步积累。

由此可见，主要矛盾正在由需求侧转向供给侧。由于经济下行的原因主要不是周期性的，而是结构性的，面对的主要是供给侧、结构性、体制性矛盾，因而不可能通过短期刺激政策实现经济反弹，而必须通过供给侧结构性改革，重塑经济发展动力，为经济持续健康发展创造条件。

（二）推进供给侧改革实现供需新平衡

供给侧结构性改革，通俗地说，就是从供给侧入手，用改革的办法矫正供需结构错配和要素配置扭曲，解决有效供给不适应市场需求变化问题，使供需在更高水平实现新的平衡。比如，降低制度性的交易成本就要继续推进行政管理体制的改革，简政放权；降低电力的价格就要改革电力体制；降低企业税费负担就要改革财税体制和养老保险体制；等等。

从结构层面上说，供给侧改革就是要扩大有效供给，提高供给结构适应性和灵活性，改善供给品质，促进供给创造需求；因此，要在适度扩大总需求的同时，着力加强供给侧结构性改革，去产能、去库存、去杠杆、降成本、补短板，提高供给体系质量和效率，提高投资有效性，加快培育新的发展动能，改造提升传统比较优势，增强经济持续增长动力。通过增加有效供给，提高供给体系的质量和效率，实现供需在更高水平上的结构平衡。

从体制层面上说，供给侧改革就是要发挥市场配置资源的决定性作用，盘活过剩产能沉淀的劳动力、资本、土地等生产要素，让生产要素从低效率领域转移到高效率领域，从已经过剩的产业转移到有市场需求的产业，进而实现资源优化再配置，提高全要素生产率。通过化解过剩产能，加大资产重组力度，促进要素有序合理流动，实现资源优化再配置。

如果说需求侧政策比较强调通过扩大投资和引导消费拉动经济增长的话，供给侧改革则更强调发挥市场配置资源的决定性作用，激发市场主体的活力，在市场竞争中适应需求多样化、高端化和服务化趋势，把资源更多配置到适应市场需求变化的领域，改变过去一个时期依靠资源和要素大规模、高强度投入驱动经济增长的方式，转向提高要素配置效率和全要素生产率，使经济增长更多依靠内生动力实现更健康、更高效、更可持续的增长。

推进供给侧结构性改革，就要进一步推进简政放权、放管结合、优化服务，激发市场活力和社会创造力；放宽市场准入，鼓励民营企业依法进入更多领域；深化国有企业改革，发展混合所有制经济；降低企业税负，减轻企业负担，为企业松绑；打破地域分割和行业垄断，促进生产要素有序合理流动。

供给侧结构性改革并不意味着需求管理和需求政策的退出，两者应相互配合，互为促进。需求管理主要是适度扩大总需求，保持经济运行在合理区间，为供给侧改革营造良好的宏观环境。而供给侧改革则要提高有效供给能力，创造新供给，提高供给质量，培育扩大消费需求，增强经济内生动力和活力，为中长期经济持续稳定健康发展创造条件。

（三）“十三五”时期经济增长展望

“十三五”时期，国际金融危机的影响仍将延续，美元仍有可能处于升值周期，国际资本流动加剧，市场波动性增大，大宗商品总体上处于萧条向复苏逐步转变的阶段，全球仍将处于低通胀期。我国经济发展进入结构深度调整和新旧动力转换的关键时期，一些重大的阶段性和转折性变化将集中显现，主动或被动的结构调整和资产重组会加快，局部风险释放带来的冲击有所增大，增长阶段转换导致的潜在增长率下降趋势短期难以逆转。在这一过程中，如果能避免系统性风险，则中高速增长的阶段性平台有望形成，经济增速会略有回升，但幅度仍然有限。

从需求面看，出口在波动中保持低速增长，随着大宗商品价格企稳，2017年后出口增速有望略有改善。消费受收入增长和消费模式转变影响，增速总体呈平稳态势。投资仍将是主导需求变动的关键变量，房地产投资逐步见底，基础设施投资增长仍将高于财政收入增长，在房地产和出口带动下，制造业投资和其他类投资有望企稳回升。

从供给面看，由劳动年龄人口和劳动参与率共同决定的有效劳动供给，将从2016年开始下降。受投资增速下降影响，资本形成的速度将持续放缓。在创新要素积累和结构改革推进的支撑下，全要素生产率（TFP）增速开始止跌并出现小幅回升，成为供给中的积极因素。

综合考虑需求面、供给面和中长期趋势变化，在改革有序推进和风险可控情景下，“十三五”时期仍将保持中高速增长态势，初步预计年均经济增长速度将略高于6.5%。从增长动力看，消费和全要素生产率对经济增长的贡献将有所上升，消费对经济增长的贡献年均提升将超过1个百分点，全要素生产率的贡献也将逐步提升。从产业结构看，服务业的比重将稳步上升，第二产业的比重将持续下降。

“十三五”时期保持中高速增长，是到2020年国内生产总值和城乡居民收入比2010年翻一番的重要条件，也是经济保持持续健康发展、为结构调整和动力转换创造条件的基础。我国经济体量巨大，如果在增速换挡中出现惯性下滑，就很难止住甚至可能出现失速局面。速度过低，泡沫就很容易破裂，风险就可能集中释放，企业也难以增加研发和创新投入，市场和社会预期会发生变化。因此，要使经济运行在合理区间，在结构调整和动力转换基础上实现中高速增长。

三、“十三五”时期引领新常态的战略对策

中国经济发展进入新常态，支撑要素驱动型发展方式的条件和环境已发生深刻变化，原有发展方式难以持续，不转换没有出路。实现经济发展方式的转换，关键是要以全面提高经济发展质量和效益为中心，从规模速度型粗放增长向质量效率型集约增长转换，从依靠要素驱动转向效率驱动和创新驱动，实现高速增长向高效增长的转型。

（一）增强创新驱动发展动力

当前，新一轮科技革命和产业变革与中国进入新常态形成历史性交汇，为增强创新对经济增长的驱动力提供了重要的时间窗口，这就要求加大创新驱动战略实施力度，推动经济增长从要素驱动转向创新驱动。

1. 提升企业的创新主体地位

当前我国规模以上工业企业中有研发活动的不足15%，企业创新意愿不强，创新动力不足。创新需要市场充分竞争，这就要求使市场在资源配置中起决定性作用，主要靠市场发现和培育新的增长点。要引导资金、人才、技术等创新要素按市场导向优化配置，引导创新资源向企业集聚，完善科研院所和高校的技术成果向企业转移机制，加大对中小企业、微型企业创新的扶持力度，促使企业加快摆脱对能源资源消耗较多的加工制造环节的过度依赖，更多地依靠研发、设计、市场开发、品牌建设和无形资本投资，满足差异化和个性化需求，推进传统制造向以研发为基础的新型制造转型。

2. 把科技创新与产业转型升级结合起来

创新是科技成果的产业化过程，必须落实到创造新的增长点上，落实到产业转型升级上。要把发展新兴产业与科技创新结合起来，着力突破研发、设计、标准、品牌、供应链管理等关键环节，力求掌握核心技术，增加高附加值环节的比重，提高产品的知识、技术和人力资本含量。强化研发设计能力，支持技术知识密集、高附加值的高技术产业和装备制造业的发展，推进高新技术产业以组装为主向自主研发制造为主转变。

3. 调动全社会创新创业的积极性

营造有利于大众创业、万众创新的政策制度环境，采取更有效的措施，加快政府转变职能，促进市场公平竞争，强化激励创新机制，鼓励草根创业，鼓励微创新，使创业创新成为青年一代的人生追求。强化对科研人员的创新激励机制。更加注重发挥企业家才能，鼓励企业开展新技术、新产品、新工艺研发应用，鼓励企业产业组织创新、管理创新和商业模式创新，使千千万万企业成为创新的主体。

4. 加快形成创新驱动发展的体制机制

实现创新驱动发展，最根本的是要破除体制机制障碍，建立有利于创新资源高效配置和创新潜能充分释放的体制环境。要以增量带动存量改革，在物联网、大数据、云计算、电动汽车等新兴领域组建一批新型研发机构，取得一批原创性科研成果，推动现有科研院所深化改革。深化科技成果产权制度改革，完善成果转化的市场化机制，改变科技成果收益分配办法，鼓励各类企业通过股权、期权、分红等激励方式，调动科研人员创新积极性。更加注重知识产权保护，加大执法力度。强化金融支持创新功能，设立创投引导基金，用好私募、股权众筹等融资工具，支持风投、创投、天使投资等发展，调动全社会增加创新投入的积极性。

（二）加大人力资本投资

在劳动年龄人口绝对量下降、人口老龄化加快的条件下，加大人力资本投资，加强中高端技能培训和中高等教育体系建设，释放人口质量红利，是适应我国劳动力供求关系变化、培育新的竞争优势的基础条件。

1. 建立现代教育体系

创新教学内容和方式，将科学精神、创新思维、创造能力贯穿于教育全过程，大力培养创新型人才。推进高等教育内涵式发展，以人才培养为中心，提高教育质量，增强高等学校的创新能力建设，支持高等学校参与国家创新体系建设。加快现代职业教育建设，增强职业教育的实用性，培养大批技术技能人才，加大农民工职业技能培训和岗位技能培训。强化基础教育的普惠性和公平性，继续加大基础教育的财政投入，巩固提高义务教育，加快普及学前教育和高中阶段教育，提升基础教育质量，缩小城乡教育差距。

2. 加快教育制度改革

给予高校更大办学自主权，鼓励民间创办小型高层次研究型大学，放宽国外一流大学到国内合作办学的条件。推进一批地方本科院校向应用技术本科高校和职业教育转型。推进高等教育招生考试制度改革，推行初高中学业水平考试和综合素质评价，扭转应试教育倾向，建立健全多元招生录取机制。

3. 改革人才流动机制

改进人员岗位管理制度，破除人才流动的体制性障碍，促进科研人员在事业单位和企业间合理流动。破除体制内与体制外流动障碍，建立中国特色的“旋转门”机制，鼓励专业人才在学术机构、政府部门、企业和非营利组织间流动。健全人才向基层流动、向艰苦岗位流动、在一线创业的激励机制。分类推进人才评价机制改革和职称制度改革。

4. 激发人力资本潜能

在全社会营造鼓励创新、宽容失败的文化，让创新型人才勇于创新，敢于创业。重构企业家精神的激励机制，尊重和保护企业家个人财产权利，稳定有产者预期和信心。加快推进农民工特别是第二代农民工市民化，让进城农民工变成无差别的城市人，激发其投入经济建设和创业的激情。

（三）推进产业迈向中高端水平

进入发展新阶段，挖掘中国经济增长潜力，根本出路在于振兴实体经济，核心是推动产业提质增效升级，提升产业价值链和产品附加值。

1. 加快培育新的经济增长点

适应国际产业竞争格局的新变化，加快培育工业机器人、信息网络、集成电路、新能源、新材料、生物医药等新兴产业领域，推动智能制造、分布式能源、网购、互联网金融等新型制造和服务业态发展，促使企业向研发、设计、标准、品牌和供应链管理等环节提升。推动实施“中国制造2025”，鼓励具备条件的企业向“工业4.0”升级，实施“互联网+”行动计划，充分利用信息技术革命的最新成果和先进智能制造技术，推动制造业提质增效升级，力争到2025年，制造业整体达到世界制造强国前列，建成全球领先的技术体系和产业体系。

2. 加快传统产业转型升级

传统产业仍是经济发展的主战场，要推进结构性减税，实施普惠性税收政策，努力减轻企业负担。进一步推进制造业与互联网深度融合，加快技术创新步伐，建立较稳定的高技能职工队伍，增强企业的价值创造力和市场竞争力。综合运用经济、法律和行政手段，加快淘汰高能耗、高排放、低附加值的传统重化工业，提高环保、能耗和技术等准入标准，加快技术进步、管理创新、产业重组和优化布局，鼓励重化工业发展跨国经营。加快提高劳动者素质，全面提升人力资本积累水平，推动传统劳动密集型产业向劳动、知识、技能相结合的制造业和服务业方向发展，推进传统劳动密集型产业和加工贸易转型升级。

3. 建立过剩产能的市场出清机制

制定破产法实施细则并尽快付诸实施，停止财政资金、银行资金向僵尸企业输血，把沉淀闲置的资源解放出来。针对企业退出的各种制度性障碍，加快出台人员安置、企业债务核销、资产处置、破产重整、企业改制等指导意见和具体政策措施。出台有利于产能出清的财政金融支持政策。筹措财政专项资金，用于解决产能出清中的人员安置和债务处置。积极探索用市场化的方法出清产能，如建立全国性的过剩产能交易市场，在合理分配过剩产能退出指标的基础上，允许产能指标跨区交易。

4. 加快发展生产性服务业

生产性服务业已经成为提高制造业附加值和服务业生产效率的关键环节，要重点鼓励发展金融保险、商务服务、科技服务、信息服务和创意等生产性服务业，加快发展研发、设计、标准、物流、营销、品牌、供应链管理等生产性服务环节，提高制造业附加值和知识、技术、人力资本含量。抓住国际上服务业转移和服务外包加快发展的新趋势，积极稳妥地扩大服务业对外开放，承接软件、电信服务、金融服务、管理咨询等国际服务业转移和服务外包。

（四）推进以人为核心的城镇化

城镇化是中国最大的内需潜力所在。推进城镇化特别是加快农村转移人口市民化，将创造巨大的投资和消费需求，消纳过剩生产能力，并继续创造基础设施和住宅等投资需求，使经济增长由过去过多依靠外需转向内外需协调拉动。

1. 有序推进农业转移人口市民化

2013年我国按常住人口计算的城镇化率与按户籍计算的城镇化率相差17.8个百分点（见图5）。要按照到2020年实现1亿左右农业转移人口落户的目标要求，加快破除城乡二元分割体制，改革城乡有别的户籍制度，全面推行农业转移人口居住证制度，建立健全与居住年限等条件相挂钩的基本公共服务提供机制，实现城镇常住人口基本公共服务全覆盖。推进实施财政转移支付和城镇建设用地增加规模与吸纳农业转移人口落户数量挂钩。逐步取消城乡农业户口和非农业户口的划分方式，推进户口与各项公共服务脱钩。创新城市投融资体制，建立透明的地方政府发债制度，在公共基础设施和公用事业领域推广政府和社会资本合作模式。

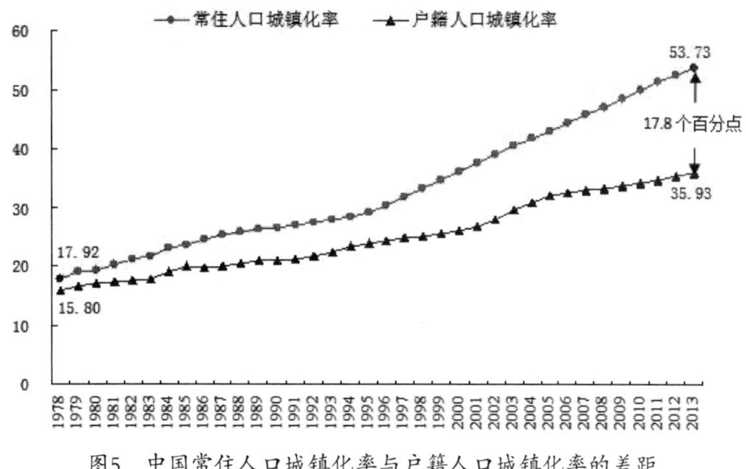

图5 中国常住人口城镇化率与户籍人口城镇化率的差距

注：中国常住人口城镇化率数据来自《中国统计年鉴2014》；户籍人口城镇化率数据来自《中国人口统计年鉴》（1949—1985）（1988—2006）和《中国人口和就业统计年鉴》（2007—2014）

2. 推进农村土地管理制度改革

逐步缩小土地征地范围，提高征地补偿标准，完善对被征地农民合理、规范、多元保障机制，将符合条件的被征地农民全部纳入养老、医疗等城镇社会保障体系。在符合规划和用途管制前提下，允许农村集体经营性建设用地出让、租赁、入股，实行与国有土地同等入市、同权同价。保障农户宅基地用益物权，在试点基础上慎重稳妥推进农民住房财产权抵押、担保、转让。探索宅基地自愿有偿退出机制。赋予农民对承包地占有、使用、收益、流转及承包经营权抵押、担保权能，鼓励承包经营权在公开市场上向专业大户、家庭农场、农民合作社、农业企业流转，发展多种形式的规模经营。

3. 积极稳妥发展城市群和大都市圈

进一步优化发展长三角、京津冀和珠三角三大城市群，促进形成以上海、北京、广州等一批国际大都市为核心的开放型国际化城市体系，加快辽东半岛、山东半岛和海峡西岸城市群发展，积极培育北部湾、长江中游、成渝地区、中原地区和关中地区等一批基础条件较好、发展潜力较大的新兴城市群，增强这些城市群吸纳农村转移人口的能力，使越来越多有能力和符合条件的转移人口就地落户，逐步融入迁入地并实现市民化。

4. 加快中小城市和小城镇发展

提高中小城市和小城镇综合承载能力，完善加快小城镇发展的财税、投融资等配套政策，增强其产业发展、公共服务、吸纳就业和人口集聚功能，促进农业转移人口就近就业和转化为城镇人口。加快落实放宽中小城市、小城镇特别是县城和中心镇落户的政策，促进农村转移人口在中小城市和小城镇落户，享有与当地城镇居民均等的基本公共服务和同等权益。

5. 增强城镇可持续发展能力

合理规划城镇人口规模，从严控制对耕地的占用，建立节约利用土地、水、能源资源的体制机制，发展资源节约型、环境友好型城镇。城市规模与布局要与当地水土资源、环境容量、地质构造等自然承载力相适应。城市发展要改变重规划、轻管理的状况，强化城市规划实施的监管，提高城市综合管理水平。

（五）走出去构建全球化生产运营体系

“十三五”时期，我国与世界经济的关系将更加紧密，与国际经济的互动关系将进一步增强，我国在坚持引进来的同时，将更加积极主动地走出去，优化对外开放总体布局，加快推进“一带一路”建设，更好平衡引进来与走出去的双向利益，在扩大开放中实现我国与世界各国互利共赢、共同发展。

1. 优化对外开放总体布局

打造沿海开放新高地，发挥长三角、珠三角、环渤海地区对外开放门户的作用，建成具有更强国际影响力的沿海经济带。支持沿海地区发展高端产业、加强科技研发，加快从全球加工装配基地向研发、先进制造基地转变。依托长江黄金水道，推动长江经济带发展，建设陆海双向对外开放新走廊。加快推进内陆开放，以内陆中心城市和城市群为依托，以开发区和产业聚集区为平台，积极探索承接产业转移新路径，支持在内陆中心城市建立先进制造业中心。支持内陆城市增开国际客货运航线，发展江海联运，以及铁水、陆航等多式联运，形成横贯东中西、联结南北方的对外经济走廊。培育沿边开放新支点，将沿边重点开发开放试验区、边境经济合作区建成我国与周边国家合作的重要平台，稳步发展跨境经济合作区，建设能源资源进口加工基地，开展面向周边市场的产业合作。

2. 加快推进“一带一路”建设

秉持共商、共建、共享的原则，以政策沟通、设施联通、贸易畅通、资金融通、民心相通为主要内容，全方位推进与有关国家的合作，构建利益共同体、命运共同体和责任共同体，深化与有关国家的多层次经贸合作，建设利益共享的全球价值链。带动我国沿边、内陆地区发展。推进基础设施互联互通，优先推进骨干通道建设，打通缺失路段，畅通瓶颈路段，加快形成国际大通道，构建联通内外、安全通畅的综合交通运输网络。深化与有关国家经贸合作，相互扩大市场开放，积极培育新的贸易增长点，进一步创新贸易方式，不断提高贸易便利化水平，推动我国大型成套设备、技术、标准与沿线国家合作。加大非资源类产品进口力度，促进贸易平衡。加强与沿线国家的产业投资合作，共建一批经贸合作园区，带动沿线国家增加就业、改善民生。深化能源资源合作，提升能源资源深加工能力，拓展合作的领域和空间。拓宽金融合作，积极参与亚洲基础设施投资银行建设，发挥好丝路基金的作用，扩大双边本币互换规模和范围，开展更多的跨境贸易本币结算，降低区域内贸易和投资的汇率风险和结算成本。

3. 创新外商投资管理体制

全面实行准入前国民待遇加负面清单，促进内外资企业一视同仁，公平竞争。在上海、广东、天津、福建四个自由贸易试验区探索试验的基础上，在更大范围内推广复制并全面实行准入前国民待遇加负面清单模式，与此同时，建立健全与负面清单管理模式相适应的外商投资安全审查制度。

4. 有序扩大服务业对外开放

有序扩大服务业对外开放，不仅有利于提升服务业竞争力，而且有利于推动服务业与制造业在开放中融合发展，提升我国制造业在全球价值链中的地位。要分层次、有重点放开服务业领域外资准入限制，推进金融、教育、文化、医疗等服务业领域有序开放，放开育幼养老、建筑设计、会计审计、商贸物流、电子商务等服务业领域外资准入限制，同时，对扩大开放条件比较成熟的服务业领域要大胆试验，推动对外开放迈出更大步伐。

5. 构建开放安全的金融体系

扩大金融业对内对外双向开放，是形成对外开放新体制的重要环节。要在完善审慎监管和有效管控风险的基础上，有序实现人民币资本项目可兑换，稳步推进人民币国际化。鼓励人民币向境外进行贷款和投资，加快人民币离岸市场建设，扩大人民币的境外循环。

（六）加大改革攻坚力度

保障“十二五”时期经济社会发展目标的实现，关键在于通过体制机制创新形成有效的激励机制，核心是处理好政府和市场的关系。在市场经济条件下，体制机制影响利益分配格局，引导市场主体行为，决定经济发展动力机制。只有坚定不移地推进改革，加快推进重点领域和关键环节改革，才能激发经济社会发展的动力和活力。

1. 深化行政体制改革

加大简政放权、放管结合、优化服务改革力度。继续取消和下放行政审批事项，建立规范行政审批的管理制度。所有行政审批事项都要简化程序，明确时限，用政府权力的“减法”，换取市场活力的“乘法”。制定市场准入负面清单，明确政府权力清单、责任清单，切实做到法无授权不可为、法定职责必须为。政府管理重心逐步后移，由“前置”的审批环节转向“后置”的服务和监管，并且使“后置”严格依法进行规范。创新政府公共服务提供方式，推动公共服务提供主体和提供方式多元化。

2. 推进投融资体制改革

大幅缩减政府核准投资项目范围，下放核准权限。大幅减少投资项目前置审批，实行项目核准网上并联办理。大幅放宽民间投资市场准入，鼓励社会资本发起设立股权投资基金。政府采取投资补助、资本金注入、设立基金等办法，引导社会资本投入重点项目。在基础设施、公用事业等领域，积极推广政府和社会资本合作模式。

3. 深化国企国资改革

准确界定不同国有企业功能，分类推进改革。加快国有资本投资公司、运营公司试点，打造市场化运作平台，提高国有资本运营效率。有序实施国有企业混合所有制改革，鼓励和规范投资项目引入非国有资本参股。加快电力、油气等体制改革。多渠道解决企业办社会负担和历史遗留问题，保障职工合法权益。完善现代企业制度，改革和健全企业经营者激励约束机制。

4. 深化财税体制改革

完善财政预算制度，建立公开、透明、规范、完整的预算体制。推行中期财政规划管理。改革转移支付制度，减少、合并一批专项转移支付项目，增加一般性转移支付规模和比例。完善中央和地方的事权与支出责任，合理调整中央和地方收入划分。健全中央和地方财力和事权相匹配的机制，提高基层政府财力。建立健全覆盖全部国有企业的国有资本经营预算和收益分享制度，提高国有资本经营预算调入一般公共预算的比例。

5. 深化金融体制改革

加快推进利率市场化改革，建立健全市场基准利率体系。完善人民币汇率形成机制，充分发挥市场供求在汇率形成中的基础性作用，保持人民币汇率处于合理均衡水平，增强人民币汇率双向浮动弹性。稳步实现人民币资本项目可兑换，扩大人民币国际使用，完善人民币全球清算服务体系。放宽金融业准入，加快和规范发展民营金融机构和面向小微企业、“三农”的中小金融机构，健全现代金融体系。加强多层次资本市场体系建设，实施股票发行注册制改革，发展服务中小企业的区域性股权市场，推进信贷资产证券化，扩大企业债券发行规模，发展金融衍生品市场。创新金融监管，防范和化解金融风险。

参考文献

［1］世界银行，国务院发展研究中心. 2030年的中国：建设现代化和谐有创造力的社会. 北京：中国财政经济出版社，2013.

［2］刘世锦. 攀登效率高地：中国经济增长十年展望. 北京：中信出版社，2015.

［3］王一鸣. 全面认识中国经济新常态. 求是，2014（22）.

［4］王一鸣. 在中高速增长阶段向中高端水平跃升. 宏观经济管理，2014（10）.

［5］王一鸣. 使创新成为发展驱动力. 人民日报，2015-04-13.

［6］王一鸣. 推动中国经济从高速增长转向高效增长. 光明日报，2015-08-05.

（王一鸣，国务院发展研究中心副主任）

究竟什么是供给侧改革

□ 樊纲

说了多年的经济调整，需要有更多的实际行动。

近期“供给侧改革”成为新闻中的高频词。何为供给侧改革？简单来说，“供给侧”与“需求侧”相对应。需求侧有投资、消费、出口三驾马车，三驾马车决定短期经济增长率。而供给侧则有劳动力、资本、技术与制度四大要素，这四大要素的改进本质上是一个长期的过程，决定中长期的潜在增长率。

从这个意义上说，供给侧改革是长期问题，需要做深层次的制度规划和长期调整的准备。无论经济好坏都要做。不过，供给侧也有“短期问题”，比如消灭过剩的供给能力。建一个工厂至少需要三年，属于长期问题，但是关掉一个工厂立刻就能实现。一个孩子长成大人，是个二十年的长期问题，但是把人身上的一个瘤子切除掉，可以是一个上午完成的“短期”的事，而切掉这个瘤子对人以后的正常生长至关重要。

把过剩的部分尽快消灭掉、重组掉，不使更多资源陷到里面去，从而提高资源利用效率，提高增长质量，促进经济增长，就是供给侧结构性改革的本质含义。过剩企业资源占用过多，好的企业成本就会提高。一些地方的僵尸企业，靠地方政府补贴，继续吸血，继续浪费资源，导致整个行业供给能力衰落。这就是供给侧改革在当前、在短期内的现实意义。

也正因如此，供给侧结构改革的重点在于“去产能”。扩展开来包括去库存、去杠杆、降成本。在上一轮即20世纪90年代中后期经济结构调整的时候我们砸过纱锭、炸过烂尾楼，这一次调整也同样要有代价，不调整就没有办法释放产能，就不会有下一轮的增长。

现在解决过去的问题，是为下一轮的产业发展打好基础，为下一轮的经济增长做好准备。也有人质疑，还会有下一轮增长吗？笔者认为一定会有。经济早晚会摆脱低迷、不正常、通货紧缩的状况，调整之后的效果最终能看到，接受市场机制就要接受经济周期调整的全过程。希望下一轮的经济不要再过热，保持正常发展，不要再出现14%的增长，7%左右的正常增长就很好，也是高增长。

我们不能把当年10%以上的过热增长当成那时的正常状态，也不能认为现在低迷时期通货紧缩的现象，会成为中国经济发展的长期状态。笔者认为，2016年的中国经济也许会更低一点，但调整会继续进行，未来5～10年，中国经济保持6.5%～7.5%的增长应该没有问题。

细化到企业，优胜劣汰正在发生。经济过热的时候很少有优胜劣汰，因为谁都可以有碗饭吃，而经济一不景气，有人活不下去了，产业重组终于发生了。过去这些年专注搞好产品创新、技术提升的企业，在经济低迷的大环境下，却愈发显现出优势，而那些没有技术特长，前几年又不够专业，东张西望一天到晚想着投机、想着转产的企业，现在一定处在被淘汰、被兼并重组的地位。当好的资源向好的企业集中，也就会创造出更好的效益，直接融资的形式也会发挥最大的作用。

但调整也有积极的一面。以前强调创新，经济过热的时候，大家只是有想法，没有行动，因为不用创新挣的钱也不少。但经济不景气时，企业首先要想怎么降低成本，怎么创新，怎么提高效率。

现在要警惕供给侧改革可能产生的误区，一些人误认为又要“追加”新产业、增加新供给，这可能导致老的产能过剩没被清理，新的东西又过剩。在未来的经济发展中，不能用新的供给增长掩盖过去的问题。

（本文根据演讲录音整理而成）

［樊纲，中国经济体制改革研究会副会长，中国改革研究基金会理事长，国民经济研究所所长，中国（深圳）综合开发研究院院长］

供给侧改革的理论内涵与主要着力点

□ 贾康

基于党的十八大后全面改革和全面依法治国的部署，党的十八届五中全会又提出了以创新发展为“第一动力”，结合协调、绿色、开放发展而归宿于共享发展的系统化的现代发展理念，随后，决策层十分清晰地表述了“着力推进供给侧结构性改革”的指导意见，引起广泛关注和热议。

中国的“新供给经济学”研究群体（我所在的华夏新供给经济学研究院和“新供给经济学50人论坛”），在迎接中国共产党的十八大和十八届三中全会、十八届四中全会、十八届五中全会的背景之下，提出了从供给侧发力应对现实挑战、破解瓶颈制约的一套认识和建议。十八届三中全会关于全面深化改革、十八届四中全会关于全面推进法治化和十八届五中全会关于“十三五”建议的指导文件的发表，又给予我们更多的研究激励和改革、转型的紧迫感。作为研究者，我们力求在世界金融危机冲击后有所作为地形成对主流经济学理论框架的反思，和对于实现从邓小平提出的“三步走”到习近平表述的“中国梦”现代化目标的理论创新支撑。相关认识的切入点，是需要对已有的经济学成果有“破”有“立”。而引出的基本认识，就是中国为完成“十三五”“全面小康”决胜阶段的任务并乘势跨越“中等收入陷阱”去对接现代化伟大民族复兴“中国梦”，必须紧紧抓住并处理好“理性的供给管理”与“供给侧结构性改革”的命题。

一、现实生活迫切需要对已有主流经济学成果“破”和“立”

需求管理和供给管理是经济学研究中已有定义的一对概念。总需求与总供给的平衡已被研讨多年，制度需求与制度供给问题的深入研究则尤需跟上。有研究界的朋友问：“新供给”新在哪里？我们已有的研究成果还属初步，但其新意已可做出概要总结：一是新在“破”，二是新在“立”，三是新在我们成体系的政策主张与思路设计。

（一）“新供给”研究中的“破”

从世界金融危机和中国改革开放的现实生活经验层面考察，人们普遍发问：为什么经济学家对于“千年之交”后震动全球的金融危机既无像样的预测，又无有效、有力的经济学解说与对策思路框架？如何以经济学理论阐释中国的不凡发展与艰巨转轨进程？众多研究者认为：经济学理论迄今已取得的基本成果亟待反思。我们认为，这一中外人士反复提到的挑战性问题可以归结为经济学理论所需要的、在“新供给”研究中已致力做出的“破”。这至少集中于如下三大方面：

第一，我们直率地指出了主流经济学理论认知框架的不对称性。古典经济学、新古典经济学和凯恩斯主义经济学虽然各自强调不同的角度，都有很大的贡献，但是共同的失误又的确不容回避，即他们都在理论框架里假设了供给环境，然后主要强调的只是需求侧的深入分析和在这方面形成的“需求管理”政策主张，都存在着忽视供给侧和供给管理的共同问题。最近几十年有莫大影响的“华盛顿共识”，理论框架上是以“完全竞争”作为对经济规律认知的假设条件，但是回到现实，即联系实际的时候，并没有有效地矫正还原，实际上拒绝了在供给侧做深入分析，在这样一个重要领域存在明显不足。世界头号强国美国前几十年经济实践里，在应对滞胀的需要和压力之下应运而生的供给学派是颇有建树的，其政策创新贡献在实际生活里产生了非常明显的正面效应，但其理论系统性应该说还有明显不足，他们的主张还是长于“华盛顿共识”框架之下、在分散市场主体层面怎样能够激发供给的潜力和活力，但却弱于结构分析、制度供给分析和政府作为分析方面的深化认识——因为美国不像中国这样的经济体有不能回避的如何解决“转轨问题”与“结构问题”的客观需要，也就自然而然地难以提升对供给侧的重视程度。相比于指标量值可通约、较易于建模的需求侧，供给侧的指标不可通约而千变万化，问题更复杂，更具长期特征和“慢变量”特点，更要求结构分析与结构性对策的水准，更不易建模，但这并不应成为经济学理论可长期容忍其认知框架不对称的理由。

第二，我们还直率地批评了经济学主流教科书和代表性实践之间存在的“言行不一”问题。美国等发达市场经济在应对危机的实践中，关键性的、足以影响全局的操作，首推他们跳出主流经济学教科书来实行的一系列区别对待的结构对策和供给手段的操作，这些在他们自己的教科书里面也找不出清楚依据，但在运行中却往往得到了特别的倚重与强调。比如，美国在应对金融危机中真正解决问题的一些关键点上，是教科书从来没有认识和分析过的“区别对待”的政府注资，美国调控当局一开始对雷曼兄弟公司在斟酌“救还是不救”之后，对这家150多年的老店任其垮台，而有了这样的一个处理后又总结经验，再后来对从“两房”、花旗一直到实体经济层面的通用公司，就分别施以援手，大量公共资金对特定主体的选择式注入，是一种典型的政府“区别对待”的供给操作，并且给予经济社会全局以决定性的影响。然而，如此重要的实践，迄今还基本处于与其经典学术文献、主流教科书相脱离的状态。

第三，我们还直截了当地指出了政府产业政策等供给侧问题在已有经济学研究中的薄弱和滞后。比如，在经济发展中“看得见摸得着”的那些“产业政策”方面，尽管美国被推崇的经济学文献和理论界的代表人物均对此很少提及，但其实美国的实践也可圈可点，从20世纪80年代《亚科卡自传》所强调的重振美国之道的关键是“产业政策”，到克林顿主政时期的信息高速公路，到近年奥巴马国情咨文所提到的从油页岩革命到3D打印机，到制造业重回美国，到区别化新移民和新兴经济等一系列的亮点和重点，都不是对应于教科书的认知范式，而是很明显地对应于现实重大问题的导向，以从供给侧发力为特色。不客气地说，本应经世致用的经济学理论研究，在这一领域，其实是被实践远远抛在后面的“不够格”状态。

（二）“新供给”研究中的“立”

有了上述反思之“破”而后，我们强调，必须结合中国的现实需要，以及国际上的所有经验和启示，以更开阔的经济学理论创新视野，考虑我们能够和应当“立”的方面。

第一，我们特别强调的是经济学基本框架需要强化供给侧的分析和认知，这样一个金融危机刺激之下的始发命题，需要更加鲜明地作为当代学人“理论联系实际”的必要环节和创新取向。在基础理论层面我们强调：应以创新意识明确指出人类社会不断发展的主要支撑因素，从长期考察可认为是有效供给对于需求的回应和引导，供给能力响应体系及其机制在不同阶段上的决定性特征，形成了人类社会不同发展时代的划分。需求在这方面的原生意义，当然是不可忽视的——人有需求才有动力、才要去追求各种各样的可用资源。但是在经济学角度上，对于有效供给对需求引导方面的作用过去却认识不足。我们从供给能力在不同阶段特征上的决定性这样一个视角，强调不同发展时代的划分和供给能力，以及与“供给能力形成”相关的制度供给问题，具有从基础理论层面生发而来的普适性，也特别契合于在中国和类似的发展中国家怎样完成转轨和实现可持续发展方面的突出问题。回应和解决这个视角上的问题，其实也包括那些发达经济体怎样在经历世界经济危机冲击后更好地把理论服务于现实需要。在现实生活中，关键是在处理“生产产品满足消费”的需求侧、总量调控为基本要领的“需求管理”问题的同时，解决“生产什么”和“如何生产”的供给侧问题，尤其是“制度供给怎样优化”的问题，其强烈的“供给管理”结构性特征和复杂性特征无法回避。这种把需求与供给紧密联系起来的研究，在人类经济社会发展实践中正在日益凸显其必要性和重要性。

第二，我们强调正视现实而加强经济基本理论支点的有效性和针对性。比如“非完全竞争”，应作为深入研究的前提确立起来，因为这是资源配置的真实环境，牵涉大量的供给侧问题。过去经济学所假设的“完全竞争”环境，虽带有大量理论方面的启示，但它毕竟只可称为一种1.0版的模型。现在讨论问题，应进一步放在“非完全竞争”这样一个可以更好反映资源配置真实环境、涵盖种种垄断竞争等问题的基点上，来升级、扩展模型和洞悉现实。需求分析主要处理总量问题，指标是均质、单一、可通约的，但供给分析要复杂得多，处理结构问题、制度构造问题等，指标是非单一、不可通约的，更多牵涉到政府—市场核心问题这种基本关系，必然在模型扩展上带来明显的挑战和非比寻常的难度，这却是经济学创新与发展中绕不过去的重大问题。更多的中长期问题和“慢变量”问题，也必然成为供给侧研究要处理好的难题。过去经济学研究中可以用一句话打发掉的“‘一般均衡’或‘反周期’调控中可自然解决的结构问题”，我们认为有必要升级为在非完全竞争支点上的一系列非完全自然演变过程而需加入供给侧能动因素做深入开掘的大文章。

第三，我们认为市场、政府、非营利组织应各有作为并力求合作，这也是优化资源配置的客观要求。在明确认同市场总体而言对资源配置的决定性作用的前提下，我们还需要有的放矢地来讨论不同的主体，即市场和政府，还有“第三部门”（非政府组织、志愿者、公益团体等），它们在优化资源配置里面可以和应该如何分工、合作、互动。在不同的阶段和不同的领域，分工、合作、互动的选择与特点又必有不同。政府、市场由分工、失灵到替代，再由替代走向强调“公私合作伙伴关系（PPP）”式的合作，反映了人类社会多样化主体关系随经济发展、文明提升而具有的新特征、新趋势。

第四，我们特别强调了制度供给应该充分地引入供给分析而形成有机联系的一个认知体系，即物和人这两个视角，在供给侧应该打通，各种物质要素的供给问题和实为人际关系的制度供给问题应该内洽于一个体系，发展经济学、制度经济学、转轨经济学、行为经济学等概念下的研究成果，需要加以整合熔于一炉。通过这样的“立”来回应转轨经济和中国现实的需求，形成的核心概念便是我们在理论的建树和理论联系实际的认知中，必须更加注重“理性的供给管理”。在中国要解决充满挑战的现代化达标历史任务，必须借此强调以推动制度和机制创新为切入点、以结构优化为侧重点的供给侧的发力与超常规的“追赶—赶超”长期过程。

当然，以上这些并不意味着我们就可以忽视需求方面的认识——“需求管理”的认识在已有的经济学理论成果中已经相对充分，我们希望在供给这方面更丰富地、更有针对性地提高认识框架的对称性。这样的认识落到中国经济学人所处的现实中间，必然合乎逻辑地特别强调要“以改革为核心”，从供给侧入手推动新一轮“全面改革”时代的制度变革创新。这是有效化解矛盾累积、“滞胀”“中等收入陷阱”“福利陷阱”和“塔西佗陷阱”式的风险，实现中国迫切需要的方式转变与可持续健康发展而直通“中国梦”的“关键一招”和“最大红利所在”。我们的研究意图和可能贡献，是希望促使所有可调动的正能量把重心凝聚到中国迫在眉睫的“十八届三中全会、十八届四中全会之后新一轮改革如何实质性推进”问题上，以求通过全面改革和理性的供给管理，跑赢危机因素的积累，破解中长期经济增长、结构调整瓶颈，从而使“中国梦”的实现路径越走越宽、越走越顺。

总之，世界金融危机之后，对于传统的经济学理论框架和宏观调控“需求管理”为主实践经验的反思，与“理论联系实际”的创新努力，已合乎逻辑地引出了对于“新供给经济学”理论创新和“供给管理”调控与供给侧结构性改革前所未有的重视。中国在认识、适应和引领经济新常态的当前阶段，迫切需要构建经济增长的新动力机制。传统的需求管理“三驾马车”框架下，显然其所强调的消费、投资和出口需求三大方面的分别认知，只有联通至消费供给、投资供给和出口供给，才有可能对应地成为各自需求的满足状态，其中蕴含的是由需求侧“元动力”引发的供给侧响应、适应机制，即其相关的要素配置和制度安排动力机制的优化问题，这些又必须对接党的十八大以来全面改革和全面法治化的通盘部署。

二、供给侧改革的核心内涵是有效制度供给问题：基于理论创新认识形成的思路建议

基于前述分析，我们认为中国所应强调的供给侧改革的核心内涵，就是理应统领全局的“以进一步深化改革解放生产力”问题，就是在市场化、全球化、民主法治化取向下于改革“深水区”攻坚克难继续推进经济社会转轨升级问题。一句话，就在于以有效制度供给支持结构优化，激活全要素生产率，对接“全面小康”、联通“中国梦”。

以理论创新基本认识引出的新供给经济学研究群体的基本政策主张，是以改革统领全局之下的“八双”和面对“两个一百年”历史任务的“五并重”。在这里简介如下。

“八双”的基本要点是：

第一，“双创”——走创新型国家之路和大力鼓励创业。

第二，“双化”——推进新型城镇化和促进产业优化。

第三，“双减”——加快实施以结构性减税为重点的税费改革和大幅度地减少行

政审批。

第四，“双扩”——在对外开放格局和新的国际竞争局面之下，扩大中国对亚、非、拉的开放融和，以及适度扩大在增长方面基于质量和结构效益的“有效投资”规模（对于消费的提振当然是比较重要的，已经有了不少研究成果，重视程度也有了明显提高，但是对于投资这方面的进一步认识，我们认为也需要强调，所以将其放在“双扩”概念之下来体现）。

第五，“双转”——尽快实施我国人口政策中从放开城镇体制内“一胎化”管制向逐步适当鼓励生育的转变，和积极促进国有资产收益和存量向社保与公共服务领域的转置。

第六，“双进”——在国有经济、非国有经济发挥各自优势协调发展方面，应该是共同进步，需要摒弃那种非此即彼截然互斥的思维，在“混合所有制”的重要概念之下，完善以“共赢”为特征的社会主义市场经济基本经济制度的现代化实现形式。

第七，“双到位”——促使政府、市场发挥各自应有作用，双到位地良性互动、互补和合作。这方面的分析认识，需扩展到中国势必要发展起来的第三部门，即志愿者组织、公益慈善界的非政府组织、非营利组织，这些概念之下的一些越来越活跃的群体，应该在社会主体的互动中间发挥他们的潜力。我们非常看重国际上已高度重视的公私合作伙伴关系（官方意译为“政府与社会资本合作”）——PPP模式，在此模式之下寻求共赢，应该是其基本的认识视角。

第八，“双配套”——尽快实施新一轮“价、税、财”配套改革，以及积极地、实质性地推进金融配套改革。

在上述基本考虑中，“双创”是发展的灵魂和先行者；“双化”是发展的动力与升级过程的催化剂；“双减”则代表着侧重于提升供给效率、优化供给结构以更好适应和引导需求结构变化的制度基础；“双扩”是力求扩大供给方面在国际、国内的市场空间；“双转”是不失时机、与时俱进地在人口政策和国有资产配置体系两大现实问题上顺应供给结构与机制的优化需要，以支持打开新局；“双进”是明确市场供给主体在股份制现代企业制度安排演进中的合理资本金构成与功能互补和共赢效应；“双到位”是要在政府与市场这一核心问题上明确相关各方的合理定位；“双配套”是对基础品价格形成机制和财税、金融两大宏观经济政策体系，再加上行政体制，以大决心、大智慧推进新一轮势在必行的制度变革与机制升级。

“五并重”的基本内容是：

第一，“五年规划”与“四十年规划”并重，研究制定基于全球视野的国家中长期发展战略。

第二，“法治经济”与“文化经济”并重，注重积极逐步打造国家“软实力”。

第三，“海上丝绸之路”和“陆上丝绸之路”并重，有效应对全球政治经济格局演变。

第四，柔性参与TPP与独立开展经济合作区谈判并重，主动参与国际贸易和投资规则的制定。

第五，高调推动国际货币体系改革与低调推进人民币国际化并重。

这个“五并重”思路设计的视野，是把中国顺应世界潮流而寻求民族复兴的时间轴设为百年、空间轴设为全球，来认识和把握综合性的大格局、大战略问题。

“八双五并重”所引出的消除供给抑制、放松供给约束的取向，正是对应于党的十八大以来延续市场化改革取向下“国家治理现代化”的制度转轨、机制优化内涵。

三、供给侧改革发力服务全局：需着力解放思想创新思维

我们所主张的上述这些需“立”的学理与思路建议，是生发于对经济规律的探究，对应于中外古今全球视野实践总结，但又聚焦于中国的“特色”和背景，服务于中国现代化的赶超战略。邓小平所强调的“三步走”现代化可理解为一种实质性的赶超战略。其间前面几十年主要是追赶式的直观表现，最后的意图实现，则确切无疑地指向中华民族能够实现伟大复兴，在落伍近两百年之后又“后来居上”地造福全中国人民和全人类，这也就是习近平总书记所说的“中国梦”。这个“中国梦”绝不是狭隘民族主义的，而是一个古老民族应该对世界和人类做出的贡献，是数千年文明古国在一度落伍之后，应该通过现代化来加入世界民族之林的发展第一阵营，在人类发展共赢中间做出自己应有的、更大的贡献，即服务于中国和世界人民，把对美好生活的向往变为现实。

我们深知，相关的理论和认识的争鸣是难免的和必要的，而在中国现在的讨论中间，似乎还很难避免有简单化贴标签的倾向。比如说在一般的评议中，思想解放、思维创新的空间并未充分打开，反而往往容易处处设限。某些思路和主张很容易被简单地分类——某些观点被称为新自由主义，某些观点被称为主张政府干预和主张大政府，有些则被称为主张第三条道路。贴标签的背后，是认识的极端化和简单化、浮躁化。

我们自己的认识倾向是希望能够超越过去的一些贴标签式的讨论，侧重点在于先少谈些主义、多讨论些问题，特别是讨论真问题、有深度的问题，来贯彻对真理的追求。研讨清楚了“真问题”，“主义”也就呼之欲出了。没有必要在经济学框架之内、在对经济规律的认知领域之内，对这些讨论中的观点处处去贴意识形态标签，处处去分辨是左是右、姓资姓社。新供给研究的追求，是继承经济学和相关学科领域内

的一切人类文明的成果，站在前人的肩膀上，对经济理论学说做出发展，包括补充、整合与提升。

我们对于理论研究的“从实际出发”应该加以进一步的强调。“一切从实际出发”既要充分体察中国的传统（包括积极的、消极的），充分体察中国的国情（包括可变的、不可变的），也要特别重视怎样回应现实需要——有些已认识的固然是真实合理的现实需要，但也会有假象的现实需要即不合理的、虚幻的诉求，我们要通过研究者中肯、深入的分析，来把这些理清。既从实际出发体察中国视角上必须体察的相关各种事物，同时也要注重其他发展中国家以及发达国家的经验和教训、共性和个性，包括阐明和坚持我们认为现在已经在认识上可以得到的普世的共性规律和价值。

由破而立，由理论而实际，在分析中就特别需要注重供给侧与需求侧的结合，政府、市场与第三部门互动等全方位的深入考察和相互关系考察，力求客观、中肯、视野开阔、思想开放。“新供给经济学”绝不是为了创新而创新，而是面对挑战有感而发，为不负时代而做出理应追求的创新。中国自20世纪90年代以来宏观调控中“反周期”的政策实践，有巨大的进步和颇多成绩，但延续主流经济学教科书和仿效发达国家的以需求管理为主的思路，继续贯彻单一的“反周期”操作路线，随着近年的矛盾积累与凸显，已日益表现了其局限性。今后随着中国经济潜在增长率下台阶、经济下行中资源环境制约和收入分配等人际关系制约，已把可接受的运行状态的“区间”收窄，再复制式地推出“4万亿2.0版”的空间，已十分狭窄，较高水平的理性“供给管理”的有效运用，势在必行。党的十八届五中全会明确提出了“释放新需求，创造新供给”的要求，其后领导层更宣示了对于推进“供给侧结构性改革”和提升“供给体系质量与效率”前所未有的高度重视，直指形成有效制度供给这一中国现代化的“关键一招”和以创新驱动、结构优化解除供给抑制释放增长潜能的系统工程。既然在中国中长期发展中，如何破解瓶颈制约和攻坚克难全面深化改革、优化结构是国人共同面临的历史性重大考验，那么，我们应站在前人肩膀上，以严谨的学术精神，秉持理论密切联系并服务实际的创新原则，更好地解放思想、创新思维，追求经济学经世济民的作用，更多地注重从供给侧发力，在实践中破解瓶颈，服务全局，把握未来。

（贾康，全国政协委员、财政部财政科学研究所原所长、华夏新供给经济学研究院院长）

引领新常态：“十三五”期间供给侧改革的要点讨论

□ 周天勇　彭鹏

［内容提要］　我国目前面临的经济下行态势，以及传统政策工具应对增速下行时效果不尽如人意，是中央在五中全会后提出“供给侧改革”的大背景。本文指出，本轮经济增速下行，是由于计划生育“人口坑”导致人口红利消失、企业负担过重以及服务贸易等方面的漏损三大原因综合所致。因此，采取对症下药、供给侧与需求侧管理并重的供给侧改革措施，力争短期“三降一去一补”政策与人口与创新等中长期战略配合，是我国“十三五”期间施行供给侧改革的要点。

［关键词］　经济下行　人口坑　企业负担　改革

自中央财经领导小组第十二次会议首次提出“供给侧改革”及五中全会决议对其进行进一步阐述以来，这一概念受到了多方瞩目。在中央提出要认识新常态、适应新常态和引领新常态的大背景下，如何认识“供给侧改革”，并将之拓展到我国“十三五”期间的发展思路和举措要点，即为本文试图讨论和阐明的问题。

一、供给侧改革的提出背景

首先需要明确的是，经济学虽然与政治关联很大，但在根本意义上仍属于科学。20世纪80年代改革开放以后，我国逐步地在宏观管理部门引入了现代经济学的框架和组织体系。我国真正意义上的财政政策、货币政策，实际始于20世纪90年代中期；但作为科学的经济学所讨论的宏观调控，其理念还是现代经济学的框架。1989年后我国一度出现了经济收缩，后来出台一系列财政政策、货币政策来实行反周期调控熨平经济波动，并且形成了一套收缩和放松的政策调节机制。但是从2011年开始，这种机制遇到了困境——其他国家也类似，比如日本的所谓安倍经济学，其量化宽松的货币政策，经济学家评价实际上是失败的，这就需要一种新的框架去思考经济运行的规律和出一些新的经济管理的手段或者措施。

因此，当下中央提出“供给侧改革”，实际上开创了一个和过去凯恩斯调节框架的主流经济思维不一样的解决经济问题的思路和逻辑体系。对比20世纪英国、美国、澳大利亚这些国家实行的供给侧管理，其历史背景是经济增速下滑、凯恩斯的政策解决不了滞胀，所谓供给学派又重拾萨伊的“供给创造需求”的逻辑。当时供给经济学的政策主张核心（短期政策）是减税，此外还包含两大政策主张：其一是英国实行的私有化；其二是创新——美国的技术进步。里根和撒切尔等人是供给学派的操作者或者实践者，当时都得以摆脱了20世纪70年代“滞胀”的境地，为经济创造了一定的发展空间。因此，他们的核心理念就是政府少干预经济运行。

然而，我国目前所提出的更为广义的供给侧管理，应包括长期的改革和结构的调整，实际上结构调整很重要的是创新，是结构升级。美国、英国、澳大利亚当时这些所谓的实施供给学派政策的国家，在实践中是一个供给学派、总需求管理和货币主义各种理论政策主张的组合，只不过在部分代表政治家执政期间主要采用供给学派的思路和政策工具。因此，我国当下所倡导的供给侧管理，并不排斥需求侧管理，是对原有管理供给框架的修补。

为何中国在五中全会后转向供给侧管理？提出“新常态”以来，我国实际面临的是一轮目前还没有完成探底过程的经济增速下行过程。但需要特别注意的是，我国和20世纪70年代的英美是不一样的——英美是滞胀，我们是缩滞——既物价收缩，又经济下行。因此，正确认识和研判这一轮经济下行背后的原因，有助于我们更为深入地理解供给侧改革的逻辑，并明确其具体的政策落脚点。

二、当前经济下行的研判

上文提到，目前我国面临的经济增速下行属于缩滞，而凯恩斯的扩张政策本应对症。2008年为应对世界经济危机所采取的所谓“四万亿”一揽子刺激计划，带来一些后遗症，而其后遗症本应继续导致“滞胀”（既经济下行又通货膨胀），但目前我国却面临经济增速和物价双下降，形成“缩滞”。而“缩滞”时，既有的凯恩斯框架政策工具本应对症，但为何效果不佳，这是值得思考的。

究其缘由，第一，目前我国采取的宽松的货币或者财政刺激，只有部分进入实体经济，企业负担较重、国民收入分配流程不畅；第二，货币和财政刺激不能有效流入国内经济，而是流出国外，出现漏损。第三，我国还面临一些新问题。首先，人口增速的下行比20世纪七八十年代的美国、英国、澳大利亚要严重得多。我国2014年人口增长率0.5%左右，生育率低于1.4，远低于美国，而人的供给是消费的最根本来源。劳动力的拐点也将在“十三五”期间出现，这是非常危险的。其次，中国和当年英美不同还在于政府集中程度强得多。再次，我国国有企业的比重比英美高得多，因而创新和技术进步障碍要大得多。最后，我国此前通胀时人民币是升值的，资金是流入的；但是现在“滞”的时候，人民币流出，对内收缩、对外贬值。

因此，当年英美的供给侧政策是减税，且关注减企业税和个人所得税，其意图在于使企业增加就业或者劳动力要素增加供给以后增加收入，从而增加总需求、平衡总产出，推动经济增长，产出增加后进而平抑物价。而由于我国目前面临的情形不同，一方面凯恩斯主义政策工具框架收效不明显，另一方面也无法直接借鉴英美的供给侧措施。我国的宏观调控需要一条解决自身问题的道路。

三、宏观调控需要向供给侧根本性转变

经由上一节的分析，针对我国所面临的实际情况和困难，宏观调控需要从以下几个方面切实做出转变：

第一，由需求侧管理转向供给侧管理。需求侧管理的内涵是，经济萧条了财政就扩大赤字，经济膨胀了财政就收缩赤字；货币政策则在经济萎缩时就扩大信贷规模，通货膨胀了就收缩信贷规模。供给侧管理的内涵则在于，通过减税扩大生产、刺激创业，发展小微企业、增加制造业的利润，从而增加就业、增加收入。增加收入就能刺激消费，同时还具有连带作用，即调整投资和消费的结构、提高劳动和居民在国民收入分配中的比例，形成需求与供给的良性互动。

第二，宏观调控的根本性转变，在于从总量调控转向结构调控。总量调控思路，即调控财政发债规模、货币政策中的存款准备金率以及贷款的行政指标控制。其问题在于，总量调控在收紧时，往往首先影响制造业和小微企业，一旦压缩贷款就是保国压民、保大压小、保政府压社会，这样将导致就业更加恶化；总量调控宽松时，贷款增加往往更多地增加到政府项目、大企业大资本和国有项目，但这些项目对就业作用并不显著。因此，宏观调控必须转到结构调控，即关注调控的部位，比如放贷款时定向发放到一些能增加就业的部门，财政政策的设计上要放在解决就业和居民消费上，而不是其他支出。

第三，要从上一轮危机后对货币政策的过度依赖转向以财政政策为主。从当前的形势看，货币政策无法收缩，但如果继续宽松会面临通胀压力，因此货币政策只能是微调放松，不能大放松，需要通过财政政策发力。

第四，财政政策要以扩大支出和增加财政收入为主，转向以减税清费为主。在目前需求侧财政政策收效不佳的情况下，只有转向供给侧的刺激政策，才有可能发挥出政策的效果。

以下本文将从当前经济下行的三个最主要原因入手，即人口红利消失、企业负担

过重以及服务贸易等方面的漏损等，按照从短期到中长期的次序，分别阐释供给侧改革的对应抓手。

四、降低企业负担是供给侧改革当下的重要抓手

这一轮经济增长速度下行原因之一，即企业负担过重。国民收入分配流程中，政府、国企和金融体系长期对GDP分配力量日益强化，导致流向民营企业和城乡居民的部分减少，使其投资和消费能力下降；而政府、国企和银行等金融体系，由于负债率高企，国企产能过剩和结构转型困难，政府和国企投资及银行大规模地向政府和国企放款受到可能触发金融危机的阻拦，而政府、国企和银行的“三公”消费由于反腐倡廉，受到抑制。因而，加上人口萎缩原因，社会总投资和消费需求的增幅，从2011年后，掉头下行。

要扭转这一局面，短期的供给侧改革着力点，就在于减税清费、降低资金成本这两方面。

（一）减税清费

以宽口径计算的政府收入占GDP比重，1995—2014年分别为16.45%、21.1%、26.43%、36.22%、36.09%、35.84%、38.27%和37.59%。这一比重迅速上升的主要原因在于土地出让金从无到有，社会保险金从很少到规模很大，再加上行政机构和行政性事业收费罚款等非税收入增长较快。如果加上国企利润上缴、彩票收入等，这一比例可能还要提高。

税负太高，主要表现在几个方面：一是宏观税负，发展中国家一般以18%～25%为宜，我国的税负几乎和发达国家接近，但却没有提供与发达国家同等的福利水平，很大一部分没有花在民生上。二是微观税负，根据每年福布斯的税负指数，我国的税负长期处于全世界第二位，且这一数据并不包含费性税负。三是在我国现有税收结构中，间接税、流转税占比高，主要是向生产经营环节征税，包括消费税都是向企业生产环节征税，直接征收的税很少，这样就影响创业，特别是影响小微企业和制造业，对创业、增加就业不利。

因此，谈到减税就需要考虑能否降低增值税、营业税；税收结构上能否结构性调整向直接税占比提升、间接税占比下降；调节性的房产税和收入税能否针对高收入阶层开征等问题。

供给侧的减税清费措施，第一是要把财政收入增速降下来，建议每年画一条红线，就是每年的全部财政收入占GDP的比例不得超过30%，财政收入的增长速度要与

居民收入的速度相平衡，要与GDP的增速相平衡。

第二是对个人所得税和营业税的税率考虑调整，同时考虑一些促进创业的抵扣项目设计。

第三是清理政府收费和罚款。预算内的非税收入2015年达到了1.4万亿元，同时还存在诸多预算外费用，所以要彻底清理政府收费和罚款，切实减轻小微企业的负担。

第四是要推进行政体制和财政体制改革。要斩断诸多事业单位靠收费罚款运行、收支两条线导致费用高企的根源。建议税费的收取决策权要上收到人大，从预算外转入预算内管理。

（二）降低企业资金成本负担

目前实体经济面临的另一大负担，来自高昂的资金成本。从2015年的情况看，银行对中小企和农业农户贷款更加收紧，而且一些大银行有吸收存款的优势，但由于国有企业贷款需求下降、地方政府及平台杠杆率已高，而自己对大量的一般中小微企业、创新型中小微企业和农业农户放贷，因信息不对称、不能按照熟人社会原则放款，贷款成本高、风险大，加上贷款给国有、政府和非国有经济风险追究责任不一样，银行还是将款放给国有企业、政府平台，虽然非银行金融机构的转贷对象因经济下行需求也在收缩，银行还是希望它们从银行转贷而控制风险。这样，即使中央和国务院再三要求银行保证对中小企业和涉农贷款的比例，但是中小微企业、科技创新型中小微企业、农业农户还是贷不到款，或者从非银行机构转贷过来的资金利息仍然很高。

2016年开始，一方面，实体经济、政府建设领域，一些产能过剩、库存过大的工业和房地产企业，将会迎来关停和倒闭潮，使兼并、重组、破产和重整业务量大幅度上升，政府税费及卖地收入也会相对下降和越来越少；另一方面，中国银行体系中，国有企业、地方政府、房地产等方面的违约会大量发生，显性和隐性的呆坏账将急剧增加，特别是一些地区的城商行会面临支付困难。因此，自20世纪90年代中期资产剥离和重组后，新一轮的更大规模的企业和政府与银行之间的债务重组，又不得不再次展开。

因此，从目前和短期的政策措施来看：一是国务院协调银监会，并要求各银行，对大量的能正常运行的企业，紧急改变到期先还款再贷款，改为不先收再放，而是展期并续签合同的方式。因为，从调查的情况看，大量的企业，在先收款再放款的阶段（为1～3个月），去贷了过桥高利贷，或者加大了企业的资金成本，或者一旦过渡时间拖长，甚至不能续贷，高利贷重压下，必死无疑。二是国务院紧急要求银行慎重对待以往企业间联保形成的债务链，遏制对差企业清贷导致大量运行正常联保好企业死亡的发生；建议对将要倒闭企业，进入破产清算剥离重整程序，而对正常运营企业网开一面，避免所有企业都倒闭反过来拖死银行的系统性风险暴发。三是这次一些濒临破产的国有和非国有濒死僵尸企业，应当与混合所有制改革结合起来，进入重整程序，银行采取债务减记让步，以抢救盘活，或者部分盘活为宜；企业及其政府及平台呆坏账的剥离和重组，也与混合所有制和PPP改革结合起来，与资产证券化及交易结合起来，与破产企业中的好坏资产和同年龄段职工留去结合起来。四是国务院应提请最高法院，修改民间借贷相对于国家基准利率4倍为合法的司法解释条款，降低为2倍，或者根据借贷的时间，确定利率的高低。时间越长的利率越低，时间越短的利率可高一些。

根据实业各行业的平均利润率，考虑中短长期融资不同需要，银监部门应当制定细分的指导利率和禁止性的上下限；实业平均利润率，包括短期过桥贷款，其利率水平过高肯定会使商户和企业破产，这种利率的贷款应当视为非法，政府和法律不保护如此高利率的投资者，对发放这样高利率贷款的信托、租赁、小贷公司、投资公司、基金公司等，应当予以追究。

而从中长期要降低企业的借贷资金成本，一是要发展股权直接融资，二是要坚决进行打破目前大中银行垄断格局的改革。为了消除国民经济高利贷化，根本上要做的工作，就是放宽中小银行设立的数量限制；在金融体制改革的战略上，不能再采取变通和中间等有可能出现更恶劣后果的路线，应朝着强化市场竞争方向，进一步放宽银行设立准入、放开存款利率、建立存款保险制度等同步改革。

如果中国要想让科技创新型的中小微企业真正能贷到款，考虑到实施创新战略、遏制经济下行的迫切性，必须尽快引入科技型银行，这有利于“天使—风险投资—科技信贷—股权—并购—租赁—资本市场”完整创新金融服务体系链的发展和完善。真正实现“技术—资金—产业”的有机结合。对于我国将创新驱动战略落实到位，有着非常重大的意义。而对于地下钱庄和民间借贷，需要开正道、堵斜路，以及行政、法律和舆论引导。对于一些从事借贷的地下钱庄等，包括典当行、担保公司等，选择一批，予以银行业准入，使其合法和正规化。

五、服务贸易逆差和漏出是供给侧改革需要重视的方面

从2008年开始的经济增长速度下行，另一个重要的原因是，国民经济内外关系上，存在服务贸易不平衡、民营企业大量转移产业和资金，以及贪腐等不法资金外流等形成的三大方面的对外经济漏损，导致投资和消费流向国外，而流回国内的海外国民净收入又很不理想，从而减少国内储蓄、投资和消费，影响了经济景气。

虽然我国贸易统计不完整，但服务贸易也是国民经济进出口的一个重要组成部

分。服务贸易出口大于进口，将形成出口需求拉动中国经济增长；如果服务贸易中进口大于出口，甚至是巨额的逆差，则表明中国相当大的消费没有在中国内部，而是在国外得以实现。实际上也可以看作是，按中国保守估计19840亿人民币消费需求，或按国外一些研究机构数据44640亿人民币消费需求，向国外的净漏出。2008年以来，旅游和教育逆差规模增长加速，说明国内向国外漏出的消费需求规模越来越大，成为国民经济增长速度的下拽力量。

从中国对外直接投资的问题看：（1）可能自2008年起，考虑地下钱庄出去的资金，实际上投资流入就小于投资流出，2014年中国对外投资净流出为862亿～1891亿美元（地下渠道按2倍计算），即国内净减少投资规模5344亿～11724亿元之间，占当年国内投资规模502005亿元的1.1%～2.3%之间。（2）与境外投资商对中国大陆直接投资不同的是，许多民营企业家对境外直接投资，由于本人和家庭移民和产业转移，在外的利润留在了境外，并不汇回中国大陆，形成大陆对境外直接投资的相当比重国民收入的损失。（3）从中国的产业结构看，工业（特别是制造业）产能过剩，而服务业发展滞后和不足，理应在对外直接投资中，工业，特别是制造业的投资大于服务业投资的流出；但是，在中国对外直接投资中，64.6%投向了服务业。[①]这说明，服务业投资在国内受到体制等各种限制，逼迫其流向国外。

国内民营企业家大规模向外移民，缩小生产和服务规模，关停国内企业，有的向国外转移生产能力，有的将所积累利润转移国外，甚至有的抵押套现后投向国外。从流程上看，实际上是国内一部分储蓄和投资的流出，如果向外直接投资大于国外对我国的直接投资，即投资净流出，则会对国民经济增长形成副作用。而中国近几年，正式渠道和地下渠道的对外直接投资总和，实际上大于境外对华直接投资，不能不是一个致使国民经济增长速度下行的因素。

综合分析，外逃资金规模大体在15万亿～20万亿人民币之间。从平均数据看，1988年以来，年平均外逃不法资金占各年GDP的比例在3%～4%之间。而党的十八大前后的三四年间，是一个出逃的高峰期，严重影响了这几年国内的投资和消费。

这些都是实实在在发生着的国民经济财富的内外流动。首先，我们在观察进出口货物贸易顺差时，不能不考虑服务贸易巨额的逆差，加大对服务业出口的改善和调控。货物出口增长率的下降，势必对经济增长下行形成压力，而随着国民经济结构中服务业比例的不断提高，服务贸易出口不力，而进口过大，将成为影响国民经济增长速度越来越重要的因素。因此，改革和完善进出口统计体制，形成完整的货物和服务

---

① 见商务部网站。

统一的统计体系，整体考虑出口增长速度和贸易平衡；特别是注重国内服务业体制的改革，打破一些服务业的垄断，放宽民间资金对教育、医疗、养老、健康、旅游等服务业的准入，对于自身服务业的发展和增强国内外服务业市场的竞争力、加大中国服务业的出口、平衡服务业逆差、调控国民经济健康增长都有着重要的意义。

其次，为数众多的民营企业家移民和向国外转移资金，也势必影响国内的投资和消费，进而涉及国内经济增长的速度。因此，为了国民经济稳定增长，学术讨论和新闻宣传，要坚持党在社会主义初级阶段的各种所有制经济共同发展的基本经济制度，要保护民营企业产权，继续简政放权，减少审批，减税清费，降低贷款利率，创造实体经济发展的营商环境，使民营企业家安心、放心和有信心在国内投资和发展。2015年4月30日，习近平总书记主持政治局会议，会议重申依法保护民营企业产权方针没有变。[①]5月21日，习近平总书记在全国统战工作会议上，指出要重视和团结好“非公有制经济人士特别是年轻一代”，如今，“创一代”逐渐到了退休年龄，到了“创二代”接班的高峰期，如何引导他们接好班，用好财富也是统战工作的重点。[②]这从党的思想路线和大政方针上，统一基调，为扭转民营企业家庭向外移民和资金外流的局面，从制度和环境供给的角度，创造了有利的氛围。

再有，贪腐资金通过各种渠道的外流，从国民经济流程讲，实质是一国财富的向外漏出，直接减少国内的积累、投资和消费。大规模的不法资金在一段时间内集中外逃，不可能不影响相应时期的经济景气。因此，加大反腐力度，完善制度建设，形成不想腐、不敢腐和不能腐的体制环境；需要加强护照、边检等方面的管理，堵住国门，防止贪腐人员外逃；强化资金流出监管，特别是打击地下钱庄、周边赌场、边境现金携带等非法活动；在逃必追，与有关国家紧密合作，加大对在逃贪腐人员和资金的国家通缉和跨国追逃力度。这样通过以上手段综合治理，把贪腐资金外流对国民经济景气的影响，降低到最低程度。

对于国民经济的漏损，从供给侧来看中长期需要提升我国自身的供给水平、吸引这些转向国外的需求；同时也需要从制度供给和环境供给的角度，为国内创造良好的投资氛围，从而双管齐下、安定人心。

---

① 政治局会议：《中央依法保护民营企业产权方针没有变》，财经网，2015年4月30日。

② 新华社电：《习近平明确三类人将成重点团结对象》，中国日报网，2015年5月21日。

六、人口问题应是供给侧改革的长期关注重点

由于中国对人口生育的集中计划，形成了政府管制和市场机制两种力量调节人口增长，导致其快速下降。在经济发展尚未达到工业化完成之前，有活力人口减少和人口老化，致使经济增长失去了动力，速度也提前10～15年从高速向中低速下降，结果是未富先老、未强先衰。笔者此前从人口增长与经济增长二者之间的数理关系和2007年以来的二者关系的实践方面，论证和描述了人口增长上行和下行、人口城市化进程的扭曲等，对经济增长的上行推力和下行压力。计划生育的一个重大缺陷是，只能对人口数量进行调减，但不能对各年龄人口按比例进行调节。其后果是，造成了人口结构老化失衡，巨额养老金缺口，中青年劳动力减少，老年延长退休而工作效率下降，养老成本上升，从而使国民经济全球竞争力受到影响。此外，对改革开放以来人口增长率变动与经济增长速度变动相关关系进行模拟后，由于1995—2014年之间，人口增长率仍然是一个下行和低迷的曲线，对2015—2033年20年间的国民经济向中低速度增长变化有着很强的下行影响。①

这样一种人口与国民经济的变动状况表现为：由于计划生育调节使人口增长在结构持续推移状态下变动，人口结构急剧老龄化，不同年龄人群决定的消费、投资和出口形成结构性、排浪式变动兴起和衰退，持续地在长远期中形成经济增长下行的压力；并且，这种不同人群结构性地萎缩，其影响的消费和投资等的变动，有乘数和加速作用，影响到国民经济的景气和衰退。

未来经济增长速度是由多因素决定的，暗含假设在其他因素不变的情况下，2015—2030年中期，如果不调整人口政策，没有赶超型的技术进步和产业创新，没有开拓发展的世界空间，中国未来的国民经济增长速度，有着从7%，下行到3%，再下行到接近1%和0增长的走势。

另一个是老龄化带来的巨大风险。虽然没有实行行政性计划生育的一些发达国家由于内在机制的调节也进入了老龄化社会，但是由于我们实行了强制性的计划生育，其后果是，经济增长失去了人口红利加速推动经济增长而及时完成工业化的最关键10～15年的宝贵时间，与进入发达水平和新兴后工业社会的国家相比，我们未富先老，未强先衰；由于提取养老金的中青年人口越来越少，需要养老金的老年人口越来越多，使国民经济生产和服务中养老成本居高，国民经济竞争力趋弱；造成巨额的养老金缺口，税负可能居高，财政负担很重，退休年龄会被迫延长很多，影响劳动创新

---

① 周天勇：《人口生育和流动管制的经济后果》，《财经问题研究》2015年第9期，第3～14页。

和效率，形成经济增长进一步下行的压力，并且，导致金融体系失稳和国民经济剧烈波动的风险很大。

因此，从人口供给侧改革的中长期政策角度，本文认为，在2016年应在监测全面放开两孩政策效果的基础上，适时尽快停止生育管制，生育由计划交由家庭自主分散决策，并废止社会抚养费的征收。其对于中国和中华民族的重大战略意义在于：（1）逐步增加婴幼童少消费，恢复教育等需求；减轻社会抚养费负担，增加农民的收入和支付能力，刺激农民创业和买房积极性，恢复经济增长的活力和城市化的进程。（2）从经济最低迷阶段看，是21世纪30年代之间，如果2016年放开人口生育，2036年新增劳动力人口就会逐步进入经济领域，如同1999年开始的经济增长上行一样，提供新增劳动力，包括收入消费、结婚生子、购置住宅等方面的推动力。（3）根据马骏等学者的研究，养老金缺口在2035年后将急剧恶化。如果提前在2016年放开生育，到2036年这部分人口参加工作，会扩大养老金缴费人口规模，及时弥补亏空和缓和财政、债务和金融危机。（4）中国经济总规模在21世纪40年代中，由于中国人口负增长可能性太大，很可能被美国二次超越，甚至被印度超越。如果2016年放开生育，城乡家庭愿意生育，并且能够生育，那么，21世纪30年代后半期，新劳动力增多，消费、投资和出口恢复，老龄化问题得到缓解，即可稳住应有的第一经济规模的位势。

一方面，中国经济社会发展虽然遇到计划生育造成的人口坑的严重影响，但是，另一方面，我们也有许多发展的优势，比如中华民族的聪慧和勤劳，节俭和有储蓄传统，有巨大的人力资本规模，海外留学和工作的人才规模也很大等。这些都是可以弥补和跨越经济发展人口坑的有利因素。

七、小结与政策建议要点

总体来看，我国的供给侧政策实际上至少应包含四个方面：第一，降低企业的税负和个人税负；第二，清理收费；第三，降低社保费率；第四，降低企业的借贷成本。除了税费，怎么把企业真实负担降下来更是非常重要的问题。给企业减税，增加就业，增加收入，扩大需求，来对应消费需求的上升来消化产能，形成良性循环，逻辑指向是解决滞缩问题。所以，通过供给侧的改革，实际上要刺激国内的消费需求，再就是企业投入产出的投资需求，来平衡产能过剩问题。这才是中国供给侧政策的内部逻辑关系。除此之外，提升服务业供给水平、实施创新战略，以及鼓励人的再生产和随之消费的基数加大，都是解决当下中国问题非常重要的方面。

供给政策，特别是一些环节怎么设计非常重要。如果没有人口的政策，过剩会加剧，供给侧的政策发力越多过剩会越严重。所以，必须得配置以人口的供给来平衡需求。同时一定要考虑到供给侧的哪些政策会更加导致过剩，即研究结构性优化；如何平衡供给自动创造需求，通过企业的投资需求创造还是通过劳动者的个人需求变成消费需求来创造。应当把人口生育政策和人口流动政策纳入供给侧改革的考虑范畴。长远来看，土地制度改革、户籍制度改革，以及以后对人的教育这些方面，都有利于人口流动并带来经济增长、带来需求。

因此，对症下药地“治疗”这次人口增速放缓和老龄化、企业高税费高社保高利息、对外服务贸易及资金流出入逆差等问题为主形成的经济增长速度下行，安排改革与增长关系的总体思路是：由于防止国民经济中长期陷入深度衰退，改革的目的、指向和重点是保证未来一定速度的经济增长，因此改革要为国民经济能够健康良性较快速增长配套和服务。另言之，也就是不利于国民经济活力发挥、积极性调动、动力增强的改革，甚至有碍于国民经济增长的改革，要尽量避免，即使有必要，也要延后进行，当有时机时再推出和实施。

促进经济增长需要的系统性改革在于：进一步清晰产权和重组产权结构，深化政府与市场关系的各方面改革；通过恢复人口、促进人口流动及市民化，降低企业成本，增加创业和就业，扩大中等收入人口，逐步提高居民收入占GDP比例，包括更高层次的开放和走出去，扩张国内总需求；而以供给侧政策、改革、创新和结构调整，来释放活力，来盘活人力、人才、资本、资产等资源，使国民经济供给侧的效率和产出与前述的扩张的总需求格局相协调，稳定商品服务进出口贸易、资金流入流出等国际平衡；即便属于改善民生，调节财产和收入分布分配差距这样的重大举措，也要通过创业就业来增加中等收入人口和减少因失业而贫困人口，加上适度的税收调节等这样的积极的途径去实现，切忌在财力不强的国情下，使国民经济增长陷入希腊化陷阱。通过这样的大的思路和战略性的改革，使国民经济实现健康和较快速度的增长。

参考文献

[1] 周天勇. 收入流程扭曲与经济增速下行. 经济研究参考，2015（50）.

[2] 周子勋. 周天勇：实现宏观调控的根本性转变. 中国经济时报，2012-03-05.

[3] 周天勇. 未来10年财政税收体制改革框架方案//周天勇. 中国政治体制改革研究报告. 新疆：新疆生产建设兵团出版社，2008.

[4] 国家发改委社会发展研究所课题组. 我国国民收入分配格局研究. 经济研究参考，2012（21）.

[5] 赵理想，王志东. 比较与反思:基于税收对经济增长影响的相关研究述评. 经济研究参考，2014（66）

[6] 湖南省物价局. 开展收费整治 优化发展环境. 中国价格监管与反垄断，

2014（1）.

［7］王晓峰，等. 基于企业端融资费用支出视角的小微企业融资成本测算——以许昌市为例. 金融理论与实践，2015（3）.

［8］张立栋专访. 周天勇：国民经济高利贷化亟须遏制. 中华工商时报，2015-04-23.

［9］蒋致远. 反思高利贷与金融市场的扭曲. 人民论坛，2012（17）.

［10］吴江. 社保费率超发达国家，不只是减负问题. 人力资源开发，2011（5）.

［11］王玉波. 后土地财政时代地方政府角色转变与公共财政体系重构. 改革，2013（2）.

［12］张弥，周天勇. 自主到计划：人口生育和增长变迁——1950至2014年中国人口论纲. 经济研究参考，2015（32）.

［13］刘世锦. 陷阱还是高墙：中国经济面临的真实挑战和战略选择. 北京：中信出版社，2011.

［14］林毅夫. 城市化是中国经济发展的重要增长点. 南方日报2013-10-12.

［15］魏吉漳. 现行统账结合模式下隐形债务预测与测算. 中国养老金发展报告2014. 北京：社会科学文献出版社，2014.

［16］曹远征，等. 重塑国家资产负债能力. 财经，2012-06-12.

［17］马骏，肖明智. 城镇职工养老金收支预测和改革研究. 中国国家资产负债表研究. 北京：社会科学文献出版社，2012.

［18］易富贤. 大国空巢：反思中国计划生育政策. 北京：中国发展出版社，2013.

（周天勇，中共中央党校国际战略研究所副所长。彭鹏，财政部财政科学研究院博士后）

中国新供给经济学的若干政策主张

□ 姚余栋

2015年12月27日下午，中国人民银行金融研究所所长姚余栋先生参加了由北京大学经济学院主办的原富论坛·宏观经济与金融市场沙龙第十二次闭门讨论会。讨论会上，姚余栋先生就供给侧结构性改革与学习经济进行了主题发言。

一、供给侧结构性改革的必要性

中国经济正处于“向滞而生”的时期，是进行供给侧结构性改革的最佳窗口期。目前，中国的经济情况与1985年左右的日本经济情况有诸多的类似之处。无论从人口结构上，老龄化程度上，还是从人均GDP上（大约就是1万美元）都非常像。日本在“二战”之后发展速度很快，到20世纪70年代曾经达到两位数的增长。而到了80年代日本的经济增速一下子变成不到5%的增长速度。目前，中国的GDP增速比当时日本的GDP增速还要高一点。在1985年时日本签署广场协议，广场协议的签订得到日本大藏省（2000年前日本政府中主管金融财政的部门）的强力推动。当时日本经济发展过热，日元升值可以帮助日本拓展海外市场，成立独资或合资企业。广场协议签订后，日元大幅升值，国内泡沫急剧扩大，随后，随着日本央行加息，1991年的时候日本泡沫崩溃。很多研究者都没有预计到这么大的经济体，会突然出现泡沫，然后日本经济出现停滞。1997年出现了银行破产，日本这些大的银行出现金融危机，之后日本依靠财政救助银行，并于2000年第一次推出量化宽松。2000年推出量化宽松之后，日元开始贬值。但是，在日元贬值之后，日本经济之后并没有太大的好转。2008年赶上金融危机，日本开始推行安倍经济学和QQE。QQE第一轮的情况是比较成功的。但是增加了消费税后，日本经济就不行了。现在日本央行已没有足够的债券可买了，已经买了整个国内市场60%的债券，经济依然还是处于衰退的边缘，CPI增速根本就不可能达到2%，经济已经又处于停滞和通缩的边缘。

欧元区可能也会面临着经济长期停滞和通货紧缩的局面。欧洲经济日本化，日本经济没希望，当然这些国家经济停滞在生活水平比较高的区间（人均GDP达到4万美元）。为什么会出现经济停滞问题？高债务水平和超老龄社会是主要的原因。日本现在的债务水平已经是500了，不加消费税根本就停不下来。超老龄社会，跟欧洲是一样的问题。最后再使用极度扩大央行资产负债表的政策，如果这都不能救的话，就没办法。与之对比，美国是扩大了资产负债表，但把杠杆降下来了，欧洲是扩大资产负债表但没有将杠杆降下来，日本也是一样的道理。如果我们依然像日本和欧洲一样，中国经济会不会在二三十年之后出现停滞、通缩？因此，中国经济要“向滞而生”，必须采取供给侧结构性改革的措施，这是很重要的一点。

总结日本经济20世纪80年代后的发展路径：在80年代的时候搞发展经济学，不知道有资产泡沫；1991年泡沫崩溃以后，没有及时地清理僵尸企业，拖到1997年，银行出了大问题。然后，开始使用QQE，在使用QQE的时候没有采用前瞻性指引，只进行购债。到2008年的时候，推出“安倍经济学”，但是结构性改革的力度太小。在实施QQE的时候又增加了消费税，QQE的效果大打折扣。随后，又面临大宗商品暴跌，始终无法引导经济走出通缩。因此，中国供给侧改革应做好忍受短期痛苦打攻坚战的社会心理准备。攻坚战总要付出代价，必须将供给侧结构性改革的政策落到实处。日本经济在1991年泡沫崩后反复靠财政刺激与极度宽松货币政策来“挺日子”，导致“温水煮青蛙”。供给侧结构性改革进展不大，2008年后实施“安倍经济学”已为时晚矣。日本的经验教训是：不能忍受阵痛，不下决心动手术，都难以解决问题。供给侧结构性改革是中国经济避免“日本长期停滞宿命”唯一的战略抉择。

二、新供给经济学的政策主张

目前宏观经济模型忽略了债务杠杆可持续的问题。凯恩斯在研究经济学问题的时候，还没有较系统的资产负债表概念。到20世纪30年代的时候，企业资产负债表，包括会计行业也在发展。资产负债表在当时的会计业都是很雏形的，只是流量表。凯恩斯所说的有效需求主要是指流量。凯恩斯创立宏观经济学的时候忽略了资产负债表。凯恩斯之后，整个凯恩斯主义得到了完善，后来出现滞胀，弗里德曼提出“理性预期”。“货币供给”学派对宏观经济政策的影响是比较大的，主要批评凯恩斯的宏观经济分析没有微观基础。到了80年代的时候，新凯恩斯主义以非完全竞争市场模型作为微观基础，再加上一些需求因素，形成了各国，特别是央行DSGE模型的主导，由此推导出来的泰勒规则，供给曲线全部都在这个分析框架里面了。但有一点，这些理论模型里面没有考虑资产负债表。索罗的经济增长模型中，资产直接变成了投资，如果通过银行部门变成投资的话，是企业部门对银行的负债，没有强调这中间是怎么转化的，如果都转成股权了没问题，但是如果都是债权会怎么样？随着经济增长不断放缓，投资收益不断下降，债务就会不断上升，停滞在某一个阶段。新古典主义到新凯恩斯主义，到理性预期主义，基本上忽略了资产负债表，而这个是不能被忽略的。就像过日子一样，你们家总是借钱，开始是没事的，到后来你的债务被公布了以后，连亲戚朋友都不借你钱，国家也是这样的，必须保持债务可持续。杠杆率还没有被整合到整个金融体系里面，包括金融资产模型，这是我们的重大缺陷。可能整合需要一二十年时间，这就是目前我们没有的。日本的情况全球都傻眼了，不知道怎么办了。因此，中国经济学界一定要认识到，现在的主流经济学有哪些地方是被忽略的，如果继续刺激经济，那么将来杠杆率加上去后谁来管，谁来买单？

2013年以来，我们“新供给经济学”学者对主流经济理论做了一些反思。一是主流经济学理论认知框架的不对称性。古典经济学、新古典经济学和凯恩斯主义经济学都在理论框架里假设了供给环境，然后主要强调的只是需求端、需求侧的深入分析和在这方面形成的政策主张，都存在着忽视供给端、供给侧的共同问题。二是经济学主流教科书和代表性实践之间存在“言行不一”的问题。美国在救助经济危机的时候，对汽车行业进行了巨大的救助，按照市场出清的原则是不应该救助的。奥巴马总统并没有按照这个理论来实施。同时，在救助AIG的过程中大量使用优先股，不是市场出清的。三是政府产业政策等供给侧问题在主流经济学研究中处于薄弱和滞后的状况。

基于此，我们“新供给经济学”提出了经济学理论创新的四个方向：一是强调经济学基本框架需要强化供给侧的分析和认知。二是强调正视现实而加强经济基本理论支点的有效性和针对性。比如“非完全竞争”，应作为深入研究的前提确立起来，因为这是资源配置的真实环境，牵涉大量的供给侧问题。三是强调市场、政府、非营利组织应各有作为，这是优化资源配置的客观要求。四是强调制度供给应该充分地引入供给侧分析而形成有机联系的一个认知体系。

在政策建议上，我们提出“八双五并重”。走创新型国家之路和大力鼓励创业，现在爆发的创业浪潮，2015年新增企业是1300万，2015年可能是1200万新增的企业。“双化”是推进新型城镇化和促进产业优化。应该坚定不移地要搞大都市，不能搞小城镇，小城镇不是中国的，新中国成立200周年的时候我们可能就剩4亿人，没有那么多人口了，要把基础设施留给子孙后代。产业优化也是很重要的，包括制造业强国对中国也是非常重要的。

“双减”，结构性减税。已经做了一部分了，财政部和税务总局，现在已经提高到30万，提高的幅度还是比较大的。现在涉及“五险一金”的问题，要赶快降。一定要把生育险纳入医疗，生育险覆盖中国的职工妇女太少了。还有大幅度减少行政审批，党的十八大以来，包括新一届政府，减少行政审批做得很好了，也做了很多，但是还不够，还应该再减少，我们行政审批太多了。

“双破”，对外开放格局，要有新的竞争格局，扩大亚非拉的开放融合，就是现在的“一带一路”。适度扩大在增长方面基于质量和结构效益的投资规模。新供给并不是不强调投资，而是要有有效投资、聪明投资。投“一带一路”和都市圈的基础设施。现在又开通了高铁，高铁给大家带来了很多方便，实际上应该把基础设施再提升一级，北京到天津应该修副线，北京到张家口，大量的高铁，城市建的铁路设施，都是完全可以投资的。综合交通枢纽港的建设，不要因为现在刚刚消费好一点的基础设施就满足了，我们与发达国家还是有差距的。

“双转”，尽快实施我国人口政策中放开城镇体制内的“一胎化”。十八届五中全会已经全面放开了，现在妇女生育的意愿还是比较低的，总和生育率降到了1.2%左右，是非常危险的程度。放开了，如果能提高0.5个百分点，到1.7%左右，相当于每年多生500个宝宝。还需要将生育险的并入和社会的鼓励结合在一起。促进国有资产的收益和存量向社保与公共服务领域转移。这次十八届五中全会也说了要转移，而且测算了一下，至少要划归一半以上的地方国有资产。中央这100多家国有资产属于国家带有战略性的，原则上是不能动的。但是地方上，我们搞的4万亿元投资，积累了很多资产，将来社保主要从这儿划。山东已经划了30%了，很多地方社保都发不出来，所以这一点是很重要的。我前段时间也说了一个原则，财政、养老、医疗三分开，财政还有很多教育、科技的功能。日本就是这个情况，20世纪70年代给了一点老年金，经过30年之后，形成了巨大的财政支出，无论是自民党还是哪个党，都不敢削减。现在日本的财政，1/3是供老人的，1/3是供开支的，1/3是还利息的。财政必须保持它的可持续性。社保，现在财政每年划4000亿元，这是对的。因为以前在我们的父辈时期根本就没有，给全国社保划是对的，但是将来逐渐要退出，退出以后，通过交费、“五险一金”的形式，通过划归地方国有资产的形式，来解决社保缺口。不要让养老拖垮了财政，将来会形成巨大的争议，根本就解决不了。医疗和养老要分开，大家注意到没有，这次奥巴马离任之前，最后一次记者招待会上说了，美国新增加的参保人数多增500万人。奥巴马的医疗改革基本上是成功的，美国的养老跟财政是分开的，而且价格在下降。奥巴马总统是增加了医疗保险的竞争力，这方面值得我们关注和学习。

“双进”，加强国有和非国有经济各自进步，这一点是很重要的，包括混合所有制。

“双到位”，促使政府、市场双到位，市场一定要发挥主体作用，同时政府要更好地发挥作用，这两者都是不可缺的，包括政府的监管。大家看看互联网金融体现了人性的疯狂，我们不断地说底线，真正跑路的大部分都是不管底线的。后来有人说了，有一千万在你的资金池的时候还可以说托管，有一个亿在资金池的时候，就犹豫了，十个亿的时候两只眼都放光了。

“双配套”，进一步推进“价、税、财”的配套改革。这里我提一下房地产税，1998年搞房地产改革总体是比较成功的。当时我们的人均住房面积很小，结果现在已经出现过剩了，想都想不到。当时做到了宏观审慎，今天没出现房地产把银行砸坏，但是漏了房地产税。今天卖地卖完了，房地产税收不了，没有主要税种，去库存没去出来，怎么推，这就是新供给悖论，房价在跌的时候，越推房地产税，将来越不买房子。

“五并重”，五年规划与四十年规划，法治经济与文化经济，海上丝绸之路和陆上丝绸之路，柔性参与TPP与独立开展经济合作，TPP也是很重要的，对于中国来说将来也要柔性参与，这是改革开放下一步的目标，对国有企业的要求没有预想的那么高，大家想想，加入也有一个过程，我们还得把自贸区等很多搞好。

三、学习经济

10多年前我写过一本书叫《学习型经济》，我本身是工科出身，很早就比较重视这类问题，特别是对科学革命。我认为生产力是沿着渐进性改革—突发性革命—渐进性改革的路径发展的。生产力是一定会发生革命的，这是迟早的事情，而且这种革命是今天根本想象不到的。当时的工业革命，谁能想到呢？现在互联网可能就要过时了，区块链会形成。科学不断向前发展，带来技术革命，供给曲线可能会突然右移，这种情况下，一个经济体很难适应，一定要有学习型经济。

一是要重视商品市场上的反垄断，可以允许完全竞争和寡头竞争，这是第一点。二是重视劳动力市场，这次十八届五中全会关于“十三五”建议中提到了增强劳动力市场的灵活性，这是很重要的一点。中国的优势在于人，因为我们的文化就是勤劳勇敢，同时又是开放包容的。人的作用一定要发挥到最大，怎么办呢？这个经济体一定要创造就业机会，这是欧洲经济和日本经济没有做到的，中国经济应该是可以做到的，一定要让大家都能有工作。不断地有工作机会，包括劳动力市场的灵活性，要重新评估一下《中华人民共和国劳动合同法》，要增强其灵活性。现在劳动力市场还是不错的，但是不能搞僵化了，找工作，农民工能不能跨区域找工作，这都是灵活性，这是我们长期发展的关键点。

资本市场一定要成为主导，为什么不是银行？这是我十几年前写的，看看今天的金融危机，凡是银行间接融资为主的都没有创新的内在动力，欧洲、日本就是这种情况。中国一定要走向直接融资，将来一定是资本市场为主导。而我们现在的市场结构是二八开，八主要是银行融资。银行终究是要出现坏账的，人类的历史就是一部银行的历史。但也不能完全怪银行，因为实体经济有很多风险，一定要平摊到资本市场上来，将来才能保证一个经济体能妥善地分散风险，才能创新。

供给侧改革要忍受短期痛苦，打攻坚战。要去杠杆，就是要用优先股，大量地使用债转优先股，当时日本银行持有很多普通股，银行是管不了企业的，企业债务怎么办呢？其实转成优先股就行了。房地产去库存过程中可试行共有产权。将来面对4亿～5亿的农民工进城，我建议推进共有产权。地方政府或者开发商持有一半产权，另一半让他买，让他租。现在平均房价与农民工的长期收入比还是过高。能不能推广共有产权，这样他才能有供房子的内在动力。免费送是不行的，10年前可以免费送，现在免费送银行就完蛋了。去产能是否可考虑及时修改建筑业标准。城市做得不够大，楼房做得不够高，不够密集，用钢量太小，这个标准要赶快改。

降成本可考虑贷转债，贷款大量的转成债券。现在一般的贷款利率都是在6%、7%，要是转成债券就是4%了，10万亿元一年能省2000亿元。尽快下调“五险一金”。深圳养老金的交付比例是很低的，上海最高，北京是中间。一个全国性的企业就不愿意在上海雇人，上海的老人多，因为是现收现付制，非要放在年轻人身上，企业的负担很重。深圳的年轻人很多，没有多少老人，养老金交的很低，这就促使深圳越来越好，其他老龄化城市越来越不行，因为你越加，企业就越跑。短期经济下行的问题要放在长期来解决，养老金下调是不足，但是企业多了，经济总量高了，终究会交出来的，不能看短期，至少现在缺口还没出现，优先股随着经济好了以后，国际经验60%都是可以收回来的。公有产权，只要让农民工进城以后，房价涨起来以后，逐渐会把产权买回来的。要把中国短期面临的问题放在长期来考虑。

（姚余栋，中国人民银行金融研究所所长）

企业转型升级促进供给侧结构性改革

□ 黄速建

目前，从表象看，经济下行压力加大，企业运营十分困难，但透过经济周期性变化的表象，要看到中国企业发展环境与发展条件已经发生了重大变化。供给侧结构性改革涉及许多内容，企业转型升级是重要的改革路径之一。本文将首先分析经济“新常态”中的企业发展环境的变化状况；其次，分析企业所面临的国际竞争压力与新的工业革命对企业发展的影响；最后，从企业的层面讨论企业转型升级对供给侧结构性改革的影响。

一、经济“新常态”中的企业发展环境变化

从2011年6月以来，中国制造业的采购经理人指数多数月份持续挣扎在50%的经济枯荣线上，进入2015年，这个指标的最高值是5月、6月的50.2%，有7个月在50%以下。PPI自2012年3月以来已经连续46个月为负增长。企业景气指数自2011年以来持续下降，企业家信心指数自2010年以来也在持续下降，目前这两个指数已经处于临界值以下，企业赢利能力在下降，企业家数累计同比持续增加，企业亏损面在扩大。更值得注意的是，在用电结构没有发生重大变化的情况下，2015年11月发电量同比增速为0.1%，用电量的同比增速为-1.56%，远低于同期工业增加值6.2%的同比增速。铁路货运量与港口吞吐量的同比增速持续下降[①]。自2012年2季度以来，中经工业预警指数持续地处于偏冷的区间，2015年3季度中经工业预警指数为70.工业经济下行压力较大，工业经济运行走势处于持续回落状态。工业企业主营业务收入的同比增长率、工业企业出口交货值同比增长率、工业企业利润总额同比增长率、工业企业税金总额同比增长率、工业企业固定资产投资同比增长率、工业企业从业人数同比增长率等均处于下行的态势，尤其是2015年度3季度季调后的工业企业税金总额同比增长只有2.5%，增速为14年以来最低。工业企业产成品资金同比增长率呈持续下降走势，企业去库存化还没

① Wind资讯。

有结束[1]。这一切都表明，目前企业运营处于十分困难的境地。

从表面看，是经济处于下行区间，企业运营困难，这种现象的背后，反映的是原有的支撑中国经济高速增长、产业与企业快速发展的资源基础与要素结构发生了重大变化，企业发展的条件与环境发生了重大变化，原有的增长方式已经难以维系。具体来看，企业发展条件至少有以下几个方面的变化。

第一，全球经济增速放缓、外需疲软，国际经济发展的不确定性大为增强。在这种情况下，外需将在相当长的时期内处于弱势，增长更多地要依靠内需。制造业采购经理人指数中的新出口订单指数是下行的趋势线，自2011年下半年以来，这一指数多数月份处于50%以下。受欧债危机影响，中国对债务危机较严重的爱尔兰、意大利、西班牙、葡萄牙和希腊5国的出口受到严重影响，目前对意大利、葡萄牙和希腊的出口增长还是负值。出口贸易当月值的同比增速2015年11月为−7.1%，12月为−1.4%。[2]

第二，信息技术革命推动着人类经济社会迅速转型。信息网络正成为人类经济社会必不可少的最为重要的基础设施之一。信息技术作为一种通用目的的技术的特征正日益凸显，信息技术的应用进入了一个广泛普及的阶段。信息技术正在以前所未有的速度广泛应用于经济社会生活的各个领域，加快了经济全球化进程，促进了经济增长方式转变，在推动生产生活方式转变、政府组织变革等方面发挥了重要作用，尤其是移动互联网的兴起在相当程度上改变了产业生态、商业模式以及相关的产业组织方式与企业组织方式。

第三，要素成本低的优势在减弱。以人力成本为例，2002年城镇单位就业人员年均工资为8320元，到2014年就上升到56360元，年均增长17.3%。[3]更加值得重视的是，从2003年开始，工资的增长速度远远超过劳动生产率的增长速度（见图1）。

---

① 中国经济网，http://www.ce.cn/cysc/newmain/yc/jsxw/201510/26/t20151026_6799857.shtml.

② Wind资讯。

③ 同上。

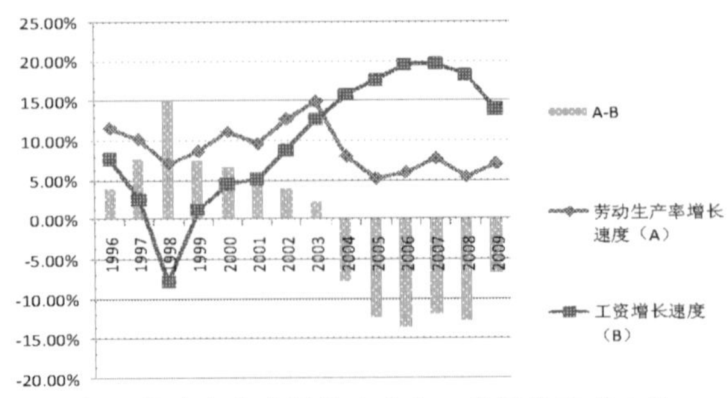

图1　劳动生产率增长速度与工资增长速度比较

资料来源：《中国工业发展报告（2011）》，经济管理出版社2011年版

与此同时，劳动力的供给状况也发生了变化，农村可转移劳动力的数量逐年下降，劳动力市场上由过去的劳动者找工作不容易，变为现在企业招工人不容易。尤其是具有较高技能的劳动力较难招到，企业劳动者流动性过大，不利于企业知识与技能的积累。随着经济的下行，有关就业的指标表现出就业开始不太乐观，除工业企业从业人数同比增长率持续下降外，制造业采购经理人指数中的从业人员指数从2011年10月以来多数月份处于50%以下，只有2012年的3～5月份在50%以上。当然，从求人倍率这个指标看，自2010年3月以来，除2010年9月这个指标为0.99外，其余季度均在1以上，表现出劳动力供不应求的状态。①

中国廉价劳动力的时代可能永远终结了。从综合成本来看，“中国制造”不再便宜。随着时间的推移，由于工资、劳动生产率、能源成本、汇率以及其他因素的变化，过去人们所认为的低成本地区与高成本地区已经发生了变化（低成本地区如拉美、东欧和亚洲的大部分国家，高成本地区如美国、西欧和日本）。美国波士顿咨询集团根据制造业薪金、劳动生产率、能源成本与汇率等四个关键因素，对商品出口额占世界出口商品90%的世界前25位的出口经济体2004—2014年的制造业数据进行了调查与分析，编制了制造业成本指数，对各经济体的人工、电力、天然气及其他成本进行了比较，并将这25个经济体按出口量从大到小做了排列（见图2）。这样比较的结果是，2014年中国的制造业成本指数为96，已经接近于美国。报告认为，2004—2014年，中国制造业的成本优势由高出美国14%降为4%，美国已经是发达国家里制造业成本最低的国家，美国与东欧低成本国家已相差无几，与中国的成本差距在急剧缩小，如果继续按照当前的趋势发展的话，在未来10年里，这一差距将会消失。引致2004—2014年制造业成本发生巨大变化的主要因素有4个，这些因素使得低成本和高成本的传

① Wind资讯。

统边界日益模糊。

一是薪金的变化。2004—2014年，中国与俄罗斯制造业工人的薪金年均增长率为10%～20%，而其他国家的薪金年均增长率仅为2%～5%。2004年中国制造业工人的时薪约为4.35美元，而美国是17.54美元，到2014年中国工人的时薪约上升了3倍，为12.47美元。而美国自2004年以来工人的时薪只上升了27%，为22.32美元。中国人力成本上升而生产率没有相应上升。

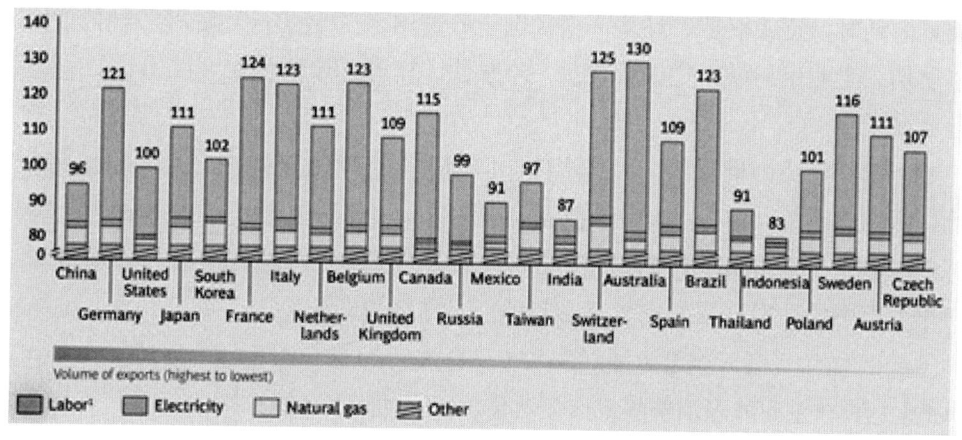

图2　前25位出口经济体的比较

2014年制造业成本指数（美国=100）

资料来源：Harold L. Sirkin，Michael Zinser， and Justin Rose，The Shifting Economics of Global Manufacturing:

How Cost Competitiveness Is Changing Worldwide， https://www.bcgperspectes.com，

https://www.bcgperspectives.coivm/content/articles/lean_manufacturing_globalization_shifting_economics_global_manufacturing/

该指数只涉及4项直接成本，对于诸如原材料投入、机器和工具的折旧等则假设无差异，对于各行业的成本结构则视作均等来计算

二是外汇汇率。这10年中，人民币兑美元的汇率升值了35%。

三是劳动生产率。这10年中制造业生产率的增长变化幅度大，从一定程度上解释了制造业总成本的巨大变化。

四是能源成本。由于页岩气的大量生产，使得美国油气价格迅速下跌，2004年北美天然气价格下降了25%～30%。在未来5～10年内，美国的能源成本仍然能维持在稳定的水平。中国的劳动力成本日益上升是中美制造业成本趋同的首要原因，而美国的生产率更高且能源成本更低。“对许多企业和生产线而言，当考虑到生产质量、知识产权和远距离供给链等因素时，所谓在中国节省的制造业成本几乎已经微乎其微。”报告向制造商提出了五条建议来适应这种成本竞争力的变迁，即提高生产效率、考虑综合成本、开拓更长的供应链、重塑商业模式、重新配置全球资源等。[①]人们可能对这一报告提出的数据和观点有不同意见，但中国制造业劳动力成本快速上升和生产率下降是一个不争的事实。

五是资源环境约束进一步强化。工业用地更加稀缺，经过30多年的高速发展，中国沿海地区的工业用地已经非常紧张，长三角、珠三角地区新兴产业的发展面临土地资源的约束将越来越大；同时，受国家保障耕地和基本农田政策影响，中西部地区土地资源也逐渐稀缺。“十三五”期间，土地将成为新开工和扩建工业项目的重要约束性要素。同时，资源浪费、环境污染问题十分突出。“十三五”期间，中国工业化进入了后期，工业化与城市化进程将进一步加快，资源环境的约束更突出，节能减排的任务更艰巨。

中国虽然已成为世界第二大经济体，但中国占全球GDP的比重远小于所消耗的主要物资所占的比重，单位GDP消耗主要物资过大。中国火电供电煤耗、钢可比能耗、水泥综合能耗、乙烯综合能耗均比国际先进水平高出15%。根据《中国能源统计年鉴》2011年卷提供的数据计算，在主要高耗能产品单位能耗比较中，火电厂发电煤耗2009年中国是日本的1.1倍，钢可比能耗2009年是日本的1.1倍，水泥综合能耗2008年中国是日本的1.2倍。[②]工业能源消费的主体依然是煤炭，加剧了生态环境的压力。从2006年开始，中国成为世界第一大工业品出口国。2010年中国制造业增加值占世界比重16.9%，而2014年这一数字上升到25%，全世界500种左右工业产品中，中国有220种产品产量位居世界第一。目前，中国的汽车产量超过世界总产量的25%，船舶产量占世界总量的41.9%，工程机械产量占世界总产量的43%，计算机产量占世界总产量的68%，手机产量超过世界总产量的70%，彩电产量占世界总产量的50%，冰箱产量占世界总产量的65%，空调产量占世界总产量的80%。在联合国统计的八大类工业制成品全球贸易中，中国有三类产品的出口占全球份额超过1/4。中国已经有接近一半的主要工业产品占全球市场份额居于第一位，由于缺乏核心技术和自主知名品牌以及需求量大，中国面临着买什么什么贵，卖什么什么便宜的状况。

当然，单纯用单位GDP能耗和主要物资消耗来判断一个国家的能源效率和技术发展水平，存在着很大的片面性，因为各国所处的发展阶段不同，各国的产业结构也不

---

① Harold L. Sirkin，Michael Zinser， and Justin Rose，The Shifting Economics of Global Manufacturing：How Cost Competitiveness Is Changing Worldwide， https://www.bcgperspectes.com， ttps://www.bcgperspectives.coivm/content/articles/lean_manufacturing_globalization_shifting_economics_global_manufacturing/.

② 国家统计局能源统计司主编：《中国能源统计年鉴》（2011），中国统计出版社2011年版。

同，而每一种产业的能耗水平又各不相同。中国目前重化工业占相当比重，二次产业在整个国民经济中所占的比重要远高于发达国家，发达国家的三次产业的比重高。单位能耗和物耗自然会比别人高。中国现在处于快速发展阶段，处于城市化进程远未结束阶段，处于工业化阶段，全球30%~50%的钢材、水泥、玻璃、电解铝等主要原材料，是由我们生产和消耗的。

中国已经成为世界最大的碳排放经济体，2012年，美国消耗了2208.8百万燃油当量，排放了5786.1百万吨CO_2，中国消耗了2735.2百万吨燃油当量，排放了9208.1百万吨CO_2，虽然美国的人均碳排放远高于中国，美国为18.43吨CO_2/人，而中国只有6.82吨CO_2/人，但美国的碳生产力远高于中国，美国的碳生产力为2710.77美元/吨，而中国只有893.46美元/吨。我国以煤为主（2014年12月底为73.2%）的能源结构（见图3），使得我们实现节能减排和降霾目标十分艰难。

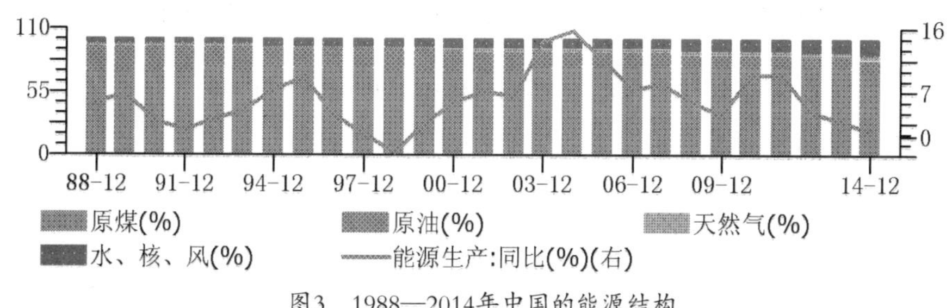

图3 1988—2014年中国的能源结构

资料来源：WIND资讯

六是面临着更加激烈的国际竞争环境。一方面，来自发展中国家的低端产业的竞争压力日益加剧，发展中国家之间争夺全球资源、技术和市场的竞争将更为激烈，中国低成本劳动力优势正在逐渐削弱。印度、印度尼西亚、越南、马来西亚以及洪都拉斯等发展中国家，正利用比中国更加低廉的资源和劳动力成本，生产劳动密集型产品，对中国国际贸易的竞争优势带来严峻挑战。“十三五”时期，中国工业将面临来自亚洲、南美和非洲快速增长经济体日益增大的竞争压力。另一方面，在新一代主导产业的选择问题上，目前，世界主要国家都展开了对未来主导产业选择的竞争，纷纷进行战略部署，推动节能环保、新能源、信息、生物等新兴产业快速发展，努力抢占新一轮发展的战略制高点。

七是内需拉动工业增长和经济增长的作用日益增强。消费升级将拉动内需快速增长。城乡居民消费原来是以“衣”“食”为主，现在正向着以“行”“乐”“住”消费为主的阶段转变，对工业产品的要求正从“价廉物美”转向“价适质优”。从消费结构上来看，城市与乡村、东部与西部在消费水平差距、新型城镇化以及消费者年龄结构的变化，为消费增长提供了巨大的空间。“十三五”期间，随着居民收入水平的进一步提高，国内市场对工业的拉动作用将进一步增强。从消费对GDP贡献率的实际数据看，最终消费支出已成为拉动中国GDP增长的主要力量（见图4）。2015年3季度，最终消费支出对GDP贡献率达58.4%，拉动GDP增长4.03%（见图5）。

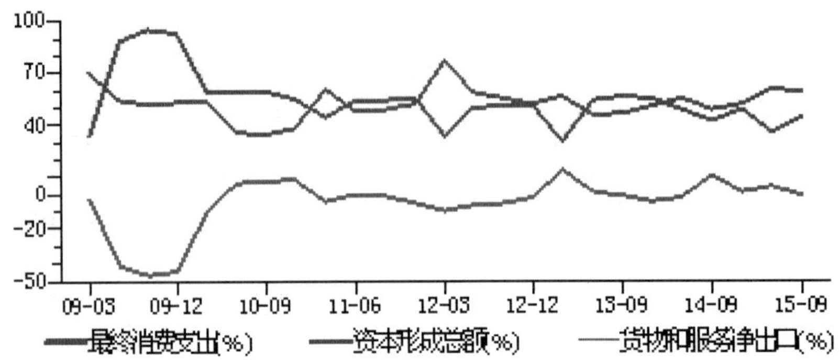

图4　中国三大需求累计同比对GDP增长的贡献率

资料来源：WIND资讯

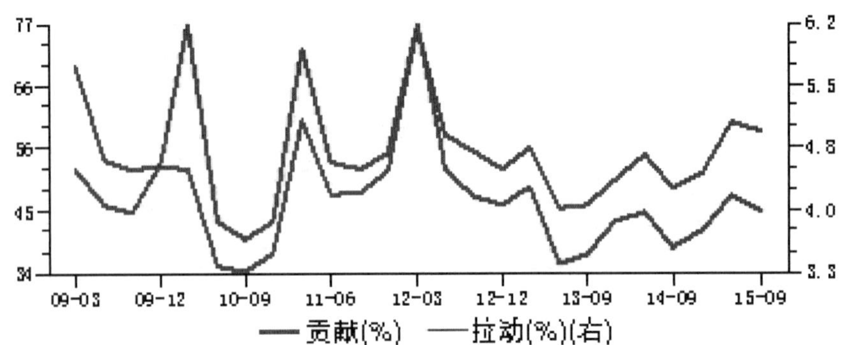

图5　最终消费支出对GDP的贡献和拉动

资料来源：WIND资讯。

八是转变经济增长方式提出了新的要求。这种新要求包括构建现代产业体系、创新驱动产业与企业发展、满足可持续发展要求、抢占未来产业竞争战略制高点等。

二、国际竞争与新的工业革命

新技术的出现在赋予产业发展巨大空间和更多机遇的同时，也可能会改变产业与企业的发展路径与模式，存在着极大的风险与挑战。目前世界各发达国家正在抢占未来产业竞争的制高点，试图在新的产业竞争领域确立各自的优势地位，与中国在以前历轮产业竞争中所处的位置相比较，在这一轮的新兴产业竞争中，中国离先进水平差距最小，是最有可能利用目前已具备的科技、产业和人才基础，实现“弯道超车”、跨越式发展的。

作为企业发展环境与发展条件变化的一项重要内容，日益激烈的国际竞争以及新工业革命是中国制造业不得不面对的。TPP（跨太平洋伙伴关系协议）与TTIP（跨大西洋贸易与投资伙伴协议）是我们不必惧怕并必须面对的两个重要协定。这两个协定生效之后，将会形成新的超越WTO规范的全球贸易与投资秩序格局。TPP和TTIP不仅将规定取消或降低商品的关税，还将涵盖国有企业、安全标准、技术贸易壁垒、动植物卫生检疫、竞争政策、知识产权、政府采购、争端解决，以及有关劳工和环境保护的规定，标准之高和覆盖领域之广远超一般自贸区协议。这两个协定的实施将会对全球制造业竞争的格局和中国制造业参与国际竞争的方式、路径、结构产生重大影响，尤其是这两个协定所涉及的非关税壁垒将在很长时期内成为制约我国制造业融入新的贸易、投资秩序的重大障碍。

世界许多国家也纷纷布局新兴产业的竞争，抢占未来产业竞争的制高点。发达国家正加速重振制造业，广大发展中国家成为国际产业转移的新阵地。

2009年，美国制定了《重振美国制造业框架》，通过了《制造业促进法案》，并于2011年6月正式启动了“先进制造伙伴计划（AMP）”，同年12月，白宫宣布成立制造业政策办公室。奥巴马在2013年国情咨文中明确提出，“确保下一次制造业革命就在美国发生”。并宣布继在2012年创建首个创新研究所，即增材制造创新研究后再建设三个创新研究所，最终将建设15个这样的创新研究所。实施美国创新战略是要确保美国持续引领全球创新经济、开发未来产业以及协助美国克服经济社会发展中遇到的重重困难。

2015年10月底，白宫再次发布《美国创新新战略（*New Strategy for American Innovation*）》[①]，主要力挺以下战略领域：先进制造、精密医疗、智慧城市、清洁能源和节能技术等。通过实验室技术商业化、政府促进新产品示范工程，大力推动创新成果产业化；通过添材制造（3D打印）、智能工业机器人、物联网和材料科学，通过数字制造和智能制造来提高制造业生产率；通过分布能源系统、物联网和下一代互联

① Strategy for American Innovation: Executive Summary，https://www.whitehouse.gov/innovation/strategy/executive-summary.

网，来建设全新的工业基础设施体系；通过调整移民政策吸引创新者、研究者和技术工人等，来提高能够主导未来产业竞争力的人才潜力。

日本于2010年6月发布《新增长战略》，将低碳革命、健康长寿、发挥魅力作为振兴经济的“三大神器”，重点培育环保、能源、健康、旅游、信息技术等领域的产业。规模编制技术战略图，政府加大了开发 3 D打印机等尖端技术的财政投入，快速更新制造技术，提高产品制造竞争力。日本于2013年6月提出了“日本重振战略”，通过开发新技术，开拓市场来重现“Made in Japan”，提升制造业为主的产业竞争力。日本重振战略由日本产业重振计划、战略市场分行计划和开展国际活动战略等三大实践计划组成，修订完善了“新增长战略”（2010年6月）和“日本再生战略”（2012年7月）。在2005年日本还制定了“全民参与型双发展引擎战略”，提出要维持和发展制造业竞争力，展服务业，升级制造业艺术，为全民参加型社会培育人才等。

欧洲在《欧洲2020智慧、可持续、包容增长战略》中提出重点发展信息、节能、新能源和以智能为代表的先进制造业，实施了“绿色经济计划”“地平线2020计划”“生物能源和生物燃料行动计划”“新燃料电池计划”“洁净能源汽车计划”“智能能源项目”。

法国制订《振兴工业计划》，提出在未来5年使法国工业产值提高25%以上，发布了《数字法国2020》，发展固定和移动宽带、推广数字化应用和服务（特别是电子政务）、扶持电子信息企业的发展。法国于2010年提出了“2015核心技术”，新的增长机会，以提升国家竞争力为目标。选择了化学、材料、处理、信息通信、环境、能源、交通、建筑和健康、农业、农产品7大产业领域的85项技术，以各产业的关联性为基础推动技术创新。

英国发布了《国家基础设施计划》《2020年低碳转型计划》《先进制造业》报告和《生命科学蓝图》。近年来，英国的制造业与其他发达国家相比较，其在英国经济中的占比和竞争力下降迅速，英国政府制订了重振制造业的方案，发布了定位于2050年的英国制造业发展长期战略研究报告。

德国于2010年制定了“2020高科技战略”，公布了政府对5大朝阳产业的投资战略及挑战课题，强调了5大朝阳产业的需求和任务。尤其是在这个“2020高科技战略”中提出了实施工业4.0的战略。

韩国提出了“2020产业技术创新战略”“2025年构想”和“制造业创新3.0战略”。韩国“2020产业技术创新战略”确定了6大产业技术：可生产透明柔性显示器的技术；脑神经信息IT融合技术；多用途小型模块反应堆的相关技术；用于开采深海资源的海洋技术；生产超精密连续电子印刷技术；生产多功能图形材料的技术。韩国“2025年构想”重点领域——信息、生命、环境、能源、材料。重点研发产品：数字

TV 与广播， 显示， 智能机器人， 新一代汽车，半导体，移动通信，智能家庭网络，数字内容与解决方案，电池，生物医学。“制造业创新3.0战略”提出了发展融合型新型制造业、加强重点产业的核心力量、升级制造业创新基础等3大战略，以及创新IT/SW基础工程、发展融合成长动力、掌握材料/零部件领域主导权、提升制造业软实力、提升符合需求的人才/环境、打造东北亚R&D中心6大课题。

俄罗斯也在其“2010年及未来科技发展远景规划”中提出了8个优先发展的领域，俄罗斯前总统梅德韦杰夫在2011年7月签署总统令，确定了未来几年俄罗斯科技优先的8大领域及27项关键技术。

目前，第三次工业革命发展迅速。高效能运算、超级宽带、激光技术、新材料等“使能技术（Enabler Technology）”的发展与大规模应用，以人工智能、数字制造、工业机器人、3D打印机等为代表的制造技术和工具的发展与在制造业中的应用，使得应用、集成了新的使能技术和制造技术的大规模生产系统、柔性制造系统和可重构生产系统大量出现。

工业革命可以从工业生产所依赖的主导性制造系统的技术经济特征的角度来界定。目前人们所说的“第三次工业革命”，是由于人工智能、数字制造和工业机器人等基础技术的成熟和成本下降，以数字制造和智能制造为代表的现代制造技术对既有制造范式的改造以及基于现代制造技术的新型制造范式的出现，其核心特征是制造的“数字化”“智能化”和“网络化”[①]。

德国工业4.0讲的其实就是人们通常所称的第三次工业革命。工业1.0是机械化的工业化。18世纪60年代至19世纪中期，通过水力和蒸汽机实现的工厂生产机械化，机械生产取代了手工劳动；工业2.0是电气化的工业化。19世纪后半期至20世纪初，在劳动分工和电气化的基础上实现了大规模生产。在这次工业革命中，通过零部件生产与产品装配的分离，开创了以“福特制”为代表的流水线生产方式，实现了产品大批量生产；工业3.0是信息化的工业化。从20世纪70年代直到现在，以电子与信息技术的广泛应用为基础，不断地实现制造过程的自动化，机器承担了相当比例的“体力”的和“脑力”的劳动；德国学术界和产业界认为，未来10年，基于信息物理系统（Cyber—Physical System，CPS）的智能化，将使人类步入以智能制造为主导的第四次工业革命。产品全生命周期和全制造流程的数字化以及基于信息通信技术的模块集成，将形

① 黄群慧、贺俊：《第三次工业革命”、制造的重新定义与中国制造业发展》，《工程研究》，2013年6月，第5卷，第2期。

成一个高度灵活、个性化、数字化的产品与服务的生产模式。①

第三次工业革命的主要技术基础是生产制造的快速成型、新材料的复合化与纳米化、生产系统数字化与智能化。大量采用人工智能、数字制造、工业机器人、3D打印机等为代表的制造技术和工具，大量采用复合材料、碳纤维、基因材料等，互联网、物联网成为工业基础设施。

第三次工业革命会带来生产方式的转变，比如，大规模生产转向大规模定制，刚性生产系统转向可重构制造系统，工厂化生产转向社会化生产，等等。第三次工业革命也会带来产业组织方式的变化。比如，产业边界模糊化，产业组织网络化，产业集群网络化，等等。第三次工业革命对中国制造业的发展形成冲击，形成不少风险。比如，比较成本优势加速削弱的风险，技术密集型和劳动集约型行业国际投资回溯的风险，经济增长点断档的风险。②

从成本结构的角度看，“第三次工业革命”确实可能进一步弱化中国的要素成本优势。从综合的竞争绩效角度看，“第三次工业革命”对中国工业产品竞争力产生的更加重要的影响，更多地不在于弱化了中国的成本优势，而在于国外企业可能通过利用先进制造技术在维持“可接受成本”的基础上，针对快速变化的市场需求，提供较中国产品种类更丰富、功能更齐全、性能更稳定、使用更人性化、环境更友好的产品。“第三次工业革命”可能对中国产业升级和产业结构优化形成抑制。发达工业国家不仅可以通过发展工业机器人、高端数控机床、柔性制造系统等现代装备制造业控制新的产业制高点——新型装备制造业；同时，由于现代制造系统与服务业的深度融合，发达国家在高端服务业形成的领先优势也可能被进一步强化。③

三、企业转型升级与供给侧结构性改革

面对着支撑中国企业发展的资源基础、要素结构以及其他条件与环境的变化，面对着新的国际竞争格局与新的工业革命，面对着中国潜在经济增长率逐步放缓态势，中国的产业与企业必须进行转型升级，这种转型升级不只是通过技术变革来提高生产

① 罗文：《德国工业4.0的中国启示》，和讯网，http://opinion.hexun.com/2014-08-06/167289370.html.

② 中国社会科学院工业经济研究所课题组：《第三次工业革命与中国制造业的应对战略》，《学习与探索》，2012年第9期。

③ 黄群慧、贺俊：《第三次工业革命”、制造的重新定义与中国制造业发展》，《工程研究》，2013年6月，第5卷，第2期。

力，更重要的是通过生产关系调整来提高生产力。

从重大的改革事件与中国经济增长的实际过程对应起来看，通过改革来实现制度创新，调整生产关系，破除影响与制约产业与企业发展的体制机制性障碍，可以推动经济持续增长。

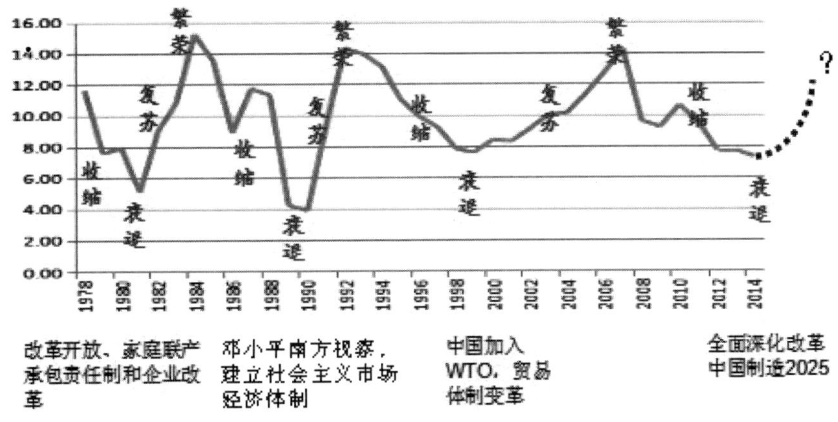

图6 1978—2014：重大改革事件与GDP增长率（同比）

资料来源：自制

从图6可以观察到，自1978—2014年中国经济增长的三个周期性变动过程中，每当经济处于周期底部时，都发生了较为重大的改革，并发生经济增长率的提高。目前，我们又处于经济增长的下行期，或许通过全面深化改革和推行中国制造2015有利于维持中国经济的持续中高速增长。这两大措施也是推动中国产业与企业转型升级的重大措施。

中国产业与企业的转型升级要解决四个核心问题。生产效率增速和资本回报下滑，核心技术受制于人，严重的产能过剩，经济增长与环境保护要求的协调。

一是生产效率增速和资本回报下滑。中国已经步入了工业化的后期，确实面临着潜在经济增长率下降的态势。更值得我们重视的是，工业生产效率提升乏力，全要素生产率下降，资本边际产出下降。2003年至今，全要素生产率的停滞乃至下降阻碍了工业经济的增长，全要素生产率的年均贡献值为-0.05个百分点，年均贡献率为-4.08%（见图7）。而长期依靠投资驱动的工业增长面临着资本边际产出下降的严峻挑战。中国的资本边际产出在2002年之后出现了快速下降，降幅超过50%。目前，每单位资本投入仅能带来0.28单位的产出，目前这一下降趋势尚无扭转的迹象（见图8）。要想依靠高速增长的资本投入来维持中国产业与企业快速发展的势头已难起作用。①

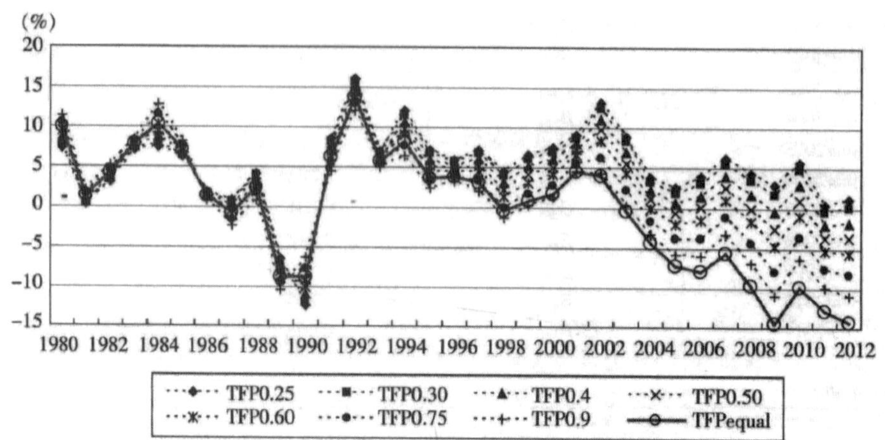

图7　1979—2012年中国工业部门TFP增速的模拟

资料来源：江飞涛、武鹏、李晓萍的《中国工业经济增长动力机制转换》，《中国工业经济》，2014年第5期

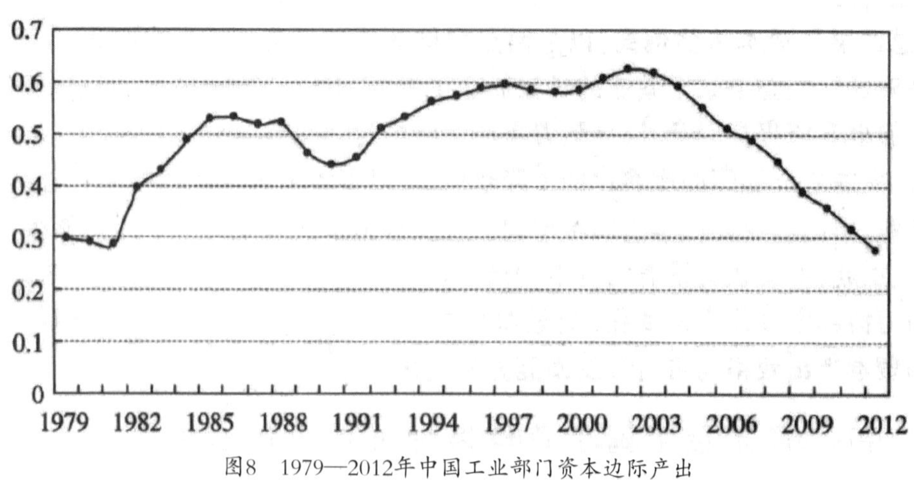

图8　1979—2012年中国工业部门资本边际产出

资料来源：江飞涛、武鹏、李晓萍的《中国工业经济增长动力机制转换》，《中国工业经济》，2014年第5期

二是核心技术受制于人。中国企业总体上来说创新能力不强，核心技术受制于

① 江飞涛、武鹏、李晓萍：《中国工业经济增长动力机制转换》，《中国工业经济》，2014年第5期。

人，在产业发展和国际产业竞争中话语权不足。尤其是缺乏具有自主知识产权的国际性技术标准，平台型、行业旗舰企业少，对产业链缺乏控制力。

在有效需求不足的同时，我们也存在着有效供给不足。大量重要原材料、核心零部件、关键设备仍然依赖进口，或者即使已经实现了国产化，但产品的一致性、稳定性差。许多这方面的产品，要么面对着国外公司对中国制定的高额垄断价格，要么面对着发达国家对中国的出口限制。

我们也缺乏市场影响力大，尤其是具有国际影响力的高端民族品牌，国内消费品产业竞争处于红海状态，竞争激烈、利润率低。随着国内消费水平的提升和消费结构的变化，大量消费需求转向国外品牌。

以机械产业为例，多数出口机械产品是贴牌生产，拥有自主品牌的出口机械产品不足20%。从国内需求来看，80%的集成电路芯片制造装备、40%的大型石化装备、70%的汽车制造关键设备、先进的集约化农业装备等依靠进口；基础部件制造能力滞后，高参数、高精密和高可靠性的轴承、液压/气动/密封元件、齿轮传动装置及核心传动部件，大型、精密、复杂、长寿命模具及其他关键基础零部件、元器件、电器部件的质量和寿命还不能完全满足机械工业发展的需求，大量依靠进口。[①]

再以集成电路产业为例，2013年我国生产了14.6亿部手机、3.4亿台计算机、1.3亿台彩电，但主要以整机制造为主，由于以集成电路和软件为核心的价值链核心环节缺失，芯片需要从国外大量进口，致使行业平均利润仅为4.5%，低于工业平均水平1.6个百分点。2013年我国集成电路进口额高达2313亿美元，多年来与石油一起位列最大两宗进口商品。[②]

除了重要原材料、核心零部件、关键设备仍然依赖进口，国内有效供给不足外，许多一般的产品也由于产品质量、技术能力、可靠性、设计、品牌、性价比等多方面的原因，有效供给也是不足的。要么生产不出来，要么生产出来质量差，价格低。比如，圆珠笔球珠、指甲钳、工业缝纫机针、马桶盖……

三是产能严重过剩。2012年底，我国钢铁、水泥、电解铝、平板玻璃、船舶产能利用率分别仅为72%、73.7%、71.9%、73.1%和75%，明显低于国际通常水平。[③]

2013年，按照合理产能利用率80%计算，10大类钢材品种中，只有镀锌板、棒

① 黄群慧、李晓华：《中国工业发展“十二五”评估及“十三五”战略》，《中国工业经济》，2015年第9期。

② 《中国“缺芯之痛”：2013年进口额高达2313亿美元》，新浪网，http://tech.sina.com.cn/it/2014-11-03/11459755908.shtml.

③ 《国务院关于化解产能严重过剩矛盾的指导意见》。

材和钢筋达到合理产能利用率，其他钢材产品产能处于过剩状态，尤其是型材、中厚板、热轧宽带钢等所谓高端产品产能利用率不足70%①。电解铝产能利用率为68.9%②，船舶产能利用率为75%③。2013上半年，中钢协86家重点统计钢铁企业中，有38家亏损，亏损面达44%，户均亏损2.58亿元。铝冶炼行业亏损3.5亿元，众多企业亏损严重。2012年底，氯碱行业全年装置利用率约70%，聚氯乙烯装置利用率约60%；甲醇装置开工率约50%；电石行业装置利用率约76%。风电设备制造的利用率只有67%，光伏电池57%，多晶硅只有35%，2013年5月份统计，全国58个多晶硅企业只有7个在开工，开工率只有35%。

根据美国经验，当工业产能利用率超过95%以上时，代表设备使用率接近全部；当产能利用率在90%以下且持续下降时，表示设备闲置增多，产能过剩出现；工业产能利用率在81%及以上时，为正常的产能过剩，低于81%时，为较严重的产能过剩④。据此判断，我国相当数量的重化工业已经或者正在进入严重产能过剩的阶段。

2012年以来，产能过剩问题尤为突出。不同于以往的结构性、短期性过剩，这一轮的产能具有全面性、长期性的特点。过剩的行业和领域广泛，传统行业钢铁、水泥、平板玻璃、煤化工、造船、机床；有色行业铜、铝、铅锌冶炼；化工产品氮肥、电石、氯碱、甲醇、塑料；新兴产业多晶硅、风电设备；等等，都处于严重过剩的状态。

当然，我们所讲的产能过剩主要是相对于有支付能力的国内需求而言的，不是一种绝对的过剩。

四是经济增长、企业发展与环境保护的平衡。人类经济活动、企业的运营一定会带来一定程度的环境干扰与破坏，既不能因为保持经济增长和企业发展而严重破坏环境，从而影响人类自身的生存，违反人类发展经济的初衷，又不能因保护环境而不去发展经济。保护环境的目的也是为了人类更好地生存，为了经济与企业更好地发展。关键是要在两者之间取得一种平衡。

中国大部分企业处于传统产业价值链的低端，技术创新能力弱、生产经营粗放，

---

① 《中国钢铁业出现“高端产能过剩”》，新华网，http://news.xinhuanet.com/fortune/2013-10/14/c_117711203.htm.

② 《电解铝深陷重围，产能利用率已低于70%》，中国行业研究网，http://www.chinairn.com/news/20141209/100921712.shtml.

③ 《船舶业产能利用率仅七成，船企有订单无利润》，新华网，http://news.xinhuanet.com/fortune/2013-11/11/c_125681594.htm.

④ 张茉楠：《解决产能过剩需要长效机制》，新华网，http://news.xinhuanet.com/energy/2013-08/16/c_125180336.htm.

装备水平低，高端专业人才不足，自主知识产权和品牌缺乏，长期以来主要是依靠“低成本、低价格、低利润”参与竞争，处于一片红海之中，进入不了蓝海。在发展条件与环境发生变化的情况下，在全要素生产率下降和资本边际产出下降的状况下，这种发展方式很难消化经营成本上涨因素，难以维持企业发展。

根据熊彼特在《经济发展理论》和《经济周期》等专著中提出的创新概念，所谓创新就是建立一种新的生产函数，把一种从来没有过的关于生产要素和生产条件的“新组合”引入生产体系。包括寻找、开发、探索原材料新的供应来源，开发与运用新的技术，开发出新的产品，开发新的市场，从而实现新的工业组织。德鲁克发展了熊彼特的创新理论，把创新定义为赋予资源以新的创造财富能力的行为。要有系统地抛弃昨天，有系统地寻求创新机会，在市场的薄弱之处寻找机会，在新知识的萌芽期寻找机会，在市场的需求和短缺中寻找机会。

要以企业家精神来组织企业的创新活动，以开创一个新的工业为目标，而不是以发明一个新产品或是修改一个旧产品为目标。我们面对企业发展新条件、新环境和新国际竞争、新的工业革命，进行产业与企业的转型升级，就是要进行这种创新。

中国制造2025的本质要求是要通过创新提高效率，提高全要素生产率。通过创新实现产业与企业的转型升级不是用新兴产业去全面取代传统的制造业。提高效率的路径很多，但不是要消灭传统的制造业。提高效率的过程就是实现中国制造2025的过程。

从企业转型升级层面看，企业转型是指长期经营方向、运营模式及其相应的组织方式、资源配置方式的整体性转变；企业升级是指企业通过获得技术能力和市场能力，以改善其竞争力和充实高附加值的活动。

在产业链的各个环节都有着提高附加值的可能性，企业转型升级绝不是要放弃制造、装配的环节。企业转型升级、实施中国制造2025一方面反映在“微笑曲线”上，就是通过延伸产业链或制造业服务化，企业由曲线中间的制造、组装等低附加值环节向具有高附加值的曲线两端转移，并进而引起生产经营模式的变革。即曲线的左端是产品的设计、研发，曲线的右端是产品的品牌开发、销售、售后服务等。一般认为，在产品的产业链中，微笑曲线两端的附加值比较高，而在制造、装配环节附加值比较低。但即使从微笑曲线来看，并不是说制造装配环节就没有提高附加值的可能，企业转型升级就要全面放弃制造装配环节。这个环节也可以通过技术的改进、流程与工艺的改造、管理的创新等多方面的手段，来降低成本、提高效率、提高附加值。

微笑曲线对附加值的计算是产品从设计研发到售后服务的一次周转，实际上，微笑曲线两端固然附加值高，但这两端的所需投入的资金巨大，回收时间长。在一定条件下，制造装配环节从多次周转的角度看，如果能够通过组装制造如果可以通过技术的改进、流程与工艺的改造、管理的创新加快资金周转的话，附加值会更高。也就是说，在制造装配环节也可以通过多方面措施来加强管理、提高附加值，实现“武藏曲线”。

“武藏曲线”是日本索尼中村研究所的所长中村末广2004年提出来的，他分析了日本394家制造业上市公司最高利润率的价值链分布数据，发现制造业的业务流程中，组装、制造阶段的流程有较高的利润，而零件、材料以及销售、服务的利润反而较低。他以利润高低为纵轴，以业务流程的横轴，将上述的调查结果绘成曲线，得出了“左右两端低、中间位置高”的曲线，这就是“武藏曲线”。

有人依据“武藏曲线”认为，“微笑曲线”误导了人们。这种看法可能也不全面。两种曲线并不矛盾，它们的着眼点不同，依据不同。“微笑曲线”着眼于一个生产周期，一次资金周转，而“武藏曲线”则着眼于多个生产周期，多次资金周转。讲企业的转型升级要装这两个曲线结合起来看，它们反映的是，在产品的整个产业链的各个环节，都有着提高附加值的空间与可能性，放弃某个或某些环节，进入新的环节可能提高附加值，是转型升级；在某个环节中坚守，改进某个环节的运营，也可能提高附加值，也是转型升级。

“第三次工业革命”或“第四次工业革命”是对工业发展状况、趋势与前景的描述。

中国处于工业化中期的后期，工业化的任务并没有完成，且远未到达后工业化时期。中国是制造业大国，但并不是强国。一些发达国家制造业在整个经济中的比重不高，2008年后提出再工业化或振兴制造业，但并不是这些国家的制造业不如我们，它们还是制造业强国。

德国工业4.0和中国制造2025是一种国家战略与行动计划，是在对制造业历史演进的基础上做出的展望。提出制造业的国家战略与行动计划的目的是为了争夺国际产业竞争战略制高点、确保国家竞争力、实现企业与产业的转型升级、创造新的工业文明。

在这一轮工业革命中，中国是离得最近、最有可能走在世界前列的。如果说第一次工业革命带来英国的兴起，第二次工业革命带来德国的领先和美国的崛起，那么，第三次工业革命会不会带来中国的领先呢？我们拭目以待！

参考文献

[1] 中国社会科学院工业经济研究所．中国工业发展报告（2011）．北京：经济管理出版社，2011.

[2] Harold L. Sirkin，Michael Zinser，Justin Rose. The Shifting Economics of Global Manufacturing：How Cost Competitiveness Is Changing Worldwide. https://www.bcgperspectes.com. https://www.bcgperspectives.coivm/content/articles/lean_manufacturing

_globalization_shifting_economics_global_manufacturing/.

［3］黄群慧，贺俊．“第三次工业革命”、制造的重新定义与中国制造业发展．工程研究．2013，5（2）．

［4］罗文．德国工业4.0的中国启示．和讯网．http://opinion.hexun.com/2014-08-06/167289370.html.

［5］江飞涛，武鹏，李晓萍．中国工业经济增长动力机制转换．中国工业经济，2014（5）．

［6］中国社会科学院工业经济研究所课题组：第三次工业革命与中国制造业的应对战略．学习与探索，2012（9）．

［7］黄群慧，李晓华．中国工业发展“十二五”评估及“十三五”战略．中国工业经济，2015（9）．

（黄速建，中国社会科学院工业经济研究所研究员，副所长）

金融如何助推供给侧结构性改革

□ 徐洪才

2015年中央经济工作会议以“五大政策支柱”和“五大任务目标”，全面勾画出了“十三五”开局之年、推进供给侧结构性改革攻坚之年的经济新图谱。那么，如何正确理解2016年供给侧结构性改革的五大任务目标？特别是金融作为现代市场经济核心，又如何在助推供给侧结构性改革方面发挥积极作用？本文拟对此做出初步探讨。

一、如何理解供给侧结构性改革五大任务

中央提出2016年五大经济任务，即“去产能、去库存、去杠杆、降成本和补短板”，并强调在推进供给侧结构性改革过程中要注重“加减乘除并举”，这一部署具有明显的针对性。所谓“加”，就是发展高端制造业和现代服务业，增加有效供给；“减”，就是压缩和淘汰落后产能，清理僵尸企业，解决中低端产品过剩；“乘”，就是鼓励创新创业，发挥创新的乘数效应；“除”，就是破除垄断，放松管制，减少税收，降低企业运行成本和市场交易成本，以及去除财政和金融领域积累的风险。若不采取“加减乘除并举”，而是“减法”孤军深入，则可能引发中国经济“断崖式”失速，这在2016年经济工作中需要特别予以关注。具体来讲，应从以下方面科学理解供给侧结构性改革五大任务。

第一，去产能和去库存是一致的。中国经济供给侧存在的最突出的结构性问题就是产能过剩，解决这一问题需要多管齐下。导致过剩产能有很多原因。地方政府和企业出于自身利益考虑，一哄而起，盲目决策，导致低层次重复建设，这是主要原因。另外，中国经济在全球产业链分工中处于低端位置，技术含量和附加值较低，竞争力不足，导致产能过剩。当前，工业库存和三四线城市房地产库存都比较多。库存是企业的流动资金，去库存就是减少不必要的资金占用，降低企业成本，盘活资源存量，从而提高企业经济效益。东西卖不掉，企业自然就不敢投入，导致需求疲软，或者说供给过剩，这是一枚硬币的两面。在这种供需不平衡的情况下，纠正旧的不平衡和寻求新的平衡点，就必然要把库存和产能降下来。降产能涉及僵尸企业的市场退出和关

停并转。而关停并转不能简单地一关了之、一破了之，破产关闭涉及人员安置和再就业，也涉及社会稳定、银行坏账，还涉及产业结构调整。所以，我们在做减法的同时也必须做加法，加法就是要培育市场机制，培育新的经济增长点，一加一减就可以达到新的平衡。否则，经济将可能出现大幅度的滑坡。

现在，房地产市场的去库存需要政策引导，比如鼓励开发商降价，让新市民有能力有条件买房。当然，激活新市民的购买力也需要一些配套政策，比如户籍制度改革、社会保障体系完善，如果这两个关键政策不能落实到位，农民将难以变成新市民。而且，农民变成新市民后涉及再就业和找工作的问题。如果没有就业机会或者说没有产业发展做支撑，城镇化也就缺乏基础、不可持续。满足新市民的需求，必须进行政策调整和创新。在增量方面，要严格控制新批土地，还可以沿着“一带一路”、长江经济带、京津冀协调发展这三大战略支撑带，对相关节点城市重新进行合理的产业布局，这将有助于消化部分过剩产能。另外，还可以沿着“一带一路”开展国际产能合作，输出一部分产能。在此过程中，通过优化结构、改进技术、改善环境等，提高企业的国际竞争能力。总之，关停并转一部分，消化一部分，转移出去一部分，这三个“一部分”合在一起，将对去产能和去库存产生重大推动作用。

第二，去杠杆涉及一些企业，尤其是国有企业以及地方政府的债务水平过高的问题。企业负债率总体偏高主要是由于资本市场不发达，银行间接融资仍然占主导地位，融资结构、金融体系结构决定企业的资产负债结构。企业对银行负债过多，而现在国际大宗商品价格下跌，导致企业资产缩水，但负债并没有减少，进而加大了企业杠杆率，这是一个潜在风险。去杠杆的有效办法就是发展直接融资。扩大直接融资的好处是改变企业的融资结构，也就是改变企业的资产负债结构，实际上就是降低企业负债率和杠杆水平。2015年底召开的国务院常务会议提出，发展直接融资可以采取五大措施：一是完善股票、债券等多层次资本市场。二是丰富直接融资工具。积极发展项目收益债及可转换债券、永续票据等股债结合产品，推进基础设施资产证券化试点，规范发展网络借贷，简化境内企业境外融资核准。三是加强资信评级机构和会计、律师事务所等中介机构监管，研究证券、基金、期货经营机构交叉持牌，稳步推进符合条件的金融机构在风险隔离基础上申请证券业务牌照。四是促进投融资均衡发展。五是强化监管和风险防范。

第三，降成本。要降低企业税费负担，进一步清理各种不合理收费，营造公平的税负环境，研究降低制造业增值税税率。要降低社会保险费，研究精简归并“五险一金”，让企业轻装上阵。降低社保费率是一种“杀富济贫”的做法，对于低收入人群和农民来说，是一种公平的政策，老百姓的公平感因此增强了。但是，降低社保费率也会加大社保支出压力。对此，应加大国有企业分红，并将国有资产无偿划拨给社保基金，来充实社保基金，这是中国最大的一张底牌。精简归并“五险一金”，将会减少企业的费用。此外，国家还需要进一步实施结构性减税、扩大营改增的范围。

第四，补短板。目前，公共产品或准公共产品供给不足是一个突出问题，比如医院、学校、托儿所、幼儿园、养老院等都是短板。当然，高科技产业一直是短板。要从供给侧发力，通过创造新供给，引导新需求。补短板，投资还需挑大梁。投资具有双重属性，在当期是需求，在未来是供给。因此，稳增长的关键还是稳投资。通过增量资金投入，优化投资结构，从而优化未来的供给结构。建议在基础设施、战略性新兴产业、新兴消费品（信息消费、文化消费、旅游消费、养老消费、健康消费等）以及民生领域增加投资。要学会用有效投资来引导资源的合理有序流动，通过弥补短板，优化经济结构。

第五，供给侧结构性改革，既要关注“供给侧”，更要关注“结构性”。所谓“结构性”，就是不能平均使劲，而是在重点领域突破。现在大家都为经济增长能否多出0.1个百分点、0.2个百分点而纠结。其实，从供给侧的某些重点领域看，我国经济增长还有很大的潜力。每年我国都要大量进口商品，如果其中一部分自己能够生产，或者能够实现“进口替代”，拉动国内生产总值（GDP）增长恐怕就不止0.1%，拉动0.5%以上GDP增长都是有可能的。例如，我们每年进口大量粮食，要花掉几千亿美元的外汇储备，但是粮食生产连年丰收，由国家用保护价收购，这些粮食储存于国家仓库卖不出去，因为消费者吃了不放心，这显然是资源浪费。再例如，我国每年都要花掉几千亿美元进口精细化工产品，像PX项目，在韩国、日本生产是安全环保的，而我们生产就会出现污染环境，甚至发生爆炸，主要还是技不如人。其实，技术是现成的，而我们缺乏精益求精的工匠精神。下一步经济结构调整就是要在这些方面发力，只要在进口产品里面拿出一部分由自己生产，提高产品质量和安全性，提高潜在经济增长率是完全可能的。

总之，我国近期的经济工作重点就是促进供给侧结构性改革，重点内容即“三去一降一补”。需要注意的是，供给侧结构性改革不能单兵突进，要适当扩大总需求，不能顾此失彼；而供给侧结构性改革，归根结底就是要创造条件让市场在资源配置中发挥决定性作用，要改善现在的供给缺位、供给质量不高、供给结构不合理的情况，特别要注重“加减乘除”并举。

二、创新中央银行货币政策工具，促进供给侧结构性改革

金融是现代市场经济核心。“十三五”期间，我国金融体系要加快改革，降低成本，提高效率，充分服务于实体经济；中央银行、商业银行和资本市场都应该践行创

新发展的理念，发挥各自作用，形成合力，在供给侧结构性改革中发挥重要作用。

第一，货币政策中介目标要因时而变。当前我国货币政策正处于转型期，由过去单独运用数量型政策工具的调控方式，逐渐向同时使用数量型政策工具和价格型工具过渡，由直接调控向间接调控转变。货币政策调整的最终目标是转向以价格型货币政策工具为主，数量型货币政策工具为辅。而转变过程的实现需要一系列的条件，现阶段要创造条件为宏观调控方式的转变提供保障。我国货币政策正在进入盯住利率和汇率的“双锚”时代。资金价格信号通常是由利率和汇率表现出来。利率是人民币对内的价格，汇率是人民币和其他货币的相对价格。单从利率角度来看，目前存款利率市场化改革已经取得实质性突破。但是基准利率体系还不完善，特别是还没有形成连续、光滑的国债收益率曲线，反映了货币传导机制并不通畅，因此，价格型货币政策效果被打了折扣。这也决定了目前我国中央银行还必须以数量型货币政策工具调控为主要调控手段。

第二，要综合使用多种货币政策工具。目前，即便是数量型货币政策工具的宏观调控也存在一些问题。通过外汇占款投放基础货币已经不灵了，过去主要通过提高金融机构法定存款准备金率，把人民币升值导致的投放过多的基础货币回笼到中央银行账户上。现在要反其道而行之，人民币对美元出现贬值倾向，资本出现外流倾向，导致银行外汇占款越来越少，这就客观要求采取降低法定存款准备金率来为市场提供流动性，以保证实体经济发展对货币的合理需求。尤其是在目前经济下行压力比较大的情况下，保持适度宽松的货币政策尤为重要。因此，在“十三五”期间经济增长速度有望保持6.5%~7.0%平稳运行的情况下，相应的广义货币供应量M2增长也不能太低，从近期看保持在13%左右是必要的。随着经济增长速度逐渐趋缓，M2增长也会保持同步下降。到2020年GDP增长速度为6.5%的时候，M2增长速度将从13%缓慢下降到11%的水平，这依然是比较高的增速，是经济发展所必需的，否则就会有通货紧缩的压力。货币政策在保持稳健的同时，其灵活性、前瞻性、针对性要充分体现出来，要综合运用多种政策工具，如公开市场操作、再贷款。综合考虑国内市场和国际市场流动性，保持流动性相对稳定和金融稳定，守住不发生系统性和局部性金融风险底线，整体降低我国金融体系风险水平。

第三，要创造条件通过资本账户逆差主动向外输出人民币。随着自贸区（FTA）战略扩大实施，主要伙伴可以推行本币结算，形成通畅的人民币回流机制，把我国香港打造成海外人民币离岸中心枢纽。香港地区在离岸市场方面有特殊地位，占到海外离岸市场份额的70%以上，因此，要充分发挥好香港在离岸市场中的作用。同时，扩大海外人民币支付结算的网络覆盖面和金融机构海外网点。鉴于短期内中国还很难出现经常项目逆差，通过资本账户逆差向外输出人民币是必然选择。当前，人民币在亚洲周边地区已经得到广泛接受，中国与韩国、中国台湾等亚洲国家和地区都有较大贸易逆差，可优先推动这些国家和地区扩大使用人民币。10年前，中国推出由国际金融机构发行、以人民币计价的熊猫债券，但一直以来熊猫债券发展缓慢。一是由于当年人民币对美元单边升值预期增加了融资成本；二是中国境内人民币利率水平比境外市场上的美元利率高。现在，人民币对美元出现温和贬值趋势，美联储已经开始加息，而中国人民银行降息，上述两个条件都在发生改变，“熊猫债券”的春天正在来临，这正是境外金融机构和企业发行熊猫债券的有利时机。亚洲基础设施投资银行、金砖国家新发展银行、世界银行、亚洲开发银行、欧洲复兴开发银行等国际金融机构可抓住这一有利时机发行人民币债券。另外，应加快推出上海国际板股票市场，鼓励境外企业在上海证券交易所发行股票和挂牌上市。

第四，货币政策要同时关注来自国内和国际方面的影响因素。以前，调整货币政策考虑的是人民币在国内的流动性，无须考虑境外人民币的流动，特别是未考虑资本跨境流动对中国金融体系的影响。比如，在货币发行方面，如果还是按照广义货币（M2）增长速度来调控经济就会出现误判，应及时准确把握境外离岸市场货币量，并通过数量模型来判断离岸人民币需求量，从而更好地进行流动性管理。人民币加入国际货币基金组织（IMF）特别提款权（SDR）之后，中国必须遵循国际货币体系规则，特别是要考虑自身政策调整可能产生的负面溢出效应。因此，加强世界大国之间宏观经济政策协调，并与全球市场进行充分沟通，就显得十分必要了。随着人民币国际化和资本账户进一步开放，中国应有前瞻性的风险防范措施，全面提升金融风险管理能力。人民币加入SDR标志着人民币国际化站在一个新的历史起点上。未来5年，人民币将会超过英镑和日元，成为全球第三大货币。到2025年，人民币将成为国际主导货币之一，发挥和中国经济地位相适应的国际作用，但不会改变以美元为主导的国际货币体系。在这个过程中，不仅需要中国政府采取审慎态度，积极应对各种挑战，国际社会，包括美国，也应该予以人民币承担国际责任更多支持和帮助，因为这将有利于全球经济再平衡和金融稳定，当然也有利于减轻美元的国际责任，这将是一个多赢的理性选择。

第五，稳步推进资本账户对外开放。目前，中国资本账户对外开放只差最后一公里，时间表就是在2020年之前把上海建设成为具有国际影响力的金融中心，这是国家既定战略。因此，未来几年是加快资本账户开放的关键时期。上海是在岸国际金融中心，香港是离岸国际金融中心，遥相呼应。但是，上海成为国际金融中心的前提是人民币能够自由兑换，实现资本账户完全对外开放。现在我们已经与一些合作伙伴的央行开展了规模不小的货币互换，要鼓励我国经贸伙伴使用双边本币，然后在全球各地扩大布点，形成离岸人民币业务中心网络，扩大推出与人民币直接交易货币种类，加快香港人民币离岸市场枢纽建设，充分发挥香港作为人民币离岸业务“一传手”角色，同时建立海外人民币离岸中心网络，发挥新加坡、悉尼、首尔、台北、伦敦、法兰克福、多伦多等“二传手”作用，在海外形成市场化的人民币利率和汇率指标体系，为国内外汇市场调节提供参照。目前，人民币在海外已有3万多亿元的规模。应该做大亚洲债券市场，完善海外人民币支付结算体系，发挥中央银行主导作用，同时利用东道国的现有银行体系，包括信用卡支付和互联网等手段，促进人民币在国际范围内广泛流通。加快建立上海国际板市场，让“一带一路”相关企业能在上海发行人民币计价股票，建立一个强大的开放型多层次资本市场体系，推动人民币在“一带一路”建设中发挥主导作用。

第六，预防和化解各种潜在金融风险，特别要对外汇市场的剧烈波动予以高度关注。一是要稳定汇率市场预期。短期内人民币兑美元应适度贬值，但也要防止贬值预期过高，陷入类似1997年东南亚金融危机的恶性循环，要防止出现羊群效应和踩踏性事件。中国是系统重要性国家，要减小宏观经济政策的负面溢出效应，防止人民币贬值过快对全球市场产生冲击。要摒弃“用大幅贬值促进外贸出口”的想法，承诺保持人民币汇率基本稳定，从而稳定市场信心。二是协调推进利率和汇率市场化改革。增加债券交易品种，完善国债市场期限结构，形成平滑的国债收益率曲线，疏导货币政策传导机制；扩大外汇市场参与机构类型，拓宽市场深度和广度，扩大人民币兑主要货币汇率浮动区间，可考虑扩大到3%~4%，使汇率更有弹性。适时推出外汇平准基金，平抑汇市价格异常波动。有序推进境内人民币利率、汇率与境外利率、汇率的接轨。在利率和汇率形成机制方面，要适当扩大债券市场参与主体的范围。目前已经允许境外中央银行参与，下一步可考虑吸收国际开发性金融机构参与，包括有实力符合条件的商业银行机构和其他金融机构进入上海银行间市场。三是加强对跨境资本流动的监管。短期里可采取增加资本流出审批手续，并适时开征金融交易税，增加短期资本跨境流动的成本，抑制短期资本跨境频繁流动。完善跨境资本流动的风险监测预警指标体系，健全外债和跨境资金流动管理体系。做好压力测试和情景分析，防患于未然。四是推出人民币期货交易，为企业提供汇率风险管理工具。目前，芝加哥商品交易所和香港交易所已推出人民币期货，但影响很小。应创造条件在上海推出人民币期货交易，掌握人民币汇率定价权，为人民币币值稳定、控制汇率风险提供根本保证。

第七，还要完善金融分业监管体系，加强中央银行综合监管的职能。整合中央银行与不同领域监管机构的功能，发挥中央银行应对金融危机的主导作用。随着混业经营不断深入，流动性风险将可能取代信用风险成为最重要的系统性金融风险。在向市场提供流动性、恢复市场信心方面，应充分发挥中央银行作为最后贷款人的得天独厚优势，加强中央银行与中国银监会之间的信息共享和协同行动。完善现有金融监管联席会议制度，强化中央银行对系统性金融风险的监管。

三、创新商业银行经营管理，促进供给侧结构性改革

目前，商业银行仍然是我国金融体系的主体部分。面对新的发展形势，我国商业银行应该积极调整经营思路，创新经营管理，在促进供给侧结构性改革中发挥积极作用。

第一，开展资产证券化和融资证券化业务，化解商业银行资产负债期限错配的风险。资产证券化是把银行资产予以证券化，盘活期限较长的存量资产，增强流动性。对多年后才能收回的按揭贷款，以其未来现金流作为支撑发行债券，根据投资者风险收益偏好，设计不同证券化产品，如按揭贷款支持证券（MBS）和抵押债务凭证（CDO）等，银行一次性卖掉这些长期资产之后，证券投资人间的证券买卖形成二级市场，从而实现期限转换、分散和转移风险。与此同时，银行通过融资证券化，主动创造负债，把期限较短的资金变成长期、可稳定使用资金，以实现负债长期化。典型形式就是大额可转让定期存单（CDs）。对银行来说，发行CDs可获得稳定资金来源，并为银行改善流动性管理提供有效手段。对投资者而言，CDs由银行发行，信用较高，到期前可转让变现，还有较高利息收入。此外，CDs对央行宏观调控也有积极意义，央行通过调整基准利率影响CDs利率和发行量，间接调控银行信用创造。

第二，转变商业银行服务重心，深度挖掘客户潜在需求。要围绕国家产业结构调整方向，逐步降低对“两高一剩”和“僵尸企业”的贷款比重；在经济下行过程中，要支持产业转型升级和企业并购重组活动。加大对战略性新兴产业、居民生活服务、创业群体、小微企业的信贷支持力度，大力发展绿色金融、普惠金融和消费金融，深度挖掘各类客户的个性化需求，通过提供高适配性的金融服务，创造新供给，释放新需求。把握产业发展趋势，加快从传统单一的存贷汇、类授信产品和有形服务，转向提供适应产业跨界竞争的顾问式解决方案服务，满足客户的资产负债管理、财富管理、资本运作、创新孵化、产业链组织和交易管理、行业解决方案、数据分析、信息技术服务等多层次、多样性金融服务需求。

第三，加快商业银行产品创新。现在我国金融产品结构单一，低利率、低收益、低风险产品占主导地位，表现为强制性储蓄。银行存款实际利率接近于0，而高风险、高收益的股票市场又让普通老百姓心存疑虑，缺少的是处在中间地带的中等风险程度和中等投资回报的金融产品。“十三五”期间，银行产品创新主攻方向是资产证券化。在长期信贷资产里拿出20万亿元，通过证券化手段，来提高老百姓投资收益率。这些证券化产品收益率比存款利率和国债收益率都高，对普通老百姓是很有吸引力

的。对于中低收入群体，通过互联网手段提升消费能力。对“去杠杆”不能一概而论。现在总体看，政府还在“加杠杆”，2016年财政赤字率占GDP比重将突破3%。目前，我国居民杠杆率也是比较低的，50多万亿元的储蓄存款，按揭贷款只有10几万亿元，增加居民负债还有很大潜力。中国消费潜力就在低收入群体，特别是农民。传统理念是，金融服务实体经济就是服务投资和生产，现在看来，金融也要服务于消费。传统的汽车消费、住房消费在政策上还可以适当加大杠杆，降低一点门槛。

第四，加快提升商业银行市场竞争力，特别是国际竞争力。要充分运用互联网、物联网、大数据时代的先进技术成果，全面建设和提升互联网金融和物联网金融服务能力；在商业模式上，要建设综合金融、产业协作服务平台，提高专业服务能力，提供行业针对性和客户适配性的个性化解决方案，支持产业链、金融服务链分工与协作。提升前线人员的专业服务能力，优化业务条线或矩阵式管理模式，建设适应市场需求和监管要求、具备灵活机制和协作能力的管理架构，建立对客户需求和市场变化的快速反应和协同机制。培养一批专业性的能够提供行业金融解决方案的人才队伍，完善前中台一体化的营销服务模式，建立高效决策协调机制、专业规划引领机制、正向考核激励机制和功能强大的业务保障体系。目前，我国商业银行还远远不能满足中国经济国际化的要求。总体而言，我国银行海外网点还太少，人员素质不高，服务手段落后，服务品种单一。我国商业银行要在产品创新、内控管理、技术运用等方面，逐步与国际先进银行和监管标准接轨，实现商业银行转型升级。未来几年，中国将要进一步扩大金融服务业开放，商业银行要积极融入全球竞争，加快推进人民币国际化。提升国际竞争力的关键是人才培养和机制创新。要主动适应全球化竞争要求，支持国内企业参与全球产业链重构，自觉维护国家金融安全。

第五，发展一批中小金融机构，开展灵活多样的金融服务，例如村镇银行、小贷公司、融资租赁公司、融资担保公司等，与商业银行形成协作、协同和配套。中小金融机构，特别是民营中小金融机构具有很大的市场灵活性，可以助推创新创业活动开展。融资租赁作为一种金融服务，非常有利于大型装备制造业发展。另外，融资担保对小微企业发展非常重要。尤其是在经济下行过程中，传统金融机构通常是顺周期的，这时候就需要政府发挥作用。在这方面，台湾地区经验值得借鉴。过去几十年，台湾中小企业信用保证基金运作非常成功，它采取分担风险的做法，政府承担一部分风险，银行承担一部分风险，企业也承担一部分风险。建立一个合理的融资担保体系，有利于企业进行风险管理和降低融资成本。

四、完善多层次资本市场功能，促进供给侧结构性改革

发展直接融资、完善多层次资本市场体系，对于推进供给侧结构性改革，特别是在创造新供给、改造老供给方面能够发挥重要作用。具体而言，发挥资本市场在促进供给侧结构性改革中的作用，应从以下方面入手。

第一，推动中国经济结构调整。就目前我国煤炭、钢铁等产能严重过剩的“老供给”而言，实施供给侧结构性改革意味着通过兼并重组、优胜劣汰等办法清理一批长期受到保护的落后企业。上市公司的再融资和并购重组活动，将有利于传统行业的结构调整。在发展新兴产业、培育新供给方面，多层次资本市场也能部分解决创新创业企业的融资问题。资本市场可以推动新技术应用和创新，满足企业融资需求。当前，我国高端制造业和战略性新兴产业发展严重滞后，应加大金融支持力度。同时，也要对小微企业、“双创”活动给予金融支持。对符合未来产业调整方向的新兴产业发展，比如现代服务业（包括生产性服务业和消费性服务业）发展要加大支持力度，对新兴消费，比如文化消费、信息消费、健康养老消费、旅游消费、体育消费等，也要予以金融支持。供给侧结构性改革必须充分利用上市公司这一资本运作平台，培育一批成长型企业，推动企业上市。

第二，推动建立现代企业制度。随着越来越多企业进入资本市场，将有利于通过各种上市公司监管规则来规范企业经营，提升企业素质，从而增强供给能力。上市公司作为现代企业典型形式，其公司治理水平是最高的。混合所有制改革的重要内容之一，就是要利用资本市场提升公司治理水平。资本市场能够促进董事会建设，要利用资本市场推动国企混合所有制改革，包括建立员工持股、期权激励等中长期激励机制。要培育一批具有创新精神的企业家队伍，企业家是企业创新的灵魂，也是企业核心竞争力之所在。对一个有理想追求的创业企业家来说，应该致力于培育上市公司，上市公司代表了先进生产力的发展方向和行业龙头地位。美国硅谷的企业创新是有口皆碑的，但是，如果没有纳斯达克，也就不会有硅谷的奇迹发生。

第三，完善多层次资本市场体系。一是发展风险投资和私募股权基金。通过培育VC、PE这种能够承担较高风险的机构投资者，捕捉具有发展潜力的新兴产业发展机会，培育上市公司。二是推动新三板市场的制度创新，内容包括：建立内部分层制度、扩大投资者规模、加强对挂牌公司和市场交易行为的监管等。三是规范发展区域性股权交易市场，促进区域经济协调发展。四是推出上海战略新兴板市场。支持未盈利的互联网企业在上海A股市场发行上市。战略新兴板定位于“新兴产业和创新型企业”，重点服务于已跨越创业阶段、具有一定规模的新兴产业企业和创新型企业，战略新兴板在发行流程、交易制度、股权激励等方面实行特殊安排，并为中国概念股回归提供通道，未来有望承接更多诸如百度、阿里等大型中概股回归A股。五是推出国际板市场，提高上海证券市场国际化水平。六是丰富直接融资工具。积极发展项目收益债及可转换债券、永续票据等股债结合产品，推进基础设施资产证券化试点，规范发展网络借贷。七是简化境内企业境外融资核准程序，扩大企业到国际资本市场融资。

第四，完善证券市场制度。一是稳步推进新股发行注册制，发挥市场供求作用，促使企业和投资者回归理性。对上市公司设置法定现金分红要求，引导价值投资。二是实施严格的上市公司退市制度。采取新老划断政策，历史原因引起企业经营亏损的，要求大股东注资，限期实现扭亏为盈；新上市企业符合退市条件的，则实行直接退市制度。完善股市两融制度、期现交易制度、IPO制度、大股东减持制度、增发配股制度、信息披露制度、市场交易行为监管制度和违规惩戒制度。三是建立和完善股市平准基金运作机制。基金来自央行的特别贷款，设定相应还款期限和利率，投资收益用于充实投资者保护基金。当股市出现大幅波动时，该基金入市干预，维护市场平稳运行；及时公开平准基金买卖股票信息，形成股市自动调节机制。提高上市公司质量，制衡大股东、庄家操纵股价及相互勾结的内幕交易机制，鼓励长线投资，切实阻断银行信贷资金短期内涌入股市通道。四是保护中小投资者合法权益。全面构筑保护中小投资者合法权益的制度体系，保障其知情权、健全上市公司股东投票和表决机制、完善中小投资者赔偿制度。将保护中小投资者合法权益贯穿监管工作始终，坚决查处欺诈发行、违法披露、内幕交易、操纵市场等违法行为。建立保护中小投资者合法权益的有效的立法、司法和执法制度。

五、发挥亚投行的杠杆作用，推动“一带一路”建设

目前，各界人士对亚洲基础设施银行在促进亚洲基础设施投资和亚洲经济一体化及可持续发展方面都给予了热切期望。但是，亚投行合理定位就是发挥杠杆作用。亚投行资金本只有1000亿美元，按照资本充足率10%倒推，能够撬动的资金规模也就是1万亿美元。在国际金融市场上，商业性金融机构从来都是主体，只有在市场失灵或政府失灵的时候，开发性金融机构才起到有效弥补市场失灵的作用。以为亚投行能够满足所有“一带一路”建设的融资需求，显然不切实际。如果在基础设施投资项目资产组合里面亚投行能够发挥10%的作用，实际影响就是10万亿美元，这里说的是一种可能性。在现实操作中，则需要各种力量共同参与，发挥整体协同效应。

第一，要与各国政府合作。亚投行提供的是债务资金，是要还本付息的。一般而言，亚投行提供的项目贷款都是需要政府提供主权信用担保。就投资项目而言，亚投行需要与各种机构合作，包括：政府机构、工商企业、商业银行、多边开发银行和资

本市场等，亚投行不可能孤军奋战，也就是说，亚投行只能发挥杠杆作用。

第二，与其他开发性金融机构合作。最近几年，在棚户区改造、基础设施建设，乃至在高科技领域，中国国家开发银行在弥补商业性金融和财政政策不足方面功不可没。亚投行要与世界银行、亚洲开发银行、欧洲复兴开发银行，以及现有中国国家开发银行、丝路基金等携手合作，共同发挥作用。比如中国国家开发银行在发放美元贷款方面，规模是遥遥领先的，比世界银行还多，而且拥有丰富经验，亚投行应该与国开行相互支持。

第三，与私人投资机构合作，特别是PE基金、各类产业基金、并购基金，乃至工商企业，这些机构提供股本金，股本金是承担风险的，是一个垫底资金，没有这些资金，仅靠亚投行提供债务资本，项目的资产结构就不合理，风险是很大的。特别是一些上市公司，应该发挥作用。上市公司作为资本运作平台，可以增发股份、发行债券，有很多融通资金手段，吸引社会资本，积极参与“一带一路”建设。

第四，与其他商业银行携手合作。在基础设施投资中，商业银行也不能挑大梁，挑大梁是企业、私人投资者。项目负债率不能过高，“一带一路”建设的资金需求很大，建设周期又比较长，而且投资回报率偏低，但有一个很大的优点，就是产生“外部性”，“外部性”会对经济可持续发展产生强有力支撑。商业银行积极参与，可以快速增加项目资金规模，并分散投资风险。

第五，与资本市场对接。上海作为国际金融中心，应及时推出国际板市场，让境外企业发行以人民币计价的股票，形成一个比较大的资金池，让境外企业有手段融通资金，积极参与“一带一路”建设。另外，就是发行熊猫债券，这将有利于人民币在“一带一路”建设中发挥更大作用。

第六，通过金融创新，推动“一带一路”建设。首推政府与社会资本合作（PPP）融资模式，建立一种风险共担、利益共享的机制，让更多社会资本参与由公共资本引导的基础设施投资当中。其次是融资租赁，通过化整为零、延期支付，来解决当期大规模资金支付的问题，这种模式非常适合于大型设备和装备投资。另外，就是资产证券化，对于未来有稳定现金流的资产，通过证券化手段融通资金，吸收更多的储蓄，提高资产流动性。

第七，还可以考虑在中国新疆的乌鲁木齐建立区域性金融中心，建立一个以人民币计价的金融交易所，以方便“一带一路”沿线企业融通资金，促进亚洲和欧洲大陆的互联互通，从而为促进国际贸易、投资和金融合作创造条件。

（徐洪才，中国国际经济交流中心经济研究部部长，教授，研究员）

推进供给侧改革的关键是形成一个优化存量的市场机制

□ 王珺

当前，我国经济出现了低端产品供给过剩，而中高质量产品与服务供给不足的结构性失衡问题。比如说，一方面，国内耐用与非耐用工业品产能过剩，价格持续走低，利润下降；另一方面，大量消费者到日本购买电饭锅、牙膏等日常工业用品。一方面，传统的物质生产部门的产能过剩；另一方面，教育、医疗、培训以及养老等公共服务行业供给短缺。这表明，随着我国收入水平的提高，居民市场结构已经发生了明显的变化，对个性化、高质量产品与服务的需求与日俱增，而现有的生产结构并不能适应这种需求结构的变化。显然，这种结构性失衡问题主要反映了供给结构与需求结构的不匹配，即相对于需求结构变化来说，低端产品供给过剩，中高端产品供给不足。这个问题的实质反映了我国经济结构从低端供需平衡向中高端供需平衡转变的紧迫性。

从哪里入手来解决这个问题呢？实现供求均衡可以从两方面入手，即需求端与供给端。需求端包括投资、消费与净出口等，供给包括投资、劳动力供应与生产率变化等因素，其中，技术、制度、偏好与创新活动等对生产率提高产生着重要的影响，进而影响到增长动力的持续性。从需求侧入手来解决结构性问题，是不合适的。因为需求侧视角直接是用来调总量的，而不是用来调结构的。比如说，从需求侧入手，无非是抑制或刺激需求，抑制需求是让已变化了的需求结构适应没有变化的生产结构，这无异于削足适履，这种情况形成的供求均衡是不断萎缩的。刺激需求是采取扩张的货币政策与财政政策，以扩大投资需求与消费需求，促进经济增长，从而在经济规模在不断扩大中实现供求均衡。然而，从结构角度来观察这个需求侧调控，我们就会发现，随着扩张性政策的实施，一些低端生产活动不仅不会退出生产领域，反而在价格上涨下又有了生存，甚至赢利的空间。这样，结构性问题就被掩盖了。当增长回升后，价格也往往有所上涨。为了抑制价格上涨，经济政策又会从扩张转为收缩。这样，在增长回落的同时，结构性问题又冒了出来。由于增长对就业的直接影响，增长缓慢往往又会成为人们关注的主要问题，这又会推出新一轮的扩张政策。可见，在这种需求侧管理的循环中，每次的结构性问题都得不到有效的解决，这就会被不断地积累下来，日积月累，日益严重。早在“九五”期间，我国就提出了鼓励“短线”产业，限制“长线”产业的调整政策，随后，每个五年规划都把调结构放在重要的战略位置上，这意味着产业结构始终没有调整到位。一个重要的原因是没有找到有效的路径。在2015年底中央经济工作会议上，习近平总书记强调了在适度扩大总需求的同时，着力加强供给侧结构性改革，以提高供给体系质量和效率，增强经济持续增长动力。这意味着我国宏观经济管理将从需求侧转到供给侧上来，以破解去产能、去库存、去杠杆、降成本、补短板等结构性难题作为今后一段时期内的侧重点。

在路径问题解决后，接下来的关键是要形成一个优化存量结构的有效机制。如果没有这种有效机制，即使路径是适当的，也不能保障有效的调整结果。即使在短期内通过各种手段与方式改善存量结构，也不一定保证动态的合理性。那么，什么是优化存量结构的有效调整机制呢？从国内外历史实践来看，调结构的方式大致有三种：

第一，用行政手段实现的物质平衡。比如说，假定社会需要5000万吨钢。政府有关部门发放5个牌照给生产能力在1000万吨钢材的企业，每个企业得到1000万吨的生产指标。由此实现钢材的供求平衡。当然，随着技术变化与收入水平提高，政府部门对申请牌照与配额的企业要求也会附加越来越多的条件，诸如环保、节能与技术门槛等。但是，不管什么样的准入门槛，这种分配机制并没有改变。计划经济时期我国在分配资源方面采用的主要是这种方式。这种方式存在的主要问题在于以下两点：一是它忽视了市场竞争对生产效率提高的影响。比如说，假定获得了配额的企业所生产的每吨钢材价格是2500元，而没有获得生产许可的企业所生产的每吨钢材价格是2000元，虽然后者的生产成本比前者低，但是，后者没有生产资格，前者又缺乏改进动力。所以，这种供求平衡是不具有效率意义的。二是作为以这种方式来分配资源的计划部门，它难以动态地而准确地掌握供求变化的信息，特别是随着经济活动的日益复杂化，人为地实现各类产品与服务的供求平衡就变得越来越困难。由于行政手段配置资源无法解决这两个问题，而这两个问题的解决对国民经济发展的重要性日益凸显，这就决定了配置资源方式从行政手段向市场手段的转变。

第二，以增量调整带动存量结构的变化。在价格差异、产业政策等引导下，每年投到不同部门与产业的新增资源不一样，有的产业多一些，有的产业较少一些，由于投入不同部门的增量存在着差异，每年的增量在第二年就会转变为存量，进而会逐步地改变存量结构。比如说，假设社会有两个资产相同，但预期收益不同的产业，高收益部门比低收益部门会获得更多的增量，这样，高收益部门的存量在整个社会总资产价值中的比重会不断上升，低收益部门的比重则逐步下降。这种方式的好处是，存量结构的调整不容易引起过大的震动。问题是，不仅见效缓慢，而且缺少一种退出机制。在存量规模较小、增量增长较快的情况下，应用这种方式是比较有效的。因为一部分产能退出问题并不突出。但是，随着存量规模的增大与增量进入放缓，解决一部分产能退出的问题就变得重要了。如果只有资源进入，而缺少退出，那么，存量资产过剩就不可避免。其结果，这既不利于存量资源的有效利用，也无法形成一个结构优化的动态平衡机制。改革开放初期到20世纪末，我国主要采用这种方式来调结构。当时需要解决的主要问题是供给短缺，千方百计地扩大供给规模、提高供给能力是政策的重点，只是不同行业的增长率有所差异，有的快一些，有的慢一些。但是，总体上看，存量资产的过剩压力并不大，所以，这种方式基本上适应了这个发展阶段的需要。进入21世纪，越来越多的产品从供不应求变为供大于求，许多制造业产能的过剩现象便显露了出来。特别是在2008年后全球经济持续低迷以及我国经济进入新常态，调结构对国民经济的持续发展变得越来越重要，而这种方式的不适应性也变得越来越明显了。

第三，市场化的存量调整。在市场经济下，并购重组是存量结构调整的一种主要机制。这种机制主要发生在经济周期中的衰退与萧条阶段，因为在经济扩张时期，许多新资源全面地进入各行各业，企业数量大幅度增加。一旦经济收缩，一部分产能便出现了过剩，企业赢利下降，甚至一部分企业由赢利变为亏损，这样，一部分经营困难的企业就产生了以低价转让资产的需求，而具有优质资产、竞争力较强的企业就会出手收购兼并，资产重组就会大量发生。通过并购重组，一方面一部分过剩产能退出生产活动，另一方面产业集中度提高，企业规模扩大。所以，并购重组是实现一部分过剩产能退出的有效机制。对于一个国家和地区来说，如果一方面存在着严重的产能过剩，另一方面产业集中度又偏低，那么，这表明，其并购重组机制没有得到充分的应用。现阶段我国经济就具有这样的明显特征，一方面工业部门利益率下降，一些产业的过剩产能严重，僵尸企业大量存在，另一方面几乎所有行业的集中度偏低，大企业规模小。比如说，2014 年中国零售前十强销售规模占零售百强销售规模的 40.36%；同年美国零售前十强国内销售额占美国百强境内销售额的 50.18%。以钢铁行业为例，2014年，我国前十大钢铁企业粗钢产量占全国总产量的36.59%，而韩国浦项一家钢铁企业就占了全国钢产总量的65%，日本5家钢铁企业的钢产量占全国钢产总量的75%，欧盟15国的6家钢产量占整个欧盟钢产总量的74%，美国前4家钢铁企业的市场占有率也在65%以上。近十几年来，虽然我国并购重组方式有了较快的发展，通过并购重组整合的资产总值占国内生产总值的比重从2000年的0.19%升至2014年的3.93%，年增长率为24.16%，但是，这个比重还是很低的。

之所以这种机制不能有效地发挥作用，是因为其应用要有一定的条件。这些条件是，一是有一批成长较快、扩张动机较强的新企业，它们需要通过并购重组来快速地实现扩张。二是有一个运作有效的资本市场，并购重组作为一个股权交易行为，往往是在资本市场平台上开展的。如果资本市场发育不完善，并购重组必然受到制约。三是有一个法治化、国际化、便利化的营商环境。诸如产权保护得力、市场准入便捷、交易规则透明、监管体系完善以及交易成本较低等。四是有一个统一、完善的社会保障体系。健全的社会保障体系作为一种化解职工风险、维持基本生活需要的安全网是实施并购重组的前提。缺少这个前提，并购重组也难以推进。在这些方面，我国现阶段还存在着许多不完善、不适应的情况。由于这种机制受到了条件制约，所以，当出现了诸如产能过剩等结构性问题时，就不得不依赖前两种方式。而这两种方式又不能有效地解决存量调整的问题，这就必须要创造条件，让并购重组在经济结构调整中发挥更大的作用。

创造条件就是要加大创新力度与深化体制改革。首先，要加大创新力度，促使一批有创新精神的新企业更快成长。并购重组往往是具有优质资产的公司进入股票市场的一个重要渠道。而创新活动是形成优质资产的主要来源。这不仅来自于各种新技术与新要素的广泛应用，而且，伴随着国企改革的深化，不同股权之间新组合形成的资产优化也会大量发生。在一个社会中，优质资产的成长越快，它们进入上市公司的需求就越大，也就越容易发生并购重组行为。如果缺少创新带来的优质资产，那么，并购重组的市场动力就自然会减弱。所以，只有创新活动更活跃，才使新企业成长更快，进而使并购重组方式的更广泛使用成为可能。其次，要加快资本市场的发展。资本市场上的企业并购重组是存量调整的有效方式，它的应用范围取决于以直接融资为特点的资本市场发展规模。比如说，2014年，美国直接融资占比平均为89.93%，香港直接融资规模占比平均为81.51%，而我国直接融资占比近年来平均仅为14.93%。2014年，我国人均持股价值为2.7万元。按照官方汇率计算，这仅相当于美国2007年人均持股额8.7万美元的近5%。[①]中国在资本市场上的差距决定了并购重组应用的有限性。再次，要加大并购重组的制度供给，改善并购重组的交易环境。比如说，如何进一步取消简化上市公司并购重组的行政许可，进而降低股权转让中的交易费用？如何消除跨行业、跨地区与跨所有制并购重组的障碍？如何实行并购重组股份协商定价，丰富并购重组支付手段？如何鼓励上市公司利用资本市场以定向增发、资产置换等形式进行并购重组；通过改善并购重组的制度环境，促使并购重组方式显示出成本低与效率高的运作特点。最后，要加快完善社会保障体系。并购重组虽然是企业之间的整合行

---

① 拉让尼克（William Lazonick，2011）著：《创新魔咒：新经济能否带来持续繁荣》中文版，黄一义、冀书鹏译，上海远东出版社2011年版，第12页。

为，但是，它也是建立在社会保障体系健全的基础上的。如果社会保障项目不充分，保障水平偏低，那么，在淘汰落后产能、化解过剩产能的并购重组中，一部分职工收入、福利与就业可能受到的冲击较大。相反亦然。在现有体制下，如果社会保障体系不健全，而政府财力又有限，那么，政府就希望由企业承担一部分安置就业的责任，这无疑增加了企业并购重组的成本。在并购重组收益预期一定的情况下，并购重组需要支付的成本增加，收益下降。这会降低企业的并购重组动机。所以，要鼓励企业并购重组，也需要随着收入水平的提高，增大政府用于民生项目的开支，加速完善社会保障体系的建设，从而减少职工对企业的依赖性，增加对社会保障体系的依赖性。

（王珺，广东省社会科学院院长，教授，博士生导师）

以供给侧改革促进“一带一路”建设和国际产能合作

□ 曹文炼

“十三五”时期，中国面临嵌入世界经济结构大调整与步入国内全面深化改革深水区的诸多严峻挑战。伴随国际经济格局与产业模式的深度调整，顺应全球第三次工业革命浪潮，以高端装备制造、新能源、信息化和提高服务业比重为导向的中国经济结构大调整势在必行，通过生产更先进、技术含量更高、质量更好的产品或服务，进一步提升在世界市场中的核心竞争力，这就需要在继续扩大和培育国内外需求的同时，更加注重供给侧结构性改革，打破长期存在的以高行政成本、高税费成本、高物流成本和高融资成本为表现的供给抑制，激活经济增长内生动力和创造新内需；同时，通过供给侧发力“去产能、去库存、去杠杆”，贯彻实施“一带一路”倡议和国际产能合作，输出中国的优势产能和装备制造，促进国内经济结构转型升级，保持经济实现中高速增长，产业迈向中高端水平，国际合作“共建、共享、共赢”。

一、国际经济结构调整与中国的供给侧改革

国际金融危机后，世界经济已经经历了长达8年的疲弱重返复苏之路，国际货币基金组织将之描述为世界经济进入“新平庸”（new mediocre）的新常态，复苏之路充满了不平衡与不确定性，石油等大宗商品和航运价格暴跌、全球贸易倒退、美联储加息、地缘政治风险、美联储加息以及新兴国家增速放缓等因素都阻遏了复苏的进程。在“新平庸”的新常态下，全球经济增长速度整体回落，普遍步入低速增长时期，其中，发达国家冷热分化，美国经济温和增长，欧洲经济整体处于持续衰退，日本经济难逃失速状态；新兴经济体增速有所回落，整体进入“结构性放缓”，单凭廉价劳动成本或丰厚的大宗商品利润获得高增长的出口导向型增长道路走向尽头，新增长动力培育尚待时日。综上，世界经济整体生态正处于“大转型”和“大调整”时期，发展不平衡更加凸显，发达国家与发展中国家增长持续分化，发达国家普遍面临高负债、高赤字、高失业与低储蓄的结构性问题，政府、企业、家庭通过“去杠杆化”修复资

产负债表实属不易；同时，新一轮产业革命尚处孕育期，世界经济增长的主要动力尚待明晰，高端制造、智能制造受到主要发达国家的重视，全球制造业供给未来将面临快速扩张，势必带来更加激烈的国际竞争与更为严重的产能过剩；另外，新兴经济体的增长速度虽整体回落，但仍快于发达国家，新兴经济体的对外投资将成为整合全球产业价值链的新动力；全球化红利逐渐衰退，全球市场汇率的波动较大，新兴经济体的汇率大幅下跌，全球经济从失衡（global imbalance）向再平衡（rebalance）缓慢过渡。

全球经济的严重分化在2016年乃至未来一段时间仍将持续甚至加强。全球流动性紧缩及需求减弱，以原油、铁矿石、有色金属为代表的大宗商品价格可能继续维持震荡下跌或低位徘徊态势。尽管从长期看，世界经济的整体温和复苏态势渐明，但资源出口型经济体受经济放缓、财政赤字、资本外流等压力，难逃进一步恶化的命运。此外，随着美国于2015年底提高联邦基金利率25个基点宣告宽松货币政策的终结，世界主要货币如英镑、欧元、日元、加元、澳元、人民币对美元出现不同程度的贬值，全球外汇储备总量持续减少，尤以新兴市场经济体更甚。

国际经验表明，像日本、韩国等成功转型的经济体经过长达二三十年的高速增长、人均GDP跨过一定门槛后，无一例外出现了30%～40%的增速回落。在向高收入水平阶段前进的过程中，随着经济增速换挡、国际产业分工地位提高、工业化和城镇化进入新阶段、要素成本上升、消费结构升级、资源环境约束加大等影响，经济转型成为应有之义，主要表现为劳动和资源密集型向智力和资本密集型转型，高消耗、高污染、高排放向低消耗、低污染、低排放转型，低附加值向高附加值转型。国际经验还表明，跨过中等收入陷阱的过程容易出现反复，尤其是渐进式改革下的路径依赖。

近年来，中国的经济开始呈现从高速增长转变为中高速增长的“新常态”，迈入了一个从主要依赖出口导向和生产要素投入为主的传统模式下的稳态增长，向以提高资源配置效率和要素生产率为主的创新模式下的稳态增长过渡的经济结构调整和增长动力转型的时期，这有别于当前世界上大部分国家所面临的“危机后经济恢复的乏力而缓慢的过程”。自2015年开始，中国经济开始大力解决产能过剩问题，全年淘汰炼铁产能1300万吨、炼钢1700万吨、水泥3800万吨、电解铝30万吨、平板玻璃1100万重量箱以上。国务院发布的《关于钢铁行业化解过剩产能实现脱困发展的意见》，要求从2016年开始，再用5年的时间压减粗钢产能1亿吨～1.5亿吨，实现钢铁行业兼并重组取得实质进展。抓住机遇推动我国具有比较优势的国际产能、装备合作“走出去”，是化解国内产能过剩问题的重要途径，也是我国贯彻“一带一路”倡议的主要抓手之一（另一个主要抓手是推进双边和多边的自由贸易区战略）。国务院于2015年5月发布的《关于推进国际产能和装备制造合作的指导意见》，确定钢铁、建材、电力、铁路等12个重点行业的国际产能合作，包括在专项财税支持政策、融资支持、政府服务等方面的创新政策支持。同时，顺应国际产业分工发展新趋势及发达经济体在后国际金融危机缓慢复苏期的产业转型升级需求，积极建立政府间、企业间的长期战略合作机制，建立重大项目推进机制，保障资金渠道畅通。

依照历史经验分析，重大危机后各国经济酝酿复苏的过程也是新一轮科技革命萌芽和爆发的过程。美国、德国、英国、俄罗斯等发达国家在世界金融危机后，出台了一系列如《创新战略》《生物经济2030国家研究战略》《技术蓝图》等科技创新计划，加大力度推进新技术研发应用与新产业发展。以云计算、大数据、物联网、移动互联等为代表的新一代信息技术在各领域广泛深入地渗透与应用，使得制造业信息化、制造业服务化、制造业智能化的趋势更加明显，涌现出人工智能、3D打印、机器人等新兴技术与产业。各个国家，包括发达国家间、发达国家与发展中国家，乃至发展中国家与欠发达国家在产业合作、技术共研与共享、人才输送、技术标准制定等方面不断拓展并加深合作。2015年，中国政府也制定发布了“中国制造2025”和增强制造业核心竞争力三年行动计划，并且大力实施创新驱动发展战略，包括推动“互联网+”“双创行动”、战略新兴产业等一系列行动计划。

2015年11月，习近平总书记在中央财经领导小组会议上首次提出了“供给侧改革”，指出“在适度扩大总需求的同时，着力加强供给侧结构性改革”，着力提高供给体系质量和效率，增强经济持续增长动力”。中国的供给侧结构性改革，有别于20世纪70—80年代美、英等国为克服滞涨所采取的“供给管理”，也非简单照搬美国供给学派减税为主的宏观管理思路，其实质是着眼认识国际与国内经济新常态、适应新常态、引领新常态，认真总结过去特别是改革开放30多年来的有益经验，立足我国目前发展的阶段性与体制性特征，深刻关注经济、社会发展过程中的深层次矛盾与问题，更加注重经济社会实现长期健康的稳态发展，通过建立系统的供给体系，释放创新空间、培育创新动力，全面深化要素领域改革，坚持市场在资源配置中的决定性作用和市场出清功能，同时最大限度发挥服务型政府的“有为之手”，抓好去产能、去库存、去杠杆、降成本和补短板五大任务，实现经济结构的调整优化，促进经济稳定增长。这与十八届五中全会提出的“创新、协调、绿色、开放、共享”五大发展理念高度契合，核心都在于通过新供给创造新需求，以有效供给倒逼转型升级，进而实现中国经济长期的中高速增长、产业迈向中高端水平、占领国际分工的中高端位置，在国际竞争中处于主动。

综上，当前国际经济结构的重大调整和正在酝酿的新的科技革命，对于中国而言仍然是机遇大于挑战。中国通过主动实施国内的供给侧结构性改革，并且与实施“一带一路”国际合作倡议相结合，将为国内建成全面小康社会和在20世纪上半叶及早进入中等发达水平国家行列奠定坚实基础。

二、当前中国的国际经济合作形势：成效与问题

2015年，全球经济增长乏力，国际地缘政治风险突出，外贸发展与国际合作面临的国际环境存在较大的不确定性。全球经济增速放缓、汇率波动、制造业成本上升以及人力成本为主的要素成本持续快速上升等多重因素叠加，对中国进出口形成持续拖累。据商务部统计，2015年，我国进出口39586.44亿元，同比下降8%，其中出口22765.74亿美元，下降2.8%，进口16820.7亿美元，下降14.1%。在国际国内经济政治形势复杂严峻的大背景下，预计2015年我国占国际市场份额为13.4%左右，较2014年提高1个百分点，是5年来我国国际市场份额上升最快的一年，其中，“三自三高”产品出口增长态势良好，铁路机车、通信设备、航天航空等大型成套设备出口增速均超过10%，对外贸易涌现出市场采购贸易、跨境电子商务等新型商业模式并成为外贸新的增长点，增幅分别超过70%和30%。①

在国际产能合作方面，中国与中东、东南亚、中东欧、非洲等国家达成了合作意向，包括具有开拓意义的中哈产能合作，印尼雅万高铁和中老（老挝）铁路的正式开工，中巴（巴西）多达49个项目的产能合作，中阿（阿根廷）核电项目正式签署等，领域主要涉及钢铁、有色、铁路及和核电，涉及的国家主要是发展中国家和欠发达国家与地区，利用中国在上述领域全产业链及技术储备、人才等方面的比较优势，推动着国际合作在产业能力输出方面实现了开拓性发展，有利于实现《中国制造2025》中提出的“推动产业合作由加工制造环节为主向合作研发、联合设计、市场营销、品牌培育等高端环节延伸”。这一态势也证明了中国的国际产能合作并非是将落后产能输出给别国，而是一方面通过国际产能合作倒逼国内制造业的转型升级，另一方面也通过主动改革旧供给，增加有效供给，提升产业高端化水平来不断开拓国际合作新市场、提升国际合作新高度、强化国际合作新内涵。

与此同时，中国倡导创立了亚洲基础设施投资银行和金砖新开发银行，为多边国际合作提供资金支持，也为全球经济金融治理与改革注入新鲜血液。12月初，我国成功实现了人民币纳入国际货币基金组织特别提款权（SDR）货币篮子，标志着人民币成为第五大国际货币，将使人民币汇率更加灵活，对国际货币资本流动和全球货币市场产生重大影响。在此过程中，金融配套服务发挥并将持续发挥关键支持性作用，包括加大金融支持力度、完善财税支持、发挥优惠贷款作用、扩大融资资金来源、加强

---

① 数据来源于商务部网站：《2015年商务工作年终综述之二十：2015年外贸稳中有进发展质量和效益进一步提高》。

完善出口信用保险、发挥人民币国际化作用、增强股权投资来源等配套措施①。

尽管与全球其他国家相比，在国际经济结构调整转型时期，我国对外贸易相对稳定，对外投资加速布局，都取得了一定成效，但是仍应当看到，当前国际合作中的新旧矛盾和问题叠加，我国对外贸易与国际合作面临复杂多变的国际形势与增长乏力的内部隐忧。

传统国际贸易竞争优势衰减。随着中国跨国“刘易斯拐点”，劳动力成本进入快速上涨期，沿海地区出口产业劳动力成本普遍相当于周边东南亚国家的2～3倍，劳动密集型出口产业竞争力持续萎缩，制造业出口订单和产能迅速向越南等周边国家转移，纺织服装、低端机电产品的出口增速也显著滑落，加之企业国际市场开拓经验不足、资金缺乏，使得出口潜力得到抑制贸易便利化和自由化程度还需进一步提高。国内经济进入新常态，大多数传统行业企业的利润下降，对外投资扩张能力也减弱。

发达资本主义国家施压与贸易摩擦持续。以美国为首的发达资本主义国家积极推进“亚太再平衡”政策进入新阶段，美日共同促成“跨太平洋伙伴关系协定”（TPP）谈判，美欧加速进行“跨大西洋贸易投资伙伴关系协定”（TTIP）谈判，欧日开展“经济伙伴关系协定”（EPA）谈判，上述表明以美国为首的发达国家正极力主导制定新的更高标准国际贸易规则体系和秩序，显著加强向中国等新兴经济体施压。与此同时，在国际贸易保护主义回潮的背景下，针对中国的产品贸易摩擦有增无减，其中有不少摩擦针对中国的战略性新兴产业，对我国外贸结构转型造成一定的阻碍。

国际资本流动加剧和人民币汇率波动幅度上升。伴随美国经济的稳健复苏，美联储进入加息通道，加之中国经济放缓及国内流动性充足，加剧了我国资本流出和人民币汇率波动的风险，易波及对外贸易稳定性。与此同时，尽管存在人民币一定幅度贬值的预期，但由于我国当前外贸结构中加工贸易仍占相当比重，货币编制对于出口的拉动被分摊到价值链的其他经济体中，无法明显改善持续走弱的对外贸易水平。

货币政策空间较小，财政政策面临困境。全球资本市场动荡仍在持续，跨境资本异常无序流动和国际金融市场的大幅波动等所产生的国际金融风险对我国宏观经济及货币政策的冲击不可低估，降息降准等传统金融调控政策也可能加剧潜在金融风险的释放。与此同时，在经济长期放缓和结构性减税的大背景下，财政收入增长将呈持续放缓态势，民生改革等需求的增加也将导致财政支出的进一步加大，进而导致财政赤字率今后数年可能持续上升或居高难下。另一方面，不断累积的地方债务及土地出让金的减少也挤压着财政政策的空间。因此，“十三五”期间，财政政策支持产业与企

① 详见《产能合作指导意见》。

业“走出去”，技术与人才“引进来”的空间面临缩小的压力。

三、以供给侧结构性改革培育国际合作新动力

20世纪70年代末以来，改革开放促进了中国经济的持续快速增长。随着经济“换挡期”的到来和国际经济格局的深刻调整，传统模式下的增长动力已经衰竭，供给侧累积的问题和矛盾已成为制约我国经济可持续健康发展的掣肘，也一定程度影响着当前的一系列稳增长政策的作用效果。

2016年，中国经济很大程度上仍将延续趋势放缓态势，经济和金融风险隐患不容忽视。经济“新常态”下，供给端的新常态表现为人口红利衰减，储蓄率出现拐点，潜在增速下滑，劳动力比较优势丧失。在宏观经济结构上，我国正从工业大国向服务业大国迈进，2015年12月非制造业商务活动指数为 54.4%，为年内高点，显示出以服务业为主的非制造业正在成为经济增长的核心动力，但制造业低位波动，经济下行压力持续，需求端改善预期减弱，过剩产能抑制了制造业的投资需求，房地产库存导致投资增速持续急剧下滑，金融市场波动较大，对外贸易持续低迷，进出口额双降再现，全球贸易放缓将继续对出口造成压力。不难看出，经济“新常态”下，发展约束前所未有的凸显，质量结构演进由“吹泡沫”到“挤水分”成为当务之急，以有效的制度供给促进国内经济结构优化、提高全要素生产率是当前全面深化改革、培育增长新动力的关键所在，也是推进“一带一路”建设和国际经济合作的新动力所在。

针对当前经济增长与发展过程中的“痛点”和短板，瞄准培育“新常态”下经济增长与对外贸易竞争新优势，抓住国际国内“大转型”与“大调整”的改革机遇，改变长久以来“三驾马车”等需求侧拉动经济增长及边际效果逐渐递减的财政货币等政策刺激思路，紧紧抓住供给侧结构性改革破解供给抑制，需要我们始终立足“市场决定”“政府有效有限管理”“新常态”等宏观经济大逻辑，不断促进形成焕发市场活力、提升潜在产出能力的新资本与创新劳动力等资源，最大限度地促进创新资源的有效流动，打通信息通道，使市场自然对接创新资源与创新生产部门，不断减少低端过剩产能，增加创新性、高端产能。

（一）加大供给侧改革力度，提升经济增长动力

经过改革开放30多年的快速发展，我国已成功进入中等收入国家行列，2014年中国人均GDP已达7500美元。根据《全球财富报告2015》显示，中国已经取代日本成为全球家庭财富总值第二的国家，并以1.09亿的中等收入群体（中产阶级）人数，位列全球第一。但仍需时刻保持警醒的是，中国存在滑入中等收入陷阱的风险，这种潜在风

险稍不留神就有可能成为现实。根据世界银行相关研究显示，全球101个中等收入经济体中，仅有13个进入高收入国家行列，成功率仅为1/10。中国提出的“到2020年实现全面建成小康社会目标”，需要今后五年经济年均增长达6.5%以上[①]。纵观工业革命以来的世界经济发展史，保持一定速度的持续增长是决定一国发展最终状态的关键因素之一。因此，保持一定的经济增长速度是“新常态”下我国顺利迈向新阶段、维护社会稳定、防范财政金融风险的必然要求和必须基础。

在这个大前提下，必须清醒地认识到，“新常态”下的经济保持一定速度的持续增长必须依靠新动力。李克强总理早在2014年的博鳌亚洲论坛上就已经指出，中国将从三个方面寻求经济增长新动力：一是向改革要动力，包括继续加大简政放权力度，建立政府权力清单制度，探索实行负面清单管理模式，营造良好的营商环境，鼓励公平竞争 ，建设法治经济，激发社会创造活力，扩大服务业包括资本市场的对外开放，不断提升对外开放的层次和水平。二是向调结构要动力。围绕缩小城乡、区域差距和解决产业结构不合理等问题，加快弥补服务业“短板”，把“营改增”试点扩大到更多服务领域，更多运用社会资本增加生活性服务供给；落实以人为核心的新型城镇化规划与改革，加快推进户籍改革，有序推进转移人口市民化；积极推动沿海过剩产业向内地梯度转移，着力推进中西部地区的基础设施建设、培育经济新支撑带。三是向改善民生要动力。包括实行更加积极的就业创业政策，提高享受减半征收企业所得税政策的小微企业范围的上限，完善社会保障制度，健全公共服务体系等。

（二）聚焦供给侧结构性改革，提升国际合作内力

要按照党中央、国务院制定发布的“一带一路”倡议和规划，加大供给侧结构性改革，培育新常态下国际合作新动力，主要瞄准以下几个方向：

（1）从重资源向重创新资本转型。长期以来，我国的外贸产品结构主要为纺织、家电等劳动密集型产品，高度依赖粮食、原有、矿产品、集成电路等资源、能源、技术密集型产品进口。近年来，受国际金融危机影响，全球贸易和跨国投资持续低迷，但其中，顺应全球经济服务化的大趋势，服务业的跨境贸易和投资“逆势而上”，依旧保持了较快的发展势头。对于中国、印度等新兴经济体而言，服务业，尤其是现代高科技、高智力资本密集型服务业的快速发展，推动了服务业全球化新动力和新支撑的形成，新兴经济体正在成为以服务贸易为突破的新一轮全球化深化发展的中坚力

① 林毅夫在2015北京大学国家发展研究院中国经济观察报告会上预测，如果中国经济保持7%的平稳增长，2020年有望摆脱“中等收入陷阱”。

量。尽管中国的服务贸易仍旧处于逆差态势，但以咨询、软件出口为代表的高技术服务贸易处于顺差及高速增长，成为中国开放型经济新体系中最具活力的组成部分之一。

为此，新常态下找准国际合作新的战略定位，深入挖掘国际合作尤其是“一带一路”中的产业发展协同效应，在加强基建、产能合作的同时，鼓励并支持“服务跟随走出去”，建立货物贸易与服务贸易“抱团推进”机制，设立国家、地方与行业共同参与的协调机制，鼓励在大宗货物贸易中捆绑相应的服务贸易，引导企业在海外建立加工组装、境外分销、售后服务基地和全球维修体系，推动对外承包工程向项目融资、设计咨询等领域深入拓展，与货物贸易共享国际客户资源，提升贸易附加值和智力资本含量，倒逼国内制造业智能化、信息化、服务化转型升级，充分将“中国制造2025”与德国的“工业4.0”、美国的“再工业化”等战略相对接。

（2）从环境污染型向生态友好转型。传统工业化与加工贸易是典型的资源消耗增长模式，以国内的环境和市场换技术。随着生态与资源约束的逐步加强，传统的工业化与贸易模式走向尽头，顺应全球产业低碳化趋势和十八届五中全会提出的绿色发展理念，供给管理重点要解决产业结构调整升级问题，包括着力提升自主创新能力，推进信息化与工业化深度融合，以信息化和服务业改造提升传统产业，培育壮大战略性新兴产业，加快发展生产性服务业，调整和优化产业结构，把工业发展建立在创新驱动、集约高效、环境友好、惠及民生、内生增长的基础上，提升我国工业和对外贸易的核心竞争力与可持续发展能力。

在“去产能”“去库存”等供给侧结构性改革任务指导下，国际绿色经济协会已经针对国际产能合作，积极推动国际技术中国转移、中国产能国际合作等项目，以全球一站式O2O服务为举措，建立国际合作网络，有效接轨国际市场需求，现已建成全球绿色技术对话合作平台、中国中东欧合作国际平台以及中巴经济走廊合作平台三大渠道，通过产能绿色转移加强国际产能合作，开辟“新常态”下国际合作新蓝海。

事实上，发展绿色产业和国际合作实属相辅相成关系，我国当前的绿色发展仍然面临着技术、能源、产业结构、发展阶段等诸多挑战，需要在资金、技术、管理等诸多方面开展广泛而深入的国际合作，探索可持续发展框架下的适合我国“新常态”的绿色发展道路。

（3）从全球布局向加强区域深度合作转型。在新的国际竞争格局和对外开放格局背景下，扩大中国对亚非拉地区的深度开放与融合，适度扩大在经济增长方面的投资规模与产业合作，加强与日韩及东盟地区的创新合作，是“新常态”下响应“一带一路”战略、调整对外贸易区域结构，匹配国内经济转型升级与供给管理的方向之一。目前，“一带一路”战略已进入全面实施推进阶段，这种涵盖60多个国家，包括亚洲、非洲、欧洲和大洋洲等的泛区域合作，正在开启一种全新的国际合作模式。有别于TPP和TIP等发达国家主导的相对封闭和高水平的自由贸易协定，“一带一路”具有高度开放性和多样性的特点，涵盖双边、多边、FTA等多种合作层次，有利于促进泛区域内资本和资源的高效流动，其“共商、共建、共享”的建设原则也与十八届五中全会提出的“开放、共享”高度契合。通过基础设施互联互通、资金融通、贸易畅通，建立新型国际合作框架，协同泛区域内国家的经济增长、工业化水平提升与城镇化发展，同时构建中国的新型开放经济。另一方面，紧抓中韩自贸协定机遇，重点加强金融通信、知识产权、电子商务等服务贸易领域的深入合作，深度对接韩国“创新型经济”与“制造业革新3.0”等战略，加强创新、智能制造、高端技术研发等领域的合作，搭建青年创新创业的合作平台，在此基础上，积极推动中日韩自贸协定谈判进程；柔性参与TPP，加强开展经济合作区谈判，主动参与国际贸易和投资规则的制定。

（三）深化供给侧体制改革，培育国际经济合作新优势

改革首当其冲是简政放权。继续大幅减少对外贸易和投资的行政审批，加强事中和事后监管与服务，营造国际化、法制化、现代化的营商环境。主要从以下几个方面着手：

（1）进一步简政放权，减少国际合作的体制性成本。进一步简政放权的着力点，是向市场放权、向地方政府放权、向社会放权，着力解决政府、市场与社会之间的关系，既充分发挥市场在资源配置中的决定性作用，又充分调动中央和地方积极性，同时更好地发挥社会尤其是第三方专业力量在经济发展、社会管理等事务中的积极作用。

在国际合作中，由于我国长期存在的较高的体制性成本，使得许多项目“胎死腹中”或推进进程缓慢。近年来，随着简政放权改革的推进，取得了一定的效果，尤其是以上海自贸区为代表的“负面清单”改革，对我国对外贸易的优化发展做出了“减法”和“减负”。然而，多个部门间政策协同效果差，行业专业评估市场发育滞后，监管短板突出等问题依然使得国际合作中的体制性成本居高不下。进一步简化行政审批，眼光需要聚焦“难啃的骨头”，既重质更重量，重点促进关键领域的创新资本与劳动力的有效有序流动，加快下放产业发展与国际合作优惠政策的审批权，建立龙头企业和技术先进型企业便利化经营的“绿色通道”。深化境外投资审批制度改革，实行备案为主的境外投资管理方式。推动海关总署等相关部门建立和完善与对外贸易结构转型升级相适应的口岸通关管理模式。协调海关等有关部门对会展、生物医药等企业所需通关的国际展品、生物药剂等特殊物品的监管模式创新，完善跨境电子商务服务通关程序。

（2）结构性减税，增强企业“走出去”的竞争力。高税收是我国企业走出去面临的另一大供给抑制。在2015年底召开的经济工作专家座谈会上，李克强总理就再次强

调要“继续用好结构性减税等手段”。当前，面对需要深入推进的“大众创业、万众创新”“互联网+”“中国制造2025”“工业化与信息化协调发展”、促进服务业与先进制造业加快发展等国家战略，亟须通过减税给企业减负，激发企业创新动力，增强企业活力。目前，国内许多行业已经实行了“营改增”，而金融和房地产领域的税收改革也有望于2016年完成。下一步，要继续完善现有财政资金政策，优化资金安排和使用方向，改进支持方式，加大对新兴业态及高技术业务的支持力度，通过设立国际产业引导基金等市场化支持方式，引导社会资金加大对新兴高技术业务企业的投入，促进扩大出口。鼓励企业组建国际投资和产能合作联盟，“抱团出海”走出去。推动财政部、税务总局尽快研究扩大服务出口零税率实施范围，争取将更多高技术含量的重点领域服务出口纳入零税率范围。

（3）强化金融改革，优化国际合作的国内营商环境。良好的营商环境对于“引进来”和“走出去”都至关重要。建立健全“投、贷、保、政”模式，支持市场设立重点领域、高技术产业投资基金，鼓励金融机构按照风险可控、商业可持续原则，创新符合监管政策、适应新兴及高技术产业特点的金融产品和服务，推动开展应收账款质押、专利及版权等知识产权质押。支持政策性金融机构在有关部门和监管机构的指导下依法合规创新发展，加大对上述企业开拓国际市场、开展境外并购等业务的支持力度。鼓励保险机构创新保险产品，提升保险服务，扩大出口信用保险规模和覆盖面，提高承保和理赔效率。利用现有资金政策，引导融资担保机构加强对高技术中小企业的融资担保服务。支持符合条件的高技术企业进入中小企业板、创业板、中小企业股份转让系统融资。支持符合条件的高技术企业通过发行企业债券、公司债券、非金融企业债务融资工具等方式扩大融资，实现融资渠道多元化。

随着“一带一路”倡议的贯彻和持续推进，国际产能合作、自由贸易区建设等对外合作的广度和深度将不断加大，深入挖掘出口潜力、扩大进口规模，依靠价值提升、结构优化、创新驱动提升对外贸易与国际合作竞争新优势，将是“十三五”期间我国国际经济合作的主导方向和基本路径，在更加注重供给侧结构性改革和创新制度供给的推动下，将引领“新常态”下中国的国际经济合作迈向新高度，助力中国经济的转型升级和世界经济的健康发展。

（曹文炼，国家发展和改革委员会国际合作中心主任，中国经济体制改革研究会副会长）

推进供给侧结构性改革
是全球走出此轮危机的必由之路

□ 黄剑辉

2015年11月以来，“供给侧结构性改革”成为中国政策体系中的一个热门词汇，并成为“十三五”及未来一个时期的重点工作。实际上，早在2012年初，财政部财科所原所长贾康、中国人民银行金融研究所所长姚余栋和国家发展改革委规划司司长徐林和我等7人，以走出此次国际金融危机需要经济学理论创新为着眼点，一起发起成立了“中国新供给经济学50人论坛”，并围绕供给侧改革做了大量研究工作。

一、为什么要强调从供给侧入手

我们之所以强调从供给侧入手，主要基于两个方面的考虑。从国际对比的角度来看，一方面，自2008年国际金融危机爆发以来，世界各国的经济金融政策主要是从需求侧入手，尽管出台了一系列财政政策和货币政策，但效果并不理想，目前仍未走出危机，且局部有加重迹象；另一方面，无论全球还是中国，都面临一系列结构性问题，其中发达国家收入高但人口老龄化问题严重，陷入“低生育陷阱”，发展中国家人口增速快但收入低，陷入了“低收入陷阱”，而需求管理手段对这种结构性问题几乎束手无策。

从中国改革开放的历程来看，从1978年改革开放到2001年加入WTO，供给侧改革一直是改革的主基调。其中，“农村改革”主要是1978年开始解散人民公社，实行家庭联产承包制；“城市改革”主要是20世纪80年代开始进行承包制、股份制和国企改革等方面的探索；“金融改革”主要是1993年开始把工、农、中、建等国有商业银行同政策性银行分离，创造了金融新供给，为经济发展注入了新活力。

从加入WTO之后一直到2008年国际金融危机爆发，中国对外贸易迅猛发展，经济实现高速增长。甚至在2005—2006年为防止经济过热，中国政府加强宏观调控和政策紧缩。这一时期的一个标志性事件，就是2003年撤销了国家体改委，把相关职能并入国家发改委，一定程度上导致并标志着供给侧改革的停顿和弱化。

2008年国际金融危机爆发后，中国面临两种选择：一种是适当扩大基础设施建设的同时，继续把着眼点放在供给侧，重启改革；另一种是实施大规模刺激计划。众所周知，中国最终选择了第二条路，出台了4万亿元投资计划。这在推动经济增速反弹方面确实起到了一定的作用，但也产生了一系列问题，包括地方政府债务高、企业杠杆高、部分产业产能过剩等。期间，中国买什么，什么就涨价，尤其是2009—2010年全球石油和铁矿石价格的快速上涨，石油、页岩气产能迅猛扩张，导致全球经济失衡状况继续加剧。

目前这个阶段，中国同样面临两种选择：一种是像欧洲、日本一样，继续采用新一轮的刺激性政策；另一种是把眼光从需求侧转向供给侧，构建促进中国经济中长期可持续发展的新型驱动力。中国政府已经明确选择了第二条道路。实际上，中国所面临的不是短期的、周期性的、外部的冲击，而是中长期的、结构性的、内部的压力。因此，通过以“改革开放、创新创造、生态民生”的新三驾马车作为主驱动力，以基于中长期高质量制度创新、技术创新为核心的“供给管理”部分替代短期凯恩斯式的“需求管理”，才能真正提升要素供给效率，不断拓展市场空间。

二、着力从供给侧入手，改革才能大有可为

从农业来看，中国除黑龙江、内蒙古等地，其他省市仍然是小农经济、小块土地。限于土地制度的问题，很难实现现代农业的专业化运作，农产品供给质量相对较低。因此，在推进农业现代化方面，如果能够进行土地制度改革，推行“股田制”试点，以农民承包权入股，很快就能释放出生产力。而且，不同的区域引入不同国家的发展模式，例如德国模式、美国模式，江浙一带可以用日韩的农业耕作模式等。

从制造业来看，中国生产的产品以中低端为主。如果能够加大研发投入力度，同时推进国企混合所有制改革，特别是把石油等垄断领域向民营资本开放，通过制度优化来扩大供给主体，将会增强市场竞争强度，提高企业运营效率，从而促进中国制造的产品由中低端走向中高端。中国现在并不是没有需求，例如形容中国人的“暴买族”一词去年曾在日本流行，中产阶级具有很强的购买力，关键是缺乏有效的产品供给。

从服务业来看，中国民众普遍面临入托难、上学难、就医难等问题。这些“难”，反映的主要是有效供给的短缺。以北京等大城市为例，此前一直面临打车难的问题，后来有了优步、滴滴等打车软件，一方面引入了专车等新的供给主体，另一方面可以加价进行激励，不仅破解了打车难的问题，而且提升了服务质量。这个案例可以很好地解释供给侧结构性改革的原理，同时也可以应用到教育、医疗等多个领域。

从基础设施来看，中国仍有很大空间。以中部的河南、湖北为例。河南是中国人口第一大省，但省会郑州市目前只有一条地铁；湖北武汉是华中第一大市，但三年前却连一条过江隧道都没有。因此，中国基础设施建设与美国、德国等发达国家相比，仍有很大差距，前景依然广阔。

三、必须处理好两组供求之间的关系

理解“供给侧结构性改革”，必须“以供给侧的视角、通过改革的手段、解决结构性的问题”。从具体路径来看，要着力推进两组供求关系的匹配。

一是金融有效供给与实体经济有效需求的匹配。经过改革开放30多年来的快速发展，民营企业已经成为中国实体经济的主体，但金融体系却仍以国有银行为主体，众多中小民营企业的融资需求无法得到有效满足。在这方面，中国可以借鉴德国经济金融发展模式，从金融供给侧入手，用间接金融匹配制造业，放宽民营资本准入，大力发展民营银行，同时建立健全多层次资本市场，破解融资难、融资贵的问题，更好地满足实体经济发展需要。

二是实体经济有效供给与居民实际有效需求的匹配。当前，中国实体经济在中低端产品与服务方面存在产能过剩的同时，在高端产品与服务方面存在有效供给不足。中国需要加大创新投入力度，提升产品品质和服务质量，更好地满足人民群众日益增长的物质文化需要。通过这两组供求的匹配和联动，才能真正将供给侧结构性改革落到实处。

四、供给侧改革与需求侧管理需有机结合

我们强度供给侧改革，但并不是说需求侧不重要，实际上，中国未来的经济发展，需要供给侧改革与需求侧管理相结合。其中，需求侧管理类似于西医，即通过“服药”“手术”等手段确保经济运行在合理区间，为改革赢得时间；供给侧改革类似于中医，即通过“强身健体”“固本培元”等手段提高经济的韧性，为长期持续发展拓展空间。因此，供给侧结构性改革与货币政策、财政政策需要有机结合。

中国新供给经济学50人论坛助推供给侧结构性改革方面做了大量工作。新供给经济学50人论坛的指导思想是“求真务实融汇古今，开放包容贯通中西”。其中，“求真务实”，可概述为体现中国黄河文明、汉代主流思想的“梅花精神”；“开放包容”，可概述为体现中国长江文明、唐代主流思想的“牡丹精神”。“融汇古今”“贯通中西”，就是中国新供给经济学理论的构建要体现“四个结合”：一是将马克

思主义解放和发展社会生产力的原理与中国国情紧密结合；二是将中国特色社会主义理论体系基本原理与不断发展的实践动态需求紧密结合；三是将中国传统经济思想和文化的精华与当代文明先进认识成果紧密结合；四是将经济学已有成果的去粗取精、去伪存真与经济学势在必行的创新突破紧密结合。总体而言，古今思想、中西理论不是两组非此即彼的关系，需要古为今用、西为中用，最终实现相互统一、融合发展。

五、通过“新供给”淘汰“老供给”，解决产能过剩问题

理解供给侧结构性改革，可以借鉴生活中“更换洗澡水的道理和方法”。把一桶或一盆脏的洗澡水变清，可以选择多种方式。其中，一种方法是等水静下来，脏东西慢慢沉下去，但时间会很久，且最终的水未必清澈，这表明：不主动作为，仅是坐等观望，产能过剩的行业可以实现市场出清，但过程会很慢很难；另一种方法是通过排水管把脏水排出，同时打开进水管引入清水，一段时间后洗澡水将会清澈透明。淘汰过剩产能同样如此，短期内将会导致大量员工失业，必须同时新建高端产能，政府需要在职业培训和下岗员工再就业方面给予政策支持，最终实现“新供给”淘汰“老供给”，产业从中低端走向中高端。

在推进供给侧结构性改革的过程中，解决债务问题可以借鉴美国政府救助通用汽车的做法。2008年前后，美国通用、福特、克莱斯勒等三大汽车业巨头均陷入几近破产境地。奥巴马当选总统后，成立“汽车特别工作小组”，果断对通用和克莱斯勒实施救助，先后两次投入500亿美元的低息贷款，为美国拯救了超过100万个就业岗位，避免了工业体系遭到重创和民众家庭财富巨额缩水。早在1999年，中国成立了四大资产管理公司，在解决产能过剩和债务问题方面已经积累了丰富经验。未来需要设立促进企业改革基金，增强地方和企业改革的自觉性和主动性，确保各项改革政策措施落实到实处。

2016年将是中国供给侧结构性改革元年。鉴于农村改革成本最低、阻力最小，可以从农村改革开始，加快发展股田制试点，探索中国农业现代化道路；与此同时，在制造业、钢铁煤炭等领域，应加快推进结构性改革，促进“三去一降”（去产能、去杠杆、去库存，降成本），实现市场出清、产业升级；在服务业方面，可以放开教育、医疗等领域市场准入，引入更多供给主体，促进市场竞争，更好地满足消费者需求。

从全球视野看，也应当借鉴中国经验，尽快将宏观政策着力点从以货币政策为主的需求管理，转向供给侧结构性改革，才能走出此轮危机，实现新发展。

（黄剑辉，中国民生银行研究院院长）